Luitpold Griesser
Nietzsche und Wagner
neue Beiträge zur Geschichte und Psychologie
ihrer Freundschaft

Griesser, Luitpold: Nietzsche und Wagner - neue Beiträge zur Geschichte und Psychologie ihrer Freundschaft
Hamburg, SEVERUS Verlag 2013
Nachdruck der Originalausgabe von 1923

ISBN: 978-3-86347-493-5
Druck: SEVERUS Verlag, Hamburg, 2013

Der SEVERUS Verlag ist ein Imprint der Diplomica Verlag GmbH.

Bibliografische Information der Deutschen Nationalbibliothek:
Die Deutsche Nationalbibliothek verzeichnet diese Publikation in der Deutschen Nationalbibliografie; detaillierte bibliografische Daten sind im Internet über http://dnb.d-nb.de abrufbar.

© **SEVERUS Verlag**
http://www.severus-verlag.de, Hamburg 2013
Printed in Germany
Alle Rechte vorbehalten.

Der SEVERUS Verlag übernimmt keine juristische Verantwortung oder irgendeine Haftung für evtl. fehlerhafte Angaben und deren Folgen.

MEINEM HOCHVEREHRTEN FREUNDE
LEHRER UND MEISTER

HERRN REGIERUNGSRAT
DR. J. KUKUTSCH

„Κύριε πουλυδαὲς Ἑλληνοδαέστατε πάντων
Σῆς ἀγανοφροσύνης μνῆμ' ἀνέθηκα τόδε".

Motto: „Betrachte ich den Fleiß, den ich verwendet,
Sah ich die Züge meiner Feder an,
So könnt' ich sagen, dieses Buch ist mein!
Doch überdenk' ich's recht, da es vollendet,
Woher mir alles kam, wohin es zielt,
Erkenn' ich wohl: ich hab' es nur von Euch!"

„Die Ehre und der Nachruhm eines vortrefflichen Schriftstellers ist, meiner Meinung nach, auch alsdann, wenn ihm selbst nichts mehr daran gelegen ist, der Menschheit keine gleichgültige Sache. Sie ist sozusagen eine unverletzbare Hinterlage, deren Bewahrung der Redlichkeit und Sorgfalt der Nachwelt anvertraut ist; und wenn es von jeher bei allen Völkern für ein Verbrechen gegen die Humanität angesehen worden ist, die Gebeine eines Verstorbenen zu mißhandeln oder seine Asche zu beunruhigen, wieviel mehr ist es unedel und grausam, den Nachruhm eines Mannes, dessen Verdienste um die Welt noch immer fortdauern, durch Schändung seines sittlichen Charakters, den er selbst nicht mehr verteidigen kann, zu besudeln?"

Chr. M. Wieland.

„Ich habe Wagner geliebt und niemand sonst! Er war ein Mensch nach meinem Herzen. . . . Es versteht sich von selber, daß ich niemandem so leicht das Recht zugestehe, diese meine Schätzung Wagners zur seinigen zu machen, und allem unehrerbietigen Gesindel, wie es am Leibe der heutigen Gesellschaft gleich Läusen wimmelt, soll es gar nicht erlaubt sein, einen solchen großen Namen, wie der Richard Wagners ist, überhaupt in das Maul zu nehmen, weder im Lobe noch im Widerspruche!"

Fr. Nietzsche.

INHALTSVERZEICHNIS.

	Seite
I. Im Banne der Freundschaft	1
II. Bayreuth	21
III. Erste Mißverständnisse	25
IV. Nietzsches „Mahnruf an die Deutschen"	33
V. Nietzsches Kritik an Wagner	40
VI. „Richard Wagner in Bayreuth"	50
VII. Die Festspiele des Jahres 1876. „Menschliches, Allzumenschliches"	61
VIII. Das Ende der Freundschaft	77
IX. Der „Musiker und Komponist Nietzsche"	88
X. Rückblick	104
XI. „Die Geburt der Tragödie"	115
XII. Der Streit um den Wert dieses Werkes	143
XIII. Psychologische und künstlerische Gründe für Nietzsches Abfall	172
XIV. Wagners Mißtrauen und Egoismus; sein „Schauspielertum".	208
XV. Nietzsche — Bizet — Wagner	224
XVI. Chamberlain, Seiling, Bruno Goetz über Nietzsche	239
XVII. Nietzsches und Wagners „Schicksalsgemeinschaft"	249
XVIII. Nietzsche und die „Psychoanalytiker".	260
XIX. Nietzsche und Frau Cosima Wagner	290
XX. Das „Parsifalproblem"	300
XXI. Nietzsche als religiöser und ethischer Reformator	313
XXII. „Der einsame Nietzsche".	345
XXIII. Der Mystiker Nietzsche	367
XXIV. Das Dionysosideal — Isoldens „Liebestod" — Goethe — Beethoven	376
XXV. Nachwort	396
Literaturnachweis	401
Namenverzeichnis	403

I. IM BANNE DER FREUNDSCHAFT. TRIBSCHEN.

Wiewohl Nietzsche selbst im „Ecce homo" schreibt: „von dem Augenblicke an, wo es einen Klavierauszug des Tristan gab, ... war ich Wagnerianer!", ist diesem Selbstbekenntnisse gegenüber auf die Tatsache zu verweisen, daß seine Verehrung für Wagner bereits mit dem Jahre 1860 eingesetzt hat. Denn in diesem Jahre begründete der erst Sechzehnjährige mit zwei gleichalterigen Freunden die „Germania", eine literarische Vereinigung, deren Zweck es war, die Ausbildung ihrer Mitglieder in den Künsten und Wissenschaften zu fördern. Von höchstem Interesse ist es, daß unter den Zeitschriften die „Zeitschrift für Musik" gehalten wurde, das einzige deutsche Blatt, das damals für Wagner und seine Werke einzutreten wagte. Im Jahre 1862 wurde dann der von Hans v. Bülow arrangierte Klavierauszug zum Tristan angeschafft, wobei anläßlich der über dieses Werk abgehaltenen Diskussionen die Frage erörtert wurde, ob das Wagnersche Kunstwerk der Zukunft ein realisierbares Ideal sei, eine Frage, die von dem jungen Nietzsche aufs eifrigste verteidigt wurde. Nietzsches Schwester erzählt uns, daß im Hause ihrer Mutter der Klavierauszug einstudiert wurde, daß die Musik jedoch mehr einem furchtbaren Getöse glich, bis es endlich Nietzsche gelang, vorzüglich den II. Aufzug in künstlerisch formvollendeter Art und Weise zum Ausdruck zu bringen. Die allerwichtigste Tatsache aber ist die, daß Nietzsche bereits damals an Wagners Kunst Kritik zu üben begann, und daß auf Zeiten der höchsten Begeisterung Zeiten der kühlsten Reflexion folgten. Besonders über die Walküre waren seine „Empfindungen sehr gemischt". Da vollzog sich im Jahre 1868 ein bedeutsames Ereignis: Nietzsche wurde mit Wagner persönlich bekannt. Über dieses für sein ganzes ferneres Leben wichtige Ereignis schrieb er seinem Freunde Erwin Rohde am 9. November 1868 folgenden Brief: „Als ich nach Hause kam, fand ich einen Zettel, an mich adressiert, mit der kurzen Notiz: ‚Willst

Du Richard Wagner kennen lernen, so komme um dreiviertel vier in das Café Théâtre.' Diese Neuigkeit verwirrte mir etwas den Kopf, verzeih mir!, so daß ich in einen ziemlichen Wirbel geriet. Ich lief natürlich hin, fand unsern Biederfreund, der mir neue Aufschlüsse gab. Wagner war im strengsten Inkognito in Leipzig bei seinen Verwandten: die Presse hatte keinen Wind, und alle Dienstboten Brockhausens waren stumm gemacht, wie Gräber in Livree. Nun hatte die Schwester Wagners, die Professor Brockhaus, jene bewußte gescheute Frau, auch ihre gute Freundin, die Ritschelin, ihrem Bruder vorgeführt: wobei sie den Stolz hatte, vor dem Bruder mit der Freundin und vor der Freundin mit dem Bruder zu renommieren, das glückliche Wesen! Wagner spielt in Gegenwart der Frau Ritschl das Meisterlied, das ja auch Dir bekannt ist: und die gute Frau sagt ihm, daß ihr das Lied schon wohlbekannt sei, mea opera. Freude und Verwunderung Wagners: gibt allerhöchsten Willen kund, mich inkognito kennen zu lernen. Ich sollte für Freitag abend eingeladen werden. Windisch aber setzt auseinander, daß ich verhindert sei durch Amt, Pflicht, Versprechen: also schlägt man Sonnabend nachmittag vor. Windisch und ich liefen also hin, fanden die Familie des Professors, aber Richard nicht, der mit einem ungeheuren Hute auf dem großen Schädel ausgegangen war. Hier lernte ich also besagte vortreffliche Familie kennen und bekam eine liebenswürdige Einladung für Sonntag abend. Meine Stimmung war wirklich an diesen Tagen etwas romanhaft; gib mir zu, daß die Einleitung dieser Bekanntschaft, bei der großen Unnahbarkeit des Sonderlings, etwas an das Märchen streifte. In der Meinung, daß eine große Gesellschaft geladen sei, beschloß ich, große Toilette zu machen und war froh, daß gerade für den Sonntag mein Schneider mir einen fertigen Ballanzug versprochen hatte. Es war ein schrecklicher Regen- und Schneetag, man schauderte, ins Freie zu gehen ... Es dämmerte, der Schneider kam nicht, ich suchte den Schneider persönlich auf und fand seine Sklaven heftig mit meinem Anzuge beschäftigt: man versprach, in dreiviertel Stunden ihn zu schicken. Ich ging vergnügter Dinge weg, streifte Kintschy, las den Kladderadatsch und fand mit Behagen die Zeitungsnotiz, daß Wagner in der Schweiz sei, daß man aber in München ein schönes Haus für ihn baue: während ich wußte, daß ich ihn heute abend sehen würde und daß gestern ein Brief vom kleinen König an ihn angekommen sei, mit der Adresse: ‚An den großen deutschen Tondichter Richard Wagner.' Zu Hause fand ich zwar keinen Schneider, las in aller Gemächlichkeit noch die Dissertation über die Eudokia und wurde nur von Zeit zu Zeit durch gellendes, aber aus der Ferne kommendes Läuten beunruhigt. Endlich wurde mir zur Gewißheit, daß an dem altväterlichen eisernen Gittertor jemand warte: es war verschlossen, ebenso wie die Haustür. Ich schrie über den Garten weg dem Manne zu, er solle in das Naundörfchen kommen: unmöglich, sich bei dem Geplätscher des Regens verständlich zu machen. Das Haus geriet in Aufregung, endlich wurde aufgeschlossen, und ein altes Männchen mit einem Paket kam zu mir. Es war halb sieben Uhr; es war Zeit, meine Sachen anzuziehen und Toilette zu machen, da ich sehr weit abwohne. Richtig, der Mann hat meine Sachen, ich probiere sie an, sie passen. Verdächtige Wendung! Er präsentiert die Rechnung. Ich akzeptiere höflich; er will bezahlt sein, gleich, bei Empfang der Sachen. Ich bin erstaunt, setze ihm auseinander, daß ich gar nichts mit ihm als einem Arbeiter für meinen Schneider zu tun habe, sondern nur mit dem Schneider selbst, dem ich den Auftrag gegeben habe. Der Mann wird dringender, die Zeit wird dringender; ich ergreife die Sachen und beginne sie anzuziehen, der Mann ergreift die Sachen und hindert mich, sie anzuziehen: Gewalt meiner Seite, Gewalt seiner Seite! Szene. Ich kämpfe im Hemde: denn ich will die neuen Hosen anziehen. Endlich Aufwand von Würde, feierliche Drohung, Verwünschung meines Schneiders und seines Helfershelfers, Racheschwur: währenddem entfernt sich das Männchen mit meinen Sachen. Ende des zweiten Aktes: ich brüte im Hemde auf dem Sofa und betrachte einen schwarzen Rock, ob er für Richard gut genug ist. — Draußen gießt der Regen. — Ein Viertel auf acht: um halb acht habe ich mit Windisch verabredet wollen wir uns im Theatercafé treffen. Ich stürme in die finstere, regnerische Nacht hinaus, auch ein schwarzes Männchen, ohne Frack, doch in gesteigerter Romanstimmung: das Glück ist günstig, selbst die Schneiderszene hat etwas Ungeheuerlich-Unalltägliches. Wir kommen in dem sehr behaglichen Salon Brockhaus an: es ist niemand weiter vorhanden als die engste Familie, Richard und wir beide. Ich werde Richard vorgestellt und rede zu ihm einige Worte der Verehrung: er erkundigt sich sehr genau, wie ich mit seiner

Musik vertraut geworden sei, schimpft entsetzlich auf alle Aufführungen seiner Opern, mit Ausnahme der berühmten Münchener, und macht sich über die Kapellmeister lustig, welche ihrem Orchester im gemütlichen Tone zurufen: ‚Meine Herren, jetzt wird's leidenschaftlich!' — ‚Meine Gutsten, noch ein bißchen leidenschaftlicher!' W. imitiert sehr gern den Leipziger Dialekt. Nun will ich Dir in in Kürze erzählen, was uns dieser Abend anbot, wahrlich Genüsse so eigentlich pikanter Art, daß ich auch heute noch nicht im alten Gleise bin, sondern eben nichts Besseres tun kann, als mit Dir, mein teurer Freund, zu reden und ‚wundersame Mär' zu künden. Vor und nach Tisch spielte Wagner, und zwar alle wichtigen Stellen der Meistersinger, indem er alle Stimmen imitierte und dabei sehr ausgelassen war. Es ist nämlich ein fabelhaft lebhafter und feuriger Mann, der sehr schnell spricht, sehr witzig ist und eine Gesellschaft dieser privatesten Art ganz heiter macht. Inzwischen hatte ich ein längeres Gespräch mit ihm über Schopenhauer: Ach, und Du begreifst es, welcher Genuß es für mich war, ihn mit ganz unbeschreiblicher Wärme von ihm reden zu hören, was er ihm verdanke, wie er der einzige Philosoph sei, der das Wesen der Musik erkannt habe. Dann erkundigte er sich, wie sich jetzt die Professoren zu ihm verhalten, lachte sehr über den Philosophenkongreß in Prag und sprach von den ‚philosophischen Dienstmännern'. Nachher las er ein Stück aus seiner Biographie vor, die er jetzt schreibt, eine überaus ergötzliche Szene aus seinem Leipziger Studienleben, an die ich jetzt noch nicht ohne Gelächter denken kann; er schreibt übrigens außerordentlich gewandt und geistreich. — Am Schluß, als wir beide uns zum Fortgehen anschickten, drückte er mir sehr warm die Hand und lud mich sehr freundlich ein, ihn zu besuchen, um Musik und Philosophie zu treiben, auch übertrug er mir, seine Schwester und seine Anverwandten mit seiner Musik bekannt zu machen: was ich denn feierlich übernommen habe. — Mehr sollst Du hören, wenn ich diesem Abende etwas objektiver und ferner gegenüberstehe."

Wenige Monate nach dieser denkwürdigen Begegnung, im Februar 1869, erhielt Nietzsche eine Berufung als a. o. Professor der klassischen Philologie an die Universität Basel. Von dort fuhr er am Pfingstsamstag, 15. Mai, zum erstenmal nach dem Vierwaldstättersee. In Luzern überlegte er, ob er es wagen dürfe, auf Grund der im November ergangenen Einladung Wagner in seinem

Landhause „Tribschen", im „Fideikommißhause", aufzusuchen. Lange stand er vor dem Landhause still und hörte einen immer wiederholten schmerzlichen Akkord. Endlich kam ein Diener aus dem Garten und sagte ihm, Herr Wagner arbeite stets bis 2 Uhr und dürfe nicht gestört werden. Nietzsche jedoch entschloß sich, wenigstens seine Karte abzugeben. Wagner ließ schnell herausfragen, ob der Herr Professor derselbe Herr Nietzsche sei, den er bei seiner Schwester, Frau Professor Brockhaus, in Leipzig kennen gelernt habe. Auf die bejahende Antwort erhielt Nietzsche eine Einladung zum Mittagessen. Leider mußte Nietzsche absagen, da er bereits anderwärts vergeben war. Wagner schlug nun den Pfingstmontag vor, und dieser Tag war der erste jener wunderbaren Tage, die Nietzsche im Wagnerschen Kreise verleben durfte. Die für den 22. Mai, Wagners Geburtstag, anberaumte Einladung mußte Nietzsche gleichfalls absagen, dafür sandte er nach Tribschen einen Brief, in dem der denkwürdige Passus steht: „Wenn es das Los des Genius ist, eine Zeitlang nur paucorum hominum zu sein, so dürfen doch wohl diese pauci sich in einem besonderen Grade beglückt und ausgezeichnet fühlen, weil es ihnen vergönnt ist, das Licht zu sehen und sich an ihm zu wärmen, wenn die Masse noch im kalten Nebel steht und friert ... Nun habe ich es gewagt, mich unter die Zahl dieser pauci zu rechnen, nachdem ich wahrnahm, wie unfähig fast alle Welt, mit der man verkehrt, sich zeigt, wenn es gilt, Ihre Persönlichkeit als Ganzheit zu fassen, den einheitlichen, tiefethischen Strom zu fühlen, der durch Leben, Schrift und Musik geht, kurz, die Atmosphäre einer ernsteren und seelenvolleren Weltanschauung zu spüren, wie sie uns armen Deutschen durch alle politischen Miseren, durch philosophischen Unfug und vordringliches Judentum über Nacht abhanden gekommen war. Ihnen und Schopenhauer danke ich es, wenn ich bis jetzt festgehalten habe an dem germanischen Lebensernst, an einer vertieften Betrachtung dieses so rätselvollen und bedenklichen Daseins." Und Anfang Juni 1869 teilt er voll Freude Rohde mit, daß Wagner wirklich alles sei, was die Welt von ihm gehofft habe: „ein verschwenderisch reicher und großer Geist, ein energischer Charakter und ein bezaubernd liebenswürdiger" Mensch, von dem stärksten Wissenstriebe etc. etc.

Den tiefen Eindruck, den der junge Baseler Professor auf Wagner ausübte, schildert dieser selbst in einem Briefe vom 3. Juli 1869;

es heißt darin: „Nun lassen Sie sehen, wie Sie sind. Viel wonnige Erfahrungen habe ich noch nicht an deutschen Landsleuten gemacht. Retten Sie meinen nicht ganz unschwankenden Glauben an das, was ich — mit Goethe und einigen anderen — deutsche Freiheit nenne." Als ein glückliches Omen für ihre Freundschaft betrachteten es beide Männer, daß während eines Logierbesuches Nietzsches in Tribschen Wagner sein Sohn Siegfried geboren wurde. Inzwischen hatte Rohde, wohl unter dem Einfluße von Nietzsches Wagnerbegeisterung stehend, seinem Freunde einen schwungvollen Brief gesandt, den Nietzsche in Tribschen vorlas. Wagner erbat sich eine Abschrift desselben, „er war sehr gerührt", und Nietzsche forderte seinen Freund auf, dem Meister in einem recht ausführlichen Briefe seine Verehrung zu bekunden: die Welt kenne ja gar nicht die menschliche Größe und Singularität seiner Natur. Er könne in seiner Nähe nur sehr viel lernen: es sei dies sein praktischer Kurs der Schopenhauerschen Philosophie. Wagners Nähe sei sein Trost. Fast jeder Brief an Rohde aus dieser Zeit preist das Genie Wagners, dieses „Juppiters", der festgewurzelt dasteht durch eigene Kraft und unzeitgemäß im schönsten Sinne sei. Wagners theoretische Schrift[1]) „Über Staat und Religion" sei von einer Höhe und Zeitentrücktheit, von einem Edelsinn und Schopenhauerschen Ernst, daß er selbst König sein möchte, um solche Ermahnungen zu bekommen. Wagner wünschte, daß Nietzsche die Sommerferien dieses Jahres in Tribschen verbringen solle, was Nietzsche jedoch ablehnte, worauf der Meister teils ärgerlich, teils scherzhaft bemerkte, der Professor mache sich rar! Im Herbste desselben Jahres sehen wir den jungen Professor wiederholt als allseits gerne begrüßten Gast in des Meisters Hause, dessen Bewohner er mit seiner Ideenwelt bekannt machte. Es ist nun für die im Hause Wagners herrschende Auffassung charakteristisch, daß, als Nietzsche seine Baseler Antrittsrede „Über die Persönlichkeit Homers" in Tribschen vorlas, Wagner ihm durch seine Gattin antworten ließ, Nietzsche dürfe nicht nur den großen Aischylos, sondern auch seinen Homeros auf Tribschen suchen. Er werde ihn dort lebend und nachhaltig wirkend finden. Der Meister stimme mit ihm in allen Punkten betreffs ästhetischer Fragen vollständig überein.

---

[1]) Gewidmet dem König Ludwig als „Memoire".

Indes gab es bei Wagner trotz dieser äußerlich scheinbar friedlichen Verhältnisse Zeiten schwerster seelischer Aufregungen: denn gegen Wagners Willen ließ König Ludwig in München das Rheingold" aufführen, wobei es ihm „ganz gleich war, wie es aufgeführt werde". Geschäftige Intrigantenhände bemühten sich, die Lage noch kritischer und peinlicher zu gestalten. In dieser schweren Zeit sagte Wagner wiederholt, daß Nietzsche „immer wie ein Bote aus einer besseren und reineren Welt zu ihm gekommen sei". An all diesen Kämpfen und tiefen Beunruhigungen nahm Nietzsche den innigsten Anteil, wurde er doch von Wagners in jeder Hinsicht ins Vertrauen gezogen. Kein Wunder also, daß sich durch dieses Miteinandertragen schwerster Erlebnisse eine tiefe, innige Freundschaft zwischen Wagner, Frau Cosima und Nietzsche entwickelte; Frau Cosima fand damals für dieses Verhältnis das schöne Wort: „Sie sind uns ein Tribschner, und bei der materiellen und moralischen Abgeschiedenheit unseres Hofes will das viel sagen." Wohl den größten Beweis seines „ausschweifendsten Vertrauens" schenkte Wagner Nietzsche, als er diesen mit der Drucklegung seiner Selbstbiographie betraute. Von Interesse ist es auch, daß gelegentlich des Entwurfes für ein Wagnersches Familienwappen, das einen Geier in der Mitte zeigt, Wagner selbst seinen Stiefvater Geyer als seinen wirklichen Vater bezeichnete, ein Faktum, worauf Nietzsche im „Fall Wagner" anspielt.

Inzwischen war aber Nietzsche auch in seinem Berufe nicht untätig geblieben. So hatte er seine beiden Vorträge „Das griechische Musikdrama" und „Sokrates und die Tragödie" im Manuskript nach Tribschen gesandt. Für Nietzsches geistige Entwicklung sind diese beiden Werkchen insofern von Wichtigkeit, als er in ihnen zum erstenmal den zerstörenden Einfluß des Sokrates und Euripides auf auf die griechische Tragödie bespricht. Wagner antwortete daher seinem „teuersten Herrn Friedrich", daß dieser mit den ungeheuren Namen der großen Athener in überraschender Weise modern umgegangen sei. Er selbst habe keinen gelinden Schreck empfunden über die Kühnheit, mit der so kurz und kategorisch einem vermutlich nicht eigentlich zur Bildung aufgelegten Publikum eine so neue Idee mitgeteilt werde. Indessen fühle der Meister vollkommen mit ihm mit, denn er habe das Rechte getroffen und den eigentlichen Punkt auf das schärfste genau bezeichnet, so daß er nicht anders als verwunderungsvoll seiner ferneren Entwicklung, zur Überzeugung des gemeinen dogmatischen Vorurteils, entgegensehe. Doch habe er Sorge um ihn und wünsche vom ganzen Herzen, Nietzsche solle sich nicht den Hals brechen. Deshalb möchte er ihm raten, diese sehr unglaublichen Ansichten nicht mehr in kurzen durch fatale Rücksichten auf leichten Effekt es absehenden Abhandlungen zu berühren, sondern sich zu einer größeren, umfassenderen Arbeit darüber sammeln. Dann werde er gewiß auch das richtige Wort für die göttlichen Irrtümer des Sokrates und Platon finden, welche so überwältigend schöpferischer Natur waren, daß man, obwohl sich von ihnen bekehrend, sie doch anbeten müsse. Auch Frau Cosima griff zur Feder und teilte dem jungen Forscher mit, daß, wenn auch Nietzsches Grundanschauung sie von vornherein sympathisch, ja geradezu heimisch berührte, die Kühnheit und Schlichtheit der Gedanken ihr zunächst ganz überraschend gekommen sei. Was den Passus betreffe, daß der Verfall der griechischen Tragödie mit Sophokles, ja bereits mit Aischylos beginne, habe ihr der Meister beweisen müssen, wie recht Nietzsche mit seinen Behauptungen habe. Tief bedauerlich ist es, daß „der herrliche Brief", mit dem Nietzsche auf diese beiden Schreiben antwortete, in Wahnfried vernichtet worden sein soll.

Aus beiden Briefen erhellt, daß sowohl Wagner wie Frau Cosima ihrem Freunde den wohlgemeinten Rat gaben, aus dem Vortrage über Sokrates und die griechische Tragödie ein größeres Buch zu machen, welchen Rat Nietzsche ein wenig belächelte, zumal schon seit „Jahren in ihm eine Fülle von ästhetischen Problemen und Antworten gärten", und er die Gelegenheit öffentlicher Reden nur dazu benutzt hatte, um kleine Teile des großen Stoffes auszuarbeiten, der in einem umfangreichen Buche über die Griechen dargestellt werden sollte. Frau Förster nennt es als sehr bezeichnend für Wagner, daß er trotz des innigen Verkehrs mit ihrem Bruder sich dem Irrtum hingeben konnte, als ob diese kleinen Vorträge gewissermaßen nur erste Apercus wären, daß er es nicht begriff, wie sie nur das kleine Stück eines Gesamtergebnisses sein konnten, das durch jahrelange Studien und viele verborgene Gedankenarbeit vorbereitet sein mußte. Ob sich jedoch Nietzsche auf Wagners Vorschlag hin, seine neuen Ideen zu einem Buche zu vereinigen, über seine innersten Pläne ausgesprochen hat, oder ob er es noch zu früh fand, das läßt sich heute nicht mehr konstatieren, da ja auch hiefür seine Briefe an Wagner fehlen. Doch soll es rückhaltslos anerkannt werden, daß zwei Menschen von solch hoher Intelligenz wie Wagner und Frau Cosima es sogleich fühlten, daß sich hier etwas Neues und Überwältigendes ankündigte.

Für den Meister war aber inzwischen wiederum eine Leidenszeit hereingebrochen. Von drückenden Geldsorgen gequält, war er genötigt, die Aufführung der „Walküre" in München zuzulassen, wiewohl die Theaterintendantur sich in keiner Weise nach Wagners Wünschen richtete. Allein nur um den Preis dieses Opfers erkaufte er sich seine materielle Unabhängigkeit: „dieses wäre denn der Preis, um welchen ich mir so viel bürgerliche Ruhe erkaufe, um wenigstens die Komposition meiner Werke ausführen zu können", schrieb der Meister an Klindworth. Über diese Zwangsaufführung der „Walküre" empfand Wagner bitteren Schmerz, dem er auch in den kräftigsten Worten Luft machte, wie er es denn auch allen seinen Freunden und Bekannten — darunter auch Franz Liszt — sehr übelnahm, daß sie zur Aufführung nach München fuhren. Aber auch die gleichzeitig erfolgenden „Meistersinger"-Aufführungen in Wien und Berlin bereiteten dem Meister keine Freude. Daneben gab es noch viele andere große und kleine Unannehmlichkeiten: Wagner stand eben wie Zeit seines Lebens, so besonders damals nicht nur im Mittelpunkte des allgemeinsten Interesses, sondern leider auch des Klatsches. In all diesen Fährnissen stand Nietzsche unentwegt und treu seinem großen Freunde zur Seite, nahm sich alle diese Dinge sehr zu Herzen, und wo immer er eingreifen und Unangenehmes verhüten konnte, tat er es und konnte sich in seiner Fürsorge für Wagner gar nicht genug tun.

Um so eifriger war man im engsten Familienkreise Wagners bestrebt, vom Meister alles Unangenehme fernzuhalten und ihm jene freudige Stimmung zu verschaffen, deren er bedurfte, um sich zum Schaffen an seinem gewaltigen Nibelungenwerke angeregt zu fühlen. Die fünf Kinder Daniella, Blandine, Isolde, Eva und Siegfried halfen ihrer Mutter „unbewußt" mit, im Hause eine frohe Stimmung zu verbreiten. Nietzsche erfreute sich bei den Kindern größter Beliebtheit: er war der „gute Herr Nützsche" oder der „gute Herr Fressor", wiewohl er nach Isoldens Erklärung „niemand frißt!"

Im April 1870 wurde Nietzsche zum Ordinarius seines Faches ernannt, was ihn aber keineswegs mit den rosigsten Empfindungen erfüllte. Überangestrengt durch berufliche Arbeit, und da er sich die winterlichen Unannehmlichkeiten, die Wagner zuteil geworden waren, allzusehr zu Herzen genommen hatte, hatte er Wagner gegenüber wiederholt schon Andeutungen gemacht, ob er nicht seine Professur aufgeben müsse, um sich ganz der Verteidigung des geliebten Meisters zu widmen. Dagegen hatte sich der Meister auf das ernstlichste ausgesprochen; denn wenn er auch wünschte, daß sich Nietzsche ihm und seiner Verteidigung widmete, so sollte er dies doch gerade als Universitätsprofessor tun, weil Wagner auf dieses Amt und diesen Titel besonders hohen Wert legte. Als daher Nietzsche nach einer kurzen Erholungsreise nach dem Genfer See nach Basel zurückgekehrt war, mit seinen Amtspflichten sich völlig ausgesöhnt hatte und sich eifrigst neuen philologischen Arbeiten widmete, war niemand anderer damit mehr zufrieden als Wagner. So schrieb er ihm: „Ich freue mich, daß der Ausflug an den Genfer See Sie erheitern konnte. Jetzt, wo — wie ich ersehe — die Philologie ‚grau und leibhaftig‘ sich Ihrer Lebensregel bemächtigt hat, und selbst belustigende Exkursionen in das Reich der ‚Style‘ Ihnen beschwerlich fallen dürften, lassen Sie auch mich von Allotrien schweigen: vielleicht trage ich auch so etwas dazu bei, Sie von manchen verirrenden Eindrücken wieder abzuleiten, die Ihnen aus einer Sphäre sich zudrängten, in welcher mit ganzem Willen die Welt zu ersehen wiederum ein anderer sich für berufen erachten kann oder — muß. Jede Ihrer Mitteilungen aber zeigt uns, wie sehr Sie in Anspruch genommen sind, und mir muß der Selbstvorwurf, Ihnen — wenn auch im allerfreundlichsten Sinne — lästig zu werden, nahe treten."

Leider war es Nietzsche auch in diesem Jahre nicht möglich gewesen, bei Wagners Geburtstagsfeier anwesend zu sein, dafür sandte er seinem „pater seraphicus" einen rührenden Brief, der in dem Wunsche gipfelt, Wagner möge ihm auch im kommenden Jahre das bleiben, was er ihm letzten Jahre gewesen: „der Mystagoge in den Geheimlehren der Kunst und des Lebens". Unterschrieben hatte er sich als „einer der seligen Knaben".

In seinem Antwortschreiben bedauerte es der Meister auf das lebhafteste, daß der Professor in Tribschen nicht anwesend sein konnte, betonte jedoch die Unannehmlichkeiten, die ihm sein Verleger Bonfantini mit der Drucklegung der Autobiographie bereitete. „Daß ich Ihnen, Wertester, nie die Einsicht in diese Blätter vorenthalten werde, bezweifeln Sie wohl um so weniger, als Sie wissen, daß Sie von mir vorzüglich mit dazu bestimmt sind, über meinen Tod hinaus ein Wächter über diese Andenken an mich zu sein."

Nietzsche gab sich inzwischen alle erdenkliche Mühe, seine nächsten Freunde mit Wagner in nähere Beziehung zu bringen, und war außerordentlich glücklich, als ihm dies gelang. Einem Briefe an Baron Gersdorff entnehme ich folgende Stellen: „Daß wir nun auch über Richard Wagner einig sind, ist mir ein überaus schätzenswerter Beweis unseres Zusammengehörens. Denn es ist nicht leicht und erfordert einen tüchtigen Mannesmut, um hier nicht bei dem fürchterlichen Geschrei irre zu werden. Schopenhauer muß uns über diesen Konflikt theoretisch hinwegheben: wie es Wagner praktisch, als Künstler, tut. Unseren Juden ist vornehmlich verhaßt die idealistische Art Wagners, in der er mit Schiller am stärksten verwandt ist. Für mich knüpft sich alles Beste und Schönste an die Namen Schopenhauer und Wagner, und bin ich stolz und glücklich, hierin mit meinen nächsten Freunden gleichgestimmt zu sein." Und so wurden denn Rohde und Baron Gersdorff von Wagner eingeladen, wobei der schöne und ernste Rohde auf den Meister den angenehmsten Eindruck machte. Frau Förster-Nietzsche gegenüber betonte der Meister wiederholt, daß ihr Bruder und seine Freunde eine neue wundervolle Art Mensch sei, die er bisher nicht für möglich hielt. Über den besonderen Wunsch der Frau Cosima mußte Nietzsche seine beiden Vorträge „Das griechische Musikdrama" und „Sokrates und die Tragödie" noch einmal sorgfältig abschreiben und sie ihr schenken. Hocherfreut drückte sie ihm ihren lebhaftesten Dank hiefür aus. So heißt es bezeichnenderweise in dem Dankschreiben, daß Nietzsches neue, aber durchaus treffende Bezeichnung des Chors als Einzelwesen ihr wiederum gezeigt habe, wie tief musikalisch Nietzsche sei, und vielleicht habe ihm sein großer musikalischer Instinkt den Schlüssel zu dem Kern der griechischen Tragödie gegeben. Den krönenden Abschluß aller seiner Ideen werde er in des Meisters Werken, in Bayreuth, erblicken können.

Ende Juni 1870 erhielt Nietzsche von Wagner ein scherzhaft abgefaßtes Telegramm mit der dringenden Aufforderung, ihn in

Tribschen, wo bereits Hans Richter sich „dauernd installiert" hatte, zu besuchen. Nietzsche leistete dieser Einladung am 15. Juli Folge, während seine Schwester bei einer ihr bekannten Familie logierte. Eines Tages ward nun auch Frau Förster in den Wagnerschen Kreis eingeführt, was ihr anfänglich nicht besonders zu behagen schien, da das illegitime Zusammenleben des Meisters mit der Baronin v. Bülow nicht ohne üble Nachrede besprochen wurde. Da indes eine alte, vornehme Basler Dame mit den Worten: „Wo Ihr Bruder Sie hinführt, können Sie überall hingehen", alle Bedenken in Nietzsches Schwester zerstört hatte, begab sie sich zu Wagners, wurde freundlichst aufgenommen und lernte es allmählich begreifen, daß Frau Cosimas Entschluß, ihren bisherigen Gatten zu verlassen, wohl das höchste Opfer war, das sie dem Genius Wagners und seinem Lebenswerke brachte. So entspann sich auch zwischen den beiden Frauen ein inniges Freundschaftsverhältnis. Inzwischen war aber der deutschfranzösische Krieg ausgebrochen, und Nietzsche wollte unbedingt seiner patriotischen und soldatischen Pflicht nachkommen. Seine Teilnahme am Kriege ist ja bekannt, ebenso, daß er sich dort die ersten Keime zu seinem späteren schweren Leiden geholt hat. Während er als freiwilliger Krankenpfleger auf den Schlachtfeldern weilte, vollzog sich in Tribschen ein bedeutendes Ereignis: am 25. August 1870 wurden Wagner und Frau Cosima v. Bülow getraut, was nach Malwida v. Meysenbugs Versicherung Wagner unendlich freute, da nun endlich einmal seine bürgerlichen Verhältnisse in Ordnung kämen. So bedauerte es denn der Meister aufs tiefste, daß sein Freund diesem Trauungsakte nicht hatte beiwohnen können; denn gerade er, der aus einer Familie stammte, die mehrere der tugendhaftesten Generationen hinter sich hätte, habe nach Wagners eigenem Geständnisse, unter dessen illegalen häuslichen Verhältnissen „schrecklich gelitten".

Als Schwerkranker vom Kriegsschauplatz heimgekehrt, beeilte sich Nietzsche, Wagner seine am Schlachtfelde gemachten Erfahrungen, die den Grundstein zu seiner späteren heroischen Philosophie bilden sollten, in einem ausführlichen Briefe mitzuteilen und Wagners Sohn anläßlich dessen Taufe, die gleichfalls in seiner Abwesenheit erfolgt war, „ein fröhliches Glückauf" zu entbieten. Als Rekonvaleszent begab sich Nietzsche nach Basel, um seine Lehrtätigkeit wieder aufzunehmen. In der Zwischenzeit hatte Wagner seine Schrift „Beethoven" vollendet und schickte sie nun nach Basel als „liebevolle Begrüßung", worauf ihm Nietzsche antwortete: „In dem ersten Ansturme des neuen Semesters konnte mir nichts Erquicklicheres geschehen als die Übersendung Ihres ‚Beethoven'. Wieviel mir daran liegen mußte, Ihre Philosophie der Musik — und das heißt doch wohl: die Philosophie der Musik kennen zu lernen, könnte ich Ihnen besonders an einem Aufsatze deutlich machen, den ich für mich in diesem Sommer schrieb, betitelt ‚Die dionysische Weltanschauung'. In der Tat habe ich durch dies Vorstudium erreicht, daß ich die Notwendigkeit Ihrer Beweisführung vollständig und mit tiefsten Genusse einsehe, so entlegen der Gedankenkreis, so überraschend und in Staunen versetzend alles und namentlich die Ausführung über Beethovens eigentliche Tat ist. Doch fürchte ich, daß Sie den Ästhetikern dieser Tage als ein Nachtwandler erscheinen werden, dem zu folgen nicht rätlich, ja gefährlich, vor allem unmöglich gelten muß. Selbst die Kenner Schopenhauerischer Philosophie werden der größten Zahl nach außerstande sein, den tiefen Einklang zwischen Ihren Gedanken und denen Ihres Meisters sich in Begriffe und Gefühle zu übersetzen. Und so ist Ihre Schrift, wie es Aristoteles von seinen esoterischen Schriften sagt, zugleich herausgegeben und nicht herausgegeben. Ich möchte glauben, daß Ihnen dem Denker zu folgen in diesem Falle nur für den möglich ist, dem der ‚Tristan' vornehmlich sich entsiegelt hat." Der Schluß des Briefbogens ist im Original von unbekannter Hand abgerissen.

Nun, dieser Brief ist wohl eines der rührendsten Zeugnisse für Nietzsches angeborene Höflichkeit und seinen Zartsinn. Anstatt nämlich Wagner daran zu erinnern, daß er ihm den Vortrag „Über die dionysische Weltanschauung" bereits Anfang August in Tribschen vorgelesen hatte, tut er so, als ob er dies vergessen hätte, damit Wagner nicht darauf aufmerksam gemacht werde, daß er einige Ideen Nietzsches, ehe dieser sie selbst veröffentlichte, in seinem „Beethoven" vorweggenommen hatte. Er drückt ihm nur für die Gleichheit seiner Ansichten seine innigste Freude aus. Nicht im mindesten zürnte er deshalb dem Meister, sondern feierte dieses Jahr das Weihnachtsfest in Tribschen, in Wagners engstem Familienkreise, bei welcher Gelegenheit er Zeuge der Uraufführung des „Tribschener Idylls", später „Siegfried Idyll" genannt, wurde, das der Meister seiner Gattin zu Ehren als sinnigen Geburtstagsgruß komponiert hatte.

Zu Beginn des Jahres 1871 sehen wir Nietzsche auf das eifrigste mit der Arbeit an seinem großen Griechenbuche beschäftigt, immer neue Gedanken strömten ihm zu, aber nur einen Teil derselben begann er zusammenzufassen; jedoch war diese Zusammenfassung noch ohne jede Beziehung zu Wagner und seiner Kunst. Mitten in diesen Arbeiten mußte Nietzsche plötzlich abbrechen. Denn sein Zustand, der nach seiner Rückkehr nach Basel sehr schwankend geworden war, hatte sich infolge der angestrengten Tätigkeit zusehends verschlechtert. Wagner war über diese Erkrankung sehr erschrocken: hatte er doch gehofft, nunmehr jeden Sonnabend und Sonntag seinen Freund bei sich beherbergen zu können, wo unter Hans Richters Leitung Beethoven-Quartett-Abende arrangiert worden waren. Über ärztliches Anraten begab sich Nietzsche zur Erholung nach Lugano, während Wagner, ungemein patriotisch gesinnt, an seinem Kaisermarsch komponierte; denn mit dem Siege der Deutschen erwartete er auch den Sieg seiner Kunst. Als Nietzsche Anfang April von seinem Urlaube zurückkehrte, mußte er über Wagners ausdrücklichen Wunsch nach Tribschen kommen und dem Meister aus seiner neuen Griechenschrift vorlesen. Dieser Aufenthalt muß nun für Nietzsche mit einer sehr großen Enttäuschung verbunden gewesen sein. Denn gerade infolge seiner Feinfühligkeit war es ihm nicht entgangen, daß Wagner sich der bestimmten Hoffnung hingegeben habe, diese neue Schrift Nietzsches werde irgendwie zur Verherrlichung seiner Kunst dienen. So begeistert indes Nietzsche für Wagner und dessen Kunst war, so sträubte sich zunächst doch die Gewissenhaftigkeit des Gelehrten, in dieser Schrift, die damals den Titel „Griechische Heiterkeit" hatte, so Verschiedenartiges miteinander zu verknüpfen, wie Hellenentum und Wagnertum. Aber die Rücksicht auf den Freund siegte und zerstreute alle Bedenken des Gelehrten; denn sobald er nach Basel zurückgekehrt war, ergab er sich mit größtem Eifer einer gründlichen Umarbeitung des Werkes, schied einige Kapitel aus und beschränkte sich nunmehr auf das Problem der griechischen Tragödie, um sie mit dem Hinweis auf Wagners Kunst verbinden zu können.

Mittlerweile hatten Wagners eine Rundreise durch deutsche Städte gemacht, bei welcher Gelegenheit in Bayreuth der damals noch kühne Gedanke gefaßt wurde, hier für Wagners Werke ein eigenes Festspielhaus zu erbauen, da das alte markgräfliche

Rokokotheater hiefür als ungeeignet befunden wurde. Nach ihrer Rückkehr nach Tribschen verlebte Nietzsche mit seiner Schwester die Pfingstferien in Wagners Hause. Gerne schenken wir Frau Förster unseren Glauben, wenn sie diese Tage zu den schönsten Erinnerungen ihres Lebens zählt. „Niemals, weder vorher noch nachher, habe ich in der Unterhaltung drei so verschiedener Menschen einen gleichen wundervollen Zusammenklang wiedergefunden; jeder hatte seine eigene Note, sein eigenes Thema und betonte es mit aller Kraft, und doch, welch prachtvolle Harmonie! Jede dieser eigenartigen Naturen war auf ihrer Höhe, leuchtete in ihrem eigenen Glanze, und doch verdunkelte keiner den anderen!" Während Nietzsche den Sommer in Grimmelwald bei Lauterbrunn verlebte, gab es in Tribschen sehr viel Besuch. Denn jetzt, wo die häuslichen Verhältnisse Wagners in bester Ordnung waren, strömten von allen Seiten die alten Freunde und Bekannten herbei, so daß Nietzsche sich nicht verpflichtet fühlte, Wagners so wie früher in ihrer Einsamkeit aufzusuchen. Trotz seiner großen Liebe für Wagner empfand er bei dem starken Einfluß, den Wagner auf ihn ausübte, daß dies eine Erleichterung sei, was von Wagner im stillen wohl bemerkt und im mündlichen und schriftlichen Verkehr angedeutet wurde.

Die folgenden Tage und Monate waren für Nietzsche mit schweren Sorgen erfüllt wegen der Verlagsübernahme seines Griechenbuches durch einen Verleger. Da der Leipziger Verleger Engelmann schon seit langem das Manuskript besaß, aber nichts von sich hören ließ, beschloß Nietzsche auf den Rat seiner beiden Freunde Rohde und Gersdorff, das Manuskript von Engelmann zurückzuverlangen und an Wagners Verleger E. W. Fritzsch einzusenden, der die Schrift nach einigem Zögern akzeptierte. Sobald Nietzsche diese Angelegenheit geordnet sah, glaubte er in der Tat, noch etwas mehr in Hinsicht auf Einmischung von Gedanken, die Wagner und seine Kunst betrafen, wagen zu können und fügte dem Manuskript noch ziemlich viel hinzu. Er schrieb darüber an Rohde: „Der ganze letzte Dir noch unbekannte Teil wird Dich gewiß in Erstaunen setzen, ich habe viel gewagt und darf mir aber in einem ganz enormen Sinne zurufen: animam salvavi; weshalb ich mit großer Befriedigung der Schrift gedenke und mich nicht beunruhige, ob sie gleich so anstößig wie möglich ausgefallen ist und von einigen Seiten geradezu ein Schrei der Entrüstung bei ihrer Publikation laut werden wird."

Aber trotz alledem muß es hier offen ausgesprochen werden, daß Nietzsche schon zu jener Zeit wiederholt Andeutungen machte, wieviel eigene, aber andere Ansichten er Wagner zuliebe unterdrückt habe. „Von der Art," schreibt er an Rohde, „wie so ein Buch entsteht, von der Mühe und Qual, gegen die von allen Seiten andringenden anderen Vorstellungen sich bis zu dem Grade rein zu halten, von dem Mut der Konzeption und der Ehrlichkeit der Ausführung hat ja niemand einen Begriff: am allerwenigsten vielleicht von der enormen Aufgabe, die ich Wagner gegenüber hatte, und die wahrlich in meinem Innern viele und schwere Kontristationen verursacht hat." Wagner selbst hatte keine Ahnung davon, wie sehr die Schrift Nietzsches mit ihm, resp. der durch ihn vertretenen Kunstrichtung zusammenhing. Er wollte darüber vorher nichts verraten und hatte selbst die Schwester dringend ermahnt, davon auch nicht das Geringste verlauten zu lassen.

An dem Konzert, das Wagner unter seiner persönlichen Leitung, um dem Bayreuther Unternehmen hilfreiche Freunde zu gewinnen, in Mannheim gab, nahm auch Nietzsche teil. Das Programm enthielt unter anderem Wagners Kaisermarsch, das Lohengrin-Vorspiel, das Vorspiel zu den Meistersingern, Vorspiel und Schlußsatz aus Tristan und Isolde. Dieses Konzert war für Nietzsche einer der tiefsten Eindrücke seines Lebens. Er schreibt an Rohde: „Ach, mein Freund! Daß Du nicht dabei sein konntest! Was sind alle sonstigen künstlerischen Erinnerungen und Erfahrungen, gemessen an diesen allerletzten! Mir ging es wie Einem, dem eine Ahnung sich endlich erfüllt. Denn genau das ist Musik und nichts sonst! Und genau das meine ich mit dem Wort ‚Musik‘, wenn ich das Dionysische schildere und nichts sonst! Wenn ich mir aber denke, daß nur einige hundert Menschen aus der nächsten Generation das von der Musik haben, was ich von ihr habe, so erwarte ich eine völlig neue Kultur! Alles was übrig bleibt und sich gar nicht mit Musikrelationen erfassen lassen will, erzeugt bei mir freilich mitunter geradezu Ekel und Abscheu. Und wie ich vom Mannheimer Konzert zurückkam, hatte ich wirklich das sonderbar gesteigerte übermächtige Grauen vor der Tageswirklichkeit: weil sie mir gar nicht mehr wirklich erschien, sondern gespenstig." Die Weihnachtsferien 1871 verlebte Nietzsche einsam in Basel, da er Zeit und Einsamkeit nötig hatte um seine sechs Vorträge „Über die Zukunft der Bildungsanstalten" auszuarbeiten. Sein neues Werk „Die Geburt der Tragödie aus dem Geiste der Musik" war schon mehrere Wochen im Druck vollendet und er wartete jeden Tag darauf, daß die fertigen Exemplare ankämen, um sie nach Tribschen zu schicken und Wagner, da sie keine Weihnachtsgabe mehr sein konnte, wenigstens eine Neujahrsfreude damit zu bereiten.

Am 2. Jänner 1872 sandte Nietzsche das Buch nach Tribschen. „Endlich kommt mein Neujahrswunsch und meine Weihnachtsgabe. Möge meine Schrift wenigstens in irgendeinem Grade der Teilnahme entsprechen, die Sie ihrer Genesis bis jetzt, wirklich zu meiner Beschämung, zugewandt haben. Und wenn ich selbst meine, in der Hauptsache recht zu haben, so heißt das nur so viel, daß Sie mit Ihrer Kunst in Ewigkeit recht haben müssen. Auf jeder Seite werden Sie finden, daß ich Ihnen nur zu danken suche für alles das, was Sie mir gegeben haben: und nur der Zweifel beschleicht mich, ob ich immer recht empfangen habe, was Sie mir gaben. Vielleicht werde ich später einmal manches besser machen können: und ‚später' nenne ich hier die Zeit der ‚Erfüllung', die Bayreuther Kulturperiode. Inzwischen fühle ich mit Stolz, daß ich jetzt gekennzeichnet bin und daß man mich jetzt immer in einer Beziehung zu Ihnen nennen wird. Meinen Philologen gnade Gott, wenn sie jetzt nichts lernen wollen. Ich werde beglückt sein, verehrtester Meister, wenn Sie diese Schrift, am Beginn des neuen Jahres, als ein gutes und freundliches Wahrzeichen entgegennehmen wollen. Unter Segenswünschen für Sie und Ihr Haus und mit heißem Dank für Ihre Liebe bin ich, der ich war und sein werde, Ihr getreuer Friedrich Nietzsche." Darauf antwortete Wagner: „Schöneres als Ihr Buch habe ich noch nichts gelesen! Alles ist herrlich! Nun schreibe ich Ihnen schnell, weil die Lektüre mich übermäßig aufregte und ich erst Vernunft abwarten muß, um es ordentlich zu lesen. — Zu Cosima sagte ich, nach ihr kämen gleich Sie: dann lange kein anderer, bis zu Lenbach, der ein ergreifend richtiges Bild von mir gemalt hat! — Beachten Sie, was ich Ihnen schrieb — übrigens im Betracht der Sache, Gleichgültiges. — Adieu! Kommen Sie bald auf einen Husch herüber, dann soll es dionysisch hergehen! Ihr R. W." Cosima schrieb zunächst nur eine Empfangsbestätigung, dann aber in tiefer Ergriffenheit, daß das Einzige, was sie und ihren Gatten beschäftige und bekümmere, nur Nietzsche sei; es dünke sie, daß es nur einen Wagner-Allwissenden gebe, und dieser sei — Nietzsche.

Die Freundesbriefe, die von höchster Bewunderung für den Autor und sein Werk erfüllt waren, sodann das erschrockene Erstaunen derer, die Nietzsche zwar wohlgesinnt waren, aber beim Lesen seines Werkes „gelinden Schauder" empfanden — alles das erschütterte ihn aufs tiefste. Er wurde krank und befürchtete, zum Glück grundlos, daß der Zustand des vorigen Jahres sich wiederholen könnte. Wohl aber wurde er dadurch verhindert, der dringenden Einladung nach Tribschen Folge zu leisten, zumal ihn die Niederschrift seiner Vorträge „Über die Zukunft unserer Bildungsanstalten" sehr in Anspruch nahm. Wagner konnte sich das Fernbleiben seines Freundes nicht erklären: denn soeben hatte ihm dieser in so stürmischen Worten seine Bewunderung ausgedrückt und nun schwieg er beharrlich. Wagners angebornes Mißtrauen begann sich zu regen und in einem Briefe machte er auch kein Hehl daraus; der Meister argwöhnte, Nietzsche habe die Veröffentlichung seines Buches bereits bereut! Dem war aber gewiß nicht der Fall; denn Nietzsche hatte sich vielmehr bemüht, an alle Freunde und Bekannte des Wagnerschen Kreises Exemplare seines Buches zu schicken. Ja, sogar an den König Ludwig mußte der Autor, von Wagner gedrängt, ein Exemplar absenden.

Das Jahr, das so freudig und zukunftsfroh für beide Männer begonnen hatte, sollte aber gar bald zu schweren Krisen führen. Denn Ende Jänner traf Wagner auf der Durchreise nach Berlin in Basel ein und schüttete Nietzsche sein Herz aus. Man hatte ihn nämlich nach Berlin berufen durch die Mitteilung, daß dort jemand 200.000 Taler zusammenbringen wolle, so daß auch vor der Zeichnung der Patronatsscheine mit vollem Vertrauen mit dem Baue des eigenen wie des Festspielhauses in Bayreuth begonnen werden konnte. Wagner aber leistete dieser Aufforderung nur ungern Folge, denn diese Reise riß ihn mitten aus der Komposition am III. Akte der „Götterdämmerung" heraus, und außerdem hatte er nicht das rechte Vertrauen zu dieser Sache. Da erging er sich denn in leidenschaftlichen Klagen über die drückenden Sorgen und gab auch seinem Unmut darüber Ausdruck, „daß alles auf ihm läge, daß ihm niemand in solchen Dingen zur Seite stünde" usw. usw. Nietzsche war tief erschüttert, den geliebten Meister so leiden zu sehen; er tröstete ihn, soviel er konnte, da er im Gegensatz zu Wagner an die damals phantastische Möglichkeit einer solchen plötzlichen Hilfe glaubte, zumal auch eine günstige Nachricht gerade in Basel eintraf. Am liebsten wäre er mit ihm nach Berlin gereist; da sein Amt ihn daran hinderte, schrieb er an Baron Gersdorff, seine Stelle bei Wagner einzunehmen: „Du wirst verwundert sein, Wagner so plötzlich bei Dir zu sehen. Ich beschwöre Dich, alles zu tun, zu sehen, zu empfinden, was ihm in einem so wichtigen Moment von Wert sein kann. Ich übertrage auf Dich für diese Tage alles das, was ich für ihn empfinde, und bitte Dich, so zu handeln, als ob Du ich wärst." Gersdorff entsprach vollständig dem in ihn gesetzten Vertrauen. Daher schrieb Nietzsche dankbar dem hilfsbereiten Freunde: „Was Du auch tun magst — denke daran, daß wir beide mit berufen sind, an einer Kulturbewegung unter den ersten zu kämpfen und zu arbeiten, welche vielleicht in der nächsten Generation, vielleicht noch später, der größeren Masse sich mitteilt. Dies sei unser Stolz, dies ermutige uns: im übrigen habe ich den Glauben, daß wir nicht geboren sind, glücklich zu sein, sondern unsere Pflicht zu tun; und wir wollen uns segnen, wenn wir wissen, wo unsere Pflicht ist." Dieses Pflichtgefühl bewog Nietzsche nochmals, den Meister seiner Bereitwilligkeit zu versichern, auf Amt und Würden zu verzichten, um sich ganz dem Meister zu widmen: „Es scheint jetzt der Moment zu sein, in dem der Bogen endlich gespannt wird — nachdem er lange mit schlaffen Sehnen dahing. Daß Sie es aber auch sein müssen, der dies tut! Daß doch alles zuletzt auf Sie zurückgeht! Ich empfinde meine jetzige Existenz als einen Vorwurf und frage Sie aufrichtig an, ob Sie mich brauchen können."

Wir wissen bereits, daß Wagner in wahrhaft väterlicher Besorgnis seinem jungen Freunde ernstlich davon abgeraten hatte, auf seine schöne Stellung ihm zuliebe zu verzichten. Jetzt aber lagen die Dinge ganz anders: der Bayreuther Gedanke reifte tatsächlich der Verwirklichung entgegen. Zudem hatte der Mannheimer Emil Heckel Wagner den Rat gegeben, einen Freund in den deutschen Städten herumzuschicken, damit er über das Bayreuther Unternehmen aufklärende Vorträge halte. Niemand eignete sich nach Wagners Überzeugung hiefür mehr als Nietzsche: denn er, der durch die Herausgabe seines ersten Werkes im Mittelpunkt des allgemeinen Interesses stand, werde mit spielender Leichtigkeit die breite Öffentlichkeit zum Verständnis und zur Erfüllung seiner Pläne hinreißen. Und in der Tat: Nietzsche war bereit, mit Verzicht auf sein Amt, sich dieser Aufgabe zu unterziehen. Allerdings kam ihm dieser Entschluß keineswegs aus leichtem Herzen; aber die Überzeugung, er stehe dem Meister am nächsten, legte ihm diese höchste Verpflichtung auf, sich rest- und selbstlos jenem zu widmen. Von solchen Empfindungen ist ein Brief an Rohde getragen, dem er sich gerne anvertraut hätte: „Warum leben wir nicht beieinander! Denn was ich jetzt alles auf dem Herzen trage und für die Zukunft vorbereitet, ist in Briefen auch nicht einmal zu berühren. Ich habe mit Wagner eine Alliance geschlossen. Du kannst Dir gar nicht denken, wie nahe wir uns jetzt stehen und wie unsere Pläne sich berühren ... Ein ungeheurer Ernst erfaßt mich bei allem, was ich über mein Buch vernehme, weil ich in solchen Stimmen die Zukunft dessen, was ich vorhabe, errate. Das Leben wird noch sehr schwer."

„Sehr glücklich" kehrte Wagner aus Berlin nach Tribschen zurück, von wo er sofort an Nietzsche schrieb; aus diesem Briefe erhellt, daß die Andeutungen, die er Nietzsche seinerzeit in Basel gemacht hatte, seinen innersten Wunsch verraten hatten, daß er aber in seiner väterlichen Liebe zu dem jungen Freunde noch immer zögerte, das Opfer, zu dem jener sich erbot, anzunehmen. „Fast war ich in Berlin erschrocken, in Basel so deutlich von Ihnen verstanden worden zu sein! Gersdorff wird Ihnen viel berichtet haben; vor ihm ging alles offen her. Nur Bayreuth kennt er noch nicht: dort habe ich tieferfreuende Wohltaten empfangen. Sie boten sich mir nach Berlin an? Einen kleinen Gebrauch mache ich sogleich davon. Ich habe mehrere Tage der kompliziertesten Korrespondenz vor mir. Helfen Sie mir!" Wagners Zögern, Nietzsches Opfer anzunehmen, hätte Nietzsche vielleicht veranlaßt, seinen Plan, in verschiedenen Städten Vorlesungen zugunsten Bayreuths zu halten, auf längere Zeit hinauszuschieben. Aber nun war ihm der Gedanke gekommen, seinen Freund Rohde mit diesem selben Plane von dem Privatdozenttume zu erlösen. Rohde sollte seine Stelle an der Baseler Universität bekommen, und zwar schon fürs nächste Wintersemester, während er selbst dann seine Vortragsreise antreten wollte. Zwei Freunden zu gleicher Zeit zu helfen, schien ihm entzückend.

II. BAYREUTH. DIE GRUNDSTEINLEGUNG DES FESTSPIELHAUSES.

Die Berliner Angelegenheit, die sich so vielsprechend angelassen hatte, sollte sich leider als eine große Enttäuschung erweisen, so daß die Fixierung der Grundsteinlegungsfeier in Bayreuth mit dem 22. Mai 1872 etwas verfrüht erschien. Aber mit staunenswerter Energie überwand Wagner auch diesen harten Schlag: er blieb unermüdlich tätig, stark im Glauben an seine gerechte Sache, ungebeugt, tapfer und aufrecht, lauter Eigenschaften, die Nietzsche im höchsten Grade entzückten. Und in der Tat: für jeden, der ein hehres Ziel vor sich hat, muß Wagners Verhalten ein leuchtendes Beispiel sein. Daher kann und muß es höchst gleichgültig sein, ob alle die Wege, die er beschritt, um zu seinem Ziele zu gelangen, erfreulich sind. Nur weil Wagner von so starkem Glauben an das Gelingen seines Werkes getragen wurde, weil er von seinem hehren Künstlertum so felsenfest überzeugt war, ist es zu erklären, daß so real und nüchtern denkende Männer wie Heckel, Feustel und Muncker sich trotz aller anstürmenden Schwierigkeiten mannhaft für Wagners Pläne einsetzten. Mit aufrichtigster Teilnahme und neidloser Bewunderung verfolgte Nietzsche mit seinen Freunden jede Phase in der Entwicklung dieses Kulturproblemes.

Da demnach das Bayreuther Unternehmen gesichert erschien, mußte Wagner daran denken, seine Tribschener Einsamkeit aufzugeben und in die Welt zurückzukehren. So kam denn auch für Nietzsche die schwere Stunde des Abschieds von der „seligen Insel". Als er Ende April bei Wagner eintraf, war Frau Cosima mit dem Einpacken beschäftigt. Nietzsche setzte sich an den Flügel und begann zu phantasieren. All sein Schmerz, unaussprechliche Hoffnungen und Befürchtungen, holde Erinnerungen und das Gefühl, daß hier etwas Unwiederbringliches verloren ging, klang in seinen wunderbaren Melodien jubelnd und wehklagend durch die verödeten

Räume. Noch in späten Jahren, als sich alle Empfindungen der Freundschaft geändert hatten, erinnerte sich Frau Cosima jener seltsam faszinierenden, tief zu Herzen gehenden Phantasie. Er schreibt an Baron Gersdorff: „Vorigen Sonnabend war trauriger und tiefbewegter Abschied von Tribschen. Tribschen hat nun aufgehört: wie unter lauter Trümmern gingen wir herum, die Rührung lag überall, in der Luft, in den Wolken, der Hund fraß nicht, die Dienerfamilie war, wenn man mit ihr redete, in beständigem Schluchzen. Wir packten die Manuskripte, Briefe und Bücher zusammen — ach, es war so trostlos! Diese drei Jahre, die ich in der Nähe von Tribschen verbrachte, in denen ich 23 Besuche dort gemacht habe — was bedeuten sie für mich! Fehlten sie mir, was wäre ich! Ich bin glücklich, in meinem Buche mir selbst jene Triebschener Welt petrifiziert zu haben."

War es Schicksalsfügung? Als Wagner und Nietzsche Tribschen verließen und der Meister im Strome des in Bayreuth sich auftuenden Lebens unterging, begannen am Horizonte dieser Freundschaft die Wolken der ersten Mißverständnisse langsam aufzuziehen. Eine neue Welt hatte sich aufgetan, von der bisherigen durch eine abgrundtiefe Kluft getrennt. Selbst Frau Cosima gedachte noch später dieser mühevollen Unruhe der Festspiele, die bei weitem nicht das gewesen waren, was man sich in seinen Träumen vorher so schön vorgestellt hatte, und so schrieb sie denn am Neujahrstage 1877: „Am Sylvestermorgen gedachten wir Ihrer Besuche und es war, als ob die Festspiele selbst den Zauber dieser Einsamkeit nicht aufwiegen konnten, zu welcher wir nun blicken, wie zu einem verlorenen Paradies."

Wie bereits erwähnt, fand am 22. Mai 1872 die feierliche Grundsteinlegung des Festspielhauses statt. Der Andrang der Festgäste war enorm, und Freund Nietzsche wurde, nach Rohdes scherzhafter Bemerkung, vom Meister „wie ein seltenes Schaugericht" herumgezeigt. Was Wagner selbst an jenem denkwürdigen Tage empfunden haben mag, das hat Nietzsche wundervoll nachgefühlt und in seiner „IV. Unzeitgemäßen" in unsterbliche Worte zu kleiden versucht: „Als an jenem Maitage des Jahres 1872 der Grundstein auf der Anhöhe von Bayreuth gelegt worden war, bei strömendem Regen und verfinstertem Himmel, fuhr Wagner mit einigen von uns zur Stadt zurück; er schwieg und sah dabei mit einem Blick lange in sich hinein, der mit einem Worte nicht zu bezeichnen wäre. Er begann an diesem Tage sein sechzigstes Lebensjahr: alles Bisherige war die Vorbereitung auf diesen Moment. Man weiß, daß Menschen im Augenblick einer außerordentlichen Gefahr oder überhaupt in einer wichtigen Entscheidung ihres Lebens durch ein unendlich beschleunigtes Schauen alles Erlebte zusammendrängen und mit seltener Schärfe das Nächste wie das Fernste wieder erkennen. Was Wagner an jenem Tage innerlich schaute — wie er wurde, was er ist, was er sein wird — das können wir, seine Nächsten, bis zu einem Grade nachschauen: und erst von diesem Wagnerischen Blick aus werden wir seine große Tat selber verstehen können — um mit diesem Verständnis ihre Fruchtbarkeit zu verbürgen."

Und mit heiligen Entschlüssen verließen Nietzsche, Rohde und Gersdorff Bayreuth. An letzteren schrieb nachher Nietzsche: „Ach, mein Freund, wir wissen, was wir erlebt haben. Diese heilig ernsten Erinnerungen wird uns niemand rauben können. Durch sie gefeit und für sie kämpfend, müssen wir nun durchs Leben gehen und vor allem bestrebt sein, in allen unseren Hauptschritten so ernst und kräftig als möglich zu sein, um uns jener großen Erlebnisse und Auszeichnungen würdig zu erweisen."

Der literarische Streit, der nun um den wissenschaftlichen Wert oder Unwert der „Geburt der Tragödie" entbrannte und leidenschaftlich geführt wurde, soll später ausführlicher besprochen werden. Hier sei nur so viel mitgeteilt, daß Wagner mannhaft für seinen Freund eintrat, was diesen tief rührte. Leider ist der Brief, mit dem Nietzsche Wagner seinen Dank abstattete, vernichtet. Nietzsche vermutete nämlich, daß der Meister in seiner Liebe für ihn einiges schreiben könnte, was ihm seine Stellung in der Gelehrtenwelt noch mehr erschweren würde. Wagners „Sendschreiben" war indes besser und schöner ausgefallen, als er zwar geahnt hatte. Wagner verhehlte sich jedoch nicht, welchen Schaden sich Nietzsche durch seine Parteinahme für ihn zugefügt hatte, und daß seine Veröffentlichung dies nicht gebessert, sondern eher noch verschlimmert haben könnte. So heißt es in einem Briefe Wagners: „O Freund! Nun machen Sie mir eigentlich nur noch Sorge, und zwar, weil ich auf Sie so viel gebe! Genau genommen sind Sie, nach meiner Frau, der einzige Gewinn, den mir das Leben zugeführt: nun kommt zwar glücklicherweise noch Fidi dazu; aber zwischen dem und mir bedarf es eines Gliedes, das nur Sie bilden können, etwa wie der Sohn zum Enkel. Für Fidi habe ich keine Angst, aber für Sie und insofern auch für Fidi. Und diese Sorge ist recht gemeinbürgerlich. Daß ich Ihnen die Wege bräche, habe ich aus meinem ‚Briefe' gerade nicht ersehen und muß vermeinen, Ihnen weiter nichts als eine schöne Last auf dem Halse gelassen zu haben; auch meinte ich nicht, daß Sie für Ihre Aufgabe ‚reifen' sollten, sondern eben nur, daß Sie Ihr Leben lang vollauf damit zu tun haben würden."

Ich glaube, schon jetzt die Behauptung aufstellen zu können, daß es, wie aus dieser und anderen, bereits zitierten, Äußerungen unzweideutig erhellt, Wagner hauptsächlich darauf ankam, Nietzsches geniale Begabung für sich und seine ehrgeizigen Pläne voll zu verwerten, ihn zu einem willenlosen Instrument für die Verwirklichung der eigenen Ansichten, der eigenen Schöpfungen zu erziehen.

III. ERSTE MISSVERSTÄNDNISSE.

Es wurde bereits betont, daß das Jahr 1873 die ersten Mißverständnisse zwischen beiden Männern bringen sollte. Nun wissen wir, daß mit Wagners Übersiedlung nach Bayreuth Nietzsches Besuchen beim Meister in Tribschen ein jähes Ende gesetzt worden war. Niemand empfand dies schmerzlicher als Nietzsche; aber auch Wagner litt unter dieser Trennung. Wiederholt gab er der Befürchtung Ausdruck, daß durch die Entfernung doch Mißverständnisse in ihrem Verhältnisse zueinander eintreten könnten, eine Befürchtung, der Nietzsche vielleicht nicht so energisch widersprochen hatte als es Frau Wagner wünschte. So schrieb sie Anfang Dezember: „Glauben Sie mir, es kann hier keine Entfremdung mehr stattfinden wie auch kein Mißverständnis; ich, die sonst sehr Bange, bin davon überzeugt." Es sollte indes ganz anders kommen. Nietzsche verbrachte seine diesjährigen Weihnachtsferien bei seiner Mutter in Naumburg. Plötzlich schickte Wagner eine Einladung, Nietzsche möge schleunigst nach Bayreuth kommen und solle dazu seine Rückreise benutzen. Nietzsche lehnte ab, aus zwiefachem Grunde: erstens wollte er seine Mutter nicht kränken, zweitens wollte er die kurze Zeit der Erholung sich durch einen Aufenthalt in Bayreuth nicht verkürzen. Hätte er indes geahnt, bemerkt Frau Förster-Nietzsche, wie peinlich Wagner die Ablehnung einer Einladung auslegte, so würde er vielleicht weniger Rücksicht auf die Mutter und seine persönliche Ruhe genommen haben. Aber Wagner hatte keine Vorstellung davon, wie sehr er seine treuesten Verehrer beeinflußte, so daß sie oft in ihren eigenen Produktionen gehindert wurden. Und Nietzsche schrieb gerade damals an fünf kleineren Abhandlungen, die er Frau Cosima dedizierte: „Frau Cosima Wagner in herzlicher Verehrung und als Antwort auf mündliche und briefliche Fragen, vergnügten Sinnes niedergeschrieben in den Weihnachtstagen 1872." Auf diese Sendung erhielt Nietzsche weder ein Dankeswort noch den gewohnten Neujahrsgruß, und er würde sich wohl darüber gewundert haben, wenn er nicht gewußt hätte, daß Wagners im Jänner 1873 eine große Konzertrundreise durch Deutschland unternommen hätten. Inzwischen schrieb er einen polemischen Artikel gegen einen Feind Wagners, woraus seine große Verehrung für diesen erhellt, zumal ihm eigentlich eine derartige Polemik höchst unangenehm war und er nur aus Liebe zu Wagner seine Abneigung überwand und sich Wagner selbst im Stile anzupassen suchte. Seit Anfang Dezember 1872 hatte Nietzsche keinen Brief von Bayreuth erhalten und allmählich hätte er sich über das Schweigen der Bayreuther Freunde doch zu wundern angefangen, wenn ihm nicht Rohde Ende Jänner 1873 eine ausführliche Beschreibung von Wagners Aufenthalt in Hamburg und der damit verbundenen Konzerte gegeben hätte: „Von Dir war in den wenigen ruhigen Momenten viel die Rede. Frau Wagner läßt Dich vor allem herzlich grüßen, Dich dann um Verzeihung bitten wegen ihres Schweigens auf Deine Sendung." Endlich schrieb Frau Wagner am 12. Februar von Bayreuth aus: „Warum ich die Ankunft der Sendung und das Eintreten des neuen Jahres vorüber gehen ließ, ohne selbst durch eine Depesche Ihnen zu melden, wie ich Ihrer gedacht? Dies ist der Punkt, den ich freimütig mit Ihnen berühren will, weil dieser Freimut mir einzig der Freude wert zu sein scheint, die Sie mir bereitet haben, und an welcher ich mich noch labe. Der Meister war durch Ihr Nichtkommen, und durch die Art, wie Sie uns dieses Nichtkommen meldeten, gekränkt; es widerstrebte mir, Ihnen dies sogleich zu sagen, und es Ihnen nicht zu sagen, und ich übergab es der langmütigen Zeit, die unbedeutenden Verstimmungen zu tilgen, und die Reinheit der wahren Gefühle emporblühen zu lassen — heute ist dies geschehen, und wenn wir von Ihnen sprechen, so höre ich nicht den leisesten Ton der gekränkten Freundschaft, sondern nur die Freude über das, was Sie uns wiederum gegeben. Wagner klärte persönlich das Mißverständnis nicht auf und sein nächster Brief erhielt nur am Schlusse Worte der alten vertrauensvollen Freundschaft. Später erfuhr Nietzsche durch Gersdorff, der Neujahr in Bayreuth verlebte, daß Wagner geradezu getobt hätte und nicht aufgehört hätte zu erklären, wie sehr er Nietzsche liebe; daß aber dieser sich ihm gegenüber immer zurückhalte und seine eigenen Wege gehe! So war denn wieder alles aufgehellt, aber

Nietzsche schrieb an Gersdorff: „Von dem Meister und Frau Wagner habe ich herrliche Briefe: es kam zutage, was ich gar nicht wußte, daß Wagner über mein Nichtkommen zu Neujahr sehr gekränkt gewesen ist — das hast Du gewußt, liebster Freund, aber mir verschwiegen. Aber alle Wolken sind verscheucht und es ist ganz gut, daß ich nichts wußte: denn mancherlei kann man nicht besser, sondern höchstens noch schlechter machen. Gott weiß übrigens, wie oft ich dem Meister Anstoß gebe: ich wundere mich jedesmal vom neuen und kann gar nicht dahinterkommen, woran es eigentlich liegt. Um so glücklicher bin ich, daß jetzt wieder Frieden geschlossen ist. Sage mir doch Deine Ansicht über das wiederholte Anstoßgeben. Ich kann mir gar nicht denken, wie man Wagner in allen Hauptsachen mehr Treue halten könne und tiefer ergeben sein könne, als ich es bin: wenn ich es mir denken könnte, würde ich's noch mehr sein. Aber in kleinen untergeordneten Nebenpunkten und in einer gewissen, für mich notwendigen, beinahe ‚sanitarisch‘ zu nennenden Enthaltung von häufigerem persönlichem Zusammenleben muß ich mir meine Freiheit wahren, wirklich nur, um jene Treue in einem höheren Sinne halten zu können. Darüber ist natürlich kein Wort zu sagen, aber es fühlt sich doch — und es ist dann verzweifelt, wenn es gar Verdrießlichkeiten, Mißtrauen und Schweigen nach sich zieht. Ich hatte diesmal keinen Augenblick daran gedacht, solchen heftigen Anstoß gegeben zu haben; und ich fürchte immer, durch solche Erlebnisse noch ängstlicher zu werden, als ich es schon bin. Bitte, liebster Freund, Deine offene Ansicht!" Aber der Freund tröstete mit guten, verständigen Worten, so daß ihm dadurch die „dummen fliegenden Mücken" verscheucht wurden. Und da zudem Rohde schon immer gewünscht hatte, mit Nietzsche einmal allein in Bayreuth zu sein, so fragte Nietzsche in Bayreuth an, ob er in den Osterferien mit dem Freunde kommen dürfe; Wagner antwortete telegraphisch: „Vernünftige Vorschläge erfreuen immer, zumal in Form von herzlich akzeptierten Besuchsanmeldungen, also Sonntag. R. Wagner." Voller Freude und Entzücken schrieb auf das hin Nietzsche an Gersdorff: „Denke Dir, morgen reise ich auf acht Tage fort, treffe übermorgen mit Rohde zusammen — und wo? natürlich in Bayreuth. Ich begreife selbst noch nicht, wie schnell und plötzlich sich alles dies gemacht hat. Vor acht Tagen dachte keiner von uns an so etwas. Meine Freude ist heute eine ganz unsinnige, denn es scheint mir, daß alles wieder so schön zustande kommt, wie ein Gott es sich nicht besser wünschen könnte. Ich hoffe, daß mein Besuch wieder gut macht, was mein weihnachtliches Nichtkommen schlecht gemacht hat, und danke Dir recht von Herzen für Deinen einfachen und kräftigen Zuspruch."

Aber trotz der freudigen Zuversicht, in der dieser Besuch angetreten wurde, blieben sowohl Nietzsches wie Wagners an ihn geknüpften Hoffnungen unerfüllt. Knapp vorher hatte Nietzsche an Gersdorff geschrieben, daß er nach Bayreuth ein neues Manuskript „Die Philosophie im tragischen Zeitalter der Griechen" zum Vorlesen mitbringen werde. Er habe sich wieder einmal auf das herrlichste überzeugt, was die Griechen sind und waren. Es läßt sich heute nicht mehr feststellen, ob das Manuskript wirklich vorgelesen worden ist oder, was wahrscheinlicher zu sein scheint, ob Wagner sich überhaupt gegen eine Vorlesung schon vorher ausgesprochen hat. Tatsache ist, daß mit dieser Schrift für Nietzsche eine sehr bittere Enttäuschung verbunden war; aber auch Wagner ließ sich wie schon früher einmal, nur viel auffälliger, eine sehr deutliche Enttäuschung anmerken; denn da ihm Nietzsche vorher geschrieben hatte, er hoffe, durch die Vorlesung eines neuen Manuskriptes Freude zu bereiten, hatte er nichts ihm so fern Liegendes wie die Philosophie der Griechen erwartet, sondern etwas Aktuelles, das mit der Gegenwart, das mit seinen Freunden und Feinden, mit seiner Kunst und Bayreuth irgendwie zusammenhängen sollte. Gerechtfertigt wäre diese Erwartung Wagners dadurch, daß sich damals sein ganzes Sinnen und Trachten nur um das Bayreuther Unternehmen konzentrierte, das ihn mit schweren Sorgen erfüllte: denn von den tausend emittierten Patronatsscheinen waren trotz aller Anstrengungen kaum zweihundert gezeichnet. Aber in dieser ernsten Situation zeigte sich wiederum einmal Nietzsches vornehme und zartfühlende Denkungsart im schönsten Lichte: sobald er sich nämlich über den Ernst der Lage klar geworden war, fühlte er sich ganz beschämt, daß er inzwischen sich mit griechischer Philosophie beschäftigte, ganz abseits von den Kämpfen und Enttäuschungen seiner Bayreuther Freunde, so daß ihm deren Besorgnisse ganz entgangen waren. Aber trotzdem empfand er es auf das schmerzlichste, daß er jetzt in Bayreuth für seine eigene Geisteswelt nicht mehr den Widerklang fand wie ehemals in Tribschen. Große Bangigkeit befiel ihn, daß er, um Wagners Freund zu bleiben, vielleicht auf seinen eigenen Weg der Weiterbildung verzichten müßte. Kein Wunder, daß er auf diesen Besuch mit sehr melancholischen Empfindungen zurückblickte. Nach Basel zurückgekehrt, legte er die begonnenen philologischen Arbeiten beiseite und beschloß über Wagners Wunsch sich mehr an den Kämpfen der Gegenwart zu beteiligen und zu prüfen, inwiefern ihm dies gerade in treuer Pflichterfüllung gegen den Meister möglich sei. Vor allem beschäftigte er sich mit der Frage, woran es nur liege, daß ein so großer Gedanke wie der von Bayreuth von den Deutschen nicht begriffen werde, und die Antwort schien ihm, daß der deutsche „Bildungsphilister" sich im erbärmlichen Behagen an dem Kleinen seiner Zeit genug tue und dabei den Blick für alles wahrhaft Große verloren habe. Aus diesem Geiste entstand Nietzsches „Erste unzeitgemäße Betrachtung". Mit der Arbeit an diesem Werke beschäftigt, sandte er folgenden wahrhaft rührenden Brief nach Bayreuth: „Wenn Sie nicht zufrieden mit mir bei meiner Anwesenheit schienen, so begreife ich es nur zu gut, ohne etwas daran ändern zu können, denn ich lerne und perzipiere sehr langsam und erlebe dann in jedem Moment bei Ihnen etwas, woran ich nie gedacht habe und was mir einzuprägen, mein Wunsch ist. Ich weiß es recht wohl, teuerster Meister, daß Ihnen ein solcher Besuch keine Erholung sein kann, ja mitunter unerträglich sein muß. Ich wünschte mir so oft wenigstens den Anschein einer größeren Freiheit und Selbständigkeit, aber vergebens. Genug, ich bitte Sie, nehmen Sie mich nur als Schüler, womöglich mit der Feder in der Hand und dem Hefte vor sich, dazu als Schüler mit einem sehr langsamen und gar nicht versatilen Ingenium. Es ist wahr, ich werde täglich melancholischer, wenn ich so recht fühle, wie gern ich Ihnen irgendwie helfen, nutzen möchte und wie ganz und gar unfähig ich dazu bin, so daß ich nicht einmal etwas zu Ihrer Zerstreuung und Erheiterung beitragen kann. Oder vielleicht doch einmal, wenn ich das ausgeführt habe, was ich jetzt unter den Händen habe, nämlich ein Schriftstück gegen den berühmten Schriftsteller David Strauß. Ich habe dessen ‚alten und neuen Glauben' jetzt durchgelesen und mich ebenso über die Stumpfheit und Gemeinheit des Autors wie des Denkers verwundert." Zum allgemeinen Verständnis sei bemerkt, daß auch Wagner über dieses Buch Strauß' sich mit viel Hohn und

Abneigung ausgesprochen hatte. Mit Recht konstatiert Frau Förster-Nietzsche, daß man diesen Brief ihres Bruders nicht ohne Rührung lesen könne, da er sich in der Erinnerung an offenbar bedenkliche Momente des Zusammenseins bemüht, sich selbst die Schuld für diese leisen Mißklänge zuzuschreiben. Wagner antwortete: „Sie müssen selbst wissen, wie sehr mich Ihr Brief gerührt hat, und weiteres ist dann nicht darüber zu sagen, außer etwa, daß Sie sich durch peinliche Vorstellungen über sich selbst nicht etwa abschrecken lassen sollen, und getrost fortfahren, im gleichen Sinne mir recht oft wieder ‚lästig' zu werden. In betreff Ihrer Straußiana empfinde ich nur die Pein, daß ich sie gar nicht erwarten kann. Also: Heraus damit!"

Leider ging die Arbeit an der „Antistruthiade" nicht so eifrig fort, wie sie begonnen war. Denn Nietzsche wurde von einer äußerst heftigen Augenentzündung befallen, die eine sehr starke Kurzsichtigkeit nach sich zog, so daß Freund Gersdorff die ganze Korrespondenz mit Bayreuth übernehmen mußte. Endlich konnte es der Patient wagen, wiederum einmal selbst zur Feder greifen: der erste Brief — heute nicht mehr vorhanden! — ging an Wagner ab. Wagner antwortete: „Beim Anblick Ihrer Handschrift empfand ich zumeist nur Sorge, wie Sie mir denn überhaupt jetzt mehr Sorge als Freude verursachen — und das will viel sagen, denn niemand kann sich wiederum über Sie so freuen als ich. Ich wiederhole Ihnen den Einfall, den ich kürzlich einmal gegen die Meinigen äußerte; nämlich, daß ich die Zeit voraussehe, in welcher ich Ihr Buch gegen Sie zu verteidigen haben würde. Ich habe wieder darin gelesen, und schwöre Ihnen zu Gott zu, daß ich Sie für den einzigen halte, der weiß, was ich will!"

Unwillkürlich drängt sich uns angesichts dieser Tatsachen die Frage auf: ahnte es Wagner bereits, daß sein Freund sich von ihm langsam loszulösen begann, oder wußte er es schon, daß sein Freund bereits andere Wege ging? Wer Nietzsches Beziehungen zu Wagner nur oberflächlich kennt, wer von ihm nichts anderes weiß, als daß er einst Wagner über alles liebte und den Meister dann schonungslos bekämpfte, der muß sich sehr verwundern bei der Lektüre dieser gegenseitigen Lobeshymnen, dieser gegenseitigen Freundschaftsversicherungen, in die zwar noch leise, aber für den geübten Seelenkenner doch schon deutlich vernehmbar etwas anderes hineintönt: die intellektuelle Loslösung Nietzsches von dem Manne Wagner, an dem er nur noch mit dem Herzen hängt und ihn daher zu vergöttern sucht. Warum, fragen wir erschüttert? Auf diese Frage kann die Antwort nur so lauten: Nietzsche wird sich langsam, aber immer deutlicher, der eigenen Geisteskraft bewußt, die in ihm so lange einen Dornröschenschlaf schlummerte und sich nun zu entfalten beginnt; vorderhand ist es noch ein unsicheres Zagen und Tasten. Vor Sonnenaufgang wallen die Nebel, ziehen die Dünste, hie und da zuckt ein Lichtstrahl; wo er herkommt, werden wir erst erkennen, wenn die Sonne erschienen ist. Noch ist sie unter dem Horizonte; aber sie ist im Aufstiege, und die Strahlen kommen von ihr. Wir werden sehen, wie dieser Nietzsche mit unbarmherziger Konsequenz, Schritt für Schritt, sich von den Idealen seiner Jugend trennen wird; alle die Altäre und Götterbilder, die er in seinem verehrenden Herzen erbaut, wird er niederreißen und zertrümmern, um aus ihren Trümmern mit aller Macht der Idealbildung neue Altäre, neue Götterbilder zu errichten. Das Flammenmeer einer ungeheuren Sehnsucht, die aus alten Welten neue baut, wogt um ihn, umloht ihn, bis er in ihm unbewußt höchste Lust atmend versinkt. Von Schopenhauer hatte er sich bereits losgesagt — Aufzeichnungen aus dem frühesten Nachlaß[1]) beweisen dies unzweideutig! — und da mußte denn der nächste Schritt mit apodiktischer Notwendigkeit die Lossagung von Wagner sein, in dem er seinerzeit den künstlerischen Vollender der Schopenhauerschen Philosophie verehrt hatte. Darum äußert er sich jetzt so oft über die schweren Bedenken, die ihm Wagners Kunst einflößt, und über die Opfer, welche diese Freundschaft von seiner intellektuellen Rechtschaffenheit fordert, denn, sagt er, „Wagner hat es nicht gelernt, sich durch Historie und Philosophie zur Ruhe zu bringen und gerade das zauberhaft Sänftigende und der Tat Widerratende ihrer Wirkungen für sich herauszunehmen".

Gab es aber nicht auch noch andere Gründe für diese allmählich erfolgende Abkehr Nietzsches von Wagner? Menschlichere, allzu menschliche Gründe? Denn daß Nietzsche in seiner geistigen Entwicklung unter schweren inneren Kämpfen den Weg zu sich

---

[1]) Abgedruckt als „Fragment einer Kritik der Schopenhauerischen Philosophie", wahrscheinlich aus dem Herbst 1867 stammend, im I. Bande der Nietzsche-Biographie; p. 343-350.

selbst findet, zu der Schöpfung, die wir als seine Philosophie bezeichnen, so müssen wir dazu sagen, daß ein solcher Weg wohl keinem tiefer angelegten Menschen erspart bleibt; aber der einzig wahre Grund für die eintretende Entfremdung kann dies nicht sein. Aus einem Briefe Nietzsches an seinen „Herzensfreund" Baron Gersdorff erfahren wir nun zu unserem höchsten Erstaunen, daß der Philosoph schmerzlich konstatiert, Wagner sei gegen ihn — mißtrauisch geworden: „Wir wissen ja beide, daß Wagners Natur sehr zu Mißtrauen neigt; aber ich dachte nicht, dieses Mißtrauen noch zu schüren." Meiner Darstellung vorgreifend, möchte ich hier nur folgendes bemerken: Nietzsche, der unter diesem Mißtrauen Wagners bitter gelitten hat, hätte nicht jener rücksichtslose Wahrheitssucher sein müssen, der er war, um nicht aus dieser einmal konstatierten Tatsache die einzig mögliche Konsequenz zu ziehen, sich zurückzuziehen, damit er den Meister nicht verwunde und kränke, den Mann, der alles, alles in reichstem Maße besaß, nur nicht jenes ruhige Auge, das ohne Neid auch ein allzu großes Glück hätte sehen können: daß der Freund sich selbst gefunden, daß sein Geist zur Selbständigkeit erwacht war. Anstatt dieses flammende Herz, das vor Wonne überfließen wollte, zu segnen, beschwor Wagner den Untergang dieser unter den herrlichsten Auspizien geschlossenen Freundschaft herauf.

IV. NIETZSCHES MAHNRUF AN DIE DEUTSCHEN.

Doch wir wollen in der chronologischen Darstellung der Ereignisse fortsetzen. Die Besorgnisse, die beim Osterbesuche Nietzsches in Wahnfried in Hinsicht auf das Festspielhaus und das ganze Bayreuther Unternehmen geäußert worden waren, verminderten sich im Sommer 1873 nur teilweise. An manchen Orten schien man sogar des völligen Scheiterns schon sicher zu sein. Um diesen unsicheren und auf die Dauer unhaltbaren Zuständen ein Ende zu bereiten, wurde für den 31. Oktober eine Versammlung der Delegierten aller Wagnervereine nach Bayreuth berufen. Gleichzeitig wandte sich Wagner an Heckel in Mannheim, dieser solle Nietzsche auffordern, einen Aufruf an die deutsche Nation zugunsten Bayreuths auszuarbeiten. Das tat auch Heckel, und Nietzsche schreibt darüber an Rohde, dessen Mitarbeit er dringend erbat: „Neu ist z. B. die Aufforderung, die mir heute zukommt, zugunsten des Bayreuther Werkes und im Auftrage eines Patronenausschusses einen Aufruf an das deutsche Volk (mit Züchten zu reden) zu machen. Fürchterlich ist diese Aufforderung auch: denn ich habe selbst einmal aus freien Stücken etwas Ähnliches versucht, ohne damit fertig zu werden. Deshalb geht meine dringende und herzliche Bitte an Dich, lieber Freund, mir dabei zu helfen, um zu sehen, ob wir vielleicht gemeinsam das Untier bewältigen. Der Sinn der Proklamation, um deren Entwurf ich Dich bitte, läuft darauf hinaus, daß Groß und Klein, soweit die deutsche Zunge klingt, bei seinen Musikalienhändlern Geld bezahlt; zu welcher Handlung man etwa durch folgende Motivierung anreizen könnte: 1. Bedeutung des Unternehmers. 2. Schande für die Nation, in welcher eine solche Unternehmung, bei welcher jeder Teilnehmer uneigennützig und persönlich aufopfernd ist, als das Unternehmen eines Charlatans kann dargestellt und angegriffen werden. 3. Vergleich mit anderen Nationen: wenn in Frankreich, England und Italien ein Mann, nachdem er gegen alle Mächte der Öffentlichkeit fünf Werke den Theatern gegeben hätte, die von Norden bis Süden gegeben und bejubelt werden, wenn ein solcher ausriefe: die bestehenden Theater entsprechen nicht dem Geiste der Nation, sie sind als öffentliche Kunst eine Schande, helft mir eine Stätte dem nationalen Geiste bereiten, würde ihm nicht alles zu Hilfe kommen, wenn auch nur aus Ehrgefühl? usw. usw. Am Schlusse wäre darauf hinzuweisen, daß bei sämtlichen 3964 deutschen Buch-, Kunst- und Musikalienhändlern, welche jede gewünschte Auskunft geben können, Listen aufliegen zur Einzeichnung. Laß Dich's nicht verdrießen, liebster Freund, und gehe daran!" Rohde vermochte jedoch die Wünsche seines Freundes nicht zu erfüllen: es „stocke ihm alle populäre Kraftsprache. Es ist abscheulich schwer, namentlich da keine Hoffnung irgendeines Erfolges einem begeistert vorschweben könnte, sondern nur die volle Sicherheit der Erfolglosigkeit eben höchstens ein Gefühl der zu erfüllenden Pflicht als Antrieb übrig läßt". Rohde behielt mit seiner pessimistischen Auffassung des Aufrufes recht; Nietzsche schrieb ihm später: „Der Mahnruf ist verworfen worden, Du hast die richtige Empfindung gehabt. Hab' rechten Dank für Dein Freundschaftswort nach Bayreuth. Dort war's herzlich und warm, recht stärkend; der von Professor Stern verfaßte Aufruf läuft jetzt durch alle Zeitungen. Die Sammelstätten bei den deutschen Buchhändlern allerorts mögen Schatzkammern werden — diesen Wunsch wünsche ich Tag und Nacht. — Offen gestanden, Wagner, Frau Wagner und ich sind mehr von der Wirkung meines Mahnrufs überzeugt: es scheint uns nur eine Sache der Zeit zu sein, wann er absolut allein übrig und nötig sein wird." Frau Förster-Nietzsche berichtet, Wagner sei ganz außer sich gewesen, als man ihm sagte, daß Nietzsches Mahnruf von den Delegierten als zu ernst und pessimistisch verworfen worden sei; er wäre in volle Wut geraten und hätte mit den Füßen gestampft. Doch habe ihm ihr Bruder nachher liebevoll zugeredet, daß gewiß ein Aufruf von Professor Stern einen besseren Erfolg haben würde, und schließlich bliebe ja noch immer der seine für den Fall eines Mißerfolges. Das habe Wagner beruhigt. Um aber Nietzsche etwas Liebes zu erweisen, schenkte ihm Wagner die neun hübsch gebundenen Bände seiner Werke mit folgender Widmung:

„Was ich, mit Not gesammelt,
neun Bänden eingerammelt,

was darin spricht und stammelt,
was geht, steht oder bammelt, —
Schwert, Stock und Pritzsche,
kurz, was im Verlag von Fritzsche
schrei, lärm oder quietsche,
das schenk' ich meinem Nietzsche, —
wär's ihm zu was nütze!"

Ich lasse nun den vollständigen Wortlaut dieses „zu ernsten und pessimistischen" Aufrufes folgen, da er ziemlich unbekannt ist, weil in der Gesamtausgabe der Nietzsche-Werke nicht veröffentlicht.

„Mahnruf an die Deutschen.

Wir wollen gehört werden, denn wir reden als Warner und immer ist die Stimme des Warners, wer er auch sei und wo sie auch immer erklinge, in ihrem Rechte; dafür habt ihr, die ihr angeredet werdet, das Recht euch zu entscheiden, ob ihr eure Warner als ehrliche und einsichtige Warner nehmen wollt, die nur laut werden, weil ihr in Gefahr seid und die erschrecken, euch so stumm, gleichgültig und ahnungslos zu finden. Dies aber dürfen wir von uns selbst bezeugen, daß wir aus reinem Herzen reden und nur soweit dabei das Unsere wollen und suchen, als es auch das Eure ist — nämlich die Wohlfahrt und Ehre des deutschen Geistes und des deutschen Namens.

Es ist euch gemeldet worden, welches Fest im Mai des vorigen Jahres zu Bayreuth gefeiert wurde: einen gewaltigen Grundstein galt es dort zu legen, unter dem wir viele Befürchtungen auf immer begraben, durch den wir unsere edelsten Hoffnungen endgültig besiegelt glaubten — oder vielmehr, wie wir heute sagen müssen, besiegelt wähnten. Denn ach! es war viel Wahn dabei: jetzt noch leben jene Befürchtungen; und wenn wir auch keineswegs verlernt haben zu hoffen, so gibt doch unser heutiger Hilf- und Mahnruf zu verstehen, daß wir mehr fürchten als hoffen. Unsere Furcht richtet sich gegen euch: ihr möchtet gar nicht wissen, was geschieht und vielleicht gar aus Unwissenheit verhindern, daß etwas geschieht. Zwar geziemt es sich längst nicht mehr, so unwissend zu sein; ja fast scheint es unmöglich, daß jemand es jetzt noch ist, nachdem der große, tapfere, unbeugsame und unaufhaltsame Kämpfer Richard Wagner schon jahrzehntelang unter dem gespannten Aufmerken fast aller Nationen für jene Gedanken einsteht, denen er in seinem

Bayreuther Kunstwerk die letzte und höchste Form und seine wahrhaft siegreiche Vollendung gegeben hat. Wenn ihr ihn jetzt noch hindern würdet, den Schatz auch nur zu heben, den er Willens ist, euch zu schenken: was meint ihr wohl, damit für euch erreicht zu haben? Eben dies muß euch noch einmal und immer wieder öffentlich und eindringlich vorgehalten werden, damit ihr wisset, was an der Zeit sei und damit auch nicht einmal das mehr in eurem Belieben steht, die Unwissenden zu spielen. Denn von jetzt ab wird das Ausland Zeuge und Richter im Schauspiele sein, das ihr gebt; und in seinem Spiegel werdet ihr ungefähr euer eigenes Bild wiederfinden können, so wie es die gerechte Nachwelt einmal von euch malen wird.

Gesetzt, es gelänge euch, durch Unwissenheit, Mißtrauen, Sekretieren, Bespötteln, Verleumden, den Bau auf dem Hügel von Bayreuth zur zwecklosen Ruine zu machen; gesetzt, ihr ließet es in unduldsamem Mißwollen nicht einmal zu, daß das vollendete Werk Wirklichkeit werde, Wirkung tue und für sich selber zeuge, so habt ihr euch vor dem Urteile jener Nachwelt ebenso zu fürchten, als vor den Augen der außerordentlichen Mitwelt zu schämen. Wenn ein Mann in Frankreich oder in England oder in Italien den Theatern fünf Werke eines eigentümlich großen und mächtigen Stiles geschenkt hätte, die vom Norden bis zum Süden unablässig verlangt und bejubelt werden — wenn ein solcher Mann ausriefe: ‚die bestehenden Theater entsprechen nicht dem Geiste der Nation, sie sind als öffentliche Kunst eine Schande! Helft mir, dem nationalen Geiste eine Stätte bereiten!' würde ihm nicht alles zu Hilfe kommen und sei es auch nur — aus Ehrgefühl? Und wahrlich! Hier täte nicht nur Ehrgefühl, nicht nur die blinde Furcht vor schlechter Nachrede not; hier könntet ihr mitfühlen, mitlernen, mitwissen, hier könntet ihr euch aus tiefstem Herzen mitfreuen, indem ihr euch entschlösset, mitzuhelfen. Alle eure Wissenschaften werden von euch freigebig mit kostspieligen Versuchswerkstätten ausgerüstet: und ihr wollt untätig beiseitestehen, wenn dem wagenden und versuchenden Geiste der deutschen Kunst eine solche Werkstatt aufgebaut werden soll? Könnt ihr irgendeinen Moment aus der Geschichte unserer Kunst nennen, in dem wichtigere Probleme zur Lösung hingestellt und reicherer Anlaß zu fruchtbaren Erfahrungen geboten wurde als jetzt, wo der von Richard Wagner mit dem Namen

‚Kunstwerk der Zukunft' bezeichnete Gedanke leibhafte und sichtbare Gegenwart werden soll? Was für eine Bewegung der Gedanken, Handlungen, Hoffnungen und Begabungen damit eingeleitet wird, daß vor den Augen unwissender Vertreter des deutschen Volkes der viergetürmte Nibelungen-Riesenbau nach dem allein von seinem Schöpfer zu erlernenden Rhythmus sich aus dem Boden hebt, welche Bewegung in die fernste fruchtbringendste, hoffnungsreichste Weite hinaus — wer möchte kühn genug sein, hier auch nur ahnen zu wollen! Und jedenfalls würde es nicht an dem Urheber der Bewegung liegen, wenn die Welle bald wieder zurücksinken und die Fläche wieder glatt werden sollte, als ob nichts geschehen sei. Denn wenn es unsere erste Sorge sein muß, daß das Werk überhaupt getan werde, so drückt uns doch als zweite Sorge nicht minder schwer der Zweifel, wir möchten nicht reif, vorbereitet und empfänglich genug befunden werden, um die jedenfalls ungeheure allernächste Wirkung in die Tiefe und in die Weite zu leiten.

Wir glauben bemerkt zu haben, daß überall, wo man an Richard Wagner Anstoß genommen hat und zu nehmen pflegt, ein großes und fruchtbares Problem unserer Kultur verborgen liegt; aber wenn man daraus immer nur einen Anstoß zum dünkelhaften Bekritteln und Bespötteln genommen hat und nur so selten einen Anstoß zum Nachdenken, so gibt dies uns bisweilen den beschämenden Argwohn ein, ob vielleicht das berühmte ‚Volk der Denker' bereits zu Ende gedacht und etwa den Dünkel gegen den Gedanken eingetauscht habe. Welchen mißverständlichen Einreden hat man zu begegnen, nur um zu verhüten, daß das Bayreuther Ereignis vom Mai 1872 nicht mit der Gründung eines neuen Theaters verwechselt wird, um anderseits zu erklären, warum dem Sinne jener Unternehmung kein bestehendes Theater entsprechen kann: welche Mühe kostet es, die absichtlich oder unabsichtlich Blinden darüber hellsehend zu machen, daß bei dem Worte ‚Bayreuth' nicht nur eine Anzahl Menschen, etwa eine Partei mit spezifischen Musikgelüsten, sondern die Nation in Betracht komme, ja daß selbst über die Grenzen der deutschen Nation alle diejenigen zu ernster und tätiger Beteiligung angerufen sind, denen die Veredlung und Reinigung der dramatischen Kunst am Herzen liegt und die Schillers wunderbare Ahnung verstanden haben, daß vielleicht einmal aus der Oper sich das Trauerspiel in einer edleren Gestalt entwickeln werde. Wer nur immer noch nicht verlernt hat nachzudenken — und sei es wiederum nur aus Ehrgefühl —, der muß eine künstlerische Unternehmung als sittlich denkwürdiges Phänomen empfinden und begünstigen, die in diesem Grade von dem opferbereiten und uneigennützigen Willen aller Beteiligten getragen wird und mit dem ernst ausgesprochenen Bekenntnis derselben geweiht ist, daß sie von der Kunst hoch und würdig denken und zumal von der deutschen Musik und ihrer verklärenden Einwirkung auf das volkstümliche Drama die wichtigste Förderung eines originalen deutsch ausgeprägten Lebens erhoffen. Glauben wir doch sogar noch ein Höheres und Allgemeineres: ehrwürdig und heilbringend wird der Deutsche erst dann den anderen Nationen erscheinen, wenn er gezeigt hat, daß er furchtbar ist und es doch durch Anspannung seiner höchsten und edelsten Kunst- und Kulturkräfte vergessen machen will, daß er furchtbar war.

An diese unsere deutsche Aufgabe in diesem Augenblick zu mahnen, hielten wir für unsere Pflicht, gerade jetzt, wo wir auffordern müssen, mit allen Kräften eine große Kunsttat des deutschen Genius zu unterstützen. Wo nur immer Herde ernsten Nachsinnens sich in unserer aufgeregten Zeit erhalten haben, erwarten wir einen freudigen und sympathischen Zuruf zu hören; insbesondere werden die deutschen Universitäten, Akademien und Kunstschulen nicht umsonst angerufen sein, sich der geforderten Unterstützung gemäß, einzeln oder zusammen zu erklären: wie ebenfalls die politischen Vertreter deutscher Wohlfahrt in Reichs- und Landtagen einen wichtigen Anlaß haben zu bedenken, daß das Volk jetzt mehr wie je der Reinigung und Weihung durch die erhabenen Zauber und Schrecken echter deutscher Kunst bedürfe, wenn nicht die gewaltig erregten Triebe politischer und nationaler Leidenschaft und die der Physiognomie unseres Lebens aufgeschriebenen Züge der Jagd nach Glück und Genuß unsere Nachkommen zu dem Geständnisse nötigen sollen, daß wir Deutsche uns selbst zu verlieren anfingen, als wir uns endlich wieder gefunden hatten."

Es wäre noch zu bemerken, daß dieser Entwurf eines Mahnrufes tatsächlich verworfen wurde und nie wieder von ihm die Rede war. Aber auch der Aufruf des Professors Stern, der an Stelle des von Nietzsche eingereichten von den Delegierten angenommen worden war, hatte keinen glorreichen Erfolg. Chamberlain erzählt darüber in seiner großen Wagner-Biographie: „Um die intensive Nichtbeachtung zu kennzeichnen, welcher Wagners großes und jetzt dem deutschen Geist zum ewigen Ruhme gereichendes Werk im weiten deutschen Reich begegnete, will ich hier eine einzige kleine Tatsache zur Illustration einschalten: ein von Dr. A. Stern im Auftrage der Wagnervereine verfaßter ‚Bericht und Aufruf' wurde Ende 1878 an viertausend deutsche Buch- und Musikalienhändler mit Subskriptionsliste versandt; nicht ein einziger dieser Viertausend nahm die geringste Notiz von der Sendung! und einzig und allein in Gießen haben einige Studenten ein paar Taler gezeichnet!"

V. NIETZSCHES KRITIK AN WAGNER.

Während Nietzsche Ende des Jahres 1873 an seiner „II. Unzeitgemäßen" arbeitete, stiegen in Wahnfried die Besorgnisse um das Gelingen des Bayreuther Werkes aufs höchste, bis endlich König Ludwig Wagner aus der königlichen Kasse 100.000 Taler anweisen ließ. Nietzsche ging an diesen Ereignissen nicht gleichgültig vorüber. Rohde teilte er mit, wie er sich über diese quälenden Tage und Monate hinweggeholfen habe: „Es war ein trostloser Zustand seit Neujahr, von dem ich mich endlich nur auf die wunderlichste Weise retten konnte: ich begann mit der größten Kälte der Betrachtung zu untersuchen, weshalb das Unternehmen mißlungen sei: dabei habe ich viel gelernt und glaube jetzt Wagner viel besser zu verstehen als früher." Als ihn seine Schwester einst ganz erschrocken fragte, wann er über Wagner so kühl gedacht habe, daß er solche Aufzeichnungen niederschreiben konnte — ich zitiere sie weiter unten! — gab er wehmütig lächelnd zur Antwort: „Nicht immer! Nur zuweilen zwang ich mich dazu, die Wahrheit zu sehen." Aus derselben Zeit stammt folgende Niederschrift: „Ich sagte als Student: Wagner ist Romantik, nicht Kunst der Mitte und Fülle, sondern des letzten Viertels: bald wird es Nacht sein. Mit dieser Einsicht war ich Wagnerianer, ich konnte nicht anders, aber ich kannte es besser." Nietzsches Schwester gibt als Grund hiefür an, daß Nietzsche stets durchaus etwas Höheres über sich sehen wollte, und entzückt von Wagners prachtvoller Willensenergie und dem „Tristan" und den „Meistersingern", alles andere unbeachtet gelassen habe, das sich in ihm gegen Wagners Kunst auflehnte. Aber alle diese Zweifel und inneren Widerstände wurden zuweilen wach gerufen durch Wagners — Mißtrauen. So höflich er Wagner gegenüber war, so wird er doch, ohne es zu ahnen, manchmal verraten haben, daß sein eigenster Geschmack vieles in Wagners Kunst ablehnte. Und dann erschreckte ihn Wagner plötzlich durch mißtrauische Bemerkungen, die die oben erwähnten Zweifel wachriefen. Diese Zweifel vertraute er aber niemand an, und erst in jenem Jänner 1874 scheint er sich selbst diesen Gegensatz zu Wagners Geschmack völlig klar gemacht und in **unerbitterlicher Wahrheitsliebe** aufgezeichnet zu haben. Und da ist es für Nietzsche charakteristisch, daß er sich nicht in endlosem Jammern und Klagen ergeht, sondern die Untergründe jener Tatsachen prüft, um derentwillen er leidet. Er zwingt sich dazu, die Augen, die so gern in Liebe und Verehrung über alles Kleinliche und Häßliche hinwegsehen, ja sich zur rechten Zeit ganz zu schließen wissen, scharf auf diese Tatsachen zu richten, sie nüchtern und kühl zu betrachten und sich einzugestehen und genau zu prüfen, ob nicht manches von dem, was er aus Verehrung für den Meister selbst empfunden, aber unterdrückt hatte, gerade die Ursache des Mißlingens war und sein mußte. Dieser Fall ist eines der stärksten Zeugnisse, wie die strenge Wahrhaftigkeit seines Geistes keinen Kampf scheute, selbst nicht den härtesten mit sich selbst, mit dem eigenen liebenden und verehrenden Herzen.

Die Aufzeichnungen nun, die sich Nietzsche machte, schienen, wie die Niederschriften zeigen, für ein Büchlein bestimmt zu sein. Aber es ist nicht recht gut denkbar, daß er damals wirklich daran gedacht hätte, diese Ansichten zu veröffentlichen, obgleich die Kapitelüberschriften und einige weitere Aphorismen die ungefähre Vorstellung eines Buches geben, auch tragen sie schon den Titel der „IV. unzeitgemäßen Betrachtung": „Richard Wagner in Bayreuth".

„1. Ursachen des Mißlingens. Darunter vor allem das Befremdende. Mangel an Sympathie für Wagner. Schwierig, kompliziert.

2. Doppelnatur Wagners.

3. Affekt, Ekstase. Gefahren.

4. Musik und Drama. Das Nebeneinander.

5. Das Präsumptuöse.

6. Späte Männlichkeit — langsame Entwicklung.

7. Wagner als Schriftsteller.

8. Freunde (erregen neue Bedenken).

9. Feinde (erwecken keine Achtung, kein Interesse für das Befehdete).

10. Das Befremden erklärt: vielleicht gehoben?

Wagner versuchte die Erneuerung der Kunst von der einzigen noch vorhandenen Basis aus, vom Theater aus: hier wird doch wirklich noch eine Masse aufgeregt und macht sich nichts vor wie in Museen und Konzerten. Freilich ist es eine sehr rohe Masse, und die Theatrokratie wieder zu beherrschen hat sich bis jetzt noch als unmöglich erwiesen. Problem: Soll die Kunst' ewig sektiererisch und isoliert fortleben? Ist es möglich, sie zur Herrschaft zu bringen? Hier liegt Wagners Bedeutung, er versucht die Tyrannis mit Hilfe der Theatermassen. Es ist wohl kein Zweifel, daß Wagner als Italiener sein Ziel erreicht haben würde. Der Deutsche hat keine Ahnung von der Oper und betrachtet sie immer als importiert und als undeutsch. Ja, das ganze Theaterwesen nimmt er nicht ernst.

Es liegt etwas Komisches darin: Wagner kann die Deutschen nicht überreden, das Theater ernst zu nehmen. Sie bleiben kalt und ungemütlich — er ereifert sich, als ob das Heil der Deutschen davon abhinge. Jetzt zumal glauben die Deutschen ernsthafter beschäftigt zu sein und es kommt ihnen wie eine lustige Schwärmerei vor, daß jemand der Kunst so feierlich sich zuwendet.

Reformator ist Wagner nicht, denn bis jetzt ist alles beim alten geblieben. In Deutschland nimmt jeder seine Sache ernst, da lacht man über den, der für sich allein das Ernstnehmen prätendiert.

Einwirkung der Geldkrisen.

Allgemeine Unsicherheit der politischen Lage.

Zweifel an der besonnenen Leitung der deutschen Geschicke.

Zeit der Kunstaufregungen (Liszt usw.) vorüber.

Eine ernste Nation will sich einige Leichtfertigkeit nicht verkümmern lassen, die Deutschen nicht in den theatralischen Künsten.

Hauptsache: Die Bedeutung der Kunst, wie sie Wagner hat, paßt nicht in unsere gesellschaftlichen und arbeitenden Verhältnisse. Daher instinktive Abneigung gegen das Ungeeignete.

Das erste Problem Wagners: ‚Warum bleibt die Wirkung aus, da ich sie empfange?' Dies treibt ihn zu einer Kritik des Publikums, des Staates, der Gesellschaft. Er setzt zwischen Künstler und Publikum das Verhältnis von Subjekt und Objekt — ganz naiv.

Die eine Eigenschaft Wagners: Unbändigkeit, Maßlosigkeit ergeht bis auf die letzte Sprosse seiner Kraft, seiner Erfindung.

Die andere Eigenschaft ist eine große schauspielerische Begabung, die versetzt ist, die sich in anderen Wegen Bahn bricht als auf dem ersten nächsten: dazu nämlich fehlt ihm Gestalt, Stimme und die nötige Bescheidung.

Wagner ist ein geborener Schauspieler, aber gleichsam wie Goethe ein Maler ohne Malerhände. Seine Begabung sucht und findet Auswege. Nun denke man sich diese versagten Triebe zusammen wirkend. Wagner schätzt das Einfache der dramatischen Anlage, weil es am stärksten wirkt. Er sammelt alle wirksamen Elemente, in einer Zeit, die sehr rohe und starke Mittel wegen ihrer Stumpfheit braucht. Das Prächtige, Berauschende, Verwirrende, das Grandiose, das Schreckliche, Lärmende, Häßliche, Verzückte, Nervöse — alles ist im Recht. Ungeheure Dimensionen, ungeheure Mittel.

Das Unregelmäßige, der überladene Glanz und Schmuck macht den Eindruck des Reichtums und der Üppigkeit. Er weiß, was auf unsere Menschen noch wirkt: dabei hat er sich ‚unsere Menschen' noch idealisiert und sehr hoch gedacht.

Als Schauspieler wollte er den Menschen nur als den wirksamsten und wirklichsten nachahmen: im höchsten Affekt. Denn seine extreme Natur sah in allen anderen Zuständen Schwäche und Unwahrheit. Die Gefahr der Affektmalerei ist für den Künstler außerordentlich. Das Berauschende, das Sinnliche, Ekstatische, das Plötzliche, das Bewegtsein um jeden Preis — schreckliche Tendenzen.

Wagners Kunst sammelt alles zusammen, was sie noch für Reize hat, bei den modernen Deutschen — Charakter, Wissen, alles kommt zusammen. Ein ungeheurer Versuch sich zu behaupten und zu dominieren — in einer kunstwidrigen Zeit. Gift gegen Gift: alle Überspannungen richten sich polemisch gegen große kunstwidrige Kräfte. Religiöse, philosophische Elemente mit hineingezogen, Sehnsucht nach dem Idyllischen, alles, alles.

Nicht zu vergessen: es ist eine theatralische Sprache, die Wagners Kunst redet: sie gehört nicht ins Zimmer, in die camera. Es ist eine Volksrede, und die läßt sich ohne eine starke Vergröberung selbst des Edelsten nicht denken. Sie soll in die Ferne wirken und das Volkschaos zusammenkitten. Zum Beispiel der Kaisermarsch.

Wagner ist eine gesetzgeberische Natur: er übersieht viele Verhältnisse und ist nicht im kleinen befangen, er ordnet alles im großen und ist nicht nach der isolierten Einzelheit zu beurteilen — Musik, Drama, Poesie, Staat, Kunst usw.

Die Musik ist nicht viel wert, die Poesie auch nicht, das Drama auch nicht, die Schauspielkunst ist oft nur Rhetorik — aber alles ist im großen eins und auf einer Höhe.

Er hat das Gefühl der Einheit im Verschiedenen — deshalb halte ich ihn für einen Kulturträger."

Frau Förster bemerkt, daß ihr Bruder, als er diese kritischen Bemerkungen niederschrieb, sehr gelitten habe, denn er hatte keine Hoffnung mehr, daß Wagner seine Pläne durchsetzen könnte. Als doch die Nachricht des Gelingens zu ihm drang, empfand er es als ein „Wunder", und er schrieb an Rohde: „Ist das ‚Wunder' wahr, so wirft es das Resultat meiner Betrachtungen nicht um. Aber glücklich wollen wir sein und ein Fest feiern, wenn es wahr ist. Wagner ist mutig und glaubt, daß jetzt das Unternehmen im Reinen ist. Nun, das walte Gott! Dies Warten und Bangen ist schwer zu verwinden, ich hatte wirklich zeitweilig die Hoffnung ganz aufgegeben." Aber eine tiefe Melancholie blieb von diesen kritischen Untersuchungen zurück. Er hat einmal gesagt, daß es zur Selbsterziehung gehöre, daß man zur rechten Zeit die Schleier aufhebe und die Schleier zuziehe, und wenn man sich hinterher wohl fühle, so wäre es die richtige Zeit gewesen. Jetzt war es aber noch nicht die rechte Zeit für ihn gewesen, von seinen Meinungen über Wagner den Schleier wegzuziehen, er war sehr traurig, und jedenfalls versuchte er ihn wieder zuzuziehen.

Die bisherige Darstellung der Ereignisse läßt mit nicht mißzuverstehender Deutlichkeit erkennen, wie haltlos und jeder positiven Grundlagen entbehrend die Behauptungen jener sind, die annehmen, Nietzsche habe sich von Wagner erst durch die Herausgabe des „Menschlichen, Allzumenschlichen" entfernt; er sei eben schon damals und nicht erst im Jahre 1889 irrsinnig geworden! Es ist unglaublich, daß von den extremen Wagnerianern diese aus den Jahren 1873/74 stammenden kritischen Bemerkungen, die doch den Grundstock für die „IV. Unzeitgemäße" und den „Fall Wagner" bilden, so ohne weiteres ignoriert werden. Mich jedoch will es bedünken, daß nur unkritische Leser der „IV. Unzeitgemäßen" sich zwischen dieser „besten Schrift" Nietzsches und einerseits diesen kritischen Bemerkungen, anderseits dem „Falle Wagner" ein psychologisches Rätsel konstruieren, das nur durch Annahme eines früh ausgebrochenen Wahnsinnes zu lösen sei.

Inzwischen vollendete Nietzsche seine „II. Unzeitgemäße"; allein Wagner äußerte sich über dieses Werk sehr kühl und ablehnend. Vertrat er doch die Ansicht, daß in der Zeit der schwersten

Kämpfe um das Gelingen seiner Pläne alle seine Freunde ihre eigenen Angelegenheiten ganz beiseite und sich ausschließlich seiner Sache widmen sollten! Das tat ja gewiß auch Nietzsche, wie wir gesehen haben. Sein Fehler bestand jedoch darin, daß er daneben Bücher schrieb, die mit Bayreuth nichts zu tun hatten. Deshalb konnte er nicht die richtige, von Wagner geforderte Leidenschaft und Parteirührigkeit für Bayreuth entwickeln. Die konkreten Belege über die Aufnahme dieser Schrift durch Wagner werde ich bei anderer Gelegenheit zitieren.

Wiederholt ergangene Einladungen nach Bayreuth hatte Nietzsche abgelehnt, so in diesem Jahre damit, daß er die diesjährigen Ferien in den Schweizer Bergen vollbringen wolle. Wagner antwortete: „Klingt das nicht wie sorgsame Abwehr einer etwaigen Einladung unsererseits? **Wir können Ihnen etwas sein;** warum verschmähen Sie dies angelegentlich?" Das ist das Vorspiel der sich nun entwickelnden Tragödie, und schon dieses Vorspiel hat etwas Tragisches: wie Wagner immer wieder und wieder seinen jungen Freund mit den herzlichsten Worten einlädt, dieser jedoch stets ausweicht. So schrieb ihm der Meister am 9. Juni 1874:

„Oh, Freund!

Warum kommen Sie nicht zu uns?

Ich finde für alles einen Ausweg — oder: wie Sie's nennen wollen.

Nur nicht so abgesondert! Ich kann Ihnen dann nichts sein.

Ihr Zimmer ist bereit.

Doch — oder vielmehr:

Jedoch! —

oder auch:

‚wenn schon!' —

Im Augenblick nach dem Empfang Ihrer letzten Zeilen. Ein andres Mal mehr.

Von Herzen Ihr R. W."

Vielleicht hätte, wenn schon nicht die Lösung, so doch wenigstens der Konflikt noch vermieden werden können, wenn Wagner die Lage des geliebten jungen Freundes klar erkannt und sich entschlossen hätte, ihn ganz freizugeben. Daß aber beides unterblieb, war nur natürlich: der Meister konnte von seinem Standpunkte aus dem Jünger keine höhere Zukunft wünschen als die, im Dienste der

Bayreuther Sache zwischen ihm und der Jugend Deutschlands zu vermitteln. Und dann hatte er ihn — freilich nach seiner Art! — viel zu lieb, um ihn einfach loszulassen. Doch Nietzsche lehnt immer wieder ab zu kommen, weil er sich selbst gehören möchte — „von einem wirklichen Produzieren kann aber wirklich nicht geredet werden, solange ich noch so wenig aus der Unfreiheit, aus dem Leiden und Lastgefühl des Befangenseins heraus bin" —, weil er zu fest in Wagners Netze zu geraten fürchtet, weil er einen Zusammenprall für möglich hielt. Vom August 1874, wo durch Gersdorffs Vermittlung ein Besuch Nietzsches in Wahnfried sozusagen „erzwungen" wurde und über den später noch zu reden sein wird, bis Juli 1876 haben sich die beiden Freunde nicht gesehen. Die Ursache dafür war ein damals bei Nietzsche ausgebrochenes schweres Magenleiden, weshalb sein behandelnder Arzt dringendst größte Ruhe und Schonung empfahl. Gersdorff wurde also ersucht, „in Bayreuth darauf vorzubereiten, daß Nietzsche nicht kommen werde. Wagner werde recht böse sein, er selbst sei es auch". Einem Briefe an Rohde vom 1. August 1875 läßt sich entnehmen, daß es in diesem Jahre mit Nietzsches Gesundheitszustand tatsächlich sehr schlecht bestellt war. Daneben verrät aber dieser Brief deutlich, daß Nietzsches Abwesenheit von Bayreuth fast wie eine Art Flucht vor irgendeinem dort drohenden Ereignis erscheint: „Überall Desperation! Und ich habe sie nicht! Und bin doch nicht in Bayreuth. Wie sich das reimt, begreifst Du's? Ich begreife es fast nicht. Und doch bin ich mehr als drei Viertel des Tages im Geiste dort!" Offenbar hat sich Nietzsche in diesem Sommer recht gut erholt; denn im Herbste finden wir ihn gesund und sehr glücklich wieder in Basel im Kreise seiner Freunde Rohde und Gersdorff, eine Fahrt nach Bayreuth wurde geplant, aber wiederum nicht ausgeführt. Als ihm selbst seine Schwester sein Fernbleiben von Wahnfried vorhielt und durchblicken ließ, daß Nietzsches Gegenwart durch die seiner Freunde bei Wagner unmöglich ersetzt werden könne, da antwortete er leise: „Auch Wagner kann mir durch nichts und niemand ersetzt werden."

Neben Arbeiten an der „III. Unzeitgemäßen" laufen wieder kritische Bemerkungen über Wagners Kunst. „So liege darin etwas Schauspielerartiges, daß Wagner die Musik als Mittel des Ausdruckes benutzt. So ward die Musik wirklich ein Mittel des Ausdruckes und steht auf einer niederen Stufe, da sie nicht mehr organisch in sich ist. Die künstlerische Kraft engt Wagners unbändige Triebe ein, veredelt seine ganze Natur. Diese selbst hat etwas wie Flucht aus dieser Welt, sie negiert dieselbe, sie verklärt sie nicht. Das aber scheint das Los der Kunst zu sein: sie nimmt der absterbenden Religion einen Teil ihrer Kraft ab, daher das Bündnis Schopenhauers und Wagners; der Schopenhauersche Wille zum Leben bekommt hier seinen Kunstausdruck." Mit anderen Worten: Wagners Kunst ist für Nietzsche jetzt nur mehr noch ein idealisiertes Christentum katholischer Art. Von einem Parallelismus zwischen der griechischen und deutschen Kultur zu sprechen, erscheint ihm jetzt lächerlich und durch Wagners Werke gründlich widerlegt: die sokratische Vernunft, die er bislang im Tempel der Kunst nicht geduldet hatte, feiert nunmehr wieder ihren Einzug, und in ihrem ruhigen, leidenschaftslosen Lichte erscheint ihm Wagners orgiastische, dämonische Kunst mehr als zweifelhaft. Diese Zweifel in Nietzsches Seele charakterisiert am besten folgendes Selbstbekenntnis: „Wer seine Zeit angreift, kann nur sich angreifen: was kann er denn sehen, wenn nicht sich? So kann man in anderen auch nur sich verherrlichen. Selbstvernichtung, Selbstvergötterung, Selbstverachtung — das ist unser Richten, Lieben, Hassen!" Sind daher nicht alle gegen Wagner erhobenen Bedenken und Einsprüche eine Korrektur an Nietzsches eigenen Erfahrungen und Urteilen über Wagner?

Doch wohlgemerkt: Nietzsche tastet sich jetzt noch immer vorsichtig zurecht, denn er fühlt diesen dunklen Zwiespalt in seiner eigenen Seele: „Wie wird mir zumute sein, wenn ich erst alles Negative und Empörte, was in uns steckt, aus mir herausgestellt habe, und doch darf ich hoffen, in fünf Jahren ungefähr diesem herrlichen Ziele nahe zu sein."...

Inzwischen wurde die „III. Unzeitgemäße" vollendet und nach Bayreuth gesandt. Wagner quittierte die Sendung mit folgendem Schreiben: „Telegrammatisch. Tief und groß. Am kühnsten und neuesten die Darstellung Kants. Wahrhaft verständlich nur für die Besessenen! Ich sehe die drei Gerechten! Mögen sie lange und tiefe Schatten werfen in das Sonnenland dieser vortrefflichen Jetztzeit! Ihr R. W." Auch Frau Cosima sandte einen ausführlichen „wundervollen" Brief mit einer glänzenden Besprechung des neuesten Werkes Nietzsches. Allerdings sind die darin enthaltenen Ansichten Wagners

Ansichten: denn während Frau Cosima vorlas, notierte sie stets, was Wagner dabei bemerkte. Deshalb sind ihre Briefe mit den Urteilen über Nietzsches Werke so bedeutungsvoll, da sie Wagners Stimmung in jener Zeit so vollständig und aufrichtig wiedergeben.

Dagegen aber ist zu sagen, daß sich Nietzsche in seinen Briefen nach Bayreuth nicht mit solcher Aufrichtigkeit ausgesprochen hat. Denn in seiner Freundschaft für Wagner wollte er stets alles vermeiden, was diesem hätte weh tun können. Außerdem darf man nicht vergessen, wie sehr Nietzsche in allen Freundschaftsverhältnissen von der Höflichkeit beherrscht wurde. Das ging oft so weit, daß er aus Rücksicht für den Adressaten Urteile über andere aussprach, die nur dem Adressaten wohl tun konnten, aber durchaus nicht seine wirkliche Meinung spiegelten. Deshalb nannte er seine Höflichkeit ein Laster und war oft ärgerlich darüber. Daß er sich aber Wagner gegenüber nicht mehr unumwunden wie in den Tribschener Tagen aussprechen konnte, machte ihn sehr traurig und zwang ihm einst folgende Äußerung ab: „Ach, wir Einsamen und Freien im Geiste — wir sehen, daß wir fortwährend irgendworin anders scheinen als wir denken: während wir nichts als Wahrheit und Ehrlichkeit wollen, ist rings um uns ein Netz von Mißverständnissen; und unser heftiges Begehren kann es nicht hindern, daß doch auf unserem Tun ein Dunst von falschen Meinungen, von Anpassung, von halben Zugeständnissen, von schonendem Verschweigen, von irrtümlicher Andeutung liegen bleibt. Das sammelt eine Wolke von Melancholie auf unserer Stirne: denn daß das Scheinen Notwendigkeit ist, hassen wir mehr als den Tod."

Weihnachten 1874/75 verbrachte Nietzsche bei seiner Mutter in Naumburg. Reisepläne wurden geschmiedet, als von Frau Wagner ein Schreiben eintraf, worin Nietzsche ersucht wurde, seine Schwester zu bereden, sie möge bei Wagners Kindern Mutterstelle vertreten, da beide verreisen müßten. Frau Förster entsprach dieser Bitte und traf Anfang Februar in Bayreuth ein, worüber niemand glücklicher war als Nietzsche: „Liebe Lisbeth, ich habe mich sehr gefreut, daß Du Dich kurz und gut entschlossen hast; ich legte großen Wert darauf, daß Du es tatest, zuletzt bleibt es eine Art von hoher Schule für Dich; ich weiß keinen anderen Weg, wie Du so recht gründlich in alle meine Beziehungen eingeweiht werden könntest. Und so wird es für unsere Zukunft gut sein, daß es so gekommen ist. Ich freue mich, wenn ich daran denke." Die Abende, die Frau Förster nach Wagners Rückkehr mit diesem und seiner Frau verlebte, zählt sie gleichfalls zu den schönsten Erinnerungen ihres Lebens. War es ihr doch gelungen, Wagners Mißtrauen in die Anhänglichkeit ihres Bruders ganz zu vernichten. Während ihres Aufenthaltes in Bayreuth entstand zwischen Nietzsches Schwester und Frau Cosima eine so herzliche Vertraulichkeit, daß sich beide von da an Du und Freundinnen nannten.

Auch Baron Gersdorff genoß damals Wagners vollstes Vertrauen, ja der Meister betrachtete ihn als den einzigen, dem er aufrichtig seine Gedanken über Nietzsche mitteilte. So schrieb er ihm einmal: „Sie gewähren mir eine große Freude, mich in betreff Ihrer Lebensentschlüsse für so wichtig anzuschlagen. Sollte ich wirklich einen so großen Einfluß auf Sie gehabt haben, so müßte ich mit mir selbst besonders zufrieden sein, da Sie mit so männlich freundlicher Ausdauer Ihre Entschlüsse ausführen, so daß ich mir wirklich sagen dürfte, in einem recht tüchtigen Sinne einem Freunde einmal nützlich gewesen zu sein; wie oft ist dagegen die nähere Begegnung mit einem anderen nur von verwirrendem, ja störendem Einfluß gewesen! Dies soll gewiß von unserem geliebten Nietzsche nicht gelten, von dem ich mir allerdings doch nicht vorstellen könnte, daß er ohne seine Bekanntschaft mit mir glücklicher gewesen wäre. Doch aber begegnete er mir auf dem Felde des Lebens, das uns gar leicht zum Sumpfe wird, wenn wir nicht zuzeiten fliegen können. Sie sind ‚mein lieber Freund, an dem ich Wohlgefallen habe' — ganz wie der liebe Gott. In sechs Tagen feiern wir das sechsjährige Gedenkfest des ersten Aufenthaltes Nietzsches auf Tribschen!!!"...

VI. „RICHARD WAGNER IN BAYREUTH."

So konnte Nietzsche aus all den mündlichen und schriftlichen Mitteilungen seiner Schwester und seiner Freunde erkennen, wie der Meister sich der begründeten Hoffnung hingab, sein junger Freund werde im Bunde mit ihm die angestrebte große Kulturreformation durchsetzen — aber alle diese Mitteilungen und Briefe schnitten ihm bitter ins Herz und erschütterten ihn immer wieder auf seiner eigenen Bahn. Da rafft er sich, innerlich schon ein Schwankender, noch einmal auf, faßt alles Große, was er einst an Wagner gesehen, in verklärtem Lichte zusammen, entwirft das Ideal eines Künstlers in dithyrambischen Tönen, zeichnet ein strahlendes, zitterndes, glühendes Bild vor unser Auge und nennt es seine „IV. Unzeitgemäße: Richard Wagner in Bayreuth", keine eigentliche Werbeschrift mehr, wie der Meister wohl erwartet haben mochte; oder denn: eine Werbeschrift, die er an sich selbst richtete. Es war der Versuch, das alte Bild wiederherzustellen, das ihm entschwunden war, die Idee gegenüber der Realität zur Geltung zu bringen. Aber eben dies brachte etwas Gezwungenes, Übertriebenes in die Schrift. Es mußte selbst für Wagner etwas Peinliches haben.

Der Inhalt dieser Schrift, die im Grunde nur eine erweiterte Ausführung der im II. Teile der Geburt der Tragödie aufgestellten Probleme ist, ist folgender: das Bayreuther Unternehmen ist die erste Weltumseglung im Reiche der Kunst, wobei, wie es scheint, nicht nur eine neue Kunst, sondern die Kunst selber entdeckt wurde. In dem großen Blicke, mit dem wir auf das Ereignis von Bayreuth hinzusehen haben, liegt die große Zukunft jenes Ereignisses. Das Dramatische im Werden Wagners ist nicht zu verkennen von dem Augenblicke an, wo die in ihm herrschende Leidenschaft ihrer selbst bewußt wird und seine ganze Natur zusammenfaßt. Das wunderbar strenge Urbild des Jünglings, den Siegfried im Ring des Nibelungen, konnte nur ein Mann erzeugen, der seine Jugend erst spät gefunden hat; spät kam auch sein Mannesalter, so daß er wenigstens hierin der Gegensatz einer vorwegnehmenden Natur ist: sobald seine geistige und sittliche Mannbarkeit eintreten, beginnt auch das Drama seines Lebens. Durch Wagners Gestalten geht ein verbindender unterirdischer Strom von sittlicher Veredlung und Vergrößerung durch alle hindurch, der immer feiner und geläuterter flutet, und hier stehen wir vor einem innersten Werden in Wagners eigener Seele. Alles nimmt an dieser Läuterung teil und drückt sie aus, der Mythus nicht nur, sondern auch die Musik. Im Ringe des Nibelungen finde ich die sittlichste Musik, die ich kenne, dort, wo Brunhilde von Siegfried erweckt wird. Hier reicht er hinauf bis zu einer Höhe und Heiligkeit der Stimmung, daß wir an das Glühen der Eis- und Schneegipfel in den Alpen denken müssen, so rein, einsam, schwer zugänglich, trieblos, vom Leuchten der Liebe umflossen, erhebt sich hier die Natur; Wolken und Gewitter, ja selbst das Erhabene sind unter ihr. In jedem, was er dachte und dichtete, hat Wagner das Problem der Treue ausgeprägt; es ist die eigenste Urerfahrung, welche Wagner in sich selbst erlebt hat, und wie ein religiöses Geheimnis verehrt. Niemand wird ihm den Ruhm mehr streitig machen, das höchste Vorbild für alle Kunst des großen Vortrages gegeben zu haben; aber er wurde noch viel mehr, und es war ihm so wenig als jemandem erspart, sich lernend die höchste Kultur anzueignen. Auf die Verbesserung der als veränderlich erkannten Seite der Welt loszugehen, lehren die wahren Philosophen durch die Tat dadurch, daß sie an der Verbesserung der Einsicht der Menschen arbeiten. Und Wagner ist dort am meisten Philosoph, wo er am tatkräftigsten und heldenhaftesten ist. Die Erde sehnt sich wieder nach der Hellenisierung: nicht den gordischen Knoten der griechischen Kultur zu lösen, wie es Alexander tat, sondern ihn zu binden, nachdem er gelöst war, das ist jetzt die Aufgabe. In Wagner erkenne ich einen solchen Gegen-Alexander, insofern gehört er zu den ganz großen Kulturgewalten. Für uns bedeutet Bayreuth die Morgenweihe am Tage des Kampfes. Wir sehen in jenem Bilde des tragischen Kunstwerkes von Bayreuth den Kampf der einzelnen mit allem, was ihnen als scheinbar unbezwingliche Notwendigkeit entgegentritt, mit Macht, Gesetz, Herkommen, Vertrag und ganzen Ordnungen der Dinge. Darin liegt die Größe und Unentbehrlichkeit der Kunst, daß sie den Schein einer einfachen Welt, einer kurzen Lösung der Lebensrätsel erregt. Der einzelne soll zu etwas Überpersönlichem geweiht sein: das will die Tragödie. Es gibt nur eine Hoffnung und eine Gewähr für die Zukunft des

Menschlichen: daß die tragische Gesinnung nicht absterbe. Wagner fand ein Verhältnis zwischen zwei Dingen, die fremd und kalt wie in getrennten Sphären zu leben schienen, zwischen Musik und Leben, und zwischen Musik und Drama. Über dem Werden des wirklichen Wagner liegt eine verklärende und rechtfertigende Notwendigkeit. Seine Kunst, im Entstehen betrachtet, ist das herrlichste Schauspiel: denn Vernunft, Gesetz, Zweck zeigt sich überall. Die gewaltigste Lebensäußerung Wagners ist jene dämonische Übertragbarkeit und Selbstentäußerung; welche sich anderen ebenso mitteilen kann, als sie andere Wesen sich selber mitteilt und im Hingeben und Annehmen ihre Größe hat. Indem der Betrachtende scheinbar der aus- und überströmenden Natur Wagners unterliegt, hat er an ihrer Kraft selber Anteil genommen und ist so gleichsam durch ihn gegen ihn mächtig geworden. Und jeder, der sich genau prüft, weiß, daß selbst zum Betrachten eine geheimnisvolle Gegnerschaft, die des Entgegenschauens, gehört. In Wagner ist das Wesen des dithyrambischen Dramatikers, diesen Begriff so voll genommen, daß er zugleich den Schauspieler, Dichter und Musiker umfaßt, so wie dieser Begriff aus der einzig vollkommenen Erscheinung des dithyrambischen Dramatikers vor Wagner, aus Aischylos, und seinen griechischen Kunstgenossen entnommen werden muß. Durch die Tragödie wird dem Leben seine herrlichste Weisheit, die des tragischen Gedankens geschenkt, und es erwächst der große Zauberer und Beglücker unter den Sterblichen, der dithyrambische Dramatiker. In Wagner stieg der herrschende Gedanke seines Lebens auf, daß vom Theater aus eine unvergleichliche Wirkung, die größte Wirkung aller Kunst ausgeübt werden könne. Wer sich über die Nachbarschaft des „Tristan" und der „Meistersinger" befremdet fühlen kann, hat das Leben und Wesen aller wahrhaft großen Deutschen in einem wichtigen Punkte nicht verstanden. Er weiß nicht, auf welchem Grunde allein jene eigentlich und einzig deutsche Heiterkeit Luthers, Beethovens und Wagners erwachen kann, jene goldhelle, durchgegorene Mischung von Einfalt, Tiefblick der Liebe, betrachtendem Sinne und Schalkhaftigkeit, wie sie Wagner als den köstlichsten Trank allen denen eingeschenkt hat, welche tief am Leben gelitten haben, und sich ihm gleichsam mit dem Lächeln des Genesenden wieder zukehren. Um sein größtes Werk in seinem eigensten Rhythmus zum Beispiel für alle Zeiten hinzustellen, erfand er den Gedanken von Bayreuth. Die Größe Wagners, des Künstlers, besteht in jener dämonischen Mitteilbarkeit seiner Natur, welche in allen Sprachen von sich redet und das innere eigenste Erlebnis mit der höchsten Deutlichkeit erkennen läßt. Sein Auftreten in der Geschichte der Künste gleicht einem vulkanischen Ausbruche des gesamten mitgeteilten Kunstvermögens der Natur selber, nachdem die Menschheit sich an dem Anblicke der Vereinzelung der Künste wie an eine Regel gewöhnt hatte. Das Dichterische in Wagner zeigt sich darin, daß er in sichtbaren und fühlbaren Vorgängen, nicht in Begriffen denkt; daß er mythisch denkt, so wie immer das Volk gedacht hat. Und dies ist das Mächtigste an der Wagnerschen Begabung, für jedes Werk seine eigene Sprache auszuprägen und der neuen Innerlichkeit auch einen neuen Leib, einen neuen Klang zu geben. Wagner erscheint als Bildner höchster Art, welcher wie Aischylos der kommenden Kunst den Weg zeigt. Niemand wird ihm den Ruhm mehr streitig machen, das höchste Vorbild für alle Kunst des großen Vortrages gegeben zu haben. Wagners Musik als Ganzes ist ein Abbild der Welt, so wie diese von dem großen ephesischen Philosophen verstanden wurde als eine Harmonie, welche der Streit aus sich zeugt als die Einheit von Gerechtigkeit und Feindschaft. Als Künstler im ganzen betrachtet, hat Wagner von Demosthenes etwas an sich, den furchtbaren Ernst um die Sache und die Gewalt des Griffes, so daß er jedesmal die Sache faßt. Das tiefste Bedürfnis treibt ihn, für seine Kunst die Tradition eines Stiles zu begründen. Keine ästhetischen Schriften bringen so viel Licht wie die Wagners, seine Gedanken sind überdeutlich, und die Sprache seiner Kunst redet nicht zu Völkern, sondern zu Menschen der Zukunft. Und nun fragt euch selber, ihr Geschlechter jetzt lebender Menschen, ward dies für euch gedichtet? Habt ihr den Mut, mit eurer Hand auf die Sterne dieses ganzen Himmelsgewölbes von Schönheit und Güte zu zeigen und zu sagen: es ist unser Leben, das Wagner unter die Sterne versetzt hat?

H. St. Chamberlain, Wagners Schwiegersohn, nannte diese Schrift Nietzsches das Beste, was dieser merkwürdige Mann je geschrieben hat. Das ist ein einseitiges Werturteil, aufgebaut einzig und allein auf der Tatsache, daß dieses Werk Nietzsches doch nur ein Panegyrikus auf den Meister war, ein letzter Liebesblick des

Scheidenden auf die entzückende Zeit der Gemeinschaft mit Wagner[1]). Nietzsche sandte diese Schrift als „eine Art Bayreuther Festpredigt" nach Bayreuth, wo sie tiefste Freude erregte, wobei der durch tausend Sorgen in Anspruch genommene Meister unter dem unmittelbaren Eindrucke der Lektüre das, was Nietzsche bereits von ihm trennte, übersehen haben mochte. Denn er schrieb ihm: „Freund, Ihr Buch ist ungeheuer. Wo haben Sie nur die Erfahrung von mir her?! Kommen Sie nur bald und gewöhnen Sie sich durch die Proben an die Eindrücke. Ihr R. W." Es sollten diese Zeilen die letzten sein, die der Meister seinem Jünger sandte. Und doch war bereits schon so viel des Trennenden in dieser Schrift unzweideutig ausgedrückt: weil Wagner zu der Urhalluzination der Gebärden erst die Tonsemiotik suchte und erfand, weil er das Motiv zum Leitmotiv ausdeutete und umschuf, verdankt sein Musikdrama als Gattung und Typus seine Existenz nur Wagners gebieterischem Willen, nicht der eigenen Lebensfülle. Figaro, Don Juan, Fidelio sind, die Nibelungen aber, aus gewaltigstem Ehrgeiz geboren, sollen sein! Und indem sich Nietzsche gegen jede ästhetizistische Auslegung des Wagnerschen Musikkultus wehrt, meint er: „Man könnte uns nicht mehr Unrecht tun, als wenn man annehme, es sei uns um die Kunst allein zu tun; als ob sie wie ein Heil- und Betäubungsmittel zu gelten hätte, mit dem man alle übrigen elenden Zustände von sich abtun könnte." In diesen Worten liegt aber gleichzeitig auch ein Ausfall gegen Schopenhauer, bei dem die Kunst bekanntlich eine Form der Erlösung ist, der höchste Aufschwung der Seele. Nietzsche dagegen bejaht nur die verwandelnde Kraft der Musik. So schrieb er 1871 an Rohde:

---

[1]) In einer seiner Vorreden erzählt Nietzsche, daß die Mehrzahl seiner Schriften durchaus nicht seine Gefühle zur Zeit der Niederschrift widerspiegeln, sondern Überlebtes darstellen, also von Gedanken reden, die bereits neuen Ideen Platz gemacht haben. So war auch die „IV. Unzeitgemäße" „eine Huldigung und Dankbarkeit gegen ein Stück Vergangenheit von mir, gegen die schönste und gefährlichste Meeresstille meiner Fahrt . . . und tatsächlich eine Loslösung, ein Abschiednehmen". Da wir heute in der glücklichen Lage sind, die Entwicklung von Nietzsches Denken an Hand der veröffentlichten Dokumente bis in die kleinsten Einzelheiten zu verfolgen, dürfen wir sagen, daß Nietzsche zu derselben Zeit, da er in seinen zur Veröffentlichung bestimmten Schriften jedes Wort, das kein Lob Wagners oder Schopenhauers enthielt, sorgfältig vermied, in seinen Gedanken weit davon entfernt war, sich der Autorität dieser beiden Männer bedingungslos zu unterwerfen, vielmehr kräftig daran arbeitete, sich von ihrer Herrschaft loszumachen.

„Wenn ich mir denke, daß nur einige hundert Menschen aus der nächsten Generation das von der Musik haben, was ich von ihr habe, so erwarte ich eine völlig neue Kultur." Das auf Wagner übertragen, heißt, daß Nietzsche von der Musik und Persönlichkeit Wagners damals noch glaubte, daß ihr diese verwandelnde, kulturerneuernde Kraft innewohne. Nietzsches Vorstudien zu Richard Wagner in Bayreuth lassen das, was ihn von Wagner bereits trennte, noch deutlicher und schärfer hervortreten. Auffällig ist allerdings, daß der Mann, der lehrte, man müsse die alten Tafeln zerbrechen und nur das Kinderland lieben, in diesen Vorstudien Ehrfurcht predigt vor dem Vergangenen. Wiewohl ihm also die Wagnersche Kunst die Ankündigung einer völlig neuen Kultur war, bekennt er: „Ich könnte mir auch eine vorwärtsblickende Kunst denken, die ihre Bilder in der Zukunft sucht. Warum gibt es solche nicht? Die Kunst knüpft an die Pietät an"... „eine besondere Form des Ehrgeizes Wagners war es, sich mit den Größen der Vergangenheit in ein Verhältnis zu setzen: mit Schiller, Goethe, Beethoven, Luther, der griechischen Tragödie, Shakespeare, Bismarck. Nur zur Renaissance fand er kein Verhältnis; aber er erfand den deutschen Geist gegen den romanischen. Interessante Charakteristik des deutschen Geistes nach seinem Vorbilde." Noch schärfer präzisiert und als eine direkte Invektive gegen Wagner kehrt dieser Gedanke wieder im „Menschlichen": „Es gibt so anmaßende Menschen, daß sie eine Größe, welche sie öffentlich bewundern, nicht anders zu loben wissen, als daß sie dieselbe als Vorstufe und Brücke, die zu ihnen führt, darstellen." Wagner hat also, um die Zukunft seines Werkes zu sichern, nach Tyrannenart für eine Vergangenheit gesorgt, dabei jedoch der Geschichte Gewalt angetan, damit sie als Vorbereitung und Stufenleiter zu ihm hin erscheine. So sind denn in der Tat zahlreiche Ideen aus diesen Vorstudien später im „Fall Wagner" entwickelt worden. Er spricht von der Maßlosigkeit in Wagners Charakter und Begabung; aus Bach und Beethoven leuchte „eine reinere Natur"; er urteilt strenge über das politische Leben Wagners, über seine Beziehungen zur Revolution oder zum Könige von Bayern; über seinen Antisemitismus; äußert starke Zweifel über Wagners Wert nicht allein als Gesamtkünstler, sondern auch als Spezialist; er deutet hin auf gewisse „reaktionäre Elemente" in ihm: Sympathie für das mittelalterlich Christliche, buddhaistische

Neigungen, Liebe zum Wunderhaften; deutschen Patriotismus. Dieses Verhalten Nietzsches hat man ihm als Doppelzüngigkeit zum Vorwurfe gemacht. Aber ganz mit Unrecht. Denn, so schreibt er: „Erst glauben wir einem Philosophen, dann sagen wir: mag er in der Art, wie er seine Sätze beweist, Unrecht haben, die Sätze sind wahr. Endlich aber: es ist gleichgültig, wie die Sätze lauten, die Natur des Mannes steht uns für hundert Systeme ein. Als Lehrender mag er hundertmal Unrecht haben: aber sein Wesen ist im Recht, daran wollen wir uns halten. Es ist an einem Philosophen etwas, was nie an einer Philosophie sein kann: nämlich die Ursache zu vielen Philosophien, der große Mensch." Dieser scheinbar paradoxe Aphorismus erklärt nun die Entwicklung von Nietzsches Gefühlen nicht nur gegen Schopenhauer, sondern auch gegen Wagner: er hat damit angefangen, sich für ihre Werke zu begeistern; dann hat er seine Liebe und Ehrfurcht auf die Persönlichkeit dieser Meister selbst übertragen, er hat sie als Menschen und Genies geliebt, unabhängig von ihren Werken; er hat in der Folge jede Handlung sorgfältig vermieden, die geeignet war, die leidenschaftliche Freundschaft, die er ihnen geschworen hatte, zu stören; er hat sich insonderheit der öffentlichen Kritik dessen enthalten, was ihn in ihren Werken nicht befriedigte. Schließlich ist aber doch ein Augenblick gekommen, wo er erkennen mußte, daß die Unterschiede zwischen ihm und seinen Meistern zu bedeutend waren, um sie verschweigen zu können, ohne der Aufrichtigkeit gegen sich selbst Abbruch zu tun; und er hat mit zerrissenem Herzen den gebieterischen Forderungen seines Denkergewissens gehorcht und seine Kritik gegen seine Erzieher gekehrt. Er hat dann den Irrtum eingesehen, in dem er sich ihnen gegenüber befand. Er hatte in der Berührung mit ihnen nicht sie zu begreifen gesucht, wie sie wirklich waren, sondern sich selbst. Und diese Art vorzugehen, hatte ein scheinbar paradoxes, aber in Wirklichkeit völlig logisches Resultat ergeben; anstatt sich Schopenhauer und Wagner anzuähnlen, hatte er sie im Gegenteil nach seinem Bilde umgeformt. So zeigt das Bild, das er von Schopenhauer entwirft, eine nur ziemlich unbestimmte Ähnlichkeit mit dem wirklichen Schopenhauer, wogegen Nietzsche mit großer Genauigkeit das Ideal des „tragischen Philosophen" beschreibt, so wie er es begriff. Ebenso weit entfernte er sich von der objektiven Wirklichkeit in seinem Bilde von Wagner und seiner Verteidigung des „Bayreuther Gedankens", als er die Idealfigur des dionysischen Künstlers — eine Art präexistenten Zarathustra — skizzierte und jenen „großen Mittag" vorherbeschrieb, wo die versammelten Auserwählten sich der höchsten Aufgabe weihen; anstatt seine Muster abzuzeichnen, hatte Nietzsche seine inneren Traumgebilde beschrieben.

Was war also diese Schrift in Wirklichkeit? Hören wir, was Nietzsche über ihre Entstehung sagte und wie er selbst über sie urteilte: „Was sich damals bei mir entschied, war nicht etwa ein Bruch mit Wagner — ich empfand eine Gesamtabirrung meines Instinktes, an dem der einzelne Fehlgriff, heiße er nun Wagner oder Baseler Professur, bloß ein Zeichen war. Eine Ungeduld mit mir selbst überfiel mich; ich sah ein, daß es die höchste Zeit war, mich auf mich zurückzubesinnen. Mit einem Male war mir auf eine schreckliche Weise klar, wieviel Zeit bereits verschwendet sei ... im Grunde kommt wenig darauf an, wovon ich mich loszumachen hatte: meine Lieblingsform der Losmachung aber war die künstlerische: das heißt, ich entwarf ein Bild dessen, was mich bis dahin gefesselt hatte: so von Schopenhauer und Wagner — zugleich ein Tribut der Dankbarkeit." Nietzsche arbeitete an dieser Schrift vom August bis Oktober 1875. Mitten in der Arbeit, etwa im Oktober, schreibt er plötzlich an Rohde: „Meine Betrachtung unter dem Titel ‚R. Wagner in Bayreuth' wird nicht gedruckt; sie ist fast fertig, ich bin aber weit hinter dem zurückgeblieben, was ich von mir fordere: und so hat sie nur für mich den Wert einer neuen Orientierung über den schwersten Punkt unserer bisherigen Erlebnisse. Ich stehe nicht darüber und sehe ein, daß mir selber die Orientierung nicht völlig gelungen ist — geschweige denn, daß ich anderen helfen könnte." Frau Förster zitiert Nietzsches Entwurf zu einer Vorrede, die sich noch erhalten hat und die ich vollinhaltlich wiedergebe: „Es gibt vielmehr ein paar ganz unaufmerksame Leute, die jetzt noch gar nichts von Bayreuth und den Dingen, welche sich jetzt an diesen Namen knüpfen, wissen: und dann zahllose, die viel Falsches davon wissen und erzählen. Aber auch das Wahre und Herrliche, was davon zu berichten bliebe, wie matt lebt es in den Empfindungen und Worten derer, die ehrlich genug sind, es anzuerkennen; und wiederum, wie unaussprechbar muß es den anderen erscheinen, welche ganz von dem Feuer jenes Geistes durchglüht sind, der hier zum erstenmal zu der Menschheit reden will.

Zwischen den Schwachempfindenden und den Sprachlosen stehe ich selber in der Mitte: dies zu bekennen ist weder vermessen noch allzu bescheiden, sondern nur schmerzlich: weshalb gerade das, braucht niemand zu wissen. Wohl aber entnehme ich aus meiner Mittenstellung ein Gefühl von Pflicht, zu reden und einiges deutlicher zu sagen, als es bis jetzt in bezug auf diese Ereignisse geschehen ist. Ich verzichte aus Not darauf, die sehr verschiedenen Erwägungen, zu denen ich mich gedrängt fühle, in *Form* und *Zusammenhang zu bringen; man könnte wohl den Eindruck eines Ganzen und Geschlossenen mit einiger Kunst der Täuschung hervorbringen*: ich will ehrlich bleiben und sagen, daß ich es jetzt nicht besser machen kann, als ich es hier mache, ob ich es freilich schlecht genug mache." Das Werk blieb unvollendet, bis Nietzsche, der im Winter wieder eine gefährliche Krankheit überstanden hatte, im Frühjahre 1876 die Arbeit wieder vornahm, um Wagner seine Dankbarkeit für unzählige glückliche Stunden und für alles, was Wagner in ihm entzündet hatte, auszudrücken. Daher hieß es im Geburtstagsbriefe an den Meister, 21. Mai 1876: „Seit den ersten Besuchen in Tribschen leben Sie in mir und wirken unaufhörlich als ein ganz neuer Tropfen Blutes, den ich früher gewiß nicht in mir hatte! Dieses Element ... treibt, beschämt, ermutigt, stachelt mich und hat mir keine Ruhe mehr gelassen, so daß ich beinahe Lust haben könnte, Ihnen wegen dieser ewigen Beunruhigung zu zürnen, wenn ich nicht ganz bestimmt fühlte, daß diese Unruhe mich zum Freier- und Besserwerden unaufhörlich antreibt. So muß ich dem, welcher sie erregte, mit dem allertiefsten Gefühle des Dankes dankbar sein; und meine schönsten Hoffnungen, die ich auf die Ereignisse dieses Sommers setze, sind die, daß viele in einer ähnlichen Weise durch Sie und ihre Werke in jene Unruhe versetzt werden und dadurch an der Größe Ihres Wesens und Lebensganges einen Anteil bekommen." Wir sehen: im persönlichen oder brieflichen Verkehre werden alle Formen des Anstandes und der Höflichkeit peinlich gewahrt, und doch drängt sich dem scharf beurteilenden Beobachter die Wahrnehmung auf, als fände dieser Nietzsche nicht mehr den Mut, dem Meister offen vor die Augen zu treten und ihm Dinge zu sagen, an deren Wahrheit er selbst schon längst nicht mehr glaubt. Daher die um so größere Rücksichtnahme in den Briefen. Und auch unsere Schrift selbst zeugt von Nietzsches widerstreitenden Empfindungen. Aus erhaltenen Briefentwürfen an Wagner und dessen Frau erhellt deutlich seine Beunruhigung: „Es ist, als ob ich wieder einmal mich selber aufs Spiel gesetzt hätte. Ich bitte Sie auf das herzlichste: lassen Sie geschehen sein, was geschehen ist, und gewähren Sie einem, der sich nicht geschont hat, Ihr Mitleid und Ihr Schweigen. Lesen Sie diese Schrift, als ob sie nicht von Ihnen handelte und als ob sie nicht von mir wäre. Eigentlich ist über meine Schrift unter Lebenden nicht gut zu reden, es ist etwas für die Unterwelt"; ... abgesandt wurde folgendes: „meine Schriftstellerei bringt für mich die unangenehme Folge mit sich, daß jedesmal, wenn ich eine Schrift veröffentlicht habe, irgend etwas in meinen persönlichen Verhältnissen in Frage gestellt wird und erst wieder mit einem Aufwand von Humor eingerenkt werden muß... Sie haben mir einmal, in Ihrem allerersten Briefe an mich, etwas vom Glauben an die **deutsche Freiheit**[1]) gesagt: **an diesen Glauben wende ich mich heute: wie ich auch nur aus ihm den Mut finden konnte, das zu tun, was ich getan habe.**" Wahrlich, so spricht nie und nimmer ein Mensch, der an seinem Freunde zum Verräter werden will.

Man hat vielmehr das Gefühl, als ob Nietzsche, noch an Wagner hängend, aber an ihm bereits zweifelnd, mit seiner Romantikersehnsucht einen neuen Heros suchte. Und dieser neue Heros, dessen noch schattenhaft vor Nietzsches Seele aufsteigender Genius seinen Ausblick auf Wagner zu verdunkeln begann, ist niemand anderer als Platon. Aus derselben Zeit nämlich, wie die „IV. Unzeitgemäße", stammt ein Fragment, das auf eine Neubearbeitung des Philosophenbuches Bezug nimmt und wo die interessante Frage aufgerollt wird, wie sich wohl Platon ohne Einwirkung des Sokrates entwickelt haben würde. „Tragödie, tiefe Auffassung der Liebe, reine Natur, keine fanatische Abkehr, offenbar waren die Griechen im Begriffe, einen noch höheren Typus des Menschen zu finden als die früheren waren; da schnitt die Schere dazwischen. Es bleibt beim tragischen Zeitalter der Griechen." Wir können nur der Vermutung Ausdruck geben, daß Nietzsche, hätte er dieses Fragment weiter ausgeführt, in Platon die Gestalt seines Übermenschen antizipierend realisiert hätte. Diese Ideengänge mußten naturgemäß gleichfalls auf die Darstellung der „IV. Unzeitgemäßen" Einflußnehmen: einerseits wird Platon gegen

---
[1]) Cf. p. 10.

Wagner ausgespielt, wiewohl Nietzsche anderseits sich nicht scheut, im Gegensatz zur platonischen Forderung, die Tragödie aus seinem Staate zu bannen, mit einer gewissen Künstelei die Forderung nach einem „Zauberer und Alldramatiker" erhebt, damit wir wenigstens für die Dauer einiger Stunden erlöst und befreit werden von den Spannungen, die der sehende Mensch jetzt zwischen sich und den ihm aufgebürdeten Aufgaben empfindet. Da aber die heutige Menschheit noch gar keine Hoffnung auf Platons Staat habe, habe sie „selbst zu dieser Blindheit kein Recht, während Platon gegen alles wirklich Hellenische mit Recht blind sein durfte, nach jenem einzigen Blick seines Auges, den er in das Idealhellenische getan hatte". Und wenn Nietzsche gleichzeitig an Rohde schreibt: „Nur dadurch können wir zu wirklichen Lehrern werden, daß wir uns selbst mit allen Hebeln aus dieser Zeitluft herausheben und daß wir nicht nur weisere, sondern vor allem bessere Menschen sind. Also, wir werfen einmal dieses Joch ab, das steht für mich ganz fest! Und dann bilden wir eine neue griechische Akademie", so ergibt sich aus alledem, daß nicht mit einer großen populären Theaterwirkung wie in Bayreuth, sondern nur durch die Sorge um die eigene Seele und die echten geistigen Bedürfnisse, nur im engen Kreise wirklich Gleichgesinnter für Nietzsche das vorbereitet werden kann, wovon die Zukunft ihren Ausgang nehmen soll. Bei dieser Gelegenheit verweise ich den Leser auf das wertvolle Buch: Kurt Hildebrandt: „Nietzsches Wettkampf mit Sokrates und Platon".

Etwas ganz anderes ging in dieser Seele vor sich und rang sich unter Kämpfen, von deren Schwere wir wohl kaum eine Ahnung haben können, ans Licht. Nietzsche war Wagners begeisterter Apostel: aber in demselben Verhältnisse, wie seine Mission für ihn immer mehr in den Vordergrund trat, verschob sich für ihn sein Verhältnis zu Wagner. Dessen Person hatte ihn beherrscht: Wagner, das Genie, der Reformator der Kunst, der Reorganisator der Kultur. Aber schließlich doch eben dieser lebende Mensch mit all seiner unbeschreiblichen Eigenart. Um seinetwillen war er in den Dienst der Bayreuther Sache getreten. Jugend meint immer Personen, wenn sie die Sache zu meinen glaubt. Aber nun war Nietzsche reif; nun hatte er es selbst gefühlt bei der Fehde wider Dr. Fr. Strauß, daß er nur die Sache meinte, wo es der Person zu gelten schien. Bayreuth wurde für Nietzsche die Hauptsache, Wagner Mittel zum Zweck.

VII. DIE FESTSPIELE DES JAHRES 1876.
„MENSCHLICHES, ALLZUMENSCHLICHES."

Und so begab sich Nietzsche mit hochgespannten Erwartungen zu den Festspielen, die Mitte Juli 1876 begannen, nach Bayreuth, wo er Verständnis für das, was ihn beschäftigte, erhoffte: „Künstler bringen ihre Kunst heran, Schriftsteller ihre Werke zum Vortrage, Reformatoren ihre neuen Ideen. Ein allgemeines Bad der Seelen soll es sein: dort erwacht der neue Genius, dort entfaltet sich ein Reich der Güte. Ich wünschte mir den Grad von rhythmischer Augen-Begabung, um über das ganze Nibelungenwerk in gleicher Weise hinschauen zu können, wie es mir in einzelnen Werken mitunter gelingt: aber ich ahne da noch eine besondere Gattung rhythmischer Freuden des höchsten Grades. Die Rheintöchterszene mit Siegfried im vorletzten Akt des letzten Dramas, und die Rheintöchterszene mit Alberich im ersten Akt des ersten Dramas; der Liebesjubel der sich Findenden, Siegfrieds und Brünhildens, im letzten Akt des Siegfried und der Abschiedsjubel der sich Trennenden im ersten Akt der Götterdämmerung usw. Dann wieder die Nornenszene im Anfange der ersten Aktes (Vorspiel) der Götterdämmerung." Doch sehr widersprechend klingen seine Nachrichten über die ersten Bayreuther Eindrücke: er hat sich die Götterdämmerung angesehen und findet es gut, sich daran zu gewöhnen; jetzt sei er in seinem Elemente. Doch Wagner, der alle seine Kräfte seinem Werke widmete, konnte aus leicht begreiflichen Gründen für die geistigen Wandlungen seines Freundes kein tieferes Interesse, geschweige denn ein Verstehen zeigen. Daher weist Nietzsche alle Einladungen Wagners zurück, er will allein sein, mit sich selbst. Und dann auf einmal beginnt er sich wegzusehen: an einem Montag wohnte er einer Probe bei, aber es gefiel ihm gar nicht und er mußte hinaus; es graut ihm vor jedem dieser langen Kunstabende. Auch zur ersten Vorstellung will er nicht da sein, sondern irgendwo; nur nicht hier, wo es ihm nichts als Qual ist. „Ich weiß ganz genau, daß ich es dort nicht aushalten kann, ja eigentlich hätten wir es vorher wissen sollen. Mein Fehler war der, daß ich nach Bayreuth mit einem Ideal kam; so mußte ich denn die bitterste Enttäuschung erleben. Die Überfülle des Häßlichen, Verzerrten, Überwürzten stieß mich heftig zurück." Und Nietzsche floh aus Bayreuth, wohin er gekommen war, „die deutsche Kaaba zu sehen. Und er sah die eleganten Damen und Laffen": nach Klingenbrunn begab er sich, wo er, erschöpft durch den kurzen Aufenthalt in Bayreuth, gar nicht recht wieder zu sich kommen konnte. Aber noch einmal rafft er sich auf und kehrt nach Bayreuth zurück, um seiner Schwester zuliebe dem ersten Zyklus der Festspielaufführungen beizuwohnen, in Wahrheit aber wohl, um nochmals zu prüfen, ob der Eindruck, den er durch die Proben gewonnen hatte, ein endgültiger war, ob er Wagner nicht unrecht getan habe! Aber auch diesmal hielt er es nicht bis zum Schlusse der Ferien in Bayreuth aus, sondern schied eines Tages: „Ach, Lisbeth, das war nun Bayreuth!" sprach er kummervoll, und seine Augen waren mit Tränen gefüllt. Alle Fassung mußte er zusammennehmen, um die grenzenlose Enttäuschung dieses Sommers zu ertragen.

Im Herbste desselben Jahres reiste Nietzsche nach Italien und lebte in Gesellschaft mit Dr. Paul Rée bei Malwida v. Meysenburg in Sorrent, wohin sich später auch Wagner begab. Doch vorher noch schrieb ihm Nietzsche, daß dieser Herbst für ihn, und wohl nicht für ihn allein, mehr Herbst sei als ein früherer. Hinter dem großen Ereignis liege ein Streifen schwärzester Melancholie, aus dem man sich gewiß nicht schnell genug nach Italien oder ins Schaffen oder in beides retten kann.

Was war mit Nietzsche geschehen? War Nietzsche vielleicht schon erkrankt? War es das tieferschöpfte Nervensystem des Neurasthenikers, das die furchtbaren Zerrungen und Nervensensationen der Wagnerschen Musik nicht mehr ertrug? Daß man nach einer Tristan- oder Parsivalaufführung wohl schwerlich ohne wirkliche Nervenerschütterung aus dem Theater gehen werde, das gibt selbst Lichtenberger zu; aber wer will entscheiden, ob diese Nervenerschütterung tatsächlich etwas Ungesundes ist? Allerdings sind nervöse Menschen vor dem Genusse der emotionellen Wagnerschen Musik zu warnen. Tatsache ist, daß von nun ab R. Wagner sinkt und Peter Gast steigt, daß die Hoffnung auf das Gesamtkunstwerk sinkt und die Vorliebe für das Melos der Italiener steigt.

Ich erwähnte bereits, daß die Familie Wagner gleichfalls nach Sorrent reiste. Zwischen dem Meister und Nietzsche entspann sich wieder ein reger Verkehr, der jedoch, wie Nietzsche selbst sich äußerte, etwas schwierig gewesen sei: er und Wagner hätten sich gebärdet, als ob sie beide sehr glücklich wären, zusammen zu sein, um Wichtiges miteinander auszutauschen. Im Grunde aber habe man sich nichts mehr zu sagen gehabt. Frau Förster-Nietzsche erzählt über die Art und Weise dieses Verkehrs folgendes: „Von einer Art der intimsten Unterhaltung in Sorrent behielt mein Bruder die peinlichste Erinnerung zurück. Wagner, mit dem Parsifal beschäftigt, fühlte recht wohl, daß ein Bühnenweihfestspiel, erdacht und komponiert von einem so schroffen Atheisten, wie er sich in Tribschen immer gezeigt hatte, kaum als ein christlich-religiöser Akt empfunden werden könnte, wie er doch sollte. So gestand er meinem Bruder allerhand christliche Empfindungen und Erfahrungen, allerhand Hinneigungen zu christlichen Dogmen; er erzählte ihm vom Genuß, den er der Feier des heiligen Abendmahls verdanke. Mein Bruder hielt es für unmöglich, daß jemand, der sich so wie Wagner bis zu den äußersten Konsequenzen als Atheist[1]) aus-

---

[1]) So betont Nietzsche in einer seiner Vorarbeiten zur „IV. Unzeitgemäßen" ausdrücklich den Atheismus Wagners, weil das Wunderhafte beim Künstler künstlerisch und nicht dogmatisch ist und Wagner über der religiösen Deutung der Mythen frei steht; fromm ist ein Dichter niemals, es gibt keinen Kultus vor den Göttern, man glaubt nicht an sie! Und doch schrieb dieser Wagner einen Parsifal, wiewohl er Mathilde Wesendonk einst mitgeteilt hatte, daß er „sich so recht angeekelt fühle durch die detaillierte Beschreibung des endlich festgestellten Kultus mit seinen Reliquien und abgeschmackten bildlichen Darstellungen". Über ein in Luzern begangenes „Fronleichnamsfest, angeführt von den Pfaffen, die sich dazu sogar goldene Schlafröcke angezogen hatten", findet er ironische Worte und nennt es „ein Glück, daß ich sie nicht zu nah sah." Deshalb konnte die Fürstin v. Wittgenstein, „une grande chrétienne", über den Parsifal sich äußern: „Ich zweifle nicht, daß Wagners Genie die religiöse Stimmung in der Musik mit einer noch nie dagewesenen Intensität wiederzugeben gewußt hat. Ob aber die gläubigen Christen es gut heißen werden, solch hohe Kunst zur Parodie ihrer heiligsten Sakramente angewandt zu sehen, ist noch eine Frage... Kundry, diese Karikatur der heiligen Magdalena! Dieser Unsinn im ganzen Buch, der die mittelalterliche Dichtung auf solchen absurden Boden stellt!

gesprochen hatte, jemals wieder zu einem frommen, naiven Glauben zurückkehren könnte. Er nahm deshalb Wagners Wandlung nur als Mittel, um sich mit den fromm gewordenen herrschenden Mächten in Deutschland zu arrangieren. So hörte er schweigend Wagners Reden an, das Herz zum Zerspringen voll Kummer über diese Schauspielerei Wagners gegen sich selbst; er schrieb folgende harte Worte nieder: ich bin nicht imstande, irgendeine Größe anzuerkennen, welche nicht mit Redlichkeit gegen sich verbunden ist; die Schauspielerei gegen sich flößt mir Ekel ein. Entdecke ich so etwas, so gelten mir alle Leistungen nichts; ich weiß, sie haben überall und im tiefsten Grunde diese Schauspielerei."

Erregte also einerseits Wagner durch seine Frommtuerei Nietzsches Mißfallen, so ärgerte sich anderseits der Meister, weil sein Freund in eifrigem Verkehre stand mit Dr. Paul Rée, einem Juden, der in seinen philosophischen Schriften besonders jedes System einer metaphysischen Ethik bekämpfte. Ohne Frage hat Nietzsche Rées nüchterne, mehr aufs Reale gerichtete Anschauungsweise nach der Enttäuschung in Bayreuth wohl getan. Wagner, der große Antisemit, konnte an Rée, den Nietzsche einen „überaus klaren Kopf" und einen „Moralisten vom schärfsten Blick" genannt hatte, absolut keinen Gefallen finden, welchen Umstand Frau Cosima Nietzsches Schwester keineswegs verschwieg. Wagner nannte ihn einen „heimtückischen Gesellen, an dem Nietzsche nichts Gutes erleben werde ... es gibt Wanzen, es gibt Läuse; gut, sie sind da; aber die brennt man aus; die Leute, die das nicht tun, sind Schweine"[1]). Nietzsche jedoch ging abermals seine eigenen Wege und „trug

---

Es wäre aber auch zu lang, auseinanderzusetzen, wie dem Heiligsten unseres christlichen Glaubens hier ins Gesicht geschlagen wird! Einmal wird die Reaktion schon kommen!" Frau Förster sagt nicht mit Unrecht, daß der Geschmack an einer bestimmten Art Musik sich zuweilen schnell verändere — sakrale Musik, die mit den Religionskulten zusammenhänge, ausgenommen. Wagner, der mit heißem Bemühen nach dem goldenen Lorbeerkranze ewigen Ruhmes griff, wußte das wohl; es ist möglich, daß sein Versuch, eine neue Religion zu stiften, diesen Hintergrund hatte. Ein neues Christentum sollte in Bayreuth im Parsifal erblühen, und dessen heilige Kultusmusik sollte für ewige Zeiten die Parsifalmusik ein. Aber welch seltsame Vorstellung, ein neues Christentum in einem Opernhause begründen zu wollen!

[1]) Cf. C. A. Bernoulli „Franz Overbeck und Fr. Nietzsche"; I, p. 212.

diese Wanze volle sechs Jahre herum", bis er durch sie zu einem offenen Gegner Schopenhauers und damit natürlich auch Wagners geworden sei. Das sei die Frucht seines „sehr lebendigen Appetites nach Réealismus gewesen"!

Über den Einfluß, den Rée auf Nietzsches geistige Entwicklung genommen haben soll, stehen einander die widersprechendsten Ansichten gegenüber. Frau Förster-Nietzsche erwähnt die heute noch gerne kolportierte und kritiklos geglaubte Fabel, daß der Verkehr mit Rée auf Nietzsche so nachhaltig tief gewirkt habe, daß man ihm das Buch „Menschliches, Allzumenschliches" verdanken müsse. Energisch weist sie diese Behauptung zurück, indem sie meint, wäre dem wirklich der Fall, so sei dies geradeso, als ob man von einem kleinen Vogel sagen wollte, er habe den Adler in die Höhe getragen. Dem ist jedoch entgegenzuhalten, daß Frau Förster-Nietzsche aus leicht begreiflichen Gründen den Einfluß Dr. Rées, ja dessen Bedeutung überhaupt, einseitig unterschätzt. Die gegenteilige Ansicht, eine maßlose Überschätzung Rées, vertritt Frau Lou Andreas Salomé. Für sie ist Rée „der schärfere Kopf", und behauptet sie geradezu, daß Nietzsche aus Rées Theorien einfach nur die praktischen Konsequenzen gezogen habe. Daß Nietzsche sich an Rée so schnell angeschlossen habe, erklärt sie damit, daß bei Nietzsche die psychische Reaktion auf seine seinerzeitige Verherrlichung des Affektlebens, der Wagnerschen Kunst und Metaphysik sich nun in einer Art „vorurteilsloser Kälte und Ruhe des Erkennenden" entladen habe, was insoferne richtig ist, als Nietzsche den Verkehr mit Rée als einen „wohltuenden Eisumschlag" empfand. Und dasselbe Bedürfnis, das Nietzsche früher gezwungen habe, seine Kunstideale in Wagners Werken realisiert zu sehen, habe sich nun dahin geäußert, daß er seine positivistischen Gedanken gleichfalls in jemandem verwirklicht sehen mußte. Und dieser jemand war Rée, wiewohl dessen Persönlichkeit der seinen durchaus entgegengesetzt war. Deshalb habe Nietzsche genau so wie früher an Wagner, jetzt an Rée sein Selbst verloren!

Es kann nun keinem Zweifel unterliegen, daß Frau Andreas Rées Einfluß auf Nietzsche wohl aus persönlicher Vorliebe für jenen stark überschätzt hat. Die Wahrheit über diesen Einfluß wird nun wohl in der Mitte zwischen den beiden bereits vorgetragenen Ansichten liegen. Wenn Nietzsche Rée seinen „lieben Freund und

Vollender" nannte, so erblicke ich hierin nur einen Ausdruck der überschwänglichen Freude Nietzsches, einen Menschen gefunden zu haben, der ähnlich wie er dachte. Was tatsächlich Rée für Nietzsche bedeutete, darüber unterrichtet uns am besten ein Brief Nietzsches an Rohde (Juni 1878), dem wir bei der bekannten Wahrheitsliebe des Philosophen unbedingten Glauben schenken müssen: „Suche nur immer **mich** in meinem Buch und nicht Freund Rée. Ich bin stolz darauf, dessen herrliche Eigenschaften und Ziele entdeckt zu haben, aber auf die Konzeption meiner „philosophia in nuce" hat er **nicht den allergeringsten** Einfluß gehabt: diese war fertig und zu einem guten Teile dem Papier anvertraut, als ich im Herbste 1876 seine nähere Bekanntschaft machte. Wir fanden einander auf gleicher Stufe vor: der Genuß unserer Gespräche war grenzenlos, der **Vorteil gewiß sehr groß, auf beiden Seiten**"[1].

In der Einsamkeit, mit blutender Wunde im Herzen, wie einst Philoktetes seine bitteren Pfeile schärfend, schrieb Nietzsche sein Buch: „**Menschliches, Allzumenschliches**": „Neue Wege gehe ich, eine neue Rede kommt mir; müde wurde ich gleich allen Schaffenden der alten Zungen. Nicht will mein Geist mehr auf abgelaufenen Sohlen wandeln." Aber abgesehen davon, daß dieses Werk nur allzu deutlich Nietzsches endgültige Absage an Schopen-

---

[1]) In „Jenseits von Gut und Böse" sagt Nietzsche: „Es gibt zwei Arten von Genies: eins, welches vor allem zeugt und zeugen will, und ein anderes, welches sich gern befruchten läßt und gebiert." Ohne Zweifel gehörte Nietzsche zur zweiten Art: er hat sich anregen lassen. Wenn den von Natur äußerst Sensiblen ein Gedanke packte, so erlebte er ihn: das ist das durchaus Selbständige in seinem Schaffen. Sehr richtig sagt daher Frau Lou Andreas: „Für Nietzsche bedeutete Beschäftigung mit einem Problem, bedeutete Erkennen vor allen Dingen sich erschüttern lassen; und von der Wahrheit sich überzeugen, bedeutete ihm: von dem Erlebnis überwältigt werden, über den Haufen geworfen werden, wie er es nannte. Er nahm einen Gedanken auf, wie man ein Schicksal auf sich nimmt, das den ganzen Menschen ergreift und in Bann schlägt: er **lebte** den Gedanken noch viel mehr als er ihn dachte, aber er tat es mit einer so leidenschaftlichen Inbrunst, einer so maßlosen Hingebung, daß er sich an ihm erschöpfte." In diesen Worten liegt sehr viel Wahrheit, die bestätigt wird durch sein Erlebnis mit Wagner. Aber in noch viel höherem Grade hat Nietzsche einen Gedanken zum ihn voll und ganz beherrschenden Erlebnisse in der letzten Periode seines Schaffens gemacht; freilich ein Gedanke, der, wie sich zeigen wird, ihn dann tatsächlich „über den Haufen geworfen" hat.

hauer, mithin auch an Wagner bewies, griff er darin Wagner und dessen Frau ganz offen an. Im „Ecce homo" äußerte er sich darüber: „Ich habe mich in diesem Buche von dem Ungehörigen in meiner Natur freigemacht, unzugehörig ist mir der Idealismus. Der Titel sagt: wo ihr Ideale seht, sehe ich Menschliches, ach, nur allzu Menschliches. Ein Irrtum nach dem anderen wird gelassen aufs Eis gelegt, das Ideal wird nicht widerlegt, es erfriert; hier erfriert das Genie, eine Ecke weiter der Heilige, am Schluß erfriert der Glaube, die sogenannte Überzeugung, auch das Mitleiden kühlt sich bedeutend ab."

Nietzsche hatte dieses Buch mit folgender Widmung nach Bayreuth gesandt, die uns einen deutlichen Beweis gibt, mit welcher Innigkeit er noch immer an der Person des Meisters und seiner Gattin hing:

„Dem Meister und der Meisterin
entbietet Gruß mit frohem Sinn,
beglückt ob seinem neuen Kind
von Basel Friedrich Freigesinnt.
Er wünscht, daß sie mit Herzbewegen
aufs Kind die Hände prüfend legen
und schauen, ob es Vaters Art,
wer weiß? selbst mit 'nem Schnurrenbart.
Was ihm auf seinem Erdenwallen
beschieden sei: es will gefallen,
nicht vielen: fünfzehn an der Zahl,
den andern werd' es Spott und Qual.
Doch eh' wir in die Welt es schicken,
mög' Meisters Treuaug' segnend blicken;
und daß ihm folge fürderhin
die kluge Gunst der Meisterin!"

Dem Buche lag auch ein Brief bei, der im Entwurf lautet: „Indem ich Ihnen das beifolgende Buch übersende, lege ich mein Geheimnis vertrauensvoll in Ihre und Ihrer edlen Gemahlin Hände und nehme an, daß es nunmehr auch Ihr Geheimnis sei. Dies Buch ist von mir: ich habe meine innersten Empfindungen über Menschen und Dinge darin ans Licht gebracht und zum erstenmal die Peripherie meines eigenen Denkens umlaufen. In Zeiten, welche voller Paroxysmen und Qualen waren, war dieses Buch ein Trostmittel, welches nicht versagt, wo alle anderen Trostmittel versagten. Vielleicht lebe ich noch, weil ich seiner fähig war... ich weiß keinen, ... der die Ansichten dieses Buches hätte, bin aber sehr begierig in bezug auf die Gegengründe, welche in diesem Falle vorzubringen sind. Mir ist zu Mute wie einem Offizier, der eine Schanze gestürmt hat. Zwar verwundet — aber er ist oben und entrollt nun seine Fahne. Mehr Glück, viel mehr Glück als Leid, so furchtbar das Schauspiel ringsherum ist. Obschon ich ... niemanden kenne, der jetzt noch mein Gesinnungsgenosse ist, habe ich doch die Einbildung, nicht als Individuum, sondern als Kollektivum gedacht zu haben. Das sonderbare Gefühl von Einsamkeit und Vielsamkeit. Ein vorausgeeilter Herold, der nicht genau weiß, ob die Ritterschaft ihm nachkommt oder ob sie noch existiert."

Wie wir dem „Ecce homo" entnehmen, „kam durch ein Wunder von Sinn im Zufall gleichzeitig ein schönes Exemplar des Parsifaltextes an mit Wagners Widmung: ‚Herzlichen Gruß und Wunsch seinem teuren Freunde Friedrich Nietzsche von Richard Wagner, Oberkirchenrat'. Diese Kreuzung der zwei Bücher, mir war es, als ob ich einen ominösen Ton dabei hörte; klang es nicht, als ob sich Degen kreuzten? Jedenfalls empfanden wir es beide so, denn wir schwiegen beide. Um diese Zeit erschienen die ersten ‚Bayreuther Blätter'; ich begriff, wozu es höchste Zeit gewesen war; unglaublich, Wagner war fromm geworden." — Eisiges Schweigen war die einzige Antwort aus Bayreuth: der Meister, der einen Menschen oder eine Sache nur so lange gelten ließ, als seiner Kunst durch sie ein höherer Rang verliehen wurde, mußte sich tief verletzt und getroffen fühlen, sein Treuauge blickte nichts weniger als segnend, und mit der Meisterin kluger Gunst war es für immer vorbei. Hatte Nietzsche eine solche Wirkung seines Buches erwartet? Als man ihn fragte, wie er sich die Aufnahme dieses seines Buches durch Wagner vorgestellt habe, gab er zur Antwort: „Humanität der Freund- und Meisterschaft. ‚Gehe du gen Morgen: so werde ich gen Abend ziehen' — so zu empfinden ist das hohe Merkmal von Humanität *im engeren Verkehr; ohne diese Empfindung wird jede Freundschaft, jede Jünger- und Meisterschaft irgendwann einmal zur Heuchelei*... Freund — nichts verbindet uns jetzt, aber wir haben Freude aneinander bis zu dem Grade, daß der eine des anderen Richtung fördert, selbst wenn sie schnurstracks der seinen entgegenläuft."

Weil Nietzsche in diesem Buche Wagner offen angriff, wollte er es ursprünglich anonym erscheinen lassen. Darauf wollte jedoch sein Verleger nicht eingehen, und so mußte sich Nietzsche schließlich bequemen, die persönlich gehaltenen Aphorismen umzuändern und statt des Namens „Wagner" das Wort „Künstler" einzusetzen. In dieser Tatsache erblickt Julius Zeitler einen deutlichen Beweis dafür, daß Nietzsche damals trotz der bereits erfolgten Trennung von Wagner noch weit davon entfernt gewesen sei, diesen „überwunden" zu haben. Aber auch trotz dieser veränderten Form mußte Wagner bei einigen Aphorismen sehr deutlich erkannt haben, daß ihre Spitze gegen ihn gerichtet sei. Wie mußte dem Meister zu Mute gewesen sein, wenn er nun las, daß die übermäßige Verherrlichung der künstlerischen Genialität der fortschreitenden Vermännlichung der Menschheit entgegenstehe. Es sei sehr fraglich, ob der Aberglaube vom Genie selber von Nutzen sei, wenn er in ihm sich entwurzle. Jeder großen Erscheinung folge die Entartung nach, namentlich im Bereiche der Kunst. Der glücklichste Fall in der Entwicklung einer Kunst sei der, daß mehrere Genies sich gegenseitig in Schranken halten. Unsere Eitelkeit und Selbstliebe sei dem Kultus des Genies nur förderlich; nur wenn dieses ganz fern von uns gedacht ist als ein miraculum, verletze es niemanden. „Unsere Musiker haben nicht den leisesten Geruch davon, daß sie ihre Geschichte, die Geschichte der Verhäßlichung ihrer Seele, in Musik setzen ... das Kunstwerk gehört nicht zur Notdurft, die reine Luft im Kopf und Charakter gehört zur Notdurft des Lebens. Wir sollen uns von einer Kunst losmachen, die ihre Früchte zu teuer verkauft. Hält es ein Künstler nicht in der hellen, guten Luft aus, muß er, um seine Phantasie zu schwängern, in die Nebelhöhlen und Vorhöllen hinein, gut: wir folgen nicht ... ein Künstler ist nicht Führer des Lebens, wie ich früher sagte ... namentlich ist das Verhalten der Genies zueinander eines der dunkelsten Blätter der Geschichte. Die Genieverehrung ist oft eine unbewußte Teufelsanbetung gewesen. Man sollte überrechnen, wie viele Menschen in der Umgebung eines Genies sich ihren Charakter und ihren Geschmack verdorben haben." Es ist klar, daß alle diese Ausfälle gegen das seinerzeit verherrlichte Genie, wiewohl sie keinen Namen tragen, sich auf niemand anderen beziehen als auf — Richard Wagner. Aber, wie schon erwähnt, auch Frau Cosima wurde nicht geschont. So lautet ein Aphorismus unter dem Titel „Freiwilliges Opfertier": „Durch nichts erleichtern bedeutende Frauen ihren Männern, falls diese berühmt und groß sind, das Leben so sehr als dadurch, daß sie gleichsam das Gefäß der allgemeinen Ungunst und gelegentlichen Verstimmungen der übrigen Menschen werden. Die Zeitgenossen pflegen ihren großen Männern viel Fehlgriffe und Narrheiten, ja Handlungen grober Ungerechtigkeiten nachzuahmen, wenn sie nur jemanden finden, den sie als eigentliches Opfertier zur Erleichterung ihres Gemütes mißhandeln und schlachten dürfen. Nicht selten findet eine Frau den Ehrgeiz in sich, sich zu dieser Opferung anzubieten, und dann kann freilich der Mann sehr zufrieden sein, um sich einen solchen freiwilligen Blitz-, Sturm- und Regenableiter in seiner Nähe gefallen zu lassen." Daneben findet sich aber gar mancher Aphorismus, der sich fast bittend an den Meister wendet, wie z. B.: „Verhängnis der Größe. — Jeder großen Erscheinung folgt die Entartung nach" usw.; von mir bereits früher zitiert.

Wagner verhielt sich vorderhand passiv; dafür erblickte die Meisterin in dem Buche nur Oberflächlichkeit und Sophistik. In Briefen, die sie an Nietzsches Schwester sandte, heißt es: „Ich weiß, Nietzsche war krank, als er diese geistig so sehr unbedeutenden, moralisch so sehr bedauernswerten Sätze niederschrieb, als er, der Tiefsinnige, mit allem Ernsten oberflächlich umging und über Dinge sprach, die er nicht kennt; wollte der Himmel, er hätte nur so viel Gesundheit gehabt, um dieses traurige Zeugnis seiner Krankheit nicht herauszugeben... daß der Verräter nicht die Kraft des Schweigens hatte und das Bedürfnis fühlte, durch geistig Nichtssagendes, moralisch Bedenkliches seinen inneren Zustand zu dokumentieren, darauf ist ihm nur ‚oh, du Armseliger!' mit tiefstem Mitleid zuzurufen... daß der Autor selbst nicht recht an das glaubt, was er niederschreibt, sondern nur sich selbst die Einwendungen dagegen nicht vorhalten kann, das leider empfindet man... dürftig sein und unwahr, frevelhaft und armselig, das ist traurig... möchte der Verrat dem Autor gute Früchte bringen!"

Erwin Rohde, auf den die Lektüre des „Menschlichen, Allzumenschlichen" wirkte, „wie wenn man direkt aus dem caldarium in ein eiskaltes frigidarium gejagt wird", war zuerst der Meinung, daß das Hohnlachen, das Nietzsche nun für seine eigenen einstigen Ideale habe, „krank und schneidend klinge". Doch hofft er, daß man hier ein „Ergebnis eines in Nietzsches Innerem notwendigen Prozesses vor sich habe, den er selbst nicht hemmen konnte, aber dessen letztes Stadium dies nicht sein könne"... das „stärkere Hervorkehren des rein intellektuellen Elements" in diesem Buche erscheint ihm als ein „gewisses Korrektiv jenes enthusiastischen Denkens", das den Verfasser der „Geburt der Tragödie" beseelte. In einem Briefe an Franz Rühl rühmt er Nietzsches „Tiefe, Feinheit, Klarheit und Besonnenheit... sein Verstand ist nicht nur reicher, sondern auch fester als der von tausend kritischen Holzköpfen".

Endlich hat Wagner auf dieses Buch, das Jakob Burkhardt „souverain" nannte, mit dem Artikel „Publikum und Popularität" in den „Bayreuther Blättern" geantwortet: „Philologen wie Philosophen erhalten, namentlich wo sie sich auf dem Felde der Ästhetik begegnen, durch die Physik im allgemeinen noch ganz besondere Ermunterungen, ja Verpflichtungen zu einem noch gar nicht zu begrenzenden Fortschreiten auf dem Gebiete der Kritik alles Menschlichen und Unmenschlichen. Es scheint nämlich, daß sie den Experimenten jener Wissenschaft die tiefe Berechtigung zu einer ganz besonderen Skepsis entnehmen, welche es ihnen ermöglicht, sich von den bisher üblichen Ansichten abwendend, dann in einer gewissen Verwirrung wieder zu ihnen zurückkehrend, in einem steten Umsichherumdrehen sich zu erhalten, welches ihnen dann ihren gebührenden Anteil am ewigen Fortschritte im allgemeinen zu versichern scheint. Je ungeachteter die hier bezeichneten Saturnalien der Wissenschaft vor sich gehen, desto kühner und unbarmherziger werden dabei die edelsten Opfer abgeschlachtet und auf dem Altar der Skepsis dargebracht. Jeder deutsche Professor muß einmal ein Buch geschrieben haben, welches ihn zum berühmten Manne macht. Nun ist ein naturgemäß Neues aufzufinden nicht jedem beschieden. Somit hilft man sich, um das nötige Aufsehen zu machen, gern damit, die Ansichten eines Vorgängers als grundfalsch darzustellen, was dann um so mehr Wirkung hervorbringt, je bedeutender und größtenteils unverstandener der jetzt Verhöhnte war. Die wichtigeren Vorgänge sind die, wo überhaupt jede Größe, namentlich das so sehr beschwerliche Genie als verderblich, ja der ganze Begriff Genie als grundirrtümlich über Bord geworfen werden."

Unter dem Eindrucke dieses Artikels muß Nietzsche furchtbar gelitten haben: unter unsäglichen Mühen und Opfern hatte er sich endlich zur Wahrheit durchgerungen — „sie verspotteten mich, als ich meinen eigenen Weg fand und ging; und in Wahrheit zitterten damals meine Füße" — und nun wurde ihm vorgeworfen, er tappe planlos im Kreise herum — „und so sprachen sie zu mir: du verlerntest den Weg, nun verlernst du auch das Gehen!" — und wolle sich wie irgendein beliebiger Professor durch ein paradoxes Buch berühmt machen! Deshalb ist der einzige Vorwurf, den Frau Förster-Nietzsche gegen Wagner erhebt, daß er ihren Bruder zu leichten Herzens verlor, gerechtfertigt: Nietzsche sei für ihn nur ein Werkzeug gewesen, sicherlich ein kostbares, geliebtes, mit zarter Schonung behandeltes, aber eben doch — ein Werkzeug, das man missen konnte. Wagner ahnte nicht, was es für ihn zu bedeuten hatte, einen Nietzsche zu verlieren! So sagt auch Lichtenberger (l. c. p. 84): „Wenn Wagner seinen jungen Freund auch sehr aufrichtig liebte, so betrachtete er ihn doch nur als Werkzeug seiner Hand und fand es ganz in der Ordnung, daß Nietzsche seinen Ehrgeiz darauf beschränkte, der erste Apostel des Wagnertums zu werden. Sein Abfall verursachte ihm in der Folge fast ebensoviel Groll und Grimm wie Schmerz: er sah in ihm einen Streber, der sich unter seiner Fahne einen Namen gemacht und ihn dann nur deshalb verlassen hatte, um die Aufmerksamkeit auf seine Person zu lenken: er hielt ihn für einen Undankbaren, der einem krankhaften Reklamebedürfnis eine alte Freundschaft opferte. Nietzsche seinerseits, der an dem Bruche seiner Beziehungen zu Wagner furchtbar litt, sah in dem Hasse seines Meisters ein Zeichen von kleinlichem Charakter und engem Geiste."

„Nun lag," schreibt Frau Förster-Nietzsche, „sein Ideal, das er aus Wagners Gestalt geschaffen hatte, in Trümmern, und jede Handlung Wagners aus jener Zeit half diese Zerstörung beschleunigen. ...Zwei leidenschaftlich hochgehaltene Ideale standen sich plötzlich schroff gegenüber: ein das Leben verneinender, katholisch romantischer Parsifal, der das Leben bejahenden, das Leben vergöttlichenden, verklärenden kraftvollen Reckengestalt des Siegfried! Und dieses letzte Ideal hatte mein Bruder für das Wagnerische gehalten! Welche Täuschung!... Traurig schreibt er 1878: ‚Ich will es nur gestehen, ich hatte gehofft, durch die Kunst könne den Deutschen das abgestandene Christentum völlig verleidet werden — deutsche Mythologie als abschwächend, gewöhnend an Polytheismus. Welcher Schrecken über die Restaurationsströmungen!!'"

Das Erscheinen des Parsifal und des „Menschlichen, Allzumenschlichen" gab nur den äußeren Anlaß, daß Nietzsche und Wagner sich trennten; innerlich hatte Nietzsche schon längst die völlige Entfremdung gefühlt und durchgelitten. Aber trotz alledem wäre, wie auch Julius Kapp zugibt, ein Bruch mit Wagner noch immer nicht notwendig gewesen, wenn man in Bayreuth hätte verstehen können, daß der Schüler nun plötzlich eigene Pfade wandeln wollte; denn jetzt hatte es Nietzsche ernstlich „gewagt, der Weisheit selber nachzugehen und selbst Philosoph zu sein; früher verehrte ich die Philosophen. Manches Schwärmerische und Beglückende schwand; aber viel Besseres habe ich eingetauscht. Mit der metaphysischen Verdrehung ging es mir zuletzt so, daß ich einen Druck um den Hals fühlte, als ob ich ersticken müßte". Seinem Freunde Peter Gast teilte Nietzsche mit, sein Buch sei von Bayreuth aus in eine Art von Bann getan und über seinen Autor die große Exkommunikation verhängt worden. Dem Freiherrn v. Seydlitz gegenüber konstatiert er trotz des gegen ihn von Wagner gerichteten Pamphlets mit sichtlicher Befriedigung, daß er nun über Wagner ganz frei empfinde. Dieser ganze Vorgang habe so kommen müssen: „Er ist wohltätig, und ich verwende meine Emanzipation von ihm reichlich zu geistiger Förderung. — Jemand sagte mir: der Karikaturenzeichner von Bayreuth ist ein Undankbarer und ein Narr! — Ich antwortete: **Menschen von so hoher Bestimmung muß man in bezug auf die bürgerliche Tugend der Dankbarkeit nach dem Maße ihrer Bestimmung messen.** Übrigens bin ich vielleicht nicht ‚dankbarer' als Wagner — und was die Narrheit betrifft — aber vielleicht habe ich schon zu viel gesagt, der ‚Wagnerianer' regt sich in Ihnen und sucht nach Steinen... nein, lieber Freund, Sie werfen nicht nach mir, das weiß ich. — Aber tun Sie mir auch die Ehre an, mich **nie zu verteidigen.** Meine Position ist dafür zu stolz, Verzeihung! — Ich denke, meine Freunde sollen mit mir zusammen auch **stolz sein!"**

Diesem mit so verschiedenen Gefühlen aufgenommenem Buche folgte bald der zweite Band nach. Er unterscheidet sich vom ersten insofern, als Nietzsche in der 1886 geschriebenen Vorrede Wagner nunmehr öffentlich beim Namen nennt: „Richard Wagner, scheinbar der Siegreichste, in Wahrheit ein morsch gewordener, verzweifelnder Romantiker, sank plötzlich hilflos und zerbrochen vor dem christlichen Kreuze nieder. Gegen die romantische Musik wendete sich damals mein erster Argwohn; und wenn ich von der Musik noch etwas erhoffte, so war es in der Erwartung, es möchte ein Musiker kommen, kühn, boshaft, um an jener Musik auf eine unsterbliche Weise Rache zu nehmen. — Hat denn kein Deutscher für dies schauerliche Schauspiel damals Augen im Kopf, Mitgefühl in seinem Gewissen gehabt? War ich der einzige, der an ihm — litt? Als ich allein weiterging, zitterte ich; nicht lange darauf war ich krank, nämlich müde — müde aus der unaufhaltsamen Enttäuschung über alles, was uns modernen Menschen zur Begeisterung übrig blieb, über die allerorts vergeudete Kraft, Arbeit, Hoffnung, Jugend, Liebe, müde aus Ekel vor der ganzen idealistischen Lügnerei und Gewissensverweichlichung, die hier wieder einmal den Sieg über einen der Tapfersten davon getragen hatte, müde endlich, und nicht am wenigsten aus dem Gram eines unerbittlichen Argwohns — daß ich nunmehr verurteilt sei, tiefer zu mißtrauen, tiefer zu verachten, tiefer allein zu sein als je vorher. Denn ich hatte niemanden gehabt als Richard Wagner." Aus der Abfassungszeit des zweiten Bandes stammen gleichzeitig mitlaufende Aufzeichnungen Nietzsches über Wagner: „Es ist schwer, im einzelnen Wagner anzugreifen und nicht Recht zu behalten: seine Kunstart, Leben, Charakter, seine Meinungen, seine Neigungen und Abneigungen — alles hat wunde Stellen. Aber als Ganzes ist die Erscheinung jedem Angriff gewachsen... Bei Wagner ehrgeizigste Kombination aller Mittel zu stärkster Wirkung; das Erhabene als das Unbegreifliche, Unerschöpfliche in bezug auf Größe. Alle Ideen Wagners werden sofort zur Manier; er wird durch sie tyrannisiert. Das Undeutsche an Wagner: es fehlt die deutsche Anmut und Grazie eines Beethoven, Mozart, Weber, das flüssige, heitere Feuer Beethovens, Webers, Wagner hat in seinen Schriften nicht Größe, Ruhe, sondern Anmaßung. Das physiologische Gesetz der Entwicklung der Leidenschaft (Handlung, Rede, Gebärde) und der musikalischen Symphonie decken sich nicht; die Wagnersche Behauptung kann als widerlegt gelten durch seine Kunst. Diese Musik ist ohne Drama eine fortwährende Verleugnung aller höchsten Stilgesetze der älteren Musik. Ich sah in Wagner den Gegner der Zeit auch in dem, wo diese Zeit Größe hat, und wo ich selber in mir Kraft fühlte. Ich habe den Mann

geliebt, wie er wie auf einer Insel lebte, sich vor der Welt ohne Haß verschloß, so verstand ich es; wie fern ist er mir jetzt geworden, so wie er jetzt in der Strömung nationaler Gier und nationaler Gehässigkeit schwimmend dem Bedürfnis dieser jetzigen durch Politik und Geldgier verdummten Völker nach Religion entgegenkommen möchte; ich meinte ehemals, er habe nichts mit den jetzigen zu tun; ich war wohl ein Narr."
Im II. Bande des „Menschlichen, Allzumenschlichen" heißt es: „Wagner hat sich bis in die Mitte seines Lebens durch Hegel irreführen lassen; er tat dasselbe noch einmal, als er später Schopenhauers Lehre aus seinen Gestalten herauslas und mit Wille, Genie und Mitleid sich selber zu formulieren begann. Nichts geht gerade so wider den Geist Schopenhauers, als das eigentlich Wagnerische an den Helden Wagners; immer mehr will seine ganze Kunst sich als Seitenstück und Ergänzung der Schopenhauerschen Philosophie geben und immer ausdrücklicher verzichtet sie auf den höheren Ehrgeiz, Seitenstück und Ergänzung der menschlichen Erkenntnis und Wissenschaft zu werden... Wagner warf die physiologische Voraussetzung der bisherigen Musik um, die unendliche Melodie will alle Zeit- und Kraftebenmäßigkeit brechen... ich bewundere Wagner in allem, worin er sich in Musik setzt. Wenn es Wagners Theorie gewesen ist: das Drama ist der Zweck, die Musik ist immer nur ihr Mittel — seine Praxis war dagegen von Anfang bis zu Ende: die Attitüde ist der Zweck, das Drama, auch die Musik ist immer nur ihr Mittel." Zu diesem Urteil ist jedoch zu bemerken, daß Nietzsche bereits im Jahre 1871 dasselbe konstatierte: es sei ein Charakteristikon des Schauspielers, die Musik müsse als Mittel des Ausdruckes gelten. Denn für ihn ist die Musik das allgemeine, das Drama hingegen nur ein Einzelfall, ein Beispiel. Wenn er also die Behauptung aufstellte, das allgemeine dürfe vom Beispiele nicht abhängig gemacht werden, so heißt das mit anderen Worten, daß nur die absolute Musik daseinsberechtigt sei und demzufolge müsse auch die Musik des Dramas absolute Musik sein. Am allerauffallendsten jedoch ist es, daß sich Nietzsche zu jener Zeit noch scheut, Wagner weder für einen Musiker, noch für einen Dichter zu erklären; dieses Geständnis macht er erst 1875. Um das Jahr 1878 bildet er diesen Gedanken fort: „Die Musik als Mittel zur Verdeutlichung, Verinnerlichung, Verstärkung der dramatischen Gebärde

und Schauspielersinnenfälligkeit, und das Wagnersche Drama nur Gelegenheit zu vielen interessanten Attitüden. Wagner hatte neben allen anderen Instinkten die kommandierenden Instinkte eines großen Schauspielers in allem und jedem, und auch als Musiker."

Frau Förster-Nietzsche bedauert es, daß ihr Bruder die im Juni, Juli 1878 begonnenen Entwürfe zu einem Buche über Wagner und Schopenhauer mit dem Titel: „Der neue Umblick" unvollendet gelassen habe, jedenfalls aus Verstimmung über den Artikel, den Wagner im Augusthefte der „Bayreuther Blätter" gegen ihn veröffentlicht hatte. Denn die herrschende Grundstimmung dieser Entwürfe zeichne sich aus durch milde und gerechte Beurteilung Wagners und Schopenhauers als der Lehrer seiner Jugend, wodurch er allen seinen Freunden seinen scharfen Frontwechsel habe verständlich machen wollen. So heißt es in der Vorrede: „Ich habe dadurch, daß ich alle ästhetischen Phänomene zu ‚Wundern' machte, Schaden gestiftet unter den Anhängern Wagners und vielleicht bei Wagner selbst, der alles gelten läßt, was seiner Kunst höheren Rang verleiht, wie begründet und wie unbegründet es auch sein mag. Vielleicht habe ich ihn durch meine Zustimmung zu seiner Schrift über die ‚Bestimmung der Oper' zu größerer Bestimmtheit verleitet und in seine Schriften und Werke Unhaltbares hineingebracht. Das bedauere ich sehr... man wird es Wagner nie vergessen dürfen, daß er in der zweiten Hälfte des XIX. Jahrhunderts in seiner Weise (die freilich nicht gerade die Weise guter und einsichtiger Menschen ist) die Kunst als eine wichtige und großartige Sache ins Gedächtnis brachte... über Wagner wie über Schopenhauer kann man unbefangen reden, auch bei ihren Lebzeiten — ihre Größe wird, was man auch gezwungen ist, in eine andere Wagschale zu legen, immer siegreich bleiben. Um so mehr ist gegen ihre Gefährlichkeit in der Wirkung zu warnen."[4]

Allen diesen Argumenten, die Nietzsche gegen Wagners Kunst vorbringt, ist gemeinsam, daß ihnen jene böswillige Gehässigkeit und Kritik fehlt, die seine späteren Schriften gegen Wagner beherrscht. Daß aber diese Ausführungen Nietzsches so manches Wahre enthalten, auch wo sie sich in direkten Gegensatz zu Wagner stellen, ist unleugbar und soll später genauer behandelt werden.

VIII. DAS ENDE DER FREUNDSCHAFT.

In der Erörterung des Verhältnisses zwischen den beiden Freunden erwähnten wir zuletzt Wagners gehässigen Artikel gegen Nietzsche in den „Bayreuther Blättern". Da Nietzsche auf dieses Pamphlet mit einer Entgegnung nicht reagierte, sondern sich tief darüber kränkte, liegt die Vermutung nahe, daß die Anbahnung eines persönlichen Verkehres zwischen beiden noch immer im Bereiche der Möglichkeit gelegen war. Aber gut für Nietzsches Beziehungen zu Wagner war jedenfalls der Umstand nicht, daß der Verleger von „Menschliches, Allzumenschliches", Schmeitzner in Chemnitz, 1878 die „Bayreuther Blätter" verlegte. Dieser Mann, der auch mit Nietzsche geschäftlich verkehrte, erzählte getreulich alles nach, was man ihm in Bayreuth zum Zwecke des Weitererzählens über Nietzsche mitgeteilt hatte. So soll sich Wagner geäußert haben: „Ach, wissen Sie, Nietzsche liest man doch nur, insofern er sich zu unserer Sache hält." Darüber war der Philosoph tief betrübt, weil er anderes erwartet und erhofft hatte: er wollte von Wagner um seiner selbst willen geliebt werden, nicht wegen seiner „Wagnerei". Nietzsches Schwester hat daher Recht mit ihrer Behauptung, daß ihr Bruder Wagner niemals stärker geliebt habe als in den Jahren, da er sich von ihm trennen mußte. Wie er selbst Wagnern nicht böse wollte, wünschte er auch nicht, daß sich seine Freunde etwa ihm zuliebe von Wagner abwenden sollten. Rührend ist ein Brief, den er am 11. Juni an den Freiherrn v. Seydlitz richtete: „Mir ist es sehr lieb und erwünscht, daß einer meiner Freunde Wagnern Gutes und Freundliches erweist; denn ich bin immer weniger imstande, ihm, so wie er nun einmal ist — ein alter, unveränderlicher Mann — Freude zu machen. Seine und meine Bestrebungen laufen ganz auseinander. Dies tut mir wehe genug, aber im Dienste der

Wahrheit muß man zu jedem Opfer bereit sein¹). Wüßte er übrigens, was ich alles gegen seine Kunst und seine Ziele auf dem Herzen habe, er hielte mich für einen seiner ärgsten Feinde — was ich bekanntlich nicht bin." Noch 1880 schreibt er an Peter Gast: „Durch nichts kann es mir ausgeglichen werden, daß ich in den letzten Jahren der Sympathie Wagners verlustig gegangen bin. Wie oft träume ich von ihm und immer im Stile unseres damaligen vertraulichen Zusammenseins. Es ist nie zwischen uns ein böses Wort gesprochen worden, aber sehr viele ermutigende und heitere, und mit niemandem habe ich vielleicht so viel zusammen gelacht. Das ist nun vorbei, und was nützt es, vielleicht in manchen Stücken gegen ihn recht zu haben; als ob damit diese verlorene Sympathie aus dem Gedächtnisse gewischt werden könnte." Und im „Ecce homo" findet sich die schöne Stelle: „Was mich in meinem Leben bei weitem am tiefsten und am herzlichsten erholt hat, ist ohne allen Zweifel der intimere Verkehr mit Richard Wagner gewesen. Ich lasse den Rest meiner menschlichen Beziehungen billig. Ich möchte um keinen Preis die Tage von Tribschen weggeben, Tage des Vertrauens, der Heiterkeit, der sublimen Einfälle, der tiefen Augenblicke. Ich weiß nicht, was andere mit Wagner erlebt haben: über unseren Himmel ist nie eine Wolke hinweggegangen."
Über seine Trennung von Wagner schrieb Nietzsche Anfang Februar 1882 an Fräulein v. Meysenbug, mit der er freundschaftliche Beziehungen wieder angeknüpft hatte, unter anderem: „Daß jetzt alle Welt mich allein läßt, darüber beklage ich mich nicht — ich finde es vielmehr erstens nützlich und zweitens natürlich. So ist es und war es immer die Regel. Auch Wagners Verhalten zu mir gehört unter diese Trivialität der Regel. Überdies ist er der Mann seiner Partei; und der Zufall seines Lebens hat ihm eine so zufällige und unvollständige Bildung gegeben, daß er weder die Schwere noch die Notwendigkeit meiner Art von Leidenschaft begreifen kann." Wir dürfen, um diese Briefstelle zu verstehen, nicht vergessen, daß Nietzsche im Jahre 1879 nach zehnjährigem Wirken um seinen Abschied aus dem Lehramte bittlich geworden war. Er wurde ihm be-

---

¹) Er trat von seiner Professur zurück und brach mit seinen Freunden; akademische Ehre, Ehrgeiz, Familieninteresse, Sorge um Weib und Kind und Haus, und alles, was sonst das Gedankenleben des Durchschnittsgelehrten bindet, beeinflußt und — fälscht, für ihn kam es nicht in Betracht.

willigt und Nietzsche zog sich nunmehr noch tiefer in die Einsamkeit zurück, lebte teils im Engadin, teils in Italien und je mehr des Meisters Ruhm wuchs, desto vereinsamter fühlte sich der Philosoph. Denn der Bruch mit Wagner riß mit einem Ruck auch die Hälfte seiner Beziehungen ab. Wer ihn durch Wagner gekannt, verließ ihn um Wagners willen; die noch übrig blieben, behandelten ihn mit Vorsicht und mit einer gewissen Eingeschränktheit des Vertrauens. Es ist daher menschlich begreiflich und nachfühlbar, wenn er sich 1881 über seine Beziehungen zu Wagner äußert: „Wagner hat viele Wohltaten von seinen Zeitgenossen empfangen: aber er meinte, die grundsätzliche Ungerechtigkeit gegen Wohltäter gehöre zum ‚großen Stile‘: er lebte immer als Schauspieler und im Wahne der Bildung, wie sie Schauspieler zu haben pflegen. Ich selber bin vielleicht sein größter Wohltäter gewesen." Und an Malwida v. Meysenbug: „Als man sich einst mit der Fürsprache für Wagner kompromittierte, habe ich auch dazu den Mut gehabt. Sie wissen vielleicht nicht, was mich die Wagnerei gekostet hat!" Wie bereits erwähnt, Wagner hat zweifellos Nietzsches Bedeutung für sich stark unterschätzt; immerhin hätte er sich, wenn er ganz aufrichtig gewesen wäre, sagen müssen, daß er Nietzsche einigen Dank schuldig sei. Wagner hatte es ganz vergessen, daß sein begeistertster Apostel wegen der „Geburt der Tragödie" von den Philologen in Acht und Bann getan wurde, daß seine Kollegien in Basel boykottiert und Berufungen an deutsche Universitäten zurückgezogen wurden! Kein Wunder daher, wenn der Mann, der sein Höchstes, seine wissenschaftliche Bedeutung, bedingungslos für Wagner eingesetzt hatte, jetzt in seiner Einsamkeit mit einer gewissen Bitterkeit sich der von Wagner nicht verstandenen Opfer erinnert! Niemand hat tiefer und anhaltender über das Problem Wagner nachgedacht als Nietzsche; seine große Freundschaft, die er für Wagner empfand, hat ihn dazu verführt. Es werden Zeiten kommen, wo man es nicht mehr begreift, daß er gewissermaßen alle künstlerischen Fragen der Gegenwart daran gemessen hat, und es nicht versteht, wie ein Nietzsche, der Ewigkeitsprobleme aufgerollt hat, die ein Jahrtausend kaum zu lösen vermag, so viel Nachdenken an dies eine Problem hat verschwenden können.

Man muß sich in den Geist der damaligen Zeiten zurückdenken, um sofort zu erkennen, daß bis 1872 über Wagner eigentlich erst sehr wenig Günstiges gesagt und geschrieben worden war. Man erblickte in ihm lediglich nur den Revolutionär auf musikalischem Gebiete. Nun war es Nietzsches Verdienst oder Schuld, je nachdem man sich zur Sache stellt, daß Wagner mit dem Begriff einer neuen höheren deutschen Kultur und mit dem Griechentum verknüpft wurde. Seine Schuld hat nun Nietzsche bald erkannt, zumal er sehen mußte, wie er durch seine Schriften für Wagner aus diesem einen irreführenden Götzen gemacht hatte — „das Mißverständnis über Richard Wagner ist heute in Deutschland ungeheuer: und da ich dazu beigetragen habe, es zu vermehren, so will ich meine Schuld abtragen und versuchen, es zu verringern" —, womit er jedoch keineswegs die Absicht verband, dem jungen Deutschland das Objekt seiner Verehrung wieder zu rauben. Er schrieb an den Freiherrn v. Stein: „Man hat mir erzählt, daß Sie mehr als jemand sonst vielleicht sich Schopenhauer und Wagner mit Herz und Geist zugewendet haben. Dies ist etwas Unschätzbares, vorausgesetzt, daß es seine Zeit hat." Nietzsche fühlte, daß der Wagnerkultus seine Zeit gehabt habe, wo er günstig wirke, und daß es gut wäre, wenn der Deutsche seinen düsteren Leidenschaftsrausch, der ihn gewiß während der Zeit des öden und flachen Materialismus manches Tiefe und Ernste gelehrt hatte, überwände und nun auch Sinn und Geist für neue Ideale, das heißt für alles das öffnete, was Nietzsche an Wagner so schmerzlich vermißte. Er wollte den deutschen Jüngling freudig und lebensbejahend sehen, er wollte Menschen, die vom Leben noch tausend entzückende Möglichkeiten erhoffen. Mit welch bitterem Schmerze mußte es daher dieser Nietzsche empfinden, daß Wagners Musik ihren weltverklärenden Charakter verlor und immer mehr „pessimistisch-triste" wurde! Dazu ist noch zu zählen, was man aus Wagner selbst in Bayreuth gemacht hatte: etwas so Verschwommenes, der Wahrheit durchaus Widersprechendes, wie denn überhaupt die Wagnerianer und nicht Wagner selbst den tiefsten Abgrund zwischen ihn und Nietzsche gelegt haben. Er äußerte sich darüber: „Ich habe Richard Wagner mehr geliebt und verehrt als irgend sonst jemand; und hätte er zuletzt nicht den schlechten Geschmack — oder die traurige Nötigung — gehabt, mit einer mir unmöglichen Qualität von „Geistern" gemeinsame Sache zu machen, mit seinen Anhängern, den Wagnerianern, so hätte ich keinen Grund gehabt, ihm schon bei Lebzeiten Lebewohl zu sagen, ihm, dem Tiefsten und Kühnsten, auch Verkanntesten aller Schwerzuerkennenden von heute, dem begegnet zu sein meiner Erkenntnis mehr als irgendeine andere Begegnung förderlich gewesen ist — vorausgestellt, was voraussteht: daß seine Sache und meine Sache nicht verwechselt werden wollte, und daß es ein gutes Stück Selbstüberwindung bedurfte, ehe ich dergestalt ‚Sein‘ und ‚Mein‘ mit gebührendem Schnitte zu trennen lernte." An einer anderen Stelle soll über diese Wagnerianer ausführlicher gehandelt werden.

Aber trotz alledem nennt Nietzsche in einem Briefe an seine Schwester die Tage des Beisammenseins mit Wagner, vorzüglich die Tribschener Tage, die schönsten seines Lebens. Nur die allmächtige Gewalt ihrer Aufgaben habe sie auseinander getrieben, jetzt könnten sie nie mehr wieder zueinander: denn sie seien sich schon zu fremd geworden. Doch damals, als Nietzsche nach langem Suchen in Wagner den Menschen gefunden zu haben glaubte, der der „vollste Mensch" war, den er je gekannt, der höher war als er selbst, der der einzige war, der mit genialem Scharfblick in dem vierundzwanzigjährigen Professor das außerordentlichste Phänomen seiner Zeit witterte, damals fühlte er sich unbeschreiblich glücklich. Im übrigen aber habe er seine Wagnerschwärmerei teuer genug bezahlen müssen; seine nervenzerrüttende Musik habe ihm die Gesundheit verdorben. Daher zürnte er durchaus nicht, daß Wagner keine Anknüpfung wieder gesucht hat. Im Herzen war er ihm dafür sogar dankbar. Scherzend pflegte er oft zu sagen: „Sechs Jahre habe ich gebraucht, um meine Gesundheit durch meine leidenschaftliche Wagnerei gründlich zu ruinieren; sechs Jahre habe ich wiederum nötig gehabt, um mich davon zu befreien und wieder gesund zu werden." Die Enttäuschung über Wagner und der Abschied von ihm kamen ihm geradezu lebensgefährlich vor.

Im Jahre 1882 besuchte Nietzsche in Gesellschaft von Frau Lou Andreas Salomé Tribschen, die Stätte seines tiefsten Glückes. Sie berichtet darüber: „Lange saß er dort schweigend am Seeufer, in schwere Erinnerungen versunken; dann, mit dem Stocke im feuchten Sande zeichnend, sprach er mit leiser Stimme von jenen vergangenen Zeiten. Und als er aufblickte, da weinte er." Von ihm selbst stammt aus der gleichen Zeit folgende Äußerung: „Ich empfand deutlich, daß ich nie wieder eine so unvergleichliche Zeit erleben würde und fragte mich, welches Opfer mein hartes Schicksal noch von mir fordern würde, nachdem ich auf Wagner und Cosima verzichtet hatte, verzichten mußte."

Es fragt sich nun, ob Wagner nach der Trennung von Nietzsche nicht auch ähnlich gelitten habe. Diese Frage ist schwer zu beantworten, weder negativ, noch positiv. Allerdings schrieb Wagner nach dem Erscheinen des „Menschlichen, Allzumenschlichen" an Prof. Overbeck: „Aus Ihren kurzen Andeutungen entnehme ich, daß unser alter Freund Nietzsche sich auch von Ihnen zurückgezogen erhält. Gewiß sind sehr auffällige Veränderungen mit ihm vorgegangen: wer ihn jedoch schon vor Jahren in seinen psychischen Krämpfen beobachtete, durfte sich fast nur sagen, daß eine längst befürchtete Katastrophe nicht ganz unerwartet bei ihm eingetreten ist, daß mit einem so gewaltsamen physischen Vorgange nach sittlichen Annahmen gar nicht zu rechten ist und erschütterndes Schweigen einzig übrig bleibt. Ich habe für ihn die Freundschaft bewahrt, sein Buch — nachdem ich es beim Aufschneiden durchblättert — nicht zu lesen und möchte weiter nichts wünschen und hoffen, als daß er mir dies dereinst noch danke." Aber immerhin hatte Wagner vor Nietzsche den einen Vorteil voraus, daß er an den vortrefflichen jungen Leuten seines Kreises für Nietzsche Ersatz finden konnte, während dieser zur Einsamkeit verurteilt war. Heinrich v. Stein versichert, er habe bei Wagner stets das Gefühl gehabt, daß der Meister nach einem Ersatze für Nietzsches Freundschaft gesucht habe: „und dann war er immer enttäuscht". Von Interesse ist ferner die folgende Mitteilung Overbecks: Stein, der von Nietzsches unheilbarer Entfremdung von Wagner noch keine Ahnung hatte, hatte Nietzsche den Vorschlag gemacht, er möge sich mit ihm und Gleichgesinnten an Erörterungen über das Wagnerlexikon beteiligen. Später hatte man erfahren, daß Stein nach Sils-Maria geschickt worden war, um Nietzsche für die „Wagnerei" wieder zurückzugewinnen; er habe dann über diese persönliche Begegnung voll Begeisterung nach Bayreuth geschrieben, sei aber von dort ernstlich ermahnt worden, Wagner und der Bayreuther Sache treu zu bleiben. Nietzsches dithyrambischer Lockruf öffnete ihm die Augen für das Entweder—Oder, und er hielt zu Wagner. Humorvoll schrieb Nietzsche über diese Verkennung seiner nunmehrigen Stellung zu Wagner an Malwida: „Es ist der Humor der Lage, daß ich verwechselt werde mit dem ehemaligen Baseler Professor

Dr. Fr. Nietzsche; zum Teufel auch, was geht mich dieser Nietzsche an!" Was die erwähnte Bereitwilligkeit Nietzsches, Wagner wieder aufzusuchen, betrifft, schrieb er am 30. Jänner 1882 an seine Schwester, sie solle nach Bayreuth reisen; „ich aber komme gewiß nicht hin, es sei denn, daß Wagner mich persönlich einladet und als den geehrtesten seiner Festgäste behandelt!" Frau Förster-Nietzsche berichtet nur von einem einzigen Ausspruche Wagners, der seine innerste Empfindung widerspiegelt. Gelegentlich einer Parsifalaufführung im Jahre 1882 bat Wagner Frau Förster um eine besondere Unterredung. Bei der Verabschiedung sagte Wagner ganz leise zu ihr: „Sagen Sie es Ihrem Bruder, seit er von mir gegangen ist, bin ich allein." Es ist zu bemerken, daß Wagner dies sagte ein halbes Jahr vor seinem Tode, in jener Zeit des höchsten Ruhmes, den er erlebt hat, umgeben von einer Welt der ehrerbietigsten Bewunderung. Vielleicht hat, ermutigt durch diesen Ausspruch, Malwida v. Meysenbug bei Wagner den Versuch unternommen, ihn mit Nietzsche auszusöhnen, zumal sich dieser bereit erklärt hatte, im Falle des Gelingens nach Bayreuth zu kommen. Wie Frau Lou Andreas in ihrem Buche erzählt, ist jedoch dieser Versuch mißlungen: Wagner habe in großer Erregung das Zimmer verlassen und verboten, den Namen Nietzsche jemals wieder vor ihm auszusprechen.

Als Frau Förster ihrem Bruder die zitierte Äußerung Wagners hinterbrachte, widmete er dem Meister folgenden wunderschönen Aphorismus, in dem er eine Art Rückschau über seine Beziehungen zu Wagner hält: „Sternenfreundschaft. Wir waren Freunde, und sind uns fremd geworden; wir sind zwei Schiffe, deren jedes sein Ziel und seine Bahn hat; die allmächtige Gewalt unserer Aufgabe trieb uns auseinander in verschiedene Meere und Sonnenstriche, und vielleicht sehen wir uns nie wieder; vielleicht auch sehen wir uns wohl, aber erkennen uns nicht wieder, die verschiedenen Meere und Sonnen haben uns verändert. Daß wir uns fremd werden mußten, ist das Gesetz über uns, eben dadurch sollen wir uns auch ehrwürdiger werden, soll der Gedanke an unsere ehemalige Freundschaft heiliger werden. Es gibt wahrscheinlich eine ungeheure unsichtbare Kurve und Sternenbahn, in der unsere so verschiedenen Straßen und Ziele als kleine Wegstrecken einbegriffen sein mögen; erheben wir uns zu diesem Gedanken! Aber unser Leben ist zu kurz und unsere Sehkraft zu gering, als daß wir mehr als Freunde im Sinne jener erhabenen Möglichkeit sein möchten. Und so wollen wir an unsere Sternenfreundschaft glauben, selbst wenn wir einander Erdenfeinde sein müßten!"

Diese Freundschaftstragödie ihres Bruders mit Wagner überblickend, resumiert Frau Förster, daß es der Durchschnittsmensch mit seinem kümmerlichen geistigen Frühling natürlich nie begreifen werde, daß eine so polyphone Natur wie Nietzsche mehrere Blütezeiten erleben mußte, in denen der Gelehrte oder der Philosoph oder der Künstler sein eigenes Fest feierte. Vielleicht begreife er schon eher, daß unsere Verhältnisse zu anderen Menschen, unsere Leidenschaften ihre Zeit des Wachsens, Blühens und Vergehens haben, nur pflege er diesen Prozeß meistens nur auf Liebesangelegenheiten anzuwenden, während er gerade der Freundschaft die gleichmäßige Dauer zuspreche. In unserer Zeit, die nur Freundschaften als etwas Opportunes, Leidenschaftsloses, besser gesagt laue Empfindungen zeitigen könne, sei eine Freundschaft wie zwischen Nietzsche und seinen Freunden einfach undenkbar. Denn allen jetzigen Freundschaften fehle die Innigkeit und Zartheit des Verkehres, das hohe gemeinsame Streben, die Leidenschaft in der Verteidigung und Bewunderung des Freundes, der Glaube an seine höchsten Eigenschaften. So schrieb Nietzsche, sich über den Unverstand seiner Zeit beklagend, mit wehmütiger Trauer an Overbeck, daß „ihm niemand mit dem Tausendstel von Leidenschaft und Leiden entgegengekommen sei, um ihn mit Wagner zu verstehen!" Es ist aber klar, daß eine so hohe Auffassung vom Wesen der Freundschaft naturgemäß auch um so größere Konflikte hat zeitigen müssen. Gelegentlich eines Gespräches über moderne Literatur, in der bekanntlich die Erotik eine große Rolle spielt, äußerte sich Nietzsche: „Warum nur immer dasselbe allmählich doch allzu langweilig gewordene Thema der Liebe zwischen den beiden Geschlechtern als Hauptgegenstand? Die Freundschaft hat ganz ähnliche Konflikte, nur auf einer viel höheren Stufe: erst die gegenseitige Anziehung auf der Basis einer gemeinsamen Weltanschauung, dann das Glück der Zusammengehörigkeit und der gemeinsamen Zukunftspläne, dann die gegenseitige Bewunderung und Verherrlichung; plötzlich Mißtrauen auf einer Seite, zuletzt die Gewißheit, sich trennen zu müssen und sich doch schwer entbehren zu können — sind das nicht alles unzählige

Konflikte mit unsäglichen Leiden?" Aber noch einer charakteristischen
Tatsache im Leben Nietzsche wäre hier zu gedenken. Nietzsche,
der aus einem tiefinnerlichen Bedürfnisse heraus Freunde um sich
brauchte, die er leidenschaftlich liebte, besaß die gefährliche Gewohnheit, diejenigen, die ihm lieb waren, zu idealisieren. Jedes
Neides bar und von vornherein für alles, was an seinen Freunden
bemerkenswert sein konnte, lebhaft eingenommen, gefiel er sich
darin, ihr Bild in seiner Phantasie zu verändern oder, richtiger
gesagt, zu verbessern; er gab ihnen mehr Schönheit, Größe und
Stil als sie in Wirklichkeit hatten. Im Feuer seiner enthusiastischen
Liebe schloß er die Augen vor ihren Mängeln und menschlichen
Schwächen, um nur noch ihre Vollkommenheiten zu sehen; und
schließlich machte er sich von seinen Freunden ein zwar scharf ge-
troffenes und ähnliches, aber idealisiertes Bild, wie ein Porträt von
Meisterhand. Derart täuschte er sich in Schopenhauer und Wagner,
die in seiner hoch auflodernden Einbildungskraft zum Ideal des
Philosophen und des Künstlers wurden. Diese Eigenschaft, seine
Freunde zu verschönern, ließ ihn gewiß an ihrer Seite reinere und
vollkommenere Freuden kosten als den realistischen Menschen-
kenner, sie ward für ihn aber auch zur Quelle grausamer Täuschungen.
Da sein Sinn für die Realität ihn nie verließ und seine unerbittliche
intellektuelle Redlichkeit ihm nie erlaubte, sich einer Illusion blind
hinzugeben, so mußte er eines schönen Tages den Abstand zwischen
der wirklichen Persönlichkeit, die er liebte, und dem Idealbilde, das
er im Herzen trug, mit Notwendigkeit erkennen. Daher die unver-
meidlichen Enttäuschungen, Erkaltungen oder gar ein völliger Bruch.
Diese anscheinende Unbeständigkeit in der Freundschaft, die für alle,
welche ihre Wirkungen zu erfahren hatten, so schmerzlich war und
von seiten der Kritik oft strenge und ungerecht beurteilt worden
ist, hatte ihren Ursprung tatsächlich in einem edelmütigen Gefühle
nämlich in dem Bedürfnis zu bewundern und zu verehren. Nietzsche
war das Gegenteil von jenen scheeläugigen oder kritischen Naturen,
die an einem großen Manne nur die Verkehrtheiten sehen und instinktiv alles verkleinern, was sie betrachten. In seiner angeborenen
Liebe zu Schönheit und Größe wehrte er sich so lange wie möglich
dagegen, die Unvollkommenheiten seiner Freunde zu sehen; er
machte aus ihnen Idole, er übertrieb ihren Wert, um dann eines
Tages wieder sein Urteil walten zu lassen. Gewiß ist dies ein Fehler,

aber es ist der Fehler einer edlen Seele. (Cf. Lichtenberger, l. c. p. 8—10.) Wahrlich, wahre Freundschaft zwischen gleich Großen ist sehr selten; wir brauchen uns nur an Goethe zu erinnern und sein Verhältnis zu Kleist und Schopenhauer oder an Hebbel, der Hirn und Herz seiner Freunde aufzehrte. Und drückte Wagner [nicht in der Tat wie ein Alp auf seine Umgebung? Für das Wesen solcher Freundschaften hat niemand anderer wie Montaigne im Hinblick auf sein Verhältnis zu Boethius das richtigste Wort gefunden, wenn er sagt: „Um die Freundschaft aufzubauen, muß so vielerlei zusammentreffen, daß es schon viel ist, wenn glückliche Fügung einmal in drei Jahrhunderten dazu gelangt."

Auf diesem Höhepunkte unserer Betrachtung angelangt, wollen wir die Frage aufwerfen, ob zwischen Wagner und Nietzsche nicht auch Differenzen persönlicher Natur vorgekommen sind. Denn aus einzelnen Briefstellen Nietzsches, worin er seiner Ungewißheit Ausdruck gibt, ob er Wagner durch sein Verhalten Anlaß zur Unzufriedenheit gegeben habe, daß er unter Wagners Mißtrauen seelisch leide, daß er seine Besuche immer seltener machte, aus all diesen Umständen könnte man mit Recht die Folgerung ziehen, daß es zwischen beiden Männern ab und zu auch persönliche Differenzen gegeben haben muß.

So spielte sich im Jahre 1874 in Tribschen eine Episode ab, die ein klassisches Beispiel für den zwischen Wagner und Nietzsche herrschenden individuellen Gegensatz ist. Im Interesse des besseren Verständnisses sei vorausgeschickt, daß es Nietzsche als ein unumgänglich notwendiges Merkmal geistiger Größe betrachtete, das Große rückhaltslos anzuerkennen, gleichgültig, in welcher Gestalt es sich zeige. Das erwartete er natürlich auch von Wagner. Nietzsche also, der damals noch ein großer Verehrer Schumanns und Brahms' war, hatte das Brahmssche Triumphlied, das er gelegentlich einer Konzertaufführung mit größter Freude gehört hatte, Wagner mitgebracht und, ohne etwas zu sagen, den Klavierauszug auf dessen Klavierpult gelegt. „Ihr Bruder," so erzählte Wagner den Vorfall Nietzsches Schwester, „legte das rote Buch auf den Flügel. Immer, wenn ich in den Saal hinunterkam, starrte mich das rote Dings an, gerade wie den Stier das rote Tuch. Ich merkte wohl, Nietzsche wollte mir damit sagen: sieh mal, das ist auch einer, der was Gutes machen kann — na, und eines Abends bin ich losgebrochen, und wie losgebrochen." Warum der Meister gar so losgebrochen sei, berichtet uns „gewissenhaft" Herr Glasenapp: Die Dürftigkeit des Brahmsschen Triumphliedes, von dem Wagner gesagt habe, es sei „Händel, Mendelssohn und Schumann, in Leder eingewickelt", habe alle Anwesenden erschreckt! Als Frau Förster darauf fragte: „Was sagte denn mein Bruder?", antwortete Wagner: „Der sagte gar nichts; der errötete und sah mich erstaunt und mit bescheidener Würde an. Ich gäbe gleich hunderttausend Mark, wenn ich solch ein schönes Benehmen wie dieser Nietzsche hätte, immer vornehm, immer würdig, so etwas nutzt einem viel in der Welt." Der Meister ärgerte sich jedoch über diese melancholische Würde des Jüngeren. Seiner Schwester gegenüber bemerkte Nietzsche: „Lisbeth, da war Wagner nicht groß!" In seinen Notizen aus jener Zeit finden sich folgende Aufzeichnungen, die sich unzweideutig auf den geschilderten Vorfall beziehen: „Der Tyrann läßt keine andere Individualität gelten als die seinige und die seiner Vertrauten. Die Gefahr für Wagner ist groß, wenn er Brahms usw. nicht gelten läßt oder die Juden... Wagner hat nicht die Kraft, die Menschen im Umgange frei und groß zu machen: Wagner ist nicht sicher, sondern argwöhnisch und anmaßend[1])."

---

[1]) So ließ Wagner auch Bizét nicht gelten; Nietzsche schreibt September 1888 an Peter Gast: „Gersdorff ist Zeuge eines rasenden Wutausbruches Wagners gegen Bizét gewesen, als Minnie Hanck" (eine Opernsängerin, die in den 70er und 80er Jahren in Deutschland am besten die Carmen verkörperte, die einzige Bühnenkünstlerin, die Nietzsche je gewürdigt hat) „in Neapel war und Carmen sang. Auf dieser Grundlage, daß Wagner auch hier Partei genommen hat, wird meine Bosheit an einer gewissen Hauptstelle" (sc. des „Falles Wagner") „noch schärfer empfunden werden." Daß nun Nietzsche gerade „Carmen" über Wagners Werke stellte, hat seine triftigen Gründe; in einem Briefe schreibt er: „Das, was ich über Bizét sage, dürfen Sie nicht ernst nehmen, Bizét kommt für mich tausendmal nicht in Betracht, aber als ironische Antithese gegen Wagner wirkt es sehr stark!" Auch Carl Spitteler erklärt, Nietzsche habe ihm gestanden, die Oper „Carmen" nur aus Bosheit so unbändig gelobt zu haben, weil er damit Wagner grün und gelb zu ärgern hoffte (cf. Bernoulli, l. c. II., p. 483). Ausführlicheres darüber weiter unten.

IX. NIETZSCHE ALS MUSIKER.

Allgemein bekannt dürfte es sein, daß Nietzsche sich hie und da in der Komposition kleinerer Musikstücke versuchte. Diese Tatsache hat man nun in ganz gewissenloser Art und Weise gegen Nietzsche bis zum Überdruß ausgebeutet, so daß es am Platze ist, hier vom „Musiker" Nietzsche ausführlich zu sprechen[1]). Nietzsche zeigte schon in frühester Jugend ein ganz außerordentliches Interesse für Musik: noch als Knabe komponierte er bereits kleinere Musikstücke. In seiner kindlichen Selbstbiographie schreibt er, daß er „einen unauslöschbaren Haß gegen alle moderne Musik und alles, was nicht klassisch war", empfand. „Mozart und Haydn, Schubert und Mendelssohn, Beethoven und Bach, das sind die Säulen, auf die sich deutsche Musik und ich gründen." Als eine „recht traurige Erscheinung" registriert er die Tatsache, „daß viele neuere Komponisten sich bemühen, dunkel zu schreiben. Aber gerade solche künstliche Perioden, die vielleicht den Kenner entzücken, lassen das gesunde Menschenohr kalt". Charakteristisch ist ein Wunschzettel des dreizehnjährigen Knaben zu seinem Geburtstage: „Symphonie in C-Dur mit der Fuge von Mozart in Partitur. Ouverture zu Fingalshöhle von Mendelssohn in Partitur. Ouverture zu Egmont von Beethoven in Partitur. Symphonie in Es-Dur mit dem Paukenschlag von Haydn in Partitur." Dieser Wunschzettel zeugt von einem ebenso reifen wie guten Geschmack! Von seinem Vater hatte Nietzsche die wundervolle Gabe des freien Phantasierens geerbt. Freiherr von Gersdorff schreibt in seinen Erinnerungen, daß ihm Nietzsches Improvisationen am Klaviere unvergeßlich seien: „Ich möchte glauben, selbst Beethoven habe nicht ergreifender phanta-

---

[1]) Zu diesem Kapitel cf. die feinsinnigen Ausführungen Karl Heckels, des Sohnes Emil Heckels, in seiner ausgezeichneten Nietzschebiographie (Leipzig, Reclam), p. 204—213, die erst während der Drucklegung dieses Buches erschienen ist.

sieren können als Nietzsche, namentlich wenn ein Gewitter am Himmel stand." Ebenso erwähnt der kürzlich verstorbene Professor Deussen Nietzsches „wundervolles Phantasieren" am Klaviere. Und Peter Gast, selbst ein Musiker, preist sich glücklich, in Basel Nietzsche Klavier spielen gehört zu haben. Ja heute noch erzählt man sich in Basel ein lustiges Geschichtchen, dessen Hauptheld der am Klavier phantasierende Nietzsche war, der dadurch bis zur Vergessenheit seiner selbst und der Umgebung angeregt wurde. Auch Wagner und Cosima haben diese Gabe Nietzsches rückhaltslos anerkannt, und von ersterem existiert das schöne Scherzwort, daß Nietzsche für einen Philosophen viel zu gut phantasiert habe. So berichtet auch Malwida unter dem 20. Jänner 1877: „Gestern gingen wir nach dem Spaziergang in das Hotel Viktoria (in Sorrent), wo Wagner wohnte, und baten um die Erlaubnis, auf dem Piano dort zu spielen, Nietzsche phantasierte uns eine Stunde lang wundervoll vor. Er spielte wirklich herrlich, es war ein lange nicht gehabtes Labsal." Daß auch auf Frau Wagner sein Spiel einen bezaubernden Eindruck machte, wurde bereits erwähnt. Daraus erhellt, daß Nietzsche ein durch und durch musikalisch veranlagter Mensch war. Als aber Nietzsche in Schulpforta 1860 mit zwei gleichgesinnten Freunden die „Germania" gründete, und der Verein die „Zeitschrift für Musik" hielt, das einzige deutsche Blatt, das sich damals für Wagner und seine Kunst einzusetzen wagte, trat bei ihm ein großer Umschwung ein: neben der klassischen begann er nun auf einmal die moderne Musik zu schätzen; und den Siedepunkt seiner Begeisterung bildete das Erscheinen des Klavierauszuges zum „Tristan", den er später in wahrhaft entzückender Weise auf dem Klavier zum Ausdruck bringen konnte.

Wilhelm Stekel, der bekannte Wiener Nervenarzt, berichtet in seinem Aufsatze „Nietzsche und Wagner", daß es des Philosophen unerfüllte Sehnsucht gewesen sei, ein großer Musiker zu werden. Freilich sei er durch „andere Neigung und die Pflicht in eine andere Richtung abgedrängt worden, habe aber dennoch nie die Hoffnung aufgegeben, ein großer Musiker zu werden". Das ist insoferne richtig, als Nietzsche in seinem „Lebenslaufe" aus dem Jahre 1865 schreibt: „Hätte es nicht an einigen äußeren Zufälligkeiten gefehlt, hätte ich es gewagt, Musiker zu werden. Zur Musik nämlich fühlte ich schon seit meinem neunten Jahre den allerstärksten

Zug." Stekel fährt nun fort, daß daher Nietzsche, der doch von seinen musikalischen Fähigkeiten überzeugt war, furchtbar enttäuscht gewesen sein muß, als er eine selbst komponierte Ouverture an Hans von Bülow, der über die Geburt der Tragödie im höchsten Grade entzückt war, sandte, dieser jedoch die Komposition ablehnte. Im „Ecce homo" erzählt Nietzsche: „Ich habe eigens, aus Ingrimm gegen den süßlichen Sachsen Schumann, eine Gegenouverture zum Manfred komponiert, von der Hans von Bülow sagte, dergleichen habe er nie auf Notenpapier gesehen: das sei Notzucht an der Euterpe!" Hat sich nun der Philosoph über dieses abfällige Urteil geärgert oder nicht? Aus der zitierten „Ecce homo"-Stelle spricht unverkennbar ein leiser Humor; und glauben wir den Berichten der Frau Förster, so konnte ihr Bruder in „einer so kindlich harmlosen Weise über ungünstige Urteile" über seine Kompositionen „lachen, daß eine solche Kritik immer mit der allgemeinsten Zufriedenheit und Heiterkeit endete." Nachgetragen hat er diese freimütige Offenheit dem großen Musiker nicht. So äußerte sich Nietzsche Professor Riedel gegenüber, als es sich darum handelte, einen Preisrichter für für eine vom deutschen Musikverein ausgeschriebene Schrift über Wagners Nibelungendichtung zu finden, man möge Bülow dafür in Aussicht nehmen, „von dessen unbedingt gültigem Urteil, von dessen kritischer Strenge ich die allergünstigste Meinung und Erfahrung habe. Es kommt sehr darauf an, daß wir einen recht klingenden, ebenso anspornenden als abschreckenden Namen finden — und das ist der Name Bülows." Stekel jedoch scheint es tief zu bedauern, daß Nietzsche trotz Bülows Absage das Komponieren nicht aufgegeben habe, denn er stand mit ihm auch weiterhin in regem Briefwechsel und suchte ihm zu beweisen, daß er denn doch ein großer Musiker sei. So komponierte Nietzsche Lou Andreas Salomés Gedicht „Hymnus an das Leben", eine Tat, auf die er nicht wenig stolz gewesen sei. Darauf ist zu entgegnen, daß, was die Nietzschesche „Manfred-Meditation" betrifft, es feststeht, daß diese Komposition in Bayreuth sehr freundlich aufgenommen, aber nicht in entscheidender Weise beurteilt worden ist, wiewohl Nietzsche an einem entschiedenen Urteile sehr viel gelegen war. Leider läßt es sich heute nicht mehr feststellen, ob Nietzsche durch Wagner und dessen Frau an Bülow verwiesen wurde oder aus eigener Initiative diesen Schritt tat. Tatsache ist, daß Bülow bei seiner bekannten rückhaltslosen Offenheit

Nietzsches Komposition in einem Briefe an ihn als „das Extremste an phantastischer Extravaganz" bezeichnete, „als unerquicklich und antimusikalisch, als ein musikalisches Fieberprodukt, in dem zwar ein ungewöhnlicher, bei aller Verirrung distinguierter Geist zu spüren sei, der ihn jedoch mehr an ein Lendemain eines Bacchanals als an dieses selbst denken mache." Nietzsche erschrak darüber sehr und beschloß, das Komponieren aufzugeben; „Sie haben mir sehr geholfen," schrieb er an Bülow, „es ist ein Geständnis, das ich immer noch mit einigem Schmerz mache." Und in der Tat: diesem Vorsatze ist er, von wenigen Ausnahmen abgesehen, treu geblieben. Denn als das Lied mit seiner „heroischen Musik" in Leipzig öffentlich aufgeführt wurde, schrieb Nietzsche seiner Freundin: „Inzwischen hat Prof. Riedel hier (sc. in Tautenburg, Thüringen) für meine heroische Musik, Ihr Lebensgebet Feuer gefangen, und es ist nicht unmöglich, daß er es für seinen herrlichen Chor zurecht macht. Das wäre so ein kleines Weglein, auf dem wir beide zusammen zur Nachwelt gelangten, andere Wege vorbehalten."

Hat nun Nietzsche auch von Richard Wagner, von dem er wußte, daß er seine Klavierphantasien schätzte, eine Begutachtung seiner Kompositionen erwartet? Nach Stekel ja! Denn aus erhaltenen Briefen Wagners lasse sich deutlich entnehmen, wie der Meister über den musikalischen Philosophen geurteilt habe. So schrieb Wagner aus Tribschen als Antwort auf die beiden Vorträge „Das griechische Musikdrama" und „Sokrates und die Tragödie", die ihm Nietzsche als Manuskript gesandt hatte, denen nach Frau Förster ein „herrlicher" Brief beigegeben war, der jedoch „in Wahnfried" später „vernichtet worden sein soll": „Lieber Freund! Es ist doch gut, wenn man sich solche Briefe schreiben kann! Ich habe jetzt niemand, [mit dem ich es so ernst nehmen könnte als mit Ihnen — die Einzige ausgenommen... Sie könnten mir nun viel, ja ein ganzes Halbteil meiner Bestimmung abnehmen. Und dabei gingen Sie vielleicht ganz Ihrer Bestimmung nach. Sehen Sie, wie elend ich mich mit der Philologie abgefunden habe, und wie gut es dagegen ist, daß Sie sich ungefähr ebenso mit der Musik abgefunden haben. Wären Sie Musiker geworden, so würden Sie ungefähr das sein, was ich geworden wäre, wenn ich mich auf die Philologie obstiniert hätte. Nun liegt mir aber die Philologie — als bedeutungsvolle Anlage — immer in den Gliedern, ja sie dirigiert mich als Musiker. Nun bleiben Sie Philolog, um als solcher sich von der Musik dirigieren zu lassen. Was ich hier sage, ist ernstlich gemeint... nun zeigen Sie denn, zu was die Philologie da ist, und helfen Sie mir, die große ‚Renaissance' zustande zu bringen!" In diesem Briefe Wagners erblickt nun Stekel eine nichts weniger als deutliche Absage des Meisters auf Nietzsches Ersuchen um ein Urteil über seine Kompositionen; das heißt mit anderen Worten: sutor ne supra crepidam! Nietzsche jedoch habe nun auf den Passus, er möge sich von der Musik so dirigieren lassen wie Wagner sich von der Philologie dirigieren lasse, geantwortet: „Wenn es wahr ist, was Sie einmal — zu meinem Stolze — geschrieben haben, daß die Musik mich dirigiert, so sind Sie jedenfalls der Dirigent dieser meiner Musik; und Sie haben es mir selbst gesagt, daß auch etwas Mittelmäßiges, gut dirigiert, einen befriedigenden Eindruck machen könne. In diesem Sinne bringe ich den seltensten aller Wünsche: es mag so bleiben, der Augenblick verharre, er ist so schön!" Aus dieser Briefstelle folgert nun Stekel, daß Nietzsche aus Wagners Brief die deutliche Absage an sein musikalisches Können nicht herausgelesen habe, daß er sich vielmehr gegen jedes Gefühl der Bitterkeit gewehrt habe — noch dazu nicht ohne Erfolg.

Die Rücksicht auf die Wahrheit erheischt gebieterisch ein genaues Eingehen auf diese Argumentation Stekels. Lesen wir Wagners Brief an Nietzsche in dem Umfange, den ihm Stekel in wohl berechneter Absicht gibt — **Stekel zitiert lediglich nur das, was ich in gesperrtem Drucke zitiere!** — und nehmen wir mit Stekel als feststehende Tatsache an, daß der Philosoph den Komponisten um ein Urteil über seine musikalischen Leistungen ersucht habe, dann hat Stekel seinen Zweck völlig erreicht, und mit ihm müssen wir Wagner wie Nietzsche diese ganz unglaubliche Erbärmlichkeit eines solchen Vorgehens zutrauen. In der Tat und in Wahrheit liegt jedoch die Sache so, daß Nietzsche sich zur kritischen Zeit mit den Vorstudien zur Geburt der Tragödie beschäftigte, als deren erste Ergebnisse er dem Meister die genannten beiden Vorträge übersandte. Daher ist nichts bedauerlicher, als daß der Begleitbrief uns heute nicht mehr erhalten ist. Sicherlich hätte er uns interessante Aufschlüsse über Nietzsches musikästhetische Ansichten geliefert, interessantere Aufschlüsse als die Stekels. Wagners Brief, in der von mir zitierten Form gelesen — ich habe lediglich das Unwesentlichste gestrichen! — enthält vielmehr die ganz klar präzisierte Aufforderung an Nietzsche, der Freund, dessen hohe Bedeutung der Meister für seine Pläne klar erschaut hatte, möge seine Philologie dazu benutzen, um von ihr aus helles Licht auf Wagners philosophisch-musikalische Kunstwerke fallen zu lassen. Die Analyse der Geburt der Tragödie wird die hier aufgestellte Behauptung vollinhaltlich bestätigen. Wie ich bereits erwähnt habe, wurde Nietzsche von Wagner befreundeter Seite vielfach ersucht, sich im Interesse Wagners literarisch zu betätigen, durch Herausgabe von Aufrufen etc. etc. Wie jedoch Nietzsche über solche Art literarischer Propaganda dachte, lehrt uns ein Brief an Rohde aus dem Februar 1869: „Die Anhänger der Zukunftsmusik wünschen, daß ich mich literarisch in ihrem Interesse betätige: ich aber für mein Teil habe nicht die geringste Lust, wie eine Henne gleich öffentlich zu gackern, und es kommt hinzu, daß meine Herren Brüder in Wagnero meistens doch gar zu dumm sind und ekelhaft schreiben. Das macht, sie sind im Grunde mit jenem Genius schlechterdings nicht verwandt und haben keinen Blick für die Tiefe, sondern nur für die Oberfläche. Daher die Schmach, daß die Schule sich einbildet, der Fortschritt in der Musik bestünde gerade in den Dingen, die Wagners höchst eigenartige Natur wie Blasen hier und da aufwirft. Für das Buch ‚Oper und Drama' ist keiner der Kerle reif." Hätte Stekel diesen und in ähnlichem Stile gehaltene Briefe Nietzsches gelesen oder nicht absichtlich ignoriert, so hätte auch er erkennen müssen, daß das Problem Nietzsche—Wagner nicht so einfach zu lösen ist, wie er glauben machen will. Goethe sagt einmal: „Wie irgend jemand über einen gewissen Fall denke, wird man erst nur recht einsehen, wenn man weiß, wie er überhaupt gesinnt ist." Kehrt man diesen Satz um, so daß er also lautet: „Wie jemand überhaupt gesinnt sei, wird man erst nur recht gewahr, wenn man weiß, wie er über einen gewissen Fall denkt", so ist damit Stekels Stellungnahme zu diesem Problem präzisiert.

Stekel behauptet nun im weiteren Verlaufe seiner Ausführungen, daß Nietzsche trotz Wagners nicht mißzuverstehender Abmahnung lustig weiter drauf loskomponiert und, wohl durch den Eindruck des Siegfriedidylls des Meisters herausgefordert, auch eine Idylle geschaffen habe: „Die verklärte Erinnerung an das Glücksgefühl meiner Herbstferien." Dieses Werk habe er dann an Wagner gesandt in der stillen Hoffnung auf ein Wort der Anerkennung. Doch diese sei ausgeblieben. Dadurch sei nun Nietzsche offenbar stark verstimmt worden, so daß er mehrfache von Wagner ergangene Einladungen ablehnte, bis endlich Wagner sich aufraffte und dem nach musikalischen Lorbeeren hungernden Freunde einen ausführlichen Brief sandte, in dem er der Komposition zwar Erwähnung tut, „einer Kritik aber mit großer Geschicklichkeit ausweicht": „Sie sind tief, und gewiß ersehen Sie in meinem Verkehre mit Ihnen keine Oberflächlichkeit. Ich verstehe Sie auch mit dem Sinne der musikalischen Komposition, mit welcher Sie uns so sinnig überraschten. Nur fällt es mir schwer, mein Verständnis Ihnen mitzuteilen. Und daß ich diese Schwierigkeit empfinde, beklemmt mich eben." Stekel bemerkt hiezu, daß man fühle, „wie sich Wagner um ein Urteil winde. Wer feine Ohren habe, könne aus einem anderen Briefe den gleichen vorsichtigen Ton heraushören". Wagner teilte Nietzsche mit, daß gelegentlich eines Besuches Franz Liszts bei ihm demselben Nietzsches Komposition, über die sich einst Bülow vernichtend geäußert habe, vorgeführt worden sei: „Das Urteil Bülows über Sie fand er nach Kenntnisnahme ihrer Sylvesterklänge sehr desperat: ohne daß Sie ihm das Stück vorgetragen hatten (was bei uns entscheidend war), glaubte er sein Urteil anders und günstiger über Ihre ‚Musik' stellen zu müssen. Also lassen wir das B.sche Intermezzo jetzt auf sich beruhen: mir ist's, als ob hier zwei Absonderlichkeiten der allerextremsten Art aufeinander gestoßen seien. Auch dieses sage ich Ihnen nur so nebenbei: denn im ganzen und in der Hauptsache muß jeder durch sich und nicht durch andere über sich ins reine kommen. Was sollte aus mir werden, wenn ich auf Herrn Edmund Hoefer[1]) zu viel gäbe?" Bülow hätte demnach vernichtend geurteilt, Liszt etwas günstiger.

Zu dieser Argumentation Stekels muß ich bemerken, daß der von ihm zitierte Brief Wagners, datiert vom 10. Jänner 1872, sich tatsächlich um ein ganz anderes Problem dreht, als uns Stekel in seiner psychoanalytischen πολυπραγμοσύνη zu erweisen sich Mühe gibt: am 2. Jänner dieses Jahres hatte Nietzsche ein Exemplar der soeben erschienenen „Geburt der Tragödie" an Wagner übersandt.

---

[1]) Im Original „E. H.". Andere lesen: „Eduard Hanslick".

Wagner hatte auf das hin Nietzsche zu sich eingeladen, welcher Einladung dieser jedoch nicht nachkommen konnte, da er durch die gemischte Aufnahme, die sein Werk fand, aufs tiefste erschüttert war. Er wurde krank, gönnte sich aber gleichwohl keine Ruhe, da er an den Vorträgen „Über unsere Bildungsanstalten" arbeitete. Wagner wußte nicht, was er davon denken sollte, daß Nietzsche, nachdem er ihm seine Bewunderung so stürmisch ausdrückte, sich nicht sofort nach Tribschen aufmachte. Mißtrauisch wie er war, argwöhnte er, daß Nietzsche es bereits bereue, diese Schrift geschrieben, und besonders: sie veröffentlicht zu haben. Ich zitiere aus dem Briefe jene Stellen, die Stekel unterschlug, um seine Beweisführung ungehindert durchführen zu können: „Daß Sie krank sind, hat mich recht übel betroffen. Sie müssen es uns verzeihen, wenn wir den Peripetien — nicht Ihrer Entwicklungs-, aber sozusagen der Feststellungsphasen Ihres Berufes, soweit diese sich auf Ihr inneres Gemütsleben beziehen, oft mit großer Beklemmung zusehen... Nun blicken wir auf Sie, und — es bangte uns. Während uns die wunderlichsten Mutmaßungen überschlichen und wir fast zu der Annahme gelangten, die Veröffentlichung Ihres Buches, ja die ganze Abfassung desselben könnte Sie — wenigstens für eine Zeitlang — in eine fast wie reumütig aussehende Stimmung versetzen, melden Sie uns, nach längerem Schweigen, Ihre Erkrankung. Und diese Erkrankungen haben uns schon oft erschreckt, nicht weil Sie uns ernstliche Befürchtungen für Ihren physischen, sondern für Ihren Seelenzustand erweckten. Möchten Sie uns bald durch ein frohes Wort, am besten durch einen — wenn auch kurzen — Besuch beruhigen können! Freund! Was ich sage, ist nicht derart, daß es durch eine lachende Versicherung verscheucht werden könnte. Sie sind tief, und gewiß ersehen Sie in meinem Verkehre mit Ihnen keine Oberflächlichkeit. Ich verstehe Sie auch mit dem Sinne der musikalischen Komposition, mit welcher Sie uns so sinnig überraschten. Nun fällt es mir schwer, mein Verständnis Ihnen mitzuteilen. Und daß ich diese Schwierigkeit empfinde, beklemmt mich eben. Und hinwiederum, mein Freund, was hätte ich Ihnen zu sagen, das Sie nicht wüßten und aus Ihrem Innersten sich selbst sagen könnten? Sie sehen und erkennen ja alles, so daß mit Ihren Augen zu sehen und zu erkennen für mich eben eine so neue, ganz ungeahnte Lust war. Ich verstehe Sie jetzt auch in so vielem anderen, was Sie, als zu Ihrem Berufe gehörig, immer wieder ernstlich beschäftigt, wie Ihre mir gemachten Andeutungen in betreff des pädagogischen Wesens. Tief und weit blicke ich mit Ihnen, und unabsehbar weite Gebiete hoffnungsvollster Tätigkeit eröffnen sich vor mir — vor mir — mit Ihnen zur Seite. Aber Sie sind krank. Sind Sie auch mißmutig, oh! so wünsche ich Ihren Mißmut zerstreuen zu können. Wie soll ich das anfangen? Genügt Ihnen mein grenzenloses Lob? Dies bezweifeln zu müssen, betrübt mich ebensosehr. Dennoch kann ich nicht anders als es Ihnen zu spenden." Frau Förster bemerkt, daß auf dieses warmherzige, aber trotzdem etwas argwöhnische Schreiben Wagner von Nietzsche einen „wahrhaft ergreifenden" Brief erhalten habe, der, wie Wagner später erzählte, alle seine Beunruhigungen zerstreute. Dieser Brief indes läßt erkennen, wie Wagner nicht „mit großer Geschicklichkeit einer Kritik ausweicht", sondern vielmehr seine ganze Beredsamkeit aufbietet, den Freund, den er abtrünnig wähnt, an sich zu ketten. Meines Erachtens wäre Wagner in diesem Falle ein dankbareres Objekt für Stekels psychoanalytische Forschungen gewesen!

Nun, das sind verächtliche Klatschereien, die am Wesen und Niveau Wagners wie Nietzsches ohnmächtig zerschellen. Vielleicht gab es niemals ein Menschenleben, dessen Versuchungen, Abenteuer, Leidenschaften und Gefahren sich so ausschließlich ins Intellektuelle übersetzt und in Erlebnissen sublimer Geistigkeit erschöpft haben, wie es bei Nietzsche der Fall war. All sein Denken wurde in der Tat von sehr subjektiver Leidenschaft und wild bewegten Gefühlen getragen, aber es verlief von früh an unheimlich unpersönlich. Goethes Rat, die Sache der Menschheit als die eigene zu betrachten, ward an ihm unveräußerliche Natur.

Aus Nietzsches konsequenten Kompositionsversuchen, aus seinen „wiederholt an den Meister gerichteten Bitten", ein Urteil über seine musikalischen Leistungen abzugeben (sic!), folgert Stekel, daß Nietzsche Wagner um sein fruchtbares musikalisches Schaffen beneiden mußte, daß er dabei aber zunächst Goethes Rat befolgt habe: vor dem Neide rettet man sich am besten durch Liebe! Allerdings findet sich nun im Zarathustra die Sentenz: „Und oft will man mit der Liebe nur den Neid überspringen." Ob jedoch Nietzsche diese Sentenz unter Goethes Einfluß und im Hinblick auf sein Verhältnis zu Wagner geprägt habe, das bleibe dahingestellt. Stekel, der diesen Ausspruch Zarathustras nicht zitiert, dafür aber Nietzsche nach der Goetheschen Maxime handeln läßt, behauptet, daß der Philosoph den Musiker so lange nicht beneidete, als er ihn lieben konnte. Als jedoch seine Liebe zu Wagner gestorben war oder als unbefriedigt sich zurückgezogen hatte, sei jener Neid dann — zunächst allerdings in versteckter Form — wieder zum Vorschein gekommen, bis schließlich Wagner wahrnehmen mußte, daß ihm Nietzsche Konkurrenz machen wollte! Um diese Behauptung zu beweisen, beruft sich Stekel auf folgenden Brief Wagners: „Unter anderem fand ich, daß ich einen solchen männlichen Umgang, wie Sie ihn in Basel für die Abendstunden[1]) haben, in meinem Leben nicht hatte: seid Ihr alle Hypochonder, dann ist's allerdings nicht viel wert. Nur scheinen aber den jungen Herren Frauen zu fehlen: da heißt es allerdings, wie mein alter Freund Sulzer einst meinte: wo hernehmen und nicht stehlen? Indes, man könnte auch einmal in der Not stehlen. Ich meine, Sie müßten heiraten oder eine Oper komponieren; eines würde Ihnen so gut und schlimm wie das andere helfen. Das Heiraten halte ich aber für besser." Stekel glaubt nun, aus dieser „feinen Ironie" Wagners, mit der er seiner Verwunderung Ausdruck gibt, daß Nietzsche immer nur Freunde und nie eine Freundin um sich habe, ferner, daß er Ehe und Oper in einem Atem nennt, schließen zu können, der Meister habe mit Sicherheit erkannt, warum er von seinem jüngeren Freunde beneidet werde: um Cosima und um sein Werk!

Es ist wirklich staunenswert, welche ganz unglaublichen Folgerungen Stekel zog, Folgerungen, vor denen Wagner wie Nietzsche sicherlich zu Tode erschrocken wären, weil sie selbst bei Lebzeiten ihres innersten Denkens und Fühlens wohl kaum mit dieser Deutlichkeit und Selbstverständlichkeit sich bewußt gewesen wären, mit der der moderne Psychoanalytiker dieses innere Fühlen als real zeichnet. Möge es mir gestattet sein, mich der unsterblichen Worte des wackeren C. M. Wieland zu bedienen, mit denen er die Manen des Geschichtsschreibers Sallust gegen die Verdächtigungen übereifriger und böswilliger Kommentatoren der 2. Satyre des I. Buches

---

[1]) Aus dieser Äußerung Wagners leitet Stekel später Nietzsches Homosexualität ab! Ausführlicheres darüber weiter unten. Ich frage nur: wie kann der zum Homosexuellen gestempelte Nietzsche auf einmal heterosexuell empfinden?

des Horatius in Schutz nimmt: „Die Ehre und der Nachruhm eines vortrefflichen Schriftstellers ist, meiner Meinung nach, auch alsdann, wenn ihm selbst nichts mehr daran gelegen ist, der Menschheit **keine** gleichgültige Sache. Sie ist sozusagen eine unverletzbare Hinterlage, deren Bewahrung der Redlichkeit und Sorgfalt der Nachwelt anvertraut ist; und wenn es von jeher bei allen Völkern für ein Verbrechen gegen die Humanität angesehen worden ist, die Gebeine eines Verstorbenen zu mißhandeln oder seine Asche zu beunruhigen, wieviel mehr ist es unedel und grausam, den Nachruhm eines Mannes, dessen Verdienste um die Welt noch immer fortdauern, durch Schändung seines sittlichen Charakters, den er selbst nicht mehr verteidigen kann, zu besudeln?" Kommentatoren und Interpreten dieses Schlages sollte man daran erinnern, daß Goethe im „Faust" gesagt hat:

„Was du ererbt von deinen Vätern hast,
erwirb es, um es zu besitzen!",

nicht jedoch: „**verdirb es!**"

Nun, mit diesem von Stekel aus einem Briefe Wagners vom 26. Dezember 1874 ganz willkürlich herausgerissenem und noch willkürlicher interpretiertem Zitate hat es in Wahrheit folgende Bewandtnis: als Nietzsche zu der Erkenntnis kam, daß das Ideal Wagners und seine Kunst nicht mehr so „weit" über sich selbst erhaben sei und er selbst es nicht mehr als das Hauptziel seines Lebens empfand, für die „Wagnerei" ausschließlich zu wirken, fing er an, sich selbst und sein bisheriges Streben als zwecklos zu empfinden, als ob er sich bisher in einem zu engen Kreise von Ansichten bewegt und ihm der Blick und das Schaffen ins Weite und Große gefehlt hätte. Ein Brief an Gersdorff, aus dieser Zeit der schwersten inneren Kämpfe stammend, läßt uns die tiefe Melancholie, unter der Nietzsche litt, getreulich nachempfinden. Auch nach Bayreuth hat Nietzsche solch melancholische Briefe geschrieben. Wagner selbst hätte sich, wie Cosima schrieb, am liebsten gleich aufgemacht, um ihn in rührender Freundschaft nach Bayreuth zu holen. Frau Wagner glaubte nämlich, daß diese Stimmung hauptsächlich mit der Baseler Atmosphäre zusammenhänge, gegen die sie selbst eine große Abneigung empfand. Indes hatte sich auch bei Nietzsche die Arbeit als die edle Panazee bewährt: während er schon längst alle drückende Melancholie überwunden hatte, saßen in Bayreuth Frau

Cosima, Wagner und Gersdorff, über das Schicksal Nietzsches brütend, zusammen und berieten, wie man ihm helfen könne. Frau Cosima bestand darauf, er müsse Basel verlassen. Da aber keine andere Universität vor ihnen Gnade fand, kamen alle drei zu dem amüsanten Schluß, Nietzsche müsse eine Frau heiraten, der es das größte Glück wäre, ihm das Leben ganz nach seinen persönlichen Wünschen zu gestalten und mit ihm überall dorthin zu gehen, wo er am liebsten sein möchte. Das machte niemandem mehr Spaß als Nietzsche; so schrieb er an Gersdorff: „Wirklich himmlisch ist der Gedanke, Dich und die Bayreuther in einer Heiratsüberlegungskommission zusammensitzend zu denken." Ärgerlich war ihm nur der eine Umstand, daß immer von einer bedrückten Stimmung bei ihm die Rede war, die er doch schon längst überwunden hatte. Nun scheint aber Nietzsche anläßlich Frau Cosimas Geburtstag wiederum einen recht melancholischen Brief nach Bayreuth geschrieben zu haben, den Wagner sofort, und zwar etwas ärgerlich beantwortete und in dem er alles berührte, was in diesem letzten Jahre zu Bedenken oder zum Mißtrauen Anlaß gegeben hatte. Daher heißt es ganz folgerichtig nach der von Stekel zitierten Stelle: „einstweilen könnte ich Ihnen ein Palliativ empfehlen: aber Sie richten immer Ihre Apotheke im voraus so ein, daß man sein Mittel nicht anbringen kann. Zum Beispiel wir hier richten unser Haus usw. so ein, daß wir gerade auch für Sie ein Unterkommen darin bereiten, wie mir in meinen höchsten Lebensnöten nie es angeboten worden ist; da sollten Sie nun die vollen Sommerferien mit uns verbringen. Aber — höchst vorsichtig melden Sie uns bereits im Anfange des Winters, daß Sie beschlossen haben, die Sommerferien auf einem recht hohen und einsamen Schweizerberge zu verbringen! Klingt das nicht wie sorgfältige Abwehr einer etwaigen Einladung unsererseits? Wir könnten ihnen etwas sein: warum verschmähen Sie das angelegentlichst? — Gersdorff und das ganze Basilikum könnten sich die Zeit hier gefallen lassen . . . aber man kennt das und anderes Sonderbare an Freund Nietzsche! Auch will ich gar nicht mehr von Ihnen reden, denn es hilft doch nichts! Ach Gott! heiraten Sie eine reiche Frau! Warum muß nur Gersdorff gerade eine Mannsperson sein! Dann reisen Sie und bereichern sich an all den herrlichen Erfahrungen, welche Hillebrand so vielseitig und (in Ihren Augen) beneidenswert machen und —

komponieren Ihre Oper, die aber gewiß schändlich schwer aufzuführen werden wird. — Welcher Satan hat Sie nur zum Pädagogen gemacht! Sie sehen, wie radikal mich wieder Ihre Mitteilungen gestimmt haben; aber — weiß Gott! — ich kann so etwas nicht mitansehen! Ich bade jetzt täglich. Baden Sie auch! Essen Sie auch Fleisch!" Ich glaube: wenn Wagner selbst wirklich in demselben Grade wie Stekel davon überzeugt gewesen wäre, daß Nietzsche ihn um sein Weib beneide, hätte er ihm wohl kaum solch ein erlesenes „Unterkommen" in seinem eigenen Hause bereitet!

Da ich auf eine eingehende Erörterung der Stellungnahme Stekels zum Problem Wagner—Nietzsche später ausführlicher zurückkommen werde, sei hier nur folgendes festgestellt: der Wagner, der vor Nietzsche als seinem Konkurrenten etwa Furcht gehabt haben sollte, dürfte wahrlich nicht jener Wagner gewesen sein, der einer der selbstbewußtesten Menschen war, welche die deutsche Musikgeschichte kennt[1]). Eine solche kleinliche Erbärmlichkeit ihm zutrauen, heißt nichts anderes als Wagner zu einem ganz unbedeutenden Stümper herabdrücken, der mit bebender Angst jede Konkurrenz gefürchtet hätte. Gewiß, kein Mensch wird es je bestreiten wollen, daß Nietzsche ein äußerst musikalischer Mensch war. Aber diese Tatsache allein genügt doch noch nicht, um den Schwerpunkt seines geistigen Schaffens dorthin zu verlegen, wo er nach der ganzen geistigen Eigenart des Denkers niemals hat liegen können. Denn, wäre dem so, so hätte sich Stekel als Psychologe — und das will er ja sein! — sofort sagen müssen, daß mit der von ihm aufgestellten Forderung folgende Tatsache unvereinbar ist: wären Neid und Eifersucht für Nietzsche wirklich die Motive seiner Trennung von Wagner gewesen, so würde er über diese Trennung sicherlich nicht jenen tiefen Schmerz empfunden haben, unter dem er tatsächlich gelitten hat, würde Nietzsche trotz seiner grimmigen Ausfälle gegen Wagner von diesem nicht so manchen Ausspruch geprägt haben, durch den Wagners Bedeutung als Künstler rückhaltlos anerkannt wird. All das müßte uns dann völlig unverständlich erscheinen. Nietzsches Vorstoß gegen Wagner nach dem Jahre 1888 ist nur als Operation am eigenen Fleische verständlich:

---

[1]) Cf. eine darauf Bezug nehmende Äußerung Bismarcks, zitiert in meinem Buche „Tristan und Isolde", p. 259.

er hoffte durch ätzende Kritik und Verächtlichmachung dessen, was er einst angebetet hatte, die Wunde, die in ihm zurückgeblieben war, auszubrennen. Und was endlich Stekels Behauptung, Nietzsche habe den Meister um sein Weib beneidet, betrifft, sei vorderhand nur so viel gesagt: was sagt Stekel zur Mitteilung Malwidas von Meysenbug, daß es Wagner sehr bedauert habe, daß Nietzsche bei der am 25. August 1870 stattfindenden kirchlichen Trauung Wagners mit Cosima von Bülow nicht als Trauzeuge beiwohnen konnte, daß der Meister sich äußerte: „Niemand würde sich so sehr darüber freuen als gerade er?" Wir müssen wiederholen, daß zu jener Zeit Nietzsche ein häufiger und stets gerne gesehener Gast in Tribschen war, daß er auch damals bei Wagner weilte, als dessen Sohn Siegfried geboren wurde! Kann so ein Mann sprechen, der angeblich weiß, daß der Gastfreund ihm sein Weib neidet? Nun ist es freilich Tatsache, daß Nietzsche unter den illegalen häuslichen Verhältnissen des Meisters „schrecklich gelitten" hat, was Wagner keineswegs unbekannt war, aber ebenso ist es Tatsache, daß Nietzsche trotz Wagners illegaler Beziehungen zu Cosima nur deswegen mit ihm verkehrte, weil er „ihn und Cosima für etwas Außerordentliches hielt, weit über alle anderen Menschen erhaben und deshalb auch erhaben über alle bürgerlich geordneten Verhältnisse".

Es wäre jedoch geradezu töricht, behaupten zu wollen, Nietzsche habe etwa nur deshalb komponiert, um zu komponieren, das heißt er hätte seinen Kompositionen keinen Wert beigemessen. Auf keine seiner Kompositionen war Nietzsche mehr stolz wie auf den „Hymnus an das Leben". So schrieb er an Peter Gast: „Gestern überfiel mich der Dämon Musik, mein gegenwärtiger Zustand in media vita will auch noch in Tönen sich aussprechen: ich werde nicht loskommen ... diesmal kommt „Musik" zu Ihnen. Ich möchte gern ein Lied gemacht haben, welches auch öffentlich vorgetragen werden könnte — um die Menschen zu meiner Philosophie zu verführen." Nun war dies jene Zeit, da der Zarathustra entstand, eine Zeit, in der Nietzsche „mehr als je Musiker sein möchte". Wenn wir nun diese ungeheure Produktionslust Nietzsches am Zarathustra, diesen Höhepunkt seines geistigen Schaffens, diese Arbeit an der Quintessenz der Nietzscheschen Philosophie mit Stekel einzig und allein darauf zurückführen, daß Nietzsche sich durch die Schaffung der Zarathustragestalt für den versunkenen Freund

Wagner habe Ersatz schaffen wollen, dann liegt allerdings der Schluß sehr nahe, Nietzsche habe durch seine Musik die des Meisters übertrumpfen wollen. Denn auch vom Zarathustra gilt es, was Cosima Wagner einst über den Vortrag „Sokrates und die Tragödie" schrieb, daß er zeigt, „wie tief musikalisch Nietzsche sei und welch großen musikalischen Instinkt er besitze". In diesem Sinne konnte daher Nietzsche im „Ecce homo" schreiben: „Man darf vielleicht den ganzen Zarathustra unter die Musik rechnen; sicherlich war eine Wiedergeburt in der Kunst zu hören eine Vorbedingung dazu." Gerade für Nietzsche ist es charakteristisch, „daß die Musik seinen Geist frei gemacht, seinem Gedanken Flügel gegeben hat, daß er um so mehr Philosoph ward, je mehr er Musiker ward!" Aus diesen Worten Nietzsches erhellt wohl mit unzweifelhafter Deutlichkeit, daß die Musik den Kernpunkt seines Wesens bildete, daß aber dieser musikalische Trieb sich „zufällig nicht mit Noten, sondern mit Worten niederschreiben ließ". Um so bedauerlicher ist es daher, wenn Unverstand und Mißgunst sich bemühen, den Denker, der uns die dionysischeste Philosophie schenkte, zum Spielball törichtester und kleinlichster menschlicher Leidenschaften zu machen. Und dieses dionysischeste Element in Nietzsches Wesen ist Herrn Stekel wohl bis heute noch ein Buch, mit sieben Siegeln verschlossen. Es ist aber unerläßlich, an anderer Stelle darzulegen, daß eben dieses Dionysische das höchste Glück und die furchtbarste Tragik des Menschen wie des Denkers Nietzsche bildete, der einst seiner Schwester schrieb: „Wenn ich minutenlang denken darf, was ich will, da suche ich Worte zu einer Melodie, die ich habe, und eine Melodie zu Worten, die ich habe; und beides zusammen, was ich habe, stimmt nicht, ob es gleich aus einer Seele kam. Aber das ist mein Los." Dieser Überdrang musikalischen Lebensgefühles mußte sich entladen, wenn sein Träger nicht zerbrechen sollte. Und falls der „nicht zustande gekommene Komponist", wie ihn Gustav Mahler nannte, den „Gesamtklang der Welt" nicht in Noten herausstellen konnte, so mochte er „einen philologischen Stoff musikalisch behandeln", so mochte er „stammeln wie ein Säugling und Bilder häufen". So, nur so entstand die Geburt der Tragödie. Interessant ist das Urteil, das Gustav Mahler, also ein Berufener „in rebus musicis", über Nietzsches Kompositionen gefällt hat: „Aus dem Zarathustra haben Strauß und ich die ‚latente Musik' herausgefühlt.

Nicht mit Unrecht haben Sie Nietzsche einen ‚nicht zustande gekommenen Komponisten' genannt. Denn der war er in der Tat! Sein Zarathustra ist ganz aus dem Geiste der Musik geboren, ja geradezu ‚symphonisch' aufgebaut. Übrigens war Nietzsches kompositorische Begabung eine viel größere als allgemein angenommen wird. Bülow hat ihm bitteres Unrecht getan, als er in der ihm eigenen Art seine kompositorischen Versuche eine ‚Notzucht an Euterpe' genannt hat. Die mir von Ihnen gezeigten Kompositionen Nietzsches haben mich vom Gegenteil überzeugt. Wohl sind sie dilettantisch. Wer aber Nietzsche kennt, muß finden, daß auch sie Geist von seinem Geiste sind." (Mitgeteilt von Bernard Scharlitt: „Anbruch", Jhg. 1920; p. 310.)

Verführt durch die schamlosen Machinationen übereifriger Wagnerapostel der schlimmsten Sorte hat man die absurde Behauptung aufgestellt, daß Nietzsche in seinen die Kunst betreffenden reformatorischen Hauptgedanken von Wagner beeinflußt worden sei. Mit anderen Worten: Nietzsche habe sich Gedanken des Meisters angeeignet und als die seinen vertreten. So sei Nietzsches Formulierung der apollinischen und dionysischen Kunsttheorie Wagners Werk „Über die Bestimmung der Oper" entnommen. Hier ist aber das gerade Gegenteil wahr: bei Abfassung dieser seiner Programmschrift schöpfte Wagner die Grundgedanken von dem Kompromiß zwischen apollinischer und dionysischer Kunst in der Tragödie aus einem Vortrag Nietzsches „Über die dionysische Weltanschauung", den ihm der Philosoph einmal vorgelesen hatte. Daher konnte Rohde am 28. Mai 1871 seinem Freunde schreiben: „Wagners Aufsatz ‚Über die Bestimmung der Oper' habe ich mit Aufmerksamkeit gelesen. Oft meinte ich Dich, liebster Freund, soufflieren zu hören, da, wo vom griechischen Drama die Rede ist." Also diese angeblichen geistigen Diebstähle Nietzsches an Wagner und dessen Zorn darüber bedürfen keiner weiteren Aufklärung mehr. Wahr ist vielmehr, daß Nietzsche bei der Anwendung dieser Nomenklaturen sich sehr stark an seinen Lehrer Friedrich Ritschl anlehnt; denn dieser unterscheidet bereits zwischen „besänftigend erhebender Kitharistik und enthusiastisch erregender Aulodik", ja sogar zwischen „apollinischen Kitharistik und dionysischer Auletik". (Cf. „opusc. phil." V, p. 160; „Vorlesung über Geschichte der griechischen Poesie" Ribbeck I, p. 303.)

X. RÜCKBLICK.

Das wären so ziemlich die wichtigsten authentischen Daten, aus denen wir nun zusammenfassend die Genesis und das Ende dieser Freundschaft zweier Genies erklären müssen. Es ist klar, daß viele Dokumente, speziell Briefe, die uns wichtige Aufschlüsse über die verschiedenen Phasen dieser Freundschaftstragödie geben könnten, der Forschung teils fehlen, weil sie schon früher vernichtet wurden, teils aber noch immer unzugänglich sind, angeblich deshalb, weil sich ihr zu intimer Inhalt der Veröffentlichung entziehe. So beklagt sich Frau Förster in der Vorrede ihres Buches „Wagner und Nietzsche zur Zeit der Freundschaft", daß das Haus Wahnfried ihr viele Briefe Wagners und Nietzsches nicht zur Verfügung gestellt oder dieselben bereits im Jahre 1909 „aus ihr ganz unerklärlichen Gründen" vernichtet habe. „Sie waren sämtlich voll zartester Rücksicht und Verehrung für Wagner und Frau Cosima, und da ich mehrere davon, ehe sie abgesandt wurden, gelesen habe, so darf ich wohl sagen, es waren Kulturdokumente ersten Ranges darunter. Aber gerade diese sollen vernichtet sein und nur wenige Briefe, in welchen sich mein Bruder in seiner rührendsten Bescheidenheit und Höflichkeit zeigt, sind mir ausgeliefert worden." Dr. Fritz Kögel erzählt, daß Frau Cosima ihm gegenüber versichert habe, Nietzsches Briefe an Wagner seien „vielleicht (elle cherchait le mot) bei einem Umzuge verloren gegangen!" Sonderbarer Zufall! In der Tat ist über das Verhältnis Nietzsches zu Wagner seit dem Jahre 1878 von Bayreuth aus tiefstes Schweigen gebreitet worden. Die Mitteilungen aus dem Nietzschekreise selbst sind wieder zu ungenügend, um psychologische Schlüsse über diese Dinge zu gestatten. Aber trotzdem ist von vielen Seiten, von Berufenen wie von Unberufenen, der Versuch unternommen worden, dieses Freundschaftsverhältnis zum Gegenstande langatmiger Darstellungen zu machen. An all diesen Versuchen läge an und für sich nichts

Tadelnswertes, wenn nicht die Verfasser dieser Darstellungen immer eine bestimmte Tendenz vertreten wollten: beiden Teilen läßt keiner Gerechtigkeit widerfahren, sondern jedes solche Buch dient Parteizwecken, je nachdem sein Verfasser ein Anhänger und Verehrer Wagners oder Nietzsches ist. Darüber vergaß man natürlich, die Wahrheit zu ergründen. Die Quelle aller Forschung soll aber nicht der Haß, sondern die Liebe sein; denn nur sie führt uns tatsächlich zur Wahrheit. Ist er ein eingefleischter Wagnerianer, der nur in verba magistri sui geschworen hat, so kommt Nietzsche natürlich sehr schlecht weg. Das sind jene Literaten, die bereits als grüne Jungen sich einbildeten, mit dem dritten Nietzsche längst schon fertig zu sein, die Nietzscheüberwinder par excellence, oder gar jene Sorte von Kulturheilkundigen, die uns zunächst ein entsetzliches Schreck- und Zerrbild des Philosophen an die Wand malen und sich nachher um die Wette bemühen, es mit Knütteln tot zu schlagen. Zuerst wird Nietzsche mit allem möglichen geistigen Unflat beladen, um zum Schlusse geprügelt zu werden, oder es geht glimpflicher ab: man weist ihm früh beginnende Verrücktheit nach und enthebt sich so billig der Mühe, ein Verständnis seiner Werke überhaupt nur anzubahnen, und findet es staunenswert, daß es ein Genie wie Wagner so lange an der Seite dieses Narren[1]), der sich für einen erstklassigen Komponisten und Dichter hielt, ausgehalten habe. Hoffentlich wird ihnen bei ihrer Gottähnlichkeit nie bange! Die blinden und einseitigen Nietzscheverehrer dagegen, diese „Affen seines Ideals", erblicken in Wagner nur das Prototyp des Dekadenten, den klassischen Vertreter der deutschen Hochdekadenz, den sie aber trotz der Nietzscheschen Rezepte doch nicht so schnell und gründlich überwinden können, als es ihnen vielleicht angenehm wäre. Sie sind es, die es am lautesten beklagen, daß uns der Denker Nietzsche kein einheitliches System seiner Gedanken hinterlassen hat. Das ist allerdings Tatsache. Und niemandem gleicht in dieser Beziehung Nietzsche mehr als dem Dichterphilosophen Platon, mit dem er mehr Berührungspunkte hat, als jene Sorte von Nietzscheanern

---

[1]) So scheut sich Hieronymus Lorm („Der grundlose Optimismus") nicht, Nietzsche „eine vorübergehende Erscheinung im Fastnachtsspuk menschlicher Verirrungen" zu nennen und meint, „die Intelligenz sinke in manchen Epochen so tief, daß sie Kränze des Ruhmes auch dem Hanswurst flicht."

auch nur ahnt. Gewiß, ein Lehrer des Platonismus ist Nietzsche nicht. Platon ist ihm viel zu nahe, als daß er betrachtend und gerecht über ihn lehren kann: er ringt mit seinem Schatten sein lebelang. Aber auch bei den heftigsten Angriffen — oder gerade bei ihnen — soll man sich erinnern, daß er mit Stolz so offen über Platon seine Meinung sagt, denn er fühlt nach seinen eigenen Worten Platons Blut in seinen Adern rollen. Jedenfalls teilt er mit Platon die Mystik als dichterische Inspiration und als eine über dem Denken stehende Erleuchtung des Geistes. Beide Denker werden die eigene und die menschliche Unzulänglichkeit zur Genüge gekannt haben, als daß sie bei einem System oder einem resignierten „ignorabimus!" Beruhigung gefunden hätten. Damit ist aber noch immer nicht bewiesen, daß Nietzsche, was noch heute Glaubensartikel der Philosophiegeschichte ist, ein launischer, schnell begeisterter, schnell vergessender Denker gewesen sei, der alle Jahre hinter einem anderen Ideale herlief, „wie launische Fürstentöchter jedes Jahr mit einem neuen Geliebten durchgehen." So hören wir bei Falckenberg, Windelband, Überweg. Solche tendenziös gefärbte Behauptungen sind geradezu lächerlich! Nietzsche war gewiß kein Systematiker im gewöhnlichsten Sinne des Wortes, ein — Fr. Jodl hat einst dafür das sehr gute Wort geprägt — philosophischer Käfersammler, der gewissenhaft rubriziert und klassifiziert und katalogisiert und dann prompt jedes Jahr aus 99 Büchern ein hundertstes Buch braut, sondern er war ein durch und durch systematischer Denker, der es sich niemals leicht gemacht hat, der im Verfolgen eines Gedankens unendlich zähe und so logisch fanatisch ist wie etwa Hobbes, der von Launen und Wünschen mindestens so unabhängig bleibt wie Spinoza oder Kant und in dessen geistiger Entwicklung ein systematischer, kontinuierlicher Zusammenhang unschwer zu erkennen ist. Beide Denker haben dort, wo dem menschlichen Erkennen eine Grenze gezogen ist, die Poesie zu Hilfe gerufen, weil sie wußten, daß wir das Höchste nur im „göttlichen Wahnsinne", nicht mit dem Verstande, sondern durch inneres Erleben, intuitiv erfassen. Denn der Urgrund von Sein und Leben liegt jenseits, jenseits von allem, was die menschliche Vernunft erreichen kann. Und doch gelangen wir hinüber: ahnend, glaubend, schauend. Und erst dann haben wir Frieden. Auch Nietzsche hatte diesen Frieden, und vielleicht nie in höherem Grade als zu jener Zeit, da er seine berühmten Zetteln mit der Unterschrift „der Gekreuzigte!" an seine wenigen ihm treu gebliebenen Freunde sandte. Wer daher dem Ewigen noch nie Aug' in Auge geschaut hat, wer es noch nie in seinem Leben empfunden hat, daß ihm erst dann der Frieden mit dem Dämon im eigenen Herzen unverlierbar ist, der kennt sie nicht, die ungeheuren Hoffnungen, die flammende, mühsam unterdrückte Glut in der Seele des jungen Nietzsche; der versteht die Krisis in seinem Leben so wenig als die Rache, die er später an sich selber genommen hat, der hat als Nietzsches Thyrsosträger leider keine Ahnung, wo dieser sein neuer Dionysos seine wahre Heimat hatte, der vergißt in seiner maßlosen Begeisterung nur allzu leicht, daß Nietzsche wie Wagner unsere Kultur bereichert haben, daß Nietzsche wie „ein Stern unterging und verschwand — aber sein Licht ist noch unterwegs, und wann wird es aufhören, unterwegs zu sein?" Und da auch Wagners Genius der Welt so unendlich viel Schönes und Herrliches gegeben, woraus nur wieder blinde Schwärmerei und einseitigste Parteirichtung die Tatsache gemacht hat, daß wir heute nach einem Zeitraume von mehr als dreißig Jahren nach seinem Tode von einer objektiven Beurteilung seines Lebenswerkes weiter entfernt sind denn je, ist es ein geradezu unverzeihlicher Fehler, eine Sünde wider den heiligen Geist, daß man bei der Beurteilung der persönlichen Beziehungen dieser zwei Genies nur das Ephemere sieht und sehen will, also gerade das, worin sie ihre Zugehörigkeit zum Menschentum am unzweideutigsten bewiesen, während man das, worauf sie den Stempel der Ewigkeit drückten, nur allzu gerne übersieht.

Wenn aber trotzdem in den folgenden Blättern hier und da des „Menschlichen, Allzumenschlichen" Erwähnung getan werden wird, das auch zwei solchen Geistesheroen als ein Erdenrest, zu tragen peinlich, anhaftet, so geschieht das nicht in der Absicht, um die Neugierde sensationslüsterner Leser zu befriedigen, sondern nur zu dem Zwecke, um für ihre Fehler und Schwächen ein Verständnis zu gewinnen, um beide Männer uns menschlich näher zu bringen, treu dem altbewährten Grundsatz: „Nil humani a me alienum puto." Denn m. E. bedeutet es für die Erschließung von Wagners Menschentum durchaus keinen Gewinn, wenn man aus seinem Bilde gewisse Züge wegretuschiert, ja sogar sich nicht scheut, Stellen aus seinen Briefen, die ihn so recht als ringenden und fehlenden Menschen zeigen, kurzerhand zu streichen. Der Künstler Wagner wird durch die Aufdeckung seiner Fehler, die ihm als Menschen genau so anhaften wie uns allen, wahrlich nicht kleiner, im Gegenteil! Überraschende Aufschlüsse, erstaunliche Aufklärungen wird stets nur der Forscher erhalten, der bei seiner Arbeit „sine ira et studio" vorgeht. Ihm wird es glücken, nicht bloß die hellen Flammen vulkanischen Ausbruches menschlichen Hasses hoch auflodern zu sehen, sondern auch die im Innern des Menschen waltenden und zündenden machtvollen Elementarkräfte an der Arbeit zu beobachten. Und die Erkenntnis aus dem eigenen Erleben, aus dem wissenschaftlichen Ergründen, wie aus der historischen Betrachtung wird auch in unserem speziellen Falle der Wahrspruch sein: „tout comprendre c'est tout pardonner!" Aber ewig wahr werden Pindars und Goethes Wort bleiben: „$\mathit{\mathring{α}νδρ\tilde{ω}ν}$ $\mathit{δικαίων\ χρόνος\ σωτήρ\ ἄριστος}$" — „dem guten Manne rettet die Ehre die Ärztin Zeit", und was der Altmeister am 4. Juni 1809 an Luise Seidler schrieb: „Die Menschen sollten nur bewundern, daß ein Mensch noch Tugenden hat. Die Fehler verstehen sich von selbst." Allerdings: dieses „Allzumenschliche", das sind die Wunden des Genius, an denen man ehrfürchtig vorübergehen soll. Denn wir schämen uns, allzu genau hinzusehen, daß ein großer Geist, ein starker Charakter solche Wunden hat. Aber der breite Pöbel auf den Märkten hat gar nicht das Recht, mit seinen scheelen, lieblosen Augen die Narben eines Genies zu besichtigen oder gar mit unlauteren Fingern seine Wunden neugierig zu betasten. Wie sagt doch Nietzsche im „Jenseits"? „Wer das Hohe eines Menschen nicht sehen will, blickt um so schärfer nach dem, was niedrig und Vordergrund an ihm ist — und verrät sich selbst damit!"

Menschliche Denkfaulheit und die kleinen Geister haben daher den Geisteserzeugnissen dieser beiden Männer einerseits unbedingte Wahrheit zugeschrieben, einen auf Grund seiner Leistungen gegen den anderen ausgespielt, anderseits aber hinter denselben puren Schwindel oder lediglich das Produkt eines Geisteskranken gewittert. Hier sei nur so viel gesagt: in der wirklich schöpferischen Produktion eines großen Mannes liegt ein Geheimnis, sowohl für uns als auch den Schaffenden selbst: wenn auch unbewußt, so lag es doch in seiner Seele. Daher muß der Schöpfer immer größer sein als seine Werke, denn „das Wirkende", sagt Goethe, „muß trefflicher sein als das Gewirkte", und unsere heiligste und erste Pflicht ist es, den Schöpfer ganz und voll verstehen. Das ist allerdings viel schwerer — aber auch viel schöner — weil wir das Wesen des Schaffenden aus dem innersten Leben und Erleben seiner Seele erfassen müssen. Den δημιουργός in Wagners und Nietzsches Seele suchen und finden — wer das zuwege bringt, der hat beide verstanden. Aber dem wird es auch klar sein, warum beide sich trennten: weil sie nicht anders konnten, weil in ihnen etwas lebte und wirksam war, das mächtiger war als sie beide.

Nietzsche und Wagner waren in der Tat zwei ganz außergewöhnlich gottbegnadete Menschen, die aber trotz einer ziemlich stark ausgeprägten ähnlichen Veranlagung dennoch einen tiefgehenden, fundamentalen Unterschied aufweisen: Wagner, der geborene Künstler, der nur in Tönen denken, fühlen und handeln konnte, wirft sich immer wieder der Philosophie in die Arme, um mit ihrer Hilfe den dunklen Sinn des Lebensrätsels zu lösen, um mit ihrer Hilfe das langsam und umständlich zu begreifen, was er durch seine Intuition im Kunstwerke, sobald es vollendet war, praktisch — ihm selbst völlig unbewußt — als seine herrlichste Tat vollbracht hatte. Aus diesem Gegensatze von Wille und Geist, Leben und Erkenntnis sogen Wagners Werke ihre Kraft, lange vor seiner Bekanntschaft mit Schopenhauer, während Schopenhauers System ihm nur bewußt machen und in erlösende Formeln bannen konnte, was in seiner Produktion von den Feen bis zum Parsifal immer lebendig war. Nietzsche dagegen stürzt sich in seinem gigantenhaften Streben, die bestehende Welt umzuschaffen, sie aus ihren alten Bahnen in ganz neue herüberzulenken, auf die schwierigsten und heißest umstrittenen Probleme, auf Probleme, um deren Lösung die Menschheit seit ihrem Bestehen ringt, und er trägt das sieghafte Licht der Erkenntnis in die dunkelsten Tiefen menschlichen Wesens und menschlicher Kulturepochen und schafft Kunstwerke, deren äußere Pracht uns mitunter größere und gerechtere Bewunderung entlockt als das System der in ihnen entwickelten Gedanken. Am auffallendsten ist jedoch folgender tiefergreifender Unterschied, der bei beiden Naturen ganz merkwürdige Konsequenzen gezeitigt hat: Wagner fühlte sich als Künstler und Philosoph in einer Person; stand er zum Beispiel in diesem

Augenblicke ganz unter der Gewalt seines metaphysischen Künstlerinstinktes, so kann ihn uns der nächste Augenblick als den kühl erwägenden, scharfsinnigen Denker zeigen, der den schwersten Problemen nachgrübelt, als wäre er nie etwas anderes gewesen denn ein Gelehrter. Nietzsche dagegen war ein Künstlerphilosoph, bei dem sich ein künstlerischer Impuls spontan in philosophischem Denken entlud. Man wird daher mit der Annahme nicht fehlgehen, daß er 'den philosophischen Trieb in sich als eine Art Metastase des künstlerischen Triebes empfand. Dieser theoretische Gegensatz mußte sich bei diesen großen Kraftnaturen natürlich auch im praktischen Leben mit unverkennbarer Deutlichkeit zeigen: so kämpfte Wagner heute begeistert für eine Idee, weil er sich von ihrer Durchsetzung etwas Großes erwartete; morgen aber konnte er oft ganz rücksichtslos für seine Idee kämpfen, ohne die von gestern oder irgendeine andere als gleichberechtigt anzuerkennen. Nietzsche, dessen innerstes Wesen von Haus aus allem lauten Hervorkehren des Persönlichen abhold war, lebte nur der Erreichung seines Zieles, während Wagner den Weg, sein Ziel irgendwie zu erreichen, mit demselben Eifer, ja Fanatismus verteidigen konnte wie dieses selbst. Aber so grundverschieden beide Naturen waren, so näherten sie sich dennoch, weil sie voneinander gegenseitig die Verwirklichung ihres Strebens erhofften[1]).

Es ist nun eine merkwürdige Fügung des Schicksals, daß Nietzsche, ohne noch Wagner persönlich kennen gelernt zu haben,

---

[1]) Daraus ergibt sich aber mit zwingender Notwendigkeit folgendes: die tatsächlichen Motive für den Abfall Nietzsches von Wagner, für die Wandlung Nietzsches aus einem „ersten in einen zweiten Nietzsche" liegen in der Verschiedenheit, oder wenn man auch will, in der Gleichheit der beiden Charaktere und in ihren auseinanderstrebenden Weltanschauungen. Beide wollten eine neue Kunst und eine neue Weltanschauung selbständig und allein schaffen. Jeder von ihnen wollte Herr seiner Zeit und Herold der Zukunft sein, beide die beherrschende Parole ausgeben und den lösenden Zauber spenden. Beide waren Herrennaturen, die nur Jünger, aber keine Meister neben sich dulden konnten. Wenn Frau Förster von Wagner sagt, daß er keine Götter neben sich zu dulden vermochte, so gilt genau das gleiche von Nietzsche. Und zwar begann das Bewußtsein Nietzsches um seine Selbständigkeit gerade mit den Jahren 1874—1876 zu einem bestimmten Abschluß zu kommen: es begann seine eigene Meisterschaft, und damit war der Zusammenstoß mit dem Meister Richard Wagner mit Naturnotwendigkeit gegeben.

sich für den verbannten, heimatslosen Meister begeisterte: „Von dem Augenblicke an, wo es einen Klavierauszug des Tristan gab (mein Kompliment, Herr von Bülow!), war ich Wagnerianer!", daß er, ehe er noch die Universität in der rechtmäßigen Weise absolviert hatte, trotz des enormen Altersunterschiedes sich vom ersten Augenblicke des persönlichen Zusammentreffens mit Wagner zu dem bereits ausgereiften Manne, der auf der Höhe seines künstlerischen Schaffens stand, so hingezogen fühlte, daß ihn nebst der dem Meister gezollten Verehrung auch tiefe Freundschaft zu dem Manne hinzog. Bei Konstatierung dieser Tatsache darf man jedoch eines nicht vergessen: Nietzsche war zu dieser Zeit noch ein Werdender, ja auch er glich damals sozusagen noch einem unbeschriebenen Blatte, auf dem sich zunächst, vom Meister bewirkt, Züge ausprägten, die einen ganz anderen Geist atmeten als er in dem jungen Baseler Professor lebte. Dieser kam frisch von der Philologie, war aber trotz seiner Jugend einer jener wenigen Philologen, die Philologie nicht betreiben, sondern leben. Nur hatte er selbst damals wohl noch kaum eine Ahnung von der ungeheuren Geisteskraft, die in ihm schlummerte, die ihn einst von Wagner weg hoch über die Ziele der Menschheit seiner Zeit hinausheben sollte. So saß er denn in Tribschen in Wagners gastlichem Hause, mit ihm und seiner geistvollen Frau bis in die späte Nacht musizierend und philosophierend. Malwida von Meysenbug hat uns von dem disputierenden Nietzsche eine packende Schilderung aufbewahrt: „Was uns alle noch mehr anzog als die Gelehrsamkeit des gründlich mit dem Altertum Vertrauten war die Geistesfülle und Poesie in der Auffassung, das erratende Auge des dichterischen Menschen, welches die innere Wahrheit der Dinge mit seherischem Blick begreift, da wo der pedantische Buchstabengelehrte nur die äußere Schale faßt und für das Wesentliche hält." Daher ist es kein Wunder, wenn Wagner unter dem befruchtenden Eindrucke dieses Verkehres mit einem so herrlichen Geiste voll Freude an Erwin Rohde schrieb: „Ich finde, daß ich mit und durch Nietzsche in recht gute Gesellschaft gekommen bin. Das können Sie nicht wissen, was das heißt, sein langes Leben über in schlechter oder wenigstens alberner Gesellschaft verbracht zu haben. ... Aber diese Wendung beginnt auch wirklich erst mit Nietzsche: vorher schwang sich meine Sphäre nicht höher als bis zu Pohl, Nohl und Porges." Des

Meisters Worte fielen in des Jünglings Herzen auf gar fruchtbaren Boden, und er erging sich in den sublimsten Einfällen, sah sich für immer Seite an Seite mit diesem einzigen hoch über der Alltäglichkeit des Lebens stehen — gleichsam wie ein neues Dioskurenpaar.

Wie ist dies möglich, fragen wir erstaunt, daß der sechzigjährige Wagner an dem vierundzwanzigjährigen Professor solchen Gefallen finden und dieser zu jenem sich so hingezogen fühlen konnte, daß Wagners Gedanken buchstäblich die seinen waren? Dieses Verhalten Nietzsches läßt sich einzig und allein nur aus seinem philosophischen Triebe erklären. Raoul Richter, der leider viel zu früh verstorbene Professor für Philosophie an der Leipziger Universität, hat das schöne Wort geprägt: „Der philosophische Trieb ist das rücksichtslose Forschen und Kämpfen um und für die Wahrheit, aber nicht um die wissenschaftlichen Winkelwahrheiten, sondern um die wahre Welt- und Lebensanschauung." Dieser philosophische Trieb nun bestimmte alle inneren Erlebnisse Nietzsches, und nur von ihm aus kann man sie voll verstehen. Daher sind unter dieser Voraussetzung auch Nietzsches Freundschaften zu verstehen, indem er die bestehenden philosophisch durchtränkte und neue nur auf philosophischer Basis schloß. Denn er will die philosophische Wahrheit nicht nur für sich allein, sondern auch für andere erobern. Dieser philosophische Trieb leitete Nietzsche bereits in Schulpforta, als er mit zwei Gesinnungsgenossen den literarischen Verein „Germania" begründete. Diese Tatsache, die von den Nietzsche a priori feindlich gesinnten Darstellern seines Freundschaftsverhältnisses mit Wagner so gerne als nicht existierend in Abrede gestellt wird, wird am stärksten bewiesen durch jenen Brief Nietzsches an seinen Freund Rohde, in dem er voll Freude bei diesem seinem Freundschaftsverhältnisse als dem einzigen einen „ethisch-philosophischen Hintergrund" konstatierte. Dieser philosophische Trieb beherrschte, sobald Nietzsche Schopenhauers Philosophie schätzen gelernt hatte, ganz folgerichtig auch sein Verhältnis zur Kunst. Schwärmte er früher für die mehr sinnenfreudige Musik, so wurde er nun diesem seinem philosophischen Triebe zufolge reif für das Verständnis einer Erscheinung wie Richard Wagner, welcher der Musik ganz im Sinne Schopenhauers die Rolle einer zeitweiligen Erlöserin von dem bösen Lebenswillen zuschrieb. Die ganze Kunstübung Wagners, der fast ausschließlich tiefernste Stoffe, in seinem Hauptwerke, die

Tragödie der Menschheit selbst, dargestellt hat, ja der durch seine Schöpfungen reformierend auf das ganze Geistesleben der Nation einzuwirken unternahm, konnte von Nietzsche als ein indirekter Beweis für die neue Ansicht von der metaphysischen Würde der Musik geltend gemacht werden. So erklärt es sich daher, daß Nietzsche, weil er unter der Perspektive der Schopenhauerschen Philosophie alles beurteilte, sich zum Genius Wagners hingezogen und durch seine Freundschaft sich tief beglückt fühlte: denn in Wagners Werken fand er die Kunst im Dienste des philosophischen Geistes als dessen anschauliche Versinnlichung, hier fand er den Plan, durch diese Kunst die ganze Kultur der Gegenwart umzugestalten. Hier fand er selbst die hehrste Aufgabe, mit Einsatz aller Mittel der Philologie, mit Einsatz seiner ganzen Persönlichkeit für die nunmehr als wahr erkannte Welt- und Lebensanschauung zu wirken. Sehr richtig ist daher die Bemerkung Frau Andreas Salomés, daß Nietzsche nur deshalb Wagners Anhänger geworden sei, weil Wagner innerhalb des germanischen Lebens dasselbe Ideal einer Kunstkultur habe verwirklichen wollen, das dem jungen Nietzsche innerhalb des griechischen Lebens als Ideal aufgegangen war. Mit Schopenhauers Metaphysik kam eine Steigerung dieses Ideals ins Mystische hinzu, ins unergründlich Bedeutungsvolle — gewissermaßen ein Akzent, den es durch die metaphysische Interpretation alles Kunsterlebens und Kunsterkennens erhielt. Kurz: Wagner war jetzt für Nietzsche der Gesamtkünstler der schopenhauerschen Philosophie. Das ist nun für den Bildungs-, respektive geistigen Entwicklungsgang Nietzsches, der doch von Haus aus klassischer Philologe war, charakteristisch, daß er, der als kaum zwanzigjähriger Jüngling den „energischen und düsteren Genius" Schopenhauers auf sich hatte wirken lassen und gleich Wagner in seinen Bann geriet — „mir behagte an Wagner, was mir an Schopenhauer behagt: die ethische Luft, der faustische Duft, Kreuz, Tod und Gruft" — daß dieser Jüngling schon im Jahre darauf, 1867, ihn als den Philosophen eines wiedererweckten germanischen Hellenentums verherrlicht. Also schon damals trug Nietzsche in das Hellenentum einen fremden, modernen Geist hinein, und erblicke ich in dieser Tatsache den ersten, allerdings mehr dillettantischen Schritt zur verhängnisvollen Tat mit der Geburt der Tragödie. Aber umgekehrt lehrt uns dieses Faktum, daß Nietzsche all sein Geliebtestes stets in das hinüber verwandelte, was er als das Vollkommene liebte und verehrte: ins Griechische; und so hat er Wagner mit großartiger Auslegung und stilisierender Willkür ins Griechisch-Tragische umgedeutet, hat er das Erlebnis Schopenhauers zu einer dichterischen Verklärung der vorplatonischen Philosophen gestaltet, hat er später seine protestantisch-christlichen Grundantriebe ins Dionysische hinübergezwungen und schließlich seiner Krankheit die Formel einer griechischen Lebensbejahung abgerungen, in welcher er die Griechen mit seinem eigenen Ausdrucke noch „übergriechte". All dies ist nur so erklärlich, daß der philosophische Trieb, der alle seine Freundschaften beherrschte, nun auch Gewalt über den Philologen Nietzsche gewann: und daher stellte er die exakte Arbeitsweise des Philologen in den Dienst der Probleme, mit denen er sich jetzt zu beschäftigen begonnen hatte: die Philologie, ihre Arbeitsweise ward ihm das Mittel zum Zweck, sie sollte ihm große kulturgeschichtliche Zusammenhänge erhellen, geistige Werte entschwundener Zeiten erwecken. So schrieb er an Deussen: „Übrigens habe ich auch den wahren Heiligen der Philologie entdeckt, einen echten und wirklichen Philologen, schließlich Märtyrer (jeder dumme Literator glaubt ein Recht zu haben, auf ihn zu pissen: dies das Martyrium). Weißt Du, wie er heißt? Wagner, Wagner, Wagner!" Und wenn er an Freiherrn von Gersdorff vor seiner Abreise nach Basel auf seinen neuen Posten glückstrahlend schreibt, daß der philosophische Ernst zu tief schon in ihm wurzle, um jemals einen schmählichen Abfall von der „Idee" befürchten zu müssen, so enthält dieser Ausspruch das Fundament seines ganzen Lebens, liegt in diesen Worten noch in nuce alles Glück und alles Leid der folgenden Jahre: alle Lebensverhältnisse durchdringt er mit dem philosophischen Geiste; denn Denken und Handeln müssen einander stets entsprechen.

XI. „DIE GEBURT DER TRAGÖDIE."

Wir wissen bereits, daß Wagner den Deutschen ein neues Kulturideal, eine neue Kunst schaffen wollte, und daß Nietzsche Freunden, die ihn aufforderten, mit einer Schrift Wagners Bestrebungen zu fördern, auf diese Bitte mit einer Absage antwortete. Der Mann, dem Schopenhauers Erlösungslehre eine „festgewurzelte Grundlehre war: man kann mit ihr sterben;. das ist mehr, als wenn man von ihr sagen wollte: man kann mit ihr leben!", der seine Antrittsvorlesung in Basel mit den bedeutsamen Worten geschlossen hatte: „Philosophia facta est, quae philologia fuit. Damit soll ausgesprochen sein, daß alle und jede philologische Tätigkeit umschlossen und eingehegt sein soll von einer philosophischen Weltanschauung, in der alles Einzelne und Vereinzelte als etwas Verwerfliches verdampft und nur das Ganze und Einheitliche bestehen bleibt!" — dieser Mann war offenbar mit sich noch nicht im reinen, er schwankte noch zwischen dem Hellenentum und dem schopenhauerisierten Wagnertume. Und doch konnte er sich des Einflusses durch Wagner nicht mehr zur Gänze entschlagen, wie eine ganze Reihe kleinerer Abhandlungen über das Griechentum beweist. So fallen in das Jahr 1871 zahlreiche Ausfälle Nietzsches gegen das einfache Wortdrama, natürlich zugunsten des Wagnerschen Worttondramas. Wie später in der „Geburt der Tragödie" zieht Nietzsche sein Beweismaterial aus der völlig unberechtigten Auslegung des Sokratismus und einer totalen Verkennung der euripideischen Kunst heran. Ja, er geht noch weiter und nennt Shakespeare als einen musiktreibenden Sokrates den Vollender des Sophokles. Das Wortdrama ist für ihn „gelehrt, unoriginal, erlogen oder Drastik". Selbst mitzuarbeiten an der Verwirklichung eines neuen Kulturideals, das erschien ihm am Ende verlockender und lohnender als die tiefgründigste Leistung „auf dem Stoppelfelde der klassischen Philologie". Dieses freimütige Bekenntnis Nietzsches ist nur allzu wahr! Denn ein Geist wie Nietzsche, der gleichzeitig für antike Kunst, schöne Literatur, Musik und Philosophie begeistert war, mußte sich naturgemäß mehr zu großen synthetischen Werken veranlagt fühlen als zu jenen minutiösen Einzelforschungen, in die sich die Philologen so gerne vergraben. So war er bereits fest entschlossen, seine Professur an der Baseler Universität aufzugeben, um sich ganz seiner geliebten „Wagnerei" widmen zu können. Zum Glücke hat ihn die Besonnenheit Wagners vor diesem unüberlegten Schritte bewahrt, indem er der Ansicht war, ein für ihn eintretender Universitätsprofessor sei wertvoller als ein Apostel ohne Amt. Indem Nietzsche die Blütezeit der griechischen Kultur mit dem verglich, was Wagner mit seinen Werken bereits geschaffen hatte, glaubte er zu erkennen, daß in ihnen jene höchste Blütezeit menschlicher Kultur wieder aufzublühen beginne. Und hat jene Kultur als wertvollste und herrlichste Blüte die Kunst gezeitigt, die für ewige Zeiten an den Namen des Aischylos geknüpft ist, könnte da nicht jetzt der umgekehrte Fall möglich sein, daß die Kunst Wagners, diese deutscheste Kunst, der Beginn einer neuen deutschen Kultur sein könnte? Wagner, dem Nietzsche seine kleinen Abhandlungen zur Lektüre gesandt hatte, schrieb ihm: „Zeigen Sie denn, zu was die Philologie da ist, und helfen Sie mir, die große ‚Renaissance' zustande zu bringen, in welcher Platon den Homer umarmt und Homer, von Platons Ideen erfüllt, nun erst recht der allergrößte Homer wird." Nun war in Nietzsche der Kampf zwischen Griechentum und einem schopenhauerisierten Wagnertum zugunsten des letzteren entschieden: es erschien „Die Geburt der Tragödie aus dem Geiste der Musik".

Paul Friedrich wirft in einem seiner Essays die Schicksalsfrage auf, ob Wagner damals in Nietzsche wirklich nur den Freund oder nicht doch seiner herrschgewaltigen Imperatorennatur gemäß schon das Instrument erblickte, das ihm in seinem Kampfe sich ungerufen, wie von selbst darbot. Diese Frage ist wahrlich nicht leicht zu beantworten; es läßt sich nur so viel sagen, daß der Meister, ohne Nietzsches mitunter krankhaft-ekstatische Überspanntheit zu verkennen, wie der zitierte Brief an Rohde beweist, sich in Nietzsches Umgang durchaus wohl fühlte: er ließ sich gerne Weihrauch spenden und liebte das ganz erstaunliche Verständnis, das der junge Mann für die dionysische Seite seines Wesens bekundete. Ob er jedoch schon damals die Absicht trug, diesen begeisterten Adepten ausschließlich nur für seine Zwecke auszunutzen, das bleibe dahingestellt[1]). Daß Wagner, durch Nietzsches Arbeiten ermutigt, die sublimsten Hoffnungen für sich und sein Werk hegte, ist aber doch wieder nur menschlich begreifbar und nachfühlbar: denn aus Nietzsche redete der Gelehrte und nicht einer jener Vielwisser und Vielschreiber, die nicht aus Liebe zur Sache, sondern aus purer Sensationslust sich für das Neue begeistern, welche Sorte von Anhängern dem Meister vielfach ihre Dienste angeboten, jedoch keineswegs zu seinem Besten gearbeitet hatte. Und in diesem Sinne müssen wir auch „Die Geburt der Tragödie" verstehen; man kann von diesem Werke sagen, daß es einerseits der fast dichterische Versuch ist, das Rätsel von der Entstehung des schauspielerischen Phänomens zu deuten, anderseits Nietzsches Bestreben, um das Maßlos-Schöne der Wagnerschen Kunst neben der maßvollen, klassischen, ruhigen Schönheit des Hellenentums gelten lassen zu können, diese im Hellenentume zu suchen und dort auch zu finden. Denn an die „schlichte Einfalt und edle Stille" des Griechentums, wie sie für Winckelmann und Goethe als unübertreffliches Ideal feststand, mochte Nietzsche wohl schon längst nicht mehr recht geglaubt haben: ebenso wie bisher Goethe für Nietzsche als Idealgenie galt, Goethes Kunstschöpfungen für ihn die höchsten Offenbarungen des menschlichen Geistes waren, erhob sich jetzt für Nietzsche unter dem Einflusse der Schopenhauerschen Genielehre am deutschen Kulturhimmel in den Werken Wagners, wenn schon nicht das Ideal der absoluten Schönheit, so doch ein Ideal der Schönheit nach seinen Begriffen. Demgemäß geht sein Hauptstreben dahin, beide Schönheitsideale als gleichberechtigt zu erweisen. Man mag wegen dieser Tatsache immerhin Nietzsche eine gewisse Inkonsequenz vorwerfen oder sie lediglich als eine falsche Prämisse bewerten, aus der sich mit logischer Notwendigkeit ein falscher Schluß ableiten lassen mußte, so wird dadurch das Faktum denn doch nicht aus der Welt geschafft, daß „Die Geburt der Tragödie" ein großes sacrificio del intellecto war: nur ein Blick in die aus Nietzsches Nachlaß veröffentlichten Vorstudien zeigt uns seine Verlegenheit, die immer größer wurde, je tiefer er sich in das einmal gestellte Problem versenkte. Dort, wo er Übereinstimmung vorzufinden glaubte, stieß er auf Gegensatz über Gegensatz. Und wahrlich,

---

[1]) Cf. p. 24.

großer Mut und größte Selbstverleugnung, die nur in seiner Liebe zu Wagner wurzelten, gehörten dazu, trotz all dieser offenkundigen Unstimmigkeiten auf der einmal eingeschlagenen Bahn unbeirrt weiter zu gehen und das **eine große Ziel** nicht aus den Augen zu verlieren. In späteren Jahren bekannte Nietzsche freimütig, „daß er sich das grandiose griechische Problem, wie es ihm aufgegangen war, durch die Einmischung der modernsten Dinge verdorben habe... **jetzt** tagte mir das Altertum und Goethes Einsicht der großen Kunst: und **jetzt** erst konnte ich den **schlichten** Blick für das wirkliche Menschenleben gewinnen: ich hatte die **Gegenmittel** dazu, daß kein vergifteter Pessimismus daraus wurde".

Der Widmungsbrief, mit dem Nietzsche das vollendete Werk dem Meister übersandte, lautet; „Möge meine Schrift wenigstens in irgendeinem Grade der Teilnahme entsprechen, die Sie Ihrer Genesis bis jetzt, wirklich zu meiner Beschämung, zugewandt haben. Und wenn ich selbst meine, in der Hauptsache recht zu haben, so heißt das nur so viel, daß Sie mit Ihrer Kunst in Ewigkeit recht haben müssen. Auf jeder Seite werden Sie finden, daß ich Ihnen nur zu danken habe für alles das, was Sie mir gegeben haben. Vielleicht werde ich manches später einmal besser machen können..... Inzwischen fühle ich mit Stolz, daß ich jetzt gekennzeichnet bin und daß man mich jetzt immer in einer Beziehung zu Ihnen nennen wird."

Wegen der in ihr ausgedrückten Ideen sei der Inhalt dieser herrlichen Schrift hier ausführlich wiedergegeben. Ohne jedwede Einleitung stürzt sich Nietzsche in medias res und beginnt mit der Entwicklung des Doppelprinzips vom **Apollinischen** und **Dionysischen** als jener Grundtatsachen, an welche alle Weiterentwicklung der Kunst gebunden ist. Nach **Apollon** und **Dionysos**, welche die beiden Kunstgottheiten der griechischen Welt sind, benennt er seine als fundamental erkannten ästhetischen Prinzipien; und zwar versteht er unter der apollinischen Kunst die Kunst des bildenden Künstlers, also die des Malers, des Plastikers, des Epikers, während unter den Begriff dionysisch die Künste des Musikers und Dramatikers subsumiert werden. Vom psychologischen Standpunkte aus gehört die apollinische Kunst in den Bereich des Traumes, dessen Bilderwelt mit ihrer Vollkommenheit in gar keinem Zusammenhange mit der intellektuellen Höhe oder künstlerischen

Bildung des Individuums steht. Apollon ist demnach zu denken als das herrliche Götterbild des Individuationsprinzips[1]), aus dessen Gebärden die ganze Lust und Weisheit des „Scheines" samt seiner Schönheit zu uns spricht; all sein Tun und Treiben findet in weisheitsvoller Ruhe seinen vollendeten Ausdruck, er bleibt allen wilden Regungen unzugänglich und realisiert mithin den Begriff maßvoller Begrenzung, die σωφροσύνη, in sich. Anders äußert sich Dionysos. Dieser ist der Gott des so tiefstem Grausen wie höchster Verzückung innewohnenden Bruches des Individuationsprinzips, des Einswerdens des Menschen mit der Natur. Daher offenbart er sein Walten im Rausche, sei es nun im Rausche der Trunkenheit oder im Rausche des Geschlechtstriebes, der heute noch genau so wie in gewissen orgiastischen Kulten des Altertums beim Wiedererwachen alles Lebens in der Natur die Menschen befällt. Da in dieser dionysisch-orgiastischen Verzückung oder Verzauberung der Mensch in und an sich die im Traume erschauten Götter realisiert, „ist er nicht mehr Künstler", sondern bereits „ein Kunstwerk geworden": denn diese künstlerischen Mächte entspringen beide dem Schoße der Natur, und diesen unmittelbaren Kunstzuständen der Natur gegenüber ist jeder Künstler nur „Nachahmer". Indem nun Nietzsche diesen Begriff des nachahmenden Künstlers näher präzisiert, unterscheidet er drei Arten von Künstlern: den apollinischen Traumkünstler, den dionysischen Rauschkünstler und den Künstler, der diese beiden Kunstprinzipien in sich vereinigt. Letzteres gilt hauptsächlich für die Erzeugung der griechischen Tragödie, in welcher sich dem dionysisch Trunkenen sein Zusammenhang mit dem innersten „Wesen der Welt" in einem gleichnismäßigen Bilde offenbart. Nietzsche wirft nun die Frage auf, in welcher Weise sich diese Kunsttriebe bei den Hellenen zunächst äußerten, welche Weiterentwicklung sie in der Folgezeit bei diesem „Genie unter den Völkern" fanden. Aus der Beantwortung dieser Frage wird sich das Verhältnis des griechischen Künstlers zu seinen

---

[1]) Darum soll von Apollon das gelten, was Schopenhauer von dem im Schleier der Maja befangenen Menschen sagt: „Wie auf dem tobenden Meere, das, nach allen Seiten unbegrenzt, heulend Wasserberge erhebt und senkt, auf einem Kahn ein Schiffer sitzt, dem schwachen Fahrzeug vertrauend, so sitzt mitten in einer Welt voll Qualen ruhig der einzelne Mensch, gestützt und vertrauend auf das principium individuationis." (Cf. Schop. W. W. I, 416.)

Urbildern ergeben, das heißt wir werden, um mit Aristoteles zu reden, die „Nachahmung der Natur" tiefer verstehen und würdigen lernen.
    Der ursprüngliche Zustand der hellenischen Welt war die apollinische Kultur: aus der Tatsache, daß das hellenische Auge mit einer unglaublich bestimmten und sicheren plastischen Befähigung jene herrlichen Götterbildnisse zu schaffen verstand, die die Giebel der Tempel zieren, glaubt Nietzsche folgern zu können, daß in seinen Traumbildern eine ähnliche, wenn nicht gar dieselbe logische Kausalität der Linien und Umrisse vorgewaltet habe. Die dionysische Kraft dagegen bedarf überhaupt keines Beweises: lassen sich doch im ganzen Altertum dionysische Feste nachweisen, bei denen das Zentrum in einer überschwenglichen geschlechtlichen Zuchtlosigkeit liegt. Aber gegen die fieberhaften Regungen solcher Feste waren die Griechen eine Zeitlang völlig geschützt durch die Gestalt Apollons: sie verhielten sich ihnen gegenüber ablehnend. Diese Ablehnung ist verkörpert und verewigt durch die dorische Kunst. Als aber aus der tiefsten Wurzel des Hellenischen dem Dionysischen ähnliche Triebe spontan hervorbrachen, wurde Apollons Widerstand allmählich gebrochen; sein Einfluß und seine Macht jedoch nicht zur Gänze eliminiert, da gleichsam eine Aussöhnung zwischen Apollon und Dionysos erfolgte. Wenn man aber bedenkt, daß trotz dieses Kompromisses die dionysische Macht sich immer schrankenloser zu offenbaren begann, so müssen wir in den dionysischen Orgien der Hellenen eine Art von Welterlösungsfesten und Verklärungstagen erblicken; denn erst bei ihnen erreichte die Natur ihren künstlerischen Jubel, erst bei ihnen wird die gewaltsame Zerreißung des principii individuationis ein künstlerisches Phänomen. Diese wunderbare Mischung und Doppelheit in den Affekten der dionysischen Schwärmer verlieh allen diesen Festen einen gewissen, ins Sentimentale gehenden Zug: der Gesang und die Gebärdensprache solcher zwiefach gestimmter Schwärmer — man denke nur an die Erscheinung, daß Schmerzen Lust wecken und daß der Jubel mitunter auch die qualvollsten Töne der Menschenbrust entreißt — waren der homerisch-griechischen Welt etwas Fremdes, vor allem die dionysische Musik. War die Musik scheinbar als apollinische Kunst bekannt, so war sie dennoch dorische Architektonik in nur angedeuteten Tönen. Denn mit Absicht ist der Grundzug der dionysischen wie überhaupt aller Musik ferngehalten:

die erschütternde Gewalt des Tones, der einheitliche Strom des Melos, die unvergleichliche Welt der Harmonie. Aber gerade weil im dionysischen Dithyrambos der Mensch zur höchsten Steigerung seiner symbolischen Fähigkeiten gereizt wurde, war die volle, alle Glieder rhythmisch bewegende Tanzgebärde als neue Symbolik notwendig. Denn erst durch das Zusammenwirken der anderen symbolischen Kräfte mit dieser kann der Mensch zu jener Höhe der Selbstentäußerung gelangen, die in der einheitlichen Äußerung aller dieser Kräfte ihren symbolischen Charakter findet: der dithyrambische Dionysosdiener kann nur von seinesgleichen verstanden werden. Dem apollinischen Griechen konnte nun diese Tatsache nicht ganz fremd sein oder unbekannt bleiben: langsam mußte ihm die Erkenntnis aufdämmern, daß die dionysische Welt durch sein apollinisches Bewußtsein gleichsam wie durch einen Schleier verdeckt werde.

Um dies zu verstehen, müssen wir die Fundamente der apollinischen Kultur ergründen. Die ganze olympische Welt ist nichts anderes als eine Versinnlichung desselben Triebes, der eine Gestalt wie Apollon schuf. Deshalb darf man Apollon den Vater der olympischen Welt nennen. In dieser Welt aber verkörpert sich keine unleibliche Vergeistigung, sondern dem triumphierenden Daseinsüberschwange entsprungen, „erinnert hier nichts an Askese, Geistigkeit und Pflicht. Hier redet nur ein üppiges, ja triumphierendes Dasein zu uns, in dem alles Vorhandene vergöttlicht ist, gleichviel ob es gut oder böse ist". Aber diese Welt ist nur Scheinwelt, wie uns die Sage vom König Midas erzählt, dem der weise Silen, der Begleiter des Dionysos, auf die Frage, was für den Menschen das Allerbeste sei, antwortete: „Das Allerbeste ist für Dich unerreichbar: nicht geboren zu sein, nichts zu sein. Das Zweitbeste aber ist für Dich, bald zu sterben." Nur das menschliche Leiden, in dem der Grieche die Schrecken und Entsetzlichkeiten des Daseins empfand, ließ ihn vor die irdische Welt die glänzende Traumgeburt der Olympischen stellen, um überhaupt leben zu können. Denn „derselbe Trieb, der die Kunst ins Leben ruft als die zum Weiterleben verführende Ergänzung und Vollendung des Daseins, ließ auch die olympische Welt entstehen, in der sich der hellenische Wille einen verklärenden Spiegel vorhielt. So rechtfertigen die Götter das Menschenleben, indem sie es selbst leben — die allein genügende Theodizee". Unter dem Sonnenscheine solcher Götter muß das Erdendasein als das Erstrebenswerteste empfunden werden, und nur darum sehnt sich Achilleus, selbst als Tagelöhner weiterleben zu dürfen; das aber ist nur die Folge des Willens zum Leben, mit dem sich der Mensch der homerischen Zeit so innig eins fühlt, daß selbst die Klage im Munde des Achill zu einem Preislied auf das Leben wird.

Diese von den modernen Menschen so sehnsüchtig herbeigesehnte Harmonie mit der Natur, von Schiller mit einem glücklichen Ausdrucke „Naivität" genannt, ist jedoch kein etwa aus sich selbst sich ergebender Zustand, den wir an der Schwelle einer jeden Kultur als paradiesischen Urzustand antreffen müssen: „Dies konnte nur eine Zeit glauben, die den Emile Rousseaus sich als Künstler zu denken suchte und in Homer einen solchen am Herzen der Natur erzogenen Künstler Emile gefunden zu haben wähnte." Darum ist die Naivität Homers, des größten Traumkünstlers, als der vollkommene Sieg der apollinischen Illusion zu definieren, als einer Illusion von der Art, wie sie die Natur mitunter zur Erreichung ihrer Absichten verwendet. Mit anderen Worten: in den Griechen wollte der Wille sich selbst anschauen; darum mußten sich die Geschöpfe dieses Willens in einer höheren Sphäre wiedersehen: in der Sphäre der Schönheit. In dieser aber sahen sie ihre Spiegelbilder, die Olympischen. Mithin verhält sich Homer als einzelner zu dieser apollinischen Volkskultur wie der einzelne Traumkünstler zur Traumbefähigung des Volkes und der Natur überhaupt. Dieses naive Künstlertum beweist Nietzsche aus der Traumanalogie: wenn wir nämlich unser empirisches Dasein und das der Welt als eine in jedem Moment erzeugte Vorstellung des Ureinen auffassen, so erscheint uns der Traum als Schein des Scheines, als eine potenzierte Befriedigung unserer Urbegierde zum Erlöstwerden durch den Schein. Denn je mehr sich der Mensch jener gewaltigen Kunsttriebe in der Natur bewußt wird, desto mehr fühlt er sich zu der metaphysischen (Schopenhauerschen) Annahme gedrängt, daß das Wahrhaft-Seiende als das Ewig-Leidende den lustvollen Schein zu seiner Erlösung benötigt. Dieser Schein wird, da wir von ihm völlig beherrscht sind, als eine empirische Realität empfunden. Daher ist das naive Kunstwerk wie der Traum Schein des Scheines: Apollon repräsentiert in dieser Welt die Vergöttlichung des Individuationsprinzips, er zeigt uns, wie diese ganze Welt der Qual als die conditio sine qua non erforderlich ist, damit durch sie der einzelne Mensch zur Erzeugung der erlösenden Vision gedrängt werde. Aber diese

Vergöttlichung der Individuation ist an ein Gesetz gebunden, das in der Einhaltung der dem Individuum gezogenen Grenzen besteht: es ist also das Gesetz des Maßes und die Hand in Hand mit ihm gehende Selbsterkenntnis; denn „titanenhaft" und „barbarisch" mußte dem apollinischen Griechen die Wirkung dünken, die das Dionysische erregte; seine Zucht jedoch zur Mäßigung und der Trieb nach Selbsterkenntnis verraten, wieviel Dionysisches von allem Anfang an im Hellenen verborgen war, das aber hervorbrechen mußte, als in diese auf den Schein und die Mäßigung gebaute, künstlich eingedämmte Welt der ekstatische Ton der Dionysosfeier hineinklang. Das Individuum mußte in der Selbstvergessenheit der dionysischen Zustände untergehen und die apollinischen Satzungen vergessen. Daher wurde mit dem Überhandnehmen des Dionysischen das apollinische Element, das bisher vorherrschend gewesen war, aufgehoben; denn der Hellene fühlte und empfand, daß seine auf den schönen Schein, auf das Maß aufgebaute Welt auf einem verhüllten Untergrunde des Leidens und der Erkenntnis ruhte, der ihm wieder durch das Dionysische, das Übermaß, aufgedeckt wurde, und konnte nicht widerstehen. „Die Musen der Künste des Scheines verblaßten vor einer Kunst, die in ihrem Rausche die Wahrheit sprach, die Weisheit des Silen rief Wehe! Wehe! aus gegen die heiteren Olympier", deren apollinische Strenge unter der Gewalt dieses hereinbrechenden dionysischen Stromes allmählich gemildert wurde, bis durch die endgültige Versöhnung dieser beiden Prinzipien als einander ebenbürtiger Gottheiten das erhabene Kunstwerk der attischen Tragödie und des dramatischen Dithyrambos erzeugt worden ist.

 Um in die vielumstrittene Frage nach der Entstehung der attischen Tragödie Licht zu bringen, stellt Nietzsche Homer als das Prototyp des apollinischen, naiven Künstlers dem leidenschaftlichen und dionysischen Lyriker Archilochos gegenüber, von dem wir wissen, daß er das Volkslied in die Literatur eingeführt habe, und versucht den Nachweis zu erbringen, inwiefern letzterer als Künstler möglich ist; denn mit der Interpretation der neueren Ästhetik, die Homer einen objektiven, Archilochos den ersten subjektiven Künstler nennt, sei wenig gedient. Um also das Künstlertum des Lyrikers zu definieren, geht Nietzsche von einer psychologischen Beobachtung Schillers aus, nämlich, daß der vorbereitende Zustand des dichterischen Aktus stets eine musikalische Stimmung sei. Faßt man nun die antike Lyrik auf als die Vereinigung, ja Identität des Lyrikers mit dem Musiker, so ist das Volkslied nichts anderes als das perpetuum vestigium einer Vereinigung des Apollinischen mit dem Dionysischen, so ergibt sich als Folge der früher entwickelten metaphysischen Ästhetik: der Lyriker ist zuerst, als dionysischer Künstler, gänzlich mit dem Ureinen — und das ist sein Schmerz und Widerspruch! — eins geworden und produziert das Abbild dieses Ureinen als Musik. Bei dem Volksliede ist also **die Melodie das Erste und Allgemeine.** Die Musik, die als reiner Wille sich auf den Urwiderspruch und Urschmerz im Herzen des Ureinen symbolisch bezieht, somit eine Sphäre symbolisiert, die über aller Erscheinung und vor aller Erscheinung ist, **braucht das Bild und den Begriff nicht**, sie erträgt ihn nur neben sich, sie hat ausschließlich dionysischen Charakter: sie ist also eine Wiederholung der Welt, gewissermaßen ein zweiter Abguß derselben. In diesem Zustande seines Produzierens wird nun dem Lyriker die Musik wie in einem gleichnisartigen Traumbilde sichtbar. Dieser begrifflose Widerschein des Urschmerzes in der Musik mit seiner Erlösung im Scheine erzeugt eine zweite Spiegelung als einzelnes Gleichnis oder Exempel: die Subjektivität des Künstlers ist in diesem dionysischen Prozesse aufgegangen, und jenes Bild, das ihm seine Einheit mit dem innersten „Wesen der Welt" zeigt, ist eine Traumszene, die jenen Urwiderspruch und Urschmerz samt der Urlust des Scheines versinnlicht. Erst wenn die Musik, die dionysische Urstimmung, dem Lyriker wieder, wie in einem gleichnisartigen Traumbilde, unter der apollinischen Traumwirkung sichtbar wird, entsteht das lyrische Gedicht. Das „Ich" des antiken Lyrikers tönt also aus dem Abgrunde seines Seins und seine angebliche Subjektivität erweist sich als eine Einbildung der neueren Ästhetiker. In dieser dionysisch-musikalischen Verzauberung entstehen die lyrischen Gedichte, die in ihrer höchsten Entfaltung Tragödien und dramatische Dithyramben heißen. Daraus erhellt, daß der subjektive Mensch nie Dichter sein kann, daß der dionysische Lyriker dagegen Weltgenius ist, der von seinem persönlichen Menschen nur in verschiedenen Objektivationen seines „Ichs" spricht. Im Gegensatze zu Schopenhauer kann demnach nach Nietzsches ästhetischer Theorie das Subjekt, das wollende Individuum, das seine egoistischen Zwecke fördert, nur als Gegner, aber nie als Ursprung der Kunst gedacht werden. Wird aber das Subjekt Künstler, so ist es von seinem individuellen Wollen befreit. Hier nimmt nun Nietzsche einen „Urkünstler" der Welt an, vor dem die ganze Kunstkomödie abläuft und für den der Mensch nur in der Bedeutung eines Kunstwerkes seine höchste Würde hat: „denn nur als ästhetisches Phänomen ist das Dasein und die Welt gerechtfertigt". Nur soweit der Genius im Akte der künstlerischen Zeugung mit jenem Urkünstler der Welt verschmilzt, weiß er etwas über das ewige Wesen der Kunst. Was ist also die Lyrik? „Die lyrische Dichtung ist die nachahmende Effulguration der Musik in Bildern und Begriffen", denn das Wort, das Bild, der Begriff suchen einen der Musik analogen Ausdruck und erleiden die Gewalt der Musik an sich. Wie verhält es sich aber mit der Musik im Spiegel der Bildlichkeit und Begriffe? Die Musik erscheint als der Wille, das heißt, wenn wir das Wort im Sinne Schopenhauers interpretieren, als Gegensatz der ästhetischen, rein beschaulichen, willenlosen Stimmung. Da nach Nietzsche die Lyrik von der Musik abhängig ist, die Musik jedoch keiner apollinischen Gleichnisse bedarf, sondern dieselben neben sich nur duldet, so kann demzufolge die Dichtung des Lyrikers nichts aussagen, was nicht in der ungeheuersten Allgemeinheit und Allgültigkeit bereits in der Musik lag, die ihn zur Bilderrede nötigte. Die Musik ist also Weltsymbolik, mit der sich die Sprache nur äußerlich berührt. Daher kann uns der tiefste Sinn der Musik durch alle lyrische Beredsamkeit keinen Schritt näher gebracht werden.

Jetzt erst geht Nietzsche daran, den Ursprung der griechischen Tragödie zu finden. Denn nach ihm ist das Problem des Ursprungs noch nicht einmal richtig gestellt, geschweige denn gelöst worden. Die Überlieferung berichtet, daß die Tragödie aus dem tragischen Chore entstanden ist. Im folgenden weist er die Erklärung des Chors als einer Art konstitutioneller Volksvertretung, welche das umwandelbare Sittengesetz repräsentieren soll, als nicht stichhältig zurück, ebenso A. W. Schlegels Gedanken, der den Chor sozusagen als den Inbegriff und Extrakt der Zuschauermenge, als den idealischen Zuschauer zu betrachten empfahl. Eine wertvollere Einsicht in die Bedeutung des tragischen Chors findet Nietzsche bei Schiller in seiner berühmten Vorrede zur „Braut von Messina". Er betrachtete den Chor als eine lebendige Mauer, welche die Tragödie um sich herumzieht, um sich von der wirklichen Welt abzuschließen und sich ihren idealen Standpunkt und die poetische Freiheit zu wahren.

Natürlich erklärt Schiller auf diese Weise jedem Naturalismus den Krieg und tritt in seiner Abhandlung für die Wiedereinführung des Chors in die Tragödie ein. Nun ist der Boden, auf dem der Chor der ursprünglichen Tragödie wandelt, gewiß ein idealer Boden: denn ein Naturzustand mit fingierten Naturwesen bildet den Bestandteil des Chors. Obwohl nun die Tragödie weit davon entfernt war, die Wirklichkeit getreulich nachzubilden, so ist ihre Welt gleichwohl keine zwischen Himmel und Erde hineinphantasierte, sondern eine Welt von gleicher Realität und Glaubwürdigkeit, wie sie der Olympos für den gläubigen Hellenen besaß: diese reale Welt ist die des Satyrchors, aus dem sich die griechische Tragödie entwickelt hat. Der Satyr selbst ist die Ausgeburt der auf das Natürliche gerichteten Sehnsucht des Menschen und lebt als dionysischer Choreute in einer religiös zugestandenen Wirklichkeit unter der Sanktion des Mythos und des Kultus. Mit ihm beginnt die Tragödie, aus ihm spricht die dionysische Weisheit der Tragödie. Das mag uns zunächst etwas befremden; wenn aber behauptet wird, daß sich der Satyr als fingiertes Naturwesen zum Kulturmenschen genau so verhalte wie die dionysische Musik zur Zivilisation, von welch letzterer Wagner behauptete, daß sie von der Musik aufgehoben werde, so folgert Nietzsche, daß sich der griechische Kulturmensch im Angesichte des Satyrchors aufgehoben fühlen mußte. Mit anderen Worten: die unmittelbarste Wirkung der Tragödie besteht zunächst darin, daß sie den Unterschied zwischen Mensch und Mensch einfach aufhebt. Bei dieser psychologischen Erläuterung des Tragischen erblickt Nietzsche das Prinzip der Tragödie in dem metaphysischen Troste, mit dem sie uns entläßt, daß das Leben trotz alles Wechsels der Erscheinungen unzerstörbar ist. Diesen Trost versinnbildet der Satyrchor. Was ist also der Satyr? „Die Natur, an der noch keine Erkenntnis gearbeitet, in der die Riegel der Kultur noch unerbrochen sind, das sah der Grieche in seinem Satyr, der ihm deshalb noch nicht mit dem Affen zusammenfiel. Im Gegenteil; es war das Urbild des Menschen, der Ausdruck seiner höchsten und stärksten Regungen, als begeisterter Schwärmer, den die Nähe Gottes entzückt, als mitleidender Genosse, in dem sich das Leiden des Gottes wiederholt, als Weisheitsverkünder aus der tiefsten Brust der Natur heraus, als Sinnbild der geschlechtlichen Allgewalt der Natur, die der Grieche gewöhnt ist, mit ehrfürchtigem Staunen zu betrachten."

Mit anderen Worten: der Satyrchor ist ein Chor von Naturwesen, die gewissermaßen hinter aller Zivilisation unzerstörbar leben und trotz aller Phasen der geschichtlichen Entwicklung ewig dieselben bleiben. In diesem Chore findet der tiefsinnige und zum zartesten und schwersten Leiden einzig befähigte Hellene, an dem sich die pessimistischen Anwandlungen des älteren Hellenentums erschöpften, seinen Trost: „Ihn rettet die Kunst und durch die Kunst rettet ihn sich — das Leben." Indem der Mensch in der Verzückung seines dionysischen Zustandes die gewöhnlichen Schranken seines Daseins — Raum und Zeit — siegreich durchbricht, gesellt sich zu diesem Zustande ein lethargisches Moment, wodurch sich die alltägliche Wirklichkeit von der dionysischen scharf scheidet. Sobald aber dem Menschen die alltägliche Wirklichkeit wieder ins Bewußtsein tritt, ist eine asketische, willenverneinende Stimmung die Folge solcher Zustände. Auf dieser Stufe der höchsten Gefahr für den Willen zum Leben erweist sich nun die Kunst als Retterin: nur sie vermag alle Ekelgedanken über das Absurde dieses Daseins ins Erhabene oder Lächerliche umzuwandeln; das heißt das „Erhabene ist die künstlerische Bändigung des Entsetzlichen, das Komische die künstlerische Entladung vom Ekel des Absurden". Daher spricht Nietzsche vom Satyrchor des Dithyrambus als der rettenden Tat der griechischen Kunst. Wie schon gesagt wurde, ist dieser Satyr nichts anderes als ein Produkt der auf das Ursprüngliche und Natürliche gerichteten Sehnsucht der Menschen. Während in der neueren Zeit die Hypostasierung dieser Sehnsucht durch den zärtlich flötenden, weichgearteten Schäfer stattfand, gab der unerschrockene Grieche seiner Sehnsucht in dem robusten Waldmenschen Gestalt und Form, in dem die ungebrochene, von keiner Kultur beleckte Natur des Menschen sich manifestiert. Daher ist dieser Satyr das Urbild des Menschen, ein Sinnbild des die ganze Natur so mächtig beherrschenden Geschlechtstriebes, deshalb liegt in der Gestalt des Satyrs etwas Erhabenes, etwas Göttliches für den dionysischen Menschen, dessen Auge mit schmerzlich gebrochenem Blick auf solch unverhüllten Schriftzügen der Natur mit gewisser Befriedigung ruhen mußte. Denn da bei dieser Vorstellung des Satyrs als dem Urbilde des Menschen jedwede Illusion einer modernen Kultur a priori weggewischt war, ist diesem Satyr gegenüber als dem wahren Menschen der moderne Kulturmensch nur eine lügenhafte Karikatur. Daher gibt Nietzsche Schiller vollkommen recht, wenn er der Ansicht ist, daß der Chor eine Art lebendiger Mauer gegen die anstürmende Wirklichkeit bilde, weil eben der Satyrchor das Dasein vollständiger und wirklicher zur Geltung bringt als der Kulturmensch, der seine eigene Realität für die angeblich einzige hält. Es wäre aber eine ganz falsche Behauptung, daß die Sphäre der Poesie als einer phantastischen Unmöglichkeit außerhalb der Welt liege. Im Gegenteil! Eben weil die Poesie die Wahrheit ungeschminkt zum Ausdruck bringen will, streift sie den lügenhaften Aufputz jener vermeintlichen Realität, mit welcher sich der Kulturmensch umgibt, ab. Es verhält sich also der Satyr als die ungeschminkte Naturwahrheit zu der als einzige Realität sich aufspielenden Kulturlüge ähnlich wie das Ding an sich als der Inbegriff des ewigen Wesenskernes aller Dinge zur gesamten Erscheinungswelt; oder wie die Tragödie mit ihrem metaphysischen Troste bei dem steten Untergange der Erscheinungen auf das ewige Leben jenes Daseinskernes hinweist, spricht die Symbolik jenes Satyrchors in einem Gleichnis dieses Urverhältnis zwischen Ding an sich und Erscheinung aus. Um es kurz zu sagen, ist der idyllische Schäfer nur der Abklatsch einer gewissen Summe von Bildungsillusionen, die dem Kulturmenschen als Natur gelten, der Satyr dagegen ist Wahrheit und Natur in ihrer höchsten Kraft. Wenn nun, solche Stimmungen und Erkenntnisse vorausgesetzt, der Satyrchor umherschwärmte, mußte die Macht dieser Erkenntnisse so stark sein, daß sich die Satyrn, die Diener des Gottes, vor ihren eigenen Augen als in die ursprünglichen Naturgenien, als in wirkliche Satyrn verwandelt sehen mußten. Daher ist die Gestaltung des Chors in der weiteren Entwicklung der Tragödie nichts anderes als eine künstlerische Nachahmung jenes natürlichen Phänomens; nur muß man bei dieser Konstitution wohl scheiden zwischen dem dionysischen Zuschauer und dem dionysisch Verzauberten. Wir dürfen nämlich nie vergessen, daß es im antiken Drama keinen Gegensatz zwischen Publikum und Chor gab, da ersteres sich im Chor der Orchestra selbst wiederfand. Demgemäß erfährt jetzt Schlegels Definition vom Chor als dem idealischen Zuschauer eine tiefere Bedeutung, wenn man bedenkt, daß der Chor der einzige S c h a u e r ist, nämlich der Schauer der Visionswelt der Szene. War doch dem Griechen das, was wir unter Theaterpublikum verstehen, völlig unbekannt: denn da die Sitzreihen zu einem konzentrisch angelegten Terrassenbau sich auftürmten —

„von Menschen wimmelnd wächst der Bau
in weiter stets geschweiftem Bogen
hinauf bis in des Himmels Blau" —,

war dem Zuschauer die Möglichkeit gegeben, die gesamte um ihn liegende Szenenwelt zu übersehen, im wahrsten Sinne des Wortes, und so im gesättigten Hinschauen sich selbst für einen Choreuten zu halten. Es ergibt sich also als Definition des Chors auf seiner primitiven Stufe in der Urtragödie: „Der Chor ist die Selbstbespiegelung des dionysischen Menschen." Um sich dieses Phänomen vorstellen zu können, braucht man sich nur des Schauspielers zu erinnern, dem bei wirklicher Begabung das von ihm darzustellende Rollenbild mit plastischer Greifbarkeit vor der Seele steht. Der Satyrchor ist daher zu allererst eine Vision der dionysischen Masse, wie wiederum die Bühnenwelt eine Vision dieses Satyrchors ist. Aber die Vision ist von einer so elementaren Gewalt, daß sie den Chor gegen den Eindruck der Realität — diese wird repräsentiert durch die auf den Sitzreihen lagernden Kulturmenschen — völlig unempfindlich macht. Die dionysische Erregung kann nun so stark sein, daß die künstlerische Begabung, von der wir eben sprachen, sich der ganzen Masse mitteilen kann, so daß sie sich von einer Geisterschar umringt wähnt, mit der sie sich eins fühlt. **Diese Fähigkeit aber, sich selbst als verwandelt zu sehen und so zu handeln, als ob man wirklich aus einem anderen Leibe heraus handle, ist das dramatische Urphänomen, mit welchem Prozesse die Entwicklung des Dramas beginnt; diese Verzauberung ist die Voraussetzung aller dramatischen Kunst.** Weil dieses Phänomen nicht vereinzelt, sondern geradezu epidemisch auftritt, ist der Dithyrambus von jedem anderen Chorgesange a priori verschieden: die dithyrambischen Choreuten sind die zeitlosen, außerhalb aller Gesellschaftssphären lebenden Diener ihres Gottes geworden. In dieser Verzauberung sieht sich der dionysische Schwärmer als Satyr und „**als Satyr wiederum schaut er den Gott**", das heißt, er sieht in seiner Verwandlung eine neue Vision außer sich, als apollinische Vollendung seines Zustandes. Mit dieser Vision ist nun der Begriff des Dramas vollständig. **Demnach ist die griechische**

Tragödie der dionysische Chor, der sich immer wieder in einer apollinischen Bilderwelt entladet. Daher sind auch die Chorpartien der Tragödie anzusehen als der Mutterschoß des ganzen Dialogs, mithin des Dramas überhaupt. Da dieser Urgrund der Tragödie in einer Reihe von psychischen Entladungen jene Vision des Dramas zustande bringt, ist diese Vision einerseits Traumerscheinung, daher mehr epischer Natur, anderseits aber ist sie nicht apollinische Erlösung im Scheine, sondern vielmehr erzeugt sie den Untergang des Individuums und sein Aufgehen in die Ureinheit des Seins. Das Drama ist also aufzufassen als die apollinische Versinnlichung dionysischer Erkenntnisse.

Auf Grund dieser Auffassung vom Wesen des Dramas erklärt sich der Chor der griechischen Tragödie als der höchste, nämlich dionysische Ausdruck der Natur, und daraus folgt die Tatsache, daß er in seiner Begeisterung Weisheitssprüche verkündet. Denn da er mit dem Gotte mitleidet, ist er zugleich auch weise, denn er spricht die Wahrheit aus dem Herzen der Natur heraus. Die Gestalt des Dionysos als des eigentlichen Mittelpunktes der gesamten Vision ist nun, wie aus obigen Erläuterungen erhellt, auch gemäß der Überlieferung in der ältesten Tragödie nicht wirklich vorhanden, sondern wird als vorhanden vorgestellt; das heißt: die Tragödie war zu allererst nicht Drama, sondern Chor. Erst später, als man daranging, die Visionsgestalt sichtbar darzustellen, den Gott real, in Objektivation zu zeigen, begann das Drama im engsten Sinne des Wortes. Denn jetzt hatte der dithyrambische Chor die Aufgabe, die Stimmung der Zuschauer so stark zu erregen, daß sie den Gott auch tatsächlich nahmen und nicht etwa bloß den vermummten Schauspieler sahen: sie erblickten in der tragischen Person eine aus ihrer eigenen Verzückung heraus geborene leibhaftige Visionsgestalt. Psychologisch läßt sich dieser Vorgang etwa so erklären, daß der Zuschauer das vor seiner Seele schwebende Bild des Gottes auf jene *maskierte Gestalt* übertrug. Dies konnte er aber nur infolge jenes apollinischen Traumzustandes tun, in welchem sich die Welt des Tages verschleiert und eine neue Welt, zwar deutlicher, aber schattengleicher in stetem Wechsel vor unserem Auge sich entrollt. Daraus ergibt sich der Stilgegensatz zwischen der dionysischen Lyrik des Chors und der apollinischen Traumwelt der Szene. In diesen apollinischen Erscheinungen, in denen sich Dionysos objektiviert, fließt nämlich nicht mehr wie in der Musik des Chors

„ein ewiges Meer,
ein wechselnd Weben,
ein glühend Leben",

sondern die Deutlichkeit und Festigkeit der epischen Gestaltung. Nur darum also ist der Dialog der griechischen Tragödie von so einfacher und doch so schöner Struktur. Denn er ist das Abbild des Hellenen, dessen Natur sich im Tanze offenbart. Im Tanze nämlich ist die größte Kraft nur potentiell, während sie erst durch die Geschmeidigkeit der Bewegung aktualisiert wird. Und darum staunen wir, mit welch einfachen Mitteln Sophokles imstande war, seine tragischen Helden so bestimmt und so durchsichtig zu zeichnen, daß wir wähnen, bis auf den innersten Grund ihres Wesens blicken zu können. Wenn wir vom Charakter des Helden jedoch absehen und in den Mythos eindringen, so erleben wir ein ganz merkwürdiges Phänomen, das sich am besten durch ein umgekehrtes optisches erklären läßt: es ist eine bekannte Tatsache, daß wir, wenn wir in die Sonne schauen und uns dann plötzlich abwenden, vor den Augen dunkle Flecken sehen, gewissermaßen als ein Heilmittel gegen die Blendung. Nun sind mutatis mutandis die apollinischen Erscheinungen der tragischen Helden nichts anderes als notwendige Erzeugnisse unseres Blickes in das Innere der Natur oder, wenn wir im Bilde bleiben, leuchtende Flecken zur Heilung unseres von einer grausigen Nacht verletzten Blickes; diese apollinischen Erscheinungen, in denen sich Dionysos objektiviert, sind nicht mehr, wie die Musik des Chors, die nur empfundenen, noch nicht Bilder gewordenen Kräfte des Dionysosdieners: jetzt redet Dionysos als „epischer Held, fast mit der Sprache Homers". Mit demselben Rechte also, mit dem wir, gestützt auf die Überlieferung, wissen, daß die älteste griechische Tragödie nur die Leiden des Dionysos zum Gegenstande hatte, können wir die Behauptung aufstellen, daß alle berühmten Gestalten der griechischen Bühne bis auf Euripides nur Masken jenes Dionysos sind. Dadurch erklärt sich jene mit Recht so sehr bewunderte typische Idealität der tragischen Gestalten. Man hat sogar behauptet, daß alle Individuen als Individuen komisch und daher untragisch wären. Wäre dem in der Tat so, so müßten wir daraus folgern, daß die

Hellenen für wirkliche Individualitäten auf der Bühne eine Abneigung empfunden hätten. Da aber im hellenischen Wesen die platonische Unterscheidung und Wertabschätzung der Idee gegenüber dem Idol tief begründet ist, wäre jene Behauptung nicht falsch. Denn in der platonischen Terminologie ließe sich obige Behauptung etwa so formulieren: der eine wirkliche, reale Dionysos, die platonische Idee, *ἰδέα*, *εἶδος*, *παράδειγμα*, erscheint in einer Vielheit der Gestalten, Abbilder der Idee, *εἴδωλα*, *μιμήματα*, also in der jeweilig erforderlichen Maske eines Helden in das Netz des Einzelwillens verstrickt. Daß aber der Gott auf dieser Stufe mit epischer Bestimmtheit und Deutlichkeit erscheint, ist nur eine Folge jener apollinischen Verzückung, durch welche der Chor seinen dionysischen Zustand in gleichnisartigen Erscheinungen erfaßt. Die tragische Person aber ist nichts anderes als der leidende Dionysos, der die Leiden der Individuation an sich erfährt. Und zwar ist sie jener Dionysos, von dem der Mythos erzählt, er sei von den Titanen zerstückelt und später aus diesem Grunde als Zagreus[1]) verehrt worden. Dieser Mythos läßt die Deutung zu, daß wir den Zustand der Individuation als Quell alles Leidens uns zu denken haben:

---

[1]) Der unter dem Einflusse des Orphismus entstandene Mythos erzählt: Zagreus ward von Zeus mit seiner Tochter Persephone gezeugt und gelangte schon als Kind zu Ruhm und Ehre, da er ausersehen war, des Vaters Thron und Donnerkeil zu erben. Hera jedoch, die auf die Liebeskinder ihres Gemahls stets ein wachsames Auge hielt, verursachte Aufruhr bei den Titanen gegen Zagreus. Diese stürmen seinen Thron: vergeblich sucht er durch allerlei Verwandlungen ihnen zu entrinnen. Als Stier wird er schließlich doch von ihnen bezwungen, sie reißen ihn in Stücke und hätten ihn bis zum letzten Fetzen aufgefressen, wenn nicht Athene das Herz des getöteten Gottes gerettet hätte. Diese brachte es dem Zeus, der es sodann verschlang. Aber aus diesem Herzen entsteht der neue Dionysos, Zeus' und Semeles Sohn, in dem Zagreus wieder auflebt. Die Titanen vernichtete der zornige Zeus mit seinem Donnerkeil: und nachdem sie zu Asche verbrannt und zu Erde geknetet waren, bildete Zeus aus ihnen die Menschen. Da die Titanen Dionysos in sich aufgenommen hatten, so sind im Menschen dionysische und titanische, das heißt, gute und böse Elemente gemischt. Titanisch ist der Körper, dionysisch die Seele. Der Mensch muß also trachten, seine Seele von den Banden des Körpers zu befreien. Diese Befreiung fand statt während der Dionysosfeier. Solch eine Feier bestand nun darin, daß des Gottes Dienerinnen beim Scheine von Fackeln, unter dem Getöse von ehernen Becken und großen Pauken, unter Flötenspiel aufgeregte Tänze aufführten. Unter gellendem Jauchzen rasten sie bis zur

aus dem Lächeln dieses Gottes entstanden die olympischen Götter, aus seinen Tränen die Menschen. Nun ging aber das ganze Sehnen der Mysten nach einer Wiedergeburt des Dionysos, welche als das Ende der Individuation zu verstehen ist. Ist jedoch das Menschenherz von diesem Sehnen und solchem Hoffen erfüllt, so liegt ein Freudenstrahl auf der in Individuen zertrümmerten Welt.

In diesen Ausführungen sind bereits alle Bestandteile einer pessimistischen Weltbetrachtung und zugleich die Mysterienlehre der Tragödie enthalten: die fundamentale Erkenntnis von der Einheit alles Seienden, Betrachtung der Individuation als des Urgrundes aller Übel, der Kunst als der einzigen Hoffnung, daß man den starren Bann der Individuation werde lösen können.

Wie bereits erwähnt, gehört das homerische Epos der olympischen Kultur an. Jetzt aber sehen wir, wie die das Epos bildenden Mythen durch die Tragödie gleichsam umgeboren werden, wie auf die sogenannte olympische Kultur eine noch tiefere Weltbetrachtung folgte. Diese jetzt einsetzende liebevolle Betrachtung der Natur brachte das Titanengeschlecht, von dessen Niederwerfung die Mythen uns erzählen, sozusagen aus dem Tartaros wieder ans Licht und schaute

---

völligen Erschöpfung durch die Flur und im „heiligen Wahnsinn" stürzten sich die Mänaden auf die Tiere, die sie zum Opfer erkoren; sie zerreißen sie, mit den Zähnen reißen sie blutiges Fleisch ab, um es zu verschlingen. Berauschende Getränke trugen dazu bei, die Verzückung bis zur Empfindungslosigkeit zu steigern. Die Teilnehmer selbst versetzen sich in Raserei, sie geraten in Ekstase. Die Seele tritt aus dem Leibe heraus: dem Körper entflohen, vereinigt sie sich in geheimnisvoller Weise mit dem Gotte, den die Mänaden in ihrer Verzückung sich nahe glauben, den sie durch das Getöse der nächtlichen Feier herbeirufen. In der Wut der Begeisterung fühlen sie sich als Geister aus dem Gefolge des Dionysos, ja sogar als eins mit dem Gotte selbst. Als Stier war Dionysos dargestellt worden, und so erinnern die Hörner der Mänaden daran, daß sie eins mit dem Gotte geworden sind, und auch das Verschlingen von Stücken eines Tieres scheint als ein Einswerden mit dem Gotte zu gelten: Dionysos ist in dem Tiere verkörpert; indem sie es verzehren, nehmen die Mänaden den Gott in sich auf. Je öfter die Mänade diese bacchantische Speise zu sich nimmt, desto sicherer ist sie, daß der Gott durch den Stoffwechsel in ihr siegen werde. — Die mittelalterlichen Tänzer von St. Johannes und St. Veit, die mit zuckenden Leibern, mit fliegendem Haare und stierem, nach innen gerichtetem Blick die Städte und Dörfer durchrasten, sind Zeugen für die Unverwüstlichkeit der dionysischen Macht.

sie einzig und allein mit dem unverhüllten Auge der Wahrheit. Vor dem Auge dieser Göttin erbleicht das trotzige Titanengeschlecht, bis es schließlich durch die Faust des dionysischen Künstlers in den Dienst des neuen Gottes, des Dionysos, gezwungen wird: die neue dionysische Wahrheit hat sämtliche Mythen als Symbole i h r e r Erkenntnisse übernommen und denselben teils durch die Tragödie, teils durch die dramatischen Mysterienfeiern Ausdruck verliehen. Es fragt sich nun, welcher Macht es bedurfte, um aus den Mythen Vehikel dionysischer Weisheit zu machen. D i e s e M a c h t l a g i n d e r M u s i k, welche in der Tragödie zur vollendetsten Erscheinung gelangte und den Mythos mit einer ganz neuen, tiefsinnigen Deutung interpretierte. Nun werden von einer aufgeklärten Zeit alle Mythen auf eine ihnen angeblich zugrunde liegende historische Tatsache reduziert; und um die Zeit, als die griechische Tragödie blühte, war das Volk der Hellenen bereits auf dem Wege, seinen gesamten mythischen Jugendtraum in teils willkürlicher, teils scharfsinniger Weise zu einer historisch-pragmatischen Jugendgeschichte umzubilden. Nur so konnte es geschehen, daß die mythischen Voraussetzungen einer Religion durch einen rechtgläubigen Dogmatismus systematisiert wurden. Da man sich aber trotzdem bemühte, die Glaubwürdigkeit dieser Mythen aufrecht zu erhalten, bei diesem Bestreben jedoch jedes Weiterwuchern derselben perhorreszierte, riß jetzt der neue Genius dionysischer Musik den ganzen, schon absterbenden Mythos der rein apollinischen, homerischen Welt an sich und hauchte ihm neues Leben ein, das die sehnsüchtige Ahnung einer metaphysischen Welt erregte. Und eben die Tragödie war es, die den Mythen tiefsten Inhalt und ausdrucksvollste Form verlieh: „Noch einmal erhebt sich der Mythos, wie ein verwundeter Held, und der ganze Überschuß von Kraft, samt der weisheitsvollen Ruhe des Sterbenden, brennt in seinem Auge mit letztem, mächtigem Leuchten."

Dieser Mythos, der bereits mit der Blüte der Tragödie von seiner ursprünglichen Lebenskraft vieles verloren hatte, starb ganz durch die Hände des Euripides, welcher den natürlichen Mythos durch einen nachgeahmten ersetzte. Und wie diesem Dichter der Mythos starb, starb ihm auch der Genius der Musik: weil Euripides den Dionysos verlassen hatte, verließ ihn auch Apollon. Mochte daher Euripides alle möglichen Leidenschaften in seinen Kreis bannen, mochte er sich immerhin eine sophistische Dialektik für seine Helden zurechtfeilen — das eine konnte er nicht verhindern: seine Helden haben nur erkünstelte Leidenschaften und ergehen sich in maskierten Reden. Warum starb denn unter Euripides die Tragödie? Nur aus dem Grunde, weil er das bisher allmächtige dionysische Element aus der Tragödie eliminierte und sie auf undionysischer Kunst, Sitte und Weltbetrachtung neu aufbauen wollte. Mit dem allbekannten, alltäglichen Leben, das Euripides darstellt, hatte der Grieche so den Dichter wie die Tragödie verloren, mit ihnen aber auch den Glauben an eine ideale Vergangenheit, an eine ideale Zukunft. Der Sklavenstand kommt jetzt, wenigstens der Gesinnung nach, zur Herrschaft, und die „griechische Heiterkeit" ist nur mehr die Heiterkeit des Sklaven, der nichts Schweres verantworten, nichts Großes erstreben, nichts Vergangenes oder Zukünftiges höher zu schätzen weiß als das Gegenwärtige. Allerdings hat Euripides als Greis die Frage nach dem Werte des Dionysischen seinem Volke in den Βάχχαι vorgelegt. Wohl wäre eine Ausrottung des Dionysischen möglich, wenn nur nicht der Gott zu mächtig wäre. Selbst ein Pentheus, des Gottes mächtigster Gegner, wird vom Gotte in seinen Bann gezogen und läuft blind in sein Verderben. Wir werden nicht fehlgehen, wenn wir in den Reden des Kadmos und des greisen Sehers Teiresias des Dichters eigene Meinung zu hören glauben: man möge noch so viel nachdenken und grübeln, die Macht des Verstandes reicht nicht hin, diese alten Volkstraditionen auszurotten; es bleibt daher nichts anderes übrig, als solch wundersamen Kräften gegenüber sich diplomatisch vorsichtig zu verhalten. Gleichwohl aber sei es nicht unmöglich, daß der Gott wegen zu lauer Teilnahme zürnen könne und den Diplomaten — im Drama den Kadmos — in einen Drachen verwandle. Das sind die Anschauungen eines Dichters, der während seines langjährigen Wirkens mit zäher Kraft dem Dionysos widerstanden hatte, um am Ende seines arbeitsreichen Lebens gegen die Ausführbarkeit seiner Tendenz feierlichen Protest zu erheben. Doch umsonst: „Das Unzulängliche, hier wird's Ereignis!" Denn als er widerrief, hatte seine Tendenz bereits gesiegt: Dionysos war bereits von der Bühne' verbannt worden durch einen aus Euripides redenden und handelnden Dämon, dessen Maske er sozusagen war. Dieser Dämon war Sokrates, die „fragwürdigste Gestalt" des Altertums, mit dessen Tendenzen Euripides die Tragödie des Aischylos besiegt hatte. Denn bei ihm ist die Tragödie nicht mehr aus dem Schoße der Musik geboren, sie ist aber auch nicht dramatisiertes Epos ganz apollinischen Charakters, welche dramatische Form nunmehr als die einzig mögliche übrigblieb. Das Ideal dieses dramatisierten Epos besteht darin, daß es die entsetzlichsten Dinge mit jener Lust am Scheine und der Erlösung durch den Schein uns vorzuzaubern vermag. Fragen wir nun nach dem Verhältnis der euripideischen Kunst zu diesem Ideal eines apollinischen Dramas! Die beste Antwort gibt uns Platon in seinem Dialoge „Ion", wo ein jüngerer Rhapsode dem feierlichen Rhapsoden älterer Zeit erklärt: „ἐγὼ γάρ, ὅταν ἐλεεινόν τι λέγω, δακρύων ἐμπίμπλανταί μοι οἱ ὀφθαλμοί· ὅταν τι φοβερὸν ἢ δεινόν, ὀρθαὶ αἱ τρίχες ἵστανται ὑπὸ φόβου καὶ ἡ καρδία πηδᾷ" (535 b). In dieser Äußerung liegt nichts mehr von jenem epischen Aufgehen im Scheine, von der affektlosen Kühle des wahren Schauspielers, der ganz Schein und Lust am Scheine ist. Dagegen ist Euripides der Schauspieler mit dem „klopfenden Herzen", mit „den zu Berge stehenden Haaren". Denn als des Sokrates Gefolgsmann entwirft er den Plan, den er als leidenschaftlicher Schauspieler ausführt. Um aber doch eine Wirkung auf seine Zuhörer auszuüben, gebraucht er ganz neue Erregungsmittel: an Stelle apollinischer Anschauung kühle, paradoxe Gedanken, an Stelle dionysischer Entzückungen feurige Schauspieler-Affekte, welche aber beide höchst realistisch sind und mit der Sphäre echter Kunst gar keinen Zusammenhang mehr haben. Der Chor wird zu etwas Zufälligem, zu einer auch wohl zu missenden Reminiszenz an den Ursprung der Tragödie. Euripides ist es daher nicht gelungen, das Drama auf das apollinische Element allein zu gründen, er hat sich vielmehr durch seine undionysischen Tendenzen in naturalistische und unkünstlerische verirrt. So gelangen wir zum Wesen des ästhetischen Sokratismus, der sich in dem Gesetze verkörpert: „Alles muß verständig sein, um schön zu sein." Von diesem Gesetze ausgehend, hat Euripides die Sprache, die Charaktere, den dramatischen Aufbau und die Chormusik gemessen und rektifiziert. Ein klassisches Beispiel für diese rationalistische Methode ist der euripideische Prolog. Wozu, fragen wir, erzählt uns im Prolog eine einzeln auftretende Person, wer sie sei, was der Handlung vorausgehe, was bis jetzt geschehen sei usw.? Die Wirkung der Tragödie lag ja doch niemals in der epischen Spannung, in jener Ungewißheit, was geschieht und geschehen werde, sondern nur in jenen großen rhetorisch-lyrischen Szenen, in denen Leidenschaft und Dialektik des Haupthelden zu einem mächtigen Strome anschwollen. Zum Pathos bereitete alles vor, nie aber zur Handlung. So arbeiteten Aischylos und Sophokles mit den geistreichsten Mitteln ihrer Kunst, um den Zuhörern alle zum Verständnis dienenden Fäden in den Szenen zufällig an die Hand zu geben, während Euripides schließlich immerhin die Wahrnehmung zu machen sich einbilden konnte, daß durch die Inanspruchnahme der Zuschauer, das Rechenexempel der Vorgeschichte aufzulösen, die dichterische Schönheit und das Pathos der Exposition Einbuße erleiden könnten. Um nun diesen Nachteil ja sicher zu vermeiden, verlegte Euripides den Prolog vor die Exposition und ließ ihn durch eine Gottheit sprechen, welche dem Publikum für den Verlauf der Tragödie geradezu garantieren und jeden Zweifel am Mythos benehmen mußte. Dieselbe „göttliche Wahrhaftigkeit" gebrauchte Euripides am Schlusse seines Dramas, um die Zukunft seiner Helden sicherzustellen: den berüchtigten „deus ex machina". Fast könnte man von Euripides, dessen Dramen der Resonanzboden seiner Erkenntnisse sind, sagen, er habe den Satz des Anaxagoras verwirklicht: „Daß im Anfange alles beisammen gewesen sei; da sei aber der νοῦς gekommen und habe erst Ordnung geschaffen." Auf Grund solcher Überzeugungen mußten dem Euripides die früheren Dichter wie trunken vorkommen, während er der einzig nüchterne war; das heißt, schufen jene mehr unbewußt, so schuf Euripides mit Bewußtsein, dem ästhetischen Grundsatze huldigend: „Alles muß bewußt sein, um schön zu sein." Dieser Satz aber hat seine Parallele in dem sokratischen: „Alles muß bewußt sein, um gut zu sein." So erscheint uns also Euripides als der Dichter des ästhetischen Sokratismus: im Bunde mit Sokrates bekämpft er das Dionysische in der älteren Kunst. Und wie Dionysos der Sage nach vor König Lykurgos floh, um in den Tiefen des Meeres Zuflucht zu finden, floh jetzt Dionysos vor Euripides und rettete sich in den Fluten eines Mystizismus, der allmählich die ganze Welt überzog. Daß Sokrates mit Euripides in gewissem Zusammenhange stand, legt die in Athen zirkulierende Sage nahe: Sokrates habe dem Euripides beim Dichten geholfen. Wurden doch beide Männer in einem Atem genannt, wenn es galt, die Volksverderber zu brandmarken, wenn man der Tüchtigkeit der einstigen Marathonkämpfer die Aufklärungsapostel gegenüberstellte.

In diesem Sinne äußert sich bekanntlich Aristophanes, dem Sokrates als Inbegriff und Spiegel aller sophistischen Bestrebungen erscheint. Aber abgesehen davon läßt sich nach Nietzsche ein gewisser Zusammenhang zwischen diesen beiden Männern aus der antiken Volksempfindung erweisen. Sokrates, der ein Feind der tragischen Muse war, besuchte das Theater nur dann, wenn Euripides eines seiner Stücke aufführte. Ferner stehen diese beiden Männer enge beieinander in dem berühmten Ausspruche des delphischen Orakels:

„Σοφὸς Σοφοκλῆς, σοφώτερος δ' Εὐριπίδης·
Ἀνδρῶν δὲ πάντων Σωκράτης σοφώτατος."

In diesem Ausspruche hat Sokrates als der Weiseste den ersten Preis, den zweiten erhält Euripides, den dritten Sophokles, der sich gegen Aischylos rühmte, er tue das Rechte, und zwar, weil er wisse, daß es das Rechte sei; „Σοφοκλῆς γοῦν ὠνείδιζεν αὐτῷ sc Αἰσχύλῳ, ὅτι εἰ καὶ τὰ δέοντα ποιεῖ ἀλλ' οὐκ εἰδώς γε" (Athen., 22 a). Jedenfalls bildete der Grad der Helligkeit dieses Wissens das Kriterium für die Beurteilung der drei Männer. Aber am schärfsten betonte Sokrates den Wert des Wissens und der Einsicht in dem bekannten Ausspruche, er wisse, daß er nichts wisse, während alle anderen Berühmtheiten des damaligen Athens nur „aus Instinkt" ihrem Berufe oblägen: „οὗτος μὲν οἴεταί τι εἰδέναι οὐκ εἰδώς, ἐγὼ δέ, ὥσπερ οὖν οὐκ οἶδα, οὐ δὲ οἴομαι· ἔοικα γοῦν τούτου γε σμικρῷ τινι αὐτῷ τούτῳ σοφώτερος εἶναι, ὅτι, ἃ μὴ οἶδα, οὐδὲ οἴομαι εἰδέναι" (Platon, Apol. 21 d). Von diesem Ausspruche aus, mit dem wir das Herz des Sokratismus berühren, verurteilte er die bestehende Kunst und die bestehende Ethik — überall sah er nur den Mangel an Einsicht und die Verkehrtheit des Vorhandenen. Einen Schlüssel zum Verständnisse des Wesens des Sokrates bildet das sogenannte δαιμόνιον: in besonderen Lagen, in denen sein ungeheurer Verstand versagte, mahnte ihn eine innere Stimme stets ab. Mithin zeigt sich die instinktive Weisheit bei dieser ganz abnormalen Natur nur dann, wenn es galt, dem bewußten Erkennen hie und da hindernd entgegenzutreten. Während sonst bei produktiven Naturen der Instinkt schöpferisch-affirmative Kraft ist und das Bewußtsein sich kritisch und abmahnend gebärdet, wird umgekehrt bei Sokrates der Instinkt zum Kritiker, das Bewußtsein zum Schöpfer. In Sokrates ist also die logische Natur durch eine Superfötation ebenso exzessiv entwickelt wie in einem Mystiker jene instinktive Weisheit. Daneben aber war es dem logischen Triebe des Sokrates versagt, sich gegen sich selbst zu kehren. In der Tragödie mußte er demnach etwas recht Unphilosophisches erblicken, von dem er seine Schüler möglichst fernzuhalten suchte. Mit welchem Erfolge ihm das gelang, ersehen wir an Platon, der seine Dichtungen verbrannte, um Schüler des Sokrates zu werden und gleich diesem in der tragischen Kunst nur etwas Angenehmes, aber nichts Nützliches zu erblicken. Aber gleichwohl hat Platon, der bei Verurteilung der Kunst dem Zynismus seines Meisters folgte, eine Kunstform geschaffen, die der vorhandenen und von ihm verworfenen innerlich verwandt ist. Den Vorwurf, den Platon der älteren Kunst machte, sie sei nur Nachahmung eines Scheinbildes (das wahrhaft Seiende sind die *ἰδέαι;* die ganze empirische Welt ist aber nichts anderes als *εἴδωλα*, *μιμήματα* der *ἰδέαι;* da nun die Kunst Nachahmung, *μίμησις*, der Natur ist, so sind die Künste *μιμήματα* der *μιμήματα*, sekundäre Abbilder oder *τρίται ἀπὸ τῆς ἀληθείας*), durfte er gegen das neue Kunstwerk nicht erheben. Es ergibt sich also, daß Platon in seinem Bestreben, über die Wirklichkeit hinauszugehen und die jener Pseudowirklichkeit zugrundeliegende Idee darzustellen, auf einem Umwege dorthin gelangte, wo er als Dichter sich völlig heimisch fühlen mußte. Hat die Tragödie alle früheren Kunstgattungen in sich stilvoll vereinigt, darf das nämliche von den platonischen Dialogen gelten, die, durch Mischung aller vorhandenen Stile und Formen erzeugt, „*μεταξὺ ποιήματος καὶ πεζοῦ λόγου*" liegen. Es war also der platonische Dialog gleichsam der Kahn, auf den sich die schiffbrüchige ältere Tragödienpoesie rettete. (Cf. Wilamowitz: „Aus der athenischen Tragödie, die mehr ist, denn ein Schauspiel, stammt als echtes Kind der Dialog, der ihr Erbe antritt, als sie verstummt.") Von Sokrates als Steuermann wird nun dieser Kahn in eine ganz neue Welt gerudert, die diesen merkwürdigen Aufzug nicht genug anstaunen kann. Und so gab Platon der Nachwelt das Vorbild des Romanes, welcher als die unendlich gesteigerte äsopische Fabel zu bezeichnen ist, in welcher die Poesie als die ancilla der dialektischen Philosophie lebte. Infolge des Überwucherns der philosophischen Gedanken wurde die Kunst an den Stamm der Dialektik förmlich gebunden. Sokrates, der dialektische Held der platonischen Dramen, kommt den euripideischen Helden ziemlich nahe: gleich jenen verteidigt er durch Grund und Gegengrund seine Handlungen. Und das optimistische Element, das in jedem Dialog am Schlusse sein Jubelfest begeht, war in die Tragödie eingedrungen und hatte diese förmlich zur Selbstvernichtung gezwungen. Denn gemäß den drei Sätzen des Sokrates: „Tugend ist Wissen"; „Nur aus Unwissenheit wird gesündigt"; „Der Tugendhafte allein ist glücklich", als den Grundformen des Optimismus, mußte der tugendhafte Held der Tragödie Dialektiker sein; es mußte zwischen Tugend und Wissen, Glaube und Moral ein sichtbarer Zusammenhang bestehen, die transzendentale Gerechtigkeitslösung des Aischylos mußte dem flachen Prinzip der poetischen Gerechtigkeit mit dem deus ex machina Platz machen. Dieser sokratisch-optimistischen Bühnenwelt mußte der Chor, überhaupt der ganze musikalisch-dionysische Untergrund der Tragödie als etwas Zufälliges, das man ganz gut missen kann, erscheinen, während sich doch früher ergeben hat, daß nur der Chor Ursache der Tragödie, des Tragischen überhaupt war. Bereits bei Sophokles beginnt der dionysische Boden der Tragödie zu wanken. Hatte noch bei Aischylos der Chor den Hauptanteil an der Aktion, so hatte ihn Sophokles den Schauspielern fast koordiniert, womit sein ursprüngliches Wesen natürlich schon zerstört war. Diese Koordinierung des Chors, die Sophokles auf Grund seiner Erfahrung und, wie berichtet wird, auch in einer Schrift empfohlen hatte, ist der erste Schritt zur Vernichtung des tragischen Chores gewesen, deren weitere Phasen sich bei Euripides, Agathon und der neueren Komödie verfolgen lassen. Die optimistische Dialektik vertreibt mit ihren Syllogismen die Musik aus der Tragödie, die sich doch nur als sichtbare Symbolisierung der Musik verstehen läßt.

Bestand nun dieser Gegensatz zwischen dem Sokratismus und der Kunst mit Notwendigkeit? Wenn wir den Schilderungen des Sokrates bei Platon Glauben schenken dürfen, so hatte Sokrates der Kunst gegenüber gegen das Ende seines Lebens das Gefühl einer vielleicht versäumten Pflicht. Am besten ist es, wir lassen Platon selbst erzählen: *„πολλάκις μοι φοιτῶν τὸ αὐτὸ ἐνύπνιον ἐν τῷ παρελθόντι βίῳ ἄλλοτ' ἐν ἄλλῃ ὄψει φαινόμενον τὰ αὐτὰ δὲ λέγον· „ὦ Σώκρατες,"* ἔφη, *„μουσικὴν ποίει καὶ ἐργάζου!"* Er beruhigt sich aber bei dem Bewußtsein, sein ganzes Leben hindurch Musik gemacht zu haben; denn die Philosophie sei ja die vortrefflichste

Musik, „ὡς φιλοσοφίας οὔσης μεγίστης μουσικῆς". Jetzt nun, wenn ihm der Traum befehle, mit der gemeinen populären Musik, „ταύτην τὴν δημώδη μουσικήν", sich zu beschäftigen, dürfe er diesem Gebote nicht ungehorsam sein. Im Gefängnisse betrieb er dann auch diese Art Musik, dichtete „τὸ εἰς τὸν Ἀπόλλω προοίμιον" und brachte Fabeln des Aisopos, die ihm gerade einfielen, in Verse „Αἰσώπου μύθους, οἷς πρώτοις ἐνέτυχον, ἐποίησα". Etwas dem δαιμόνιον Ähnliches muß ihn zu diesem Entschlusse bewogen haben: seine apollinische Einsicht, daß er ein edles Götterbild nicht verstehe und Gefahr laufe, durch sein Nichtverstehen sich an einer Gottheit zu versündigen. Er mußte sich schließlich doch gestehen, daß das ihm nicht sofort Verständliche nichts Unverständiges überhaupt sei, daß die Kunst vielleicht doch ein notwendiges Korrelat und Supplement der Wissenschaft sei.

Aber wie ist es gekommen, daß der Einfluß des Sokrates sich nicht nur auf die ganze Mit-, sondern auch auf die ganze Nachwelt verbreitet hat, daß er zu einer Neuschaffung der Kunst immer wieder vom neuen nötigt, daß er bei seiner Unendlichkeit auch die Unendlichkeit der Kunst verbürgt? Diese Frage findet ihre Beantwortung in der Tatsache, daß Sokrates den Typus des theoretischen Menschen darstellt, jenes Menschen also, in dem der unerschütterliche Glaube lebendig ist, daß das Denken an dem Leitfaden der Kausalität bis in die tiefsten Abgründe des Seins reiche und daß eben dieses Denken das Sein nicht nur zu erkennen, sondern sogar zu korrigieren imstande sei. Dieser metaphysische Wahn, als Instinkt der Wissenschaft beigegeben, führt sie stets zu ihren Grenzen, an denen sie in Kunst umschlagen muß. So betrachtet, erscheint uns Sokrates als eine bis dahin unerhörte Daseinsform: als der erste Mensch, der an Hand jenes Instinktes der Wissenschaft nicht bloß leben, sondern auch sterben konnte: er ist der Typus des theoretischen Menschen; deshalb wurde der sterbende Sokrates das neue, nie geschaute Ideal der griechischen Jugend, aber auch das Wappenbild über dem Eingangstore der Wissenschaft, das einen jeden an deren Bestimmung erinnert, daß sie das Dasein begreiflich, mithin gerechtfertigt erscheinen macht. Es ist nicht zu leugnen, daß am Grunde der Wissenschaftlichkeit, im Wesen der Logik ein Optimismus ruht, der in jedem Schlusse sein Jubelfest feiert und allein in kühler Helle und Bewußtheit atmen kann, jedoch dazu verführt, das Leben selbst in jeglicher Gestaltung als der Güter höchstes und als etwas allein Erstrebenswertes anzusehen und es so zu jener verderbten, niederen Lebensauffassung bringt, die den nachsokratischen Griechen den verachtenden Namen der „graeculi" eintrug. Allein bei dieser Erforschung des Daseins, bei der, wenn die Gründe der Logik nicht reichen, der Mythos erforderlich ist, langt auch der schärfste und konsequenteste Logiker an der Peripherie seines Wissenskreises an und sieht sich dem Unaufhellbaren ratlos gegenüber. In diesem Momente aber bricht in ihm eine neue Erkenntnis durch, die tragische Erkenntnis, die, um nur ertragen zu werden, als Schutz- und Heilmittel der Kunst bedarf. Die Schilderungen, die Platon vom Sokrates im Gefängnisse gibt, zeigen uns also nichts anderes als die Tatsache, wie auch bei Sokrates die Gier der unersättlichen optimistischen Erkenntnis in tragische Resignation und Kunstbedürftigkeit umschlägt, obgleich die nämliche Gier auf ihren niedersten Stufen sich als kunstfeindlich erwiesen hatte.

Deutsche Philosophie war es, welche in ihren größten Vertretern, Kant und Schopenhauer, die dem Erkennen selbst die natürlichen Grenzen zogen, jener Erkenntnis zum siegreichen Durchbruch verhalf und die erste Hoffnung auf die Wiedergeburt der Tragödie, die Vernichtung unserer durchaus sokratischen, flachoptimistischen Kultur erweckte. Die zweite Macht aber ist die deutsche Musik, die uns ein Wiedererwachen des dionysischen Geistes verbürgt und in der musikalischen Tragödie Richard Wagners die Form geschaffen hat, aus welcher der deutsche Mythos sich in siegreicher Kraft erheben und im untrennbaren Verein mit der Musik der dionysischen Befähigung des deutschen Volkes — durch Leiden schön zu werden — ein unvergängliches Denkmal setzen wird. „Wenn der Deutsche zagend sich nach einem Führer umblicken sollte, der ihn wieder in die längst verlorene Heimat zurückbringe, deren Wege und Stege er kaum noch kennt — so mag er nur dem wonnig lockenden Rufe des dionysischen Vogels lauschen, der über ihm sich wiegt und ihm den Weg dahin deuten will." Dieser „dionysische Vogel" ist natürlich Wagner!

XII. DER STREIT UM DEN WERT DIESES WERKES.

Drei ganz verschiedene Mächte — Philologie, Kunst und Philosophie — standen an der Wiege dieses Buches und ebenso verschieden ist ihr Einfluß. Und doch schuf Nietzsches Genius daraus eine der kunstvollsten Synthesen und läßt die hinreißende Schönheit der Darstellung, die sich durch keine Inhaltsangabe wiedergeben läßt, uns nachempfinden, mit welcher Souveränität der junge Philologe den Stoff beherrschte. Bereits in seiner Universitätsvorlesung „Einleitung in den Oedipus rex des Sophokles", 1870, hat Nietzsche seine in „der Geburt der Tragödie" ausgesprochenen Anschauungen in mehr allgemeiner und populärer Weise seinen Hörern zugänglich gemacht. Mit Recht bemerkt daher der Herausgeber von Nietzsches philologischen Schriften, Prof. Ernst Holzer: „Es ist an sich nicht ohne Interesse, zu sehen, wieviel Nietzsche vom Katheder herab von seiner Vision des Apollinisch-Dionysischen vortrug." Was zunächst den Gesamtaufbau des Werkes betrifft, so zeichnet es sich durch eine wundersame Harmonie und geradezu meisterhafte Komposition aus; vielleicht bei keinem anderen Werke Nietzsches hat man so sehr das zwingende Gefühl des Organischen, wie gerade in „der Geburt der Tragödie". Dieses Werk, das der ernsthaft unternommene Versuch ist, auf Grund einer merkwürdigen Verknüpfung Schopenhauer-Wagnerscher Anschauungen mit Lehren F. A. Langes das Hellenentum zu neuem Leben zu erwecken, zeigt uns den jungen Nietzsche als einen bereits gewandten und erfolgreichen Forscher auf dem Gebiete der historischen Psychologie, sein feines Verständnis für alles Rätselhafte und mehr Instinktive in der Entwicklung der Menschheit und sein feines Ahnungs- und Nachempfindungsvermögen für den Einfluß dunkler Triebe.

Ganz unter F. A. Langes Einfluß stehend, dessen „Geschichte des Materialismus" ihm ein Buch war, „das unendlich mehr gibt als der Titel verspricht, das man als einen wahren Schatz wieder und wieder durchlesen mag", fußt Nietzsche auf der Grundanschauung, daß die menschliche Phantasie, um besser begreifen zu können und ästhetische Befriedigung zu finden, der Welt des „schwankenden Werdens" eine Welt des „Seins" gegenüberstellt, in welcher alles „vollendet" und „gerundet" erscheint, und daß der so entstandene „Kampf von Erkenntnis und Kunst" nur dann gelöst werden könne, wenn wir jene „erdichtete" Welt als „unentbehrlichen" Mythos anerkennen. Kunst ist demnach bewußtes Schaffen des ästhetischen Scheines und beruht auf der „Urbegierde nach dem Scheine". Besonders das „dramatische Urphänomen" will nichts anderes als „sich selbst vor sich verwandelt sehen und jetzt handeln, als ob man wirklich in einen anderen Leib, in einen anderen Charakter eingegangen wäre". Das Drama operiert also mit „fingierten Wesen". Schon hierin zeigt sich Nietzsche als Vertreter Langescher Lehren und bekundet eine starke Abweichung von den Grundlehren Schopenhauers. Kein Wunder daher, daß er auch die Kantische Apriorischätslehre ganz im Sinne Langes mehr psychophysisch auffaßt, analog wie Helmholtz: kein Begriff kann a priori, das heißt vor aller Erfahrung gegeben sein, er wird vielmehr und kann nur durch Induktion gefunden werden. Daher sind die Anschauungs- und Denkformen Kants durch die „psychophysische Organisation" bedingt, welche, da wir durch sie „genötigt sind, die Dinge nach Raum und Zeit anzuschauen, jedenfalls vor aller Erfahrung gegeben ist". Da uns aber alle Dinge nur in ihrer Projektion in die Idealität unserer Bewußtseinsformen Raum, Zeit, Kategorien (nach Schopenhauer Kausalität) erscheinen und demzufolge wir außerstande sind, zum wahren Wesen der Dinge an sich zu gelangen, müßte schließlich jeder Erkenntniswert, mag er nun durch Kunst, Philosophie oder Religion uns zugeführt werden, illusorisch sein. Nun besteht aber nach Lange das Wesen der menschlichen Erkenntnis darin, daß sie eine Einheit, eine vollkommene Harmonie herbeizuführen bestrebt ist. Dementsprechend erblickt er in der Wirklichkeit den „Inbegriff der notwendigen, durch Sinneszwang gegebenen Erscheinungen"; denn das synthetische Element, das schon unseren ersten Sinneseindrücken zugrunde liegt, ist charakteristisch für alle Erkenntnis, durch die wir aber trotzdem nie zur Erfassung der absoluten Wirklichkeit geführt werden. Das Ding an sich ist nach Lange nur ein negativer „Grenzbegriff" und absolut unerkennbar.

Daher kann jedes Objekt nur mit Beziehung auf ein Subjekt gedacht werden, oder kürzer ausgedrückt: die Welt ist meine Vorstellung. Und daraus resultiert Langes ablehnende Stellungnahme zur Metaphysik als Wissenschaft, da sie nur als Begriffsdichtung einen gewissen Wert haben kann. Sie ist „ohne jedweden Zwang der Erfahrungstatsachen zur Schaffung eines einheitlichen Weltbildes erforderlich". So bedarf sowohl nach Lange wie nach Schiller der Mensch „der Ergänzung der Wirklichkeit durch eine von ihm selbst geschaffene Idealwelt". Auch für Nietzsche ist daher in diesem Sinne der Mensch eine lebendige Dissonanz; aber diese Dissonanz braucht, „um leben zu können, eine herrliche Illusion, die ihr einen Schönheitsschleier über ihr eigenes Wesen decke". „Die Fundamente alles Großen und Lebendigen ruhen auf der Illusion. Das Wahrheitspathos führt zum Untergang". Wie weit jedoch schon damals Nietzsche Schopenhauer „überwunden" hatte, ist daraus ersichtlich, daß er erklärt, auch Schopenhauer habe trotz seiner mehr psychophysischen Auffassung der Aprioritätslehre das Wesen des Dinges an sich ebenso wenig erkannt, wie seine Vorgänger: denn sie alle hätten nur die Subjektivität unserer Vorstellungsformen im Dinge an sich realisiert. Daher bezeichnet Nietzsche die Schopenhauersche Metaphysik und das auf ihr beruhende System als eine „poetische Intuition". So zieht er aus dem Kant—Schopenhauerschen Idealismus die Konsequenz, daß unsere ganze Erkenntnis Lüge ist, da wir nie die Dinge an sich, sondern immer nur deren Erscheinungen zu erkennen vermögen, daß es eigentlich zu den größten Unbegreiflichkeiten gehöre, wie der Drang nach Wahrheit in den zur Lüge prädestinierten Menschen gekommen sei. Und doch äußerte er zu Mazzini (cf. Frau Förster in der „Neuen Freien Presse" vom 10. Februar 1921): „Wir wollen ruhig im Lande der Fiktionen bleiben, denn die Fiktionen sind es, die das Leben bezaubernd und lebenswert machen, nicht die Wahrheit und die Wirklichkeit." Sehr interessant für Nietzsches damalige Stellung zur Metaphysik ist ein Brief an seinen Jugendfreund Paul Deussen, Ostern 1868, worin er folgendes ausführt: „Das Reich der Metaphysik, somit die Provinz der absoluten Wahrheit ist unweigerlich in eine Reihe mit Poesie und Religion gerückt worden... Metaphysik gehört... ins Reich der Gemütsbedürfnisse, ist wesentlich Erbauung; anderseits ist sie Kunst, nämlich die der

Begriffsdichtung; festzuhalten aber ist, daß Metaphysik weder als Religion noch als Kunst etwas mit dem sogenannten an sich Wahren oder Seienden zu tun hat." Es ist mithin klar, daß Lange wie auch Nietzsche, indem sie eine solche Grundanschauung vertreten, der Kunst jeden positiven Wert absprechen. Aber dennoch baut sich auf dieser Grundanschauung die ganze „Geburt der Tragödie" auf: indem nämlich Nietzsche Langes Anschauungen bis in ihre letzten Konsequenzen ausdenkt, gelingt es ihm, den Mangel an positiver Wahrheit, den er in Kunst, Religion und Philosophie, vornehmlich jedoch im Weltbilde Schopenhauers und Wagners gefunden hat, dadurch zu ersetzen, daß er der Kunst ethische Bedeutung beimißt. Ausgangspunkt für diese Theorie Nietzsches ist nämlich die Erkenntnis, daß der absolute Pessimismus, der philosophische Nihilismus, eine praktische Unmöglichkeit sei. Wenn nach Schopenhauer die Welt vom Standpunkte der Vernunft schlecht ist und der Anblick der Wahrheit den Menschen zur Selbstvernichtung treibt, so zog Nietzsche aus dieser These die umgekehrte Schlußfolgerung: wenn die Wahrheit schlecht ist, so soll man die Illusion vorziehen und so schöne und verführerische Illusionen schaffen, daß uns das Leben trotz seiner unausbleiblichen Schmerzen wieder lebenswert wird; und man soll seine ganze Weisheit und Energie in den Dienst dieser lebenfördernden Illusionen stellen. Wie wir bereits gesehen haben, waren für den Jünger Schopenhauers und Wagners Kunst, Religion und Philosophie die drei höchsten Betätigungen des menschlichen Geistes: sollte sich doch in ihnen, wenn auch nur in Symbolen und intuitiv, das wahre Wesen der Welt, die Welt jenseits der Kategorien der Erfahrung, entschleiern. Aber sie sollten auch Mächte sein, in denen der Intellekt sich vom Dienste des Wollens befreit und eine Überwindung und Abkehr vom Leben, eine Negation des Willens zuwege bringt. Nun argumentierte Nietzsche unter Langes Einfluß so: Wie aber, wenn diese Lebensmächte nichts mit Intellekt und Wahrheit zu tun hätten, wenn sie am Ende geflissentlich die Hüterinnen des ausgesprochen Unwahren und Erlogenen, des lebenerhaltenden Irrtums, der schönen Lüge, des wohltuenden Scheines wären? Daß sie das sind und bleiben müssen, wäre dann daraus zu erklären, daß sie eben nicht, wie Schopenhauer will, die Abkehr des Intellekts vom Willen und die Überwindung des Lebens bezeichnen, sondern gerade aus dem Leben steigen als dessen höchste

Bejahung, ja vielleicht als letzte Zuflucht des geschwächten Lebenswillens. Es wäre demnach 1. die Religion eine Einrichtung, die das Leben erträglicher und behaglich macht, die den schwächlichsten, bangen, lebensfeigen, dem Leben noch nicht gewachsenen oder schon wieder entfliehenden Antrieben der Menschenseelen eine Zufluchtsstätte offen hält; 2. die Kunst wäre ein Reizmittel, das keinen anderen Zweck hat, als den Menschen zur Lebensbejahung anzuspornen oder aber ihm für die Mängel und Unvollkommenheiten seiner sozialen Existenz einen tröstenden Ersatz zu schaffen; 3. die Philosophie, vor allem die Metaphysik, wäre nur eine Begriffsdichtung, aus den unvertilgbaren metaphysischen Schwächebedürfnissen des Menschen entspringend und im Grunde keinen anderen Sinn habend als den, im Wachstum der Wissenschaft einen vorläufigen Horizont und dem Geiste einen Halt und beruhigende Abfindung zu geben. Das ist die Frucht der Erkenntnis von dem fundamentalen Gegensatz, der zwischen unserem Erkennen und unserem Erleben besteht. Wir wissen dann, daß das berühmte „γνῶθι σαυτόν!" uns den Weg zum — Tode weist! Wir verstehen jetzt die in unserem Blute vererbte Tragödie unserer frühesten Ahnen: die „Erkenntnis des Guten und Bösen" war an das Wissen geknüpft. Mit ihm ist das Paradies verloren! Und doch sagte Nietzsche das tröstende Wort: „Die Menschheit hat an der Erkenntnis ein schönes Mittel zum Untergang!" Meines Erachtens war sich seit Kant wohl kein Mensch in dem Grade des Gegensatzes zwischen unserem Gefühl und unserem Verstande bewußt wie Nietzsche. Während nämlich der Verstand ohne die Kategorie der ursächlichen Bestimmtheit in allem, auch dem seelischen Geschehen nicht auskommt, sprengt unser Gefühl und unsere deutende Betrachtung immer wieder alle Fesseln. Bisweilen fühlte Nietzsche aber doch, daß der Wille zur Macht kein freier, sondern ein durch unerklärliches Schicksal bestimmter Wille ist. Das Sein ist, an sich betrachtet, zweck-, ziel- und sinnlos. Es ist zeitlich Aufstieg und Vervollkommnung, Niedergang und Verelendung, zeitlos ein in sich ruhender Ring, in den auch der Mensch als ein kleines Glied eingefügt ist. Menschlicher Stolz und menschlicher Schöpferwille verleihen dem an sich Zweck- und Sinnlosen Zweck, Ziel und Sinn. Der Mensch ist handelnd und betrachtend viel mehr Künstler als Wissenschaftler. Er arbeitet an großem, gewaltigem Werk mit demselben leidenschaftlichen Ernst, mit dem das am Meeresstrande spielende Kind Sandburgen baut, die allzubald von Wind und Wellen fortgespült werden. Was Nietzsche im Grunde seines Herzens vom Zweck des Weltgeschehens hielt, hat er meisterhaft parodierend in seinem Gedichte „An Goethe" ausgesprochen:

„Das Unvergängliche ist nur dein Gleichnis!
Gott, der Vergängliche, ist Dichter-Erschleichnis...
Welt-Rad, das rollende, streift Ziel auf Ziel:
Not — nennt's der Grollende, der Narr nennt's Spiel...
Welt-Spiel, das herrische, mischt Sein und Schein: —
Das Ewig-Närrische mischt u n s hinein!"

Aber mit feinem Gefühl hat Nietzsche erkannt, daß alle Kunst nicht nur für das Leben des einzelnen Individuums, sondern hauptsächlich für die Bewertung der Kultur eines ganzen Volkes von ausschlaggebender Bedeutung ist. Wenn er daher unter Kultur **die Einheit des Stiles in allen Lebensäußerungen eines Volkes** versteht, verlegte er auf diese Weise den Kulturmaßstab in eine ästhetische Kategorie: er verwirft die Kultur seiner Zeit als eine nicht einheitliche, intellektualistische Pseudokultur und fordert die Menschheit auf zu einer neuen Kultur der Zukunft, welche, der Wissenschaft mehr abgewandt, nur der Erzeugung des Genius dienen soll, der Erzeugung des philosophischen, religiösen und künstlerischen Genies, wie es in der Person Richard Wagners seine vollkommenste Synthese erreicht hat. Weil aber diese ideale Kultur, die Nietzsche herbeiführen will, ganz unter der Herrschaft des philosophischen, künstlerischen und religiösen Genius steht, gipfelt sie in einem **aristokratischen Individualismus**; sie war auf Erden bereits einmal vorhanden. Ihre erste Verkörperung erblickt Nietzsche im **vorsokratischen Hellenentum**, dessen Wiedererweckung er ungestüm herbeisehnt, um das Anwachsen der demokratisch-kommunistischen Kultur seiner Zeit, die wie der Optimismus mit dem Auftreten des „mächtigen Querkopfes" Sokrates begann, erfolgreich eindämmen zu können. Nun ist aber bekanntlich nach Schopenhauer jede Kulturentwicklung eine bloße Illusion, da der ewig sich gleichbleibende Wille, das Ding an sich als das Wesen der Welt, jeder Entwicklung entbehrt. Das war nun jener Punkt, an dem angelangt, Wagner wie auch Nietzsche Schopenhauers Grundlehre umbildeten: Wagner schrieb einfach dem Weltwillen die Tendenz nach moralischer Besserung zu und glaubte an sie[1]). Dadurch bekundet er am stärksten

---

[1]) Daher gibt es bei Wagner nicht nur „Erlöste", sondern auch „Erlöser".

seine Abhängigkeit von Hegel und Feuerbach. Nietzsche wiederum betonte: „Der Pessimismus ist nur im Reiche des Begriffes möglich. Es ist nur erträglich zu existieren mit dem Glauben an die Notwendigkeit des Weltprozesses. Dies ist die große Illusion: der Wille hält uns am Dasein fest und wendet jede Überzeugung hin zu einer Ansicht, die das Dasein ermöglicht." Deshalb urteilte er im „Ecce homo" über „Die Geburt der Tragödie": „Sie riecht anstößig Hegelisch, sie ist nur in einigen Formeln mit dem Leichenbitter-Parfüm Schopenhauers behaftet." Niemand anderer als Georg Simmel hat in einem ausgezeichneten Buche über Schopenhauer—Nietzsche diese Tatsache im Hinblick auf Nietzsches Stellung zu Schopenhauer klarer präzisiert als mit den Worten, daß Schopenhauer „der metaphysische Trieb bewegt, Nietzsche dagegen der moralische... es verkündet von vornherein den tiefsten Gegensatz Nietzsches zu Schopenhauer, daß geschichtliche Vorstellungen sein ganzes Denken formen; die Wertbegriffe, deren Steigen und Sinken ihm den Sinn des Weltprozesses, soweit der Mensch ihn trägt, ausmacht, sind spezifisch historischer Natur." Nietzsche, der der Kultur gewiß auch metaphysische Bedeutung zuschreibt, denn „das Ziel der Menschheit kann nicht am Ende liegen, sondern nur in ihren höchsten Exemplaren", hat durch diese These jenen Widerspruch zwischen Schopenhauer und Wagner, der ihn in seinen Dramen nur intuitiv, ohne jede nähere Begründung tatsächlich überbrückt hatte, beseitigt: Wagner war Künstler und Philosoph in einer Person, seine Werke atmeten Schopenhauerschen Geist, sein Leben stand ganz im Dienste der Kulturreformation: „Ich will Schopenhauer, Wagner und das ältere Griechentum zusammenrechnen: es ergibt einen Blick auf eine herrliche Kultur." Wenn daher der Apostel Wagners begeistert ausruft: Wagners „Gedanken sind, wie die jedes guten und großen Deutschen, überdeutsch, und die Sprache seiner Kunst redet nicht zu Völkern, sondern zu Menschen. Aber zu Menschen der Zukunft. Das ist der ihm eigentümliche Glaube, seine Qual und seine Auszeichnung", so ist klar, daß die Wurzel dieser Begeisterung Nietzsches für Wagners Ideen darin liegt, daß in Nietzsches Seele ähnliche, wenn nicht dieselben Ideen lagen. Es ist das das alte Romantikerideal, für das schon Daumer, Jordan und Dühring eingetreten sind. Aber freilich: bereits hier trennen sich die Wege beider

Genies; Nietzsches Forderung nach dem „Überdeutschtum" ruht auf einer ganz anderen Basis als Wagners streng nationalistische Kulturtendenzen.

„Die Geburt der Tragödie" will aber auch eine so seltene Erscheinung wie die Richard Wagners erklären. Deshalb projizierte Nietzsche den Rationalismus und die Romantik, die beiden Prinzipien, welche das Wesen der Wagnerschen Kunst ausmachen, einfach in die griechische Kultur hinein und nannte sie im Anschluß an Jakob Burckhardt „Apollon" und „Dionysos". Im Sinne Schopenhauer-Wagners gedeutet, versinnbildet Apollon jene Vorstellungswelt, die im Gegensatz zu den Begriffen nur in der Anschauung gegeben ist, also jenen Zustand meines Seelenlebens bezeichnet, wo im Traume, also im Scheine, das Leben bei schlummerndem Willen sozusagen in gedämpften Bildern an meinem Auge vorüberzieht. Apollon erscheint als der verklärende Genius des Individuationsprinzips, weil er die Erlösung im Scheine vollbringt. Dionysos dagegen repräsentiert die Welt als Wille; er offenbart sich am deutlichsten im Rausche, also in jenem Zustande meines Seelenlebens, wo der Intellekt sozusagen schlummert und nur der Wille an sich waltet; er durchbricht den Bann der Individuation und schließt dem Menschen den Weg zum Wesen der Dinge auf. Es ist also ein Kampf der Elemente und Triebe untereinander, schmerzvoller Krieg, schmerzvolle Veränderung, das Orchester des dunkel gärenden Chaos. Dieser Schmerz, der im Kampfe liegt, schreit nach Erlösung. Die Erlösung liegt im Schaffen und Formen. Der Weltgeist selbst, der in den zeugenden Kräften sein Symbol findet, sehnt sich darnach, ein Abbild seiner selbst zu schaffen, sich selbst zu betrachten. So wird aus dem Willen der angeschaute Wille, die Vorstellung; so wird aus der wilden Kraft leidenschaftlicher Triebe die geformte Gestalt der sich bekämpfenden Elemente, so entsteht aus dem Rausche das Bild des Rausches, so entsteht das dionysische Kunstwerk. Diese an sich unvereinbaren Prinzipien hätten sich in wahrhaft künstlerischer Form zum ersten Male in den Tragödien des Aischylos versöhnt, die demnach die apollinische Versinnlichung dionysischer Kräfte sind. Nur dem vorsokratischen Hellenen sei es eigen gewesen, den dionysischen Überschwang zu regeln und zu ordnen, daß er sich im Drama mit Hilfe der Musik zu sinnvoll deutbaren Bildern verdichten ließ. Dem Schüler Schopenhauers erscheint „das Denken der Griechen im tragischen

Zeitalter pessimistisch oder künstlerisch optimistisch". Als Pessimist im Sinne Schopenhauers konnte er die „griechische Heiterkeit" nur als Maske oder Verfall, als ein Dekadenzsymptom bewerten. Indem er aber dieses Postulat einfach verwarf, so blieb nur mehr die Definition der griechischen Heiterkeit als ein Attribut des Hellenen im „tragischen Zeitalter" übrig. Und nun stellen wir uns folgendes vor: Der Schopenhauerianer Nietzsche wird mit Wagners Tondramen bekannt und der Verkehr mit dem Meister erscheint ihm als „ein praktischer Kursus der Schopenhauerschen Philosophie": diesem Jünglinge, dessen Seele im Hellenentume aufging, taten sich vor seinem Blicke jetzt mit einem Male zwei Ideale auf, die, wiewohl sie unvereinbar sind, gleichwohl aber wahres Leben atmen. Um über diese Aporie hinwegzukommen, folgerte der kühne Stürmer und Dränger ganz einfach: wenn diese beiden Ideale wahr sind, so müssen sie auch zusammenstimmen. Aber als deutscher Patriot, als der er sich damals fühlte, zog Nietzsche aus dieser Behauptung die für ihn einzig richtige Konsequenz: Aufgabe des Deutschen sei es, gleichfalls ein solches Kunstgebilde zu schaffen und eine solche Kultur, in der das Apollinische und Dionysische walten. Wagners Kunst weise uns den Weg, den wir einzuschlagen hätten. So ward ihm Wagner zu einem zweiten Aischylos; denn da die Kunst das Vermögen ist, an andere die Erlebnisse der eigenen Seele mitzuteilen, ist Wagner der wahrhaft dithyrambische Dramatiker, diesen Begriff so voll genommen, daß er zugleich den Schauspieler, Dichter und Musiker umfaßt. „Wagner, wie ich ihn kenne, aus seiner Musik, seinen Dichtungen, seiner Ästhetik, zum nicht geringen Teil aus jenem glücklichen Zusammensein mit ihm, ist die leibhaftige Illustration dessen, was Schopenhauer ein Genie nennt", er ist ein zweiter „Aischylos, die einzig vollkommene Erscheinung des dithyrambischen Dramatikers vor Wagner". Deshalb war es Nietzsches Aufgabe, Wagners Wesen und Werk am leidenschaftlichsten und gewaltigsten zu erfahren, zu durchdringen und zu durchdeuten, um so am frühesten und notwendigsten seiner Grenzen bewußt zu werden, um hinweg über sie zu neuen Wegen und Weiten den Blick zu wenden. „Ich sage Ihnen aufrichtig," schreibt er 1882 an Heinrich v. Stein, „daß ich selber zu viel von dieser ‚tragischen' Komplexion im Leibe habe, um sie nicht oft zu verwünschen. Da verlangt es mich nach einer Höhe, von wo aus gesehen das tragische Problem unter mir ist. Ich möchte dem menschlichen Dasein etwas von seinem herzbrecherischen und grausamen Charakter nehmen." Und so hat er dann die romantische, tragische, dionysisch-mystische Weltanschauung aus ihrem eigenen Wesen heraus überwunden, der Tragiker in ihm hat die Tragik überwunden, das Leben hat er bejaht aus tragischer Erkenntnis, trotz tragischer Erkenntnis, eben um der tragischen Erkenntnis willen.

Wir finden es daher begreiflich, wenn Wagner nach Erhalt dieses Werkes an Nietzsche schrieb: „Lieber Freund! Schöneres als Ihr Buch habe ich noch nichts gelesen! Alles ist herrlich! Nun schreibe ich Ihnen schnell, weil die Lektüre mich übermäßig aufregt und ich erst Vernunft abwarten muß, um es ordentlich zu lesen. — Zu Cosima sagte ich, nach ihr kämen gleich Sie: dann lange kein anderer bis zu Lenbach, der ein ergreifend richtiges Bild von mir gemalt hat!... Adieu!" In ähnlichem, lobendem, enthusiastischem Sinne äußerten sich Liszt, Bülow, Burckhardt und Cosima Wagner[1]). Aber mit weiser Mäßigung, man könnte fast an leise Ironie denken, äußerte sich Geheimrat Professor Ritschl von der Leipziger Universität, Nietzsches einstiger Lehrer, dem er seine Berufung nach Basel zu danken hatte: „Sie können dem ‚Alexandriner' und Gelehrten unmöglich zumuten, daß er die Erkenntnis verurteile und nur in der Kunst die weltumgestaltende, die erlösende und befreiende Kraft erblicke... ob sich Ihre Anschauungen als neue Erziehungsfundamente verwerten lassen — ob nicht die große Masse unserer Jugend auf solchem Wege nur zu einer unreifen Mißachtung der Wissenschaft gelangen würde, ohne dafür eine gesteigerte Empfindung für die Kunst einzutauschen — ob wir nicht dadurch, anstatt Poesie zu verbreiten, Gefahr liefen, einem allseitigen Dilettantismus Tür und Tor zu öffnen: — das sind Bedenken, die dem alten Pädagogen vergönnt sein müssen. Daß mir so gut wie

---

[1]) In seiner Besprechung der „Geburt der Tragödie" in der „Nordd. Allg. Zeitung", 1872, Nr. 24 (Kl. Schr. II, p. 350), schrieb Rohde: „An Wagners Kunstwerken empfindet Nietzsche die wunderbare Gewalt jenes harmonischen Zwiegesangs dionysisch-apollinisch höchster Kunst, in ihm sieht er den Beginn einer neuen, aus den Tiefen künstlerischen Weltverständnisses aufsteigenden deutschen Kultur, zu ihm und seinen Werken zu stehen, will er alle diejenigen aufrufen, die für die größte Kulturbewegung der Zeit ein Verständnis haben."

Ihnen das Griechentum der ewig fließende Born der Weltkultur ist, zu dem wir immer wieder mit lebendiger Empfänglichkeit zurückkehren müssen, das bedarf wohl keiner Versicherung. Ob wir deshalb zu denselben Formen zurückgreifen müssen, ist eine Frage, deren Lösung wahrscheinlich das ganze Menschengeschlecht übernimmt." Diese vornehme Zurückhaltung des großen Gelehrten, die uns allen wohl verständlich erscheint, teilte jedoch nicht ein jüngerer Bekannter Nietzsches, gleich ihm ein ehemaliger „Pförtner", Ulrich v. Wilamowitz-Moellendorf, gegenwärtig Professor an der Universität zu Berlin, ein Mann, in dem wir nicht nur unseren größten Philologen, sondern auch einen der größten und glänzendsten Stilisten der Gegenwart zu bewundern und zu verehren alle Ursache haben, auch einer jener wenigen Philologen, die ihre Philologie leben. Wilamowitz also, der damals noch an ein Hellenentum im Sinne Winckelmanns und Goethes glaubte, sah natürlich durch diese Schrift Nietzsches die heiligsten Güter der Menschheit gefährdet, und mit aller Leidenschaft, wie sie wohl selten einem Verehrer griechischen Wesens eigen ist, schrieb er eine Entgegnung: „Zukunftsphilologie, eine Erwiderung auf Fr. Nietzsches ‚Geburt der Tragödie'." Er warf ihm in dieser Broschüre „erträumte Genialität und Frechheit in der Aufstellung von Behauptungen" vor, die „genau im Verhältnis stehe zur Unwissenheit und Mangel an Wahrheitsliebe". Es lag nun nicht in Nietzsches zartem Wesen, auf dieses Pamphlet zu reagieren; seine Briefe an Freiherrn v. Gersdorff und Erwin Rohde lassen jedoch die schmerzliche Enttäuschung erkennen, die ihm „gerade Wilamowitz" bereitete, der ihn doch „in Form der Verehrung" besucht hatte, dann aber „offenbar stimuliert und aufgehetzt worden sei". So muß auch Howald, l. c. p. 24, zugeben, daß diese Broschüre Wilamowitz' „oftmals die Grenzen einer erlaubten Polemik zu überschreiten scheint". Allein „die ungeheure Bedeutung, die dieser geniale Mann später für seine Wissenschaft gewonnen hat, soll ihm in den Augen der Nachwelt das Recht geben, diese Streitschrift geschrieben zu haben, ein Recht, das er damals noch nicht besaß". Da griff zur tiefen Freude Nietzsches Wagner ein und veröffentlichte in der „Norddeutschen Allgemeinen Zeitung" vom 23. Juni 1872 einen offenen Brief „an Fr. Nietzsche, ordentl. Professor der klassischen Philologie an der Universität Basel". Mit feinem Gefühl setzt hier Wagner auseinander, wie er anfänglich dem klassischen Altertume, speziell dem Griechentume, tiefste Verehrung zollte, wie aber dann später unter dem Einflusse seiner Lehrer die ursprüngliche Liebe zum Hellenentume systematisch ertötet wurde, weil die Denkmäler des klassischen Altertums nicht mehr als „Quellen menschlicher Erkenntnis" bewertet wurden, sondern durch die staubige Bücherweisheit eines hohlen Gelehrtendünkels ihrer ewigen Lebenskraft absichtlich beraubt worden waren. Indes war dieser Aufsatz des Meisters keineswegs die richtige Antwort: denn durch das Eingreifen eines Laien auf dem Gebiete der Philologie war dem Philologen nichts bewiesen worden und dann wurde durch diese Schrift Wagners das bereits vorhandene Mißtrauen vor dem Dilettantismus nur noch bestärkt, dies um so mehr, als Wagner „das dumpfe Gefühl" in sich zu tragen versichert, „daß der Geist der Antike am Ende ebenso wenig in der Sphäre unserer griechischen Sprachlehrer liege, als zum Beispiel das Verständnis der französischen Kultur und Geschichte bei unseren französischen Sprachlehrern als nötige Beigabe vorausgesetzt sein kann". Bald darauf veröffentlichte auch Erwin Rohde eine Broschüre: „Afterphilologie. Zur Beleuchtung des ... Pamphlets Zukunftsphilologie, Sendschreiben eines Philologen an Richard Wagner." Er versuchte darin den Nachweis zu erbringen, daß Nietzsches angebliche Verstöße gegen die Philologie nur auf irrtümliche Auffassung von seiten Wilamowitz' zurückzuführen seien; dann spricht er von der rühmenden Aufrichtigkeit seines Freundes, mit der er sich zu einer philosophischen Interpretation bekannte, wodurch er sich von den übrigen Philologen scharf unterscheide, deren jeder, nur ohne deutliches Bewußtsein, seine Lieblingsvorstellungen auf das Altertum übertrage. Nietzsche dankte Rohde mit den Worten: „Ich sehe, was Du mit Deiner Freundestat für mich, für Wagner getan hast!" Wilamowitz hat auf das hin nochmals geantwortet mit der „Zukunftsphilologie, II. Stück", die er mit den pathetischen Worten schloß: „Hier (sc. in der „Geburt der Tragödie") sah ich die Entwicklung der Jahrtausende geleugnet, hier löschte man die Offenbarungen der Philosophie und Religion aus, damit ein verwaschener Pessimismus in der Öde seine sauersüße Fratze schneide, hier schlug man die Götterbilder in Trümmer, mit denen Poesie und bildende Kunst unseren Himmel bevölkert, um das Götzenbild Richard Wagner in ihrem Staube anzubeten; hier riß man den Bau tausendfachen Fleißes, glänzenden Genies um, damit ein trunkener Träumer einen befremdlich tiefen Blick in die dionysischen Abgründe tue: das ertrug ich nicht!... mein verletztes Gemüt reagierte religiös!" Hermann Usener, der ausgezeichnete Bonner Philologe, soll, wie Nietzsche in einem Briefe an Rohde schreibt, die „Geburt der Tragödie" „einen baren Unsinn, mit dem gar nichts anzufangen sei", genannt haben und „der so etwas geschrieben habe, sei wissenschaftlich tot". Beachtenswert und erfreulicher ist das Urteil, das der große Philologe Otto Ribbek über die „Geburt der Tragödie" fällte, enthalten in einem Briefe an Wilhelm Dilthey: „Aber kennen Sie denn schon des Baseler Nietzsche ‚Geburt der Tragödie' und was sagen Sie dazu? Ein kunstphilosophischer Dithyrambus im Schopenhauer-Wagnerschen Geist. Etwas holder Wahnsinn und gärender Most, aber doch in der Hauptsache (die freilich im Grunde nicht eben neu ist) treffend und durchaus interessant. **Wir können diese Art ingenium in unserer verknöcherten Philologie recht wohl zur Erfrischung gebrauchen**, zumal die solidesten Studien zugrunde liegen!" Kurz: von den zünftigen Philologen wurde Nietzsche in Acht und Bann getan, den Studenten wurde der Besuch der Baseler Universität abgeraten — so hatte er in einem Semester nur drei Hörer! Bereits ergangene Berufungen an die Greifswalder und Dorpater Universität wurden wieder rückgängig gemacht. Denn so ein Werk konnte kein Mann der Wissenschaft, sondern, wie die „Nationalzeitung" schrieb, nur ein „literarischer Lakai Wagners" schreiben; und daher war auch die „Geburt der Tragödie" nach der Bemerkung eines evangelischen Anzeigers **„der ins Musikalische übersetzte Darwinismus"**, der **„Developpismus des Urschleims"**.

Es läßt sich leicht begreifen, daß Nietzsche, der bekannt hatte: „Was das Griechentum betrifft, so halte ich mich an die Erfahrungen, die ich Richard Wagner verdanke. Die sogenannte historisch-kritische Wissenschaft hat gar kein Mittel, so fremden Dingen näher zu kommen: wir brauchen Brücken, Erfahrungen, Erlebnisse. Dann wiederum brauchen wir Menschen, die sie uns deuten, die sie aussprechen", der diesen Menschen in Wagner erblickte, weshalb ihm dieser voll Begeisterung geschrieben haben mag: „Genau genommen sind Sie, nach meiner Frau, der einzige Gewinn, den mir das Leben zugeführt", mit seinem Werke in der Philologenwelt den schärfsten

Widerspruch erregen mußte. Denn das[1]) hatte noch niemand gewagt, die wissenschaftlichen Methoden der Philologie in den Dienst Schopenhauer-Wagnerscher Lehren zu stellen und die Philologie als Wissenschaft zu einer „ancilla" des zur damaligen Zeit als Künstler mit sehr skeptischen Blicken betrachteten Richard Wagner zu erniedrigen; und das alles zu einer Zeit, da die Wissenschaft allverehrt auf dem Throne saß, vollends aber die Verhöhnung des „theoretischen Menschen" als des Vertreters aller wissenschaftlichen Forschung!

Aber auch diese abfälligen Urteile über Nietzsches Erstlingswerk dürfen uns nicht wundernehmen, geschweige denn in der Beurteilung des Werkes irre machen. Denn damals war die klassische Philologie noch ganz beherrscht von dem Dogma des Winckelmann-Goetheschen Philhellenentums: gleich einer uneinnehmbaren Burg der einseitigsten Werturteile, umgeben von einer chinesischen, das heißt philhellenischen Mauer, mußte das Hellenentum trotz seiner unleugbaren Schönheit ein toter Besitz bleiben, ein Buch mit sieben Siegeln verschlossen, weil man sich absolut nicht der Mühe unterzog, die Denkmäler griechischen Geistes als lebendige Zeugen menschlichen Strebens zu interpretieren: dieses Hellenentum bestand aus lauter Phantasmen. Kein Wunder daher, daß eine solche Zeit noch ganz in dem Wahne lebte, die Lösung der Frage nach den primitiven Anfängen und Versuchen der Lyrik und Dramatik sei einzig und allein nur dem Literaturhistoriker vorbehalten. Der Ethnologe vielmehr wird durch eingehende, vergleichende Studien der Künste, wie sie heute noch unsere Naturvölker pflegen, wohl besser in der Lage sein, den Ursprung der dramatischen Kunstübung zu erschließen als der Berufsphilologe, dessen Objektivität, mag sie noch so achtunggebietend sein, in der Ergründung des geheimsten Wesens der antiken Kunst sich nur auf wenige „Zeugnisse" stützen kann und daher doch wohl mehr illusorisch ist. Denn es ist ja klar, daß zwischen der Literatur und Dichtung eines jeden Volkes ein gewaltiger Unterschied besteht:

---

[1]) Sehr schön sagt er in seinem „Versuch einer Selbstkritik" aus dem Jahre 1886 über dieses Werk: „Ich will nicht gänzlich unterdrücken, wie unangenehm es mir jetzt erscheint, wie fremd es jetzt nach sechzehn Jahren vor mir steht — vor einem älteren, hundertmal verwöhnteren, aber keineswegs kälter gewordenen Auge, das auch jener Aufgabe selbst nicht fremder wurde, an welche sich jenes verwegene Buch zum ersten Male herangewagt hat, — die Wissenschaft unter der Optik des Künstlers zu sehen, die Kunst aber unter der des Lebens..."

jede Dichtungsart muß erst eine bestimmte Entwicklung hinter sich haben, ehe sie in der Literatur eines Volkes Erwähnung findet. So wird ja niemand behaupten wollen, daß etwa Ilias und Odyssee, die an der Schwelle der griechischen Literatur stehen, die ersten epischen Erzeugnisse des Hellenenvolkes wären. Im Gegenteil! Gerade die Großartigkeit dieser beiden Epen, ihre technische Vollkommenheit und viele andere Umstände zwingen uns zu dem Schlusse, daß sie nur die Ergebnisse einer langen Dichtungsperiode sind, deren Fäden bis in die graue Urzeit zurückreichen. Aber indem wir die Ilias sprach- und religionsgeschichtlich usw. usw. analysieren und diese Forschungsergebnissse mit literarischen Erzeugnissen der Naturvölker vergleichen, gewinnen wir wertvolle Aufschlüsse über den Kulturzustand von Zeitperioden, die der Abfassungszeit der Ilias und Odyssee weit voraus liegen. Der Literaturhistoriker tritt erst dann in seine Rechte, wenn er den Ursprung einer bereits kunstgemäß gewordenen Dichtungsart zu erschließen hat, er hat sich also ausschließlich mit literaturhistorischen Problemen zu befassen. So hatte man, der Tradition der alexandrinischen Philologen folgend, in der Literatur eines Volkes zuerst das Epos angesetzt, dann die Lyrik und schließlich das Drama und die Blüte dieser drei Gattungen chronologisch abzugrenzen versucht. Aber durch die Ethnologie sind wir mit Tatsachen bekannt geworden, die uns einen tiefen Einblick nicht nur in die prähistorische Zeit zum Beispiel des Griechenvolkes, sondern, was noch wichtiger ist, in das Wesen der Urkunst gestatten. So kommt es, daß das Epos nicht mehr an erster Stelle rangiert: denn seine Voraussetzung ist in erster Linie lebendiges Interesse an der Geschichte einer Nation, und dieses Interesse setzt wiederum eine hohe Kulturstufe voraus. Die Lyrik, welche durch die Subjektivität des dichtenden Individuums gekennzeichnet ist, muß noch später entstanden sein als das Epos. Dagegen lassen sich dramatische Versuche bei allen Völkern auf noch so primitiver Kulturstufe nachweisen. Allerdings handeln diese Urdramen nicht von Menschen, sondern von Wesen, die „die Seele der primitiven Menschheit zwar nicht mit Mitleid, wohl aber mit banger Furcht erfüllten". Damit soll aber keineswegs gesagt sein, daß die dramatische Form die älteste Dichtungsart sei: neben dem Drama entwickeln sich gleichzeitig Epik und Lyrik, wie denn tatsächlich in einer jeden dieser drei Dichtungsgattungen Elemente der beiden anderen sich finden. Das

Wort Drama, τὸ δρᾶμα, hängt etymologisch mit dem dorischen Worte δρᾶν zusammen und bedeutet so viel wie Geschehnis, Ereignis. Da aber das Wort δρᾶν ein integrierender Bestandteil des dorischen Kultgebrauches war, werden wir demzufolge den Ursprung des griechischen Dramas in religiösen Kultfeiern und Aufführungen zu suchen haben. Dazu waren natürlich bestimmte Kostüme erforderlich, und vor allem waren es die mimischen Gebärden, die, später von Tanz, Musik und Chorgesang begleitet, uns eine Vorstellung vom Urdrama gestatten, das mithin einer getanzten Pantomime gleichkommt. Das wichtigste Moment spielt dabei der Tanz, dem der Naturmensch die Bedeutung eines besonderen Zaubers zuschreibt. Ganz von animistischen Vorstellungen erfüllt, läßt der Naturmensch in diesen getanzten Pantomimen verschiedene Tiergestalten, Dämonen und Seelentiere auftreten, unter welchen gerade jene Dämonen bevorzugt werden, welche das Keimen der Saat, ihr Reifen und Gedeihen behüten. Denn alljährlich schwinden die Kräfte der Natur dahin, um erst nach geraumer Zeit wieder zu neuem Leben zu erwachen. Bei allen Völkern pflegte dieser Vorgang, das Sterben der Natur und ihr Wiedererwachen, eine tiefe Erschütterung des Gemütes auszulösen. Man erblickte darin das Schicksal eines schönen, jungen Gottes, dessen Tod man mit lebhaften Klagen, dessen Wiedergeburt oder Auferstehung man mit ausgelassenem Jubel begrüßte. Dabei pflegte mit der Feier jenes Gottes seit grauer Vorzeit ein Analogiezauber in Form einer kultischen Darstellung seines Sterbens und Wiederauflebens verknüpft zu sein. Auf primitiver Kulturstufe, wo die Grenzen zwischen Geist und Natur noch fast unterschiedslos durcheinanderliefen und der Mensch sich noch in einem innerlich sympathischen Zusammenhang mit seiner natürlichen Umgebung fühlte, glaubte er, selbst einen Einfluß auf die Natur auszuüben, ihr bei ihrem Wechsel zwischen Tod und Leben zu Hilfe zu kommen und den Verlauf der Geschehnisse im eigenen Interesse beeinflussen zu können. Dazu mußte er diese nachahmen. „Ein Mensch," sagt daher Frazer in seinem wundervollen „the golden bough", II, p. 196, „den die ungezügelte Phantasie seiner Verehrer mit Gewändern und Attributen des Gottes ausstattete, gab sein Leben dahin für das Leben der Welt. Nachdem er aus seinem eigenen Körper einen frischen Strom von Lebensenergie in die stagnierenden Adern der Natur ergossen hatte, wurde er selbst dem

Tode überliefert, bevor seine eigene dahinschwindende Kraft einen allgemeinen Verfall der Natur eingeleitet haben würde, und sein Platz wurde durch einen anderen eingenommen, der wie alle seine Vorgänger das ewig wiederkehrende Drama der göttlichen Auferstehung und des göttlichen Todes spielte." So wurden tatsächlich noch in historischer Zeit lebende Menschen, allerdings Verbrecher, geopfert, während sonst das Opfer der zum Gotte erhöhten Menschen nur scheinbar stattfand: ein Bild des Gottes, eine Puppe usw. vertrat die Stelle des Gottes. Mit der Vorstellung, die ersterbende Natur durch das Opfer eines Menschen neu zu beleben, war die des „Sündenbockes" verknüpft. Der Geopferte repräsentierte nicht bloß den Gott für sein Volk, sondern vertrat auch zugleich das Volk gegenüber Gott und hatte durch seinen Tod die von jenem während des Jahres begangenen Missetaten zu sühnen. Auch im prähistorischen Hellas muß das Urdrama mit solchen „Vegetationsdämonen" operiert haben. Denn woher käme der Name $\tau\varrho\alpha\gamma\omega\delta\iota\alpha$, wenn nicht die bocksfüßigen Satyrn, die $\tau\varrho\alpha\gamma o\iota$, welche ursprünglich als Vegetationsdämonen zu denken sind, in der Gestalt des Chors fortlebten? Mit der fortschreitenden Entwicklung zur Vorstellung persönlicher Götter geht Hand in Hand die Entwicklung des Urdramas: jene Vegetationsdämonen werden den neuen Göttern unterstellt. Nun wissen wir, daß das alte Thrakien den Dionysoskult herausgebildet hatte, der auch in Hellas eingeführt wurde. Was Wunder also, daß die alten $\tau\varrho\alpha\gamma o\iota$, die Satyrn, jetzt die Diener und untrennbaren Begleiter des Dionysos wurden? Diese Einführung des neuen Gottes hatte aber auch eine tiefgreifende Veränderung des Inhaltes des Urdramas zur Folge: die Pantomime wurde abgelöst durch die Darstellung der Erlebnisse des Gottes. Der Dionysoskult beschäftigte sich mit der Ermordung des Gottes durch die Titanen, seiner Zerstückelung durch dieselben und seiner Wiedergeburt: als Zagreus, das ist als Sohn des Zeus und der Persephone, verwandelte er sich, um den Titanen, welche die Eifersucht der Hera gegen ihn erregt hatte, zu entgehen, in einen Stier; jedoch die Titanen, die Anbeter des göttlichen Stieres, töteten und verzehrten ihn. So wird im Zagreusmythos Dionysos als der „gute Stier" angerufen, der dann durch die Gnade des Zeus als Dionysos zu neuem, glorreichem Leben wiedergeboren wird; daher sein Beiname $\delta\iota\vartheta\acute{v}\varrho\alpha\mu\beta o\varsigma$, der zweimal Geborene $= \acute{o}\ \delta\grave{\iota}\varsigma\ \vartheta\acute{v}\varrho\alpha\zeta\varepsilon\ \beta\alpha\acute{\iota}\nu\omega\nu$. Und zur Erinnerung an seine ursprüngliche tierische Natur trug der wiedergeborene Gott Hörner. Deshalb trugen, wie uns berichtet wird, auch die Bacchantinnen, seine Dienerinnen, „κατὰ μίμησιν Διονύσου" gleichfalls Hörner, und auf der Insel Tenedos wurde zum Beispiel der Priester, der dem Dionysos dessen Totemtier, einen jungen Stier, geopfert hatte, zur Strafe für diese Tötung des Gottes nach dem Opfer mit Steinwürfen verfolgt. Diese Mythen, die wir heute als alte, halb rationalistische Ausdeutungen des Kommunionopfers interpretieren können, lassen sich auch bei den alten Ägyptern nachweisen, bei denen Dionysos in der Gestalt des Osiris mit seinem heiligen Stier, dem Apis, wiederkehrt; auch der Orpheusmythus gehört in diese Kategorie. In Argolis, dem Mutterlande der griechischen Tragödie, wurde dem Dionysos als Totemtier ein Widder, τράγος, geopfert[1]). Durch die griechische Orphik, deren Kulte sich mit den bisher bestehenden Dionysoskulten vereinigten, wurde das Dionysosmysterium vertieft zu einem Mysterium, in dem alle Gegensätze zu einer letzten Einheit verschmolzen: der Gott, der Opferer und Opfer, durch das Totemtier angedeutet, in einer Person war, wurde zu einem Tröster derer, die da mühselig und beladen sind, zu einem Erlöser der sündigen Menschheit. Durch

---

[1]) Gewiß wird man nun fragen, warum an die Stelle des Stieres als Totemtier auf einmal der Widder getreten ist? Weil infolge des sukzessiven Vorrückens der Tag- und Nachtgleiche, die Sonne, die bis dahin bei Frühlingsanfang im Sternbilde des Stieres gestanden war, um das Jahr 800 a. Ch. n. in das Sternbild des Widders eingetreten war. Damit war sie nach astrologischer Denkweise selbst zum Widder geworden. Wenn sie vorher als Stier den Frühling eröffnete und die Welt von der Herrschaft des Winters erlöst hatte — eine Vorstellung, die sich im Mithraskulte erhalten hatte — so gingen diese Funktionen nunmehr auf den Widder über und dieser wurde zum Symbol, zum Totem des Gottes und Sündenopfertier. Bei den alten Juden kehrt dieser Widder wieder als das Lamm, das bei Jahresanfang im Frühlinge als Passahlamm geopfert und verzehrt wurde. Zum Verständnis diene folgendes: die Aufzählung der Reihenfolge der Tierkreiszeichen, wie sie heute noch üblich ist: Widder, Stier, Zwillinge, Krebs, Löwe, Jungfrau, Wage, Skorpion, Schütze, Steinbock, Wassermann, Fische geht auf die alten Babylonier zurück und beruht auf der Tagesgleichenordnung. Der Tagesgleichenpunkt, das heißt der Schnittpunkt von Äquator und Ekliptik, liegt aber heute nicht mehr im Zeichen des Widders, sondern in dem der Fische. Er wandert nämlich — und das beruht auf der wechselnden Neigung der Erdachse — allmählich um die ganze Ekliptik herum und vollzieht diesen ganzen Kreislauf in 26.000 Jahren, bleibt also im einzelnen Tierkreiszeichen etwa 2200 oder in einem Grade 72 Jahre. Dieses Vorrücken nennt man die

die Verspeisung des zerrissenen Opfertieres deutete jetzt der Myste seine Vereinigung mit der Gottheit an, die unio mystica: die inneren Gegensätze waren ausgesöhnt und geboren ward der τρίτος μέσος, wie Dionysos in den eleusinischen Mysterien genannt wurde.

Was hatte also der Philologe Wilamowitz an der „Geburt der Tragödie" auszusetzen? Und warum bekämpfte er dieses Werk? In einem Briefe an Rohde gibt uns Nietzsche selbst die beste Antwort, wenn er meint, Wilamowitz habe „mich schlecht gelesen, denn er versteht mich weder im ganzen noch im einzelnen. Er muß noch sehr unreif sein!" In der Tat; hätte Wilamowitz die Tendenzen der „Geburt der Tragödie" richtig erfaßt, hätte er sich sofort sagen müssen, daß es sich in dieser Schrift um die Aufrollung eines **kulturästhetischen Problemes** handelte, bei dem die Philologie mehr oder weniger nur eine Art Fachgerüste bildete. Und gegen dieses Fachgerüste richtete Wilamowitz seine Geschosse, und sein ganzer Kampf war nur eine Korrektur der von Nietzsche vertretenen philologischen Anschauungen, aber keine Widerlegung. „Die Kritik war gut gemeint, aber sie war ein Mißverständnis. Nietzsche wollte keine Facharbeit liefern. Auf den ästhetisch-psychologischen

---

Präzession der Tagesgleiche; sie verläuft umgekehrt als der scheinbare Sonnenlauf, also in der umgekehrten Reihenfolge des Tierkreiszeichens, so wie der Tageslauf der Sonne von Osten nach Westen. Solche Änderungen werden in der Regel erst vorgenommen, wenn der Mißstand schon sehr schreiend geworden ist. Der griechisch-katholische Kalender, der um 13 Tage falsch ist, beweist das. So hat auch das Altertum wohl die betreffenden Reformen erst vorgenommen, nachdem der Tagesgleichenpunkt längst über den Anfangspunkt des betreffenden Zeichens vorgerückt war. Wir wissen, wann das einmal erfolgt ist, und zwar war dieses die Einführung der Widderrechnung, die eben seitdem maßgebend geblieben ist. Das geschah unter der Regierung des Königs Nabonassar von Babylonien (747—735). Über 2000 Jahre vorher oder noch viel länger muß man nach dem Stiere gerechnet haben. Das aber ist das heilige Tier Marduks, des Gottes von Babylon; cf. dazu den ägyptischen Apis und den Stier des Dionysos. Diese Verschiebung in das Zeichen des Stieres hat natürlich bereits lange vor 3000 a. Ch. n. stattgefunden. Nun ist klar, daß die Kulturanfänge und die ganze in sich geschlossene Formulierung als System der astralen Weltanschauung am Anfang unserer Geschichtskenntnis als etwas bereits Überkommenes dasteht. Es muß also bereits in dem voraufgegangenen Zeitalter bestanden haben, wo die Tagesgleiche in den Zwillingen lag. Das würde aber mindestens bis ins 5. und 6. Jahrtausend hinaufführen. (Cf. Winckler, „Die babylonische Geisteskultur"; p. 10, 78 sq.)

Kern kam es ihm an." Darum muß auch der modernste Beurteiler Nietzsches als Philologe Ernst Howald, l. c. p. 25, zugeben, daß Nietzsche und Wilamowitz als „die Vertreter zweier Welten im Grunde aneinander vorüberreden". Kein Mensch wird es jedoch in Abrede stellen wollen, daß Nietzsche durch diese Schrift klar erwiesen hat, daß der Mythos für die Beurteilung der antiken Kultur eine ungleich höhere Bedeutung habe, als die Philologen damals gelten lassen wollten. So schrieb Nietzsche bereits im Frühjahr 1867 an Gersdorff: „Wir wollen es nicht leugnen, eine erhebende Gesamtanschauung des Altertums fehlt den meisten Philologen, weil sie sich zu nahe vor das Bild stellen und einen Ölfleck untersuchen, anstatt die großen und kühnen Züge des ganzen Gemäldes zu bewundern und — was mehr ist! — zu genießen." Daher bedeutet „Die Geburt der Tragödie" nicht nur einen Wendepunkt für die Völkerpsychologie, sondern auch für die Auffassung der antiken Kunst: Nietzsche war der Entdecker der **griechischen Romantik**, nur beging er den einen Fehler, daß er sie über die hellenische Klassik hat hinwegrauschen lassen. Schon seine Baseler Antrittsrede bewegte sich ganz im Fahrwasser Wagnerscher Gedanken: so hob Nietzsche unter anderem den Gegensatz von Volksdichtung und Individual- oder Kunstdichtung auf, weil er der „folgenreichsten Entdeckung der historisch-philologischen Wissenschaft, der Entdeckung und Würdigung der Volksseele" geradezu widerstreite: der einzelne Dichter ist nichts anderes als **der Vermittler des dichterischen Empfindens der Volksseele**. Da nun nach Schopenhauer die Musik das getreue Abbild des Weltwillens ist, wird aus dem Dionysischen die Musik herausgeholt. Die dionysische Lyrik, die ohne Musik für Nietzsche einfach undenkbar ist, wird Wagner zuliebe zugunsten des Volksliedes verworfen: aus diesem erst entsteht der dionysische Dithyrambus, der dann eine Verzauberung, Erhöhung des verzückten Sängers bewirkt. Und weil die Musik nach Schopenhauer die höchste Kunst ist, die antike Tragödie für den Ästhetiker Nietzsche gleichfalls höchste Kunst ist, ist für ihn die Tragödie aus jener geboren, ja selbst Musik. Daher bestand Nietzsches größter Fehler darin, daß er bei der Untersuchung der psychischen Konstitution des Hellenenvolkes dessen plastischen Sinn falsch deutete. Der griechische Genius ist vorzüglich bildnerisch veranlagt und selbst ein so streng philosophisches Gebilde wie die

Ideenwelt Platons ist ohne Zugrundelegung des plastischen Sinnes ihres Schöpfers nahezu undenkbar. Deshalb sind auch die griechischen Tragödien gleichsam aus dem Mythos gemeißelte Mamorwerke: weil der Hellene gewohnt war, alles plastisch zu sehen, waren bei ihm die räumlichen Vorstellungen stets das primäre Element, aus dem als etwas Sekundäres die mannigfaltigsten Apperzeptionskomplexe sich ergaben. Daher ist die Musik nicht das Primäre, sondern nur das Mittel, um den Wortinhalt der Tragödie sinnvoll zu interpretieren. Diese ursprünglich rein objektive Auffassung der Welt durch die Hellenen hat sich Nietzsche durch die gewaltsame Fixierung der Schopenhauerschen Musiktheorie getrübt und daher an die Stelle der Realität ganz folgerichtig die metaphysische Mysterienlehre des Dionysischen und Apollinischen gesetzt. Wenn daher Wilamowitz Nietzsches Theorie „eine Präsumption über das Endresultat" nannte, hatte er nicht unrecht. Denn wir haben nicht die geringste Berechtigung, in der homerischen Welt einen Pessimismus zu statuieren. Nicht nur in der „Zukunftsphilologie I. Stück" verwahrte sich Wilamowitz energisch gegen diesen Gedanken, sondern auch später noch sagt er in bezug auf diese Projizierung des Schopenhauerschen Pessimismus in die homerische Zeit, wobei er eine allgemein geschichtliche Theorie über Optimismus und Pessimismus als typische Erscheinungen aufstellt: Schopenhauer habe „in der Tragödie die Predigt des Pessimismus gehört, unfähig zu würdigen, daß die Poesie, und zumal ihre älteste und prachtvollste Erscheinungsform, die Sage, ein Vollbild der in einer bestimmten Zeit und Kultur vorhandenen Stimmungen und Weltanschauungen gibt, also jederzeit optimistisch und pessimistisch zugleich ist". Denn wenn wir Burkhardts und Nietzsches Raisonnement auch auf andere Völker übertragen, so dürfte es wohl kein einziges geben, das wir glücklich nennen könnten, und ist also die sogenannte apollinische Kultur der Hellenen kein Erzeugnis abstruser metaphysischer Reflexionen, sondern eine mehr „halb unbewußt gezeugte" Welt, und die Göttergestalten dieser Epoche sind keine Traumgeburten, sondern sogar sehr real gedachte Wesen.

Und doch wird es sich niemals ganz in Abrede stellen lassen, daß Nietzsche mit feinem Instinkt in dieser Schrift an eines der tiefsten Probleme des Hellenentums gerührt hat, die Frage nämlich, ob die Hellenen glücklich waren. — Die Geschichte lehrt uns, daß die Rat- und Hilfelosigkeit der alten Welt gerade in den vitalsten Problemen in dumpfer Resignation endigte. Diese erklärt, wie Schelling (Phil. d. Offenb., W. W. II. Abt. IV, 512) bemerkt, die ganze Eigentümlichkeit des hellenischen Charakters, den tieftragischen Zug, der durch die Religion und Philosophie der Alten hindurchgeht; läßt es verstehen, daß selbst in bacchantische Lebensfreude ein düsterer Schatten fällt; enthüllt uns jene Schwermut, die wie ein süßes Gift den trefflichsten Werken selbst der bildenden Kunst ihren eigenartigen Stempel aufdrückt. Aus der Antike tönt das Klagelied hoffnungslosen Lebensschmerzes und dennoch ringt sich in ihr wieder der sehnsuchtsvolle Ruf nach göttlicher Hilfe hervor. (Cf. Plat. Phaedo, p. 85: „Soll bei dem jetzigen Weltzustande etwas gebessert werden, so kann dies nur durch Vermittlung eines Gottes geschehen, der uns das Urbild der wahren Gerechtigkeit — $\mathit{\dot{\alpha}\varrho\chi\dot{\eta}\nu\ \tau\varepsilon\ \varkappa\alpha\dot{\iota}\ \tau\dot{\upsilon}\pi o\nu\ \tau\tilde{\eta}\varsigma\ \delta\iota\varkappa\alpha\iota o\sigma\dot{\upsilon}\nu\eta\varsigma}$ — zeigt.") Er bezeichnet dieses höhere Wesen als an sich offenbarendes „göttliches Wort" — $\mathit{\lambda\acute{o}\gamma o\varsigma\ \tau\iota\varsigma\ \vartheta\varepsilon\tilde{\iota}o\varsigma}$ —, auf dem, als auf einem festen Schiff, man sicher und gefahrlos durch die Fluten des Lebens sich wagen könne. Deshalb konnte Lenau in seinem „Savonarola" sagen:

> „daß sie am Schmerz, den sie zu trösten
> nicht wußte, mild vorüberführt,
> erkenn' ich als der Zauber größten,
> womit uns die Antike rührt."

Von dieser Erkenntnis war bereits der große Altmeister der Philologie August Boeckh erfüllt, als er in seiner berühmten „Staatshaushaltung der Athener" den Satz aussprach: „Rechnet man die großen Geister ab, die, in der Tiefe ihres Gemütes eine Welt einschließend, sich selbst genug waren, so erkennt man, daß die Menge der Liebe und des Trostes entbehrte, die eine reinere Religion in die Herzen der Menschen gegossen hat. Die Hellenen waren im Glanze der Kunst und in der Blüte der Freiheit unglücklicher als die meisten glauben." Und in der Tat: das Rätsel des irdischen Lebens konnte die antike Philosophie nicht lösen. Daß dies zur Befriedigung des Menschenherzens geschehen ist, ist der Sieg der christlichen Philosophie: sie gab der Tragödie des Erdendaseins eine versöhnende Bedeutung in wunderbarem Ausgleich ewiger Gerechtigkeit und erbarmender Liebe. Zwar ist auch nach dieser Weltanschauung der Schmerz des Lebens nicht hinweggenommen und die Not des Daseins nicht übertüncht, aber beide sind tiefer erfaßt und wahrer empfunden. Schmerz, Not und Tod sind verklärt, die Dissonanzen zu schöner Harmonie verschmolzen. Das Herbe und Unversöhnte der Antike ist überwunden in der wundersamen Erlösungsidee und in der Hoffnung seliger Unsterblichkeit. In diesem Sinne konnte Schiller in einem Briefe an Goethe (17. August 1797) „das Christentum als eine Menschwerdung des Heiligen, als die einzige ästhetische Religion" bezeichnen, konnte Montesquieu sagen, daß „die christliche Religion, die nur das Glück des künftigen Lebens zum Gegenstande zu haben scheint, auch das Glück des gegenwärtigen Lebens begründe." Aber in der homerischen Zeit, also in der Kindheit des Volkstums, wo Freud und Leid gleichmäßig als etwas Selbstverständliches hingenommen wurden, einen Pessimismus zu konstatieren, dazu haben wir keine Ursache. Daß jedoch die später lebenden Hellenen es mit aller Macht versuchten, den Pessimismus zu überwinden und welche Konsequenzen der „letzte" Nietzsche aus dieser Tatsache zog, darüber will ich weiter unten handeln. Nietzsches „Geburt der Tragödie" bedeutet den Anfang einer neuen Auslegung der seelischen Grundlagen des Altertums, somit der gesamten Vorgeschichte überhaupt und muß in Zukunft von jedem gekannt und verarbeitet sein, der sich irgend an die Erforschung symbolischen Denkens und mythischen Träumens heranwagen will. Unwesentliche Mängel des hochbedeutenden Werkes sind zu erblicken in der Übernahme Schopenhauerscher Kunstwörter und in der Hereinziehung von Musikproblemen, ein wesentlicher dagegen in der ganz unscharf begrenzten Fassung des Apollinismus, die den Entdecker dessen Bedeutungsgleichheit mit dem ihm so gründlich vertrauten „Sokratismus" zu bemerken verhindert hat. In Rohdes genialer „Psyche", speziell in der prächtigen, von reichen Belegen getragenen Schilderung des dionysischen Orgiasmus hat Nietzsche in archäologischer Beziehung bisher am stärksten gewirkt. Nun hat bereits vor Nietzsche ein Forscher, und zwar kein Geringerer als J. J. Bachofen, durch divinatorische Ausdeutung historischer Befunde in jene unterste Schichte menschlicher Bildungsantriebe hinabgeleuchtet, in der — unabhängig von Zeit und Völkerschranken — sich aus Sagen und Sinnbildern eine Urreligion wob, deren kulturlichen und mythischen Niederschlägen gegenüber ausnahmslos alle Glaubenslehren der geschichtlichen Menschheit eine Verdünnung oder

Verfallserscheinungen darstellen. Es ist daher nur auf das freudigste zu begrüßen, daß Ludwig Klages in seinem mit dem Nietzschepreise gekrönten Buche „Vom kosmogonischen Eros", auf Bachofens und Nietzsches Spuren wandelnd, dadurch, daß er an Hand des so vielfach mißdeuteten erotischen Erlebnisses in die elementarste Schichte der Menschheitsentwicklung hinabgelangt, gleichsam in die Tiefe der menschlichen Seele überhaupt und bis heute unbekannte seelische Grundlagen des Altertums freilegt und einen noch großartigeren Tiefblick in die Metaphysik eröffnet wie Nietzsche. Auch Klages gelangt wie Nietzsche zu dem noch zu besprechenden Resultate, daß die Problematik und unbefriedigte Enge, ja Flachheit des klassischen Weltbildes, dieser bisher innigsten Verschmelzung germanischen und antiken Wesens, hauptsächlich darin ihren Grund hat, daß von der Antike lediglich jene der christlichen Epoche zugewandte Hälfte bekannt und verständlich war, als deren vermeintliche Höhepunkte die Tragiker Sokrates und Platon gelten. Dem Leser sei daher dieses Buch von Klages, das mir erst während der Drucklegung vorliegender Arbeit zugänglich wurde, aufs wärmste empfohlen.

Aber uns hat hier noch eine äußerst wichtige Frage zu beschäftigen. Nämlich: was für eine Art von Kultur preist der Verfasser der „Geburt der Tragödie"? Wir sagten bereits, daß der Nietzsche, der sozusagen spontan, aus Instinkt Wagners Anhänger geworden war, noch keine Ahnung hatte von den ungeheuren Geisteskräften, die in ihm latent waren. Zu dieser Zeit fühlte und gebärdete er sich noch ganz als der echte Romantiker, der nichts mehr haßte als jene Art von Kunstschaffen, die sich in klare Kunstformen ergoß. Und nun beruht alle Romantikerkunst auf zügelloser undisziplinierter Einbildungskraft, es fehlt jede logische Zucht. Nur zu leicht fällt sie leidenschaftlicher Überspanntheit anheim. Sobald aber der Verstand logische Richtlinien in das Vorstellungschaos hineinbringt, läutert und veredelt sich ihre lose Ungebundenheit zu formeller Gestaltung. Der Phantasieverlauf wird nicht mehr von dumpfen Gefühlen beherrscht, sondern von einer gefühlsbetonten Vorstellung, die im Walten der Phantasietätigkeit Disziplin schafft. So beginnt denn auch alle Kultur erst mit der Beherrschung der Affekte, der Instinkte. Damals aber glaubte Nietzsche noch so felsenfest an die Vorherrschaft der Instinkte und Triebe, daß er sie auch in den Künsten suchte und nur jene mit mehr Lebensfülle begabt sein ließ, in denen ihm mehr Trieb, mehr Leidenschaft ausgeprägt schien. Wenn wir also eine primitive und eine Hochkultur oder eine Instinktkultur und Willenskultur unterscheiden, so verherrlichte Nietzsche die zweite in seiner reiferen Periode, in seiner klassischen Zeit, in der ihn vom Geiste Goethes ein Hauch umwitterte. Die Abkehr von Wagner bedeutete den Sieg des Apollinismus.

Nun ist gewiß zuzugeben, daß Wagner mit seinen Worttondramen eine ganz neue Kunstgattung geschaffen hat. Aber sein und Nietzsches Grundirrtum bestand darin, daß beide das Musikdrama als das Kunstwerk an sich hinstellten, neben dem jede andere Gattung keine Berechtigung mehr habe. Die Genesis dieses Grundirrtums Wagners führt uns bis ins Jahr 1849 zurück, da er zum ersten Male den Versuch unternahm, sein „Gesamtkunstwerk" zur griechischen Tragödie in direkte Beziehung zu bringen. Er begann sich als der unmittelbare Fortsetzer der griechischen Tragödie zu fühlen. Es ist ein bis heute noch nicht erforschtes Problem, wie weit Wagner das Verständnis für das Wesen der griechischen Tragödie aufgegangen war. Das eine ist indes klar: objektiv hat er ihre Entwicklung nicht erforscht, sondern er hat sie im Sinne einer Verquickung von Drama und Musik interpretiert; denn das Drama, das Wagner begriff, lag weit hinter Aischylos zurück, ja es reicht noch in den Dionysoskult hinein. Nun sind im Reiche der Künste sehr viele Synthesen möglich und alle echten Künstler finden darin ihren Platz, ohne die Fittiche ihres Geistes von den Normen der Ästhetik allzusehr beengen lassen zu müssen. In diesem Reiche klaffte bis auf Wagner eine Lücke. Wagner hat sie geschlossen. Daß aber mit Aufrichtung dieses Gebäudes alle anderen Künste entthront, Mägde des Musikdramas sein sollen, das kann nicht gutgeheißen werden. Vom Drama führen je nach der Beteiligung der dramatischen Dichtung und je nach dem Vorwiegen der Musik die feinsten Übergänge zur Musik selbst. Aber trotzdem muß dem Wortdrama gegenüber dem Tondrama sein volles Recht gewahrt bleiben. Nicht einmal die klassischen Dramen werden von Wagner als echte Dramen anerkannt. Er nennt sie abfällig „Sentenzdramen", aus dem schiefen Begriff der Tragödie heraus, an dem er als Musiker und Komponist festhing. Dem „Tondichter" besaß ein Drama ohne Musik freilich keinen Wert! Der entwickelte Dialog des Wortdramas schließt jedoch die Musik aus. Dagegen verlangen schon die Chöre in der „Braut von Messina" Musik. Als gesungene Chöre würden sie tiefer wirken denn als gesprochene.

Im Musikdrama nun begleitet die Musik den Text, illustriert sie die Handlung, der sie adäquat ist. Die gleiche Betonung und Herausarbeitung von Musik und Drama erfordert aber auch einen Kentauren von Künstler. Und im besten Falle ist er ein halber Musiker und ein halber Dramatiker. Die Gefahr, daß dabei nichts Ganzes herauskommt: keine gute, keine ganze Musik, und kein gutes, kein ganzes Drama, hängt dabei von vornherein über dem Künstler. Denn was die Kunst geschieden hat, das soll Wagner nicht wieder zusammenleimen wollen. Mit der geringsten stärkeren Betonung der Musik nähert sich schon die Oper. Der Komponist gewinnt die Oberhand über den Dichter. Natürlich unterstreicht er jetzt nicht mehr die Handlung, sondern er unterstreicht seine Musik. Arien und Rezitative tauchen wieder auf. Noch einen Schritt weiter, und die Musik befreit sich im Oratorium und in der Messe aus den dramatischen Schranken. Noch einen — und sie hat sich in der Symphonie völlig emanzipiert. Während bisher Gefühle und Leidenschaften in ihr vorherrschten, gewinnt sie jetzt einen absoluten, exakten Charakter, nach mathematischen Verhältnissen und Beziehungen baut sich jetzt ihr Gebäude auf. In dieser Region verschmelzen Rhythmus, Melodie und Harmonie zur Polyphonie zusammen. Hier beginnen erst die wahren Freuden und Genüsse des Musikkenners. Aber gerade dem dramatischen Elemente machte Wagner so viele Konzessionen, daß er fast die Musik darüber verlor. Er verschob ihre Grenzen bis tief ins Dramatische und Tragische hinein. Aber um so größer ist der Sturm der Gefühle, den Wagners Musik — und das ist charakteristisch! — im Herzen des Laien auslöst. Daher unsere Jugend sich vornehmlich nur für und an Wagner begeistert, welche Begeisterung allerdings mit reiferen Jahren einer um so wärmeren Verehrung Beethovens in den meisten Fällen Platz macht.

Das alles beweist, daß Wagner im Reiche des Apollinischen nicht sehr heimisch war, wenn er es auch verstanden hat, so viel für sich in Beschlag zu nehmen, als er für seine Zwecke brauchen konnte; und das war herzlich wenig! So wird zum Beispiel für Wagner der Plastiker zum Ressigeur, der ihm die schönen Menschen auszusuchen hätte; der Maler zum Kulissendekorateur und Garderobier, der nur schöne Veduten und Landschaften für die szenische Wirkung zu entwerfen hätte.

Diese Irrtümer Wagners beruhen aber auf einer schiefen Auffassung des ästhetischen Genusses. Er war so göttlich einseitig, daß er sich einen anderen künstlerischen Genuß als den seiner Musikdramen gar nicht denken konnte. Er hypostasierte sein Werk zum ästhetischen Allheilmittel überhaupt, das heißt er verkannte das Wesen des ästhetischen Genusses in einer unheilvollen Weise. Dieser, in der bedeutsamen Zusammenschmelzung mit dem angeschauten oder überhaupt empfundenen Kunstwerk, läßt stets das Gefühl einer Gesamtkunst entstehen, in deren Genuß der Mensch mit der schönheitbesonnten Welt eins ist. Jedes echte Kunstwerk hat diese Wirkung. Wagner beschränkte sie auf sein Musikdrama, eine Einseitigkeit, in der er noch von der Schopenhauerschen Metaphysik bestärkt wurde. Wo aber ästhetisches Gefühl ist, da ist Kunst; wo wir uns künstlerisch in ein Objekt einfühlen, da ist Gesamtkunstwerk. Das ästhetische Gefühl braucht keinen großen Apparat dazu. Ist es vorhanden, so sind auch künstlerische Eindrücke da. Wer in seiner ästhetischen Gefühlswelt Einfachheit bevorzugt, könnte das „Gesamtkunstwerk" Wagners gegenüber seinen Genüssen einen barbarischen Luxus nennen. (Cf. Zeitler, „Nietzsches Ästhetik", p. 112—116 [1]).

---

[1] Es dürfte nicht uninteressant sein, in diesem Zusammenhange zu erwähnen, daß der empiriokritische Positivist Josef Petzoldt in seiner „Einführung in die Philosophie der reinen Erfahrung" in seiner Ästhetik von Wagner sagt, dieser sei als Reformator der alten Oper gleich Luther auf halben Wege stehen geblieben. Deshalb werde einst vieles oder das meiste an seinen Musikdramen für ebenso lächerlich und abgeschmackt gelten wie uns heute vieles oder das meiste an den alten Opern. Eine Beethovensche Symphonie dagegen könne nie erheblich an Natürlichkeit einbüßen, wenn auch die Kunst ihre Mittel noch so hoch über die von Beethoven verwendeten hinaus entwickeln sollte. Wagner sei wie Luther eine M ö g l i c h k e i t, keine N o t w e n d i g k e i t: hätte sich in ihnen mit der gleichen Tatkraft und Überzeugungstreue g r ö ß e r e s Genie verbunden, so hätten sie beide g a n z e Arbeit machen können. Da alles Dramatische schon durch Reim und Rhythmus, geschweige denn durch Musik beeinträchtigt werde, sei ein musikalisches Drama eine ästhetische Unmöglichkeit; es gibt keines, manche Werke nennen sich nur so! Vgl. auch den sehr lesenswerten Aufsatz von Leopold Ziegler, „Wagner, Die Tyrannis des Gesamtkunstwerkes" in der Zeitschrift „Logos", Jhg. 1910/11, Bd. I, p. 371—404.

Nietzsche, der die qualitativen Kulturinhalte aller Zeiten erforschte und ein seiner Meinung nach **positives Kulturideal** aufrichten wollte, erblickte es zunächst im **hellenischen Ideal**, das ihm durch seine Beschäftigung mit der Antike und durch Schopenhauer und Wagner nahegebracht worden war. Gleich Platon wollte er daher auf Grund dieser ästhetisierenden Philosophie „τὰ πολλαχῇ διεσπαρμένα συνορῶντα εἰς μίαν ἰδέαν ἄγειν". Er forderte aber noch mehr, denn da er sich für das Kunstgenie Wagner als der wissenschaftliche Vermittler der neuen Kunstkultur fühlte, war er der Meinung, Wagners Kunst, die eben dieser neuen Kultur den Weg bereite, dürfe nicht nur genossen werden, ja sie müsse sogar zur Religion proklamiert werden. Daher müsse man gleich den alten Hellenen zuerst das Leben bis zur Neige auskosten, die dionysischen Triebe sich austoben lassen, um desto sicherer das apollinische Ideal zu erreichen. Grundbedingung dafür ist jedoch: den Willen zum Tragischen, den Willen zum Leiden in sich aufzunehmen, denn „in unserer Macht steht die Zurechtlegung des Leidens zu einem Segen, des Giftes zu einer Nahrung". Indessen dürfte aber wohl nur ein sehr oberflächlicher Kenner der Nietzscheschen Philosophie übersehen, daß in dieser Formulierung seines Kulturideals bereits jenes Ideal in nuce vorgebildet ist, das er später als seinen „Übermenschen" proklamierte.

Wenn Frau Förster behauptet, Nietzsche habe durch die „Geburt der Tragödie" „die Philologen und Historiker vor allem für seine neue Richtung der Erfassung des Griechentums gewinnen wollen", so erscheint mir diese Behauptung widerlegt durch die Tatsache, daß diese Schrift eine ästhetisch-psychologische Studie ist, über deren Empfängnis weniger das Licht der Studierlampe als vielmehr Schopenhauers Musiktheorie und die Sonne des Tribschener Lichtes geleuchtet hatte. Und schließlich war Nietzsche viel zu schöpferisch und zukunftsträchtig, um in der Betrachtung und Rekonstruktion der Vergangenheit Genüge finden zu können. Daher schrieb er auch im Mai 1872 an den Freiherrn v. Gersdorff: „Ich bin glücklich, in meinem Buche mir selbst jene Tribschener Welt petrifiziert zu haben"; keine philologische Facharbeit wollte er liefern, sondern eine Werbeschrift für Richard Wagner, der ihm immer noch „sein Mystagoge in den Geheimlehren der Kunst und des Lebens war".

Diese Zeit, in der sich Genies von der Bedeutung eines Wagner, Nietzsche, Rohde und Wilamowitz gegenseitig bekämpften, war überhaupt reich an ganz merkwürdigen Erzeugnissen des Büchermarktes. Neu gebildete Worte, wie „Zukunftsmusik", „Zukunftsphilologie", „Afterphilologie", durchschwirrten die Luft: durch das künstlerische Auftreten des Meisters und die jüngste Schrift seines jungen Freundes erschien die bestehende Welt wie auf den Kopf gestellt: hatte Nietzsches heilige Begeisterung für Wagner so manches Wort geprägt, das seinen Gegnern willkommene Waffen gegen ihn in die Hand lieferte, so hatte umgekehrt das selbstbewußte Auftreten Wagners, der unbeirrt durch das Geschrei und Gezeter der kleinen Geister rücksichtslos alle Mittel in den Dienst seiner Aufgabe stellte, einen Münchener Irrenarzt, Dr. Puschmann, veranlaßt, Wagner in einer Schrift als geisteskrank zu erklären. Erscheint uns diese Tatsache allein schon unfaßbar, so erscheint es uns noch unfaßbarer, daß ein Gelehrter, wie der Bonner Historiker Alfred Dove, diesem Versuche Puschmanns bedingungslos beipflichtete. In gerechtem Zorne schreibt daher Nietzsche an Rohde: „daß ein Irrenarzt in ‚edler Sprache' nachgewiesen hat, daß Wagner irrsinnig sei, daß dasselbe durch einen anderen Irrenarzt für Schopenhauer geleistet worden ist, weißt Du wohl schon? Du siehst, wie sich die ‚Gesunden' helfen: sie dekretieren für die unbequemen ingenia zwar kein Schafott; aber jene schleichende, böswilligste Verdächtigung nützt ihnen noch mehr als eine plötzliche Beseitigung; sie untergräbt das Vertrauen der kommenden Geschlechter! Diesen Kunstgriff hat Schopenhauer vergessen! Er ist der Gemeinheit des gemeinsten Zeitalters wunderbar gemäß!" Aus dieser Empörung heraus griff Nietzsche in einem Artikel, den er am 17. Jänner 1873 im „Musikalischen Wochenblatt" in Leipzig veröffentlichte, den Professor Dove an und vergalt so Wagner den Liebesdienst, den ihm dieser in der Affäre mit Wilamowitz erwiesen hatte.

XIII. PSYCHOLOGISCHE UND KÜNSTLERISCHE GRÜNDE FÜR NIETZSCHES ABFALL.

Jedermann wird nun glauben, daß die Beziehungen Nietszches zu Wagner jetzt die denkbar innigsten gewesen sein müssen. Und doch waren sie dies nur mehr äußerlich. Wie schon erwähnt, schien sich Nietzsche wegen der schlechten Aufnahme, die sein jüngstes Werk in Gelehrtenkreisen gefunden hatte, Selbstvorwürfe gemacht zu haben. Aber vollends die Tatsache, daß er 1872 plötzlich erkrankte und einer dringenden Einladung Wagners nach Tribschen deswegen nicht Folge leisten konnte — daneben arbeitete er eifrig an seinem Vortrage „über die Zukunft unserer Bildungsanstalten" — hat Wagner mißtrauisch gemacht, zumal Nietzsche seiner Verehrung dem Meister gegenüber in so überschwenglichen Ausdrücken das Wort geredet hatte und nun mit einem Male nichts von sich hören ließ. Wagner, der überhaupt sehr mißtrauisch war, vermutete sofort, daß sich Nietzsche seines mannhaften Eintretens für ihn nicht nur schäme, sondern es sogar bereue. Nietzsche hatte mit einem „wahrhaft ergreifenden" Briefe alle seine Bedenken zerstreut. Es ist kein Zweifel, daß sich schon damals bei Nietzsche der Beginn seiner nachmaligen Krankheit bemerkbar machte: die furchtbaren Kopfschmerzen und das Augenleiden. Schon jetzt zeigte es sich, daß sein schwacher Körper, der noch unter den Nachwirkungen seines im Kriege zugezogenen Leidens litt, den Anforderungen, die er an sich selbst stellte, nicht gewachsen war. Was aber das Ausschlaggebendste ist, zu diesem physischen Leiden gesellten sich schwere seelische Krisen, hervorgerufen in erster Linie durch die immer zahlreicher werdenden Enttäuschungen, die ihm Wagners Benehmen bereitete, und dann Verstimmungen wegen des wissenschaftlichen Mißerfolges seines Buches. Es wurde bereits darauf hingewiesen, daß sich Nietzsche in seinem Denken vielfach von Schopenhauer entfernt hatte und damit ganz folgerichtig auch von Wagner. Denn wiewohl er zu jener Zeit sich noch ganz im Fahrwasser des Pessimismus treiben ließ, so folgerte er aus ihm, wie Lichtenberger geistvoll ausführt, nicht die Notwendigkeit der Entsagung, sondern das Gegenteil derselben: die Notwendigkeit des Heroismus; er verneinte also nicht den Willen zum Leben, sondern verehrte diesen Willen, der das ewige Leben will, wie der dionysische Grieche und suchte ihn zu rechtfertigen. Aber trotzdem hielt er noch immer zu Wagner. Frau Förster berichtet, daß sie unter Nietzsches Manuskripten verschiedene Skizzen gefunden habe, die sich zwar schwer datieren lassen, aber uns merkwürdige Aufschlüsse darüber geben, wie der Autor selbst über sein Werk gedacht hat: „Ich fing an mit einer metaphysischen Hypothese über den Sinn der Musik: aber zugrunde lag eine psychologische Erfahrung, welcher ich noch keine genügende historische Erklärung unterzuschieben wußte. Die Übertragung der Musik ins Metaphysische war ein Akt der Verehrung und Dankbarkeit... in meiner Jugend habe ich einmal ein Bild von R. Wagner gemalt unter dem Titel R. Wagner in Bayreuth. Einige Jahre später sagte ich mir: ‚Teufel! es ist gar nicht ähnlich!'... In gewissen Jahren hat man ein Recht, Dinge und Menschen falsch zu sehen — Vergrößerungsgläser, welche die Hoffnung uns gibt... mein Glaube an eine gemeinsame und zusammengehörige Bestimmung gereicht weder ihm noch mir zur Unehre und hat damals uns beiden als zwei auf sehr verschiedene Weise Vereinsamten keine kleine Erquickung und Wohltat verschafft... ich bin hundertmal radikaler als Wagner... deshalb bleibt er doch mein verehrtester Lehrer: ob ich schon jetzt zu meiner Erholung und Erquickung ganz andere Musik nötig habe als die Wagners." Einige der hier ausgesprochenen Gedanken werfen so helles Licht auf die Zeit vor den ersten Bayreuther Festspielen, daß sie ganz gut damals schon hätten geschrieben sein können. Aber für diese im Denken und Fühlen bereits eingetretene Abschwenkung Nietzsches von Schopenhauer und Wagner spricht noch folgender Umstand: die zweite unzeitgemäße Betrachtung „vom Nutzen und Nachteil der Historie" stellt sich ihrer Tendenz nach in bewußten Gegensatz zur „Geburt der Tragödie" und der „I. Unzeitgemäßen". Ist das Ziel jener beiden Schriften die Forderung, die in Bayreuth bereits als vorhanden angenommene Kultur als eine universelle zu proklamieren, verwirft Nietzsche jetzt auf einmal diese früher für ihn als heilig geltende

Kultur und fordert eine neue Kultur, wenn sie auch auf jener ersteren noch basiert. Diese Lossage von Schopenhauer und Wagner war zu deutlich, als daß sie dem Meister hätte entgehen können; er soll mißmutig ausgerufen haben: „Dieser Nietzsche geht immer seine eigenen Wege!" Dies mochte Nietzsche wohl auch selbst fühlen, brachte aber den Mut nicht auf, sein Abschwenken sich einzugestehen, sondern versuchte durch auffälliges Betonen rein persönlicher Momente in der „III." und „IV. Unzeitgemäßen" eine poetische Rechtfertigung. Er selbst mochte es vielleicht am schmerzlichsten fühlen, daß er sich von Wagner entfernt hatte; deshalb strich er im Texte seine radikale Abkehr von der einst über alles geschätzten Bedeutung des Volksliedes: „Wenn wir vom deutschen Geiste reden, so meinen wir Luther, Goethe, Schiller und einige andere. Besser wäre es schon, von lutherartigen Menschen usw. zu reden." Denn in der „Geburt der Tragödie" galt im Sinne Wagners der geniale Dichter als der Interpret der Volksseele. Jetzt dagegen erklärt sich Nietzsche die Existenz des Genius freilich auch als eine Forderung des nationalen Lebens, aber nicht weil die Volksseele ihn braucht, sondern nur weil durch seine Existenz die des Volkes gerechtfertigt wird. So wird das Ideal des Übermenschen immer mehr vorbereitet, das Ideal, das weder zu Schopenhauer noch zu Wagner paßte. Ungemein tief ist es zu bedauern, daß die Briefe Nietzsches an Wagner aus dieser Zeit, wie schon erwähnt, bei einem Umzug vernichtet worden sein sollen! So bleiben uns die inneren Vorgänge in Nietzsche immerhin ein psychologisches Rätsel, aber ein Rätsel, das mit der Konstatierung einer schon damals beginnenden Geisteskrankheit nicht im geringsten zu lösen ist. Denn wie konnte dieser Nietzsche schon damals über Wagner so herbe, skeptische, hellsichtige Worte finden, daß schon alle Keime der Wagner-Schriften von 1888 darin zu entdecken sind! Wie tief, fragt man unwillkürlich, muß da doch zuweilen das Verhältnis Nietzsches zu Wagner erschüttert gewesen sein, daß er es sogar fast wissenschaftlich zu analysieren vermochte!

Was ging in Nietzsche vor? Professor Richter bezeichnet diese Zeit als den zweiten Akt in dem dreiaktigen Freundschaftsdrama Wagner-Nietzsche: der Versucher tritt bei Nietzsche auf als die Treue zum philosophischen Geiste. Wagner war jetzt für Nietzsche nicht mehr die Inkarnation des Schopenhauerschen Geistes. Und da Nietzsche nur dem philosophischen Geiste in Wagner die Treue gehalten hatte, solange ihm dieser als dessen herrlichste Objektivation erschien, hätte er Wagner im tiefsten Sinne die Treue gebrochen, wenn er sie ihm gehalten hätte. Denn er hätte sie nicht dem **Freunde** Wagner, sondern einer entgeistigten Hülle gehalten. Auf eine andere Weise läßt sich dieses Abschwenken Nietzsches von Wagner kaum erklären, am allerwenigsten durch die Argumente, die Frau Andreas Salomé vorbringt. Von der Tatsache ausgehend, daß Nietzsche geneigt war, seine eigenen Empfindungen, Absichten und Anschauungen bei anderen vorauszusetzen, behauptet sie: „Gerade der Umstand, daß Nietzsche volles Genügen, Seelenfrieden und eine Geistesheimat gefunden hatte, daß ihm Wagners Weltanschauung so weich und glatt anlag wie eine ‚gesunde Haut‘, kitzelte ihn, sie sich abzustreifen, ließ ihm sein ‚Überglück als Ungemach‘ erscheinen, ließ ihn ‚verwundet werden von seinem Glück‘." Allein mit solchen Sentimentalitäten wird man das innerste Wesen dieses rastlos strebenden Geistes durchaus nicht erklären können! Und selbst wenn man je eine Sentenz aus „der fröhlichen Wissenschaft" und aus dem „Jenseits" kombiniert — „wer sein Ideal erreicht, kommt eben damit über dasselbe hinaus", denn „sein Überglück ward ihm zum Ungemach" — und den auf diese Weise erhaltenen Gedanken als ein Selbstbekenntnis Nietzsches interpretiert, ist die Tatsache des Abfalles von Wagner nicht erklärt. Sie ist, wie schon gesagt, nur durch Nietzsches philosophischen Trieb zu erklären, das heißt, sobald sich in ihm das eigene Denken zu regen begann, mußte er, dem philosophischen Triebe gleich einem kategorischen Imperativ gehorchend, sich von Wagner entfernen. Das wollen wir gerne zugeben, daß ihm diese Art der Selbstbefreiung schwer fiel, daß sie einen Akt der Entsagung darstellte — denn innerlich konnte dieser Mann von Wagner nicht loskommen, mochte er ihn auch überwunden haben. Und daß Nietzsche in seinem Denken bereits seinen eigenen Weg betreten hatte, lehrte uns die „II. Unzeitgemäße", worüber uns die „III." und „IV. Unzeitgemäße" wohl kaum hinwegtäuschen können: Schopenhauer ward nur mehr eine Maske, die Nietzsches „Liebenthusiasmus" für Wagner seiner Dankbarkeit und schwärmerischen Hingabe gewissermaßen schamhaft vorhält. An dieser Tatsache ändert auch der Umstand nichts, daß Hermann Türck die „III." Unzeitgemäße" das Werk eines tobsüchtig gewordenen Tollhäuslers nennt, jene Schrift, von der der Verfasser selbst gestand: „Ich bin ferne davon, zu glauben, daß ich Schopenhauer richtig verstanden habe, sondern nur mich selber habe ich durch Schopenhauer ein Weniges besser verstehen gelernt; das ist es, weshalb ich ihm die größte Dankbarkeit schuldig bin."

Doch trotz alledem hielt Nietzsche noch zu Wagner und begab sich nach Bayreuth, um die Grundsteinlegung des Festspielhauses mitzumachen. Die Gefühle, mit denen er nach Bayreuth kam, müssen sehr gemischt gewesen sein; denn als es zu Beginn des Jahres 1874 hieß, die Bayreuther Sache werde scheitern, schrieb Nietzsche in sein Notizbuch: „Ich sagte als Student: Wagner ist Romantik, nicht Kunst der Mitte und Fülle, sondern des letzten Viertels. Bald wird es Nacht sein. Mit dieser Einsicht war ich Wagnerianer, ich **konnte** nicht anders, aber ich **kannte** es besser." Mit anderen Worten: er glaubte nicht mehr an den **Reformator** Wagner und hielt daher ein Mißlingen der Wagner-Sache für möglich. Ich glaube gerne, daß dieser Gesinnungswandel Nietzsches den meisten Menschen etwas Unbegreifliches ist und sein wird; denn die Psychologie des Genies und gar das Verhältnis zweier Genies zueinander wird dem „Bildungsphilister" wohl immer verschlossen bleiben, und sie werden fortfahren, das Strahlende zu schwärzen und das Erhabene in den Staub zu ziehen! Der zwanzigjährige Friedrich Hebbel schreibt in seinen Tagebüchern: „Ich habe die Erfahrung gemacht, daß jeder tüchtige Mensch in einem großen Mann untergehen muß, wenn er jemals zur Selbsterkenntnis und zum sicheren Gebrauch seiner Kräfte gelangen will; ein Prophet tauft den zweiten, und wem diese Feuertaufe das Haar sengt, der war nicht berufen!" Diese Erfahrung machte Nietzsche: von dem Glücke, in dem großen Manne Wagner unterzugehen und sein eigentliches Selbst aus diesem Feuerbade tiefer und tüchtiger zurückzuerhalten, zeugen seine Briefe an Gersdorff, Deussen und Rohde aus der Zeit der ersten persönlichen Bekanntschaft mit Wagner. Und die erste Frucht dieses beseligenden Glücksgefühls, sich selbst in Wagner gefunden zu haben, ist „die Geburt der Tragödie"; Nietzsche fühlt sich als Prophet einer neuen Kultur. Doch dann kommt eine Zeit, wo Nietzsche langsam aus dem erträumten Zukunftsreiche auf diese Erde zurückkehrt, und verwundert ruft er aus: „Wo bin ich doch — ach weit, ach weit!" Es folgen die unzeitgemäßen Betrachtungen: Nietzsche fühlt immer deutlicher, daß seine Zeit kein Boden ist für seine genialen Intuitionen. Und dabei schleicht sich in seine Briefe aus dieser Zeit wie ein Symptom des langsam unterminierten Glaubens an Wagner ein recht melancholischer, entmutigter Ton. Das klassischeste Beispiel ist jene Stelle aus der „Morgenröte", wo er ausruft: „Wer wagt es, einen Blick in die Wildnis bitterster... Seelennöte zu tun, in welchen wahrscheinlich gerade die fruchtbarsten Menschen aller Zeiten... geschmachtet haben! Jene Seufzer des Einsamen und Verstörten zu hören: ‚Ach, so gebt doch Wahnsinn, ihr Himmlischen! Wahnsinn, daß ich endlich an mich selber glaube! Der Zweifel frißt mich auf, ich habe das Gesetz getötet... wenn ich nicht mehr bin als das Gesetz, so bin ich der Verworfenste von allen'... und nur zu oft erreichte diese Inbrunst ihr Ziel zu gut!" Doch langsam gewinnt er wieder den Glauben an sich und, wie von einem bösen Alpdruck befreit, ruft er dankbar aus: „So lebe ich mich allmählich in mein Philosophentum hinein und glaube bereits an mich; ja, wenn ich noch zum Dichter werden sollte, so bin ich selbst hierauf gefaßt." Nietzsche hatte sich selbst gefunden: er blieb dem philosophischen Triebe treu; und was jetzt geschah, das mußte geschehen: die völlige Entfremdung von Wagner.

Wir wissen bereits, daß die Anwesenheit bei den Proben Nietzsche sichtliches Unbehagen bereitete, aber dennoch harrte er aus, bis er einfach nicht mehr konnte. Weder das Spiel noch das Publikum hielten das, was er sich von ihnen versprochen hatte: er war namenlos enttäuscht, besonders über den oft allzu lauten Fanatismus und die theatralischen Posen, mit denen viele Wagnerianer ihre geistige Gefolgschaft dem Meister bekundeten, ohne ihn im Grunde zu verstehen: sie erschienen ihm als eine traurige Parodie auf sich selbst. Über diese Wagnerianer, „diese imperativische Behörde der Kultur", die, um an ein Wort Friedrich Paulsens zu erinnern, Wagners Kunstideal zum Verordnungsparagraphen der Zukunft gemacht hatte, hat sich niemand anderer als H. St. Chamberlain noch 1896 folgendermaßen geäußert: „Öfters las ich von ‚unbedingten Anhängern von Bayreuth': diese Spezies blieb mir jedoch unauffindbar; kein Mensch raisoniert so viel, so kleinlich und so verständnislos über alles, was in Bayreuth geleistet wird, wie diese angeblichen ‚Anhänger'; der Fremde und der Feind empfinden fast immer mit mehr oder weniger Klarheit die Größe des Vorhabens, wenn auch weiter nichts; wer aber für den jährlichen Preis von vier Mark Mitglied des Allgemeinen Wagner-Vereines geworden ist, scheint sich in Bayreuth so zu Hause zu fühlen wie der Fisch im Teiche; für das bißchen Geld hat er zugleich mit seiner Mitgliedschaft sich ein lückenloses Verständnis eines der gewaltigsten Kunstvorhaben, von denen die Geschichte erzählt, erworben — und bekanntlich dokumentiert sich echte Kennerschaft zunächst darin, daß man an allem und jedem herumtadelt." Das waren jedoch schon wieder paradiesische Zustände gegen das Jahr 1876, wo man sich durch seinen Beitrag das Recht erkaufte, gegen jedermann wie ein Wilder zu toben, Bierseidel drohend in die Höhe erhob und überhaupt zu jeder Art „schlagender" Gründe bereit schien, gegen jedermann, der nicht jede Note, jedes Wort des Meisters als ein Evangelium betrachtete. Ich glaube, diese Spezies ist auch heute noch nicht ausgestorben und ihretwegen ist jeder Versuch, eine objektive Würdigung Wagners oder gar des „Ringes" aussichtslos mehr denn je. Wie mußte angesichts solcher Zuschauer Nietzsche zumute sein, der erwartet hatte, daß in Bayreuth „auch der Zuschauer anschauenswert sein werde", zumal „hier ihr die Ergriffenheit von Menschen findet, welche sich auf dem Höhepunkte ihres Glückes befinden und gerade in ihm ihr ganzes Wesen zusammengerafft fühlen, um sich zu weiterem und höherem Wollen bestärken zu lassen". Und was sah er in der Tat? Er berichtet: „Sehen Sie doch diese Jünglinge, erstarrt, blaß, atemlos! Das sind Wagnerianer; das versteht nichts von Musik — und trotzdem wird Wagner über sie Herr!" Das war nicht jene „Vereinigung aller wirklich lebendigen Menschen", wie er sie erwartet hatte, kein „Reich der Güte hatte sich entfaltet, kein neuer Genius war erwacht", das war die „gewöhnliche gesellschaftliche Trivialität", der er „im liebenswürdigen Familienkreise" zu Tribschen ganz entrückt war, das waren jene „Kerle, die für Wagner gar nicht reif waren". Das war in der Tat jene Welt, die Wagner einst hinter sich geworfen und der er mit zwangslosester Unumwundenheit zugerufen hatte, daß er, der Künstler, sie, „diese so scheinheilig um Kunst und Kultur besorgte Welt aus tiefstem Grunde verachte, daß in ihren ganzen Lebensadern nicht ein Tropfen künstlerischen Blutes fließe, daß sie nicht einen Atemzug menschlicher Gesittung, nicht einen Hauch menschlicher Schönheit aus sich zu ergießen vermöge!" Wie anders war's zur Zeit der Grundsteinlegung! „Die unvergleichlichen Tage der Grundsteinlegung, die kleine zugehörige Gesellschaft, die sie feierte und der man nicht erst Finger für zarte Dinge zu wünschen hatte: kein Schatten von Ähnlichkeit!" sagt Nietzsche. Noch mehr jedoch enttäuschte und befremdete ihn Wagner selbst. Frau Förster teilt darüber mit: „Man darf nicht vergessen, Wagner war bei aller Herzlichkeit und Wärme der Freundschaft im Verkehr oft schwer zu ertragen, vorzüglich seit er ‚in die Welt' zurückgekehrt war und, um seine Pläne in Bayreuth zu verwirklichen, unzählige Hindernisse und Schwierigkeiten zu überwinden hatte. In Tribschen, in dieser fernen abgeschlossenen Insel der Seligen, hatte Glück und künstlerisches Schaffen sein ganzes Wesen verklärt, und in dieser Verklärung hatte mein Bruder Wagner hauptsächlich kennen gelernt. In Bayreuth dagegen war seine Art und Weise recht verändert: die Gereiztheit, der Mangel an Vornehmheit gegen Rivalen, die maßlose Heftigkeit, das kleinliche Mißtrauen wirkte auf meinen Bruder geradezu niederdrückend: er litt darunter, das Ideal, das er von Wagner in sich trug, in so verzogenen Linien zu sehen." Seine aristokratische Gesinnung, sein vornehmes, zurückhaltendes Wesen stand in direktem Widerspruch zu dem Demagogentum und der regen Agitationstätigkeit, die der Meister in dem Kampfe um die Erreichung seines Zieles mit Benützung der irdischesten Mittel entfaltete. Er begann leise zu zweifeln an der unbedingten Anerkennung Wagners als des typischen Genies, als des himmelstürmenden Künstlers, als des tiefen Denkers. Das war durchaus nicht mehr jener Wagner, an dem er noch im Jahre 1870 in einem Briefe an Rohde die „idealistische Art" gepriesen hatte, „in der er mit Schiller am stärksten verwandt ist". Ernest entwirft von dem Bayreuther Wagner eine sehr anschauliche Schilderung: „Wenn ihn das Theater freigab, dann hatte er tausend Pflichten als Weltmann und Diplomat zu erfüllen, da hieß es Besuche machen, Audienzen erteilen, einflußreiche Freunde empfangen, Bedenken beseitigen, Gegensätze ausgleichen. Nietzsche erkannte den Freund kaum noch wieder — war das der Wagner seiner Träume?" Ein Nachbericht Nietzsches aus dem Jahre 1878 enthält über diesen Wagner folgende charakteristische Stelle: „Ich erkannte kaum Wagner wieder: umsonst blätterte ich in meinen Erinnerungen: Tribschen, eine ferne Insel der Glückseligen, kein Schatten von

Ähnlichkeit... der Wagnerianer war Herr über Wagner geworden." Völlig zutreffend resumiert daher Richter, wenn er sagt: „Nietzsches kritischem Verstande konnte das Unedle, Kleinliche, Unlautere, vor allem die Unangemessenheit zu seinen eigenen hochgespannten Idealen nicht entgehen; und unfähig, unter falschen Voraussetzungen mit den Menschen und dem Leben zu verkehren, sprengte er diese Hülle." Dazu kam noch ein anderer wichtiger Umstand: Nietzsche mißfiel jetzt der „Ring des Nibelungen". Aber schon im Oktober 1866 schrieb er über die Musik zur „Walküre", daß seine Empfindungen über sie „sehr gemischt seien; die großen Schönheiten und virtutes des Werkes würden durch ebenso große Häßlichkeiten und Mängel aufgehoben". Und an Freiherrn v. Gersdorff schrieb er anschließend: „$+ a + (- a)$ gibt aber nach Riese und Buchbinder 0. Jetzt arbeitet derselbe Komponist, den Zeitungen nach, an einer Hohenstaufen-Oper und läßt sich ab und zu vom König, ‚dem holden Schirmherrn seines Lebens...', besuchen. Es schadete übrigens nichts, wenn ‚der König mit dem Wagner ginge (gehen in des Wortes verwegenster Bedeutung), natürlich aber mit anständiger Leibrente'." Ja, seine Aversion gegen die Wagnersche Musik ging so weit, daß er 1868 mit Jahn Wagner für den Repräsentanten eines modernen, alle Kunstinteressen in sich aufsaugenden und verdammenden Dilettantismus hält. Aber dies war nur vorübergehend: seine ursprüngliche Begeisterung für Wagner sollte um so stärker hervorbrechen; bereits im Oktober desselben Jahres schreibt er nach einer Konzertaufführung der Vorspiele zu „Tristan und Isolde" und den „Meistersingern"[1]) an Erwin Rohde: „Ich bringe es nicht übers Herz, mich dieser Musik gegenüber kritisch kühl zu verhalten; jede Faser, jeder Nerv zuckt mir, und ich habe lange nicht ein solches andauerndes Gefühl der Entzücktheit gehabt als bei der letztgenannten Ouverture." Aus dem Jahre 1872 stammt folgender Brief an Rohde: „Ich möchte, Du hörest den ‚Tristan' — es ist das Ungeheuerste, Reinste und Unerwartetste, was ich kenne. Man schwimmt in Erhabenheit und Glück." Rohde, ein reiner Dilettant in musikali-

---

[1]) Nach der ersten „Meistersinger"-Aufführung in Dresden schreibt er an Rohde: „Weiß Gott, ich muß doch ein tüchtiges Stück von Musiker im Leibe haben; denn in jener ganzen Zeit hatte ich die stärkste Empfindung, plötzlich zu Hause und heimisch zu sein, und mein sonstiges Treiben erschien wie ein ferner Nebel, aus dem ich erlöst war."

schen Dingen, bekannte sodann dankbar über den „Tristan": „Gewiß
gibt es in der Welt keine andere Musik von solcher Notwendigkeit:
meine Seele sang unmittelbar mit in diesem tönenden Meeres-
rauschen der stürmenden Empfindung. Da ist nichts von künstlich-
künstlerischer Willkür." Für die Stellung, die Nietzsche gerade
diesem Werke des Meisters gegenüber, das er bereits in der „Geburt
der Tragödie" so enthusiastisch gepriesen hatte, einnahm, ist es nun
bezeichnend, daß er noch 1888 im „Ecce homo" bekennt: „Ich suche
heute noch nach einem Werke von gleich gefährlicher Faszination,
von einer gleich schauerlichen und süßen Unendlichkeit wie der
‚Tristan' ist, ich suche in allen Künsten vergebens. Alle Fremdheiten
Lionardo da Vincis entzaubern sich beim ersten Tone des Tristan.
Dies Werk ist durchaus das non plus ultra Wagners; er erholte sich
von ihm mit den ‚Meistersingern' und dem ‚Ring'. Gesünder
werden — das ist ein Rückschritt bei einer Natur wie Wagner.
Ich nehme es als Glück ersten Ranges, zur rechten Zeit gelebt und
gerade unter Deutschen gelebt zu haben, um reif für dieses Werk
zu sein." Oder: „Der Tristan ist ein kapitales Werk und zweitens
von einer Faszination, die nicht nur Musik, sondern in allen
Künsten ohnegleichen ist." Warum, fragen wir erstaunt, verhielt
sich Nietzsche, der bekannt hatte: „Alles erwogen, hätte ich meine
Jugend nicht ausgehalten ohne Wagnersche Musik!", dem „Ring"
gegenüber so ablehnend? Nietzsche hatte jede Note des Riesen-
werkes gekannt, in dessen geheimnisvollen Bau ihn der Meister in den
Stunden der Andacht selbst eingeführt hatte. Allein schon damals
soll Nietzsche gar manches teils zu lang, teils zu schwach empfunden
haben — aber dennoch glaubte er, daß der Gesamteindruck einer
Bühnenaufführung alle diese Inkonsequenzen kaum merklich machen
werde. Und zudem hoffte er, der die Tragödie aus dem Geiste der
Musik geboren werden ließ, mit diesem Werke seine Behauptungen
genau so wie im „Tristan" durch die Tat bewiesen zu sehen. Daher
hatte er sich in späteren Jahren über sein Werk und dessen Wirkung auf Wagner geäußert: „Die ‚Geburt der Tragödie' hat vielleicht
im Leben Richard Wagners den größten Glücksklang hervorgebracht;
er war außer sich und es gibt wunderschöne Dinge in der ‚Götterdämmerung', welche er in diesem Zustande einer unerwarteten
äußersten Hoffnung hervorgebracht hat." Damit deckt sich eine
Mitteilung, die Wagner dem Freunde machte: „Seit der Lektüre

(sc. der ‚Geburt der Tragödie') komponiere ich wieder an meinem letzten Akte (sc. der ‚Götterdämmerung'). Ich für meinen Teil begreife nicht, wie ich so etwas erleben durfte!" Damals gab sich Nietzsche der, wie er glaubte, begründeten Hoffnung hin, Wagner zu seinen Ansichten zu bekehren, aber er vergaß „über dem Bilde dieses Lebens — dieses mächtigen, im eigenen Strome und gleichsam den Berg hinanstrebenden Lebens — zu sagen, was er von Wagner in Ansehung der Wahrheit hielt". Und der Einfluß, den der junge Nietzsche auf den Meister ausübte, erhellt am deutlichsten aus dem dritten Akte des „Siegfried". An diese Zeiten sich zurückerinnernd, konnte daher Nietzsche noch am 27. April 1883 an Peter Gast schreiben: „Wenn ich an jene Zeiten denke, wo der letzte Teil des ‚Siegfried' entstand! Damals liebten wir uns und hofften alles füreinander — es war wirklich eine tiefe Liebe, ohne Nebengedanken!" Doch was lehrten ihn die Proben? Nietzsche mußte nur zu bald erkennen, „daß hier das Drama durch die Musik oft nur aufgehalten, daß die Musik wiederum durch die Erfordernisse des Dramas oft ihrer eigensten Aufgabe, die Wagner selbst in die Wirkung auf das Gemüt gesetzt hatte, entfremdet werde. Er fühlte, daß, wenn das Drama als solches zu vollster Geltung kommen sollte, die Musik viel bescheidener zurücktreten müsse, und er erkannte doch wieder, daß, wo das hier geschah, das Drama erst recht nicht wirkte, weil man nach musikalischen Wundertaten, wie dem ersten Akte der ‚Walküre', auch weiter auf gleiche Wirkungen rechnete, und wo diese ausblieben, die Gründe dafür nicht im Drama, sondern im Künstler suchte, das, was dramatische Notwendigkeit war, nur als künstlerische Schwäche empfand. Mit einem Wort: die Wirkung des Werkes beruhte auf dem, was darin opernmäßig war, und wo es nicht opernmäßig war, da wirkte es nicht! Für ihn konnte es nur zweierlei geben: entweder ein Drama, das durch sich selbst so gewaltig ergriffe, daß die Musik nur als mithelfendes Ausdrucksmittel erscheine, oder eine Musik, die in jedem Augenblick durch ihre Schönheit auch die Schwächen des Dramas verhüllte. Hier aber glaubte er keines von beiden rein und ganz zu finden und vor allem — was Wagner gewollt — die Vormachtstellung der Musik auf der Bühne den anderen Künsten gegenüber zu brechen, das war ihm nicht gelungen." Diese feinsinnigen Ausführungen Gustav Ernests sollten auch heute noch jenen Wagnerianern, die den

„Ring" überschätzen, zu denken geben! Mit Recht bemerkt er, daß das, was Nietzsche damals empfand, nur das sei, was bis heute viele Vorurteilslose gegenüber dem Ringe wirklich empfinden. Da Nietzsche mit einer bestimmten, überaus hochgespannten Erwartung dem „Ring" gegenüber getreten war, war die Enttäuschung unausbleiblich. Damit sie nicht eine noch größere, ganz unaustilgbare werde, floh er. Sehr treffend bemerkte R. Richter, daß wir alle es nie werden begreifen und nachfühlen können, was Nietzsche in all diesen Wochen ausgestanden habe; nur der könne dies völlig erfassen, dessen persönlichste Leiden und Freuden aus seinem Verhältnisse zu unpersönlichen Idealen entspringen.

Seine Kritik am „Ring" hat Nietzsche folgendermaßen formuliert:

„An unkünstlerische Menschen sich wendend, mit allen Hilfsmitteln soll gewirkt werden, nicht auf Kunstwirkung, sondern auf Nervenwirkung ganz allgemein ist es abgesehen ... Wagner hat kein rechtes Vertrauen zur Musik: er zieht verwandte Empfindungen heran, um ihr den Charakter des Großen zu geben. Er stimmt sich selber an andern, er läßt seinen Zuhörern erst berauschende Getränke geben, um sie glauben zu machen, die Musik habe sie berauscht ... seine Seele singt nicht, sie spricht, aber so wie die höchste Leidenschaft spricht. Natürlich ist bei ihm der Ton, Rhythmus, Gebärdenfall der Rede; die Musik ist dagegen nie ganz natürlich, eine Art erlernter Sprache mit mäßigem Vorrat von Worten und einer anderen Syntax ... man höre den zweiten Akt der „Götterdämmerung" ohne Drama: es ist verworrene Musik, wild wie ein schlechter Traum und so entsetzlich deutlich, als ob sie vor Tauben noch deutlich reden wollte. Dies Reden, ohne etwas zu sagen, ist beängstigend: das Drama ist reine Erlösung. — Ist das ein Lob, daß diese Musik allein unerträglich ist (von einzelnen, absichtlich isolierten Stellen abgesehen!) als Ganzes? — Genug! diese Musik ist ohne Drama eine fortwährende Verleugnung aller höchsten Stilgesetze der älteren Musik: wer sich völlig an sie gewöhnt, verliert das Gefühl für diese Gesetze. Hat aber das Drama durch diesen Zusatz gewonnen? Es ist eine symbolische Interpretation hinzugetreten, eine Art philologischen Kommentars, welcher die innere freie Phantasie des Verstehens mit Bann belegt — tyrannisch! Musik ist die Sprache des Erklärers, der aber fortwährend redet und uns keine Zeit läßt, überdies in einer schweren Sprache, die wieder eine Erklärung fordert. Wer einzeln sich erst die Dichtung (Sprache!) eingelernt hat, dann sie mit dem Auge in Aktion verwandelt hat, dann die Musik-Symbolik herausgesucht und verstanden hat und ganz sich hineinlebt, ja in alles Dreies sich verliebt hat — der hat dann einen ungemeinen Genuß. Aber wie anspruchsvoll! Aber es ist unmöglich, außer für kurze Augenblicke — weil zu angreifend, diese zehnfache Gesamtaufmerksamkeit von Auge, Ohr, Verstand, Gefühl, höchster Tätigkeit des Aufmerkens, ohne jede produktive Gegenwirkung! — Dies tun die am wenigsten: woher doch die Wirkung auf so viele? Weil man intermittiert mit der Aufmerksamkeit, ganze Strecken stumpf ist, weil man bald auf die Musik, bald auf das Drama, bald auf die Szene allein acht gibt — also das Werk zerlegt. Damit ist aber über die Gattung der Stab gebrochen: nicht das Drama, sondern ein Augenblick ist das Resultat oder eine willkürliche Auswahl. Der Schöpfer einer neuen Gattung hat acht hier zu geben! Nicht die Künste immer nebeneinander, sondern die Mäßigung der Alten, welche der menschlichen Natur gemäß ist... die Heftigkeit der erregten Empfindung und die Länge der Zeitdauer stehen im Widerspruch. Dies ist ein Punkt, worin der Autor selber keine entscheidende Stimme hat: er hat sich langsam an sein Werk gewöhnt und es in langer Zeit geschaffen: er kann sich gar nicht auf den Standpunkt des Aufnehmenden unbefangen versetzen. Schiller machte denselben Fehler (sc. im ‚Don Carlos')... Anscheinend Kunst für alle bei Wagner, weil gröbere und feinere Mittel zugleich. Doch aber an bestimmte musikalisch-ästhetische Erziehung gebunden, namentlich an moralische Gleichgültigkeit... Wagners Nibelungenring sind strengste Lesedramen, auf die innere Phantasie rechnend, hohes Kunstgenre... epische Motive für die innere Phantasie: viele Szenen wirken viel schwächer in der Versinnlichung (der Riesenwurm und Wotan)... diese wilden Tiere mit Anwandlungen eines sublimierten Zart- und Tiefsinnes haben nichts mit uns zu tun... Wotan, wütender Ekel: mag die Welt zugrunde gehen. Brünhilde liebt: mag die Welt zugrunde gehen. Siegfried liebt: was schiert ihn das Mittel des Betruges (ebenso Wotan). Wie ist mir das alles zuwider... einzelne Töne von einer unglaubwürdigen Natürlichkeit wünsche ich nie wieder zu hören; ja sie auch nur vergessen zu können ... Anwandlung der Schönheit: Rheintöchterszene, gebrochene Lichter, Farbenüberschwang wie bei der Herbstsonne, Buntheit der Natur, glühendes Rot, Purpur, melancholisches Gelb und Grün fließen durcheinander ... am wenigsten stimme ich denen bei, welche mit Dekorationen, Szene, Maschinerie in Bayreuth unzufrieden waren. Viel zu viel Fleiß und Erfindung war darauf verwandt, die Phantasie in Fesseln zu schlagen, bei Stoffen, die ihren epischen Ursprung nicht verleugnen. Aber der Naturalismus der Gebärde, des Gesanges, im Vergleich zum Orchester! Was für geschraubte, erkünstelte, verdorbene Töne, was für eine falsche Natur hörte man da! ... mehrere Wege zur Musik stehen noch offen (oder standen noch offen, ohne Wagners Einfluß): organische Gebilde als Symphonie mit einem Gegenstück als Drama (oder Mimus ohne Worte?) und dann absolute Musik, welche die Gesetze des organischen Bildens wiedergewinnt und Wagner nur benützt als Vorbereitung. Oder Wagner überbieten: dramatische Chormusik, Dithyrambus. Wirkung des Unisono. Musik aus geschlossenen Räumen ins Gebirge und Waldgehege ... Wagner hat den Gang unterbrochen, unheilvoll, nicht wieder die Bahn zu gewinnen. Mir schwebte eine sich mit dem Drama deckende Symphonie vor. Vom Liede aus sich erweiternd. Aber die Oper, der Effekt, das Undeutsche zog Wagner anderswohin. Alle nur denkbaren Kunstmittel in der höchsten Steigerung ... den Untergang der letzten Kunst erleben wir. Bayreuth überzeugt mich davon"[1]).

[1]) Das ist ein ungemein scharf-, aber auch feinsinniges Urteil! Denn weiter ausgesponnen, heißt dieser Gedanke, daß Wagner in seinem Bestreben, das Musikdrama zu schaffen, die Musik — das Höchste! — einem ästhetischen Stilprinzip unbedenklich geopfert hat: anstatt der Musik dramatisches Leben einzuhauchen, hat er, weil er von der dramatischen Idee nie loskommen konnte, durch seine Musik ein Drama symphonisiert. Und doch ist diese Musik keine Symphonie im eigentlichen Sinne des Wortes; denn weil er stets an der dramatischen Grundidee festhielt, entbehrt seine Musik der Melodie im Sinne Mozarts: das heißt, er wird maßlos, pathetisch, ausdrucksvoll, seine Melodie wird sozusagen materialisiert. Mit dieser extremen Forderung an die Vorherrschaft der Musik hat Nietzsche nicht nur die orthodoxesten Wagnerianer, sondern vor allem Wagner selbst übertrumpft. Aber angesichts dieser nicht wegzuleugnenden Tatsachen scheint mir Th. Lessings Frage nicht unberechtigt: „Und ist endlich das, was Nietzsches fanatische Ausschließlichkeit wider Wagner kehrt, nicht etwa wirklich

In der Tat ist das Wagnersche Kunstwerk aus dem primären Wesen der Musik hervorgegangen, während Wagner selbst in seiner Theorie der Musik nur eine sekundäre Rolle zuweist. Deshalb ist es die vorzüglichste Aufgabe einer objektiven Kritik, zu untersuchen, wo die Theorie den Künstler überwältigt hat. Man darf nicht einwenden, daß eine solche Kritik überflüssig ist. Niemand Geringerer als Felix v. Weingartner, also sicher einer der Berufensten, warnte direkt vor der Phrase, die fortwährend wiedergekäut wird, daß die Kunst Wagners Religion sei, über die sich nicht streiten lasse. Es sei das Vorrecht des großen Künstlers, sich der schärfsten Probe auf seine goldene Echtheit zu unterwerfen — und Weingartner ist überzeugt, daß Wagner diese Probe bestehen werde. Sein Bild werde uns, vielleicht sogar mit deutlich erkannten Fehlern, später einmal wertvoller sein als heute, wo wir es durch den trügerischen Schleier unnahbarer Vollkommenheit anschauen. Denn wer so oft und so tief in unser Leben eingegriffen habe wie Wagner, mit dem müßten wir uns auch auseinandersetzen dürfen, inwieweit er ein Recht gehabt habe, dies zu tun. Wahrlich, mit dem bloßen Bewundern, dem Geltenlassen dessen, was da ist, wie es

---

der wunde Punkt einer Kultur, für die ihm Wagner nun einmal vorbildlich wurde? — Er ergreift an ihm ein bestimmtes Problem, das Problem des Schauspielers, des Theaters! Und soweit in Wagner Schauspieler und Theater stecken, ist er tatsächlich eine Gefahr für echte und schlichte Kunst... alles, was Wagner im ‚Judentum in der Musik' an Meyerbeer tadelt, der Vorwurf des Requisiten- und Kolophoniumzaubers kehrt sich wider ihn selbst... Kultur der Kulisse, Requisit und Kostümtreue sind Hemmnisse einer neuen Kunst. Wagner hat beigetragen zu dieser entsetzlichen Barbarei, die in den Sinnen den Sinn erstickt, und im Bestreben, alles greifbar-sinnfällig zu machen, die selbstaufbauende Phantasie der Hörer ertötet." Das Allerinteressanteste aber ist, daß Nietzsche bei Formulierung dieser seiner Kritik ganz auf aristotelischer Grundlage fußt — also war er sich schon damals des unüberbrückbaren Gegensatzes zwischen Hellenentum und Wagnertum voll bewußt! — denn bei Aristoteles heißt es in der Poetik, c. 6: „Das Trauerspiel ist eine nachahmende Darstellung nicht von Menschen, sondern von Handlungen und Leben... Es sind aber die Menschen je nach ihren Charakteren so oder so beschaffen, nach ihren Handlungen jedoch glückselig oder das Gegenteil davon. So agieren denn die Bühnenfiguren nicht, um Charaktere darzustellen, sondern sie nehmen die Charaktere um der Handlungen willen in den Kauf. Die Begebenheiten und die Fabel sind somit der Zweck des Trauerspiels... Ein Beweis für die Richtigkeit dieser Behauptung ist es, daß die angehenden Dichter früher dazu gelangen, in der Diktion und

auch ist, tut man nicht nur einem Kunstwerke, sondern auch einem Künstler nicht geringeres Unrecht als die Kritiker, die Goethes „Dilettant und Kritiker" verhöhnt. Kein Künstler ist selbst im Unorganischen so organisch wie Wagner: wie er selbst in den „Meistersingern" so schön sagt: „Die Meisterregeln lernt bei Zeiten, daß sie getreulich euch geleiten!" hat er sich an dieses Gebot stets gehalten. Wie unwillkürlich tauchen aus den dramatischen Wogen seiner Tonfluten die festumrissenen Formen der alten Oper wieder hervor, ohne die er in seinen eigenen Tonfluten ertrunken wäre. Diese Formen gleichen Sicherheitsbooten, deren sich ein Schwimmer, der weite Distanzen durchmißt, von Zeit zu Zeit versichert. Darum gab Wagner unstreitig dort sein Schönstes und Bestes, wo er sich der alten Oper wieder näherte: erster Akt „Siegfried", die Schmiedelieder; „Tristan", zweiter Akt, Duett: „O sink' hernieder" etc. etc. Diesen Akten würden Wotans Fragespiel mit Mime oder die langatmige Psalmodie Markes wohl schwerlich die Unsterblichkeit gesichert haben. Diese Beispiele könnten noch unzählig vermehrt werden. Dafür bietet aber kein Werk Wagners eine solche vollständige Übereinstimmung zwischen seiner Theorie und Kunst wie der „Parsifal": den harmonischen Einklang zwischen

---

Charakteristik etwas Erkleckliches zu leisten als im Bau der Fabel... Die szenische Ausstattung entbehrt zwar nicht des bestrickenden Reizes, doch ist sie das geistesärmste Element und hat mit der Stilkunst am wenigsten zu schaffen; tut doch überhaupt das Trauerspiel auch ohne schauspielerische Aufführung seine Wirkung, und zudem ist bei der Anfertigung der Bühnenrequisite die Kunst des Theatermeisters maßgebender als jene des Dichters."
— c. 7: „Das Schöne bedarf nicht nur einer Ordnung seiner Teile, sondern auch einer gewissen, nicht eben beliebigen Größe. Beruht doch alle Schönheit auf Größe und Ordnung... Auch die Fabeln müssen eine stattliche, aber nicht eine der Erinnerung abträgliche Länge besitzen, sonst geht dem Betrachtenden ihre Einheit und Ganzheit verloren... Je größer innerhalb der Grenzen der Übersichtlichkeit die Ausdehnung einer Fabel ist, um so größer ist auch insoweit ihre Schönheit..." c. 24: „Anfang und Ende muß man zugleich überschauen können..." c. 18: „Aus dem Trauerspiel darf man nicht einen eposartigen Bau machen. Unter ‚eposartig' verstehe ich den allzu großen Stoffreichtum..." c. 24: „Im Trauerspiel können nicht mehrere gleichzeitige Geschehnisse zur Darstellung gelangen, sondern nur eben das, was jedesmal auf der Bühne durch Schauspieler erfolgt. Im Epos aber ermöglicht es die erzählende Form, daß man mehrere Teile der Handlung zugleich verlaufen läßt, wodurch, ihre innere Verwandtschaft vorausgesetzt, die Wucht des Dichterwerkes erhöht wird."

Gewolltem und Geschaffenem. Niemand hat dies als erster klarer und deutlicher ausgesprochen als gerade Nietzsche, wiewohl er selbst die dem Parsifaldrama zugrunde liegende Tendenz auf das entschiedenste bekämpfte. Der Parsifal ist daher nicht das Ende, sondern der Anfang eines neuen musikdramatischen Stils.

An dieser Stelle möge es mir gestattet sein, Friedrich Hebbels zu gedenken und seiner Stellungnahme zu Wagners Kunstwerken. Als Hebbel Wagners Werk: „Oper und Drama" gelesen hatte, referierte er darüber am 27. April 1852 an den Baron Zigésar, Intendanten des Weimarischen Hoftheaters: „Alle Reformvorschläge Wagners beruhen auf gründlichem Mißverständnis des Dramas. Welch ein Irrtum, das Drama, welches die Totalität des Menschen und der Welt in sich aufnehmen und wiedergeben soll, auf die Gefühlsmomente beschränken zu wollen! Das hieße, es zu einer Kastration verdammen, die wahrlich nicht weit mehr vom Selbstmorde entfernt wäre... die Tragödie müßte auf alles Verzicht leisten, was den Dichter in Spannung setzt... die Wahrheit ist, daß die Musik nur die Gefühlsmomente ausdrücken kann; daraus folgt aber nicht, daß das Drama die übrigen ausscheidet, sondern einzig und allein, daß jene sich auf sie beschränken soll: Im übrigen bin ich längst der Überzeugung gewesen, daß zwischen Drama und Musik eine weit innigere Verbindung möglich ist, als bisher bestand. Das Drama, wenigstens das höhere, hat immer Momente, wo es aus Ökonomie sich individualisieren darf und doch auf eine Wirkung rechnen muß, die durch ein paar allgemeine Linien nur halb erreicht wird; dort trete jedesmal die Musik ein... als bloßer Sauerteig, der einmal alles wieder in Gärung bringt, hat Wagner seine Berechtigung. Seine Dichtungen sind als Operntexte vortrefflich, wollen sie aber als Surrogat für Dramen gelten, so sind sie der beste Beweis für das, was ich sagte." Daher schrieb er dann am 19. Mai weiter: „Wagners Musik verhält sich zum Text wie das heiße, rollende Blut zur leeren, ausgespritzten Ader." Über den „Lohengrin" äußerte sich Hebbel gegenüber der Fürstin v. Wittgenstein: „Der Text ist, das Verhältnis der Musik im Auge behaltend, gewiß einer der allervortrefflichsten, aber die Aufgabe des Dramas fängt eben da erst an, wo er aufhört, und zwar im einzelnen, in jedem Vers wie im ganzen, im Gesamtorganismus." Aber auch Hebbel ward durch Wagners künstlerische Gewalt überwunden — Nietzsche prägte dafür das Drastikon, Wagner werfe den stärksten Stier noch um! — und lieferte sich der Macht dieser Tonsprache mit offener Seele aus, bis er bekannte, „daß alle Künste nur verschiedene Anläufe einer und derselben Urkraft seien" — der Musik!

Aus allen diesen Ausführungen erhellt, daß Wagners Bedeutung nur auf dem Gebiete der Musik liegt: „Tristan", „Meistersinger" und „Parsifal" sind Marksteine seiner Entwicklung; rein als Dichterwerk gesehen hat jedoch keines seiner Dramen Bedeutung, so wenig man die dramatische Begabung Wagners und die Größe auch seiner dichterischen Intentionen verkennen darf. Und doch ist auch der „Ring" intuitiv erschaut und keineswegs nach einer philosophischen Formel geschaffen. Der stärkste Beweis für diese Tatsache ist der Umstand, daß Wagner erst nach seiner Bekanntschaft mit Schopenhauer (1854) erkannte, daß der „Ring", den er selbst bislang nach Feuerbach optimistisch ausgedeutet hatte, ganz mit Pessimismus durchtränkt sei. Nietzsche, der große Jasager zum Leben, war zuerst ganz natürlich für dieses Werk so begeistert, weil seine optimistische Tendenz ganz im Einklang stand mit seiner Vorliebe für den Willen zur Macht, als dessen vollendetste Verkörperung ihm Siegfried erschien. Wenn daher Wagner mit einer nicht zu verkennenden Selbstbefriedigung seine Ringtragödie sich mit der Schopenhauerschen Philosophie interpretierte, so konnte es ihm Nietzsche natürlich um so weniger mehr verzeihen, daß der Meister seine eigene Vision, die er in der „Geburt der Tragödie" und in der „IV. Unzeitgemäßen" gezeichnet hatte, durch die fratzenhafte Verwirklichung, wie das reale Bayreuth sie darstellte, geschändet habe: der Mann, der einen Siegfried, einen Tristan und die Meistersinger geschaffen hatte, war zu deren Gegenidealen kondeszendiert und hatte der mächtigen Pyramide seines Daseins die letzte krönende Spitze für immer geraubt; hatte um des raschen Erfolges bei Lebzeiten willen sein revolutionäres Werden vorzeitig in einem pseudolegitimen Sein erstarren lassen. Darum galt die Gestalt Siegfrieds Nietzsche als der ganzen so späten lateinischen Rasse für immer unzugänglich, unnachfühlbar, unnachahmlich: dieser sehr freie Mensch, der in der Tat bei weitem zu frei, zu hart, zu wohlgemut, zu gesund, zu antikatholisch für den Geschmak alter und mürber Kulturen sei. Heute sah er Wagner nicht mehr durch eine selbstkonstruierte Brille, sondern er sah die Wirklichkeit und bekannte resigniert: „Man sieht, was ich verkannte, womit ich Wagner und Schopenhauer beschenkte — mit mir!" Wiewohl dieser Standpunkt Nietzsches bei der Beurteilung der Nibelungentragödie und des Parsifal einer gewissen Einseitigkeit nicht entbehrt, so ist es dennoch eine irrige, wenn auch ernster zu nehmende Ansicht, die behauptet, wegen dieser Meinungsverschiedenheiten hätte Wagner Nietzsche nicht fallen lassen dürfen. Wer diese Ansicht vertritt, der begeht nur den einzigen Fehler, seinen eigenen Horizont mit demjenigen großer, apostolisch veranlagter Männer zu verwechseln; weil ihm eben die Weltanschauung keine Herzenssache, nichts Persönliches ist, begreift er nicht, daß sie für Männer wie Nietzsche oder Wagner das Allerherzlichste, das Allerpersönlichste darstellt. Im weiteren Verlaufe meiner Darstellung werde ich auf diesen Punkt noch ausführlicher zu sprechen kommen.

Aufzeichnungen aus dem Jahre 1878, die eine Art Rückblick über die Bayreuther Zeit sind, besagen, daß Nietzsche, weil er mit einem Ideal nach Bayreuth gekommen war, die bitterste Enttäuschung erleben mußte: „Mein Fehler war der, daß ich nach Bayreuth mit einem Ideal kam; so mußte ich denn die bitterste Enttäuschung erleben[1]). Die Überfülle des Häßlichen, Verzerrten, Überwürzten stieß mich heftig zurück... ich habe hoch über Wagner die Tragödie mit Musik gesehen — und hoch über Schopenhauer die Musik in der Tragödie des Daseins gehört." Er hatte Wagner „überwagnert". Er gelobte sich damals, lieber gar nicht mehr zu leben, als seine Mahlzeiten wie bisher unter dem Schauspielervolk und den höheren Kunstreitern des Geistes zu teilen; er fühlte sich wie unter Zigeunern und Spielleuten, unter lauter Cagliostros und unechten Menschen; er machte sich Vorwürfe, daß er dort geliebt habe, wo er hätte verachten sollen. Bitter, wie Hohn klingt sein Geständnis im „Ecce homo": „Was ich in jungen Jahren bei Wagnerischer Musik gehört habe, hat überhaupt nichts mit Wagner zu tun. Wenn ich die dionysische Musik[2]) beschrieb, beschrieb ich

---

[1]) Cf. Goethe (Schweizerreise 1797): „Die Erfahrung ist fast immer eine Parodie auf die Idee." Dem ist in der Tat so: in seiner „IV. Unzeitgemäßen" beschrieb Nietzsche den Meister, wie er ihn haben möchte, nicht wie er ist!

[2]) Nietzsche hatte das Leben gesucht, der Lebensbedürftige dionysisches Leben, das lachend alles Endliche verneinen durfte, weil es des Unendlichen

das, was ich gehört hatte — ich mußte instinktiv alles in den neuen Geist übersetzen und transfigurieren, den ich in mir trug." Und da riß er denn dieses Ideal seiner Jugend mit blutenden Wurzeln aus seinem Herzen, jagte alle die Träume, die seine Jugend bis dahin geliebt hatte, von sich und ging unbarmherzig **den Weg der Erkenntnis um jeden Preis weiter**. „Was sich damals bei mir entschied," erzählte er weiter, „war **nicht etwa ein Bruch mit Wagner**: ich empfand eine **Gesamtabirrung meines Instinktes**, von der der einzige Fehlgriff, heiße er Wagner oder Baseler Professur, bloß ein Zeichen war." Deshalb schrieb er im Vollgefühle der gelungenen Selbstbefreiung an Frau Andreas-Salomé (1882): „Ich habe so viel in bezug auf Wagner und seine Kunst erlebt — es war eine ganze lange **Passion**. Ich finde kein anderes Wort dafür. Die hier geforderte Entsagung, das hier endlich nötig werdende **Mich-schön-Wiederfinden** gehört zu dem Härtesten und Melancholischesten in meinem Schicksal." Aus seinem Tagebuche seien folgende Aufzeichnungen aus dem Jahre 1876 zitiert: „Zuerst hat man in seiner intellektuellen Leidenschaft den guten Glauben; aber wenn diese bessere Einsicht sich regt, tritt der **Trotz** auf, wir wollen nicht nachgeben. Der **Stolz** sagt, daß wir genug Geist haben, um auch unsere **Sache** zu führen. Der **Hoch-**

---

teilhaft war, Lebensverneinung aus Lebensübermaß, Lebensvernichtung aus Urlust und Schöpfungslust. Das war die dionysische Gewalt der Musik, daß sie uns hier, im Endlichen, schon am Unendlichen teilgibt. Wagners Kunst indes „ist überfliegend und transzendental; sie hat etwas wie Flucht aus dieser Welt, sie negiert dieselbe, sie verklärt diese Welt nicht!" In gesunden Tagen hatte er seine Lebensfülle, seinen Lebenswillen in Wagners Musik hineingeworfen, er hatte sie über sich selbst hinausgedeutet, er war an Wagner zum Dichter geworden. War es die Vermischung von Musik und Drama, von Wille und Erscheinung, vom Unendlichen der Musik und der Gebundenheit ans Endliche durch Person und Wort, die diese Musik nicht zu ihrer reinen Wesenheit, zur absoluten Lust befreite, die ihr nicht die Erlösung im Endlichen, sondern nur **vom** Endlichen möglich machte; pessimistisch schwächliche Weltflucht und müde Verneinung? „Mehrere Wege zur Musik stehen uns noch offen: organische Gebilde als Symphonie mit einem Gegenstück als Drama (oder Mimus ohne Worte?) und dann **absolute Musik**, welche die Gesetze des organischen Bildens wiedergewinnt und Wagner nur benutzt als Vorbereitung? Mir schwebte eine sich mit dem Drama deckende Symphonie vor. Vom Liede aus sich erweiternd. Aber die Oper, der Effekt, das Undeutsche zog Wagner anderswohin." (Cf. Ph. Witkop, „Die neue deutsche Lyrik", II, p. 364/65.

mut verachtet die Einwendungen wie einen niedrigen, trockenherzigen Standpunkt. Die Lüsternheit zählt sich die Freuden im Genießen noch auf und bezweifelt sehr, daß die bessere Einsicht so etwas bieten kann. Das Mitleid mit dem Abgott und seinem schweren Lose kommt hinzu; es verbietet, seine Unvollkommenheiten so genau anzusehen: dasselbe und noch mehr tut die Dankbarkeit. Am meisten die vertrauliche Nähe, die Treue in der Lust des Gefeierten, die Gemeinsamkeit in Glück und Gefahr. Ach, und sein Vertrauen auf uns scheucht den Gedanken, daß er unrecht habe, wie einen Verrat, eine Indiskretion, von uns."

Frau Förster sagt, dieser Bayreuther Festspiele gedenkend daß sie sich nie werde überreden können, daß Wagner im Innern von dieser Bayreuther Festzeit wirklich befriedigt gewesen sei. Er habe nur so getan! — Wagner sei nicht mehr jung genug und aufrichtig gewesen, um gegen sich selbst Partei nehmen zu können. Diese Überzeugung der Frau Förster ist insofern richtig, als tatsächlich der pekuniäre und künstlerische Erfolg dieses ersten Festspieljahres weit hinter den gestellten Erwartungen zurückblieb. Es ist nun klar, daß über so ein Resultat der Meister nichts weniger als befriedigt sein konnte, daß er mit banger Sorge der nächsten Zukunft entgegenblickte. Aber diese Tatsache, daß eine der größten künstlerischen Taten des XIX. Jahrhunderts mit wahrhaft unzureichenden Mitteln vollbracht worden war, gibt keineswegs zu der Forderung Anlaß und Berechtigung: weil das Streben Wagners etwa zwecklos gewesen sei[1]), hätte er als alter Mann seinem Streben ein anderes Ziel geben sollen, ein Ziel, das sich mit dem Nietzsches gedeckt hätte. Dazu war Wagner gewiß nicht mehr jung gewesen. Und wenn er daher, unbeirrt durch Nietzsches ablehnende Haltung, auf dem einmal betretenen Pfade weiterging, so blieb er sich selbst treu, genau so treu, wie Nietzsche gegen sich selbst treu war. So wurden beide das, was sie werden mußten.

Man müßte aber freilich ein schlechter Seelenkenner sein, wollte man die furchtbare seelische Erschütterung verkennen, die aus Nietzsches Worten zu uns spricht, daß ihn sein teuerstes Ideal, seine heißeste Hoffnung so schmählich getrogen hat. War, wie

---

[1]) Cf. hiezu die feinsinnigen Ausführungen Höflers (l. c.), der diese ereignisreichen Tage als Augenzeuge mitgemacht hat. Der nunmehr Verewigte hat mir oft und oft von ihnen erzählt!

schon erwähnt, seine durch die Kriegsstrapazen ohnehin schon stark angegriffene Gesundheit erschüttert gewesen, so sollten alle diese schmerzlichen Enttäuschungen und seelischen Kämpfe den Ausbruch einer Katastrophe nur noch beschleunigen: Bereits Weihnachten 1875 brach Nietzsche zusammen, und Monate dauerte es, bis er sich wieder erholte. Dann kam der unselige Sommer des Jahres 1876: „ein Ekel vor sich selber" überfiel ihn, „sein Ekel an den Menschen war zu groß geworden", er floh nach Italien, Ruhe wollte er sich geben und „den Menschen". Jene Ruhe wollte er ihnen wiedergeben, „ohne welche keine Kultur werden und bestehen kann. Ebenso die Schlichtheit, Ruhe, Einfachheit und Größe! Auch im Stil ein Abbild dieses Strebens, als Resultat der konzentriertesten Kraft seines Strebens". In der ländlichen, friedlichen Stille seines Aufenthaltes in Italien fand Nietzsche in der Tat die heißersehnte Ruhe wieder, die Wogen des stürmisch aufgewühlten Gemütes legten sich, und er faßte einen schweren Entschluß: mochte der Meister immerhin Pfade betreten haben, auf denen er ihm nicht folgen zu können glaubte, der Person des von ihm über alles geliebten Mannes wollte er treu bleiben. Aber da kam auch die Familie Wagner nach Sorrent, und er und Nietzsche hatten sich nicht mehr viel zu sagen. Rücksichtslos schob der alte Mann seinen jungen Freund beiseite, sobald sich zwischen seinen Interessen und denen Nietzsches eine unüberbrückbare Kluft auftat. Nur als Werkzeug war ihm Nietzsche willkommen gewesen; er durfte nicht seine eigenen Wege gehen, all sein Sinnen und Trachten sollte ganz der Person des Meisters und dessen Werk erhalten bleiben, ja Nietzsche sollte zwischen Wagner und dessen Söhnlein jenes „Glied bilden", dessen der alte Mann bedurfte, „etwa wie der Sohn zum Enkel". Denn durch sein Söhnlein wurde Wagner direkt auf Nietzsche hingewiesen und „ihm die Sucht eingegeben, alle seine auf Nietzsche gegründeten Hoffnungen buchstäblich zur Erfüllung getrieben zu sehen, da der Junge diesen brauche". Dieses Ansinnen ihm gegenüber hat Nietzsche sehr bitter empfunden, zumal er fühlte, daß zwischen ihm und Wagner schon längst nicht mehr die anfängliche innige Geistesgemeinschaft bestehe. Wagner überwachte ängstlich jeden Schritt seines Freundes und wollte es durchaus nicht gestatten, daß dessen zur Selbständigkeit erwachter Genius seine Flügel rege. Wir wissen bereits, daß Nietzsches „II. Unzeitgemäße" keineswegs Wagners Erwartungen entsprochen hatte, während dagegen Nietzsche gelegentlich seines Aufenthaltes in Sorrent sich in den Gedanken schon eingelebt hatte, Wagner seinen eigenen Weg gehen lassen zu müssen, wobei er freilich die Hoffnung hegte, daß auch Wagner seinerseits ihm dieses Zugeständnis machen werde, so daß er nichts, was seinen Anschauungen widerstrebte, anzuerkennen und nicht mehr anders zu scheinen brauchte, als wie er dachte. Vielleicht wäre dies möglich gewesen: aber Nietzsche verkehrte in Sorrent, wie wir bereits wissen, mit Paul Rée, der Wagner höchst unsympathisch war; durch diesen wurde Nietzsche mit den englischen Positivisten bekannt und lernte er von ihm, seine skeptische Kritik auf der historischen Psychologie zu begründen. Auch wurde Nietzsche durch Rée in seiner unter Langes Einfluß stehenden prinzipiellen Ablehnung der Metaphysik nur noch bestärkt. So mußte Wagner immer mehr in der Hoffnung enttäuscht werden, in Nietzsche einen aufrichtigen Verehrer seiner Person und gläubigen Vertreter seiner Denkrichtung zu haben. Und dennoch! Diesen Mann wollte Wagner auf seine Schwenkung zum Christentum vorbereiten, ja, er hat es getan. Denn des Meisters Ziele hatten sich vom Leben immer mehr abgewandt, die Nietzsches dem Leben dagegen immer mehr zugewandt. Wagner war der Meinung, daß sich die tiefsten Wahrheiten nur in der Kunst, der Metaphysik, der Religion entschleiern; Nietzsche hielt zunehmend das von künstlerischen, metaphysischen, religiösen Vorurteilen gereinigte wissenschaftliche Denken für das Vehikel der Wahrheit. Wagner geriet zunehmend in den Mystizismus, Nietzsche in den Positivismus. Deshalb mögen die damals zwischen beiden Männern geführten Gespräche dem äußerlichen Anscheine nach die Formen der Höflichkeit getragen haben, innerlich jedoch mußten sie erkennen lassen, daß beide kein geistiges gemeinsames Band mehr vereinte. Im „Zarathustra" findet sich folgende schöne Sentenz, die wohl im Hinblick auf den damaligen Verkehr Nietzsches mit Wagner geprägt worden sein mag: „Wie lieblich ist es, daß Worte und Töne da sind; sind nicht Worte und Töne Regenbogen und schöne Brücken zwischen ewig Geschiedenem?" Die untrügliche Überzeugung, daß Nietzsche seinen Ideengang nicht mehr teile und nie mehr teilen werde, brachten dem Meister die beiden Aphorismensammlungen: „Menschliches, Allzumenschliches", in denen Nietzsche sein einstiges Ideal nunmehr offen angriff.

Professor Richter nennt diese stürmisch bewegte Zeit im Leben Nietzsches den dritten Akt seiner Freundschaftstragödie mit Wagner: Seine innere Freiheit hat er sich mit äußerer Gebrochenheit erkauft, als er aus Bayreuth floh. „Die Freundschaft, die der philosophische Segen einst geschlossen, sie hob der philosophische Fluch nun wieder auf." Diese Lösung Nietzsches von Bayreuth mußte so kommen, wie sie tatsächlich gekommen ist, nicht etwa im Sinne des Kausalgesetzes, sondern im Sinne einer höheren Zwangsrichtung, die durch keine niedere aufzuhalten ist. Bei beiden Genies herrschte der Trieb vor: die Wahrheit zu erkennen, sie zu gestalten, sie zu leben. Es begegnet uns hier dieselbe Tragödie, von der die Geschichte oft Kunde gibt, nämlich daß große und starke Persönlichkeiten allein ihres Weges gehen und nur außerordentlich selten Schüler von gleicher Bedeutung heranzuziehen oder in ihrem Bannkreis zu erhalten vermochten; und wenn andere Heroen ihre Wege kreuzten, waren die abstoßenden Wirkungen größer als die anziehenden. So war es im alten China zwischen Konfuzius und Laotse, so spalteten sich die Triumvirate der ausgehenden römischen Republik. Aus der neuesten Zeit könnte man sich an das Verhältnis von Schleiermacher und Hegel erinnern. Wo aber ein Bündnis hielt, wie zwischen Luther und Melanchthon, da ging es auch nicht ohne Konflikte ab, die nur durch eine außerordentliche sittliche Selbstzucht und durch die stärkste sachliche Einheit in letzten Fragen überwunden wurden. Die sachliche Einheit zwischen Wagner und Nietzsche begann in dem Augenblicke zu schwinden, als Nietzsche ihre gemeinsame Grundlage — Schopenhauer — auszuschalten begann und sich zu einem internationalen Denker und zum „Antichristen" entwickelte, während Wagner immer mehr nationalen und religiösen Tendenzen huldigte: „Was ich Wagner nie vergessen habe..., daß er reichsdeutsch wurde!"... „Der Dienst der Wahrheit ist der härteste Dienst, und was heißt denn rechtschaffen sein in geistigen Dingen? Daß man streng gegen sein Herz ist, daß man die schönen Gefühle verachtet, daß man aus jedem Ja und Nein ein Gewissen macht!" Diese stolzen Worte konnte und durfte allerdings nur ein Nietzsche aus tiefster Seele heraus bekennen! Wohl im Hinblick auf diese Worte konnte Hugo Dinger in seiner „Dramaturgie als Wissenschaft", I, p. 38, sagen: „Der einzige ernste und gefährliche Wagnerianer ist Nietzsche; warum? Weil er Wagner bis ins Mark verstanden hat; er griff dessen Werke in deren Inhalt an, nicht mit willkürlicher Normkritik." Daher war die Freundschaft nur eine Äußerung dieses Triebes, der Freund nur Kampfgenosse für die gleichen Ideale. Zählen wir dazu noch den großen Altersunterschied, von dem Nietzsche in einem Briefe spricht, so kommen wir zu demselben Resultat: der eine befand sich in seiner Sturm und Drang-Periode, der andere am Ende seiner Bahn, neuer Wandlungen nicht mehr fähig. Und hatte Nietzsche nicht das tiefe Wort geprägt, das fast von allen seinen Freundschaften gelten kann:

Da seid ihr, Freunde! — Weh, doch ich bin's nicht,
Zu dem ihr wolltet?
Ein andrer ward ich? Und mir selber fremd?
Ihr wendet euch? — O Herz, du trugst genung,
Stark blieb dein Hoffen:
Halt neuen Freunden deine Türen offen!
Daß alt sie wurden, hat sie weggebannt:
Nur wer sich wandelt, bleibt mit mir verwandt."

Angesichts dieser Unabwendbarkeit kann man wohl kaum von einer Schuld sprechen; man müßte dann auch ein Kind schelten, daß es aus seiner Unbefangenheit herauswächst, einen Jüngling, daß er seinen naiven Überschwang verliert. Einzig und allein nur von einer tragischen Schuld kann und darf die Rede sein. Deshalb trifft auch Wagner an dieser Trennung keine Schuld, außer gleichfalls nur eine tragische! Genau so wie Nietzsche nur „Weltanschauungsbrüder" als Freunde duldete, hat dies auch Wagner getan. Und daraus folgt, daß man die Entwicklung, den Höhepunkt und das Ende dieser Freundschaft stets nur doppelseitig betrachten muß.

Man hat vielfach die Frage aufgeworfen, welcher Umstand wohl Nietzsche bewogen haben mag, bereits im „Menschlichen" Wagner offen anzugreifen, wiewohl es doch noch nicht zu einem tatsächlichen Bruche der Beziehungen gekommen war. Niemand anderer als Henri Lichtenberger hat diese Frage so klar und eindeutig beantwortet, wenn er sagt: „Nietzsche war durchaus konsequent, als er Wagner mit ebensoviel Energie angriff, als er ihn bewundert hatte. Er hat seiner intellektuellen Aufrichtigkeit das größte Opfer gebracht, das man sich denken kann. Er hat ihm nicht ohne Schmerz, aber ohne Schwäche eine der stärksten Neigungen geopfert, die er kannte. Sein Benehmen ist nicht allein unangreifbar, sondern sogar sehr schön, wenn das einzige Ziel des menschlichen Lebens die Entwicklung der genialen Persönlichkeit ist, und wenn, wie Nietzsche sagt, die Unpersönlichkeit keinen Wert im Himmel und auf Erden hat."

C. Fr. Glasenapp, der offizielle und offiziöse Wagnerbiograph, bespricht in seinem grundlegenden Werke natürlich auch des Meisters Verhältnis zu Nietzsche und erkennt ganz richtig an, daß Nietzsches „tiefernster, dichterisch-philosophischer Geist und der lebhafte Drang, als öffentlicher Zeuge für die weltgeschichtlich reformatorische Bedeutung von Wagners Schaffen einzutreten, ihn vorzeitig zu der kühnen Kombination jener seiner poetisch-philosophischen Intuitionen, mit seinem Bedürfnis einer bedeutungsvollen Huldigung, eines öffentlichen Bekenntnisses seiner Zugehörigkeit zu dem Meister hingerissen haben, als deren Dokument die ‚Geburt der Tragödie' vor uns liege, eine in ihrer Schönheit berauschende Schrift". Da muß man aber denn doch entgegnen, daß dieses Werk mehr ist als eine „bedeutungsvolle Huldigung" und eine durch „ihre Schönheit berauschende Schrift": es ist die geistvollste, philologisch-philosophische Interpretation des Wagnerschen Gedankens, von Nietzsche teuer genug bezahlt. Nicht mit Unrecht behauptete er selbst später von dieser Schrift, sie sei „aufgebaut aus lauter vorzeitigen übergrünen Selbsterlebnissen"; das kann nur gesagt sein mit Rücksicht auf seine damalige Stellung zum Hellenentum und zu Wagner, aus dem er sich, wie gezeigt worden ist, ein Idealbild geschaffen hatte. Tief bedauerlich ist nur das eine, daß unsere heutigen Wagnerianer diese schöne Schrift nur vom Hörensagen kennen, wie ihnen auch Wagners theoretische Schriften meistens völlig unbekannt sind. Dieses Urteil Glasenapps über die „Geburt der Tragödie" mag als entschuldbarer Irrtum gelten. Unverzeihlich jedoch ist es, daß von Glasenapp, allerdings noch in fast schamhaft verhüllter Art und Weise, die Vermutung ausgesprochen wurde, Nietzsche müsse zur Zeit seines Abfalles von Wagner schon geistig krank gewesen sein! Eine Vermutung, die nachher von gewissenlosen Wagneraposteln in der schamlosesten Weise zu einer Tatsache erhärtet worden ist. Offenbar nur mit Bezugnahme auf Briefe Wagners an Nietzsche und Overbeck aus der Tribschener Zeit, worin jener seinen Befürchtungen wegen einer seelischen Erkrankung des Freundes Ausdruck gab, erklärt Glasenapp: „Wer konnte verkennen, daß es sich um einen nicht mehr gesunden, sondern um einen kranken Mann handelt, der in seiner reizbaren Empfindlichkeit alles vertrug, nur keine Erziehung und keine leiseste Ausstellung an der subjektiven Willkür seiner Vorstellungen und Meinungen." So schrieb nämlich Wagner an Overbeck: „Sehr auffällige Veränderungen sind mit Nietzsche vorgegangen; wer ihn jedoch schon vor Jahren in seinen psychischen Krämpfen beobachtete, dürfte sich fast nur sagen, daß eine längst befürchtete Katastrophe nicht ganz unerwartet bei ihm eingetreten ist", deren Folge natürlich der Abfall von Wagner und die Aphorismensammlung „Menschliches, Allzumenschliches" war. Ferner soll Wagner immer das Gefühl gehabt haben, als werde Nietzsche im Verkehre mit ihm von einem geistigen Lebenskrampfe beherrscht, der so stark gewesen sei, daß er seine eigenen Ideale mit denen Wagners vereinigt habe, und habe es den Meister wunderbar bedünkt, daß dieser Krampf in Nietzsche ein so seelenvoll leuchtendes und wärmendes Feuer habe erzeugen können, wie es sich aus ihm zum Staunen aller, die ihn kannten, kundgetan habe. Aber merkwürdig, trotz alledem und des wahrhaften Entsetzens, mit dem Wagner sah, wie stark und endlich unerträglich jener Krampf Nietzsche bedrückte, war ihm dieser selbe Nietzsche, weil er Wagners Ideal liebte, zu dem seinen gemacht hatte und verteidigte, so wertvoll, daß er in seinem Denken und Fühlen gleich nach Cosima rangierte! Wenn wir Herrn Glasenapp glauben, muß Nietzsche damals aber auch ein Musterknabe gewesen sein, der gleich den anderen Verehrern des Meisters sich um diesen drängte, ihm jedes Wort vom Munde ablauschte und als eine Offenbarung hinnahm, an deren Glaubwürdigkeit nicht gerüttelt werden darf. Denn er schreibt wohl mit Zugrundelegung des Widmungsbriefes, mit dem Nietzsche seine „Geburt der Tragödie" an Wagner gesandt hatte, daß Nietzsche in seinen ersten Schriften noch von den Zinsen des ihm vom Meister anvertrauten kostbaren Kapitals gelebt habe, um es dann freilich mit dem Aphorismenbuche anzugreifen und in zwei großen Zügen völlig aufzuzehren: „Während er der Reichste zu sein schien, der Befähigteste im Dienste eines großen deutschen Genius, war er innerlich verarmt und leer; er hatte sich der erneuten Anregung in ängstlicher Scheu geflissentlich entzogen und war danach aus einem ‚Wagnerschriftsteller' im besten Sinne und Mitwirkenden an einer schöpferischen Kulturtat ein hohler Schall und ein hochtrabendes leeres Nichts, mit einem Wort ein — ‚Nietzscheschriftsteller' geworden, der von jetzt ab anstatt der höchsten die minderwertigsten Einflüsse auf sich wirken ließ, deren Nichtigkeit er selber durchschaute." Das heißt mit anderen Worten: Nietzsche „bedeutete etwas", solange er Wagners unbedingter Anhänger war. Man ist bei einer solchen Behauptung wirklich im Zweifel, wen man mehr bewundern soll, diesen Wagner-Nietzsche oder den kindlich-naiven Glasenapp? Treffend bemerkt Julius Kapp, daß Glasenapp mit „solcher tiefgründiger Untersuchung" und ähnlichen Redensarten diese wohl zu den ergreifendsten zählende Freundschaftstragödie abtut. Dagegen berichtet er mit größter „Gewissenhaftigkeit", daß Wagner einmal von einem gewissen Herrn Nettke, Wien, Nibelungenstraße 10 (sogar Straße und Hausnummer sind nicht vergessen!), eine Sendung ausgewählter Havannazigarren zuteil wurde. Nun liegt Nietzsches Bedeutung für das deutsche Kulturleben zum Glück in seiner Bedeutung als Philosoph mit einem ganz neuen Raisonnement, aber nicht in seiner problematischen Stellung zu Richard Wagner und dessen Kunstwerken. Jeder Nietzschekenner wird gern zugestehen, daß die unter dem Einflusse Wagners geschriebenen Werke, ausgenommen die „II. Unzeitgemäße", nicht viel Neues, Originales enthalten: sie sind im großen und ganzen nur geschickte Verarbeitungen eines bereits vorhandenen Materials und zeugen von Nietzsches glänzender Darstellungskraft. So urteilt auch Höfler (l. c.), daß „jeder Gedanke" in Nietzsches fünf Erstlingswerken „schon längst von Schopenhauer und Wagner vorgedacht gewesen war". Schließlich tadelt Glasenapp, daß der kaum dreißigjährige Nietzsche den um fast dreißig Jahre älteren Wagner seinen „Freund" genannt habe und beruft sich dabei auf Hans Richter, der sich über das Unsinnige und Unberechtigte dieses Freundestitels sehr mißfällig geäußert habe. Hatte nicht der Meister selbst Nietzsche als seinen besten Freund bezeichnet, der für ihn gleich nach Cosima rangiere? Gewiß: Nietzsche erträumte sich eine für ihn ersprießliche Kulturbewegung: mitberufen, an derselben unter den ersten mitzukämpfen und mitzuarbeiten. Aber er wollte auch gegenüber Wagner dessen intimer Freund sein, und das wurde ihm von den Wagnerianern als „dämonische Selbstüberhebung" ausgelegt — leider auch heute noch! —, denn hier hieß es nicht Meister und Freund, sondern

Meister und Jünger. Über diese Enttäuschung schreibt er selbst: „Es liegt jetzt noch wenig daran, daß man wisse, was ich eigentlich von Wagner wollte, obwohl der Leser meiner „Geburt der Tragödie" darüber nicht im Zweifel sein sollte; ja daß ich durch ein Verlangen dieser Art aufs gründlichste bewiesen habe, wie sehr ich mich über ihn und sein Vermögen im Irrtum befand; genug, daß mein Irrtum, eingerechnet den Glauben an eine gemeinsame und zusammengehörige Bestimmung, weder ihm noch mir zur Unehre gereicht." Auch diese gewissenhaft rapportierte Tatsache ist für die Lösung dieser Freundschaftstragödie völlig irrelevant. Sie mag lediglich für den „Bildungsphilister" von Interesse sein! Mit dem „Freunde" Nietzsche teilte Wagner wohl kaum eine Eigenschaft! Nietzsche, der „Freund", war ein Mensch, der mehr auf den Verkehr mit Geistern eingestellt war als auf den mit Menschen, ja der eigentlich am Menschen alles Nichtgeistige als störend empfand, wozu dann seine äußerst geringe Sinnlichkeit stimmt. Gegen Menschen als nur vorübergehende Erscheinungen anspruchslos, ist er anspruchsvoll nur gegen Menschen, denen er wirklich näher tritt. Ihr Geist muß stark, ihr Wille rein sein. Nichts verabscheut er so sehr wie die Unwahrheit. Viel wichtiger erscheint mir jedoch das Problem Nietzsche als „Wagnerschriftsteller" und „Nietzscheschriftsteller"! Wäre es besser gewesen, wenn Nietzsche, anstatt „aus wahrhaft dämonischer Selbstüberhebung" am Meister und dessen Werken Kritik zu üben, diesem in hingebender Liebe jedes von ihm gesprochene Wort ohne Überlegung hätte nachbeten sollen, um sich Wagners „wahrhaft väterliches Wohlwollen" ungeschmälert zu erhalten? Könnte man nicht viel eher behaupten, daß Nietzsche gerade dadurch, daß er so lange unter Wagners Einfluß stand, eigentlich verhältnismäßig ziemlich spät und nur auf einem Umwege den Weg zu sich selbst wieder gefunden hat[1])? Bei Beantwortung dieser Frage könnte man sich fast versucht fühlen, zu sagen, daß Nietzsche beinahe zu lange unter Wagners Einfluß stand, denn nach Paul Friedrich habe er es nie mehr vermocht, sich von ihm zu befreien, ganz abgesehen von jenem „falschen Blechtrompetenton", der trotz „all seiner mimosenhaften Feinheit in seinen Schriften oft unan-

---

[1]) Im Zarathustra findet sich der äußerst bezeichnende Ausspruch: „Man vergilt seinem Lehrer schlecht, wenn man immer nur der Schüler bleibt."

genehm laut und schrill gellt" — als einem Erbstücke Wagners; in so ziemlich alle die Fehler, die er an Wagner tadelte, sei er später selbst gefallen[1]). Diese Wahrnehmung mag schließlich die Fabel veranlaßt haben, daß auch der von Wagner bereits abgefallene Nietzsche gelegentlich noch Wagners Gedanken für seine Zwecke verarbeitet habe. So erzählt Glasenapp, der russische Maler Paul von Joukowsky, den Wagner in Neapel kennen gelernt hat, und dem er den Dekorations- und Kostümentwurf zum „Parsifal" anvertraute, nachdem Böcklin diese Arbeit abgelehnt hatte, sei geradezu überzeugt gewesen, daß Nietzsche der Begriff des Übermenschen einzig und allein durch seinen Umgang mit Wagner lebendig geworden sei. Wenn auch dem allein schon die Tatsache entgegenzuhalten ist, daß dies gerade der spätere Nietzsche, nur umgekehrt, wäre, weil der Nietzschesche Übermensch total antiwagnerisch ist, so enthält diese Behauptung doch ein Körnchen Wahrheit: der Helden- und Geniebegriff Nietzsches geht letzten Endes auf Schopenhauer und Wagner zurück, wurde dann aber immer mehr umgebildet, bis er im „Zarathustra" schließlich das Ideal einer neuen Zukunft wurde[2]). In diesem Sinne konnte daher Nietzsche über die „III. und IV. Unzeitgemäße" im „Ecce homo" sagen: „Im Grunde wollte ich mit diesen Schriften... ein Problem der Erziehung ohnegleichen; ein neuer Begriff der Selbstzucht, Selbstverteidigung bis zur Härte, ein Weg zur Größe und zu welthistorischen Aufgaben verlangte nach seinem ersten Ausdruck." Und jetzt erst entfaltete Nietzsche alle die reichen Kräfte seines geistigen Könnens, die so lange einer Sache dienen mußten, mit der ihn nur ein selbstkonstruiertes Band ideeller Zusammengehörigkeit verband, jetzt erst wurde er ein „Nietzscheschriftsteller" im vollsten Sinne des Wortes. Denn — sind wir nur ganz ehrlich! — der Wagner, den Nietzsche verehrte, war ein von diesem selbst stilisierter Wagner. Malwida von Meysenbugs Worte: „Ich glaube, man kann die meisten Menschen

---

[1]) Was daher Nietzsche von Wagners Musik sagte: „Er ist immer auf den extremsten Ausdruck bedacht", das trifft vielfach auf seine eigenen Schriften zu.

[2]) Joukowsky hat ja in gewissem Sinne recht. So sagt auch Höfler (l. c.), daß Nietzsches „Kultus des Genies die Fortsetzung des Kultus seiner beiden Erzieher", Schopenhauer und Wagner, „war: sein Übermensch eine Reprise des schonungslosen Jung-Siegfried (nur daß ihm die Züge der Liebenswürdigkeit abgestreift sind)!"

nur richtig beurteilen, wenn man sie ganz in ihrer Sphäre gesehen, sich auf ihren Standpunkt gestellt, die Welt gleichsam durch ihre Augen angeschaut und sein eigenes Fühlen und Denken ganz aus dem Spiele gelassen hat", sind nur allzu wahr; Nietzsche hatte sich eben selbst noch nicht gefunden und glaubte, sich in Wagner gefunden zu haben. Wagner tat das Umgekehrte! Ist es nicht tiefste Tragik, daß sich an Nietzsche genau das erfüllte, was er seinen Zarathustra verkünden läßt: „Ihr verehret mich; aber wie, wenn eure Verehrung eines Tages umfällt? Hütet euch, daß euch nicht eine Bildsäule erschlage! Ihr sagt, ihr glaubt an Zarathustra? Aber, was liegt an Zarathustra? Ihr seid meine Gläubigen: aber, was liegt an allen Gläubigen? Ihr habt euch noch nicht gesucht, da fandet ihr mich... Nun aber heiße ich euch mich verlieren und euch finden! Und erst wenn ihr mich alle verleugnet habt, will ich euch wiederkehren!" Das darf uns aber nicht wundernehmen, daß Nietzsche seine Ideen in Wagners Ideen wiedergefunden zu haben wähnte: ähnlich erging es bekanntlich Lessing mit Shakespeare: er wollte irgendwo des Aristoteles Kunstgesetze finden und fand sie in — Shakespeare! Geradeso wollte Nietzsche in Wagner die Kunstvollendung der Hellenen erblicken. Sein scharfes Auge hatte zwar alle Schwächen Wagners klar erschaut — es waren im Grunde vielfach Nietzsches eigene Schwächen — und doch ist er mit einer Inbrunst an dem um ein Menschenalter älteren Meister gehangen, wie eben der Jüngling an seinem Ideal hängt, aus dem er, um es anbeten zu können, jeden allzu irdisch erscheinen könnenden Zug ängstlich verbannt. Wagner wollte den deutschen Geist durch die Kunst erneuern und umbilden. Diesen Ehrgeiz in seiner höchsten Potenz hat Nietzsche übernommen und durch seine Sehnsucht, zu schaffen, sein Siegel auf Jahrtausende zu drücken wie auf Wachs, in sich fast bis zu einer pathologischen Wahnvorstellung gesteigert. Daß er in der ersten Zeit seiner Bekanntschaft mit Wagner sich dessen und Schopenhauers Weltanschauung zu eigen gemacht hatte, ist nur ein Beweis, wie sehr diese seiner ganzen Natur entgegenkam, wie sehr sich in ihr aussprach, was in ihm schlummerte. Von dem Augenblicke an jedoch, da Nietzsche zu eigenem, selbständigem Denken erwacht war, mußte er erkennen, daß dieser ideelle Wagner, wie er sich ihn vorgestellt hatte, unmöglich das werden könne, was er sich von ihm versprochen hatte: und so nährte er zunächst lange die Hoffnung in seinem Herzen, daß sich Wagner dennoch mit ihm weiterentwickeln könne, und zwar in der Richtung seiner eigenen Ansichten. Aber nur in Tribschen wäre ein solcher Einfluß möglich und ist damals auch tatsächlich vorhanden gewesen, wie man aus den damaligen Schriften Wagners deutlich erkennen kann. Frau Förster ist daher geradezu der Ansicht, daß Wagner, seine Kunst und Hinneigung zu nordischen Mythen zu Nietzsches Hauptansichten, wie sie sich allmählich entwickelten, recht gut gepaßt hätte; nur sei Wagner wohl schon zu alt gewesen, um sich Neues zu eigen zu machen und gegen seine früheren Ansichten Partei zu nehmen. Ja, sie geht so weit, daß sie behauptet, Nietzsche habe in der Tat manchmal angenommen, daß Wagner im innersten Herzen seinen neuen Ideen geneigt wäre und seine kritischen Bemerkungen berechtigt fände; so habe sich Nietzsche einmal geäußert: „Dies alles hat sich Wagner oft genug in heimlichem Zwiegespräch eingestanden, ich wollte, er täte es öffentlich; denn worin besteht die Größe eines Charakters als darin, daß er zugunsten der Wahrheit imstande ist, auch gegen sich selbst Partei zu nehmen." Als einst Frau Förster zu ihm sagte: „Ach, ich wollte, Wagner wäre zwanzig Jahre jünger gewesen, als du ihn kennen lerntest; ich glaube, du hättest ihn zu deinen Ideen bekehrt", gab Nietzsche zur Antwort: „Was du da sagst, habe ich früher auch geglaubt und gehofft; aber dann kam der ‚Parsifal' und zerstörte jede Hoffnung, ja jede Möglichkeit. Inzwischen habe ich eingesehen, daß dieser Glaube ein Irrtum war, unser innerstes Wesen war zu verschieden, das mußte uns früher oder später trennen." Ganz richtig weist Nietzsche mit diesen Worten auf einen Fundamentalunterschied zwischen ihm und Wagner hin, dessen wir bereits früher Erwähnung taten: es waren die verschiedenen Denkrichtungen. Dazu gesellte sich, wie Frau Förster betonte, der enorme Altersunterschied: ja, wären beide gleichalterig gewesen, vielleicht hätte dann Nietzsche den Meister zu seiner Weltanschauung bekehren können oder umgekehrt. Doch mit solchen auf irrealen Bedingungen sich aufbauenden Hypothesen kommt man der Wahrheit des Falles Wagner-Nietzsche absolut nicht näher.

Ebensowenig mit dem Hinweis auf den Freundschaftsbund Goethes mit Schiller! Von vielen Seiten wurde Wagners Freundschaft mit Nietzsche mit der Goethes und Schillers verglichen und hat man aus dieser Tatsache folgendes abzuleiten versucht: Wenn zwei so große Genies treu zueinander hielten, wiewohl nach Schillers eigenem Geständnis Goethe ihm „an Lebenserfahrung und Selbstentwicklung weit voraus und ihre Vorstellungsarten wesentlich verschieden waren", wiewohl Chr. Gottfried Körner an Schiller geschrieben hatte: „Freundschaft erwarte ich nicht, aber gegenseitige Reibung und dadurch Interesse füreinander" —, um wieviel größer wäre dann die Verpflichtung Nietzsches, der damals noch „gar nichts bedeutete", gewesen, treu zu Wagner zu halten, der zu der Zeit, als er mit Nietzsche bekannt wurde, in Deutschland eine bereits anerkannte Größe war und nur mehr noch nach Mitteln und Wegen fahndete, sein Lebenswerk durch die Schaffung des Festspielhauses in Bayreuth zu krönen? Nun geben wir gerne zu, daß jener vielgerühmte Freundschaftsbund Goethes mit Schiller ganz einzigartig dasteht und, recht verstanden, einen Höhepunkt der Entwicklungsgeschichte der deutschen Literatur darstellt. Das Verhältnis, in dem diese beiden Geistesheroen zueinander standen, war ein gegenseitiges Nehmen und Geben, Fördern, Anregen und Austauschen, ein gemeinsames Weiterbilden und Weiterkämpfen, wobei ganz naturgemäß bald der eine, bald der andere der Aktivere war. So ist Schiller trotz des von Goethe ausgehenden griechisch-römischen Klassizismus auf dem Umwege über die von ihm abgelehnte Romantik („Jungfrau von Orleans") der deutsche und nationale Dichter in des Wortes wahrstem Sinne geworden und hat mit seinem „Tell" sein Bestes gegeben, als ihn der Tod überraschte. Goethe wiederum kam durch seinen Verkehr mit Schiller aus seiner geistigen Vereinsamung heraus und wurde aus dem vermeintlichen Griechen wieder der deutsche Dichter, der moderne Künstler, der uns „Hermann und Dorothea" schenkte; und als Schiller starb, war das für Goethe, als ob eine Stütze bräche: ihm fehlte der Freund, der ihm bisher „tausendfach Ideen" gegeben hatte, er wurde alt! Wie jeder Vergleich hinkt natürlich auch dieser. So vergißt man bei diesem Hinweis oder dieser Gegenüberstellung, daß die organischen Bedingungen, aus denen sich Goethe und Schiller entwickelt hatten und nebeneinander groß wurden, ganz andere waren, als sie etwa Wagner zur Zeit seines Auftretens vorfand und Nietzsche mit ihm bekannt wurde. Wer war damals Richard Wagner? Ich habe diese Frage bereits beantwortet: nicht im entferntesten war er jene „Kulturgewalt", als welche er heute noch das Leben der Gegenwart beherrscht. Er war noch ein Werdender, ein Mann, der sich erst durchsetzen mußte! Daher ist es grundfalsch, wenn als Kriterium für die Beurteilung der Freundschaft Nietzsches mit Wagner Wagners heutige Bedeutung im Kulturleben des deutschen Volkes herangezogen wird. Und zweitens vergißt man in diesem glorreichen Zeitalter des extremsten Individualismus ganz die individuellen Verschiedenheiten der Genien Wagners und Nietzsches, Goethes und Schillers. Gewiß liefen eine Zeitlang Nietzsches Anschauungen und Bestrebungen mit denen Wagners parallel. Aber erst als in Nietzsche sich die Ahnung zur bitteren Wahrheit verdichtete, daß es ihm von Wagner verübelt wurde, daß er mit seinen drei „Unzeitgemäßen" eigene Wege zu wandeln sich erlaubte, daß er aus einem „Wagnerschriftsteller" ein „Nietzscheschriftsteller" zu werden begann, als ihn der Meister in Sorrent rücksichtslos beiseite schob — wer darf empfinden und sich unterwinden, das Ringen um geistige Selbständigkeit Nietzsche allein zum unverzeihlichen Vorwurfe zu machen? Goethe ist immer Goethe geblieben, Schiller immer Schiller! Und daß Nietzsche immer Nietzsche geblieben ist, trotz seiner Freundschaft mit Wagner — das kann man selbst heute dem Toten noch immer nicht verzeihen? Einen „ersten und zweiten" Nietzsche gibt es wohl nur mit Beziehung auf seine Stellung zu Wagner, erschaut unter einem ganz falschen Gesichtswinkel!

Paul Friedrich vermerkt es als eine für Nietzsche charakteristische Tatsache, wie er, durch den Bruch mit Wagner aus allen seinen Fugen geschleudert, zunächst tastete, um sich irgendwo Boden unter den Füßen zu schaffen, und Paul Rée zujubelte. Tat er dies deshalb, weil er meinte, auf dem Gebiete der von jenem vertretenen Moralpsychologie biete sich die beste Gelegenheit, auch seinerseits etwas Großes zu schaffen, um es neben Wagners Leistungen als etwas Gleichwertiges zu stellen? Sollte wirklich nur der Neid, gegen den er sich nach Stekels Annahme anfänglich durch seine grenzenlose Liebe schützte, die letzte und innerste Ursache dieses Freundschaftsbündnisses und -bruches gewesen sein? Zur Bekräftigung des in diesen Fragen ausgesprochenen Gedankens weist Friedrich darauf hin, wie Nietzsche in der Zeit nach dem denkwürdigen Sommer des Jahres 1876 mit Aufbietung einer fabelhaften Dialektik alle einstigen Ideale, ja überhaupt alle Menschheitsideale rücksichtslos zerfasert und zergliedert und als bloße Irrtümer erweist, bis er schauernd erkennt, in diesem erbarmungslosen Zerreißen seiner Ideale könne unmöglich der positive Gewinn seiner Lebensarbeit liegen, bis er an sich selbst erkannte und fühlte, daß diese Art der Befreiung von Wagner nur eine andere Form der Entsagung sei. Deshalb habe ihn die Sehnsucht nach dem „versunkenen Freunde" immer stärker und stärker gepackt, bis es ihm nach einigen vergeblichen Versuchen gelang, aus seinem eigenen gequälten Ich einen Doppelgänger und doch Größeren herauszuwühlen, den Zarathustra, der ihm den verlorenen Helden repräsentieren sollte: denn „auch meine Feinde gehören zu meiner Seligkeit". Je ekstatischer er schuf, e „Größeres" er von sich gegeben zu haben sich einbildete, desto erbitterter und höhnischer ward sein Rachegefühl gegen den Menschen, den ihm dies alles aber trotzdem nicht zu ersetzen vermochte. In seiner maßlosen Hysterie, in seiner ewig ihn von innen bedrängenden ungesunden Ekstatik, die durch das in ihm bereits wühlende schwere Leiden und die Ablehnung seiner Schriften in der damaligen Welt entschuldbar ist, habe er sich selbst wie einen Bogen überspannt, bis er zerbrach. Aber wie unentrinnbar er an Wagner gefesselt gewesen sei, zeige sich selbst noch darin, daß er sogar noch im Wahnsinnsstadium noch oft des Meisters gedachte, sich oft aus dessen unsterblichen Werken vorspielen ließ und durch diese Weisen bis zu Tränen gerührt wurde. Nietzsche und Wagner, so schließt Friedrich seinen Essay, hier ein feiner, sensibler, kränklicher und vor allem femininer Geist und dort ein starker, männlich-robuster Sichselbstdurchsetzer um jeden Preis. Was Wunder, daß bei einer Trennung dieses einzigartigen Bundes der Schwächere — wenn auch wie ein antiker Held — unterlag! Er wurde wie Minna Wagner, wie Hans v. Bülow ein Opfer dieses Molochs, allerdings ein Opfer, das auf Kosten seines „sacrificio dell' intellecto" erkauft war. Dieser Essay Friedrichs ist nun, und das sei schon jetzt konstatiert, die Quelle für den bereits erwähnten Aufsatz Stekels, auf den wir noch ausführlich zu sprechen kommen werden: Alles, was der bloße Essayist im pathetischen Stil des typischen Journalisten, der Sensationen, schreibt, erzählt, das suchte der Psychoanalytiker psychologisch zu begründen. Daher sei es schon hier ausgesprochen, daß nur ein Mann, der in das Wesen der Nietzscheschen Philosophie nicht eingedrungen ist, sich die Entstehung von „Menschliches, Allzumenschliches" so erklärt wie Friedrich; im Gegenteil: mit dieser

Schrift beginnt die zweite Schaffensperiode Nietzsches, die **intellektualistische** oder **rationalistische**. Hatte er früher in dem „sokratischen Geist" den Urgrund des flachen, ruchlosen Optimismus gesehen, der nicht nur im diametralen Gegensatz zu aller Kultur stehe, sondern auch dieselbe jederzeit und gänzlich zerstöre, so ist ihm dieser Geist nunmehr das einzige Mittel, um zu einer klaren, aller Lüge und Unvernunft baren Erkenntnis der Welt zu gelangen. Das reine, vernunftgemäße Schließen allein kann Aufschluß geben über die Fragen, die für die Erkenntnis der Wahrheit in Betracht kommen und zur Wahrheit selbst führen. Daher tritt nun an die Stelle Wagners Goethe, an die Stelle der Kunst die Wissenschaft, an die Stelle der Metaphysik das Diesseits, das Nächste, „der schlichte Blick für das wirkliche Menschenleben". „Der Künstler ist nicht der Führer des Lebens", wie ich früher sagte. „Der wissenschaftliche Mensch ist die Weiterentwicklung des künstlerischen." War er einst an Wagner zum Dichter geworden, wird er es hier an der Wissenschaft. Und von diesem Standpunkte aus tritt Nietzsche jetzt zum ersten Male an jenes Problem heran, das ihn von nun an fast ausschließlich mehr beschäftigt, nämlich das Problem der **Moralphilosophie**. Doch begnügt er sich in dieser Periode, zunächst nur über den **Ursprung der Moral** Untersuchungen anzustellen. Daß er dabei das Element des rein materiellen Interesses, das **Utilitätsprinzip**, als Ursprung findet, ist im Sinne der logischen Entwicklung des Sokratismus nur selbstverständlich. Aber der Mann, dessen höchstes Ideal die unaufhaltsame Entwicklung unseres Erkenntnisvermögens war, konnte auch in diesem Rationalismus auf die Dauer nicht seine innere Befriedigung finden.

XIV. WAGNERS MISSTRAUEN UND EGOISMUS; SEIN „SCHAUSPIELERTUM".

Doch ehe wir uns weiter wenden, wollen wir zunächst eine Frage beantworten, die wir mit Friedrich schon früher gestellt haben, die Frage nämlich, ob Wagner bereits in der Tribschener Zeit in Nietzsche wirklich nur den Freund oder nicht doch schon den Mann erblickte, den einzigen, der ihm durch seine hervorragende Geisteskraft im Kampfe um die Erringung seines Zieles von höchstem Nutzen sein könnte. Gedanken Nietzsches, wie „ich erkannte Wagner nicht wieder, oder vielmehr, ich sah ein, daß der Wagner, den ich zu kennen glaubte und welchen ich geschildert hatte, nur eine Idealbildung war... ich habe dabei das Los der Idealisten getragen, welchen der Gegenstand, aus dem sie so viel gemacht haben, dadurch verleidet wird. Ideales Monstrum: der wirkliche Wagner schrumpft zusammen... mein Irrtum über Wagner ist nicht einmal individuell, sehr viele sagen, mein Bild sei das richtige. Es gehört zu den mächtigen Wirkungen solcher Naturen, den Maler zu täuschen. Aber gegen die Gerechtigkeit vergeht man sich ebenso durch Gunst als Abgunst", legen die Vermutung nahe, daß Nietzsche aus zartem Taktgefühl so manches verschweigt, worüber er sich vertrauten Personen gegenüber wohl offener ausgesprochen haben mag. Es steht außer allem Zweifel, daß Wagner, dessen Gefallen Nietzsche schon dadurch erregt hatte, daß er im gastlichen Hause der Frau Professor Brockhaus das Preislied aus den „Meistersingern" mit tiefem Verständnis gespielt und erläutert hatte, diesen lieb gewann, weil er der Meinung gewesen war, er habe sich selbst in Nietzsche wiedergefunden. Bestärkt wurde er in diesem Glauben hauptsächlich dadurch, daß sich Nietzsche ganz zu des Meisters Idealen bekannte. Der junge, bisher nur durch seine auf philologischem Gebiete geleisteten, freilich glänzenden Arbeiten doch nur in Philologen-, also Fachkreisen, bekannte Nietzsche sah sich nun durch seine Freundschaft mit dem Meister aus der friedlichen Stille seiner Gelehrtenstube auf den Kampfplatz, wo man um die Berechtigung einer neuen Kunst stritt, versetzt und tat durch sein mannhaftes Eintreten für Wagner mit der „Geburt der Tragödie" den ersten großen Schritt in die breite Öffentlichkeit. Und er hätte nicht der Jüngling sein müssen, in dem damals noch tausend selbst nicht geahnte Möglichkeiten schlummerten, um sich nicht sofort mit all dem Feuer seiner unverbrauchten Jugend in diesem Kulturkampfe als machtvoller Bundesgenosse zu bewähren. Mochte Wagner an der Tüchtigkeit und Zuverlässigkeit Nietzsches anfangs leise gezweifelt haben, so hat ihn „Die Geburt der Tragödie" in seinen kühnsten Erwartungen übertroffen. Das war Wagner mehr als erwünscht. Sein Dankbrief an Nietzsche läßt uns vermuten, daß sich in ihm dann der Gedanke herausgebildet haben mag, diesen jungen Mann ganz in den Dienst seiner Sache zu stellen: Nietzsche sollte ein „Wagnerschriftsteller" im wahrsten Sinne des Wortes sein; er, der Professor an einer berühmten Universität war, der sich in der Gelehrtenwelt, von deren Urteil schließlich doch sehr viel abhing, des größten Ansehens erfreute, war hiefür wie geschaffen. Wenn ein solcher Mann für ihn und den Bayreuther Gedanken Propaganda machte, „ich beklage eine Erziehung, bei der es nicht erreicht ist, Wagner zu verstehen, bei der Schopenhauer rauh und mißtönend klingt; diese Erziehung ist verfehlt", so war er dem Meister wohl nützlicher als tausend Flachköpfe. Also erst nach dem Erscheinen der „Geburt der Tragödie" kann Wagner die ernstliche Absicht gefaßt haben, Nietzsches Geisteskraft für sich zu verwerten. So schrieb Wagner am 24. Oktober 1872 an Nietzsche: „Mein Junge weist mich nun auf Sie, Freund, und gibt mir, schon aus reinem Familienegoismus, die Sucht ein, alle meine auf Sie gegründeten Hoffnungen buchstäblich zur Erfüllung getrieben zu sehen: denn der Junge — ach! — braucht Sie!" Und am 27. Februar 1873: „Es kommen die Momente, wo ich mich tief besinne, und dann kommen Sie gewöhnlich auch mit vor — so zwischen mir und Fidi." So hatte auch Wagner wiederholt die Absicht geäußert, in seinem Testamente Nietzsche als Siegfrieds Vormund einzusetzen. Aber der feinfühlige junge Nietzsche, für dessen psychologischen Scharfblick die „Geburt der Tragödie" ein glänzendes Beispiel ist, mochte, als er sich dessen bewußt ward, wieviel in ihm nach Reife dürstete, welch tiefe Probleme sich vor seinem Geiste ausbreiteten, bald erkannt haben, daß der weitere ununterbrochene Umgang mit dem Meister ihn nur an sich selbst irre machen könnte, und zog sich daher, um dem Freunde die Treue zu wahren, selbstlos zurück. Er ging in die Einsamkeit, wo er die Kräfte sammeln wollte, um sich neben jenem zu behaupten. Sein Hauptbestreben dabei war, einem eventuellen Konflikte, der sich aus einer Meinungsverschiedenheit hätte entwickeln können, auszuweichen. Nietzsche selbst prägte dafür den schönen Ausspruch: „Ein Mensch, der nach Großem strebt, betrachtet jedermann, dem er auf seiner Bahn begegnet, entweder als Mittel oder als Verzögerung und Hemmnis — oder als zeitweiliges Ruhebett." Und wenn er in einem Briefe schreibt: „Unter einem Jünger würde ich einen Menschen verstehen, der mir ein unbedingtes Gelübde machte", so charakterisieren diese beiden Sätze nicht nur ihn, sondern auch Wagner: die alleinige Wertung der Persönlichkeit, einen gewissen antisozialen Zug, der sich am deutlichsten in einem aristokratischen Radikalindividualismus der beiden Männer spiegelt. Die Trennung war unvermeidlich! Und schließlich sagte er sehr richtig: „Jeder Meister hat nur einen Schüler und der wird ihm untreu — denn er ist zur Meisterschaft auch bestimmt!"[1]) So wird der Leser sehr erstaunt sein, wenn er aus der Gesamtausgabe von Nietzsches Werken, Band X, entnehmen kann, daß bereits in der „Geburt der Tragödie" Nietzsche nur mit Rücksicht für Wagner viele Gedanken

---

[1]) Cf. damit Goethes feinsinnige Sentenz: „Das Schrecklichste für den Schüler ist, daß er sich am Ende doch wieder gegen den Meister herstellen muß. Je kräftiger das ist, was dieser gibt, in desto größerem Unmut, ja Verzweiflung ist der Empfangende." Es wurde bereits des öfteren darauf hingewiesen, welch furchtbare Seelenkämpfe Nietzsche an Wagners Seite durchzukämpfen hatte, um sich schließlich um den Preis eines großen Opfers — des Verlustes des Meisters! — zur Selbständigkeit durchzuringen. Lassen wir daher alle diese inneren Kämpfe an unserem geistigen Auge noch einmal vorüberziehen, so müssen wir staunend erkennen, daß an Nietzsche Hebbels tiefsinnige Sentenz: „Lieben heißt, in dem andern sich selbst erobern", Wahrheit geworden ist. Und schließlich: war es nicht Nietzsches größter Fehler, seine Freunde, darunter auch Wagner, stets maßlos zu überschätzen? Deshalb sagte Peter Gast in stolzer Bescheidenheit noch am Grabe Nietzsches: „Wie konnten wir deine Freunde sein? Doch nur, indem du uns überschätztest!" Aber wie ein Trost klingt es, was unser Altmeister verkündet:
„Was ihr niemals überschätzt,
Habt ihr nie besessen!"

unterdrückt hatte, die dessen Mißfallen hätten erregen können. Denn der Meister war sehr mißtrauisch und mochte wohl auch schon gelegentlich die Wahrnehmung gemacht haben, daß das Wesen seines jungen Streitgenossen allmählich Züge annehme, die seinem Wesen fremd waren. Deshalb fragte Nietzsche bei allem, was er tat: „Wird es auch Wagner recht sein?" Frau Förster erzählt folgende, dieses Verhältnis scharf charakterisierende Episode: Sie und ihr Bruder saßen einst in den Parkanlagen zu Baden-Baden und erörterten kunstästhetische Probleme. Plötzlich bemerkten sie, daß ihnen ein Herr — es war Turgenjew — aufmerksam zuhöre. Als aber der Lauscher wahrnahm, daß man ihn bemerkt hatte, entfernte er sich. Da meinte Nietzsche, es sei gut, daß jener nicht wisse, wer sie beide seien; denn sonst käme am Ende ihr Gespräch Wagner zu Ohren. Als die Schwester dazu bemerkte, Wagner könne doch unmöglich erwarten, daß Nietzsche alle seine Ansichten teile, erwiderte Nietzsche: „Doch, Lisbeth, das verlangt er!" So verzichtete Nietzsche ferner aus Rücksicht auf Wagner 1872 auf eine Reise nach Griechenland, weil sein erwählter Reisebegleiter, Professor Mendelssohn in Freiburg i. Br., ein Sohn des berühmten Komponisten war, dessen Freund Wagner bekanntlich nicht war. Kein Wunder, wenn Nietzsche dann sagte: „Es gibt etwas, das im höchsten Grade das Mißtrauen gegen Wagner wachruft: das ist Wagners Mißtrauen! Das wühlt so stark, daß ich zweimal zweifelte, ob er Musiker sei!" Nach der „II. Unzeitgemäßen", die er Wagner zugesandt hatte, erhielt Nietzsche von diesem zwar einen herzlichen Brief, mußte jedoch durch eine dritte Person erfahren, daß sich Wagner über dieses Werk sehr kühl und absprechend geäußert habe. Wagner selbst schrieb ihm folgendes: „Lob erwarten Sie wohl nicht von mir? Es sähe auch hübsch aus, wenn ich Ihr Feuer, Ihren Witz — loben wollte! Meine Frau findet für so etwas die rechte Art — dafür ist sie eben ein Weib!" Nietzsche äußerte sich später über diesen Brief: Wagners „schöne Worte" seien ihm vorgekommen wie „nur Blumen, die eine bittere Wahrheit verdecken sollten!" Auf des Meisters Äußerung: „Dieser Nietzsche geht immer seine eigenen Wege", antwortete Nietzsche: „Ich habe in Bayreuth nur Wert als Wagnerschriftsteller, ich soll nichts weiter sein, ich darf nur das bewundern und verehren, was in Bayreuth gebilligt wird!" „Man muß ihn nehmen, wie er ist!" hatte Wagner oft gesagt, nie jedoch nach dieser Maxime gehandelt. Nietzsche fehlte eben jener etwas ans Demagogentum streifende Zug Wagners. Damit stimmt eine Äußerung Professor Ritschls über Nietzsche (Mai 1869): „Dazu ist er nicht zu gebrauchen, immer will er mit seiner Liebe und Verehrung besondere Wege gehen!" Das heißt, Nietzsche war eben nie „Parteimann" und war um keinen Preis zu bewegen, sich ins Parteigetriebe der Anhänger zu begeben. — Frau Förster zitiert folgende Tagebuchnotiz ihres Bruders aus dem Jahre 1875: „Ich wüßte nicht, auf welchem Wege ich je des reinsten sonnenhellen Glückes teilhaftig geworden wäre als durch Wagners Musik: und dies, obwohl sie durchaus nicht immer von Glück redet, sondern von den furchtbaren und unheimlichen unterirdischen Kräften des Menschentreibens, von dem Leiden in allem Glücke und von der Endlichkeit unseres Glücks: es muß also in der Art, wie sie redet, das Glück liegen, das sie ausströmt. — Man rechne nur nach, woran Wagner seine eigentliche Lust und Wonne hat, an was für Szenen, Konflikten, Katastrophen — da begreift man, was er ist und was die Musik für ihn ist. Wotans Verhältnis zu Siegfried ist etwas Wundervolles, wie es keine Poesie der Welt hat: die Liebe und die erzwungene Feindschaft und die Lust an der Vernichtung. Dies ist höchst symbolisch für Wagners Wesen: Liebe für das, wodurch man erlöst, gerichtet und vernichtet wird; aber ganz göttlich empfunden." Dazu bemerkte Professor Ernst Holzer, der verdienstvolle Herausgeber von Nietzsches philologischen Schriften: „So wie Wotan Siegfried gegenüberstand, so hätte Wagner Nietzsche empfinden sollen, dann wäre er göttlich gewesen. So aber fühle ich aus den Briefen Wagners und Cosimas die kleinliche Besorgnis heraus, daß Nietzsche über Wagner hinauswachsen könnte. Immer wird er geduckt, stets wird in Cosimas Briefen angedeutet, daß er im Dienste von Wagners Genius seinen eigentlichen Beruf zu finden habe." Nun ist mit Frau Förster gewiß gerne zugegeben, daß diese Bemerkung übertrieben sei, indes ist nicht zu vergessen, daß Nietzsche sich damals durchaus nicht zu der Anschauungsweise verstiegen habe, daß er Wagner als Siegfried gegenüberstehe und daß er, um ihm im Höchsten treu zu bleiben, ihn bekämpfen müßte! Ziehen wir aus all dem Gesagten die Summe, so ergibt sich, daß, solange Wagner in Tribschen weilte und Männer wie Nietzsche sehr nötig hatte, zwischen beiden die schönste Übereinstimmung herrschte. Erst als Wagner in Bayreuth festen Fuß gefaßt hatte und sich in die Rolle des europäischen Kunstdiktators immer tiefer einlebte, kamen Sprünge und Risse in das Verhältnis: Wagner sah in Nietzsche nur seinen untergeordneten Helfer, einen willkommenen Handlanger seiner höheren Pläne, Nietzsche aber hatte von Anfang an Gleichberechtigung beansprucht. In dem Maße, als Wagner sein Bayreuther Werk gesichert und vollendet sah, verlor der junge Nietzsche den Wert, den er als Agitator und Propagandist dafür besessen hatte. Wagner brauchte ihn nicht mehr, darum konnte er ihn ruhig sich selbst überlassen. Zudem mögen ihm die originalen Kunstauffassungen, die Nietzsche den seinigen gegenüber geltend machen wollte, immer unbequemer geworden sein. Sobald aber Nietzsche seinerseits das Bayreuther Unternehmen nicht mehr in seinem Sinne beeinflussen konnte, war dort nicht mehr seine Stätte. Wagner war mächtiger. Nietzsche aber vollendete seine Abkehr von dem einst geliebten Meister, dem er doch nur mehr Helfer denn Freund gewesen war; er war ihm, wie es im „Menschlichen, Allzumenschlichen" heißt, „Hausgerät und Zimmerschmuck, an dem der Hausherr vor Gästen seine Eitelkeit auslassen kann".

Diese Ausführungen, die ich nicht der Sensation halber, sondern nur zur Steuer der Wahrheit gebracht habe, lehren uns, daß bei Nietzsche für seine Abkehr von Wagner nicht allein rein philosophische Gründe maßgebend gewesen sein müssen, wiewohl er im Hinblick auf Wagner das herrliche Wort geprägt hat: „Wenn Denken dein Schicksal ist, so verehre dies Schicksal mit göttlichen Ehren und opfere ihm das Beste und Liebste!" Wir ersehen aber daraus, wie unrecht Glasenapp hat, wenn er gegen Nietzsche den Vorwurf erhebt, er habe eine Ausstellung an der subjektiven Willkür seiner Meinungen nicht geduldet. Wenn dem so gewesen wäre, hätte sich Nietzsche dann wohl zurückgezogen? Diese feine Vornehmheit besaß Wagner keineswegs. Daher konnte Freiherr v. Seydlitz über Nietzsche sagen: „Ich habe keinen, keinen vornehmeren Menschen kennen gelernt als ihn. Rücksichtslos zu sein hat er nur verstanden den Ideen gegenüber, den Menschen nicht!" Und als in Weimar im August 1898 die Wiederkehr von Goethes 150. Geburtstage gefeiert wurde, fragte Frau Förster den Baron Gersdorff, den Nietzsche seinen Herzensfreund genannt hatte und dem er wohl mehr anvertraut hatte als all den anderen Freunden, ob er ihr nicht etwas Ungünstiges über ihren Bruder mitteilen könnte, ihr fehle etwas Schatten in dem lichten Bilde seines Lebens. Darauf sagte Gersdorff ernst und wehmütig: „Ich kann mich auf nichts besinnen; er war nur Licht, der Schatten waren wir, seine Freunde, die wir ihn nicht verstanden."

Aus alle dem erhellt, daß Wagner in dem „stets seine eigenen Wege gehenden Nietzsche" einen Abtrünnigen erblicken mußte, weil er seine Wesensart nie verstanden hat. An der großen Enttäuschung, die der Mensch Wagner Nietzsche bereitete, trug der Meister auch Schuld mit seiner Selbstbiographie „Mein Leben". Einem Briefe an Otto Wesendonk läßt sich entnehmen, daß Wagner das Manuskript seiner Selbstbiographie „demjenigen übermachen wolle, der seine wirkliche Biographie machen wolle, falls ihn nicht die Größe und Widerwärtigkeit der laufenden Entstellungen seines Lebens schon früher bestimmen sollte, einem Berufenen zur Berichtigung einzelner Punkte das nötige Material aus diesen Diktaten an die Hand zu geben". Entstanden ist dieses Werk über Wunsch des Königs Ludwig und war nach Glasenapps Mitteilung zunächst nur für die Familie des Meisters bestimmt. Veröffentlicht wurde es erst im Jahre 1911. Um es kurz zu sagen, ist diese Autobiographie nichts anderes als „typische Schauspielermemoiren in ihrer naiv raffinierten, beinahe schon wieder unbewußt gewordenen Verstellungsfreude und Geschicklichkeit des Ich-Inszenierens". Nietzsche nun war einer der wenigen, die außerhalb des Familienkreises standen, dem der Meister die stärkste Probe seines Vertrauens gab, indem er ihm das Werk zur Durchsicht überließ; wohl sicherlich in der Hoffnung, er habe in Nietzsche den vollkommenen Wagnerschriftsteller gefunden. Dieser Aufgabe hat er den Freund nachher bald entbunden, offenbar deshalb, weil Nietzsche die Ansicht vertrat, daß ganz besonders geartete Naturen gerade in Sitte und Herkommen einen starken Schutz fänden, um in der Welt des Geistes, frei und unbeschwert von kleinlichen Alltagskämpfen, desto höher zu steigen. Frau Förster berichtet nun, daß Wagner nur aus Rücksicht auf Nietzsches zartes Empfinden vieles Unerfreuliche aus seinem Leben vor der Bekanntschaft mit dem Philosophen wohlweislich verschwiegen habe, wiewohl ihm später Nietzsches zarte Tugendhaftigkeit recht ärgerlich war, so daß er sowohl über sich selbst als auch über Cosima mitunter sehr Derbes und Häßliches sagen konnte. Allerdings suchte er stets dies sofort wieder gut zu machen, indem er auf seine Neigung, schlechte Witze zu machen, kräftig schimpfte. So sagte er einst zu Frau Förster: „Ihr Bruder ist in seiner zarten Vornehmheit oft recht unbequem; dazu sieht man ihm auch alles an, was er denkt; manchmal schämt er sich ordentlich, was ich für Witze mache — und dann treibe ich's immer toller. Ihr Bruder ist gerade wie Liszt, der mag meine Witze und Spässe auch nicht." Deshalb konnte es dem scharfblickenden Psychologen Nietzsche unmöglich entgangen sein, daß der Meister in der Selbstbiographie von sich ein Bild entwarf, das der Wirklichkeit am allerwenigsten entsprach. Im „Fall Wagner" äußerte er sich über diese Autobiographie: „Das, was bisher als Leben Wagners in Umlauf gebracht worden ist, ist fable convenue, wenn nichts Schlimmeres. Ich bekenne mein Mißtrauen gegen jeden Punkt, der bloß durch Wagner selbst bezeugt ist. Er hatte nicht Stolz genug zu irgendeiner Wahrheit über sich; niemand war weniger stolz; er blieb ganz wie Viktor Hugo auch im Biographischen sich treu — er blieb Schauspieler." Und in der „Genealogie der Moral": „Man verspricht uns eine Selbstbiographie R. Wagners: Wer zweifelt, daß es eine kluge Selbstbiographie sein wird?" Wenn aber Wagner im Vorworte zu „Meinem Leben" schrieb, daß „der Wert der hiemit gesammelten Autobiographie in der schmucklosen Wahrhaftigkeit beruhe", ist dadurch Nietzsche, der Wagner „den Schauspieler seines eigenen Ideals" nannte, nicht widerlegt? Ernest weist in seinem Buche über Wagner diese Behauptung Nietzsches zurück mit folgender Argumentation: Schauspieler sei nur der, „der sich als etwas anderes, Größeres geben möchte als er ist. Konnte das aber in der Natur eines Mannes liegen, der so unerschütterlich fest von seiner Bedeutung durchdrungen war, wie Wagner? Und auch, wenn er sich immer von neuem als einen anderen offenbarte, beruhte das nicht auf einem Rollen-, sondern einem Überzeugungswechsel, wobei nie das Ziel durch die Überzeugung, sondern die Überzeugung durchs Ziel bedingt wurde". Dem ist jedoch entgegenzuhalten, daß Nietzsche unter Schauspieler an all den Stellen, wo er Wagner damit belegt, stets den Menschen versteht, der alle seine körperlichen und geistigen Gaben unkeusch in den Dienst der unmittelbaren Wirkung stellt. Diese Art der Verachtung des Schauspielers besaß aber Nietzsche schon vor seinem Abfalle von Wagner; denn bereits 1871 heißt es in dem Aufsatz „Musik und Tragödie": „Noch im Munde des innerlich überzeugtesten Schauspielers klingt uns ein tiefsinniger Gedanke, ein Gleichnis, ja im Grunde jedes Wort wie abgeschwächt, verkümmert, entheiligt; wir glauben nicht an diese Sprache, wir glauben nicht an diese Menschen, und was uns sonst als tiefste Weltoffenbarung berührte, ist uns jetzt ein widerwilliges Maskenspiel. Man fühlt etwas wie eine Entweihung." Dasselbe Grundmotiv wird wiederkehren in Nietzsches Kritik am „Parsifal". Nietzsche hat an Wagner geglaubt, solange ihm dieser als der dionysisch Verzückte erschienen war, jetzt sah er in ihm nur mehr den Komödianten, den klugen maestro. Und das konnte er nie ganz verwinden. Bereits in dem Panegyrikus „R. Wagner in Bayreuth" heißt es: „Wenn man versucht hat, die großartigsten Entwicklungen aus inneren Hemmungen oder Lücken herzuleiten, wenn zum Beispiel für Goethe das Dichten eine Art Auskunftsmittel für einen verfehlten Malerberuf war, wenn man von Schillers Dramen als von einer versetzten Volksberedsamkeit reden kann, wenn man in ähnlicher Weise Wagners Entwicklung mit einer solchen inneren Hemmung in Verbindung setzen wollte, so dürfte man wohl in ihm eine **schauspielerische Urbegabung** annehmen, welche es sich versagen mußte, sich auf dem nächsten, trivialsten Wege zu befriedigen und welche in der **Heranziehung aller Künste zu einer großen schauspielerischen Offenbarung ihre Auskunft und ihre Rettung fand.**" In dieser Schrift findet sich aber noch eine höchst bedeutsame Stelle, die den Schauspielerbegriff von Wagners Kunst bereits auf dessen Leben überträgt: „**Das Leben Wagners, ganz aus der Nähe und ohne Liebe gesehen, hat sehr viel von der Komödie** an sich, und zwar von einer merkwürdig grotesken." In einem Nachlaßfragment heißt es: „In meiner Jugend hatte ich Unglück, es lief mir ein sehr zweideutiger Mensch über den Weg. Als ich ihn als das erkannte, was er ist, nämlich ein großer Schauspieler, der zu keinem Ding ein echtes Verhältnis hat (selbst zur Musik nicht), war ich so angeekelt und krank, daß ich glaubte, alle berühmten Menschen seien Schauspieler gewesen, sonst wären sie nicht berühmt geworden — und an dem, was ich ‚Künstler' nannte, sei eben das Hauptsächlichste die **schauspielerische Kraft.**" Und im „Fall Wagner": „Sie wissen nicht, wer Wagner ist: Ein ganz großer Schauspieler! Der Schauspieler Wagner ist ein Tyrann, sein Pathos wirft jeden Geschmack, jeden Widerstand über den Haufen. War Wagner überhaupt ein Musiker? Jedenfalls war er etwas anderes mehr: Nämlich ein unvergleichlicher histrio, der größte Mime, das erstaunlichste Theatergenie, das die Deutschen gehabt haben. Er gehört wo anders hin als in die Geschichte der Musik: mit deren großen Echten soll man ihn nicht verwechseln. Wagner und Beethoven — das ist eine Blasphemie. Wagner war auch als Musiker nur das, was er überhaupt war: er wurde Musiker, er wurde Dichter, weil der Tyrann in ihm, sein Schauspielergenie, ihn dazu zwang. Man errät nichts von Wagner, solange man nicht seinen dominierenden Instinkt erriet. Wagner will die Wirkung, er will nichts als die Wirkung. Er hat darin die Unbedenklichkeit, die jeder Theatermensch hat. Auch im Entwerfen der Handlung ist Wagner vor allem Schauspieler. Wagner bedeutet die Heraufkunft des Schauspielers in der Musik. Noch nie wurde die Rechtschaffenheit der Musiker, ihre ‚Echtheit' gleich gefährlich auf die Probe gestellt... ein Zeitalter der Demokratie treibt den Schauspieler auf die Höhe — in Athen ebenso wie heute. Richard Wagner hat bisher alles darin überboten und einen hohen Begriff vom Schauspieler erweckt, der Schauder machen kann. Musik, Poesie, Religion, Kultur, Buch, Familie, Vaterland, Verkehr — alles vorerst Kunst, will sagen Bühnenattitude... Wagner war ein großer Schauspieler: aber ohne Halt und inwendig die Beute von allen Sachen, welche stark berauschen... er ist verurteilt, Schauspieler zu sein. Seine Kunst selbst wird ihm zum beständigen Fluchtversuch, zum Mittel des Sichvergessens, des Sichbetäubens — es verändert, es bestimmt zuletzt den Charakter seiner Kunst. Ein solch ‚Unfreier' hat eine Haschisch-Welt nötig, er hat Wagnersche Musik nötig. Eine gewisse Katholizität des Ideals vor allem ist bei einem Künstler beinahe ein Beweis von Selbstverachtung, von Sumpf." Durch den „Parsifal" vollends „brachte" Wagner, „ein im Grunde zerbrochener und überwundener Mensch, die große Schauspielerei seines Lebens auf die Spitze". Wichtig erscheint mir noch jene Szene im „Zarathustra", da der alte Zauberer — dichterische Maske für Wagner — mit seiner Kunst und „rührenden Gebärde" sich Zarathustras Liebe erschleichen will, von diesem jedoch zurechtgewiesen wird: „Halt ein, du Schauspieler! du Falschmünzer!

du Lügner aus dem Grunde! Ich erkenne dich wohl ... du Meer der Eitelkeit, was spieltest du vor mir, du schlimmer Zauberer, an wen sollte ich glauben?" — „Den Büßer des Geistes," sagte der alte Mann, „den spielte ich ... und gesteh es nur ein: es währte lange, bis du hinter meine Kunst und Lüge kamst. Du glaubtest an meine Not, ich hörte dich jammern, ‚man hat ihn zu wenig geliebt, zu wenig geliebt!' Daß ich dich so weit betrog, darüber frohlockte inwendig meine Bosheit." — „Du magst Feinere betrogen haben als mich", sagte Zarathustra hart. „Ich bin nicht auf der Hut vor Betrügern, ich muß ohne Vorsicht sein, so will es mein Los. Du aber — mußt betrügen: so weit kenne ich dich! Ich errate dich wohl: du wurdest der Bezauberer aller, aber gegen dich hast du keine Lüge und List mehr übrig — du selber bist dir entzaubert! Du erntetest den Ekel ein als deine eine Wahrheit. Kein Wort ist mehr an dir echt, aber dein Mund: nämlich der Ekel, der an deinem Munde klebt." — „Wer bist du doch?" schrie hier der alte Zauberer, „wer darf also zu mir reden, dem Größten, der heute lebt?" und ein grüner Blitz schoß aus seinem Auge nach Zarathustra. Aber gleich darauf verwandelte er sich und sagte traurig: „O Zarathustra, ich bin's müde, es ekelt mich meiner Künste, ich bin nicht groß; was verstelle ich mich! Aber, du weißt es wohl — ich suchte nach Größe! Einen großen Menschen wollte ich vorstellen und überredete viele: aber diese Lüge ging über meine Kraft. An ihr zerbreche ich. O Zarathustra, alles ist Lüge an mir; aber daß ich zerbreche — dies mein Zerbrechen ist echt!" — „Du schlimmer alter Zauberer, das ist dein Bestes und Redlichstes, was ich an dir ehre, daß du deiner müde wurdest und es ausprichst: ‚Ich bin nicht groß' und wenn auch nur für einen Hauch und Husch, diesen einen Augenblick warst du — echt!" Indes hat der „Schauspieler" Wagner nie widerrufen, wie sehr auch Nietzsche — diese Zarathustrastelle beweist es! — eine Palinodie bei Wagner herbeigesehnt haben mag. Es kann aber nicht genug davor gewarnt werden, die Gestalt des alten Zauberers ohneweiters immer mit Wagner zu identifizieren. Denn nur mitunter, wie zum Beispiel in der zitierten Stelle, ist sie so individuell gezeichnet, daß alle geschilderten Einzelheiten uns direkt auf Wagner hinweisen. Sonst wird nämlich durch den Zauberer der religiöse Mensch symbolisiert. — Nietzsches abfällige Kritik über Wagners Autobiographie erscheint uns begreiflich, zumal wenn man bedenkt, daß er sie innerhalb der Jahre 1865—1870 seiner Lebensgefährtin Cosima in die Feder diktierte, also zu einer Zeit, da jene ihren Gatten Hans v. Bülow verlassen hatte und am 5. August 1868 zu dauerndem Aufenthalte in Tribschen eingetroffen war. Es mochte ihm daher wünschenswert erscheinen, manches aus seinem Leben der neugewonnenen Gefährtin in ganz bestimmter Beleuchtung kundzutun. Hieher gehört in erster Linie sein Verhältnis zu Mathilde Wesendonk. Dieses ist vollständig verschleiert und auf Kosten der Mitbeteiligten als nichtig und bedeutungslos dargestellt. Wagner konnte eben damals nicht einmal ahnen, daß seine herrlichen Ergüsse an Mathilde einmal bekannt würden, zumal er ihr gegenüber den Wunsch geäußert hatte, sie sollten vernichtet werden. Nun schreibt Prof. Golther in der Vorbemerkung seiner Ausgabe der Briefe Wagners an Mathilde, daß diese sie zur Veröffentlichung bestimmt habe; die Familie Wagner habe sich ferner „ausnahmsweise und für diesen Fall" ihres Autorrechtes entäußert. (Cf. dazu mein Buch: „R. Wagners Tristan und Isolde, ein Interpretationsversuch", p. 250 bis 281.) Ferner entspricht nicht den Tatsachen die Schilderung seines Verhältnisses zu seiner ersten Frau Minna, deren ganzes Vorleben, deren sämtliche Vergehen und Fehltritte bis ins kleinste Detail mit schonungslosester Breite ausgemalt werden, während Wagner an sein eigenes Verhalten in puncto ehelicher Treue den gleich strengen Maßstab nicht anlegt. Seltsam berührt es auch, daß Wagner gegen das Ende des Buches fast auf jeder Seite, jedesmal, wenn von einer größeren Einnahme die Rede ist, seine „Verpflichtungen gegen Minna" betont, während er der Ausgaben für sich mit keiner Silbe gedenkt. Wer ferner Wagners Briefwechsel mit Liszt und Otto Wesendonk kennt, wird sich wundern, wie karg, kühl und spöttisch er in seiner Selbstbiographie dieser beiden Männer gedenkt, denen er so unendlich viel verdankt. So entspricht es ferner gleichfalls nicht den Tatsachen, wenn Wagner erzählt, Schopenhauer habe sich „bedeutend und günstig" über seine Ringdichtung ausgesprochen; das Gegenteil trifft zu (cf. mein Buch: „Wagners Tristan und Isolde", p. 237/38). So verschweigt er auch ein Zerwürfnis mit Liszt im Jahre 1858. Über Mendelssohn, Meyerbeer, Brahms und andere fällt er geradezu vernichtende Urteile.

Diese Autobiographie kündet uns nicht, wie Wagners Leben war, sondern wie Wagner es später sah oder sehen wollte!

Ohne Zweifel hatte Nietzsche bereits frühzeitig das Schauspielerhafte, Lärmende, allzu Laute in Wagners Wesen klar erkannt und sich dadurch von ihm abgestoßen gefühlt, was freilich Eigenschaften sind, die wir an Nietzsches späterem Wesen leider auch konstatieren können, wiewohl sie aber auf eine ganz andere Wurzel zurückzuführen sind wie bei Wagner. Zu Wagners Autobiographie mag man sich stellen, wie man wolle: auch sie ist ein Kunstwerk und demzufolge genau so einzuschätzen wie die anderen Kunstwerke des Meisters. Jedoch vermissen wir in ihm jene Wahrhaftigkeit, mit der Wagner z. B. im Tristandrama in poetischer Verklärung eine Episode aus seinem Leben geschildert hatte. Und daher gebe ich Bélart recht, der allein schon wegen der Zwitterstellung Wagners in der Wesendonk-Affaire Wagner einen Schauspieler nannte, der in seiner Autobiographie mit ängstlicher Scheu oder aus kluger Berechnung nicht nur über diese größte Tragödie seines Lebens, sondern auch über so manche andere Tatsache den rettenden Vorhang fallen läßt. Wenn man aber bedenkt, daß auch Wagner in erster Linie nicht so sehr nach Glück, sondern vielmehr nach seinem Werke trachtete, daß er eine stark sinnliche Natur war, ein sogenanntes „Gehirnraubtier", das gleich Hebbel alles, das ihm begegnete, rücksichtslos in den Dienst der eigenen Sache stellte, daher auch das Glück Nietzsches, so hätte er diesen Wagner mit größerer Berechtigung den verkörperten Willen zur Macht nennen können. Schrieb doch Wagner selbst am 24. Oktober 1872 an Nietzsche: „Ich bin jetzt so weit, nach gar keiner Seite zu mir ein Blatt vor das Maul zu nehmen; und käme mir die Kaiserin Augusta in den Weg, sie sollte bedient werden! Es muß endlich etwas dabei herauskommen. Denn das eine steht fest, daß an einen Kompromiß, eine Transaktion gar nicht zu denken ist: sich gefürchtet machen, da man nun einmal so sehr gehaßt ist, kann einzig etwas helfen." In späteren Jahren mochte Nietzsche selbst eine solche Identifikation für richtig gehalten haben; denn im „Jenseits" heißt es von Wagner, daß es dieser in allem stärker, verwegener, härter, höher getrieben habe als es ein Franzose des XIX. Jahrhunderts treiben könne, „dank dem Umstande, daß wir Deutschen der Barbarei noch näher stehen als die Franzosen". — Das Genie hat eben seine eigenen Gesetze. Es sind die eines rücksichtslosen und dadurch fast ehrlichen Egoismus. Eine egozentrische, also vom eigenen Ich mit solch überwältigender Kraft unbewußt getriebene Gefühlswelt, daß sie als Äußerung eines ungeheuren Instinktes fast jenseits der gewöhnlichen menschlichen Moralbegriffe steht. Unbegreiflich ist nur das eine, daß gerade die offiziellen Wagnerbiographen sich sichtlich bemühen, aus dem Bilde Wagners alles Unlautere wegretouchieren zu wollen, um ihn nicht nur zum größten Künstler, sondern auch zum größten Menschen aller Zeiten zu stempeln. Wenn aber heute ein Biograph mit rücksichtsloser Offenheit im Bilde Goethes, des größten Deutschen, uns auf oft recht kleinliche Züge aufmerksam macht, auf Züge, in denen sich das Allzumenschliche des Olympiers offenbart, denken wir nur an sein Verhältnis zu Schopenhauer oder Kleist, die er beide als Rivalen empfand, so nehmen wir dies als etwas Selbstverständliches hin, zumal derselbe Goethe das schöne Wort ausgesprochen hat, daß selbst Mahadöh, der Herr der Erden, soll er schonen, soll er strafen, Menschen menschlich sehen müsse. Warum macht man uns dagegen aus dem Menschen Wagner das Idealbild eines Menschen, dem in der Wirklichkeit gar nichts entspricht? Die Beantwortung dieser Frage führt uns auf eine Tatsache, die Th. Lessing etwa so formuliert hat: Es sei ein liebenswürdiger, aber allgemeiner Irrtum, zu glauben, daß die schöpferischen Meister irgendeines Gebietes auch in ihrem Ich soziale Werte verkörpern müssen. Ein gewichtiges psychologisches Gesetz scheint gerade das Gegenteil wahrscheinlicher zu machen. Überall nämlich entdecken wir eine Alternative zwischen jenen Werten, die der Mensch in seinem Tun und Schaffen, und jenen andern, die er im Wesen und Charakter verkörpert, derart, daß die Handelns- und Funktionswerte als Äquivalent für die Lücken seiner Persönlichkeit auftreten oder auch umgekehrt die geschlossene Harmonie und Schönheit der Person ein Manko an schöpferischen Antrieben einschließt. Dieses Gesetz treffe am stärksten bei Künstlern und ganz besonders wieder bei Musikern zu, die sich in bloßem Fühlen und Vorstellen so sehr erschöpfen, daß für ihre tägliche Umgebung meist nicht mehr viel übrig bleibt. So gähnt eine endlose Kluft zwischen dem das Werk umspannenden Wunschleben und dem historischen Ich, das die nächste Umgebung zu ertragen hat. Denken wir nur an das Verhältnis Wagners zu seiner Frau Minna, deren Leben an seiner Seite „ein langsamer Untergang" war, zu Otto Wesendonk, zu Bülow und Cosima. Und je mehr wir uns bemühen, in das Menschentum großer Männer einzudringen, auf eine desto größere Unsumme von Rätseln und Widersprüchen stoßen wir. Ein apodiktisches Urteil ist daher nicht möglich, weil nur allzuoft Kunst und Wirklichkeit in eins verschmelzen. Aber trotzdem sind Geistesheroen das einzige, was unser Leben rechtfertigt und heiligt, in dem Maße, wie wir sie lieben und verstehen; sie sind das einzige, was von unser aller Leben und all der nutzlosen Arbeit sich in eine bessere Zeit hinüberrettet. Daher wird es für uns ein ewiges Rätsel bleiben, daß derselbe Nietzsche, der sich in seinen Schriften als rücksichtsloser Bekämpfer der Menschen und ihrer Meinungen enthüllt — so spricht Rohde in betreff der „Genealogie der Moral" direkt von einer „Kannibalenmoral" — im persönlichen Umgange mit Menschen das friedfertigste und sanfteste Geschöpf war, das man sich überhaupt nur denken kann. Nietzsche selbst äußert sich in der „Genealogie der Moral" zu diesem Problem: „Man soll sich vor der Verwechslung hüten, in welche ein Künstler nur zu leicht selbst gerät — wie als ob er eben das wäre, was er darstellen, ausdenken, ausdrücken kann. Tatsächlich steht es so, daß, wenn er eben das wäre, er es schlechterdings nicht darstellen, ausdenken, ausdrücken würde." In diesem Sinne verstehe ich daher den berühmten Ausspruch Goethes: „Ich habe niemals von einem Verbrechen gehört, das ich nicht hätte begehen können!" Goethe brauchte keine Verbrechen zu begehen, weil er sie künstlerisch gestalten konnte: in der Dichtkunst konnte sich sein angeborener „Wille zur Macht" unbeschränkt austoben. „Eben darum", sagt Th. Lessing l. c., „konnte und durfte Nietzsche unter der Qual unveräußerlicher Hemmung eine Ethik zügelloser Freiheit predigen, von deren eisernen Strenge und unvergleichlichen seelischen Höhe diejenigen keine Ahnung haben, die sie uns als Emanzipation des Sichgehenlassens zu diskreditieren versuchten." Das wäre aber nur ein Beweis für Lessings Theorie, daß eben das Aussinnen dieser „Kannibalenmoral" und die sprichwörtlich gewordene Rücksichtslosigkeit in Nietzsches Werken als ein Äquivalent für die Lücken in seiner Persönlichkeit aufzufassen sind. Nun lesen wir bei Hebbel, der ja auch so ein „Gehirnraubtier" war: „Große Menschen werden immer Egoisten heißen. Ihr Ich verschlingt alle anderen Individualitäten, die ihm nahe kommen, und diese halten nun das Natürliche und Unvermeidliche, das einfach aus dem Kraftverhältnis hervorgeht, für Absicht." Gut! Aber trotzdem fragt man sich, wie ist es zu erklären, daß gerade zwei solche Ausnahmsmenschen wie Wagner und Nietzsche, die, wie ihre Werke tausendfach beweisen, die geheimsten Regungen der menschlichen Psyche genau kannten, trotz ihrer Forderung, sich selbst und andere zu erlösen, ihnen den Weg zur wahren Freiheit zu weisen, in sich selbst nicht die Kraft fanden, einander zu verstehen und den dornenvollen Weg der Entsagung zu gehen, der allein uns Erdenmenschen zu den Höhen höchsten Menschentums emporzuführen vermag? Daß beide einander stark verkannten, trotz klar zutage liegender Wahlverwandtschaft, daß sie das, was an ihnen echteste und unveräußerlichste Natur war, für böse Absicht erklärten? O ewig unlösbares Rätsel der Persönlichkeit! Wie sagt doch Zarathustra? „O Einsamkeit aller Schenkenden! O Schweigsamkeit aller Leuchtenden! O, dies ist die Feindschaft des Lichts gegen Leuchtendes; erbarmungslos wandelt es seine Bahnen. Unbillig gegen Leuchtendes im tiefsten Herzen, kalt gegen Sonnen, — also wandelt jede Sonne! Ihrem unerbittlichen Willen folgen sie, das ist ihre Kälte!" — Darum wird es mir ewig unvergeßlich in tiefster Seele stehen: unser aller Lehrer, Freund und Meister, Wagners treuester Paladin, unser unvergeßlicher Alois Höfler, feierte seinen 68. Geburtstag. Ich stand an seinem Krankenlager und er, der Gütige, der stets einen guten Rat Wissende, besprach mit mir dieses mein Buch. Da kamen wir auch auf dieses ewige Rätsel zu sprechen; und er faßte mich bei der Hand und Tränen füllten ihm die Augen, als er mir sagte: „Auch hier ist der Rest Schweigen und sich neigen in Ehrfurcht!" Drum rufe ich ihm, der dem Meister von Bayreuth „bis hinüber nach jenem Reiche der Weltennacht" die Treue gehalten hat, zu: „Non confunderis in aeternum anima candida!"

XV. NIETZSCHE-BIZET-WAGNER.

In der „Fröhlichen Wissenschaft" schreibt Nietzsche: „Ich muß den Fuß weiter heben, diesen müden, verwundeten Fuß: und weil ich muß, so habe ich oft für das Schönste, das mich nicht halten konnte, einen grimmigen Rückblick — weil es mich nicht halten konnte!" Dieser Ausspruch präzisiert Nietzsches ferneres Verhalten Wagner gegenüber: er konnte von ihm nicht loskommen! „Sein Kampf gegen Wagner ist nur Sinnbild eines Bruderzwistes in der eigenen Brust, wie er so wild, so schonungslos gegen sich, so faustisch-überdeutsch, so unauskämpfbar verhängnisvoll vielleicht nur in einem deutschen Herzen sich zutragen kann." Denn in seiner Seele lebte das „große, das liebende Verachten, welches am meisten liebt, wo es am meisten verachtet"; immer noch war und blieb er „das Erbe und Erdreich" von Wagners „Liebe", „blühend zu" seinem „Gedächtnisse" — allerdings blühend von sehr „bunten und wildwachsenden Tugenden!" Und doch! Wie wehevollste Menschenklage klingt sein erschütternder Ausruf: „Es hilft nichts; man muß erst Wagnerianer sein!" Es wurde bereits hervorgehoben und betont, daß Nietzsche mit seiner Abkehr von Wagner sich wieder für die Musik der Italiener zu interessieren begann, daß er seinen Freund Peter Gast über alles schätzte. Gleichzeitig erwacht aber in ihm eine schwärmerische Liebe und Begeisterung für den genialen Bizet, dessen „Carmen" Nietzsche gegen Wagners Kunstwerke ausspielen will. Seine Randglossen zur „Carmen" beweisen seine Fähigkeit zur musikalischen Analyse, überhaupt seine hohe musikalische Begabung. Diese Randglossen lauten: „Bizet, ein echt französisches Talent der komischen Oper, gar nicht desorientiert durch Wagner, dagegen ein wahrer Schüler von Hektor Berlioz. So etwas habe ich nicht für möglich gehalten. Es scheint, die Franzosen sind auf einem besseren Wege in der dramatischen Musik; und sie haben einen großen Vorsprung vor den Deutschen in einem Hauptpunkte: die

Leidenschaft ist bei ihnen keine so weit hergeholte (wie z. B. alle Leidenschaften bei Wagner)... ich bin nahe daran, zu denken, ‚Carmen' sei die beste Oper, die es gibt; und solange wir leben, wird sie auf allen Repertoiren Europas sein... diese Musik scheint mir vollkommen zu sein. Sie kommt leicht, biegsam, mit Höflichkeit daher. Sie ist liebenswürdig, sie schwitzt nicht. ‚Das Gute ist leicht, alles Göttliche läuft auf zarten Füßen': erster Satz meiner Ästhetik. Diese Musik ist böse, raffiniert, fatalistisch: Sie bleibt dabei populär, das Raffinement einer Rasse, nicht eines einzelnen. Sie ist reich. Sie ist präzis." — Das Duett zwischen José und Micaela tadelt er dagegen als „zu sentimental, zu tannhäuserhaft". Zum Einsatz der Harfe bemerkt er: „Das war es, was Wolfram v. Eschenbach zum Lobe der Liebe singen wollte — aber er fand die ‚Weise' nicht und begnügte sich, sein Verlangen danach auszudrücken." Josés Auftrittlied nennt er „prachtvoll naiv und gut". Der Schluß der Oper ist ihm „wahrhafte Tragödienmusik": im „Fall Wagner" schreibt er: „Endlich die Liebe, die in die Natur zurückversetzte Liebe! Nicht die Liebe, einer ‚höheren Jungfrau'! Keine Senta — Sentimentalität! Sondern die Liebe als Fatum, als Fatalität, zynisch, unschuldig, grausam — und eben darin Natur! Die Liebe, die in ihren Mitteln der Krieg, in ihrem Grunde der Tothaß der Geschlechter ist ... eine solche Auffassung der Liebe (die einzige, die des Philosophen würdig ist) — ist selten: sie hebt ein Kunstwerk unter Tausenden heraus. Denn im Durchschnitt machen es die Künstler wie alle Welt, sogar schlimmer — sie mißverstehen die Liebe!" Für Nietzsches musikalische Ästhetik ist es charakteristisch, daß ihn der Weg zu Bizet über Schumann und Mendelssohn und Wagner führte. Schätzte er bei Wagner die „unendliche Melodie", so begeisterte er sich jetzt an der Einzelmelodie; war ihm Wagners Musik die Verkündigung der Welteinheit, so ist ihm jetzt Bizets Musik die rhythmische Umbildung des Operntextes, was R. M. Meyer auf Nietzsches immer stärkere Entwicklung vom Komponisten zum Dichter zurückführt. Diese Tatsache charakterisiert aber auch die von Nietzsche nun betretene Denkrichtung: als Pessimisten regiert ihn die Musik Wagners, in der sich der reine Wille Schopenhauers auszusprechen schien; daher bleibt das metaphysische Prinzip siegreich. Als Optimist, der eine empirisch-psychologische Auffassung der Musik vertritt, interessiert ihn daher nicht mehr die Musikpsychologie des Menschen **Wagner** mit seiner „erlösenden" Musik, sondern die Psychologie der südländischen Menschen, deren Musik daher „erlöst" ist; sie atmet eine ganz andere Sinnlichkeit, eine andere Sensibilität, eine andere Heiterkeit, die in die **Natur zurückübersetzte Liebe**. Und diese Art Musik glaubt Nietzsche in der Carmenmusik Bizets gefunden zu haben. Wenn er aber 1888 an Fuchs über Bizet schreibt: „Das, was ich über Bizet sage, dürfen Sie nicht ernst nehmen; so wie ich bin, kommt Bizet tausendmal für mich nicht in Betracht. Aber **als ironische Antithese gegen Wagner** wirkt er sehr stark", liegt die Wahrscheinlichkeit nahe, daß er Bizets Kunst nur zu dem Zwecke heranzog, um Wagner extrem zu verdeutlichen. Damit würde sich decken, was Prof. Alois Riehl über den „Fall Wagner" schreibt, diese Schrift sei dem Anscheine nach allerdings nur eine Invektive gegen Wagner, in Wahrheit eine Abrechnung über den Wert des Modernen überhaupt. Dies exemplifiziert er an dem extremisierten Stil Wagners. Damit würde sich die Ansicht der Frau Förster erledigen, welche die Entstehung des „Falles Wagner" so erklärt: Im Jahre 1888 sei Nietzsche von Hans v. Bülow eine Botschaft ausgerichtet worden, die eine sehr scharfe Kritik des Bayreuther Kreises enthielt und schloß: „Nietzsche sollte doch einmal schreiben, weshalb er von Bayreuth fortgegangen wäre; daraus würde sicherlich viel zu lernen sein; er selbst (sc. Bülow)[1] wolle sich über ein verwandtes Thema äußern." Allerdings gibt nun Frau Förster zu, daß die Frage, ob diese Botschaft tatsächlich die Anregung zum „Fall Wagner" gegeben habe, heute nicht mehr entscheid-

---

[1] Es scheint nicht uninteressant zu sein, die Tatsache zu vermerken, daß Bülow, der jahrzehntelang völlig im Banne der Wagnerschen Kunst gestanden und über Brahms zur Tagesordnung geschritten war, in seinen späteren Jahren sich von einem Saulus zu einem Paulus wandelte und der begeistertste und eifrigste Interpret der Brahmsschen Musik geworden ist, wie ihn denn auch mit dem Wiener Meister ein inniges Freundschaftsverhältnis verband. Ob aber diese Wandlung in Bülows Gesinnung auf Nietzsches Einfluß zurückzuführen ist, das bleibe dahingestellt. Den „Lebenserinnerungen" Felix v. Weingartners läßt sich entnehmen, daß Bülow sehr abfällige Aussprüche gegen Wagner zu Brahms' Gunsten tat, die wesentlich dazu beitrugen, daß sich die echten Wagnerianer von Brahms' Kunstschaffen entfernten. Der Grund hiefür wird wohl das weder gerechte noch vornehme Verhalten Wagners gegen den um 20 Jahre jüngeren Brahms gewesen sein

bar sei. Richtiger ist es daher, wenn sie meint, diese Schrift gehe auf Vorstudien zum „Willen zur Macht" zurück: Die Gegenüberstellung des aufsteigenden Lebens, das sich in der Herrenmoral und der klassischen Kunst zeigt, und des niedergehenden Lebens, das sich als Sklavenmoral und romantische Kunst manifestiert. Ferner die Erkenntnis Nietzsches, daß der moderne Mensch diese beiden entgegengesetzten Wertschätzungen in sich trage, und daß eines der markantesten Beispiele dieser Modernität mit allen ihren Widersprüchen und ihren verderblichen Wirkungen R. Wagner selbst sei. Im „Ecce homo" schreibt Nietzsche über den „Fall Wagner": „Um dieser Schrift gerecht zu werden, muß man am Schicksale der Musik wie an einer offenen Wunde leiden. Woran ich leide, wenn ich am Schicksale der Musik leide? — Daran, daß die Musik um ihren weltverklärenden, jasagenden Charakter gebracht worden ist, daß sie Dekadencemusik und nicht mehr die Flöte des Dionysos ist ... gesetzt aber, daß man dergestalt die Sache der Musik wie seine eigene Sache, wie seine eigene Leidensgeschichte fühlt, so wird man diese Schrift voller Rücksichten und immer noch mild finden. In solchen Fällen heiter sein und sich gutmütig mitverspotten — ridendo dicere severum, wo das verum dicere jede Härte rechtfertigen würde —, ist die Humanität selbst. Wer zweifelt eigentlich daran, daß ich als der alte Artillerist, der ich bin, es in der Hand habe, gegen Wagner mein schweres Geschütz aufzufahren? Ich hielt alles Entscheidende in dieser Sache bei mir zurück — ich habe Wagner geliebt[1])!" Wer sich in Nietzsches Gedankenwelt versenkt, begreift, daß diese Schrift geschrieben werden mußte. Aber so wie damals wird sie auch heute nicht verstanden — was heute genau wie damals nur ein Beweis dafür ist, daß Nietzsches Werke viel zu wenig bekannt sind. Daher ist es nur auf das freudigste zu begrüßen, daß Felix v. Weingartner, sicherlich kein Unberufener in musikalischen Dingen, in seinem Vortrage zu Ehren von Wagners

---

[1]) Cf. Nietzsche an seine Schwester, 3. Mai 1888: „Der Fall Wagner ist ein Pamphlet über Musik, das sich gegen Wagner wendet. Hier mache ich den leidenschaftlichen Krieg, da ich nichts in der Welt so wie Wagner und seine Musik geliebt und bewundert habe und mit Tribschen die erquicklichsten und erhabensten Erinnerungen verbinde. Jetzt aber hat die Wagnerei ihre Zeit gehabt, sie wirkt verderblich. Das sollte sich ihre Gefolgschaft sagen; sie wird aber immer fanatischer, christlicher und verdüsterter, wie das ganze Europa; die Wagnerei ist nur ein Einzelfall. Wie hat sich alles

100. Geburtstage offen bekannte, man möge sich zu Nietzsche stellen, wie man wolle, aus seinem „Fall Wagner" spreche ein wohltuend freier Geist, der viel erquickender wirke als etwa die Schriften Chamberlains oder Henry Todes.

Was Nietzsches Kunstanschauungen betrifft, so war er ein leidenschaftlicher Liebhaber „der schönen Form", ein überzeugter Bewunderer des Hellentums, der Renaissance und der französischen Kultur des XVIII. Jahrhunderts. Nur langsam ward er sich des tiefen Unterschiedes bewußt, der zwischen dem griechischen und dem Wagnerschen Drama besteht: Durch die Wahl seiner Stoffe, den symbolischen Charakter, den er ihnen gegeben, den Umfang, den er der inneren Handlung auf Kosten der äußeren gibt, erklärte sich Wagner als durchaus deutsch empfindender Künstler. Dadurch aber scheidet er sich scharf von den Meistern der einfachen, lichten „schönen Form". Diese waren Nietzsche „eine große Schule der Genesung, im Geistigsten und Sinnlichsten, eine unbändige Sonnenfülle und Sonnenverklärung, welche sich über ein selbstherrliches, an sich glaubendes Dasein breitet". Daher sehnt er sich von der gelehrten, komplizierten und überladenen Wagnerschen Kunst weg nach einer Kunst mit den einfachen Linien eines griechischen Tempels, nach einer mehr leidenschaftlichen als träumerischen Kunst, „nach einer überdeutschen Musik, welche vor dem Anblick des blauen, wollüstigen Meeres und der mittelländischen Himmelshelle nicht verklingt, verblaßt, wie es alle deutsche Musik tut". Eine Vorstufe zu dieser neuen Kunst ist ihm Bizets „Carmen", eine Kunst, die der „wahre" Ausdruck des „lateinischen" Geistes ist, wie Wagners Werke der Ausdruck des deutschen Geistes sind. Demgemäß können wir es nur auf das freudigste begrüßen, daß Nietzsches Schriften gegen Wagner, die zuerst als die Skandalbroschüren eines Wahnsinnigen abgelehnt wurden, uns heute zu ernstem Nachdenken über Wagner anregen und einer gerechten,

---
gegen 1869 bis 1872 verändert! Damals war ich Wagnerianer wegen des guten Stückes ‚Antichrist', das Wagner mit seiner Kunst und Art vertrat." (Deshalb nannte auch die Fürstin Wittgenstein damals selbst Bayreuth „das Atheistennest!") „Aber in dem Augenblicke, wo es anständiger als je war, Heide zu sein, wurde Wagner Christ. Frau Cosima nennt man jetzt die Markgräfin von Bayreuth, ein hübscher Scherz; doch habe ich allerhand wehmütige Hintergedanken dabei. Wie hat man seit Tribschen den armen Wagner verweltlicht und verchristlicht, ja, ja, die Frauen!"

objektiven Würdigung seiner Kunstwerke den Weg vorbereiten helfen. Nie wollen wir es ihm vergessen, daß er von Wagner gesagt hat, er wirke als Musiker am stärksten und reinsten dort, wo er die Stimmung des Müden, Halben, Resignierten, des Verfalls, des Zuendegehens, des Herbstes wiedergebe. Für seine Stellung zu Wagner ist es bezeichnend, daß er, wie erwähnt, bereits zur Zeit seiner uneingeschränktesten Wagnerverehrung erklärte, aus Bach und Beethoven spräche eine viel „reinere Natur" als aus Wagner.

Die Erwähnung des so vielfach miß-, bzw. unverstandenen Begriffes der sogenannten „unendlichen Melodie", dieses wichtigsten Requisits der Wagnerschen Musikästhetik, macht es erforderlich, zunächst diesen Begriff, dann überhaupt Wagners Ästhetik einer kritischen Beleuchtung zu unterziehen. Am besten ist es, man geht von Wagners eigenen Worten aus. Ausgangspunkt seiner Definition ist das moderne Orchester, in erster Linie seine Verwendung; denn „hatte die antike Tragödie den dramatischen Dialog zu beschränken, weil sie ihn zwischen die Chorgesänge, von diesen losgetrennt, einstreuen mußte, so ist dieses urproduktive Element der Musik, wie es in jenen, in der Orchestra ausgeführten Gesängen dem Drama seine höhere Bedeutung gab, unabhängig vom Dialoge im modernen Orchester, dieser größten künstlerischen Errungenschaft unserer Zeit, der Handlung selbst stets zur Seite, wie es, in einem tiefen Sinne gefaßt, die Motive aller Handlung gleichwie in ihrem Mutterschoße verschließt". Demnach ist das Orchester sozusagen nur ein Glied des Dramas, und Wagners Hauptbestreben ging dahin, Wort und Gesangsweise frei von Störung durch überlautes Musizieren des Orchesters zu sichern. Das Verhältnis der Musik zur Dichtung bezeichnete er daher folgendermaßen: „In Wahrheit ist die Größe des Dichters am meisten danach zu ermessen, was er verschweigt, um uns das Unaussprechliche selbst schweigend sagen zu lassen; der Musiker ist es nun, der dieses Verschwiegene zum hellen Ertönen bringt und die untrügliche Form seines laut erklingenden Schweigens ist die unendliche Melodie." Das ist die „tiefe Kunst des tönenden Schweigens", die, wie Wagner in einem Briefe an Mathilde Wesendonk bekannte, von ihm nie herrlicher geübt wurde, wie im „Tristan", der daher „mehr Musik ist als alles, was er zuvor gemacht habe". Die unendliche Melodie ist daher ein Gewebe von „rastlos auftauchenden, sich entwickelnden, verbindenden, trennenden, dann neu sich verschmelzenden, wachsenden, abnehmenden, endlich sich bekämpfenden, sich umschlingenden, gegenseitig fast sich verschlingenden musikalischen Motiven, welche um ihres bedeutsamen Ausdruckes willen der ausführlichsten Harmonisation, wie der selbständig bewegten orchestralen Behandlung bedurften... sie drücken ein Gefühlsleben aus, wie es bisher in keinem rein symphonischen Satze mit gleicher Kombinationsfülle entworfen werden konnte, und somit hier wiederum nur durch Instrumentalkombination zu versinnlichen war, wie sie mit gleichem Reichtum kaum noch reine Instrumentalkomponisten in das Spiel zu setzen sich genötigt sehen dürften". Die unendliche Melodie ist also eine ununterbrochene Seelen- und Geistessprache in Tönen, die nicht dem nächsten schönen Klang, sondern stets dem Ausdruck der Dichtung folgt. Nun decken sich in Bizets „Carmen" Musik und Stoff vollkommen, aber trotzdem muß man sagen, daß die Melodie auch so ihr ganzes Temperament auslebe, denn sie kümmert sich nicht so sehr um das Gewissen des Textes und der einzelnen Gefühlswahrheit, sondern drückt die gesamte Gefühlswahrheit durch ihre leidenschaftliche Bewegtheit und durch ihre von dauernder Phantasie wachgehaltene Buntheit und Rhythmik aus. Die Wagnersche Musik ist und bleibt Programmusik. Wenn aber Programmusik die Musik ist, die nicht durch sich selbst wirkt, sondern durch die Idee, welche ihr untergeschoben ist, wenn sie nur die Illustration eines Vorganges oder Erläuterung eines philosophischen Problemes sein soll, dann hat die Musik aufgehört, das zu sein, was sie sein soll — Musik. Als absolute Musik wäre demnach die Musik zu definieren, die ohne Zuhilfenahme von Vorstellungen oder ohne Verbindung mit anderen Künsten nur durch sich und an sich selbst wirkt. Wird aber nicht alles als absolut definiert, was eigentlich absolut nicht zu definieren ist? Bei dieser Gelegenheit möchte ich einer kleinen Rossini-Anekdote Erwähnung tun, die unser Problem schlaglichtartig beleuchtet: man sprach an Rossinis Tafel von Wagner und seiner Musik. „Er ist", äußerte Rossini, „ein Mann von ungeheurem, aber durch ein falsches System verdorbenem Talent. Seine Musik ist voller Wissen... es fehlt nur der Rhythmus, die Form und die Idee, die Melodie." Während er sprach, legte er einen prächtigen Turbot mit Kapernsauce vor, und als die Reihe an Herrn Carafa kam, der eben eine Lanze für Wagner gebrochen hatte, sandte ihm Rossini nur Sauce und Kapern. „Nun denn," rief Carafa, „du gibst mir keinen Fisch?" — „Was willst du?" entgegnete Rossini, „ich bediene dich nach deinem Geschmak... das ist Wagnersche Musik! Sauce, kein Fisch!" Diese Anekdote entbehrt jedoch nicht eines charakteristischen Reizes, wenn man bedenkt, daß Rossini einer der klassischesten Vertreter der reinen Melodik ist. Denn bei seinem Kunstschaffen zog er einzig und allein die stimmliche Begabung des Sängers in sein Kalkül, und nur ihr leiht seine Kunst um jeden Preis die schöne Linie. Bei ihm ist die Melodie wirklich „erdenlos"; materialisiert ist sie nur insofern, als sie des Elementes bedarf, das sie hörbar macht: der Luft. Deshalb gestattet sie tausend Variationen, die uns allerdings nur ein Virtuose faßbar machen kann. Bei Wagner dagegen müssen wir, abgesehen von seiner unendlichen Melodie, das als Melodie bewerten, was ein unzerstörbares und am wenigsten verspielbares Wesen von höchstem Ausdruckscharakter und heiligster Symbolik ist. Deshalb wird bei ihm die Variation des melodischen Motivs, um mit Oskar Bie zu sprechen, ein Spiegel psychologischer Wandlung.

Wenn daher vielfach behauptet wird, daß Wagners Kunst als „reine Musik" das Formloseste, Unmöglichste sei, das sich überhaupt denken läßt, so wird nur der Mensch, dem die entmaterialisierte Melodie über alles geht, die Wahrheit der oben ausgesprochenen Behauptung rückhaltlos anerkennen. Wessen Ohr dagegen in der Musik nur eine Polyphonie hört, wer Geist für Gefühl und Distanz für Erfahrung nimmt, der wird die obige These aufs entschiedenste bestreiten; denn es gibt Menschen, die nur für eine materialisierte Melodie ein Ohr haben. Nimmt man daher, um beim Begriff „reine Musik" zu bleiben, der Wagnerschen Musik die Bühne weg, so fällt sie auseinander. Denn in seinen Werken war bis zur letzten Note das Poetische das Zeugende, und von hier aus gewann er auch für die musikalische Seite seiner Werke eine Form, die zwar nicht aus der Musik selber kam, aber doch eben immerhin eine Form war, das Letzte in unserer Musik, das wirklich nach Beherrschung und Gestaltungskraft aussah. Die Melodie, die bei Mozart nichts anderes als Form war, ist bei Wagner bereits Gefühl und in gewissem Sinne sogar auch schon Geist geworden. Aber trotzdem darf man im Wagnerschen Kunstwerke das Ewige und Bleibende nicht übersehen. Und das ist, daß er das rein persönliche Element, das

Beethoven als erster in seine Symphonien hineingetragen hatte, als echter Deutscher von der Symphonie auf die Oper übertrug. Das ist das „Problem Wagner"! Und daß diese seine Tat den reinsten, den ideellsten Motiven entsprang, dafür ist Beweis, daß er unser Theaterleben reformieren wollte, die Bühne ganz im Sinne Schillers als moralische Anstalt betrachtete. Aber die Göttin Musik hat, um wieder mit Bie zu sprechen, selbst durch dieses Opfer an die Welt ihre Haltung nicht verloren! So ist die Musik des „Tristan" gerade dafür ein charakteristisches Beispiel, daß die Gesangsmelodien mit Liedmotiven sich nahezu decken, weshalb einer meiner Freunde einst den „Tristan" treffend „Wagners italienischeste Oper" genannt hat. Wer denkt da nicht ganz besonders an das herrliche Duett im zweiten Aufzuge! Aber einen gewaltigen Unterschied bedeutet es, wenn im „Ring des Nibelungen", dem einzigen Werke des Meisters, in dem seine Theorie des Leitmotivs sozusagen zum Prinzip erhoben ist, die Motive zur Charakterisierung der auftretenden Personen schlechthin angewendet werden. Was daher bereits der Franzose Fétis über diese Art der Verwendung des Leitmotivs gesagt hat, daß es, so verwertet, die freischaffende Inspiration erstickt und die Arbeit des Künstlers zu einer ununterbrochenen Reihe von künstlichen Kombinationen macht, ist mit gewissen Einschränkungen auch heute noch gültig, und sollten diese Worte vornehmlich jenen zu denken geben, welche Wagners Musik um jeden Preis gegen die Musik selbst eines Beethoven oder Mozart ausspielen wollen. Denn es gibt im „Ring" Stellen, die, statt den Eindruck eines wahren Kunstwerkes zu machen, auf mich den Eindruck bewußtest geleisteter Verstandesarbeit ausüben. So dienen im „Ring" viele Leitmotive nicht so sehr der Affektbetonung als vielmehr der intellektuellen Verdeutlichung, sie sind sozusagen ein Kommentar zum Text. Man könnte nun einwenden: Das sogenannte Schwertmotiv z. B. braucht in mir nicht bloß die Vorstellung eines Schwertes erwecken, es kann ja damit gleichzeitig in mir das Gefühl siegreicher Kraft erzeugen! Das zugegeben ist aber klar, daß das Leitmotiv dann nicht nur Vorstellungssymbolik mit Tönen treibt, sondern gerade an solchen Stellen, wo Text und Szene einen dem Motiv direkt entgegengesetzten Affekt ausdrücken, dem Ganzen keineswegs zum Vorteil gereicht, besonders dann nicht, wenn es harmonisch, rhythmisch, instrumental und dynamisch variiert ist.

Deshalb formulierte Nietzsche als der genaueste Kenner der Psychologie Wagners sein Urteil über die Musik des Meisters in den Worten: „Wagner war nicht Musiker von Instinkt! Dies bewies er damit, daß er alle Gesetzlichkeit und, bestimmt geredet, allen Stil in der Musik preisgab, um aus ihr zu machen, was er nötig hatte, eine Theater-Rhetorik, ein Mittel des Ausdrucks, der Gebärden-Verstärkung, der Suggestion, des Psychologisch-Pittoresken. Wagner dürfte nur hier als Erfinder und Neuerer ersten Ranges gelten — er hat das **Sprachvermögen der Musik ins Unermeßliche vermehrt.** Immer vorausgesetzt, daß man zuerst gelten läßt, Musik dürfe unter Umständen nicht Musik, sondern Sprache, sondern Werkzeug, sondern ancilla dramaturgica sein." ... Dafür aber ist Wagner der Musiker, der „in der Musik das Mittel erraten hat, müde Nerven zu reizen... ist er der Meister hypnotischer Gifte, wirft er die Stärksten noch wie Stiere um". Und dem ist in der Tat so: denn auch die Widerstrebendsten haben sich seiner Macht fügen müssen! Selbst wer im melodischen Gesange das Heil der Musik sieht, und wer die verstandesmäßigen Auseinandersetzungen ebenso unmusikalisch findet, wie die epischen Erzählungen undramatisch, gerät doch immer wieder in den Bann dieser sprechenden Motive, dieser spannenden Harmonik, dieser ungeheuren Steigerungen und dieser niederschmetternden Kraftakzente; in seiner Art ist Wagner eben einzig und bis heute unerreicht!

Indessen wird dieses Urteil Nietzsches nur den oberflächlichen Kenner der Wagnerschen Kunst befremden. Der tiefer Blickende, in erster Linie natürlich derjenige, der mit Wagners theoretischen Schriften vertraut ist, über die gleichfalls niemand anderer ein zutreffenderes Urteil gefällt hat als Nietzsche, wird gerne zugeben, daß, weil Wagner die Kraft mangelte, das in Worten mitzuteilen, was ihn im Innersten bewegte, er dies nur mit Hilfe der Musik hat sagen können. Aber demselben Manne, der das stolze Wort geprägt hat, „ich kann den Geist der Musik nicht anders fassen als in der Liebe!", war diese Liebe keineswegs ein Etwas nach Art des platonischen Eros, sondern eine Liebe, der kein Mittel zu schlecht schien, Befriedigung ihres glühenden Sehnens zu finden. Daher sind seine Tonwerke nicht wie bei Beethoven aus der keuschen Stimmung des absolut empfindenden Geistes empfangen und geboren; seine Themen entstehen vielmehr „immer nur im Zusammenhang und nach dem Charakter einer plastischen Erscheinung". Das dichterische Stimmungsbild im Herzen, die zukünftigen Darsteller vor Augen, verrichtet Wagner mit der musikalischen Gestaltung seiner Szene mehr eine „ruhige und besonnene Nachtarbeit, der das Moment des eigentlichen Produzierens bereits vorausgegangen ist", da er, ehe er zum Schaffen eines Werkes gelangt, schon lange in dessen musikalischen Duft untergetaucht ist. Aber dazu braucht er einen Arbeitsraum, ausgestattet mit raffiniertester Pracht, betäubende Wohlgerüche, Licht- und Farbeneffekte, den oszillierenden Glanz schwerster Seidenstoffe, weiche Pelze und dicken Atlas, deren Befühlen ihn heftig erregten, als berauschende Reizmittel für seine gestaltende Phantasie. Aus ihnen sog er jenes Narkotikum, das dann in seine Musik übergeströmt ist. „Muß ich mich wieder in die Wellen der Phantasie stürzen, um mich in einer eingebildeten Welt zu befriedigen, so muß wenigstens meiner Phantasie auch geholfen, meine Einbildungskraft unterstützt werden. Ich kann dann nicht wie ein Hund leben: ich kann mich nicht auf Stroh betten und mich in Fusel erquicken: ich muß irgendwie mich geschmeichelt fühlen, wenn meinem Geiste das blutig schwere Werk der Bildung einer unvorhandenen Welt gelingen solle!" Daher sind Pathos und Sinnlichkeit die beiden Pole, innerhalb deren sich sein Ausdrucksvermögen bewegt. Und doch mußte auch ein Nietzsche gestehen: „Will man mir glauben, so hat man den höchsten Begriff Wagner nicht aus dem zu entnehmen, was heute von ihm gefällt, ... es gibt noch einen Wagner, der kleine Kostbarkeiten beiseite legt: unseren größten Melancholiker der Musik, voll von Blicken, Zärtlichkeiten und Trostworten, die ihm keiner vorweggenommen hat... ein Lexikon der intimsten Worte Wagners, lauter kurze Sachen von 5 bis 15 Takten, lauter Musik, die niemand kennt... Wagner ist der größte Miniaturist der Musik, der in den kleinsten Raum eine Unendlichkeit von Sinn und Süße drängt."

Vielleicht wird es nun so mancher Wagnerianer eine Blasphemie nennen, daß ich mit Wagner Rossini und nun auch noch Verdi in einem Atem nenne. Denn Wagnersche Musik und die Musik Rossinis oder Verdis — kann es für einen „waschechten" Wagnerianer etwas Disparateres, Inkommensurableres geben, als die durch Wagner vertretene germanische Musik und die romanische, deren glänzendste Vertreter die beiden genannten italienischen Meister sind? Und doch hatte kein Geringerer als der Meister selbst in bezug auf die romanische Musik sich zu H. v. Wolzogen geäußert: „Freilich habt ihr's leichter, darauf zu schimpfen als davon zu lernen!" Ich möchte nun meinen, daß auch unsere Wagnerianer gerade von Verdi sehr viel lernen könnten, um das Lebenswerk Wagners voll und ganz, also objektiv, zu begreifen, jenes Wagner, der sich die ganze Welt erobert hat und dem alle großen Meister ihren schuldigen Tribut entrichtet haben, Verdi hauptsächlich dadurch, daß er in seinen Opern gleich Wagner das Hauptgewicht auf das dramatische Moment legte und auf der musikalischen Szene als der Einheit der Gestaltung die einzelnen Akte aufbaute. Von Wagner unterscheidet er sich jedoch insofern, als er die dramatische Charakterisierung in die melodische Gesangslinie verlegte, die durch das Orchester nur gestützt wird, während Wagner, wiewohl er ein aufrichtiger Bewunderer der italienischen Gesangskunst war, seinem Orchester die Aufgabe zuteilte, instrumental diesen oder jenen dramatischen Affekt zu malen, wobei der Sänger bloß ausdrucksvoll deklamiert. Mit anderen Worten: ist in einem Worttondrama Wagners die Gefahr vorhanden, daß die Stimme des Sängers durch die Polyphonie des Orchesters, das die „unendliche Melodie" spielt, sozusagen erstickt wird, läßt Verdi sein Orchester nie zu solcher Stärke anschwellen, daß jene Gefahr eintreten könnte. Deshalb sagte der Meister wohl mit Beziehung auf jene Komponisten, die in einem Musikgetöse die menschliche Stimme begraben, daß „unsere vornehmen Opernkomponisten den guten italienischen Kantabilitätsstil hübsch ablernen, dabei aber sich vor den modernen Auswüchsen desselben hüten müßten". Das kann doch nichts anderes heißen, als daß die Melodie das A und das Ω aller Musik ist und es bleiben wird in alle Ewigkeit, jene Melodie, die uns nirgends schöner, edler und reiner entgegentönt, als aus den Meisterwerken Mozarts, Schuberts und Beethovens. Was daher Nietzsche 1884 an seinen Jugendfreund Krug schrieb: „Ich sehe mir jetzt alle Musik auf die immer größer werdende Verkümmerung des melodischen Sinnes an. Die Melodie, als die letzte und sublimste Kunst der Kunst, hat Gesetze der Logik, welche unsere Anarchisten als Sklaverei verschreien möchten!", wird gleichfalls ewige Geltung haben. Und selbst der Meister von Bayreuth, dessen Melodien nach ganz eigenen, individuellen Gesetzen geschaffen sind, konnte nicht umhin, trotz seiner „unendlichen

Melodie", die unsere Wagnerianer mit geschlossenen Augen aus dem Orchester herauszuhören sich bemühen — sie hören aber stets nur die Motive! —, zu bekennen: „Setzen wir zunächst fest, daß die einzige Form der Musik die Melodie ist, daß ohne Melodie die Musik gar nicht denkbar ist, und Musik und Melodie durchaus untrennbar sind. Eine Musik habe keine Melodie, kann daher, in höherem Sinne genommen, nur aussagen: Der Musiker sei nicht zur vollen Bildung einer ergreifenden, das Gefühl sicher bestimmenden Form gelangt, was dann einfach die Talentlosigkeit des Komponisten anzeigt, seinen Mangel an Originalität, der ihn nötigte, sein Stück aus bereits oft gehörten und das Ohr gleichgültig lassenden melodischen Phrasen zusammenzusetzen." Gewiß: Wagners Kunstwerke werden als einzig in ihrer Art auch weiterhin unerreicht dastehen; aber ebenso auch die Kunst Verdis, die Kunst des bell canto; freilich wird damit die Frage nicht gelöst, ob Wagner, der mit seinem „Lohengrin" seine herrlichste Oper alten Stils geschaffen hat, mit seinen späteren Werken mehr unbewußt die alte Opernform zerbrach, oder ob er auf Grund seines revolutionären Programms aus dem Jahre 1848, daß „nur die Revolution aus ihrem tiefsten Grunde das von neuem und schöner, edler, allgemeiner gebären könne, was sie dem konservativen Geiste einer früheren Periode schöner, aber beschränkter Bildung entriß", mehr in Befolgung einer willkürlichen Konsequenz eine Form zerstörte, die, wie Verdi durch seine Meisterwerke „Othello" und „Falstaff" bewies, sich durchaus noch nicht überlebt hatte.

Es ist klar, daß mit der Erörterung dieser Frage ein Gebiet betreten wurde, das das tiefste und innerste Wesen aller Musik ausmacht. Nicht der Klang, auch nicht die kühnste Kombination der Klänge geben der Musik ihren Ewigkeitswert, sondern einzig und allein nicht die Erfindung des „Motivs", sondern der Melodie! Und diese ist stets eine für sich selbständige Wesenheit und durchwegs ein wahrhaftes Geschenk der Götter. Wenn daher Ferrucio Busoni in seinem Buche „Ästhetik der Tonkunst" weder für Programm-, noch für absolute Musik ist, welch letztere ihm wegen ihres regelmäßigen Baues nicht behagt; wenn ihm Beethoven die „ganz absolute Musik" zwar „nicht erreicht", aber. „in einzelnen Augenblicken doch geahnt" hat; wenn ihm Wagner wegen seiner „selbstgeschaffenen Grenzen" nicht mehr „steigerungsfähig" erscheint und er daher der gegenwärtigen Verarmung unserer Musik abhelfen will durch Erweiterung der Tonleiter um Vierteltöne — die ungeahntesten Klangwirkungen würden sich da ergeben! —, so ist all der langen Reden kurzer Sinn nur der: die eigene Armut an Melodien soll verhüllt werden! Freilich, in einem Punkte hat Busoni entschieden recht: alle unsere heutige Musik nach Brahms ist etwas Totes, Abgestorbenes, ist Theatermusik spätromantischer Prägung, nur auf Klangwirkung gestellt, nicht auf Erfindung. Um die Musik Haydns, Mozarts, Brahms', Beethovens schwebt ein eigentümliches Geheimnis: wir kennen sie nur vom „Hören", wissen aber gar nichts von ihren ungeheuren Werten, von dieser niemals wieder übertroffenen beispiellosen Originalität der Erfindung, der Arbeit und des Stils. Und dunkel liegt vor dem Blick der gegenwärtigen Musikergeneration die Schaffenswelt eines Johannes Brahms, ihre Tiefe, ihr feierlicher Ernst, ihre innerste Beziehung zum deutschen Naturell. Statt sich in die Geisteswelt der Werke unserer großen Meister zu vertiefen, statt zu ergründen, was ihnen ihre ewige Lebenskraft gab, glaubte man sie überbieten zu können durch eigene Werke, ohne aber im Geringsten zu sehen, daß ihnen selbst das kürzeste Leben beschieden sei. Wie ist dies möglich? Allgemein nimmt man an, daß etwa mit dem Jahre 1900 der Höhepunkt einer Entwicklung des Menschengeschlechtes erreicht war, innerhalb deren dieses aus seiner ursprünglichen geistigen Heimat in das Reich der Materie, die irdische Erscheinungswelt hinabgestiegen sei. Dieser Abstieg habe ganz naturgemäß erfolgen müssen: das Pendel mußte so weit nach dieser Seite ausschwingen, damit es nun, um so heftiger, nach der anderen aushole. Nun kehre das Pendel langsam zurück, zunächst zum Höhepunkte, und in dieser Schwingung schwinge die gesamte bisherige Kultur der Menschheit: also auch die Musik. Nun steht aber fest: die Musik allein, ob im Verein mit den anderen Künsten oder für sich, erinnerte in diesem Siegeslaufe der materiellen Entwicklung an die geistige Heimat des Menschen, sie allein nahm sich des vernachlässigten „Gefühles" an, sie allein trug dem Menschen die Dosis Gemüt zu, deren er bedarf, um zu leben. Darum war sie so schön, so kunstvoll, so tief, so willig und lebte unter den Gesetzen, die sie sich selbst holte und gab aus ewigen Bereichen. Was sie errang, was sie als Botschaft aus höheren Welten auf diese Erde brachte, reicht weit hinaus für ferne Zukunft. Indes: sie gab nicht nur, sie nahm auch auf: den Geist der Zeit verspürte sie und die Verlockung, alle materiellen Möglichkeiten auszunutzen. Aber auch sie trägt jetzt die Kosten der Reise und nimmt sie aus erworbenen Schätzen, ziert sie mit wiederholtem und erborgtem Glanze, mit epigonenhafter Verschwendung und — verarmt doch dabei! Das Musikdrama war ihr erstes, großes, freiwilliges Armutsbekenntnis. Nichts ist daher verkehrter, als das „Entwicklungsgesetz" auch ihr um jeden Preis zuzumuten, jenes Entwicklungsgesetz, das die Quelle so vieler heilloser Irrtümer auf Erden geworden ist. Denn daß wir uns nur nicht täuschen: was irdische Musik an Innerlichkeit erwerben und geben konnte, ist durch die großen Meister der Musik erschöpft. Tief und beherzigenswert sind die ewig wahren Worte Grillparzers aus seiner Vorrede zum „Goldenen Vlies": „Es gehört — bei aller Besonnenheit — eine gewisse Unschuld des Gemütes zu aller Produktion; wer ist denn noch imstande, sie zu bewahren? Daher sind die ersten Werke unserer neuesten Dichter die besten; sobald sie zur Reflexion kommen, tötet die Masse der eindringenden Rücksichten jedes freie Emporstreben, und Nebel und Begriffe geben sie statt Anschauung und Gestalt. Über dem Suchen nach immer tieferer Begründung, nach immer höheren Anhaltspunkten verliert sich das ganze Bestreben ins Ungeheure, Unsinnliche, Schranken- und Formlose, bei jedem Schritte wird an Extension gewonnen, und darüber geht zuletzt alle Intension bis zur hohlen Leerheit verloren." So hat denn auch Goethe nur das wirkliche Genie im Auge, wenn er sagt:

„Wer Großes will, muß sich zusammenraffen,
in der Beschränkung zeigt sich erst der Meister
und das Gesetz nur kann uns Freiheit geben!"

Darum beruhte, wenn wir zusammenfassen, Nietzsches Trennung von Wagner auf seiner wachsenden Einsicht in Wagners Mängel und Unvollkommenheiten. Je weniger Nietzsche geneigt war, sich für diese fragwürdigen Dinge aufzuopfern — Schopenhauertum und buddhistische Mitleidsmoral in katholischem Gewande! —, je mehr er sich der Wissenschaft, dem klassischen Drama, der Epik näherte, je apollinischer seine Weltauffassung wurde, desto mehr befriedigte er seine musikalischen Bedürfnisse in dem Lautertranke der absoluten Musik. Dort konnte er die Form genießen und das Maß, das Gesetz anbeten, das uns erst Freiheit gibt — Eigenschaften, die er im Wagnerschen Musikdrama schmerzlichst vermißt hatte.

XVI. CHAMBERLAIN, SEILING, BRUNO GOETZ ÜBER NIETZSCHE.

Wir wollen uns zunächst aber mit H. St. Chamberlain beschäftigen. Im Vorworte zur 3. Auflage seiner „Grundlagen des XIX. Jahrhunderts" schreibt er: „Mit Recht wird Untreue, wenn auch nicht als das schwerste, so doch als das schwärzeste Verbrechen betrachtet. Für sie gibt es keine Sühne; nur der Wahnsinn kann sie entschuldigen. Seit Jahren streiten die Gelehrten darüber, in welchem Augenblicke Nietzsche tatsächlich in Wahnsinn verfiel; und doch liegt es klar vor aller Augen: in dem Augenblicke, als er von Wagner abfiel. Und recht war es und versöhnend, daß der arme Mann sich dann öffentlich gegen den Freund wandte, daß er ihn mit Kot bewarf, daß er das Heiligtum seines Herzens vor aller Welt niederriß und zugleich alles andere Edle verleugnete, aus dem er in heißem Ringen sein gutes Ich nach und nach aufgebaut hatte; das war echte Natur; so sprach die gute Mutter für ihn und verkündete laut: Seht, er ist nicht untreu, er ist von Sinnen." Die Saat, die Glasenapp vorsichtig gesäet, sie trug gar bald vielverheißende Frucht[1]): und heute wuchert dieses Unkraut üppiger denn je. Und doch, wenn man die Worte Chamberlains liest und in ihrer ganzen Schwere auf sich wirken läßt, ist man in faktischer Ver-

---

[1]) So schrieb auch Wolfgang Golther („Deutsche Literaturzeitung", Jahrgang 1908, Nr. 1): „Nietzsche fiel von Wagner ab aus maßlos eitler Selbstüberhebung; der angeblich so starke und selbständige Nietzsche mit seinem unerträglich psalmodierenden Predigerton und seinen endlos phrasenhaften Wiederholungen unterliegt überall den minderwärtigsten äußeren Einflüssen, die er in gesunden Tagen aufs tiefste verachtet hätte. Daß in diesem tollen Wirrwarr gelegentlich die Blitze eines einmal großen und reinen Geistes nachzucken, ist eine aus jeder Krankengeschichte genügsam bekannte Tatsache. Wer den Fall Nietzsche in seinem Verhältnis zu Wagner untersuchen wollte, müßte von den hier angedeuteten Gesichtspunkten ausgehen."

legenheit, was uns mehr abstößt: das holde Pathos seiner Diktion oder die gekünstelte Naivität, mit der dieser sittlich so hochstehende Mann, dieser trotz oder vielleicht gerade wegen seines profunden Wissens genialste — wie er sich selbst nannte — „Dilettant" sich als der größte Wagnerianer im schlechtesten Sinne des Wortes gebärdet. Wie kindlich naiv ist es doch, sich auf das Urteil der „guten" Mutter Nietzsches zu berufen, einer Frau, die als Mutter die liebendste und sorgendste Mutter war, die man sich denken kann, aber eben deshalb, zu ihren Ehren sei es gesagt, kein Verständnis für die geistige Größe ihres Sohnes besaß. Sie, als die fromme Pastorsfrau, die es erleben mußte, daß ihr Sohn die heiligsten Güter der Menschheit rücksichtslos angriff, konnte nichts anderes tun, sie mußte, wie Richard Oehler, Nietzsches Vetter, erzählt, den harten Schicksalsschlag, der ihren Sohn traf, als eine Strafe des Himmels für seine irreligiösen Schriften auffassen. Aber die Wissenschaft, die doch Chamberlain vertritt oder vertreten will, steht hoch über der Person; daher kann für sie die Klage einer Mutter kein gewichtiges Argument sein. Nicht viel besser urteilt Chamberlain über Nietzsche in seiner „berühmten" Monographie über Wagner: Wie schon erwähnt wurde, bewundert er in der „IV. Unzeitgemäßen" Nietzsches Prägnanz der Gedanken, seine Sicherheit, mit der er überall das Wesentliche hervorhebt, die lapidare Kürze und edle Begeisterung; deshalb sei diese Schrift das Beste, was dieser merkwürdige Mann je geschrieben habe. Und doch erblickt er in dem Urteile Nietzsches „Wagner gehöre zu den ganz großen Kulturgewalten", etwas Einseitiges, einen frühzeitigen Hinweis auf die krankhafte Anlage von Nietzsches scharfem Geiste: denn dieser habe in hellster Beleuchtung erblickt, was dem anderen noch verschleiert blieb, sei jedoch von dem Lichte selber geblendet worden; er hätte sagen sollen „Wagner diene einer großen Kulturgewalt!" Aber infolge von Eindrücken, die mit Wagner und Bayreuth in keinerlei Verbindung standen, habe sich sein Geist zu umnachten begonnen, sich von der so klar erkannten Wahrheit abgewendet, habe Nietzsche närrische Broschüren von abstoßender Trivialität gegen den Mann gerichtet, dessen Größe er in so einziger Weise verkündet hatte. Hinter den Gaukelbildern, mit denen die Krankheit seinen außerordentlichen Verstand umhüllte, lebte doch noch Wagners Gestalt, nur in tiefster Seele, seinem zerrütteten Denken nicht mehr erreichbar ... als dieser herrliche Verstand zertrümmert war, hatte das furchtbare Leiden ihn zum Hofnarren eines frivolen, skandalsüchtigen fin de siècle gemacht. Und daneben zählt Chamberlain Nietzsche doch zu jenen Persönlichkeiten, die einem kleinen Mikrokosmus gleichen. Gelehrt, wahrhaft gelehrt, von einer Gelehrsamkeit, die nicht aus der Addition zahlloser Ziffern besteht, sondern aus einem zu Fleisch und Blut, zu tiefer Überzeugung und hoher Begeisterung umgewandelten Wissen; man kann bei ihm lernen, wenn nicht, was Genie, so doch, was Kultur heißt, weil „Fülle des Wissens" bei ihm wirklich zur „Fülle des Verstandes" ward. Dieses Lob Nietzsches ist aber leicht erklärlich: es gilt nur dem „Wagnerschriftsteller" Nietzsche. Und damit ist Chamberlains Standpunkt zur Genüge illustriert.

Max Seiling, der sich Chamberlain anschließt und geradezu erklärt, „die Absage Nietzsches an Wagner sei so ungeheuer und einzig dastehend, daß sie aus der normal entwickelten Erkenntnis eines etwaigen noch so großen Unterschiedes zwischen dem eigenen und dem fremden Wesen unmöglich erklärt werden könnte," behauptet, „daß unter den zahlreichen Aussprüchen Nietzsches, die darauf schließen lassen, daß sein Geist zeitweise umnachtet war, lange bevor die eigentliche Katastrophe ausbrach, es einen gebe, der ganz besonders geeignet sei, diese Annahme, bzw. Tatsache zu erhärten: Nietzsche war es vorbehalten, Jesum von Nazareth in einer· Weise zu schmähen, die selbst den schlimmsten Feinden des Christentums ganz ferne liegt. Er nennt jenen Einzigen eine ‚arme, kranke Pöbelart, die nicht zu tanzen weiß!!'" Kein Wunder, daß nach Möbius solche Gedanken gegen das Christentum nur „ein Lump oder ein Gehirnkranker" schreiben konnte. Doch müßte dann nicht auch Meister Luther dieser Ehre teilhaftig sein? Das fragen wir nur nebenbei! Sowohl Chamberlain als auch Seiling scheinen mir im höchsten Grade oberflächlich zu urteilen: denn ein Mann von der geistigen Größe eines Nietzsche läßt sich, selbst wenn er sich noch so wütende Ausfälle gegen das Christentum und Wagner leistete, doch nicht so leicht abtun, daß man ihm einfach früh beginnende, allerdings intermittierende Verrücktheit nachweist und so sich billig der Aufgabe entzieht, festzustellen, was bei ihm positiv und negativ ist. Wer von uns weiß denn, wie Gehirnkrankheiten Form oder Gehalt der geistigen Leistungen eines Menschen beeinflussen? Sie mögen das eine Mal herabdrücken und ein anderes Mal steigern, womit aber auch nichts gesagt ist. (Sehr richtig urteilt daher Reininger [l. c. p. 180]: „Im allgemeinen haben die [stets sporadischen] pathologischen Angriffe nur eine noch überhöhte Affektbetonung gewisser Probleme bis zur extremsten Subjektivität erzeugt; also nur die Steigerung eines Zuges, der auch dem gesunden Philosophen wesentlich war.") Aber diese jeder Wissenschaftlichkeit entbehrende Aburteilung Nietzsches auf Grund seiner Verhöhnung der Lichtgestalt Jesu, abgesehen davon, daß Nietzsche dies noch öfters und in noch gröberer Art getan hat! ist nur ein deutlicher Beweis dafür, daß man die Genesis des Übermenschenideals nicht kennt oder nicht kennen will. Paul Deussen, der größte und treueste Schüler Schopenhauers, von dem ich gelegentlich eines Vortrages das bedeutsame Wort hörte, daß Nietzsche sein Freund, ja sein treuester Freund war, wie er nie einen hatte noch je fand, hat über Nietzsches Übermenschenideals ich in Worten geäußert, die es wahrlich verdienen, von allen denen, die selbständig denken gelernt haben, tief beherzigt zu werden: der Übermensch ist ein Menschheitsideal. geradeso wie es die Christusgestalt der Kirche ist. Beide treffen in den wesentlichen Zügen zusammen, und es ist kein besonderer Unterschied zwischen beiden Idealen, wenn Nietzsche die Verwirklichung seines Ideals von der Zukunft erwartet, die Kirche das ihrige verwirklicht sieht in einem Menschen der Vergangenheit. In Wahrheit nämlich gehört dieses Menschheitsideal, mögen wir es nun Christus oder Übermensch nennen, weder der Vergangenheit noch der Zukunft an, sondern ist eine metaphysische, zeitlose Gotteskraft, welche potentiell in uns allen schlummert und in uns allen hervortreten kann. Das geschieht jedoch nicht auf dem Wege der Genialität, sondern durch Selbstverleugnung, das heißt durch Moralität[1]). Denn

---

[1]) Damit beweist jedoch Nietzsche nur, daß er auch von Schopenhauer nicht loskommen konnte. „Der Wille zur Macht, den Nietzsche zur Entfaltung bringen will, liegt, recht verstanden, in der Richtung der Verneinung, nicht in der der Bejahung, deren Grundzug Sinnlichkeit, Schwäche und Unvermögen zu allem Großen ist. Oder wenn man eine andere Terminologie vorzieht, der Wille zur Macht ist nicht eine in di vidu elle, sondern eine überindi viduelle Bejahung, das heißt er ist Verneinung" (Deussen, l. c., p. 106). Nietzsche selbst sagte wiederholt: „Meine stärkste Eigenschaft ist die Selbstüberwindung... meine Selbstüberwindung ist im Grunde meine stärkste Kraft."

der Intellekt in uns ist und bleibt immer etwas Sekundäres; das Radikale aber und Metaphysische in uns allen, das primäre Element, ist immer nur der Wille. Dieser aber ist eine Potenz, welche nicht nur dem Genie, sondern allen Menschen ohne Unterschied zukommt. Daher ist der Übermensch kein Messias, sondern ein jedem Menschen ergreifbares Lebensideal. Mit wieviel christlichen Idealen der Nietzschesche Übermensch durchsetzt und durchtränkt ist, lehrt am deutlichsten eine Lektüre seines Nachlasses zum „Zarathustra": Er fordert die schaffende Liebe, die sich selber über ihren Werken vergißt; und sein Übermensch, der Verklärer des Daseins, ganz epikurischer Gott, ist Caesar mit der Seele Christi usw. Was Nietzsches Stellung zum Christentum betrifft, so sei hier nur daran erinnert, daß er speziell mit seinem „Antichrist" aufreizen, gleich Ibsen „den Torpedo unter die Arche legen" wollte, um sie in die Luft zu sprengen. Aber trotz allen Bedauerns für seine einseitige Auffassung und Gehässigkeit muß man anerkennen, daß dieses Buch „die auf Leben und Tod herausfordernde Streitschrift eines im Innersten verwundeten Gläubigen ist". Genauer und eingehender soll über diesen Punkt später gehandelt werden. Um zu Seilings Behauptung zurückzukehren, fragen wir, wäre schließlich Nietzsche wegen seiner Anfeindung des Christentums wirklich jener Narr gewesen, als den man ihn so gerne hinstellt, was müßte man dann erst von Heine[1]) sagen, der das Kreuz auch ganz umstoßen wollte, der Jesum schmähte und besudelte, der die Seele des Christentums töten wollte, dessen sterblichen Leib Voltaire mit seinen Scherzen

---

[1]) Heine sagte sich gleich Börne nur äußerlich vom Christentume los, „wie Kämpfer", bemerkt Grätz sehr treffend, „die des Feindes Rüstung und Fahne ergreifen, um ihn desto sicherer zu treffen und desto nachdrücklicher zu vernichten!" Cf. sein Gedicht:

„Und als der Morgennebel zerrann,
da sah ich am Wege ragen
im Frührotschein das Bild des Manns,
den man ans Kreuz geschlagen.
Mit Wehmut erfüllt mich jedesmal
dein Anblick, mein armer Vetter,
der du die Welt erlösen gewollt,
du Narr, du Menschheitsretter!"

Diesem Heine gegenübergestellt, ist Nietzsche sehr zahm, ja geradezu ein Stümper; Nietzsche wollte gewiß auch das Christentum vernichten, um es in veredelterer Form auferstehen zu lassen, Heine dagegen wollte nur

und Spöttereien nur geritzt habe[1])? Aber je begreiflicher diese Stellungnahme Chamberlains und Seilings Nietzsche gegenüber uns erscheint, weil beide in den ersten Reihen der Wagnerianer fechten, desto unbegreiflicher erscheint uns der Umstand, daß beide an den Versuchen, Wagner zu einem Geisteskranken zu stempeln, mit Stillschweigen vorübergehen. Schrieb doch Max Nordau, ein Berliner Irrenarzt und „fingerfertiger Journalist, der zuerst als Moralprediger auftrat, später als Arzt der Zeit": „R. Wagner zeigt in seiner allgemeinen Geistesverfassung Verfolgungswahnsinn, Größenwahn und Mystizismus, in seinen Trieben verschwommene Menschenliebe, Anarchismus, Auflehnungs- und Widerspruchsgeist, in seinen Schriften Zusammenhanglosigkeit, Gedankenflucht und Neigung zu blödsinnigen Kalauern." Wahrlich, es wäre gerechtfertigter, wenn Chamberlain und Seiling solche und ähnlich geartete Angriffe gegen Wagner und sein Werk zurückgewiesen hätten, als daß sie die ganz absurde Annahme verträten, Nietzsche sei, solange er Wagners Pilot, gesund, als er sich jedoch von ihm abwandte, krank gewesen; denn mit einer solchen Parole ist die Freundschaftstragödie nicht zu lösen! Sehr treffend sagt Walter v. Hauff in „Den Manen Friedrich Nietzsches", p. 87: „Nietzsche gleicht in dieser Zeit einem Forscher, dem es gelungen ist, die stärksten Naturkräfte in enge Behälter zu bannen, und der nun darangeht, die Gefangenen zu besehen. Dabei ist die größte Vorsicht nötig, denn aus der kleinsten Öffnung jedes einzelnen Gefäßes schlagen ihm Feuerlohen entgegen, die das ganze Gebäude in Brand zu stecken drohen. Darum muß er nur immer dämpfen und zurückhalten, während er bisher zu jedem Feuer, das er sah, seine eigene Flamme hinzuschleuderte. So entsteht der Eindruck, als wäre er ein anderer geworden, was aber genau so wenig berechtigt ist als die Behauptung, ein Reiter, der ein schäumendes Pferd aus dem Galopp in den Schritt zwingt, sei nicht mehr derselbe."

Würdiger, ernster und erfreulicher mutet uns die Besprechung des Verhältnisses Nietzsche-Wagner durch Bruno Goetz an, wenn auch sie der Wahrheit nicht entspricht. Im folgenden seien daher

---

vernichten, um jenes Chaos zu schaffen, unter dessen Druck heute gerade das Volk schmachten muß, das das „Volk der Dichter und Denker" ist, das einen Meister von Bayreuth hervorgebracht hat!

[1]) Ich erinnere nur an den von ihm oft gebrauchten Ausdruck: „écrasez l'infâme!"

seine Gedanken im Auszuge wiedergegeben. Als Nietzsche mit Wagner bekannt wurde, liebte er ihn als die Erfüllung seiner Wünsche und seiner Sehnsucht, sein Verhältnis zu Wagner war damals wie „ein langes, stummes, weltvergessenes Gebet" und man wird Nietzsche nie verstehen, wenn man nicht seine flammende Liebe zu Wagner verstanden hat. Doch in den dunkelsten Tiefen seiner Seele lauerte etwas dämonisch Zerstörendes, etwas sehnsüchtig Irres. Lange hat er es beharrlich unterdrückt. Und als es endlich hemmungslos hervorbrach, da lachte Nietzsche über seine Gebete und seinen „Götzen": sein bisheriges Leben kam ihm vor wie ein wirrer Traum, der ihn bedrückte, dem er sich nun glücklich in das Land der Freiheit entronnen wähnte. Und in diesem Gefühle der Freiheit schwelgte er um so mehr, je mehr er sich einbildete, durch den Umgang mit Wagner sei er im Dienste seines Kulturideals unfrei geworden. Wie wenn er daher jetzt erst sehend geworden wäre, erblickte er nun in Wagner mit erschreckender Deutlichkeit den unheimlichsten Verführer zur Müdigkeit, zur Lebensverneinung als Berauschung und begann ihn nach seinem eigenen Maßstabe zu werten, wobei er aber die Inkommensurabilität in der Genesis der beiden Lebensanschauungen irrtümlich übersah: Wagners Weltanschauung war die Frucht seines Lebens, sie wurde von dem Schaffenden und Leidenden am Feuer der Kunst geschmiedet, während die Lebensverneinung Nietzsches aus Ekel geboren ward, als eine rachsüchtige Flucht aus dem Leben, die sich mit Stolz und Trotz drapiert hatte. Sich selbst täuschend hielt er diese Lebensverneinung für die höchste Lebensbejahung. Als er sich aber dieses Irrtums bewußt ward, warf er ihn nicht allsogleich über Bord, sondern klammerte sich ängstlich an Wagner an, zu dem ihn sein Selbst ungestüm hinzog und mit dem ihn gemeinsames Fühlen verband. Gierig sog er die Welt Wagners in sich ein und überhörte absichtlich die warnenden Stimmen seines Innern, die ihm die Unvereinbarkeit seiner und der Wagnerschen Lebensanschauung sagten. Und als die Reaktion eingetreten war, fühlte er sich wie ein dem Kerker Entflohener und schloß nun von sich auf Wagner, dessen Weltanschauung ihm wie eine Flucht aus dem Leben vorkam, als ein sehnsuchtgeborenes Angstprodukt vor dem Leben und seinen Kräften: auch für Wagner sei dessen Kunst das, was sie ihm war, ein toller Rausch, aber keine Notwendigkeit, ein furchtbarer Betrug, die furchtbarste Verleumdung des Lebens. So ward ihm Wagner zu einem Feigling, der den Kampf mit dem Leben floh, der sich an seiner Kunst berauschte und vor sich und vor der Welt eine heldische Maske trug, um die Menschen in seine Netze zu fangen, um das Leben aus unbewußter Rachsucht zu verleumden und zu entkräften. Wie von einem bösen Alpdruck fühlte er sich nun von Wagners Einfluß befreit und glaubte zu erkennen, daß alles Müde und Kranke, womit seine Seele „infiziert" war, geheimnisvoll von Wagner angezogen wurde: so erschien ihm nun seine bisherige Hingabe an etwas außerhalb des Lebens Stehendes wie eine böse Krankheit, der er zum Glück noch bei Zeiten entronnen war: „Mein größtes Erlebnis war eine Genesung; Wagner gehört bloß zu meinen Krankheiten!" Er, dessen Brust ein ungeheurer Freiheitsdrang schwellte, vermeinte, Wagners Kunst sei in ihrem innersten Mark krank, da sie ihn unterdrückt und unfrei gemacht hatte. Und diese innere Unfreiheit war für ihn das untrügliche Symptom der Urkrankheit, an der sein höherer Mensch krankte. Statt ihn zu stärken, hat ihn Wagner durch seine Kunst nur berauscht. Deshalb erblickte er in Wagner die größte Gefahr für die Freiheit des höheren Menschen: Wagner wurzelte im Christentum, das nach Nietzsche die Verkörperung und der Inbegriff alles Lebensfeindlichen und Unfreien ist; Wagner vertrat eine Sklavenreligion, hinter deren Sittlichkeit sich jeder Machtlose ängstlich verschanzt. Nietzsche dagegen verlangte die unbedingte Macht, die nur die Freiheit schafft. Wie mußte sich daher Nietzsche mit einem Male furchtbar vereinsamt fühlen, als der Mensch, der für ihn bislang der Größte und Stärkste war, jener knechtischen Sklavenmoral erlegen war! Doch er, der sich freier fühlte als Wagner, wollte noch freier werden, ganz frei wollte er werden. Förmlich hypnotisiert von diesem Gedanken zerstörte er nun alles, was noch von früher her in ihm lebendig war: er haßte sich und haßte — den Wagner in sich. Von ihm sich gänzlich loszumachen, das erachtete er für seine vornehmste Pflicht: er machte Wagner klein, lächerlich, niedrig — um sich in stillen Stunden doch wieder von ihm überrumpeln zu lassen. Er zerfetzte alle seine Gefühle und Empfindungen mit beißendem Spott: frei bleiben wollte er von aller Frommheit, in der er die größte Gefahr erblickte, das Lachen über diese kleine Welt verlieren zu können. Aber nur der wahrhaft freie Mensch kann lachen! Nietzsche aber, der so gern lachen wollte, mußte sich krampfhaft bemühen, um frei bleiben und lachen zu können, denn er war nicht frei! Das fühlte er mit heimlich wachsender Angst — und ihr und seiner steten Furcht, das Lachen noch ganz zu verlieren, galt sein Lachen! Deshalb erträumte er sich ein fernes Wunderland weniger freier Lebensbejaher, die aus allem Bösen und Unheimlichen Kraft, aus dem Furchtbaren und Wehen sich nur Freude zu gewinnen verstehen werden. Denn er selbst hatte gelernt, aus den tiefsten Leiden und Schmerzen, die ihm das Leben bot, dieses selbst auf das freudigste zu bejahen. Aber trotzdem blieb er einsam: die Menschen verstanden ihn nicht, weil keiner die Freiheit, die er meinte, wollte und, die sie ja wollten, denen fehlte die Macht. Deshalb mußte er sich noch einsamer als je zuvor fühlen: aber er erfand sich einen Freund, mit dem er des vereinten Sieges gewiß das Fest der Feste feierte: Freund Zarathustra kam, der Gast der Gäste — und jetzt erst glaubte sich Nietzsche wahrhaft frei oder zwang sich zu diesem Glauben, weil Wagner noch immer in ihm lebte. Tag und Nacht mußte er sich bewachen, mußte er vor sich selber auf der Lauer liegen, um „frei" zu bleiben. Deshalb zwang er sich den Glauben auf, er habe Wagner durch seinen „Zarathustra" besiegt. Und das ist die furchtbare Tragik in seinem Leben, daß er, der sich durch Wagners Kunst nur berauscht fühlte, der diesem Rausche für immer entfliehen wollte, sich nun selbst berauschen mußte, sich ein trauriges Surrogat schaffen mußte für die lebendige Kunst der christlichen Kultur, aus der er seine besten Kräfte gesogen. Indem er jede Religion vernichten wollte, tötete er seinen Gott und schuf sich einen neuen Gott. Dabei aber fühlte er in seinem Herzen, daß sein tiefstes Wesen in einer ganz anderen Welt verankert war als in der Zarathustras — und dennoch kämpfte er weiter, bis er zusammenbrach. Den Größten wollte er bekämpfen und fiel in diesem Kampfe: so stark war dieser Große in ihm. Er hat sich selbst zerstört, als er sich selbst im Wege stand.

Diese Darstellung, die sich mehr auf willkürlicher Dichtung als auf der Wahrheit aufbaut, beruht letzten Endes auf der Voraussetzung des Pathologischen in Nietzsche: so konstruiert Goetz aus dem Leben und Schaffen Nietzsches, das von einer krankhaften Eifersucht auf Wagner als dem treibenden Elemente beherrscht wird, eine neue Tragödie, mit der er die Freundschaftstragödie erklären will.

Bei einer solchen Annahme ließ sich Goetz offenbar von der fälschlichen Tatsache leiten, daß Nietzsche mehr Dichter als Philosoph sei, wie denn auch tatsächlich im „Zarathustra" das Dichterische vorherrschend ist. Dadurch mußte sich Goetz vom Boden der Wahrheit entfernen, weil er nicht fähig war, durch den Schleier der Dichtung das Tatsächliche im „Zarathustra" zu erblicken und so einzudringen in das tiefste Wesen der Nietzscheschen Philosophie. Es soll aber nicht geleugnet werden, daß seine Darstellung ganz richtig die Gegensätzlichkeit im Denken Nietzsches und Wagners betont, also das, was die beiden a priori trennte. Hätte nun Goetz das Motiv der Eifersucht ausgeschaltet, hätte sich ihm die tatsächliche Genesis von Nietzsches lebensbejahender Philosophie und dem Übermenschentum ergeben müssen. Aber seine Analyse Nietzsches lehrt uns, genau so wie die bereits besprochene Friedrichs, daß es ein verfehltes Beginnen ist, mit Ausschaltung der philosophischen Interpretation und durch einseitige Betrachtung diese Freundschaftstragödie in befriedigender Weise zu lösen.

XVII. NIETZSCHES UND WAGNERS „SCHICKSALS-GEMEINSCHAFT".

Ehe wir Stekels psychoanalytische Interpretation des Verhältnisses Nietzsches zu Wagner besprechen, sei vorher noch eine der neuesten Darstellungen dieses Gegenstandes erörtert: Bertrams Versuch, mit Zugrundelegung einer Schicksalsgemeinschaft zwischen den beiden Männern ihr Verhalten zueinander zu erklären. Ein solcher Versuch mag nun tatsächlich probabler sein als die tiefst schürfende, gelehrteste Abhandlung, weil er das Mystische in Nietzsches Wesen betont, aber mit einem „glauben müssen" oder „ignorabimus!" vor dem letzten Unaufhellbaren haltmacht. Unwillkürlich wird man versucht, die Freundschaftstragödie zwischen Nietzsche und Wagner, diesen — liceat dictu! — unerhörten Verrat des Jüngers an dem von ihm einst über alles geliebten Meister mit dem Verrate des Judas an Jesus Christus zu vergleichen. Leider steht uns in diesem Falle kein so ausgezeichnetes, fast lückenloses Tatsachenmaterial zur Verfügung, ja, es erhebt sich sogar die Frage, ob nicht die ganze Gestalt des Judas nur eine Schöpfung der dichterischen Phantasie ist, die dem Prinzip des Guten, um es besser begreifen zu machen, das Prinzip des Bösen als notwendiges Korrelat hinzugefügt hat. Doch sehen wir von dem Werte oder Unwerte einer solchen rationalistischen Ausdeutung, weil für unsere Zwecke völlig gegenstandslos, ab, so ergibt sich, daß uns die vier Evangelisten in übereinstimmender Weise nur die nackte, grauenerregende Tat des Judas berichten, Berichte, auf Grund derer wir uns wohl kaum ein auch nur halbwegs auf Wahrheit Anspruch erhebendes hypothetisches Bild des tatsächlichen Sachverhaltes, bzw. seiner Motive rekonstruieren können. Dafür hat sich die Legendendichtung des Judasstoffes als eines der dankbarsten Stoffe bemächtigt und in Anbetracht der Simplizität dieses Falles denselben uns natürlich dementsprechend menschlich begreiflich zu machen bemüht. So wird uns Judas teils als Repräsentant der niedrigsten menschlichen Habsucht geschildert, als ein Ausbund teuflischer Bosheit, teils aber als ein Mensch größter geistiger Beschränktheit — mit anderen Worten, als eine ziemlich gemeine Alltagsnatur, deren Tat man keine edleren Motive unterschieben darf; so zum Beispiel bei Abraham a Santa Clara: „Judas der Erzschelm." Eine tiefere Auffassung des Judascharakters bekunden die dramatischen Entwürfe, welche die Motive seiner Tat psychologisch zu ergründen versuchen; zum Beispiel Paul Heyse: „Maria von Magdala". Und selbst Ernst Renan scheut sich nicht, die Tat des Judas nach Klopstocks Vorbilde aus Eifersucht zu erklären. Aber von allen diesen Erklärungsversuchen erscheint mir keiner so beachtenswert, wie jene Version der Judaslegende, nach der Judas geradezu als die conditio sine qua non für das Erlösungswerk Jesu hingestellt wird: Judas muß sich opfern, das heißt, er muß den gräßlichsten Fluch der Jahrtausende auf sich nehmen, den Weltheiland verraten zu haben, damit das Wort der Schrift erfüllt werde und Jesus das Erlösungswerk, dessen die Welt bedarf, vollbringen könne. Judas also verrät den, den einer verraten muß; er handelt gewissermaßen als das Werkzeug einer Macht, die unentrinnbar hoch über ihm und Jesus waltet. Daher zieht diese Judaslegende aus jener Voraussetzung nur die folgerichtige Konsequenz, wenn sie Jesum darstellt, wie er sich der Größe und Schwere des Opfers bewußt ist, das Judas ihm und seinem begonnenen Erlösungswerke bringt, damit er es vollenden könne. Denn er weiß und fühlt es, wenn Judas ihn nicht verrät, wenn Judas vor dem Worte der Schrift „$οὐαὶ\ δὲ\ τῷ\ ἀνθρώπῳ\ ἐκείνῳ,\ δι'\ οὗ\ ὁ\ υἱὸς\ τοῦ\ ἀνθρώπου\ παραδίδοται!$" feige zurückbebt, die Weissagung dieser selben Schrift an ihm sich nicht erfüllen könne. Deshalb ist Jesu Schicksal mit dem des Judas unzertrennlich verbunden, und Jesus ist sich dieser Schicksalsgemeinschaft bewußt: so ruht am letzten Abende des Herrn Auge voll Liebe auf dem, von dem er weiß, daß er ihn verraten werde; er spricht mit ihm in Worten, deren wahrer Sinn den Jüngern verborgen bleibt. Einen leisen Anklang jener Schicksalsgemeinschaft können wir vielleicht im Johannesevangelium erblicken: Jesus reicht beim letzten Abendmahle dem Judas einen Bissen Brot — dadurch deutet er eben die Schicksalsgemeinschaft an — und spricht die bedeutungsvollen Worte, deren wahrer Sinn nur ihm und dem Angeredeten klar ist: „Was du tust, das tue bald!" (Ev. Joh. XIII; 26, 27: „βάψας οὖν τὸ ψωμίον λαμβάνει καὶ δίδωσιν Ἰούδᾳ ... λέγει ... Ἰησοῦς: ‚ὃ ποιεῖς, ποίησον τάχιον!'") Und wenn dann Judas nach dem Verrate hingeht und zur selbigen Stunde seinem Leben ein Ende macht, da der Menschensohn auf Golgotha sein „Es ist vollbracht!" sterbend ausruft, tut er das nicht aus Reue, nein! sondern weil er Jesus treu bis in den Tod bleibt, weil er der zwischen ihm und Jesus bestehenden Schicksalsgemeinschaft zufolge diesem seine Jüngerschaft und Anhängerschaft nur mehr noch durch den Tod beweisen kann, während alle anderen Jünger Jesu diesen in seiner schweren Stunde feige verließen und flohen. Deshalb konnte Hebbel sagen: „Judas ist der Allergläubigste!"

Diese Judaslegende kann uns nun mutatis mutandis Nietzsches „Verrat" an Wagner verständlich machen. Zu diesem Zwecke muß aber die Judaslegende, an deren Ausgestaltung zwei Jahrtausende gearbeitet haben, auf das ihr wie jeder anderen Legende zugrunde liegende Tatsächliche reduziert werden: jede Erlösergestalt zerfällt in die zwei Komponenten des Guten und des Bösen; der gute Geist und der böse Dämon müssen zusammenwirken, soll das geschichtlich Gewordene zu etwas Neuem, die Menschheit von Grund aus Erneuerndem umgeschaffen werden. Auf ein einfaches Gesetz zurückgeführt heißt dies, daß der Mythos, die Legende, das, was sie logischerweise als die Tat eines einzigen Individuums erkennen, unter den Gestalten zweier sich bekämpfender Individuen für das allgemeine Verständnis verdeutlichen, die Tatsache, daß jeder Schaffende zugleich auch ein Vernichter, jeder Erlöser gleichzeitig auch ein Verräter ist.

Dieses Gesetz, auf Nietzsches geistiges Schaffen angewandt und übertragen, gestattet eine Folgerung, die näherer Beweise wohl kaum bedarf: Nietzsche ist der typische Zweiseelenmensch; denn zwei Seelen wohnen in ihm, eine gute und eine böse. Die Tragik seines Lebens bestand jedoch darin, daß er diesen beiden Seelen dienen mußte, daß er beide ganz und ungeteilt sein mußte. Im „Ecce homo" schreibt er, dieses Zwittertums sich voll bewußt: „Und wer ein Schöpfer sein will im Guten und Bösen, der muß ein Vermittler erst sein und Werte zerbrechen. Also gehört das höchste Böse zur höchsten Güte: diese aber ist die schöpferische. Ich bin bei weitem der furchtbarste Mensch, den es bisher gegeben hat; dies schließt nicht aus, daß ich der wohltätigste sein werde. Ich kenne die Lust am Vernichten in einem Grade, der meiner Kraft zum Vernichten gemäß ist — in beidem gehorche ich meiner dionysischen Natur, welche das Neintum nicht vom Jasagen zu trennen weiß... ich bin der Vernichter par excellence." Nietzsche war nun, wie schon betont, seiner ganzen natürlichen Veranlagung nach ein äußerst feinfühliger, zarter Mensch, ein dankbarer Mensch; er war „die höchste Güte"! Doch „das höchste Böse" in ihm, die andere Seele, bewog ihn mitunter, mit derselben Intensität, mit der er jemandem seine Liebe und Verehrung bezeugte, diesen selben Menschen schonungslos anzugreifen; so bekannte er: auch „Angreifen ist bei mir eine Form der Dankbarkeit!" Aber wohlgemerkt: nie griff er den betreffenden Menschen als solchen an, sondern stets nur die Ideen, die dieser vertrat. Dies zeigt sich deutlich in seinem Verhältnisse zu Erwin Rohde und kein vernünftiger Mensch wird glauben, daß lediglich Rohdes Meinung über die Bedeutung des Franzosen Taine, die der Nietzscheschen entgegengesetzt war, der wahre Grund der zwischen beiden eingetretenen Entfremdung sein kann. Der philosophische Trieb in ihm war es, dieses rücksichtslose, durch nichts zu beirrende Streben nach der Wahrheit, das ihn oft über der Sache die Person vergessen ließ. Ähnlich ist es ihm ja auch mit Paul Deussen ergangen. Noch deutlicher aber zeigt sich die Kehrseite von Nietzsches Doppelnatur in seinem Verkehre mit Mutter und Schwester. So schreibt er einmal: „Es gehört zu den Rätseln, über die ich einige Male nachgedacht habe, wie es möglich ist, daß wir blutsverwandt sind!" Nun ist es vom höchsten psychologischen Interesse, daß Nietzsche, der sich selbst dieser Doppelnatur seines Wesens teils stolz, teils schmerzlich bewußt war, diesen mit innerer Notwendigkeit sich vollziehenden Verrat an der von ihm geliebten Person nicht nur niemals bereute, sondern stets, so besonders in seinem Verhältnis zu Wagner, immer und immer wieder die fatale Zusammengehörigkeit, die nie zerreißbare Gemeinsamkeit seines Wesens mit dem der verratenen Person betont. Nachdem er Rohde brieflich wegen seiner Stellung zu Taine die bittersten Vorwürfe gemacht hatte, bittet er ihn kurz darauf flehentlich: „Nein, laß dich nicht zu leicht von mir entfremden!" und ebenso bittet er die Schwester, in jenem Briefe nicht seinen Haß gegen sie zu sehen, sondern nur seine Bitte um Liebe und Verstehen! Und im Jahre 1887 schrieb er ihr: „Malwida schrieb mir einmal, daß ich gegen zwei ungerecht wäre: gegen Wagner und gegen Dich, meine Schwester. Warum wohl? Vielleicht, weil ich Euch beide am meisten geliebt habe und den Groll nicht verwinden kann, daß Ihr mich verlassen habt!"

In der Vorrede zum „Fall Wagner" heißt es: „Wagner den Rücken zu kehren, war für mich ein Schicksal." Dieses höchst bedeutungsvolle Wort besagt, daß sowohl Wagner wie Nietzsche dieser furchtbaren Freundschaftstragödie nie und nimmer haben entrinnen können, Nietzsche als der tragischeste Held dieser Tragödie des Lebens, der, mochte er sich zu Wagner stellen wie er wollte oder wie die Besserwisser zu glauben vermeinen, daß er sich hätte stellen sollen, das ihm vorbestimmte Schicksal unmöglich ändern kann. Dieses Walten des Schicksals scheint überhaupt im Leben Nietzsches eine große Rolle zu spielen, speziell in betreff seiner Beziehungen zu R. Wagner: Als Nietzsche das erstemal nach Tribschen kommt, bleibt er lange vor Wagners Villa stehen. Aus dem Innern des Hauses hört er einen immer wiederholten, schmerzlichen Akkord spielen. Später entdeckte er, daß dies eine Stelle aus dem III. Akte des „Siegfried" war: „Verwundet hat mich, der mich erweckt!" Den „Zarathustra" vollendete er „genau in der heiligen Stunde, in der R. Wagner in Venedig starb". Und sofort nach Erhalt von Wagners Todesnachricht schreibt er an Peter Gast: „Soeben kommt die Nachricht von Wagners Tode aus Genua. Ich bin heute ohne allen Grund hieher gereist und kaufte eben, wider meine Gewohnheit, die eben erschienene Nummer des ‚Caffaro'. Mein erster Blick fällt auf das Telegramm aus Venedig!" Er selbst gesteht sich, daß es „in seinem Leben Kuriosa von Sinn im Zufall gäbe, die nicht ihresgleichen haben." Als Nietzsche 1882 in Naumburg seiner Schwester den „Parsifal" vorspielte, hielt er plötzlich inne; er besann sich, ganz dieselbe Art Musik gemacht zu haben, als er, noch ein Knabe, ein Oratorium komponierte. Er berichtet darüber an Peter Gast: „Ich habe die alten Papiere hervorgeholt und nach langer Zeit wieder abgespielt: die Identität von Stimmung und Ausdruck war märchenhaft! Ja, einige Stellen, zum Beispiel der Tod der Könige, erschienen uns beiden ergreifender als alles, was wir uns aus dem ‚Parsifal' vorgeführt hatten, aber doch ganz parsifalesk! Ich gestehe: mit einem wahren Schrecken bin ich mir wieder bewußt geworden, wie nah ich eigentlich mit Wagner verwandt bin!" Oder er schreibt in den Vorredeentwürfen der letzten Jahre: „Als Knabe war ich Pessimist, so lächerlich dies klingt; einige Zeilen Musik aus meinem zwölften, dreizehnten Lebensjahre sind im Grunde von allem, was ich an rabenschwarzer Musik kenne, das Schwärzeste und Entschiedenste. Ich habe bei keinem Dichter oder Philosophen bisher Gedanken und Worte gefunden, die so sehr aus dem Abgrunde des letzten Neinsagens heraus kämen... als Knabe liebte ich Händel und Beethoven: aber ‚Tristan und Isolde' kam, als ich fünfzehn Jahre alt war, hinzu als eine mir verständliche Welt. Während ich damals den ‚Tannhäuser' und ‚Lohengrin' als unterhalb meines Geschmacks empfand: Knaben sind in Sachen des Geschmacks ganz unverschämt stolz!" Enthält nicht gerade diese letzte Aufzeichnung Nietzsches' später erfolgte Abkehr von Wagner schon in seiner Jugend vorgebildet? Das war Fatum! Und diesem über ihnen schwebenden Fatum! vergleichbar etwa dem Liebesmotiv, das in Wagners „Tristan" auf Markes Frage:

„Den unerforschlich tief, geheimnisvollen Grund,
wer macht der Welt ihn kund?"

vielsagender erklingt als die längsten Auseinandersetzungen zwischen Marke und Tristan, diesem Unnennbaren, undefinierbaren Etwas konnten beide nicht entrinnen: denn beide gehorchten nur der Stimme in ihrem Innern, beide blieben sich selbst treu und litten an ihrem Schicksal bis an ihr Lebensende, wobei nach Frau Försters Versicherung „in dieser Sache Nietzsche am meisten gelitten hat". Daß es so kommen mußte, daß dieser Verrat durch Nietzsches tiefstes Wesen bedingt war, dafür spricht auch der Umstand, daß Nietzsche im Falle Wagner genau so wie Rohde und seiner Schwester gegenüber die Bande der Freundschaft nie ganz gelöst hat: selbst Angreifen ist ja bei ihm eine Form der Dankbarkeit und der Abfall war daher eine Form seiner Liebe. Und an Wagner fühlte sich Nietzsche bis an sein Lebensende untrennbar gekettet, sowohl an dessen Person wie an dessen Kunst, speziell an den „Tristan". Ja, man kann steigernd sagen, daß er den Meister so sehr geliebt hat, daß er, ohne je diesen Verrat zu bereuen — einen Brief an Peter Gast ausgenommen! —, den Schmerz über seinen Verrat nie hat ganz zu verbergen vermocht, ja daß er nicht einmal zu jener Zeit, da er Wagners treuester Anhänger war, diesen so sehr liebte und verehrte, wie zur Zeit nach der Trennung von ihm; denn „ich habe R. Wagner mehr geliebt und verehrt als irgend sonst jemand!" Jeder werde es daher seinem Urteile anmerken, daß er Wagner sehr liebe, denn kein Gegner nehme je einen Gegenstand so tief. „Ich denke, ich kenne besser als irgend jemand das Ungeheure, das Wagner vermag, die fünfzig Welten fremder Entzückungen, zu denen niemand außer ihm Flügel hatte; und so wie ich bin, stark genug, um mir auch das Fragwürdigste und Gefährlichste noch zum Vorteil zu wenden und damit stärker zu werden, nenne ich Wagner den größten Wohltäter meines Lebens. **Das, worin wir verwandt sind, daß wir tiefer gelitten haben, auch aneinander, als Menschen dieses Jahrhunderts zu leiden vermochten, wird unsere Namen ewig wieder zusammenbringen;** und so gewiß Wagner unter Deutschen bloß ein Mißverständnis ist, so gewiß bin ich's und werde es immer sein!" Kein Wunder, daß der Mann, der bekannt hatte: „Ich hätte meine Jugend nicht ausgehalten ohne Wagnerische Musik!" im Nachlaß zur „Umwertung" in die wehe Klage ausbrach, ja ausbrechen mußte: „**Ich habe ihn geliebt und niemand sonst. Er war ein Mensch nach meinem Herzen**... es versteht sich von selber, daß ich niemandem so leicht das Recht zugestehe, diese meine (jetzige) Schätzung Wagners zur seinigen zu machen, und allem unehrerbietigen Gesindel, wie es am Leibe der heutigen Gesellschaft gleich Läusen wimmelt, soll es gar nicht erlaubt sein, einen solchen großen Namen, wie der Richard Wagners ist, überhaupt in das Maul zu nehmen, weder im Lobe noch im Widerspruche!"[1] Goldene Worte, die Nietzsche hier sprach! Worte, die gerade einer heute heranwachsenden Generation ins Herz gehämmert zu werden verdienten, einer Generation, die in stolzer Selbstüberhebung und leichtsinniger Voreingenommenheit, ohne sich ihrer Kleinheit bewußt zu sein, an dem Lebenswerke des Meisters rüttelt

---

[1] Aus dem Jahre 1882 stammt folgende Äußerung: „Ich bin damals, als ich Wagner fand, unbeschreiblich glücklich gewesen. Ich hatte so lange nach dem Menschen gesucht, der höher war als ich und der mich wirklich übersah. In Wagner glaubte ich ihn gefunden zu haben. Es war ein Irrtum. Jetzt darf ich mich nicht einmal mehr mit ihm vergleichen. Ich gehöre einem andern Rang an." Und kurz, ehe er den „Fall Wagner" geschrieben: „Wagner selber, als Mensch, als Tier, als Gott und Künstler geht tausendfach über allen Verstand und Unverstand der Deutschen hinaus."

und in Franz Schrecker ihren „Überwagner" verehrt. Wagner, und das kann nicht genug betont werden, ist und bleibt eine im Geistesleben des deutschen Volkes ganz eigenartige Erscheinung. Und selbst zugegeben, daß vor dem Forum einer objektiven Kunstkritik, welche die absolute und doch dramatisch bewegte Musik Beethovens zu ihrem Kriterium nimmt, so manches, das Wagner schuf, nicht bestehen kann: als Ganzes genommen, bleibt sein Lebenswerk unantastbar! Daher alle die Fehler, die man diesem Großen nachrechnet, Fehler von gleichfalls ganz eigener Art sind: es sind Fehler, die nur ein Genie sich erlauben darf, Fehler, aus denen wir Pygmäen nur lernen können und sollen. Wagners Fehler und Irrtümer sind schöpferischer Natur! Indes ist diese Abkehr unserer Generation von Wagner begreifbar, wenn wir der nervösen Unruhe gedenken, die heute mehr denn je die ganze Welt beherrscht. Aber wozu, fragen wir, zerstört die Menschheit in törichtem Wahne alles Überkommene, negiert sie tief im Menschenherzen eingewurzelte Werte? Bloß um überall Neuland zu schaffen? Sehen wir uns doch dieses Neuland nach Wagner an! Trotz aller Abkehr von ihm ist und bleibt Wagner in seiner Titanengröße der Boden, aus dem diese Neuschaffer, diese Umstürzler, diese Atonalisten, und wie sie sich auch nennen mögen, die wertvollsten Nährstoffe für ihr eigenes Schaffen saugen, Wagner ist und bleibt der Genius, dem die Fluten dieser „Zukunftsmusik" kaum die Füße umspülen. Dr. Liebstöckl hat für diese Art „Musikmacher" das klassische Wort geprägt: „Sie grüßen Wagner; aber Wagner dankt ihnen nicht!" Sie haben Wagner „überwagnert"! Ja, in seinen Fehlern: das Rauschende, Faszinierende seiner Inszenierungskunst artete bei ihnen zu einem oft geradezu widerlichen Kulissenzauber aus, der ihre Armut an „Musikalität" verbergen muß. Aber die Zeit wird kommen, da das deutsche Volk reuevoll und dankbar zu diesem seiner größten Söhne zurückkehren wird, um sich aus seinen unsterblichen Werken die Kraft zu holen, deren es heute mehr denn je bedarf, will es seine hohe Sendung als Volk der Dichter und der Denker erfüllen. Denn gleich den Klassikern in Weimar schuf uns der Meister in Bayreuth eine Geistesburg. Aber betrachtet man sein und der Klassiker Wirken sub specie aeternitatis und im Hinblicke auf das, was gerade Wagner trotz Not und Elend die Schaffensfreude gab und erhielt, so werden wir erkennen, daß sie alle am sausenden Webstuhl der Zeit der einen, ewigen Gottheit lebendiges Kleid wirkten, wie sie ihnen eben aus dem Herzen sprach, werden wir diese Burg weder in Weimar noch in Bayreuth suchen und finden, sondern in unserem eigenen Innern: hier liegt sie, in uns selbst! Denn wir selbst sind eine zu erbauende Burg und unsere ureigensten Erlebnisse liefern die Bausteine hierzu. Der Tondichter des „Lohengrin" nannte diese Burg Montsalvat, die unnahbar unseren Schritten in fernen Landen stolz gen Himmel ragt:

> „Ein lichter Tempel stehet dort inmitten,
> so kostbar, wie auf Erden nichts bekannt.
> Drin ein Gefäß von wundertät'gem Segen
> wird dort als höchstes Heiligtum bewacht."

Es heißt der Gral, vom Himmel herab durch eine Engelschar gebracht. Drum naht alljährlich vom Himmel eine Taube, um neu zu stärken seine Wunderkraft. Und dann erteilt durch ihn sich selig reinster Glaube seiner Ritterschar. — Diese alljährlich vom Himmel wiederkehrende Taube ist der Menschheit guter Genius, der immer wieder und unaufhörlich, von Generation auf Generation sich vererbend, die Brücke baut zwischen der Gottheit und uns und uns von unserer Materialität erlöst, wenn wir — wollen! Geben wir uns nur keiner Täuschung hin: nicht der Intellekt, die vielgerühmte bessere Vernunft, ist, wie die Rationalisten uns weismachen, das Primäre und Radikale in uns, sondern der Wille: er allein ist jene zeitlose, ewige, metaphysische Gotteskraft, die potentiell in uns allen schlummert, die aber jederzeit in die Tat umgesetzt werden kann, zumal wenn wir uns dessen voll bewußt werden, daß auch unser Herz ein Tempel ist, in dem jenes heilige Wundergefäß glüht und leuchtet: der heilige Gral!

Darum drängt es mich, gerade an dieser Stelle meiner persönlichen Stellungnahme zu Wagner und seiner Kunst das Wort zu sprechen; denn es könnte den Anschein erwecken, als würde ich des Meisters Kunst ablehnen. Das liegt mir ferne! Im Gegenteil, ohne unseres Meisters Kunst könnte ich mir die Welt einfach nicht mehr vorstellen! Aber die wissenschaftliche Objektivität gebot mir, auch das zu sagen, was meinem subjektiven Empfinden nicht entspricht, gebietet mir zu sagen: Anstatt daß unser Volk sich freute, daß ein gnädiges Geschick in Wagner und Nietzsche ihm auch „zwei solche Kerle" beschert hat, die an der niemals rastenden, niemals vollendeten Erziehung des Menschengeschlechtes mit Erfolg gearbeitet, spielt man noch immer den einen gegen den anderen aus. Ist das nicht kleinlich? Von beiden gilt das schöne Wort: Wagner wie Nietzsche „sind kein ausgeklügelt Buch; sie sind Menschen in ihrem Widerspruch!" Als ich zum ersten Male in meinem Leben des Meisters „Tristan" hörte, gehörte mein Herz ihm! Und heute, als gereifter Mann, der dieses Buch schrieb, weiß ich, daß ich in diesem Wunderwerke, das gleich dem Goetheschen „Faust" noch heute tausend nicht gelöste Rätsel in sich birgt, Rätsel, denen gegenüber der kühnste Musiktheoretiker ohnmächtig ist, weil sie die herrlichste Offenbarung des Göttlichen sind, die Quintessenz der Wagnerschen Musik und Kunst erblicke, das Höchste, das er uns geschenkt hat. Ich weiß es, daß auch ich dem Meister schon um des „Tristan" willen die Treue halten werde bis hinüber nach jenem Reiche der Weltennacht. Der „Tristan" ist ein Kunstwerk, das die „Welt" nicht sucht; denn die „Welt" muß zu ihm kommen; es ist göttlich, weil es ganz Natur ist; denn die Natur ist immer Gottes! Und nur im „Tristan", vornehmlich in der grandiosen Schlußszene, erklomm der Meister die höchste Musik, die hier sich weitet zu unendlicher, weltumfassender Fülle: man hört das Licht, denn hier ist es Musik geworden! Eine Musik des Todes ohne jegliche nôte macabre: eine Musik des Lebens, das über der Ewigkeit steht; eine Musik, in der alles Individuelle „in des Weltatems wehendem All" sich verklärt; eine Musik sub specie aeternitatis; das Letzte, das erlösungsselige Amen in dieser grandiosen missa solemnis der Liebe und des sich selbst bejahenden Willens zum Leben! Nur wer gleich mir die Offenbarungen dieses heiligsten Mysteriums der Menschheit so unzählige Male erlebt hat, nur der soll das Recht haben, gleich mir Nietzsche und Wagner in einem Atem zu nennen, in ihnen beiden die letzten großen Deutschen zu erblicken; beide warfen ihre Werke in die unendliche Zeit, wohl wissend, daß ihnen diese ein gerechterer Richter sein werde als ihre sie nicht verstehen wollende Mitwelt! ...

Von höchstem psychologischem Interesse erscheint ferner noch jener Aphorismus aus der „Fröhlichen Wissenschaft", durch den Nietzsche seinen Verrat an Wagner unter dem Titel „Zum Ruhme Shakespeares" verherrlicht. Zunächst dankt er Shakespeare, daß er Worte zur Rechtfertigung der Tat des Brutus gefunden, den Dante zugleich mit Judas dem Rachen Luzifers überantwortet habe. Die

Annahme liegt nahe, daß Nietzsche in Shakespeares Caesartragödie eine Art Freispruch seiner selbst und eine Rechtfertigung seines an Wagner begangenen Verrates erblickte: „Das Schönste, was ich zum Ruhme Shakespeares, des Menschen, zu sagen wüßte, ist dies: Er hat an Brutus geglaubt und ihm kein Stäubchen Mißtrauens auf diese Art Tugend geworfen! Ihm hat er seine beste Tragödie geweiht — sie wird jetzt immer noch mit einem falschen Namen genannt — ihm und dem furchtbarsten Inbegriff hoher Moral. Unabhängigkeit der Seele — das gibt es hier! Kein Opfer kann da zu groß sein: Seinen liebsten Freund selbst muß man ihr opfern können, und sei er noch dazu der herrlichste Mensch, die Zierde der Welt, das Genie ohnegleichen — ... derart muß Shakespeare gefühlt haben! Die Höhe, in welche er Caesar stellt, ist die feinste Ehre, die er Brutus erweisen konnte: so erst erhebt er dessen inneres Problem ins Ungeheure und ebenso die seelische Kraft, welche diesen Knoten zu zerhauen vermochte! ... Stehen wir vielleicht vor irgendeinem unbekannt gebliebenen dunklen Ereignisse und Abenteuer aus des Dichters eigener Seele, von dem er nur durch Zeichen reden mochte? Was ist alle Hamletmelancholie gegen die Melancholie des Brutus! — und vielleicht kannte Shakespeare auch diese, wie er jene kannte, aus Erfahrung! Vielleicht hatte auch er seine finstere Stunde und seinen bösen Engel gleich Brutus!" Speziell diese letzten von mir gesperrten Worte beweisen, daß sich Nietzsche der unheimlichen Doppelnatur seines Wesens bewußt war und danach trachtete, der Gewissensbisse, die der gute Geist, die höchste Güte, in ihm weckte, durch dieses künstlich rekonstruierte Analogon Herr zu werden und den Verrat selbst demnach als etwas vom Fatum Vorbestimmtes hinzustellen. Nietzsches Judas- oder Brutusverhältnis zu Wagner ist unbedingt das tiefste, umwandelnde Schicksalereignis seines persönlichen Lebens; es ist auch die Perspektive, unter der Nietzsches Stellung zum Christentum betrachtet werden sollte.

XVIII. NIETZSCHE UND DIE PSYCHOANALYTIKER.

Gleichfalls einer ausführlichen Besprechung würdig erscheint mir die bereits mehrfach erwähnte Abhandlung Dr. Wilhelm Stekels „Nietzsche und Wagner", worin er „in denkbar einseitigster Form, unter Nichtachtung der einfachsten Grundlehren der Psychiatrie" (Placzek: „Freundschaft und Sexualität", p. 139), den Versuch unternimmt, mit Hilfe der Psychoanalyse die menschlichen Motive des Verrates Nietzsches an Wagner, eines Verrates, der in der Geschichte bedeutender Männer nicht seinesgleichen finde, aufzuweisen. Ausgangspunkt seiner Betrachtungen bildet die von ihm als psychologisches Grundgesetz aufgestellte Tatsache, daß fast jeder Verräter, besonders aber der geniale — und ein solcher war Nietzsche — seinen Verrat ethisch zu rechtfertigen strebt, das heißt ihn „rationalisiert", ihn als Folge seiner geistigen Entwicklung, mithin als eine Notwendigkeit und innere Wahrheit darstellt. Das hätte nun in hohem Grade bereits Nietzsche selbst getan, und auch das Buch seiner Schwester „Wagner und Nietzsche zur Zeit ihrer Freundschaft" sei nichts anderes als ein Versuch, den Abfall Nietzsches von Wagner zu „rationalisieren", ihn als Folge der divergierenden Entwicklungslinien beider Genies zu erweisen. Doch beide, Nietzsche wie seine Schwester, begehen einen großen Fehler: sie übersehen alle anderen Motive, besonders die menschlichen. Schon gelegentlich der Besprechung der musikalischen Kompositionsversuche Nietzsches wurde von mir Stekels Abhandlung erwähnt, weil auch er auf Nietzsches hervorragende Fähigkeit, auf dem Klaviere frei zu phantasieren, hinweist, darin jedoch den Grund für persönliche Differenzen zwischen den beiden Freunden erblickt. Stekel ist nämlich der Ansicht, daß Nietzsche zeitlebens von einer tiefen Sehnsucht nach etwas Hohem erfüllt war, daß er, der Philosoph wurde, eigentlich seinen Beruf verfehlt habe. Er hatte in sich das Zeug zum Musiker. Doch durch Pflicht und Neigung in einen anderen Beruf abgedrängt, mußte in ihm, als er mit Wagner bekannt wurde, der Neid erwachen; Resultat: er wollte es als der geborene Musiker dem Meister gleichtun. Zunächst jedoch bezähmte er seinen Neid, indem er sich vor ihm durch — Liebe rettete. So ward er Wagners uneingeschränkter Bewunderer. Es mag sein, daß Stekel dies aus den von ihm natürlich nicht erwähnten Sentenzen im „Zarathustra" schloß: „Unser Glaube an andere verrät, worin wir gerne an uns selber glauben möchten. Unsere Sehnsucht nach einem Freunde ist unser Verräter!" Aber Nietzsche beneidete den Meister nicht nur um seine musikalisch-schöpferischen Fähigkeiten, sondern auch um sein — Weib! Zu diesen Ausführungen seines Kollegen bemerkt Placzek (l. c. p. 141): „Armer Nietzsche! Was wird nun aus dir unter der tüftelnden Spürkunst eines scharfsinnigen Psychoanalytikers! Natürlich wird dein Sexualleben durchschnüffelt, die in dir wie in jedem anderen Menschen angeblich schlummernde ‚Homosexual-Komponente' hervorgezerrt und jede deiner Empfindungen und Affektäußerungen sexuell ausgedeutet!" Heißt das nicht: den Teufel mit Beelzebub austreiben wollen? Wie bitterster Hohn klingen auf diese Art Seelenkunde Dr. Kraßnas Worte:

> „So oft ich den Geist rief
> der Psychiatrie,
> Psychiater sind kommen,
> der Geist jedoch nie!"

Und wenn Wagner in einem Briefe an Nietzsche Ehe und Oper einander „ironisch" gegenüberstellt, so folgert Stekel daraus, man könne aus diesem Briefe ersehen, wie deutlich sich Wagner der Quelle von Nietzsches Neid bewußt gewesen sei! Nietzsches Versicherung, daß Frau Cosima die einzige Frau gewesen sei, die ihm imponierte, veranlaßt nun Stekel zu der Behauptung, Nietzsche habe diese Frau geliebt, und als Sexualpsychologe erblickt er in dieser Liebe des Philosophen zu Cosima „nur ein Überspringen von der Liebe zu Wagner auf das von diesem geliebte Wesen". Ja, um Gottes willen, warum denn? fragen wir ganz entsetzt! Der Psychoanalytiker, der nie um eine Antwort verlegen ist, erwidert: Das ist eine verdrängte Affektwirkung ins Unbewußte, die nun bei passender oder unpassender Gelegenheit auftauche und sich neu verankere. Aber, warum Nietzsches Liebe zu Wagner starb, warum sie so unmotiviert starb, das verschweigt uns wohlweislich der alles wissende Psychoanalytiker. Oder sollen wir nicht eher annehmen, daß auch bei ihm die Erkenntnis des Grundes ins Unbewußte verdrängt worden ist und nur auf die passende Gelegenheit lauere, um aufzutauchen? Wenn weiters Nietzsche sich bemühte, alle seine Freunde mit Wagner bekannt zu machen, damit auch sie ihn liebten, so enthält nach Stekel „dieser Kommunismus der Liebe" deutliche Beziehungen zu Problemen der Sexualpsychologie, da es sich hiebei um die Wirkung der unbewußten homosexuellen Komponente in Nietzsches Liebesleben handle. In jenem[1]) Briefe hat Wagner Nietzsche auch den Rat erteilt, bei Wahl der Frau auch deren Vermögensverhältnisse zu prüfen, und sein Ausruf, „warum muß nur Gersdorff gerade eine Mannsperson sein?" lasse den Schluß zu, daß Wagner klar erkannt habe, nur in Nietzsches Liebe zu seinen Freunden stecke jenes Hindernis, das ihn vom Weibe abhalte. Ich bewundere diese kühne Schlußfolgerung Stekels, die jedoch seine frühere Behauptung, Nietzsche habe Cosima geliebt, geradezu über den Haufen wirft! Was ist denn dann wahr? Beide Behauptungen schließen doch einander völlig aus! Doch diese Aporie bereitet dem Sexualpsychologen keine Verlegenheit, sondern das Fundament, um die Frage aufzuwerfen, ob Nietzsche ein sexuell abnorm veranlagter Mensch war. Er beantwortet sie damit, daß er zugibt, Nietzsches Liebe zu Wagner sei die stärkste Kraft seines Lebens gewesen: er habe Wagner geliebt, nur um sich vor seiner Eifersucht auf Cosima zu retten! Diese nun zwischen Nietzsche und Wagner und dessen Frau sich abspielende Liebestragödie seien nur „Masken der Homosexualität", da sie im letzten Grunde auf gleichgeschlechtlichen Neigungen beruht. Wieso? Diese Frage beantworten die Psychoanalytiker mit dem Hinweis auf Weiningers M + W-Theorie, nach der das männliche Element im Manne nur im Zustande des Primates lebe, aber keineswegs als allein vorhanden sei. Daraus ergibt sich dann der notwendige, ja selbstverständliche Schluß, daß die Sexualität die Fähigkeit besitze, „von ihrer sonst gewohnten Richtung abzubiegen und sich mit dem ganzen Register ihrer Strebungsformen auf das gleiche Geschlecht zu werfen. An dieser Inversion hat jeder Mensch irgendwie teil, nur verschieden stark

---

[1]) Cf. p. 97.

und in verschiedener Schichtung der Psyche." — „Nietzsches ewiges Bedürfnis nach Freunden," sagt Stekel, „seine Flucht vor den Frauen, seine Liebe zu Wagner und seine Liebe zu der Frau Wagners — schließlich liebt man den Becher, aus dem der andere trinkt", das also ist für Dr. Stekel ein vollgültiger, unantastbarer Beweis für Nietzsches Homosexualität! Denn Nietzsche litt an „hysteria virilis", die innig zusammenhängt mit homosexueller Paranoia. (Wozu Placzek (l. c. p. 147) bemerkt: „Stekel geht von einer vorgefaßten Idee aus, sieht alles nur in deren Beleuchtung und kann daher nur zu der denkbar einseitigsten Ausdeutung gelangen. Man kann nur verwundert fragen, wie das von einem hervorragenden Nervenarzte geschehen konnte!" Saaler (l. c.) bezeichnet diese psychologische Determinierung Stekels als dichterisch zwar recht schön, medizinisch aber undenkbar. Zurück bleibt das tiefe Bedauern, daß die Psychoanalyse in grenzenloser Überschätzung ihrer Leistungsfähigkeit und in einseitiger Dogmatisierung ihrer Ergebnisse menschliche, künstlerische und ästhetische Werte antastet und erschüttert.) Auf diesen Zusammenhang deuten folgende Symptome: Nietzsches Eifersucht; die Frage, ob Nietzsche nicht auch auf Wagners Sohn Siegfried eifersüchtig gewesen sei, scheut sich Stekel allerdings positiv zu beantworten. Er konstatiert lediglich nur so viel, daß sich Nietzsche um Siegfried Wagner herzlich wenig gekümmert habe! Doch aus einem von mir bereits zitierten Briefe Nietzsches an seine Schwester geht hervor, daß Nietzsche sich keineswegs so wenig um den Knaben gekümmert habe! Weitere Symptome für Nietzsches Homosexualität seien: Die Einschränkung seines geistigen Gesichtsfeldes, sein maßloser Neid, sein Größenwahn und seine Unfähigkeit zur dauernden heterosexuellen Liebe. Es sei daher tief bedauerlich, daß uns Nietzsche in seinen Bekenntnissen und Werken kein so wahrheitsgetreues Bild seines Sexuallebens wie Rousseau geliefert habe; sie enthielten nur die letzten und feinsten Äußerungen seines sexuellen Innenlebens. Im weiteren Verlaufe kommt Stekel auf die Behauptung zu sprechen, die Nietzsches Schwester vertritt: Ihr Bruder habe sich von Wagner durch dessen „Parsifal" abgewendet, den er eine „Geschmackskondeszendenz zu den katholischen Instinkten seines Weibes, der Tochter Liszts", genannt habe, und wirft die Frage auf, ob wirklich nur „die Empörung über den Abfall Wagners von der atheistischen Weltanschauung Nietzsche zum Gegner Wagners gemacht habe". Diese Frage sei negativ zu beantworten. Denn Nietzsche selbst war Asket und Abstinenzler, dem Wagner einmal sogar zurufen mußte: „Essen Sie auch Fleisch!" Hiezu sei bemerkt, daß Nietzsche dem Berichte seiner Schwester zufolge zur Zeit seiner Besuche in Tribschen, erste Hälfte des Jahres 1870, ein eifriger Vegetarianer war und daß Wagner wie auch dessen Frau Nietzsche nach Kräften zuredeten, diese Art der Ernährung aufzugeben. Später sei jedoch Nietzsche zur gewohnten Kost allmählich zurückgekehrt; ob er dies jedoch Wagner zuliebe getan habe, wisse sie nicht. Im „Ecce homo" dagegen schreibt Stekels Untersuchungsobjekt selbst: „Ich, ein Gegner des Vegetariertums aus Erfahrung, ganz wie R. Wagner, der mich bekehrt hat!" Doch kehren wir zurück! Dieser Asketismus Nietzsches passe aber schlecht zu dem Bilde des Dionysos[1]), wie sich Nietzsche gerne nannte, während er den Gekreuzigten, dessen Attribut die Askese ist, verhöhnte. Das sei ein charakteristischer, ja typischer Fall von Hypochondrie, der uns jedoch sofort begreiflich erscheint, wenn man bedenkt, daß Nietzsche im Grunde seines Herzens immer fromm war, daß er die Religion nur intellektuell überwunden habe, während er im Herzen immer der fromme Pastorensohn war und blieb, dessen sehnlichster Wunsch es war, selbst einmal Pastor zu werden. Daher war Christus sein Vorbild und sein Übermensch nach Prof. Runzes Analyse nur versetzte Sehnsucht nach Jesum. Aber hat man je schon einen Dionysos gesehen, der Vegetarianer ist, nicht trinkt, nicht raucht und die Weiber meidet? Und da klaffe der große Gegensatz und Widerspruch zwischen Nietzsches Leben und seinen Anschauungen. Sein Leben war ein Kompromiß zwischen religiösen und antireligiösen Strömungen. Ein wirklicher Atheist war er nie gewesen, weil der wirkliche Atheist es nicht notwendig hat, Propaganda zu treiben und sich als den Antichristen zu proklamieren. Sein steter Kampf gegen Christus beweist vielmehr, daß er innerlich von ihm nicht loskommen konnte. Und daher lebte er wie ein Heiliger, schrieb ein Buch nach Art der Bibel, den „Zarathustra", glaubte gleich Christus an eine große historische Mission seinerseits und fühlte sich am Ende selbst als Christus. Stekel hält es nun für wahrscheinlich, daß sich in

---

[1]) Es entbehrt nicht einer gewissen Komik, wenn wir bei Möbius (l. c. p. 90) lesen, daß sich Nietzsche Dionysos, „den Gott, den Patron der Hysterie, ohne es zu ahnen, zum Heiligen gewählt habe"!

Nietzsche ein ähnlicher Abfall wie früher von Wagner auch vom Atheismus vorbereiten wollte, der aber nicht perfekt wurde, und darum habe er Wagner später um den „Parsifal" beneidet, wiewohl er ihn früher gerade wegen dieses Werkes auf das erbittertste befehdete; denn Wagner habe mit dem „Parsifal" die Regression zum infantilen Glauben vollziehen können. Weiters zieht Stekel aus einem Briefe Nietzsches an Wagner den Schluß, daß jener unter des Meisters Jüngern der erste und unter den wenigen Auserlesenen, die für Wagner eintraten, dessen Liebling sein wollte[1]: „Denn wenn es das Los des Genius ist, eine Zeitlang nur paucorum hominum zu sein: so dürfen sich wohl diese pauci in einem besonderen Grade beglückt und ausgezeichnet fühlen, weil es ihnen vergönnt ist, das Licht zu sehen und sich an ihm zu wärmen, wenn die Masse noch im kalten Nebel steht und friert. Auch fällt diesen Wenigen der Genuß des Genius nicht so ohne alle Mühe in den Schoß, vielmehr haben sie kräftig gegen die allmächtigen Vorurteile und die entgegenstrebenden eigenen Neigungen zu kämpfen, so daß sie, bei glücklichem Kampfe, schließlich eine Art Eroberungsrecht auf den Genius haben." Den Widmungsbrief, mit dem Nietzsche „Die Geburt der Tragödie" an Wagner übersandte, zitiert Stekel auffälligerweise nicht, obwohl gerade aus ihm der unverkennbare Stolz Nietzsches spricht, „daß er jetzt gekennzeichnet sei und daß man ihn jetzt immer in einer Beziehung mit Wagner nennen werde!" Nach Stekel heißt dies: Nietzsche war stolz, Wagnerianer zu sein, solange es noch eine Rarität war, Wagnerianer zu sein. Ja, er wurde der „Wagnerei" zuliebe sogar Märtyrer, indem er zum

---

[1] Charakteristisch für diese Art wissenschaftlicher Exegese der geheimsten seelischen Regungen eines Menschen ist es, was Bruno Saaler (l. c.) schreibt: „Wäre Nietzsche wirklich eifersüchtig gewesen auf Wagners Lebenswerk, hätte er nicht denselben Grund gehabt, um auf Schopenhauer eifersüchtig zu sein?" Saaler zieht aus der Tatsache, daß bei Nietzsches Abwendung von Schopenhauers Lehre kein wie immer gearteter Neid auf dessen Lebenswerk mitspielte, die Folgerung: „Schon diese Tatsache sollte davon abhalten, aus der Betrachtung des Freundschaftsverhältnisses zwischen Wagner und Nietzsche eine sexualpsychologische Studie zur Psychogenese des Freundschaftsverrates zu machen. Doch ein Analytiker reinster Observanz gönnt seiner Ausdeutungskunst keine Schranken, enträtselt die Erscheinungen einer Geistesstörung gleich hurtig und geschickt wie die rein psychisch bedingten Vorgänge einer Neurose und zergliedert darum Nietzsches Innenleben mit größter Seelenruhe."

Lohne für die Abfassung seiner „Geburt der Tragödie" als abtrünnig gewordener Philologe von den Philologen in Acht und Bann getan und seine Kollegien von den Studenten einfach boykottiert wurden. Aber trotzdem hielt er noch treu zu Wagner, entfaltete eine wirkungsvolle Propaganda für diesen und warb Freunde für den Meister, die mit ihm „unter den ersten für Wagner kämpfen und arbeiten" sollten. Und daher ist es begreiflich, daß ihm die ersten Aufführungen in Bayreuth eine herbe Enttäuschung brachten, wo er „einige Auserlesene und die Ehren des Apostels erwartete", dafür aber eine Horde und den Meister von vielen Jüngern umgeben fand: „Man hatte das ganze müßiggängerische Gesindel Europas beieinander, und jeder Beliebige ging in Wagners Hause ein und aus, wie als ob es sich um einen Sport mehr handeln würde." Da mußte sich denn Nietzsches Liebe, die sich sein ganzes Leben lang nach Liebe sehnte, aber verschmachten mußte, nach innen kehren und er begann langsam — sich selbst zu lieben, sich selbst zu bewundern! Diese Liebesenttäuschung jagte ihn aus Bayreuth davon! Aber statt sich das einzugestehen, suchte Nietzsche nach Motiven für seinen Haß gegen Wagner und, indem er sich seinen Haß „rationalisierte", fand er deren, so viele er brauchte. Er zerstörte die Tempel der Liebe, die er errichtet hatte, Wagner ward für ihn der große Verführer, der Seelenfänger, der alte Räuber, der ihm seine Schüler raubt: „Er raubt uns die Jünglinge, er raubt selbst noch unsere Frauen und schleppt sie in seine Höhle ... ah, dieser alte Minotaurus! Was er uns schon gekostet hat! Alljährlich führt man ihm Züge der schönsten Mädchen und Jünglinge in sein Labyrinth, damit er sie verschlinge, alljährlich intoniert ganz Europa ‚auf nach Kreta, auf nach Kreta!'" Diese Klage wird uns begreiflich, wenn wir der Tatsache gedenken, daß Wagner Nietzsche alle Freunde geraubt hat: Gersdorff, Rohde, Heinrich v. Stein! Sie alle ergriffen für Wagner gegen ihn Partei, ebenso auch Malwida v. Meysenbug. Da war es denn kein Wunder mehr, daß er am Ende das wurde, was er Wagner verächtlich vorgeworfen hatte: ein **Schauspieler**! Er spielte sich eine Überzeugung vor, wo es sich nur um eine Rache zurückgesetzter Liebe und gekränkten Musikerstolzes handelte. Deshalb schuf er den „Zarathustra". Freilich muß auch Stekel zugestehen, daß Nietzsches Sprache in diesem Werke eine geahnte Vollendung aufweise, einen zauberhaften Klang besitze, der die

Alliterationskünste Wagners weit hinter sich lasse: Hier sei ihm der Sieg über Wagner, den „Bauchredner Gottes", geglückt, von dem er, der maßlos Ehrgeizige, der immer nur der Erste sein wollte, dessen Wille zur Macht sein einziges Gesetz wurde, musikalisch geschlagen worden war. Diese Niederlage, die er nie verschmerzen konnte, zeitigte eine furchtbare Tragik: Nietzsche schauspielerte bis an sein Lebensende vor sich selbst, wollte die eigene Erbitterung nicht hören, verschwendete in unsinniger Weise eine Unsumme von Lebenskraft, um die Rolle zu Ende zu spielen, die es ihm gestattete, unter der Maske des Dionysos asketischen Tendenzen zu leben. Der tief und unausrottbar in ihm wurzelnde Hang zum Katholizismus ließ ihn den Heiligen des Mittelalters spielen, eine Tendenz, gegen die er mit aller Kraft seines Geistes ankämpfen mußte. Und in diesem permanenten Kampfe liegt die Ursache für Nietzsches geistigen Zusammenbruch: Seine Hysterie griff immer mehr um sich, griff auf dem Wege der Konversion auf andere Organe über und machte ihn asozial. (Unter den „anderen Organen" können wohl nur Magen und Darm gemeint sein. Bekanntlich litt Nietzsche sehr unter Verdauungsstörungen, die wiederum eine sehr natürliche Folge des Chloralhydrats waren, das Nietzsche zur Bekämpfung seiner Schlaflosigkeit in großen Dosen einnahm. Ein Internist soll bei ihm „chronischen Magenkatarrh mit bedeutender Erweiterung des Magens" diagnostiziert haben.) . . . „Er brauchte nur die Ruhe, die er in einer Flucht in die Krankheit erzwang. Auch der Wahnsinn ist kein Erzwungenes, sondern ein Gewolltes. Er wurde wieder ein Kind . . . er konnte wieder fromm sein ünd ein vegetatives Leben führen, er, der für eine ganze Menschheit gedacht hatte. Er wurde sein eigener Erlöser, er war der reine Tor, der alle Wunder der Auferstehung erwarten konnte." Deshalb ist nach Stekel die Hypothese einer auf luetische Infektion zurückzuführenden progressiven Paralyse bei Nietzsche absolut nicht bewiesen; es entspreche nur dem materialistischen Zuge unserer Zeit, das Psychologische ganz zu vernachlässigen und das Somatische voranzustellen. So bot denn auch nach Prof. Binswangers Diagnose Nietzsches Krankheit das Bild einer „atypischen Paralyse"; dasselbe diagnostizierte auch der Berliner Psychiater Dr. Ziehen.

Es ist tief zu bedauern, daß Placzek, der als Assistent Prof. Binswangers Nietzsches Behandlung auf der Jenenser psychiatrischen

Klinik leitete, mit Berufung auf seine ärztliche Schweigepflicht seine „unauslöschlichen, persönlichen Eindrücke" der Mitwelt vorenthält und „nur die Tatsachen verwertet, die aus der Nietzscheliteratur der Allgemeinheit zugänglich gemacht wurden"; unter diesen „Tatsachen" hebt er „besonders" (sic!) das Möbiussche Buch über Nietzsche und Frau Försters Buch „Wagner und Nietzsche zur Zeit ihrer Freundschaft" hervor. Ich bin nun allerdings kein Psychiater, aber ich muß bemerken, daß es mich mehr als sonderbar anmutet, daß auch Placzek seine Schlüsse über Nietzches geistige Physiognomie lediglich aus den „besonders" zitierten Werken zieht! Ich glaube, da hat nicht lediglich der § 300 des deutschen StGB. als rettender deus ex machina gewirkt, sondern die eigene Unfähigkeit, ein so kompliziertes und feinst differenziertes Seelenleben psychiatrisch zu analysieren. Das erhellt am deutlichsten aus der Art und Weise, wie Placzek Nietzsches Verhalten dem weiblichen Geschlecht gegenüber abtut. Die „Tatsache", auf die sich Placzek beruft, daß „feinsinnige Naturen" — also in diese Kategorie zählt er Nietzsche! — „am allerwenigsten ihre Beziehungen zu Frauen an die große Glocke hängen"[1]), genügt ihm, „aus der Tatsache der progressiven Paralyse auf ihre unumgängliche Vorbedingung einer luetischen Ansteckung schließen müssen". Wenn man aber bei Möbius nachlesen kann, wie trotz seiner gewaltsamen Konstruktionen gerade diese Annahme zur Aufhellung des späteren Krankheitsbildes so gut wie gar nichts beiträgt, bleibt nichts übrig als zu rufen: „Risum teneatis amici!"

---

[1]) Dieser „Tatsache" steht jedoch die von Deussen (l. c. p. 24) berichtete Tatsache gegenüber: „Nietzsche war ... allein nach Köln gefahren, hatte sich dort von einem Dienstmann zu den Sehenswürdigkeiten geleiten lassen und forderte diesen zuletzt auf, ihn in ein Restaurant zu führen. Der aber bringt ihn in ein übel berüchtigtes Haus. „Ich sah mich", so erzählte mir Nietzsche am anderen Tage, „plötzlich umgeben von einem halben Dutzend Erscheinungen in Flitter und Gaze, welche mich erwartungsvoll ansahen. Sprachlos stand ich eine Weile. Dann ging ich instinktmäßig auf ein Klavier, als auf das einzige seelenhafte Wesen in der Gesellschaft, los und schlug einige Akkorde an. Sie lösten meine Erstarrung und ich gewann das Freie." Nach diesem und allem, was ich von Nietzsche weiß, möchte ich glauben, daß auf ihn die Worte Anwendung finden, welche Steinhart in einer lateinischen Biographie des Platon uns diktierte: „Mulierem numquam attigit." Wenn nun die Psychiater argumentieren, Nietzsche habe sich im Jahre 1866 luetisch infiziert, so sei ausdrücklich betont, daß dieses von Deussen berichtete Faktum in den Februar 1865 fällt; demnach müßte die Infektion noch viel

Ja, wenn nicht dieser verdammte § 300 des StGB. wäre! Denn es ist besser, einfacher und bequemer, ein Genie, das nunmehr schon 22 Jahre tot ist, in Mißkredit zu bringen; warum? Weil einigen wenigen, denen vor ihrer eigenen Gottähnlichkeit nicht im mindesten bange ist, vor der Gottähnlichkeit des Genius — bange ist! Spottet Placzek zu Beginn seines Buches über das Bestreben der Psychiater, seiner Kollegen, alles aus dem berühmten einen Punkte, von dem aus alles zu kurieren sei, zu erklären, so fällt er am Ende in denselben Fehler! Die Katze kann eben das Mausen nicht lassen! Nun lehren unsere heutigen Psychiater, daß auch die sogenannte „atypische" oder „Binswangersche Paralyse" ätiologisch auf eine luetische Infektion zurückzuführen sei. Bei Nietzsche liege das „Atypische" des Falles eben darin, daß solche Patienten, deren Kranksein der Laie nicht im entferntesten ahne, ganz gut im Vollbesitze ihrer geistigen Kräfte tätig sein können, wiewohl bei ihnen eine latente Demenz besteht, deren Vorhandensein freilich nur der Fachmann konstatieren könne. Und bei Nietzsche schließt der Fachmann auf das Vorhandensein dieser latenten Demenz aus seinem Abfalle von Wagner. Bewiesen wird dies mit der Tatsache, daß Nietzsche nach der Abfassung von innerlich so harmonischen Kunstwerken, wie „Geburt der Tragödie" und den vier „Unzeitgemäßen" (speziell der vierten!); im Buche „Menschliches, Allzumenschliches" mit einem Male einem aphoristischen Stile huldige, der jede innere

---

früher anzusetzen sein, um aus ihr das „taedium cohabitationis" abzuleiten. Aber auch einer solchen Annahme steht die von Deussen berichtete Tatsache entgegen, daß Nietzsche wiederholt zu ihm geäußert habe: „Ich werde wohl für mich allein d r e i Frauen verbrauchen." Schließlich aber möchte ich — wenngleich als Laie! — auf die neuesten Forschungsergebnisse der Sexualärzte und Sexualbiologen hinweisen, die, fußend auf Ostwalds Unterscheidung von „Romantikern" und „Klassikern" annehmen, daß die geistige Produktivität des Individuums auf seiner verschiedenen Disposition zur Umwandlung seiner sexuellen Energien beruhe. Nach dieser Theorie wäre Nietzsche zu den „Klassikern" zu zählen: deren geschlechtliche Intensität sei bedeutend geringer als bei den „Romantikern", da ihr Organismus sich von der Produktion, resp. Regenerationsfähigkeit der Geschlechtszellen abwende und sich die im allgemeinen zwischen Hirn und Geschlecht geteilten Energien allein auf das erstere konzentrieren. Daher werde die Produktivität des Geistes mit der Produktivität des Geschlechtes bezahlt. Nietzsche wäre demnach wie Newton vollständig impotent gewesen. Ein aus s o l c h e n Prämissen abgeleitetes „taedium coëundi" wäre jedenfalls probabler.

Harmonie ganz vermissen lasse. Das sei nur so erklärlich, daß in seinem geistigen Wesen eine gewaltige momentane Veränderung Platz gegriffen habe: die zerstörende Wirkung einer akquirierten Lues auf das Gehirn mache sich bereits bemerkbar, physisch sei sie lediglich in der Anamnese auf Grund des wiederholt auftretenden Kopfleidens zu konstatieren. Interessant ist da die „physiologische Erklärung" für Nietzsches geänderte Denkrichtung durch Frau Cosima (zitiert bei Höfler l. c.): „Eine zersetzte Organisation kann die Macht gewisser Empfindungen und Ansichten nicht mehr ertragen und fühlt sich zum Verrat durch das Unbehagen gedrängt." Nun ist aber eine luetische Infektion bei Nietzsche noch immer nicht nachgewiesen, trotz Möbius (l. c. p. 28) und Bernoulli (l. c. I, p. 433). Das Gegenteil scheint eher wahr zu sein, daß nämlich Nietzsche „mulierem numquam attigit". So schrieb Prof. Binswanger 1904 persönlich an Peter Gast: „Eine genaue Krankengeschichte Nietzsches zu schreiben, wird niemandem gelingen, da die Anfänge des Leidens nicht völlig klargestellt sind. Nach der Turiner Katastrophe war der arme Patient außerstande, selbst Bericht über die Vorgeschichte zu geben. Die Angaben der Begleiter Nietzsches waren zu unvollständig, um darauf absolut sichere Konstruktionen aufzubauen." Man sieht, wie vorsichtig Binswanger ist: für ein apodiktisches Urteil fehlen ihm die Grundlagen. Anders Möbius: für ihn ist eine frühzeitig erfolgte syphilitische Infektion bei Nietzsche das Primäre und stützt er sich auf die heute allgemein geltende Annahme, daß jede Form von Paranoia syphilitischen Ursprunges sei. Allerdings vermag er sich auf direkte Zeugnisse über Paranoiaerscheinungen, vor allem körperlicher Natur, nicht zu stützen, sondern er erschließt sie nur indirekt aus brieflichen Andeutungen und sammelt seine Beweise aus Form und Inhalt von Nietzsches Schriften. Und in der Tat kann man manche Erscheinungen als Vorzeichen einer beginnenden geistigen Störung auffassen. Aber absolut zwingend beweisen läßt sich das nicht, vor allen Dingen gibt es keinen objektiven Maßstab, um das Kranke vom Gesunden scharf abzusondern, und endlich besteht noch die Möglichkeit, daß gerade mit aus krankhaften Anlässen wertvolle Gaben erwuchsen. Für die letztere Behauptung wollen wir wenigstens einen Beweis bringen. Charakteristisch für den Eintritt der Paranoia soll ein besonderes Wohlgefühl, eine Heiterkeit im Unterschiede zu sonstiger Unlust und Schwermut sein, die sogenannte

Euphorie. Auch Nietzsche lernte sie besonders in dem letzten Vierteljahre vor seinem Zusammenbruche kennen. Wozu aber regte sie ihn an? Zu einem seiner besten und ergreifendsten Gedichte![1]) Wollen wir diesem Gedichte seinen Wert absprechen, weil es wahrscheinlich auch durch Krankheitssymptome angeregt ist? Gewiß nicht! Infolgedessen wird man zu dem Resultat kommen, daß, so bestimmt es auch nicht an Vorbereitungen und Anzeichen der 1889 ausgebrochenen Krankheit gefehlt hat, man doch praktisch mit ihnen kaum wird rechnen können, da sie sich nicht sicher aussondern lassen und selbst die auf sie zurückgehenden Produkte nicht schon dadurch allein wertlos werden. So spricht denn selbst Höfler im Hinblick auf diese Art der Genieerklärung von einer „nachahmenden schöngeistigen Einfügung von Nietzsches Gestalt in einen der mit den wissenschaftlichen Etiketten ‚Paranoia', ‚Mania', ‚Dementia' etc. versehenen fertigen Rahmen". Aber gleichwohl wird Höfler durch den im „Fall Wagner" herrschenden „zynischen Ton von Feindseligkeit nur allzusehr an eine dem Psychiater wohlbekannte paradoxe Erscheinung erinnert: es überfällt gewisse Kranke ein Drang nach gröbster Unanständigkeit in Ausdrücken und Gebärden, und er überfällt sie um so heftiger und findet sie um so wehrloser, je zarter und schamhafter sie in gesunden Tagen gewesen waren". Was daher erzählt wird über erbliche Belastung oder eine luetische Infektion, das alles sind, um wieder mit Höfler zu reden, „Mutmaßungen, die hier zu schweigen haben, solange hier nicht ein pathologischer Anatom, der zugleich sensibelster Psychologe ist, das allein entscheidende Wort gesprochen hat". Leider ist das einzige positive Auskunftsmittel, die Schädel-, resp. Gehirnsektion, aus unbekannten Gründen verabsäumt worden. Und wenn man den aphoristischen Stil des „zweiten Nietzsche" gegen den des „ersten Nietzsche" als Krankheitssymptom ausspielt, so ist darauf zu erwidern, daß die aphoristische Form zu tief mit seiner ganzen Geistesart zusammenhing, als daß er sie je wirklich zu überwinden vermocht hätte. Darum wird das Urteil über sie verschieden lauten, je nach den Ansprüchen und Bedürfnissen, mit denen man an Nietzsches Werke herantritt. Will man aus ihnen mühelos diese oder jene Gabe naschen, sie rasch genießen und sich nur anregen lassen, dann wird

---

[1]) Nietzsche W. W. X., 468.

der Aphorismus willkommen sein, der aber als völlig unzureichend erscheint, wenn man nach ernster Denkarbeit und wissenschaftlicher Allseitigkeit, Begründung und Klarheit verlangt. Daher gründet eine große Anzahl von Menschen ihr Endurteil bewußt oder noch mehr unbewußt auf die Eindrücke von Nietzsches Stil. Die trockenen Gelehrten, denen jede Abweichung vom „holperigen Unterprimanerstil" verdächtig erscheint, die Philister, die im Leben schon gar nichts mit Blumen und Bildern anfangen können, geschweige denn in der Literatur, werden von vornherein einen Stilisten wie Nietzsche abschütteln, und zwar mit der Form auch den Inhalt, da dieser ohne jene nicht zu erreichen ist. Umgekehrt werden künstlerisch empfindende Menschen in dem Maße unter die Gewalt der Form sich beugen, daß ihnen der Inhalt fast verborgen bleibt.

Daß nun Nietzsche gerade diese Form der pointierten, unzusammenhängenden Einzeldarstellung, des Aphorismus, wählte, erklärt sich einmal aus der zum guten Teil durch seine Krankheit bedingten Form seiner Produktion — er dachte und entwarf meistens seine Konzeptionen im Freien, arbeitete nur dann, wenn seine Stimmung ihn dazu trieb, wenn eine Inspiration kam. Dann aber bot ihm diese Form auch die Möglichkeit, seine stilistische Begabung besonders gut zum Ausdruck zu bringen. Aber trotzdem hat niemand das Unzureichende dieser Form mehr empfunden als er selbst, sobald seine gelehrte Ader zum Vorschein kam und das Ideal ihm aufleuchtete, eine wirklich begründete, alles umfassende Weltanschauung auszubilden.

Ist es aber nicht merkwürdig, daß wiederum andere Denker von Nietzsches Aphorismen behaupten, ihr Verfasser erhebe sich in ihnen zu einer Meisterschaft des Prosastils, die unter den Deutschen sehr selten gefunden werde? Daß hier die ästhetischen Quellen am reichsten flössen, daß der Autor hier die reifsten, tiefsten und gültigsten Aussagen über das Kunstschaffen gebe, Erkenntnisse von objektivem Werte, die mit den analogen von Franz Brentano, Jodl oder Fechner getrost rivalisieren könnten? Wie reimt sich das zusammen mit der These der ärztlichen Sachverständigen, daß die bisher latent gebliebene Paranoia sich manifestiere? Wahrlich: „Difficile est satiram non scribere!" Liegt etwa das Symptom der Paranoia darin, daß der aphorismenschreibende Nietzsche mit sich experimentierte, indem er immer nur Ansätze zum Schaffen machte, dann aber, anstatt daß er geschaffen hätte, wiedergab, was er aus dem Schaffen erlauscht hatte?

Wir entsinnen uns, daß Nietzsche anläßlich der Zurückweisung der Broschüre Dr. Puschmanns, der bereits 1873 Wagner als geisteskrank erweisen wollte, an Rohde unter anderem schrieb: „Dieser Kunstgriff, unbequeme ingenia zu beseitigen, der noch mehr nütze als eine plötzliche Beseitigung, weil er das Vertrauen der kommenden Geschlechter untergrabe, sei der Gemeinheit des gemeinsten Zeitalters wunderbar gemäß!" Hat Nietzsche damals geahnt, daß er selbst kaum ein Menschenalter später ein Opfer desselben Kunstgriffes werden sollte? — Wie allgemein bekannt, traf Nietzsche, als er auf der Höhe seines geistigen Schaffens stand, das denkbar fürchterlichste Schicksal: er verfiel in geistiges Siechtum, aus dem ihn erst nach 11 Jahren ein sanfter, schmerzloser Tod erlöst hatte. Mit der geistigen Erkrankung wohl keines Genies ist so viel Mißbrauch getrieben worden, wie mit dieser Krankheit Nietzsches: die psychologische Schulung unserer Psychiater, die Begriffe medizinischer Psychologie sind, wie Th. Lessing das ausführt, noch so grob, so schematisch, daß es naiv wäre, in Fragen zartester seelischer Erfahrung auf diese beschreibenden Nomenklaturen auch nur Bezug nehmen zu wollen. Ich möchte noch hinzufügen, daß es äußerst unvornehm und bequem ist, mit dem Hinweis auf den bei Nietzsche ausgebrochenen Irrsinn alle seine Gedankengänge, und zwar gerade da, wo sie schwierig und gefährlich erscheinen, mit einem Schlage abzutun, als ob es nicht feinere und geistigere Waffen gäbe, mit denen man seiner Herr werden kann! Es gibt keine geniale und nicht einmal außergewöhnliche Begabung, an welcher nicht der gesunde Menschenverstand mit Bürgerplattheiten Lombrosos oder Max Nordaus billig sein Mütchen kühlen könnte. Man hat über Wagner, hat über Beethoven fachmännische Schriften veröffentlicht, in denen man eine Geisteskrankheit diagnostizierte. Goethe wurde als Erotomane, Kleist als Hysteriker, Shakespeare als Autosexualer hingestellt. Und schließlich kommt der Mediziner zu der Überzeugung, daß seit Homer alles Genie pathologisch und nur der Mandarine vom Tschin vor solcher Krankheit **sicher** ist. Wenn man indessen wirklich aus Nietzsches letzter Schaffensperiode ein Symptom als krankhaft ansprechen **müßte**, dann wäre es am ehesten sein zur Manie gewordener **Gesundheitsfanatismus**, sein Argwohn, hinter allem Geistigen Dekadenzzeichen zu wittern, und sein Wille, alles unter der Lupe der „Biologie" zu betrachten. Sein gewaltsamer Glaube an das Leben und seine Macht und Herrlichkeit, sein ekstatisch vorgetragenes Evangelium der Lebensfreude — sie muten uns an als die subjektiv notwendige Reaktion eines Menschen, der am Leben litt. Er mußte das Leben so unermeßlich lieben, weil er sonst es hätte nicht ertragen können: „Kein Schmerz hat vermocht und soll vermögen, mich zu einem falschen Zeugnisse über das Leben, wie ich es erkenne, zu verführen!" Ebenso haben wir unwillkürlich das Empfinden, daß seine mitunter sehr unmäßigen und übermäßigen, krankhaft verzerrten Angriffe auf Schopenhauer und Wagner, die für ihn als der Inbegriff alles Lebensarmen galten, eine Abwehr sind gegen jene Mächte, deren er selbst nicht ganz Herr geworden war. Aber diese seine Schwäche wurde ihm zur Stärke! Indessen wäre der logische Gehalt seiner Philosophie, die man nur nach objektiven Gesichtspunkten beurteilen kann, schließlich selbst dann nicht widerlegt, wenn man etwa nachweisen könnte, daß ihr Schöpfer zur Zeit ihrer Abfassung geistig abnorm war. Ein Psychiater wie Placzek (l. c. p. 140) ist allerdings so vorsichtig, den Beginn von Nietzsches geistiger Erkrankung erst Mai-Juni 1888 anzusetzen; Möbius verlegt diesen Termin bereits ins Jahr 1881; die Wagnerianer extremster Parteirichtung gar schon ins Jahr 1876. Da müßte also ein großer, wenn nicht der größte Teil von Nietzsches Werken als die Arbeit eines Geisteskranken betrachtet werden! So gesteht selbst Möbius in seiner Schrift „Über das Pathologische bei Nietzsche", daß der „Nachweis der Geisteskrankheit noch kein Einwand ist", und daß gerade in Hinsicht auf jenes Anstößige, das als offenbare Wirkung der Paralyse genommen werden könnte, von vornherein bei Nietzsche eine „Neigung" dazu vorhanden war. Zweifellos ist doch, wobei wir der Argumentation Hollitschers folgen, daß ein Mensch, der eine schließlich so geschlossene Arbeit wie den „Antichrist" als letztes Werk schaffen kann, unter keinen Umständen als irrsinnig genommen werden darf. Und ob da ein paar oder eine ganze Masse anstößiger Dinge vorkommen, die pathologischer Natur sein können — was tut das weiter viel zur Sache! Auf das Wesen, auf den innersten Gedanken kommt es allein an und der ist bei Nietzsche so wenig irrsinnig, wie etwa bei Max Stirner. Muß man, um über Nietzsche hinauszukommen, zu seiner Krankheit greifen? Wahrlich, „in dem Falle wäre dann die Paralyse nicht ein Einwand gegen ihn, sondern ein Argument für ihn". Eben weil Nietzsche krank war, muß es heißen: alles, was er dachte und schrieb, stammt aus einem gesunden Geist, und trotzdem hat es die und die Fehler, ist nach der und der Richtung hin falsch; und trotzdem ist es nicht schwer, über ihn zur Reife und Klarheit zu kommen. So urteilte bereits Rohde, der in der Schrift „Zur Genealogie der Moral" keine Symptome einer geistigen Erkrankung finden konnte, „daß alles luzid bis ans Ende sei, aber zur reinen Kannibalenmoral führe", und nur er selbst sei unfähig, Nietzsches „letzten Evolutionen zu folgen". Rohde konnte lediglich nur Spuren einer Erkrankung des Empfindens konstatieren: Nietzsches „Verhalten zu Wagner in den letzten Zeiten zeigte, daß wirklich etwas krank war in ihm: denn sicher wäre ihm in diesem Falle diese Art des Kampfes unmöglich gewesen nach seiner ganzen Natur". Und schrieb nicht Nietzsche selbst noch 1888: „Alle krankhaften Störungen des Intellekts sind mir bis heute fremde Dinge geblieben!" Und ein anderes Mal schrieb er resigniert: „Obwohl ich im 45. Lebensjahre stehe und ungefähr fünfzehn Werke herausgegeben habe, hat man es auch noch nicht zu einer einzigen, auch nur mäßig achtbaren Besprechung auch nur eines meiner Bücher gebracht. Man hilft sich jetzt mit den Worten: ‚exzentrisch', ‚pathologisch', ‚psychiatrisch'." Wenn wir jedoch bei Max Nordau lesen: „Die Tatsache, daß ein erklärter Tobsüchtiger in Deutschland für einen Philosophen gehalten werden und Schule machen konnte, bleibt immer noch eine schwere Schmach für das deutsche Geistesleben der Gegenwart", so enthält dieser Satz allein schon so viel Ungeheuerliches, daß er durch folgenden Satz Nordaus kaum mehr übertrumpft werden kann: „Dozenten halten rite Universitätsvorlesungen über die Verbigeration dieses Irrsinnigen! Angesichts einer so unheilbar tiefen Geistesstumpfheit kann es nicht wundernehmen, wenn der klar denkende und gesunde Teil der heutigen Jugend in vorschneller Verallgemeinerung auf die Philosophie selbst die Verachtung überträgt, welche amtlich bestellte Lehrer der Philosophie verdienen, die sich unterfangen, ihre Schüler in die Geisteswissenschaft einführen zu wollen, und dann nicht einmal die Fähigkeit benützen, die zusammenhanglose Gedankenflucht eines Tobsüchtigen von vernünftigem Denken zu unterscheiden¹).“ Ein positiver Beweis dafür, daß Nietzsche seine Lehren im Wahnsinn gebildet habe, ist noch nicht erbracht worden. Gewiß war Nietzsche oft krank, aber nicht geisteskrank. Das wurde er erst im Jahre 1888. Oberkonsistorialrat Julius Kaftan, der einer ganz anderen Weltanschauung huldigt als Nietzsche, war im Spätsommer 1888 drei Wochen in Sils Maria mit ihm zusammen und glaubt, „wirklich beurteilen zu können, wie es damals um ihn stand“. Sein Urteil lautet: „Ich habe während der ganzen Zeit niemals irgendwelche Spur einer beginnenden geistigen Erkrankung wahrgenommen.“ Aber selbst wenn er geisteskrank auch schon vor dem Jahre 1888 gewesen sein sollte, so hätten wir doch die Pflicht, sachlich und unbefangen zu prüfen. Tut man das denn nicht bei den Werken eines Schumann, Lenau, Hölderlin, Hugo Wolff, die schließlich alle in geistige Umnachtung verfallen sind? Sehr richtig urteilte daher mein unvergeßlicher Lehrer Prof. Jodl, daß Gedanken in ihrem Werte und ihrer weltgeschichtlichen Wirkung davon ganz unabhängig seien, wie beschaffen das Individuum, welches zufällig ihr Träger ist, als Person sein mag und was diese Gedanken für sein Schicksal bedeuten. Der Gedanke, einmal ausgesprochen, die Tat, einmal gesetzt, gewännen ein Sein für sich und wirkten fort, unbekümmert um die Erzeuger wie Kinder, die dem Elternhause den Rücken gedreht haben. „Die heute so beliebte und von großen Autoritäten vertretene Zusammenordnung des Genies mit dem Wahnsinn ist grundfalsch und gänzlich irreführend. Wenn beide auch bisweilen in demselben Individuum zusammen vorkommen, so sind sie psychisch doch durch eine weite Distanz voneinander getrennt. Gerade die heute so vielfach studierten Phänomene des Doppel-Ich machen das wohl begreiflich. Das Ich, welches das geistige Zentrum einer genialen Tätigkeit bildet, ist ein überpersönliches Ich, erfüllt mit objektiven Inhalten; das Ich,

---

¹) Feinsinnig bemerkt Wieland: „Ein solcher Mann (sc. Horatius) wird von — den Kommentatoren seiner Schriften und auf ihren Kredit hin beinahe von der ganzen gelehrten Welt der niedrigsten und schlechtesten Gesinnungen fähig gehalten und beschuldigt! So gefährlich ist es für einen Schriftsteller, mehr Geist und Witz zu haben als seine Ausleger!“ Von dieser Art Exegeten gelten die Worte, die Faust Mephisto zuruft: „Ward eines Menschen Geist in seinem hohen Streben von deinesgleichen je gefaßt?“ — „Vom Pathologischen aus gelangt man nie zum Großen, sondern immer zum Kleinen, Jämmerlichen; nie zum Unsterblichen, sondern immer nur zum Vergänglichen.“ (Jodl l. c.)

welches sich die Charakteristik des Wahnsinns gefallen lassen muß, ist das rein persönliche, individuelle Ich, das Subjekt als einzelnes. Dieses verkümmert entweder, weil der regierende Herr, der Übermensch im Ich, keine Zeit hat, an seine Bedürfnisse zu denken..., oder es wird auf glühender Bahn durchs Leben gejagt, weil es auch die Kleinigkeiten des Tages in der riesenhaften Vergrößerung erblickt, die ihm gestatten, als Denker oder Künstler Dinge zu schauen, die kein Auge noch gesehen und die in keines Menschen Herz je zuvor gekommen." (Jodl: „Vom Lebenswege" I, p. 44/45.) Nun war Nietzsche gewiß eine Doppelnatur: zugleich ein nüchterner, tiefbohrender Psychologe, der die versteckten Triebkräfte menschlichen Denkens und Handels durchschaute, zugleich aber auch ein leidenschaftlicher Gefühlsmensch, von glühender Sehnsucht getrieben, leuchtende Ideale zu schaffen. Ich frage jedoch: muß man angesichts dieser Tatsache unbedingt auf eine „Schizophrenie" schließen? Als Antwort auf diese Frage sei Reininger zitiert (l. c. p. 178): „Was sich, dem Leser unsichtbar, in der Tiefe von Kants Seele abgespielt haben mag, als er durch die unerbittliche Kraft seines kritischen Denkens den metaphysisch-religiösen Halt des ihm zu höchst Stehenden: des sittlichen Bewußtseins dahingleiten sah — dieses bange Gefühl des nun Ganz-auf-sich-selbst-gestelltseins und damit der höchstgesteigerten Selbstverantwortlichkeit in allen letzten Entscheidungen, das rollt sich in Nietzsches **Denkerleben offen vor unseren Augen ab**. Dieser Kampf einer hochgestimmten Menschenseele um einen letzten Sinn des Lebens in einer entgötterten Welt, dieses prometheische Emporringen eines unbeugsamen Willens zum Wert aus einer mit hartem Entschluß festgehaltenen Nachtansicht des Wirklichen — dieses menschlich-übermenschliche Schauspiel wird einem mitverstehenden Geist allezeit ein ebenso erhebender als ergreifender Anblick bleiben." Als Romantiker überflog er jede Grenze der Wirklichkeit. Seine Zeit ist Vergangenheit und Zukunft, aber nicht die Gegenwart. Aus Ungenügen an der Zeit flüchtete er zu den Griechen der Vergangenheit, zu den Übermenschen der Zukunft. Die wirkliche Quelle von Nietzsches Philosophie, hat man ferner behauptet, sei der Sadismus, freilich mit der Einschränkung, daß er lediglich auf die geistige Sphäre beschränkt sei. Wenn jedoch potenziertes Selbstbewußtsein tatsächlich ein Symptom für Tobsucht wäre, dann hätten nach Nordau auch Luther, Beethoven und Wagner ins Irrenhaus eingesperrt werden müssen! Diese Tatsachen lehren uns aber folgendes: Je weniger Verständnis jemand für die Eigenart eines Menschen hat, desto freudiger weiß er alles dies zu entdecken, was ihn vom normalen Menschen unterscheidet und also pathologisch macht. Was daher Max Nordaus mäßigem, „gesundem Menschenverstande" nicht gefiel, das erklärte er schlankweg für verrückt und für das blödsinnige Machwerk „vertierter Idioten"! Das ist eine große Oberflächlichkeit, weil auf diese Weise die Frage nach dem wahren Wesen einer ungewöhnlichen Erscheinung in, wie Emil Lucka ausführte, Begleitumstände aller Art verschoben wird. Ein typisches Beispiel dafür ist es, daß man zum Beispiel die Epilepsie, an der Dostojewski litt, zu einer Ursache seiner Sonderart machte, während diese Krankheit in der Tat nur ein Merkmal unter vielen anderen ist, das ihn charakterisieren kann. So erzählte er wiederholt, daß er vor epileptischen Anfällen in begeisterte Ekstase gerate: „Während einiger Augenblicke durchströmt mich ein Glücksgefühl, wie es ihn normalem Zustande undenkbar ist und von dem gesunde Leute keine Ahnung haben. Ich empfinde in mir selbst und in der ganzen Welt die höchste Harmonie; dieses Gefühl ist so stark und beseligend, daß man imstande ist, für ein paar solcher Sekunden zehn Jahre, ja, selbst das ganze Leben zu opfern"; oder: „Ihr gesunden Menschen ahnt nicht, welch herrliches Wonnegefühl den Epileptiker eine Sekunde vor dem Anfall durchdringt. Mohammed erzählt in seinem Koran, er sei im Paradiese gewesen. Alle klugen Narrenköpfe behaupten, er sei einfach ein Lügner und Betrüger. Das ist aber nicht wahr, er lügt nicht! Sicher war er im Paradiese während eines epileptischen Anfalles!" Es wäre in diesem Falle immerhin möglich, daß Dostojewskis Wonnegefühl auf sexuellreligiöser Basis beruht hat. In seinem Werke „Unser Seelenleben im Kriege", p. 71, stellt Stekel die merkwürdige Behauptung auf: „Der Künstler ist immer Neurotiker, der seine psychischen Konflikte im Schaffen zu lösen versucht." Mein Freund, Univ.-Prof. Richard Meister, bemerkte in seiner Besprechung zu dieser Behauptung: „Sofern der Künstler Konflikte erlebt und im Schaffen löst und sich so von ihnen befreit, ist er noch kein Neurotiker! Neurose ist erst der gar nicht oder unvollständig zum Austrag gelangte und daher habituell gewordene Konflikt." Prof. Reininger hat in seinem jüngsten, Nietzsche gerecht werdenden Werke „Friedrich Nietzsches Kampf um den Sinn des Lebens" für dieses Problem die schönen, für seine Objektivität zeugende Worte gefunden: „Ob, seit wann und in welchem Umfange Nietzsches geistige Erkrankung auf sein geistiges Schaffen von Einfluß geworden ist, wird sich wohl nie mit völliger Sicherheit entscheiden lassen. Aber so **wichtig** begründete Vermutungen dieser Art für den Biographen sein mögen, so **gleichgültig** sind sie im Grunde für den Philosophen. Angenommen, es würde uns nachträglich Kunde, daß Descartes zur Zeit, als er sein berühmtes „Cogito, ergo sum" erdachte, vorübergehend geistesgestört gewesen ist — und jene Vielen, die ja längst wußten, daß es mit einem Manne, der seine eigene Existenz bezweifelt, nicht ganz richtig sein könne, möchten sich darüber gar nicht wundern — würde damit dem echten philosophischen Problem, das sich hinter jenen paar Worten verbirgt, etwas von seiner Wucht und Bedeutung genommen sein? Ich glaube nicht; wenigstens nicht bei jenen, denen das unerläßlichste Merkmal eines Philosophen eignet: **Freiheit von jedem Vor-Urteil.** Daher halte ich es auch methodisch für allein richtig, an Nietzsches Geisteswerk so heranzutreten, als ob wir von dem persönlichen Schicksal seiner geistigen Umnachtung gar nichts wüßten. Was an seiner Lehre falsch, irreführend und ungesund ist, müßte fallen, gleichgültig, ob ihr Urheber gesund oder krank war; das Große und Wertvolle aber an ihr auf den **bloßen Verdacht eines pathologischen Ursprungs hin nicht sehen zu wollen**, erschien mir als schweres Unrecht gegen diesen ebenso **edlen** als **unglücklichen** Geist ... eingedenk jenes Wortes Spinozas, daß das Licht sich selbst offenbar macht und die Finsternis." Man bemüht sich vielmehr in barbarischer Absicht und nach einer Methode, die an den Gegenstand ganz willkürlich aus fremden Gebieten herangetragen wird, ein einmaliges Phänomen — das wertvollste, das die Welt besitzt! — unter allgemeine Regeln zu bringen, die vom Durchschnitt hergenommen und dem Durchschnitt angemessen sind. Während die ältere Schule der Psychiater vorwiegend auf Degeneration und Alkoholismus schwört, ist jetzt ein Schema von Sexualität in Mode, in das Patienten und Genies gleichmäßig hineingezwängt werden. Da der Untersuchende durch keinerlei psychologische Instinkte gehemmt zu werden pflegt, tritt das Ergebnis immer mit verblüffender Einfachheit zutage. Aber die Tendenz, am bedeutenden Menschen das zu finden, was ihm mit dem Neurotiker gemein ist, erscheint Lucka überdies als ein Zeichen vollkommener Kulturlosigkeit. Denn das erste Erfordernis zur Kultur ist wohl die Fähigkeit, Wertvolles zu spüren und Achtung davor zu empfinden. Und gerade die als pathologisch, das heißt minderwertig „Erwiesenen" haben die kulturellen Güter hervorgebracht. So ist es auch Tatsache, daß die meisten jener großen Männer, die in der Geschichte der Menschheit eine Rolle spielten, körperliche Dekadenten waren, zum Beispiel Alexander der Große, Caesar, Wallenstein, Napoleon. Und umgekehrt gibt es Tausende körperlich ganz gesunder Menschen, welche geistig durch und durch Dekadenten sind. Daher ist, wie R. M. Meyer treffend bemerkte, Nordaus schmähliches Buch ein Denkmal dafür geworden, daß Deutschland immer noch nicht gelernt hat, was Goethe als die Wurzel aller Tugend und Religion seinem Volke einprägen wollte: Ehrfurcht. Wir respektieren jede Uniform; wer aber bloß ein großer Geist, eine feurig suchende Seele, ein epochemachender Künstler ist, der steht am Pranger für jeden Schmutzwurf! Es scheint auch heute noch volle Geltung zu haben Goethes Wort zu Soret, 14. März 1830: „Ein deutscher Schriftsteller — ein deutscher Märtyrer!" Ich kann es mir jedoch nicht versagen, schon wegen ihrer Schönheit und warmen Begeisterung für alles Große, jene Worte hier zu zitieren, die Wilamowitz in seiner Kriegsrede über Alexander den Großen über eine solche Art Genieerklärung gefunden hat: „Nach der neuesten Methode nennt man pathologisch, was dem Betrachter unheimlich wird, weil es sich nicht in dem Horizont seines Könnens und Begreifens hält. Den vielen Kleinen, die das Gefühl des eigenen Nichts durchaus nicht durchbohrt, erscheint jede Größe als Mißbildung. Man kann sie nicht hindern, mag sie gewähren lassen; aber den Namen der Wissenschaft sollen sie nicht mißbrauchen[1]). Wissenschaft kommt nicht mit einem fertigen Maßstabe, sondern sucht das Verständnis aus dem Objekte herauszuholen; sie erforscht die äußeren und inneren Lebensbedingungen der Vergangenheit, ehe sie einen Menschen dieser Vergangenheit beurteilt. Und damit ist es noch nicht abgetan.

---

[1]) Cf. A. Messer, „Die Philosophie der Gegenwart", p. 142: „Die Psychoanalyse des Wiener Psychiaters Sigmund Freud und seiner Schule erneuert den Geist der mittelalterlichen mystischen Religionsphilosophie der Kabbala. Ihre allegorische Deutungskunst (richtiger = Künstelei) erinnert an die Traumdeutung des Talmud."

Wissenschaft erkennt mit Ehrfurcht neben dem, was in jeder Zeit das Gewöhnliche und Gattungsmäßige, daher leicht Verständliche ist, auch das Individuelle an, das sich von dem Gewöhnlichen, von der Gattung abhebt. Wissenschaft weiß dabei, daß sie das Individuelle niemals ganz erklären kann. Das gilt auch von jedem wahren Kunstwerk. Je tiefer wir es verstehen, um so freudiger erkennen wir an, daß es ein Wunder ist und bleibt; das heißt zugleich die Unzulänglichkeit unseres Verständnisses eingestehen!!! Auch der große Mensch ist eine Offenbarung des Göttlichen; aber hier liegt die göttliche Größe in dem, was von der Regel abweicht, im Individuellen!"

Ich werde nun die Berechtigung der Sexualpsychologie und der Psychoanalyse als Wissenschaften nie in Abrede stellen wollen; denn sie haben bereits großen Segen gestiftet, indem wir gewisse abnorme Erscheinungen als psychische Konstitutionskrankheiten nicht nur gerecht beurteilen, sondern auch bessern, wenn nicht gar definitiv zu heilen lernten. Und wer möchte verkennen, daß sich gerade auf dem Gebiete der Sexualpathologie der Forschung das weiteste und dankbarste Feld auftut? Unvergeßlich wirkt fort Magnus Hirschfelds berühmtes Wort: „Durch die Wissenschaft zur Gerechtigkeit!" Wie indes die Dinge heute liegen, hat leider noch immer Goethes Wort recht: „Gerechtigkeit: Eigenschaft und Phantom der Deutschen!" Aber daß Psychoanalyse und Sexualpsychologie allein, ohne Zuhilfenahme der reinen Geisteswissenschaften, ausreichend sein sollten, uns den wahren Gehalt epochaler Geisteswerke eindeutig zu erklären, das stelle ich entschieden in Abrede. Damit ist aber noch immer nicht behauptet, daß das Geschlechtliche der ästhetischen Betrachtung durchaus feindlich sei! Im Gegenteil! Hat doch selbst ein Platon aus dem physischen Eros die höchste ästhetische Betrachtung geistiger Natur abgeleitet: er entdeckte eben den Widerschein des Göttlichen in der Sinnenwelt, während ihn die „Freudianer" etc. verdecken! Schon die bekannte Tatsache, daß mit dem Erwachen des Geschlechtslebens auch der geistige Schaffenstrieb erwacht, ein künstlerischer Drang sich regt, daß in der Zeit der Pubertät jeder Jüngling ein Dichter ist, spricht für den innigen Zusammenhang von Sexualität und ästhetischem Empfinden. Gibt doch erst die Sinnlichkeit dem Leben Farbe, erzeugt nur sie die feinen Nuancen und Abtönungen unserer Gefühle; ohne sie würde das Leben grau in grau erscheinen, eine öde Monotonie sein, Daseinslust und Schaffenskraft vernichtet oder wenigstens auf ein Minimum reduziert werden. Selbst die idealste Liebe muß von der Sinnlichkeit genährt werden, wenn sie schöpferisch und lebendig bleiben soll. Ein absolut zwingender Beweis für den innigen Zusammenhang zwischen Sexualität und Ästhetik ist die Tatsache, daß die großen Künstler und Dichter in der großen Mehrzahl durchaus sinnliche Naturen sind; ihr ästhetisches Empfinden ist nämlich mit einer glühenden Sinnlichkeit gepaart, die von dem Schönen schlechthin ihre mächtigsten Impulse erfährt. So leugnet zum Beispiel von Krafft-Ebing die Möglichkeit einer echten Kunst und Poesie ohne sexuelle Grundlage. Selbst Volkelt muß den genetischen Zusammenhang zwischen diesen beiden Momenten anerkennen. Und Nietzsche, der gegen die Schopenhauersche Theorie von der Willenlosigkeit (= Selbstaufhebung des Willens im reinen anschauenden Intellekt) Einspruch erhoben hatte, spricht geradezu von einer „Ästhetik des Geschlechtstriebes". Der „Wille zur Macht" ist es, der in der Kunst sich manifestiert, der das Dasein bejaht und niemals in Resignation verneint. Es gibt keine Kunst im Sinne des Schopenhauerschen Pessimismus. Die tiefe Lust an allem Gegenständlichen, die sich bis zum Rausch, bis zur Ekstase steigert, ist der künstlerische Zustand, ein Zeichen vollen und blühenden Lebens, welche man heute „gewohnt ist, als krankhaft zu beurteilen". Überfülle, nicht Romantikerschwäche schafft die großen Werke! Es gibt auf- und absteigende Kunstperioden. Kunstschaffen und Kunstgenießen werden daher von Nietzsche in dieser Periode seines Denkens häufiger als bisher mit dem sexuellen Leben in Parallele gestellt. „Es ist ein und dieselbe Kraft, die man in der Kunst-Konzeption und die man im geschlechtlichen Actus ausgibt: es gibt nur eine Kraft"; das ist der „Wille zur Macht". In diesem Sinne definiert daher Stekel alle Kunst als „umgewertete Erotik"; der Künstler zeugt seine Werke wie seine Kinder; ein Stück seiner Erotik geht für das Leben verloren. „Das hat R. Wagner gewußt, wenn er ausführte: ‚Die Kunst fängt genau da an, wo das Leben aufhört; wo nichts mehr gegenwärtig ist, da rufen wir in der Kunst: ich wünschte!' In der Kunst lebt der leidende Künstler seine übermächtige Sexualität aus. Alle Kraft, die Wagner in seinen ‚Tristan' hineingelegt hat, ging der Wesendonk verloren. Durch den ‚Tristan' konnte er sich freimachen, wie sich Goethe durch den Werther aus der Hörigkeit der Liebe in die Freiheit des Schaffenden gerettet hat" (cf. Stekel „Berufswahl und Erotik" im „Neuen Wiener Journal" vom 7. Dezember 1919). Im selben Sinne hat daher Rosa Mayreder auf Grund der Selbstoffenbarungen in seinen Briefen und Tagebuchblättern an Frau Wesendonk Wagner als „erotisches Genie" definiert: „Die geistige Differenzierung des erotischen Empfindens bringt eine neue Fähigkeit mit sich, die das Bewußtsein der Überlegenheit auslöscht und das Bedürfnis nach dem Abstand in das Bedürfnis der Gemeinsamkeit, der Gegenseitigkeit verwandelt — die Fähigkeit der Hingebung. Damit begibt sich das Merkwürdige in der männlichen Psyche, das große Wunder, das eine völlige Umkehrung des primitiven Empfindens bewirkt, eine Wandlung der teleologischen Geschlechtsnatur. Das erotische Genie umfaßt die Wesen des anderen Geschlechtes mit intuitivem Verständnis und vermag sich ihnen ganz zu assimilieren. Sie sind ihm das Urverwandte und Urvertraute; die Vorstellungen der Ergänzung, der Erfüllung, der Befreiung des eigenen Wesens oder selbst die einer mystischen Verschwisterung begleiten seine Liebesbeziehungen. Ihm bedeutet die Geschlechtlichkeit nicht eine Aufhebung oder Beschränkung der Persönlichkeit, sondern eine Steigerung und Bereicherung durch die Individuen, mit denen es auf diese Weise verknüpft wird." Nur unter dieser Perspektive ist es erklärlich, daß Nietzsche nur den Wagner der Tristanzeit bis an sein Lebensende als das größte Künstlergenie aller Zeiten pries: Infolge seiner Beziehungen zu Frau Wesendonk stand eben Wagner damals im nie mehr erreichten Vollgefühle seiner Schaffenskraft. Das „Gesünderwerden", das heißt die Entsagung, die Abkehr von der Leidenschaft wurde für ihn zu einem künstlerischen Rückschritt. Solch ein „erotisches Genie" war auch Goethe; man vergleiche nur seine Bekenntnisse an und über Frau v. Stein:

> „Sag, was will das Schicksal uns bereiten?
> Sag, wie band es uns so rein genau?
> Ach, du warst in abgelebten Zeiten
> meine Schwester oder meine Frau!"

Und an Wieland schrieb er (April 1776): „Ich kann mir die Bedeutsamkeit, die Macht, die Frau Charlotte v. Stein über mich hat, anders nicht erklären, als durch die Seelenwanderung. Ja, wir waren einst Mann und Weib! Nun wissen wir uns — verhüllt, in Geisterduft!"

Ferner ist die Tatsache, daß in Wagners Kunstschaffen das sexuelle Moment eine große Rolle spielt, unleugbar und wird durch die Tendenz seiner Werke geradezu selbst bewiesen. Gewiß, niemand wird es bestreiten, daß Wagners Name eine Welt für sich umschließe, eine Welt, die einzig dasteht. Aber um diese Welt liegt keine reine himmlische Atmosphäre; es ist, als entstiegen aus allen ihren Poren narkotisierende, betäubende süße Dämpfe, die die Seele einhüllen; sie knechtet die Empfindungen, anstatt sie zu befreien. Und in diesem Geknechtetsein liegt die ganze Wollust ihres Zaubers. Der Venusberg im „Tannhäuser" ist ein Symbol für Wagners Kunst; es ist, als sei sie gleichsam unterirdisch abgeschlossen, dumpf umwölbt von einer Riesenhöhle, die den Himmel nicht mehr sehen läßt. Und sein Tannhäuser selbst kommt uns vor wie ein Mensch, der sich gewaltsam aus dieser Welt, die ihn zu ersticken droht, befreit — es hat etwas Erschütterndes an sich, wie er wiederum zum erstenmal die Hirtenflöte des freien Tales hört, wie wenn Wagner sich selbst den Rücken kehren möchte zu einer anderen Welt hin. Es ist der Kampf um die endgültige Befreiung aus den Banden der Sinnlichkeit. Und selbst noch der II. Akt des „Parsifal" mit seiner aufreizenden Verführungsmusik läßt es uns ahnen, wie übermächtig in dem bereits altgewordenen Meister dieser Trieb lebte. Alle Versuche daher, aus der „Parsifal"-Musik einen Schluß auf das Nachlassen der geistigen Schaffenskraft Wagners ziehen zu wollen, zeugen von krassester Unkenntnis der tatsächlichen Verhältnisse. Sagt man von Nietzsche, daß er in seinen Werken mit einem wahren Fanatismus das preise und verherrliche, was dem Kranken fehlte: die Gesundheit, die Macht, die Stärke, so gilt dasselbe mutatis mutandis auch von Wagner: dieser preist die höchste Glückseligkeit, die aus dem Einsgefühl mit sich und der Welt resultiert, weil sie ihm fehlte. Dementsprechend hat Th. Lessing Wagner treffend charakterisiert, wenn er sagt: „Er vermittelt die höchste Ekstase der Sinne, so daß seine Musik (man denke an Stimmen vom Venusberg oder Montsalvat!) den doppelten Reiz hat, jede Nervenfaser vor Leben erbeben zu lassen, während sie doch das himmlische Jerusalem und Kreuzigung des Fleisches predigt. Ein Menschenbeglücker und Menschenverächter, ein großer Mitleider und großer Selbstsüchtling, ein Mann von unendlicher Hingabe und despotischem Eigenwillen, verschlossen und wahr, einheitlich und zerbrochen, ein Verklärer, Verherrlicher, Vergolder und jauchzender Liebhaber unseres Lebens und zugleich sein weiser Verächter und todestrauriger Richter. Der Narr des Lebens und sein Henker zugleich, das alles liegt nebeneinander in diesem großartigen Menschen und in dem Ausdruck seiner seelischen Flutungen: der Musik." Spricht daher, wie schon erwähnt, Nietzsche von einer „Ästhetik des Geschlechtstriebes", so hat er dabei offenbar die Tatsache im Auge gehabt, daß überall dort, wo einem starken Sexualtrieb auch eine starke aktive Apperzeption, die mit dem Willen identisch ist, gegenübersteht, die sinnliche Empfindung ein Lustgefühl zur Folge habe, das sich deutlich in den Worten und Taten des betreffenden Menschen ausdrücke als **innere Harmonie und Heiterkeit**. Und dieses schöne Lustgefühl, das im Bewußtsein einer hohen Kraft und deren harmonischem Gebrauche liegt, ist es, das das Menschenleben mit jener Wonne erfüllen kann, die ihn zu den Göttern erhebt. Goethe hatte es; man lese nur das herrliche Lied des Türmers im II. Teile „Faust"; Nietzsche hatte es auch, „denn alle Lust will Ewigkeit!" Der Wert des sexuellen Lustgefühles kann also nach W. Wundt nur **psychophysiologisch** bestimmt werden. Richard Wagner als Mensch scheint mir daher, unter diesem Gesichtspunkte betrachtet, eine mehr **asexuelle** Natur gewesen zu sein; das heißt, ihm fehlte zur Tätigkeit, zum Leben, zum Glück jene echte, schöpferische Lebenskraft, die einen Goethe so herrlich ausgezeichnet hat. Der Quell alles Lebens floß in ihm nicht ursprünglich und nicht reich genug. Dafür sprechen alle seine Heldengestalten, dafür spricht seine Kunst, die in allen Variationen dasselbe Thema, „Überwindung der Sexualität", behandelt (Holländer, Tannhäuser, Lohengrin, Tristan, Hans Sachs, Brünhilde, Parsifal). Und darin dürfte wohl auch ein Hauptgrund dafür liegen, daß sich Nietzsche, weil er diesen Mangel der Wagnerschen Kunst als scharfblickender Psychologe klar erkannte, vom Meister abwendete. Es wäre eine nur zu begrüßende und dankbare Aufgabe der Wissenschaft, eine psychophysiologische Analyse der Werke Wagners oder Nietzsches, auf breitester Basis aufgebaut, zu liefern. Nur sie wäre imstande, uns den tiefsten Einblick in die geheimnisvolle Werkstatt eines gottbegnadeten Menschen und Künstlers zu gestatten. Denn in allem und jedem mit den „Freudianern" immer nur den sexuellen Unterton zu wittern, ihn meisterhaft aufzuspüren und kabbalistisch auszudeuten, das ist mehr als eine danaidenhafte Ausdauer!

Ich gebe gerne zu, daß die meisten Genies gegenüber dem normalen Durchschnittsmenschen im Denken, Fühlen und Handeln exzentrisch veranlagt sind, eine Wahrnehmung, auf die bereits Platon und Aristoteles hingewiesen haben; ja Cicero sagt sogar: „Omnes ingeniosos melancholicos esse!" Aber damit ist noch nicht erwiesen, daß, weil die Verfasser exzentrischer Werke auch gewisse Exzentritäten besaßen, ihre Werke anders beurteilt werden müßten, als die des „gesunden" Durchschnittsmenschen, daß uns irgendein Werk, das die Menschheit als höchste Offenbarung des menschlichen Geistes verehrt, mit einem Male nur als ein schöner Deckmantel der entsetzlichsten, gar nicht auszudenkenden seelischen Abnormitäten erscheint. So entsinne ich mich, vor Jahren eine Abhandlung gelesen zu haben, worin uns ein Sexualpsychologe den „Faust" Goethes, also sicherlich eines der erhabensten Kunstwerke, nach seiner Art und Weise, mit Hilfe seiner Wissenschaft erklärt. Er geht dabei aus von dem sexualpsychologischen Grundgesetze, daß jeder Mensch im ersten Kindheitsstadium gegen seinen Vater, der Mutter gegenüber, mehr oder minder eifersüchtig ist, welche Eifersucht sich bei Kindern mit starkem sexuellen Triebleben bis zum gewollten, mitunter sogar zum tatsächlich beabsichtigten Inzest verdichten kann, wenn auch mit zunehmender geistiger und körperlicher Reife und unter dem Einfluß der Erziehung diese psychischen Zwangsvorstellungen wieder unter die Schwelle des Bewußtseins sinken. Auf den „Faust" das übertragen, sei diese Dichtung der poetische Versuch Goethes, sich von den ihn beherrschenden inzestiösen Gedanken gegen seine Mutter zu befreien. Substituieren wir für die Hauptpersonen der Tragödie die Personen, die Goethes Denken und Fühlen beherrschen, ergibt sich: Faust = Goethe, Gretchen = Goethes Mutter, Valentin = Goethes Vater. Was der Knabe Goethe gedacht und gefühlt, was er in heißen Nächten vergeblich ersehnt hatte, das läßt er in seiner Tragödie den Faust tatsächlich tun: Goethe = Faust verführt seine Mutter = Gretchen. Valentin = Goethes Vater wird getötet, weil er die verlorene Ehre seiner Schwester = Frau strafen wollte! Heißt das nicht, die höchsten Offenbarungen des Menschengeistes einem bloßen Prinzip zuliebe einfach auslöschen? Jeder kennt Goethes Gedicht „Der Zauberlehrling". Nun kommt der Psychoanalytiker Prof. Freud, analysiert es und sein Ergebnis ist: Als Goethe dieses Gedicht schuf, habe er eifrig der Masturbation gefröhnt! Karl Kraus, der bekannte Schriftsteller, hat einmal darüber geschrieben: „Nervenärzten, die uns das Genie verpathologisieren, soll man mit dessen gesammelten Werken die Schädeldecke einschlagen. Nicht anders soll man mit den Vertretern der Humanität verfahren, die die Vivisektion der Meerschweinchen beklagen und die Benützung der Künstler zu Versuchszwecken geschehen lassen. Wer immer sich zum Nachweis erbötig macht, daß die Unsterblichkeit auf Paranoia zurückzuführen sei, allen rationellen Tröstern des Normalmenschentums, die es darüber beruhigen, daß es zu Werken des Witzes und der Phantasie nicht inkliniere, trete man mit dem Schuhabsatz ins Gesicht, wo man ihrer habhaft wird! Aber die anderen, die modernen Psychiatraliker, die uns die Werke der Großen auf die Sexualität hin prüfen, lache man bloß aus. Mir hat einmal einer den ‚Zauberlehrling' als einen handgreiflichen Beweis für die masturbatorischen Neigungen seines Schöpfers gedeutet. Ich war sittlich entrüstet, nicht wegen des Inhalts, aber wegen der unsäglichen Ärmlichkeit der Zumutung. Ich fühlte, wie sich zum legitimen Schwachsinn der literaturhistorischen Kommentatoren allmählich ein neuer Wahnsinn geselle. Die wissenschaftlich fundierte Stimmung eines Herrenabends reklamiert den Besen des Zauberlehrlings — ‚oben sei ein Kopf' — für ihre besonderen Zwecke" (sc. als Phallus), „aber sie würde gegebenenfalls auch nicht davor zurückschrecken, uns den ‚Mond' ebenso zu deuten von dem es in dem wundervollen Gedicht doch heißt, daß er ‚wieder Busch und Tal füllt'." — „Was fällt Ihnen dazu ein?" lautet die Frage des psychischen Analytikers. Aber wir haben ein Recht, sie in empörtem Ton zurückzugeben: Was Ihnen nicht einfällt!... Man beruhigte mich mit der Versicherung, daß hier bloß eine Mitwirkung des ‚Unbewußten' bei Goethe angenommen werde... Die Psychiater waren nur uneinig, ob hier Masturbation oder Bettnässen sublimiert sei... Dieses Unbewußte eines Dichters ist nun freilich ein Gebiet, in dem das Bewußtsein eines Mediziners volle Bewegungsfreiheit hat. Das ist tief bedauerlich. Denn die psychischen Analysen, die an einem Privatpatienten vorgenommen werden, sind eine Privatsache zwischen den beiden vertragschließenden Teilen, aber Kunstwerke sollten dem Untersucher schon wegen ihrer Wehrlosigkeit Respekt einflößen. Goethe — irrsinnig? In Gottes Namen, daraus können wir uns noch etwas herausfetzen! Vielleicht sinkt die Menschheit auf die Knie und fleht, vor ihrer Gesundheit bang, den Schöpfer um mehr Irrsinn an! Aber die Verurteilung zur Masturbation läßt ein Gefühl der Leere zurück, verzweifelnd empfängt man die Erkenntnis, daß, selbst wenn alle Welt masturbierte, dennoch kein ‚Zauberlehrling' entstehen müßte. Und trostlos ist auch der Gedanke, daß er, Goethe, es nicht gewußt, nicht einmal nachträglich bemerkt hat. Er schrieb den ‚Zauberlehrling' und wußte nicht, was er bedeute! Und man hatte doch geglaubt, daß das Unbewußte eines Goethe noch immer bewußter sei als das Bewußteste eines Sexualpsychologen!... Ausgerechnet den siebenten Tag, an dem Gott der Ruhe pflegt, benützt der Psychoanalytiker, um zu zeigen, daß die Welt nicht von Gott sei. Er kann nicht anders. Er unterscheidet sich vom Teufel dadurch, daß er von Gott nicht abfallen kann, ohne ihn zu leugnen. Nur so kann er, was nicht vorhanden ist, behaupten: sein Ich! Helden und Heilige darf es nicht geben, weil sonst am Ende der Schleim lebensüberdrüssig wäre!"

Ein zweites klassisches Musterbeispiel psychoanalytischer Interpretation ist im Anschluß an die von Goethes „Faust" oder „Zauberlehrling" die des „Oedipus rex" des Sophokles. Und wenn man erwägt, daß uns von Sophokles keine so ausgezeichneten Biographien zur Verfügung stehen wie über Goethe etc., so kann man diesen Scharfsinn der Psychoanalytiker nur bewundern! Die Freudianer nämlich, gestützt auf ihre Wissenschaft, werden nicht müde, uns zu versichern: Das, was Ödipus vollbrachte (sc. den Vatermord, die Schändung der eigenen Mutter), war der „unbewußte" Wunsch unserer Kindheit! Ich muß gestehen, daß unserem Sophokles trotz des „berüchtigten" Verses 981: „Wie viele haben schon einmal im Traum mit ihrer Mutter sich vergangen", nichts ferner lag, als sein „Unbewußtes" gestaltend bewußt zu machen; das blieb erst den „Freudianern" und dem durch ihre Schule gegangenen „genialen" Nachdichter Sophokleischer Kunst Hoffmannsthal vorbehalten, wenn er aus diesem einen Sophokleischen Vers folgendes gemacht hat:

„Des Erschlagens Lust
hast du gebüßt am Vater, an der Mutter
Umarmens Lust gebüßt, so ist's geträumt
und so wird es geschehn!"

Wo bleibt da das Segenswort: „Durch die Wissenschaft zur Gerechtigkeit?" zur gerechten Beurteilung unserer „abnormen" Genies! Bjerre hat mit seiner ausgezeichneten Schrift „Der geniale Wahnsinn" Nordau, Möbius, Türck et Konsorten fachwissenschaftlich widerlegt. Oder hat am Ende denn doch Ernest Rénan recht, wenn er in einem Briefe an einen Freund die schicksalsschwere Frage ausspricht: „Vielleicht ist Geist, vielleicht ist Bewußtsein eine Krankheit, gleichwie die Perle zwar das schönste, glänzendste Produkt der Muschel und doch die Erkrankung des Muscheltieres ist?" Wir wollen diese Betrachtung mit den Worten eines Psychiaters schließen, der am Ende unter dem Druck der Tatsachen gestehen muß (Placzek, l. c. p. 151/152): „Doch selbst wenn Forscher des Nietzsche-Wagner-Problems anderer Ansicht sein mögen, ihm als echte Freudianer zu Leibe rücken und es enträtselt zu haben glauben — enträtselt in dem Sinne, wie es eben nur die Psychoanalytiker fertigbringen — auch dann sollte eine verständliche Scheu verwehren, solche sexualpsychologische Studien in die Welt zu setzen. Diese Scheu sollte wirksam werden, wenn auch Nietzsche selbst sagt: ‚Heute gilt es uns als eine Sache der Schicklichkeit, daß man nicht alles nackt sehe, nicht bei allem dabei sein, nicht alles verstehen und »wissen« wolle.' Und derselbe Nietzsche fährt fort: ‚Man sollte die Scham besser in Ehren halten, mit der sich die Natur hinter Rätsel und bunte Ungewißheiten versteckt hat. Vielleicht ist die Wahrheit ein Weib, das Gründe hat, ihre Gründe nicht sehen zu lassen.'" (Paul Bjerre scheint mir in seinem ausgezeichneten Buche „Der geniale Wahnsinn" bezüglich Nietzsches eher das Richtige zu treffen, wenn er sagt: „Nietzsche waren die paralytischen Rauschzustände die höchste Inspiration. Die Degeneration macht die Persönlichkeit und den Blick für das Leben frei und trägt zum Auslösen der Kräfte der Persönlichkeit bei. Was im Innern des Menschen entfesselt wurde, hat auch zur Auslösung weltgestaltender Kräfte geführt. Was durch die Entwicklung freigemacht wurde, kommt zum Dasein, etwas, das über Raum und Zeit erhaben ist, etwas Ewiges.")

XIX. NIETZSCHE UND FRAU COSIMA WAGNER.

Nach diesen Bemerkungen wollen wir uns nun der Besprechung des Stekelschen Aufsatzes zuwenden und untersuchen, inwiefern sein Maßstab als Kriterium für die Beurteilung Nietzsches als Mensch und Denker gelten darf. Stekels Annahme, Nietzsche sei „ein genialer Verräter" ist allein schon ein deutlicher Beweis dafür, daß er als Psychoanalytiker mit einem fertigen Maßstabe, mit einer gebundenen Marschroute in ein ihm gänzlich unbekanntes Reich sich begibt: darum kann Nietzsches ethische Rechtfertigung seines Verrates, wie durch divergierende Entwicklungslinien, für Stekel a priori nicht ausreichend sein: und da Nietzsche tatsächlich in geistige Umnachtung fiel, sein Geistesleben wirklich zerrüttet ward, muß Nietzsche schon frühzeitig, bereits zu einer Zeit, wo noch kein Mensch sein schreckliches Ende auch nur ahnen konnte, Symptome einer geistigen Erkrankung aufgewiesen haben: Größenwahn! Von dem Wunsche beseelt, etwas Großes zu werden, etwas Exzeptionelles zu leisten, mußte Nietzsche, der als Philosoph natürlich seinen Beruf verfehlt hatte, sobald er mit Wagner bekannt wurde, selbstverständlich auf dessen musikalisches Können eifersüchtig geblickt haben, da er jetzt — freilich zu spät! — erkannte, welch großes Gebiet einer wirkungsvolleren Tätigkeit er sich durch falsche Neigung habe entgehen lassen. Das menschliche Motiv für Nietzsches Abfall von Wagner, das bisher noch niemand so recht zu betonen wagte, ist also ein sehr gewöhnliches, allzumenschliches: Neid, hervorgegangen aus Größenwahn! Darum war auch Nietzches Liebe zu Wagner keine echte, sondern nur eine erkünstelte: er liebte Wagner lediglich zu dem Zwecke, um sich über seinen tief wurzelnden Neid hinwegzutäuschen! Je mehr Wagners Ruhm als Musiker wuchs, desto mehr mußte ihn Nietzsche beneiden, desto eifriger verlegte er sich selbst aufs Komponieren, ließ sich jedoch durch die absprechendsten Urteile, auch von des Meisters Seite, über seine Leistungen als Musiker nicht beirren, er blieb dem Meister derselbe ergebene Freund, der er früher war; weil er aber nicht mehr ihn lieben konnte — denn wer liebt seinen Rivalen? — ließ er seine Liebe auf das von Wagner geliebte Wesen, auf dessen Gattin, überspringen. Und indem er alle seine Freunde mit Wagner bekannt machte, damit auch diese ihn liebten, gesellt sich zum ersten Symptom des geistig nicht mehr ganz normalen Nietzsche folgerichtig das zweite: abnormes geschlechtliches Empfinden! Als durch und durch femininer Geist war er zur Homosexualität prädestiniert, die sich in seiner Unfähigkeit zu dauernder heterosexueller Liebe am stärksten ausspricht. Aber mit dieser Behauptung schuf Stekel einen Widerspruch: Wie kann, so fragen wir nämlich, dieser dem weiblichen Geschlecht a priori abholde Mann, dem Wagner vom ausschließlichen Umgange mit Männern ernstlich abraten muß, mit einem Male in Liebe zu Wagners Frau entbrennen? Einer näheren, sich auf Tatsachen stützenden, beweisenden Beantwortung dieser Frage weicht Stekel vorsichtig aus; die Anführung der Tatsache, daß Frau Cosima die einzige Frau gewesen sei, die Nietzsche imponiert habe, kann doch unmöglich als Beweis für eine Liebe Nietzsches zu ihr gelten! Er weist lediglich auf die gewiß unbestreitbare Tatsache hin, daß Nietzsches Liebe zu Wagner dessen stärkstes Erleben gewesen sei: ganz seltsamer Glanz fiel durch dieses Verhältnis in Nietzsches Jugend und er lernte damals aus vollem Herzen kennen, was er später verlernen mußte: verehren! Aber nun erfahren wir zu unserem größten Erstaunen, daß nicht so sehr die Eifersucht und der Neid auf Wagners Künstlertum Nietzsche bewogen, Wagner zu lieben und zu verehren, sondern vielmehr seine eifersüchtige Liebe zu Cosima! Aber diese Liebe Nietzsches zu Cosima ist nach Stekel nicht wahre heterosexuelle Liebe, sondern eine Maske für die bereits an Nietzsche konstatierte Homosexualität, und diese wiederum eine Folge seiner Hysterie. Was berichten die Tatsachen über diese angebliche Liebe Nietzsches zu Cosima Wagner[1]?

---

[1] Interessant sind die Ausführungen eines anderen Psychiaters, mag er auch zu ganz anderen Ergebnissen als Stekel gelangen. So können wir bei Möbius (l. c. p. 48/49) wörtlich lesen: „Bei Freundschaft mit unbewußtem geschlechtlichem Hintergrunde ist im Bewußtsein gar nichts von Geschlechtlichkeit, ja der Gedanke daran würde Entrüstung hervorrufen. Ich betone

In seiner Wagnerbiographie berichtet Julius Kapp, „daß außer der durch die divergenten Entwicklungslinien der beiden Männer bedingten Gegnerschaft auch ein privater Grund vorlag, der sie als Menschen auseinanderbrachte, dies bezeugt ein Brief Wagners an Nietzsches Arzt Dr. Eiser aus dem Jahre 1877, der sich seines **intimen Inhaltes** wegen der Veröffentlichung entzieht". Glasenapp berichtet über diesen Brief nur so viel, daß er einen Bericht über Nietzsches Gesundheitszustand enthalten habe. Bélart wirft nun die Frage auf, ob nicht dieser Brief mit der „**Ariadnefrage**" im Zusammenhange stehe?? — Im Jahre 1889, kurz nachdem Nietzsches geistiger Zusammenbruch erfolgt war, sandte er einen Zettel an Frau Cosima: „Ariadne, ich liebe dich!" Ebenso findet sich in einem Briefe an Prof. Burckhardt folgende merkwürdige Stelle als Postskriptum: „Der Rest für Frau Cosima, Ariadne; von Zeit zu Zeit wird gezaubert!" Aber bereits im „Ecce homo" spricht Nietzsche von einer Ariadne. Er selbst hat an dieser Stelle Zarathustras herrliches Nachtlied zitiert und fährt dann fort: „Dergleichen ist noch nie gelitten worden! So leidet ein Gott, ein Dionysos ... auch noch die tiefste Schwermut eines solchen Dionysos wird noch Dithyrambus; die Antwort auf einen solchen Dithyrambus der Sonnenvereinsamung im Lichte wäre Ariadne. Wer weiß außer mir,

---

das deshalb, weil wiederholt bei Nietzsche ein gewisser Grad von Verkehrung" (sc. des normalen Geschlechtstriebes, der Heterosexualität, ins Homosexuelle) „vermutet worden ist, weil insbesondere seine innige Freundschaft mit einigen Schülern in Basel diese Meinung unterhalten hat. Soweit ich die Sache beurteilen kann, ist die Vermutung unberechtigt. Man kann Nietzsches Empfinden nur insofern abnorm nennen, als die Wirkung des anderen Geschlechts auf ihn schwach war. Er empfand rein körperlich wohl ebenso wie andere Leute, aber es fehlte der starke seelische Trieb zum Weibe, der den gesunden Mann zur Hingabe an ein Weib zu nötigen pflegt. Diese Freiheit von dem den meisten gefährlichen Zauber verlieh ihm eine gewisse Unbefangenheit dem weiblichen Geschlechte gegenüber und befähigte ihn frühzeitig zu einem kalten und richtigen Urteile über die Weiber." Von wannen dieser seltsame Widerspruch in den Forschungsergebnissen zweier solcher Kapazitäten? Wir antworten abermals mit Dr. Hermann Kraßna:

„So oft ich den Geist rief
der Psychiatrie,
Psychiater sind kommen,
der Geist jedoch nie!"

Wenn also schon die „Sachverständigen" so reden, wie müssen dann erst die „schwachverständigen" Laien reden!

wer Ariadne ist; von allen solchen Rätseln hatte niemand bisher die Lösung, ich zweifle, daß je jemand hier auch nur Rätsel sah!" Aus den Dionysosdithyramben und ganz besonders aus einer Aufzeichnung in der „Genealogie der Moral" gehe unzweideutig hervor, daß Nietzsche unter Ariadne nur Frau Cosima verstanden haben konnte. Auf diese Tatsache weist schon C. A. Bernoulli hin. Nach dem Mythos verliebte sich Ariadne, die Tochter des Königs Minos von Kreta, in Theseus, der sich als Tribut für den Minotauros auf Kreta hatte landen lassen. Sie gab ihm einen Faden, mittels dessen Theseus nach Erlegung des Minotauros aus dem Labyrinthe hatte flüchten können. Ariadne floh sodann mit Theseus, wurde jedoch von diesem auf der Insel Naxos verlassen. Dionysos fand die Verlassene und, von ihrer Schönheit bezaubert, vermählte er sich mit ihr. Bernoulli sagt: „Der Gewinn seines Tribschener Erlebnisses war Nietzsches rein subjektives Geschenk seiner Dionysoskonzeption als einer tiefsten, eigensten Erfahrung. Als sich sein erlöschendes Ichbewußtsein ausbreitete zur Dionysosinkarnation, wurde ihm der unvergeßliche Schatten dieser Frau (sc. Cosima) zur Vision der Dionysosbraut... die Lösung des Ariadnerätsels ist ausschließlich biographischer Natur!" Nietzsches Ariadne in den Mund gelegte Bemerkungen: „Theseus wird absurd, Theseus wird tugendhaft ... das ist meine letzte Liebe zu Theseus, ich richte ihn zugrunde", sein Spott, daß Theseus-Wagner keinen Faden mehr hat, mittels dessen er sich aus dem Labyrinth der Ariadne, in das er sich verirrt hat, retten kann; Ariadnes Antwort, daß an ihr alle Helden zugrunde gehen; sie wolle die Liebe des zum Kreuze zurückgekehrten Helden nicht mehr, besagen jedoch mehr als deutlich, daß Wagner wegen seiner Rückkehr zum Christentume verspottet wird, daß Nietzsche auf den „Parsifal" abzielt, daß nach seiner Meinung selbst Ariadne parsifalmüde ward, ihre katholischen Instinkte sich in moralfreie Tugenden verwandeln werden, daß sie Theseus-Wagner als Lebensverleumder zugrunde richten und sich mit Dionysos-Nietzsche vermählen werde! Aus alle dem erhellt die wohl kaum zu bestreitende Tatsache, daß Frau Cosima in der Tribschener Zeit auf den jungen Nietzsche wohl den tiefsten und nachhaltigsten Eindruck gemacht hat. Damals äußerte „die königliche Hoheit", wie Bernoulli Frau Wagner einmal nannte, keine katholisierenden Instinkte, dort atmete ihr Wesen, nach einer Beschreibung der Frau Förster zu schließen, den ganzen

Zauber der Romantik, haftete etwas aus den Salons ihrer Mutter, der Gräfin d'Agoult[1]), an ihr. Zudem war Wagner für Nietzsche damals der große Immoralist und Atheist, der nicht nur seinen Siegfried und seine Brunhilde das Sakrament der freien Liebe feiern ließ, sondern unbekümmert um eine ganze Welt, ja selbst um seinen königlichen Freund, es mit Cosima v. Bülow gefeiert hatte. So sagte Nietzsche noch nach der Zeit der Trennung von diesem Wagner: „Er war ein Mensch nach meinem Herzen, so unmoralisch, atheistisch, antinomistisch!" Daher wollte Nietzsche „um keinen Preis die Tage von Tribschen aus seinem Leben weghaben, Tage des Vertrauens, der Heiterkeit, der sublimen Einfälle!" Daß diese geistig hochstehende Dame den Verkehr ihres Gatten mit Nietzsche auf das anregendste zu gestalten verstand, daß sich Nietzsche in Wagners gastlichem Hause, wo man seinen Ideen mit feinem Verständnisse entgegenkam, wohl fühlte, das ist ja menschlich begreiflich und nachfühlbar. Es ist rührend, zu lesen, mit welcher Liebe die Kinder dieses Künstlerpaares an dem „Fressor Nützsche" hingen und mit welch zärtlicher Sorgfalt dieser auf die Erfüllung ihrer Wünsche bedacht war. Und warum sollte Nietzsche dieser einzigen Frau, die nicht nur eine gute Mutter, sondern auch, was ihre Hingabe an Wagner und dessen Lebenswerk betrifft, die treueste Gattin war, nicht ein tiefes und treues Gedenken bewahrt haben? So schrieb er noch im Jahre 1880 an Malwida: „Frau Wagner, Sie wissen, es ist die sympathischeste Frau, der ich im Leben begegnet bin." Aus dem Jahre 1883 stammt folgender Briefentwurf, den Nietzsche anläßlich Wagners Tode an Frau Cosima verfaßte: „Sie haben einem Ziele gelebt und ihm jedes Opfer gebracht; und über die Liebe jenes Menschen hinaus erfaßten Sie das Höchste, was seine Liebe und sein Hoffen erdachte! Dem dienten Sie, dem gehörten Sie und Ihr Name immerdar, dem, was nicht mit einem Menschen stirbt, ob es schon mit ihm geboren wurde! So sehe ich heute auf Sie und so sah ich, wenngleich aus großer Ferne, immer auf Sie, als bestverehrte Frau, die es in meinem Herzen gibt." Im „Ecce homo": „Die wenigen Fälle hoher Bildung, die ich in Deutschland vorfand, waren alle französischer Herkunft, vor allem Frau Cosima Wagner, bei weitem die erste Stimme in Fragen des Geschmackes, die ich

---

[1]) Bekannt unter dem Namen Daniel Stern.

gehört habe." Bélart, dessen Gewährsmann Bernoulli ist, nimmt jedoch an, daß eine bereits in der Tribschener Zeit bestehende tiefe Leidenschaft Nietzsches für Cosima mehr als wahrscheinlich sei. Doch unter dem Anwachsen des psychischen Leidens, das Nietzsche bereits noch in Tribschen befiel und das, wie wir sahen, auch Wagner mit Besorgnis um seinen Freund erfüllte, sei diese Leidenschaft zu erschütternder Tragik geworden: Nietzsche, der mit dem „Gast der Gäste" auf hohen Bergen bereits die Vermählung gefeiert hatte, die Vermählung von Licht und Finsternis — er feierte schließlich die Hochzeit von Dionysos mit Ariadne!

Zu ganz anderen Ergebnissen führend, sind die Mitteilungen Frau Försters: Hans v. Bülow, auf den Nietzsches „Geburt der Tragödie" tiefen Eindruck gemacht hatte, machte Nietzsche seinen Besuch. Nietzsche war bei diesem Besuche sehr verlegen; denn Bülows Besuch fiel in die Zeit, da den Philosophen die tiefste Freundschaft mit Wagner verband. Und Frau Cosima, die damals mit Wagner lebte, war ja noch Bülows Gattin — wenigstens nach dem Gesetz! Bülow suchte Nietzsches Verlegenheit dadurch zu zerstreuen, daß er selbst sein damaliges Verhältnis zu Wagner und seiner Frau berührte und in folgendem Bilde darstellte: Cosima war Ariadne; er, Bülow, Theseus und Wagner Dionysos. Wie alle Gleichnisse hinkte auch dieses etwas: denn hier hatte nicht Theseus Ariadne verlassen, sondern die Sache lag umgekehrt. Aber Bülow wollte auch nur ausdrücken, daß nach ihm der Höhere, der Gott, gekommen sei. „Mein Bruder hatte große Freude daran, daß Bülow seine Erlebnisse gewissermaßen ins Unpersönliche und Mythische erhob, wenn er auch einige sehr scharfe Bemerkungen Bülows über die geliebten Freunde, die ihm außerordentlich weh taten, Bülow aber nicht unterdrücken konnte, mit in Kauf nehmen mußte." Es kann keinem Zweifel unterliegen, daß Nietzsche bei Erwähnung seiner Beziehungen zu Wagner und dessen Frau mit Rücksicht auf die ihm durch den „fromm" gewordenen Wagner bereitete Enttäuschung sich dieser mythologischen Nomenklatur Bülows bediente. Sehen wir aber von jeder mythischen Hülle ab, so ergibt sich folgendes, was Nietzsche sicherlich im Sinne gehabt haben dürfte: so wie Cosima-Ariadne seinerzeit ihren Gatten Bülow-Theseus, der doch sicher keiner der Geringsten war, verließ, mehr angezogen durch das Genie Wagners, wie sie durch diesen

Schritt rücksichtslos alle Bande der gesellschaftlichen Konvention brach und dadurch einen durch nichts einzudämmenden Willen zur Macht bewies, geradeso, meint Nietzsche, sollte Ariadne jetzt, wo ihr Gatte wieder „fromm" geworden war, sich zu dem neuen Dionysos flüchten, der, geistig größer als Wagner, ihr in Nietzsche erstanden wäre. Selbstverständlich ist es geradezu absurd, aus diesen Worten eine Liebesleidenschaft Nietzsches für Cosima zu konstruieren.

In ihrem Buche „Der junge Nietzsche", p. 292, berichtet Frau Förster ergänzend zu obigem, daß seit jenem Besuche Bülows Frau Cosima im geheimen Ariadne genannt wurde. „Merkwürdigerweise kehren in meines Bruders Entwürfen zu seinen ‚Gesprächen auf Naxos', die offenbar im Spätherbst 1885 entstanden sind, die drei Personen Dionysos, Theseus und Ariadne wieder und bedienen sich ungefähr derselben Worte, die in Wirklichkeit von Cosima, Wagner und Bülow in den Jahren 1871 und 1872 gesagt worden sind. Dionysos wiederholt genau Wagners eigenen Ausspruch in Hinsicht auf seine mangelnde Eifersucht auf Cosima: ‚Was ich an ihr liebe? Wie könnte das ein anderer lieben?' — während Ariadne die boshaften Worte Bülows auf Cosima, die damals meinem Bruder so wehe getan hatten, selbst sagt: ‚An mir sollen alle Helden zugrunde gehen.' Bülow hatte in seiner schmerzlichen Verbitterung wörtlich zu meinem Bruder gesagt: ‚Frau Cosima hat mich ruiniert, die wird auch Wagner zugrunde richten!' Später, als mein Bruder annahm, daß Wagner durch Cosimas Einfluß ‚mehr Liszt als Wagner' geworden war, so daß er zu ‚seinem Siegfried dessen Parodie Parsifal' schuf, kamen ihm Bülows Worte oft in den Sinn, wohl auch in jenen projektierten Gesprächen auf Naxos. Aber alles ist dort in die Sphäre des Symbolischen erhoben und hat nichts mehr mit den genannten Persönlichkeiten zu tun."

Frau Förster, die Cosima genau kannte und duzte, nennt diese angebliche Liebe ihres Bruders zu Wagners Gattin eine Torheit — und sie wird wohl für immer recht haben! Ansonsten hätte das Haus Wahnfried, das durch seine wissenschaftlichen Bannerträger über Nietzsche nur Ungünstiges verbreiten läßt (cf. Chamberlain, Seiling, Glasenapp), die Dokumente jedoch, die über Nietzsche Lobendes enthalten, entweder bei einem Umzuge umkommen ließ oder der Veröffentlichung konsequent vorenthält, sicher Einspruch erhoben. Schließlich decken sich mit den obzitierten Ausführungen Nietzsches folgende aus dem „Fall Wagner": „Die anbetenden Weiber sind ihr" (sc. der Genies) „Verderben. Fast keiner hat Charakter genug, um nicht verdorben — ‚erlöst' zu werden, wenn er sich als Gott behandelt fühlt: — er kondeszendiert alsbald zum Weibe . . . der Mann ist feige vor allem ewig Weiblichen: das wissen die Weiblein . . . in vielen Fällen von weiblicher Liebe, und vielleicht gerade in den berühmtesten, ist Liebe nur ein feiner Parasitismus, ein Sich-Einnisten in eine fremde Seele, mitunter selbst in ein fremdes Fleisch — ach! wie sehr immer auf — des ‚Wirtes' Unkosten." Nietzsche war daher nur konsequent, wenn er in dem Wagner des „Parsifal" Züge „durchaus feminini generis" fand. Außerdem hatte er schon kurz nach dem Erscheinen des Klavierauszuges zum „Parsifal" folgende Aufzeichnungen gemacht: „Frau Cosima ist das einzige Weib größeren Stils, das ich kennen gelernt habe; aber ich rechne es ihr an, daß sie Wagner verdorben hat. Er verdiente solch ein Weib nicht, zum Dank dafür verfiel er ihr. Der ‚Parsifal' Wagners war zu allererst und anfänglich eine Geschmackskondeszendenz an die katholischen Instinkte seines Weibes, der Tochter Liszts; eine Art Dankbarkeit und Demut von seiten einer schwächeren, vielfacheren, leidenderen Kreatur hinauf zu einer, welche zu schätzen und zu ermutigen verstand, d. h. zu einer stärkeren, begrenzteren, zuletzt selbst eine Art jener ewigen Feigheit des Mannes vor allem Ewigweiblichen. Ob nicht alle großen Künstler bisher durch anbetende Weiber verdorben worden sind? Wenn diese unsinnig eitlen und sinnlichen Affen — denn das sind sie fast allesamt — zum ersten Male und in nächster Nähe den Götzendienst erleben, den das Weib in solchen Fällen mit allen ihren untersten und obersten Begehrungen zu treiben versteht, dann geht es bald genug zu Ende; der letzte Rest von Kritik, Selbstverachtung, Bescheidenheit und Scham vor dem Größeren ist dahin, von da an sind sie jeder Entartung fähig. Diese Künstler, die in der stärksten, herbsten Zeit ihrer Entwicklung Gründe genug hatten, ihre Anhängerschaft in Bausch und Bogen zu verachten, werden unvermeidlich das Opfer jeder ersten intelligenten Liebe oder vielmehr jedes Weibes, das intelligent genug ist, sich in Hinsicht auf das Persönlichste des Künstlers intelligent zu geben, ihn als leidend zu verstehen und zu lieben." So spricht sicherlich kein Mann, der für das Weib, das er so schonungslos angreift, in leidenschaftlicher Liebe entbrannt sein soll!

Der Darstellung Bélarts (l. c.) kann ich nicht beipflichten, ebensowenig auch Prof. Charles Andler von der Pariser Universität, der in seinem groß angelegten Werke über Nietzsche von der Annahme eines platonischen Liebesverhältnisses Nietzsches zu Frau Cosima ausgeht.

Es liegt auf der Hand, daß solche ganz willkürliche Konstruktionen nichts anderes als Versuche der frei schaffenden dichterischen Phantasie sind, die in dem Bestreben, die traurige Wirklichkeit interessanter zu gestalten, sie noch trauriger gestaltet. Als historischer Kern bleibt in allen diesen Fällen Nietzsches Verehrung für Frau Cosima zurück. Da jedoch Nietzsche über seinen „Zarathustra" an Karl Hillebrand schrieb: „Alles, was ich gedacht, gelitten und gehofft habe, steht darin und in einer Weise, daß mir mein Leben jetzt wie gerechtfertigt erscheinen will", drängt sich uns folgende Erwägung auf: Jeder Leser des „Zarathustra" kennt die Gestalt des alten Zauberers, unter dessen Maske niemand anderer als Richard Wagner eingeführt wird. Dieser alte Zauberer widerruft nun alle seine früheren Anschauungen, was bekanntlich in Wirklichkeit bei Wagner nicht eingetreten ist, von Nietzsche aber gewünscht und herbeigesehnt wurde[1]). Diese Tatsache legt die Vermutung nahe, daß Nietzsche, der sich in seinem letzten Schaffensstadium eifrigst mit der Gestalt des Dionysos beschäftigte, mit der historischen Gestalt der Frau Cosima dasselbe tat, was er mit Wagner getan hatte: weil er jetzt die „mystische Narkose" als notwendiges Komplement für seinen alles zersetzenden Zweifel brauchte, verquickte er das historische Ich der Frau, die ihn wegen seiner Angriffe auf Wagner hassen mußte, mit dem Idealbilde der Frau, wie es in seinem Herzen fortlebte: unter dem befreienden Einflusse des Dionysos widerruft auch sie ihre Feindschaft gegen Nietzsche. Denn im Dionysosdithyrambos „Klage der Ariadne" heißt es:

„All meine Tränen laufen zu dir den Lauf
und meine letzte Herzensflamme, dir glüht sie auf.
Oh, komm zurück, mein unbekannter Gott! mein Schmerz!
mein letztes Glück! . . ."

(Ein Blitz. Dionysos wird in smaragdener Schönheit sichtbar.)

---
[1]) Cf. p. 218.

Dionysos:

„Sei klug, Ariadne! ...
Muß man sich nicht erst hassen, wenn man sich
   lieben soll? ...
Ich bin dein Labyrinth ..."

Die letzte Zeile kann doch nichts anderes bedeuten als: ebenso unbegreifbar, wie nach dem Erscheinen des „Menschliches, Allzumenschliches", als ein Labyrinth, in dem sie sich nicht zurecht finden konnte, muß Nietzsche Frau Cosima auch heute noch erscheinen, trotz seines treuesten Gedenkens an Wagner, aus dem er auch nach der Zeit der Trennung kein Hehl gemacht hatte. Doch diese Hinweise dürften m. E. genügen, um in Bernoullis, Bélarts und vollends Stekels ganz willkürliche Hypothesen so viel Wahrscheinliches zu bringen, das auf Wahrheit berechtigten Anspruch erheben darf. Nur nebenbei möchte ich die Frage aufwerfen, welchen Zweck die Konstruktion eines zwischen Nietzsche und Wagners Frau bestehenden Liebesverhältnisses verfolgen mag! Offenbar doch keinen anderen als den: die tiefe Verehrung, die Nietzsche Frau Wagner selbst nach dem Tode des Meisters zollte, begreiflich zu machen. Denn gewisse Leute können und werden es nie begreifen, daß ein Mann von der geistigen Größe eines Nietzsche, wenn er auch alle seine Mitmenschen nur auf Grund ihrer geistigen Qualitäten einzuschätzen pflegte, daß ein solcher Mann, betone ich, mit Wagner aus rein ideellen Gründen sich verfeindete, in dessen Gattin jedoch, wie die angeführten Zitate beweisen, immer noch und trotz allem die **geistig** hochstehende Frau schätzte und verehrte. Diesen kleinen Geistern hätte es jedenfalls besser gefallen, wenn Nietzsche auch Frau Cosima so schonungslos und so **systematisch** bekämpft hätte wie ihren Gatten. Das wäre mehr sensationell gewesen! Aber so wie die Tristansage zur Erklärung der zwischen Tristan und Isolde herrschenden tiefen Liebesleidenschaft des Liebestrankes bedurfte und auch noch heute bedarf, bedarf umgekehrt jene Sorte von Besserwissern der Liebesleidenschaft, um die rein geistigen Beziehungen zwischen zwei intellektuell so hochstehenden Menschen sich selbst und anderen erklärlich zu machen.

XX. DAS „PARSIFALPROBLEM".

Was nun Stekels Behauptung betrifft, es sei absolut nicht zutreffend, daß sich Nietzsche einzig wegen des „Parsifal" von Wagner abgewendet habe, weil er in dem Kunstwerke eine Geschmackskondeszendenz des Meisters zu den katholischen Instinkten seines Weibes erblickte, sei darüber folgendes gesagt: Die Abwendung Nietzsches von Wagner ist viel früher anzusetzen! Das Erscheinen des „Parsifal" hat lediglich den äußeren Anlaß hiezu gegeben, denn innerlich hatte der Philosoph die völlige Entfremdung bereits längst gefühlt und durchgelitten. Bélart dagegen vertritt in seiner Monographie über die Tragödie Wagners mit Mathilde Wesendonk die Ansicht Nietzsches. Vielleicht stützt er sich auf die Tatsache, daß Frau Cosima nach der Taufe des jungen Siegfried in einem Briefe an Nietzsche sich äußerte, daß „Fidi hoffentlich unserem Heilande treu bis ans Kreuz bleiben werde!" und folgert aus diesen Worten, daß Frau Cosima eine strenggläubige Katholikin gewesen sei. Allerdings soll Wagner über derartige pathetische Bemerkungen seiner Frau mit Vorliebe ganz unchristliche und atheistische Bemerkungen gemacht haben. So schrieb Nietzsche an Malwida: „Sie wissen vielleicht nicht, wie klug Wagner in Tribschen gegen mich gewesen ist: er spielte damals vorzüglich den Atheisten — er wußte, in welchen Dingen ich keine Halbheit zulasse; er hatte einiges in der ‚Geburt der Tragödie' verstanden." Und schon 1878 äußerte er über Wagner: „Wagner ist ein moderner Mensch und vermag sich nicht durch den Glauben an Gott zu ermutigen und zu befestigen. Er glaubt nicht in der Hand eines guten Wesens zu stehen, aber er glaubt an sich. Keiner ist mehr gegen sich ganz ehrlich, der nur an sich glaubt... mit einem etwas romantischen Christentum würde Wagner harmonischer und glücklicher sein." Dies konnte Nietzsche sagen, weil er selbst trotz seiner freien Anschauungen über diesen Punkt im persönlichen Verkehr so rücksichtsvoll und zartfühlend war, daß er im Gegensatze zu Wagner fremde Überzeugungen achtete. Aber wenn Wagner, z. B. gelegentlich seines Zusammentreffens mit Nietzsche in Sorrent, diesem gegenüber von seinen christlichen Empfindungen erzählte und ihm seine tiefe Neigung zu den christlichen Dogmen gestand, ja, ihm sogar versicherte, daß die Feier des heiligen Abendmahles für ihn stets ein Genuß sei, so erblickte Nietzsche und mit ihm Bélart, weil es das Naheliegendste war, in diesem plötzlichen Gesinnungswandel Wagners offenbar die Nachwirkung der katholisierenden Tendenzen Cosimas, die durch Wagners Zusammenleben mit ihr immer mehr die Oberhand gewannen. So schrieb Nietzsche 1888: „Wie hat man seit Tribschen den armen Wagner zugleich verweltlicht und verchristlicht! Ja, ja, die Frauen!" So heißt es auch im „Zarathustra": „Und einst wollte ich tanzen, wie ich noch nie tanzte: über alle Himmel weg wollte ich tanzen. Da überredetet ihr meinen liebsten Sänger! Und nun stimmte er eine schaurige, dumpfe Weise an; ach, er tutete mir, wie ein düsteres Horn, zu Ohren!" Denn in der Wagnerschen Musik habe sich die am Leben irre, die wieder christlich gewordene, gebrochene moderne Seele ausgesungen. Hinter aller scheinbaren Glut und Kraft — der Klagelaut! Ähnlich wie bei jenem großen Bildner Böcklin: hinter Glut, heiß quellendem Leben — am Ende taucht er immer wieder auf, der Tod, der Schauer, das große Fragezeichen, das Nichts! Doch diese Ansicht Nietzsches wie Bélarts vermag ich nicht zu teilen, weil sowohl ideelle Gründe wie materielle gegen sie sprechen. So ist die Frage, ob bei Wagner die atheistischen oder die christlich-pessimistischen, der Erlösung bedürftigen Vorstellungen den tiefsten Grund seines Wesens ausgemacht haben, durch die tatsächliche Entwicklung seines Denkens zugunsten der letzteren entschieden. So konnte Wagner selbst bereits in der „Mitteilung an meine Freunde" schreiben: „Wenn in meinen Werken ein poetischer Grundzug ausgedrückt ist, so ist es die hohe Tragik der Entsagung, der wohlmotivierten, endlich notwendig eintretenden, einzig erlösenden Verneinung des Willens", was aber nichts anderes ist als das offene Bekenntnis zu Schopenhauer, dem christianissimus omnium philosophorum. Th. Lessing fand dafür das schöne Wort: „Wagner wollte von der Erde zum Himmel, Nietzsche vom Himmel zur Erde. Da fanden sie sich einen Augenblick auf ihrem Wege. Wagner war müde des Vielen, was er gelebt und gesehen hatte. Sein letztes Schaffen war ein Reich, das nicht von **dieser** Welt ist. Aber er brachte die reif und müde machende Erfahrung reichen Erlebens mit sich. Nietzsche aber, unter Büchern und Idealen, wußte nichts von jenem Weltleben. Seine Jugend verlief unter den stillen Kreisen gelehrten Mittelstandes. Aber er kam herab aus jenem Reiche, das nicht von dieser Welt ist. Dort war er eigentlich zu Hause. Und nun sah und liebte der feine, zarte, keusche, liebe Mensch mit inniger Hingabe in Wagner den Starken, der das laute, verworrene Leben beherrscht. So fanden sich Jüngling und Mann, jeder auf dem Wege, dem der andere entfloh." Aber eben durch Schopenhauer ließ sich Wagner in einen Quietismus verstricken, daß er von der göttlichen Höhe seines Sehertums den Weg nicht mehr zurückfand ins wirkliche Leben. Auf der obersten Stufe seiner Erkenntnis zeigt er sich als Weltweiser zugleich und als Kind: er wird das wieder, was er vor dreißig Jahren war — ein Schwärmer! Und in diesen Mystizismus des alten Wagner ist der letzte Nietzsche am Ende selbst gefallen, aber mit dem Unterschiede, daß er Nietzsche zum beseligendsten, die Rätsel des Lebens tatsächlich lösenden Erlebnisse ward! Frau Försters Ansicht, daß, wenn Wagner zu Nietzsche in aller Schlichtheit und Aufrichtigkeit gesagt hätte: „In diesem christlichen Mittelalter mit seinem gesteigerten religiösen Empfinden liegen für einen Künstler starke Antriebe vor, sie künstlerisch-musikalisch zu gestalten", wenn Wagner mit stolzer Heiterkeit und etwas Schelmerei ihm gesagt hätte: „Jetzt will ich einmal diese Zeitempfindung in Musik setzen!", Nietzsche dies sehr wohl begriffen und ihm zugestimmt haben würde, hat ja etwas, das nicht unterschätzt werden soll, für sich: Nietzsches Einwürfe gegen den „Parsifal" beziehen sich nicht so sehr auf das **Drama als musikalisches Kunstwerk**, sondern vielmehr auf die Person des Schöpfers und die Tendenzen, die er mit dem „Parsifal" vertrat. Deshalb hat es auch Rohde beim „Parsifal", soweit dieses Werk andere als rein künstlerische Zwecke verfolgte, nicht über sich gewonnen, dem Meister Gefolgschaft zu leisten; er war gleich Nietzsche nie in dem Sinne Wagnerianer, daß er sich in seinen persönlichen Überzeugungen hätte binden lassen. Doch ganz anders zu bewerten sind die Gründe materieller Natur! Frau Förster erwähnt, daß Nietzsche, der stets bei jedem Menschen seine aufrichtige Gesinnung schätzte und daher aus seiner Hochachtung für Christen, die sich aus innerster Überzeugung zu Christum bekannten, niemals ein Hehl machte, es nie für möglich halten wollte, daß ein Mensch, der so wie Wagner bis in die letzten Konsequenzen sich zum Atheismus bekannt hatte, nun mit einem Male reuig wieder zurückkehre zu dem frommen, naiven Glauben. So äußerte sich Nietzsche über jene Christen, die sich das im „Parsifal" vertretene Christentum gefallen ließen: „Ich bewundere, anbei gesagt, die Bescheidenheit der Christen, die nach Bayreuth gehen. Ich selbst würde gewisse Worte nicht aus dem Munde eines Wagner aushalten. Es gibt Begriffe, die nicht nach Bayreuth gehören ... Wie? ein Christentum, zurechtgemacht für Wagnerianerinnen, vielleicht von Wagnerianerinnen — denn Wagner war in alten Tagen durchaus feminini generis —? Nochmals gesagt, die Christen von heute sind mir zu bescheiden!" Nun ist es eine leider nicht zu widerlegende Tatsache, daß die Herausgeber der Briefe Wagners in diesen des Meisters unter Feuerbachs Einfluß gegen das Christentum gerichteten, oft maßlosen Angriffe zumeist gestrichen haben. Der Wagner der Jahre 1849—1859 perhorresziert tatsächlich jede Transzendenz und huldigt dem krassesten Atheismus. Mit feinem Instinkte witterte Nietzsche hinter diesem Gesinnungswechsel Interessen höchst materieller Art, deren Erreichung Wagner, dem die finanzielle Seite seines Bayreuther Unternehmens stets sehr am Herzen lag, nicht gleichgültig sein konnte. Er erklärte sich daher Wagners plötzliche Wandlung nur als einen Versuch, sich mit den fromm gewordenen herrschenden Mächten in Deutschland zu arrangieren, zu dem einzigen Zwecke: um desto sichereren Erfolg zu haben. Diese Vermutung knüpfte Nietzsche, so berichtet Frau Förster, direkt an eine Äußerung Wagners an, die er anläßlich des minimalen effektiven Erträgnisses der Bayreuther Festspiele Nietzsche gegenüber tat: „Die Deutschen wollen jetzt nichts von heidnischen Göttern und Helden hören, die wollen was Christliches sehen!" Und das nannte Nietzsche „Schauspielerei!" Schauspielerei gegen sich selbst, die ihm Ekel einflößte! Ich beschränke mich lediglich auf die Tatsache, daß, was den persönlichen Verkehr Nietzsches mit Wagner betreffen mußte, sich dieser von dem plötzlich fromm gewordenen

Meister abgestoßen fühlen mußte, was schließlich die zwischen beiden bereits bestehende Kluft nur noch vergrößerte. Ob jedoch Nietzsche mit seiner Vermutung über die Genesis des „Parsifal" Wagner unrecht tat, das läßt sich heute nicht mehr einwandfrei feststellen; klar ist nur so viel, daß auch der „Parsifal" geschrieben werden mußte, und zwar mit derselben inneren Notwendigkeit, wie etwa der „Tristan". Daß Nietzsche das nicht einsehen konnte oder wollte, hat nicht zum mindesten darin seinen Grund, daß er die Person Wagners als sein tiefstes seelisches Erlebnis in vielen Punkten viel zu subjektiv, anstatt objektiv, beurteilte. Denn hätte er nach dem Erscheinen des „Parsifal", mit dem sich der Meister bekanntlich nicht erst seit gestern beschäftigt hatte, den geistigen Entwicklungsgang Wagners objektiv beurteilt, so hätte er unfehlbar erkennen müssen, daß all sein Schmerz und alle seine Entrüstung über den fromm gewordenen Wagner sich nur aus Beziehungen von Gefühlsketten ergebe, die notwendig in ein Nichts zusammenfallen müssen, während tatsächlich Wagners Entwicklung einem System logischer Beziehungen gleichkommt, bei denen eine mit Notwendigkeit aus der anderen folgte; ja, als feiner Psychologe hätte er sich sagen müssen, das mußte so sein, weil Wagners geistiges Wesen gerade so und nicht anders beschaffen war, aus sich nicht heraus konnte und blind wie die Kugel auf der schiefen Ebene dem Gesetze der inneren Schwerkraft folgen mußte.

Und damit berühren wir eine der Kardinalfragen, um die sich die Lösung des Freundschaftsverhältnisses zwischen Wagner und Nietzsche dreht: Spielte der „Parsifal" dabei überhaupt eine Rolle? Und wenn ja, welche? Die extremen Wagnerianer behaupten heute noch, Nietzsche habe sich nur wegen des „Parsifal" von Wagner getrennt; sie motivieren dies damit, daß Nietzsche eben damals schon wahnsinnig gewesen sei und daher nicht wußte, was er tat. „Der Wahn brach die Treue!" In Wirklichkeit war Nietzsche damals durchaus nicht wahnsinnig, sondern wußte wohl, was er tat: also hat er sich mit der Ablehnung des „Parsifal" auch kein Armutszeugnis ausgestellt, wie wenn er es in blindem Hasse total übersehen hätte, daß der „Parsifal" den krönenden Abschluß von Wagners Schaffen bilde. Nun habe ich bereits den bindenden Nachweis erbracht, daß Nietzsches Trennung von Wagner sich schon bedeutend früher vorbereitete, daß der „Parsifal" die ohnehin schon bestehende

Kluft noch weiter aufriß und einfach unüberbrückbar machte. Wie läßt sich dieser auffallende Widerspruch — er besteht aber nur scheinbar! — lösen? Wer Nietzsches Schriften gegen Wagner kennt, weiß, daß er in ihnen den Meister als den genialsten Vertreter der Dekadenz bezeichnet, d. h. Wagner vereinigte in sich alles, was das verflossene Jahrhundert an hemmenden Schwächen aufzuweisen hatte: Romantik und Mystik, höchstes Pathos der Leidenschaft und trüben Pessimismus; letzteren auch als eine Folge der früher näher beschriebenen Asexualität; ausgelassene Sinnenlust und ein marterndes Erlösungsbedürfnis, wobei sich die klaren Grenzen zwischen Diesseits und Jenseits verrücken. Über die Genesis solcher hemmender, pessimistischer Faktoren sei folgendes gesagt: Je komplizierter die Kulturverhältnisse werden, je mehr Verpflichtungen dem Menschen aus verwickelten sozialen Beziehungen erwachsen, je mehr er sich daher außerstande sieht, sie alle in vollem Umfange zu erfüllen, je stärker ferner die nervöse Gesundheit durch die Abkehr von der Instinktsicherheit eines naturgemäßen Lebens beeinträchtigt wird, desto drückender wird sein Schuldbewußtsein, wenn er nicht nur die zahlreichen Übel des Daseins als Folgen seiner Sündhaftigkeit betrachten muß, sondern auch keine Verbesserung oder gar noch eine Verschlechterung seiner Lage im Jenseits zu erwarten hat. Aus diesem Schuldbewußtsein und aus diesem Pessimismus heraus erwächst ein starkes Erlösungsbedürfnis, das Tausende veranlaßt, nachzugrübeln über die Möglichkeit einer Rettung der sünd- und leiderfüllten Welt. Und schließlich kommt in einer Prophetennatur das Drängen all der Tausende zum Durchbruch. Dabei ist freilich das eine bemerkenswert, daß die eine große Frage, wie die große Erlösung zu gewinnen sei, eine viel geringere Rolle spielt als die Frage, ob es eine Erlösung überhaupt gebe. Das gilt sowohl von der christlichen wie buddhistischen Erlösungslehre. Erst Rudolf Lehmann hat in seinem Werke „Schopenhauer, ein Beitrag zur Psychologie der Metaphysik" den bindenden Nachweis erbracht, daß zwei große Strömungen zu Beginn des XIX. Jahrhunderts, Rationalismus und Romantik, auf Schopenhauer — ich möchte ergänzen: auch auf Wagner — ihren Einfluß ausgeübt haben. Denn echt rationalistisch ist beider Männer wenig entwickelter historischer Sinn und ihr Verständnis für das Individuelle. Romantisch das Streben beider, das Rätsel des Lebens von innen heraus lösen zu können, und die Gefühlsethik, die in ausgesprochenem Gegensatz zu Kants Lehre von der praktischen Vernunft steht. Daneben steht Schopenhauer unverkennbar unter dem Einflusse Spinozas, dem er seinen modifizierten Monismus verdankt, der mutatis mutandis auch bei Goethe, Schelling und Schleiermacher hervortritt. Schopenhauer modifizierte diesen Monismus insofern, als er an die Stelle der ästhetisch-optimistischen Betrachtung des spinozistischen Weltganzen die asketisch-pessimistische Moralbetrachtung setzte. Im engsten Zusammenhange damit steht Schopenhauers Mystizismus, der die Seele, Welt und Gott in eins zusammenfaßt, also eine Weltanschauung, welche unter Verzicht auf die üblichen Erkenntniswege der philosophischen Wissenschaften die Menschenbrust als den lautersten Wahrheitsquell verehrt. So ist es begreiflich, daß Schopenhauer in der Kontemplation die letzten Offenbarungen seiner Philosophie erlebt. Und diese Irrationalität, dieser mystische Schleier umhüllt fast jedes Stück seiner Gedankenwelt. Es wird nun ein für ewige Zeiten merkwürdiges Phänomen bleiben, daß Wagner ganz unbewußt aus derselben Atmosphäre, die einen Schopenhauer umgab, die tragende tragische Idee seiner Werke sich geholt hat, lange ehe er Schopenhauers Gedankenwelt kannte und sich dieselbe, so gut er eben konnte, mit der gegenteiligen Philosophie Feuerbachs zurechtinterpretierte. Ein klassisches Beispiel dafür ist der „Ring". Daneben aber läuft parallel ein unverkennbarer Hegelianismus, wenn Wagner an ein Besserwerden des absolut bösen Weltwillens Schopenhauers glaubt, also ein Glaube an den Hegelschen Entwicklungsgedanken, der bei Wagner trotz seines ausgesprochenen Pessimismus den Regenerationsgedanken zeitigte. Eine Tatsache, die beweist, daß Wagner alles andere eher war denn ein — Philosoph, was auch Schopenhauer nach der Lektüre der ihm übersandten „Ring"-Dichtung klar erkannt hat.

Das also sind die Fundamente, auf denen sich Wagners Kunstwerke aufbauen, das sind die Ideen, denen er durch seine Musik suggestive Kraft verlieh. Nicht nur Nietzsche allein, sondern — um nur einen zu nennen — kein Geringerer als Friedrich Jodl nannte „diese Zukunftsmusik des Protestanten und Freimaurers die Reaktion"; glaubte doch Wagner felsenfest, daß seine Musik allein erlösen könne; durch sie wurde in den gleißenden Farben des Fortschritts die Ursünde des XIX. Jahrhunderts, seine geistige Trägheit und Genußsucht, zum künstlerischen Prinzip erhoben. Nun ist es einerseits klar, daß Nietzsche wegen des „Tristan", der „Meistersinger" und einiger Akte aus der „Ring"-Tetralogie Wagners uneingeschränkter Bewunderer wurde und blieb, während er den anderen Werken des Meisters gegenüber sich ziemlich reserviert, ja ablehnend verhielt[1]). Anderseits aber ist es ebenso klar, daß der „Parsifal" nur den folgerichtigen Schlußstein in Wagners Kunstschaffen bildet. Ragt er doch schon seiner Entstehung nach in die „Tannhäuser"- und „Tristan"-Zeit hinein und besteht ein ideeller Zusammenhang zwischen den Gestalten des Tannhäuser-Tristan-Amfortas; Venus-Klingsor-Alberich; Venusberg-Klingsors Zaubergarten. Nietzsche hätte also sämtliche Werke Wagners verwerfen müssen, denn der Grundgedanke der Entsagung ist ihnen allen gemeinsam. Indessen ist diese Antinomie zwischen Nietzsches Werturteilen nur eine scheinbare: Bedenkt man nämlich, daß z. B. „Meistersinger" und „Tristan" auf ein rein persönliches Erleben ihres Schöpfers zurückgehen, daher trotz ihres scheinbar typischen künstlerischen Gehaltes ganz individuelles Leben atmen, ohne eine wie immer geartete Tendenz zu vertreten, so war es nur recht und billig, daß Nietzsche diese beiden Werke als die vollendetsten pries; sind sie doch geschaffen aus dem seligen Gefühle des Unbewußten. Ebenso verhält es sich mit dem „Ring": die Gestalt Siegfrieds, dessen Gegenteil später der Parsifal wurde, entsprach nämlich nur zu sehr dem damaligen Wagner, und der „Immoralist" Nietzsche sah in Siegfried sein und des Meisters Ideal verwirklicht. Anders aber, ganz anders liegt die Sache beim „Parsifal"! Wenn man sich vor Augen hält, daß in die achtziger Jahre des verflossenen Jahrhunderts die deutsche Hochdekadenz fällt, daß man nicht nur am religiösen Prinzipe starr festhielt, sondern selbst im protestantischen Lager mit dem Katholizismus zu liebäugeln begann, so ist der Künstler Wagner an diesen Zeiterscheinungen nicht gedankenlos vorübergegangen — in seinem Geiste bespiegelten sich die Zeiten! —, so zeigte er sich mit der Schöpfung des „Parsifal" wiederum als der echte Künstler, als der bewunderungswürdige Spiegel, durch den wir in die tiefsten Herzensfalten der damaligen Zeit hineinblicken können; denn alle Kunst ist nur ein Gleichnis. Ob aber dabei, wie Frau Förster meint, auch materielle Gründe

---

[1]) Cf. p. 180, 181; 254.

mitgespielt haben, diese Frage wollen wir lieber unerörtert lassen. Tatsache ist, daß eine beredtere, gewaltigere Apologie des katholischen Kultus[1]) in Deutschland noch nie geschrieben worden ist als mit dem „Parsifal" von Richard Wagner. Man kann nur staunen vor dieser Macht der künstlerischen Phantasie bei einem Manne, der selber nicht Katholik gewesen ist und es doch verstand, alle äußeren Mittel dieses Glaubens in einem Brennpunkte zu sammeln. Der Zauber, mit dem man in Bayreuth durch musikalische und szenische Kunst umfangen wird, ist so groß, daß man keine Zeit übrig behält, um auf das grob-materialistische und mittelalterlich-katholische Blendwerk zu reflektieren, mit dem der Erlösungsgedanke im „Parsifal" umgeben wird. Daß der Kunst der damaligen Tage eine derartige Wiederbelebung religiöser Stoffe gelang, das gab nicht nur Nietzsche, das gab auch Jodl und vielen anderen zu denken, Theologen katholischen oder evangelischen Bekenntnisses: War es bloß ein Nachklang einer früheren Zeit? War es nur ein Vorspiel neuer Liebe? Mit ungemein feiner Witterung hat Nietzsche das fremdartig betäubende Parfüm, das Narkotische, Entnervende, das von Schopenhauers Ethik und Wagners Kunst ausgeht, herausgefühlt, die ungeheure **Gefahr** für die deutsche Kultur, welche in dieser katholisierenden Wendung der größten Kunstmacht der Gegenwart lag, das Erschlaffende, welches eine buddhistische Mitleidslehre und das Dogma von der unheilbaren Trostlosigkeit der Welt mit sich bringen müßte. **Wehe denen, die da wollen, daß wir den Künstler in Wagner vergessen und nur den Propheten verehren sollen!** So liegt in Nietzsches Urteilen über Wagners Kunstwerke durchaus kein Widerspruch: er blieb nur konsequent, wenn er den „Parsifal" wegen der in ihm klar zum Ausdruck gebrachten **Tendenz** bekämpfte. Dem **Künstler Wagner**, der einen „Parsifal" schrieb, ließ er volle Gerechtigkeit widerfahren; so schreibt er an Peter Gast nach Anhörung des „Parsifal"-Vorspieles (21. Jänner 1887): „**Abgesehen von allen unzugehörigen Fragen** (wozu solche Musik **dienen kann oder etwa dienen soll?**), sondern rein ästhetisch gefragt: hat Wagner je etwas besser gemacht? Die allerhöchste

---

[1]) Cf. Prälat Dr. Kluger: „R. Wagners ‚Parsifal' als religiöses Kunstwerk", der in katholischem Sinne interpretiert, während der Jesuitenpater E. Hemmes („R. Wagners ‚Parsifal'") jedwedes katholisch-religiöse Moment energisch ablehnt.

psychologische Bewußtheit und Bestimmtheit in bezug auf das, was hier gesagt, ausgedrückt, mitgeteilt werden soll, die kürzeste und direkteste Form dafür, jede Nuance des Gefühls bis aufs Epigrammatische gebracht; eine Deutlichkeit der Musik als deskriptiver Kunst, bei der man an einen Schild mit erhabener Arbeit denkt; und zuletzt, ein sublimes und außerordentliches Gefühl, Erlebnis, Ereignis der Seele im Grunde der Musik, das Wagner die höchste Ehre macht, eine Synthesis von Zuständen, die vielen Menschen, auch höheren ‚Menschen‘, als unvereinbar gelten werden, von richtender Strenge, von ‚Höhe‘ im erschreckenden Sinne des Wortes, von einem Mitwissen und Durchschauen, das eine Seele wie mit Messern durchschneidet, — und von Mitleiden mit dem, was da geschaut und gerichtet wird. Desgleichen gibt es bei Dante, sonst nicht. Ob je ein Maler einen so schwermütigen Blick der Liebe gemalt hat als Wagner mit den letzten Akzenten seines Vorspieles?" An Freiherrn von Seydlitz schrieb er: „Die Situationen und ihre Aufeinanderfolge, ist das nicht von der höchsten Poesie, ist es nicht eine letzte Herausforderung der Musik?" Sind das vielleicht Urteile eines Wahnsinnigen? Umgekehrt kann aber auch ich, der ich mich einen guten Christen zu nennen getraue, unmöglich im „Parsifal", so sehr ich ihn als Kunstwerk schätze, das Endergebnis menschlichen Strebens und Ringens erblicken oder gar einen Ersatz für unsere Religion. Nicht durch die Kunst Wagners werden wir Gott suchen und finden, wohl aber durch unser Erkennen und Handeln: Denn in uns selbst tragen wir das Bild der Gottheit, die immer nur die Züge unseres besten Wesens annimmt. Das Himmelreich ist nur in unserer Liebe und Barmherzigkeit. Der wahre, lebendige Christus, das sei unsere Parole, aber nicht ein auf die Opernbühne gebrachtes, mit Schopenhauerschen und buddhistischen Lehren verquicktes Romantikerchristentum. Über Nietzsches Irrtümer in der Bekämpfung der Tendenz des „Parsifal" zu sprechen, ist hier nicht der Ort; mir handelte es sich nur darum, zu zeigen, daß Nietzsche auch in diesem Kampfe konsequent blieb und, was das Höchste ist, sich selbst die Treue gehalten hat.

In diesem Zusammenhange scheint mir aber noch folgendes äußerst beachtenswert: Wagner war sein ganzes Leben hindurch ein leidenschaftlicher — Unchrist, dem die bisherige Opernform als ein Greuel erschienen war, weil ihr jedweder ethische Wert fehlte.

Wagner wollte ihr einen neuen Inhalt, und zwar einen rein ethischen, geben, und das ist ihm seiner Meinung nach damit gelungen, daß er alle seine Werke mit einem Erlebnis erfüllte, das nicht sein individuelles, sondern unser aller Erleben ist; daß er alle seine Werke mit seiner, das heißt wiederum mit unserer heißen Sehnsucht nach restloser Lösung der Rätsel dieses Daseins füllte. Aber wenn wir uns fragen, ob Wagner die Lösung dieser Rätsel so restlos geglückt sei, wie er es sich dachte, so kann die Antwort nur lauten, daß er dieser Lösung niemals ferner war als gerade in all den Stunden, da er aus innerster Seele zu schaffen wähnte: denn Gott war für Wagner niemals ein so tiefgreifendes Erlebnis wie für Nietzsche, den „Feind Gottes"; Wagner hat nie so tief gelitten an Gott wie Nietzsche; Wagner hat niemals Gott mit dieser mystischen Sehnsucht gesucht wie Nietzsche. Deshalb hat Nietzsche m. E. wiederum, wie so oft, seinen feinen psychologischen Instinkt auf das glänzendste bewiesen, als er die Tendenz des „Parsifal" rücksichtslos ablehnte; sein durch keine Äußerlichkeiten zu trügendes Gefühl sagte ihm, daß hier trotz aller gegenteiligen Beteuerungen nicht Gott verkündet und verherrlicht werde, sondern daß vielmehr, genau so wie im „Tannhäuser", „ein heißer Eros aus dem nordischen Nebel seine Stimme schicke"; aber daß die künstlerische Entwicklung des Meisters von Bayreuth mit seinem letzten Werke in einem Mysterium endete, das jenen heidnischen Eros[1]) mit dem Christentume zu einer neuen Einheit verbinden wollte, das konnte oder wollte Nietzsche an Wagner nicht erkennen! Eben weil in Wagner zeitlebens ein Rest christlichen Empfindens lebendig war, suchte er sein ganzes Leben lang mit allen Sinnen die Erlösung und endete in der — Entsagung. Nietzsche hat dieselbe Erlösung gesucht und — gefunden! Doch über diese tiefsten Probleme der hier nur angedeuteten Wesensverwandtschaft zwischen Wagner und Nietzsche soll erst am Schlusse des Buches ausführlich gehandelt werden.

Mit seiner Behauptung also, daß nicht „die Empörung über den Abfall Wagners von der atheistischen Weltanschauung Nietzsche zum Gegner Wagners gemacht habe", hat Stekel das Richtige getroffen; nur ist seine Beweisführung eine grundfalsche. Die Argu-

---

[1]) Sc. germanisch-hellenischen.

mente rein philosophischer Natur, die Auswirkung des philosophischen Triebes in Nietzsche, die man, wie wir es getan und auch nachgewiesen haben, für die Erklärung des Abfalles Nietzsches von Wagner bereits aus den frühesten Zeiten ihrer Freundschaft heranziehen muß, schiebt Stekel mit kühner Verachtung der Geisteswissenschaften beiseite. Das ist ja begreiflich: bei seiner Methode ist es ja auch gar nicht notwendig, daß man sich darum allzu ängstlich quäle:

„Denn eben wo Begriffe fehlen,
da stellt ein Wort zur rechten Zeit sich ein.
Mit Worten läßt sich trefflich streiten,
mit Worten ein System bereiten,
an Worte läßt sich trefflich glauben,
von einem Wort läßt sich kein Jota rauben!"

Doch Stekel bleibt konsequent! Wie würde, so fragt er sich offenbar, zu Nietzsches von Haus aus zerrüttetem Gehirn jetzt auf einmal die Konzeption einer Weltanschauung taugen, die zu der Wagnerschen im direkten Widerspruch stünde? Wer sagt uns denn, daß Nietzsche wirklich ein Philosoph ist? Und doch war Nietzsche, als er Richard Wagner kennen lernte, in der Tat „ein herrlicher Mensch", der Rohde wie „eine neue Offenbarung menschlichen Wesens" vorkam. Schon damals lebte in ihm jener gewaltige δημιουργός, der die Materie so bildete, wie nur er es wollte. Wer von uns armen Sterblichen vermag jene Tiefen aufzudecken, in denen in einer gottbegnadeten Menschenseele irgendein gütiger θεός sein lebendiges Kleid wirkt? Mag der Rationalismus und die Psychoanalyse unserer Tage noch so spitzfindig zu Werke gehen: Wie der Genius in die Welt gekommen, wie er wirkt und schafft, das sollen und werden sie nie uns künden, auch bei Nietzsche nicht. Aber nur die Wissenschaft, welche sich die Erforschung der Wahrheit zum Ziele gesetzt hat, nicht jene Wissenschaft, die Winkelwahrheiten nachjagt, kann uns dem Genius näher führen, denn „Wissenschaft", sagt Wilamowitz, „ist immer schön und heilig, ewig und unsterblich gegenüber uns Sterblichen, die wir wissen, daß unser Wissen Stückwerk ist. Sie fordert immer den ganzen Einsatz der Person, auf daß diese selbst darin aufgehe und vergehe. Wissenschaft fordert Resignation. Aber ein Hochgefühl ist es, das erkannte Wahre und Göttliche zu verkünden und mit dem Einsatze der eigenen ganzen Person unmittelbar anderen Seelen zuzuführen."

„Alle bekränzen wir uns mit den Zweigen des heiligen Ölbaums
Aus Akademos Bezirk! An des Prometheus Altar
Zünden wir alle die Fackel zum Wettlauf! Der himmlischen Muse
Sohn gab allen dazu, Eros, die Weihe der Kraft!"

Mit denselben Methoden, die Nietzsche begeistert in den Dienst des Wagnerschen Kulturideals gestellt hat, mit den Forschungsmethoden der Philologie, kann man Nietzsches Gedankenwelt interpretieren und erschließen, besser jedenfalls als auf Grund einer vorgefaßten Meinung, die das Endresultat einfach präsumiert. Das will ich im folgenden tun. Die Interpretation eines Dokumentes der menschlichen Geistesgeschichte ist entschieden schwieriger als das Aufstellen eines Schemas von ein paar psychiatrischen Nomenklaturen, in das der Autor dieses Dokumentes rücksichtslos hineingezwängt wird. Diese Art der wissenschaftlichen Forschung und Interpretationskunst mag immerhin ein geistreiches Aperçu sein. Aber ein Dokument, voll verstanden, ist mehr wert als die geistreichsten Aperçus, die darüber geschrieben werden.

XXI. NIETZSCHE ALS RELIGIÖSER UND ETHISCHER REFORMATOR.

Was denkt sich der Laie, der nur weiß, daß Nietzsche seinen Freund Wagner verraten hat, von diesem Nietzsche, wenn er durch Stekel mit der epochalen Entdeckung bekannt gemacht wird: Nietzsche sei zwar selbst Asket und Abstinenzler gewesen, war mithin für die im „Parsifal" ausgesprochene Weltanschauung prädestiniert, habe aber trotzdem für Dionysos, den Inbegriff des vollen, nach Betätigung ringenden Lebenswillens (das versteht nämlich Stekel unter dem Dionysos!), geschwärmt! Mithin hat Nietzsche, der in praxi der Asket par excellence war, in der Theorie aber das Gegenteil des Asketismus vertrat, sich durch die Bekämpfung des „Parsifal" entschieden widersprochen. Diese „Tatsache" in Nietzsches Leben wertet Stekel als ein klassisches Beispiel für Hypochondrie und zugleich als neuerlichen Beweis für Nietzsches geistige Abnormität: Nietzsche, der Sohn eines Pastors, Nietzsche, dessen sehnlichster Wunsch es war, selbst einmal Pastor zu werden, hatte die Religion, in der er erzogen worden war, nur intellektuell überwunden, und daher war Christus, der Inbegriff einer asketischen Weltanschauung, sein Vorbild; wer aber hat je einen asketischen Dionysos gesehen, für den sich Nietzsche ausgab? Schon bei einer früheren Gelegenheit sagte ich, daß für Stekel das Problem, das Dionysos sowohl für die Religionsgeschichte als auch im konkreten Falle für das „Problem Nietzsche" bedeutet, ein Buch, verschlossen mit sieben Siegeln ist. Deshalb ist die mit sichtlicher Ironie erfolgende Betonung des angeblichen Gegensatzes in Nietzsches Leben und Lehre wohl der stärkste Beweis dafür, daß Stekel trotz seines reichen Wissens als Psychopathologe, das ich in seiner Anwendung auf Patienten durchaus nicht bestreiten werde, nicht reif ist, das Fundamentalproblem der Nietzscheschen Philosophie zu lösen; und meine mit rein geisteswissenschaftlichen Argumenten erfolgende

Widerlegung seiner Ansichten soll dartun, daß Psychoanalyse, Sexualpsychologie und wie sonst noch die für unfehlbar erklärten Methoden der neuesten Interpretationskunst heißen mögen, weil sie nur das „Menschliche", leider aber nicht das „Ewig-Menschliche" betonen, bei der Erklärung der Philosophie Nietzsches, speziell der aus seinem letzten Stadium, unfehlbar in die Irre gehen müssen.

Nietzsche war in der Tat aus theologischem Blute, aus durchwegs religiös-patriarchalisch gestimmten Ahnen hervorgegangen. Dieser ererbte bürgerlich honette Theologengeist, hier als religiöse Mystik, dort als ein Zug zu protestantisch-rationalistischem Vernunftglauben wirksam, ist in Nietzsche immer lebendig geblieben. Denn Nietzsche ist — und damit berühren wir den tiefsten Kern seines Wesens! — so weit entfernt davon, ein Religionszersetzer zu sein, daß man ihn geradezu als den religiösen Genius unserer Tage zu bezeichnen hat. Aber „eine gewisse Neigung zum Wahnsinn", sagt Emerson, „hat immer den Aufgang des religiösen Gefühls im Menschen begleitet, als wären sie vom Übermaß des Lichtes geblendet worden". Th. Lessing z. B. weiß außer Pascal und Kierkegaard keinen, der die Psychologie typisch religiöser Erfahrungen an sich selber so durchgelitten und durchgegrübelt hätte, wie Nietzsche. Machen wir uns das klar! Jeder Mensch glaubt, daß er seine Ruhe, sein Glück und damit sein Leben preisgibt, wenn er seine Arbeit, seine Art abhängig macht vom Erfolg, der Anerkennung und der Dankbarkeit anderer. Das ist gewiß nichts Neues. Jesus und fast alle Religionsgründer, unsere Philosophen sind auch auf anderem Wege als dem der Erfahrung zu diesem Urteile gekommen. Jesus aber und sein Volk konnten es nicht verstehen, wie ein Mensch ohne Lohn sein Leben lang seine Pflicht tun kann, deshalb suchte und fand er den großen Löhnungstag — im Himmel! Nun, dieser Himmel ist eine herrliche Erfindung, älter als Jesus, aber eben — eine Erfindung! Die Wirklichkeit belehrt uns, daß die Belohnung des Guten eine Ausnahme, nicht die Regel ist. Demnach kann die Aussicht auf solchen Lohn nicht genügen, uns in unserem Streben aufrechtzuerhalten, sondern einzig und allein nur das Vertrauen in die Vernunft des Menschenschicksals, die Bestimmung unserer Gattung, und daß unser wahrer Wert davon abhängt, wie weit wir dieser Vernunft dienen und uns aufopfern. Und diese Vernunft des Menschenschicksals ist seit den Tagen, da es Platon gelehrt hatte, nichts anderes als die Realisierung des Guten! Verpflichtet sein zum Guten und sich dabei nicht irre machen lassen durch Unverstand, Mißtrauen, Undankbarkeit, Verleumdung — „so sprich und stammle: das ist mein Gutes, das liebe ich, so gefällt es mir ganz, so allein will ich das Gute!" — das ist unsere Aufgabe, nicht um Heilige zu werden, sondern weil es das einzig Mögliche ist, wodurch wir nun einmal bei unserer Anlage gedeihen und glücklich sein können. Wir sind Menschen, wollen keine Märtyrer sein oder werden, aber wir sind unglücklich, wenn wir unsere Erfahrung, daß wir den Lohn für das Gute von jemand außer uns nicht erwarten dürfen, ignorieren. Doch schon Euripides sagte: „Du bist gut geboren und kannst das Gute, so du nur willst. Auf deiner eigenen Kraft stehst du, kein Gott und kein Mensch nimmt dir ab, was du zu tun hast; aber deine Kraft genügt zum Siege, wenn du sie gebrauchst." So läßt Wilamowitz den hellenischen Dichter das, was die Heraklessage bedeutet, in Worte kleiden. Und was kündet Nietzsche: „Ich liebe die, welche nicht erst hinter den Sternen einen Grund suchen, unterzugehen und Opfer zu sein: sondern die sich der Erde opfern! Ich liebe den, welcher die Zukünftigen rechtfertigt und die Vergangenen erlöst: denn er will an den Gegenwärtigen zugrunde gehen! Ich liebe den, dessen Seele übervoll ist, so daß er sich selber vergißt, und alle Dinge in ihm sind: so werden alle Dinge sein Untergang." Daß wir aber eines Lohnes sicher sind, der uns nimmer entgehen kann, darüber sind sich die Menschen stets einig gewesen. Dieser ist aber nichts anderes als der Glanz unseres Herzens. Menschen, an die wir uns hängen, können sterben oder sich von uns wenden, Einrichtungen, materielle Werte können zugrunde gehen. Den Glanz unseres Herzens allein kann uns niemand aus unserem Leibe reißen, darüber verfügen wir allein und ausschließlich. Für Mühen und Selbstüberwindung darf man nicht mehr fordern als ein gutes Gewissen und ein reines Herz. Das wird wohl jedem verständlich sein. Weniger indes die Motive, aus denen Nietzsche sein Übermenschenideal ableitete. Und doch schrieb der Nietzsche, der sich angeblich selbst für diesen Übermenschen gehalten haben soll, an seinen Freund Freiherrn v. Gersdorff: „Wenn wir einmal unser Leben austragen müssen, versuchen wir es, dieses Leben so zu gebrauchen, daß es andere als wertvoll segnen, wenn wir glücklich von ihm erlöst sind." Beachten wir den Wortlaut: andere sollen unser, d. h. sein Leben als wertvoll segnen! Der einsame Nietzsche segnete selbst sein Leben! Wie gelangte nun Nietzsche zu der vorher skizzierten Weltansicht, welche die Gegensätze zwischen Theorie und Praxis in unserem Herzen mild versöhnend ausgleicht? Wilhelm Bölsche schließt eines seiner Werke mit den Worten, daß „durch alle die Melodien des Geistes ein Größtes klinge, das mehr noch ist als Liebe... das Schöpferwort, das Welten gebaut hat und aus Welten bessere Welten baut, das Triumphwort aller Erfüllung und das stille Resignationswort aller zeitlichen Beschränkung im engen Kämmerlein: Sehnsucht". Sehnsucht pocht in unseren Tagen mehr denn je an unser Herz: ein tiefes Sehnen durchzittert gerade die Welt des Geistes, es ringt in all den Erzeugnissen des menschlichen Geistes sichtbar und hörbar nach Ausdruck; damit ist jedoch nicht mehr und nicht weniger angedeutet als unsere Sehnsucht nach einer neuen Bildung. Diese soll berufen sein, den scharfen Gegensatz zwischen Vergangenheit und Gegenwart in einer reich fortblühenden Zukunft aufzulösen, d. h. wir suchen nach einem solchen Ausdrucke unseres Selbst, der mit dem alten, den wir an uns doch nicht missen wollen, unser neues Wesen verbindet. Der Vater und Urheber dieser Bildung ist Nietzsche, er wollte uns tatsächlich neue Lebensinhalte geben. „Wer noch Ohren hat für Unerhörtes, dem will ich sein Herz schwer machen mit meinem Glücke!" ruft er uns voll prophetischen Geistes zu. Und seine Worte tönen uns entgegen gleich dem Morgenglockenton, der das Nahen des Tages kündet, an dem die Menschen stärker, freier und schöner, im Einsgefühle mit sich und der Welt und dem Leben der Zukunft froh entgegengehen, „voll Hoffnungen, die noch keinen Namen haben, voll neuen Willens und Strömens, voll neuen Unwillens und Zurückströmens". Nietzsches Sehnsucht hat aus der alten Welt wirklich eine neue Welt des Geistes geschaffen. Doch welcher Art ist diese seine neue Welt? Philosophie ist, sagen wir, im weitesten Sinne des Wortes Weltanschauungslehre. Aber nun ist es sattsam bekannt, daß der menschliche Geist in der Tat jenem mythischen Simson gleicht, der an den Säulen seines Hauses so lange rüttelt, bis es zerfällt; aber aus den Trümmern baut er ein neues. Das heißt: philosophische Systeme kommen und gehen, jeder Philosoph gleicht jenem Simson. Der uns Menschen angeborene Zweifel an allem Überlieferten, unsere ungeheure Sehnsucht, dieses All und alles Geschehen in ihm in einem einheitlichen, widerspruchslosen Bilde zu erfassen, zeigt uns den Verlauf unserer Geistesentwicklung als ein beständiges Fluktuieren von Vertrauen und Mißtrauen in die Macht unserer Erkenntnis. Ebenso wie einst Kant die Philosophie den Armen des Skeptizismus, ihrem Niedergange, entriß, brach auch Nietzsche in vielleicht noch tieferer Weise als Kant mit dem herrschenden Skeptizismus seiner Zeit, der doch durch Schopenhauer zum Pessimismus ausgeartet war. Nietzsche zog in den Bereich seiner fundamentalen Untersuchungen das Problem vom Werte der Wahrheit und erbrachte den Nachweis, daß der menschliche Trieb zur Wahrheit nur ein Mittel des allgemeinen Lebenswillens sein könne. Sein Ideal ist, wie bereits gesagt wurde, die unaufhaltsame Entwicklung unseres Erkenntnisvermögens. Deshalb perhorresziert er jeden Dogmatismus in unserer Philosophie und setzt das vorwärts schreitende Erkennen einer Art Schaffen gleich. An dieses Ergebnis knüpft er sodann die entscheidende Frage nach dem Sinne des Menschenlebens und erblickt denselben mit Platon in einer Art Schwangerschaft des Menschen: der Mensch soll den Übermenschen zeugen! Für ihn ist der Mensch nicht mehr das „Wesen, das gar nicht existieren sollte, das sein Dasein abbüßt durch vielgestaltetes Leiden und den Tod", sondern die Vorstufe zu einer noch höheren, edleren Art Mensch. Bei Formulierung dieser seiner Forderung hat Nietzsche den Goetheschen Gedanken aufgenommen: „Das letzte Produkt der sich immer steigernden Natur ist der schöne Mensch... wer weiß, ob nicht auch der ganze Mensch wieder nur ein Wurf nach einem höheren Ziele ist?" Indem Nietzsche den Mängeln seiner Zeit seine Ideale entgegenhielt, formulierte er den Grundwert der starken, selbsteigenen Persönlichkeit, brachte er seiner Zeit die Gefahren des Gleichschätzens und Gleichmachens eindringlich zum Bewußtsein, und er hätte nicht klassischer Philologe sein müssen, wenn er nicht im Hellenentum gleich Goethe das Endziel seiner Pläne bereits einmal verwirklicht gesehen hätte: „bisher, nach langer kosmopolitischer Umschau, der Grieche als Mensch, der es am weitesten brachte!" Diesen Menschentypus will er erreichen durch die Hebung des Niveaus der Menschen: je höher das Postament, desto höher die von jenem getragene Säule. Zu diesem Zwecke schuf er „neue

Werte", d. h. „wertete" er die bestehenden Wahrheiten „um", und nannte sie das Übermenschliche, das Vorbildliche. Also geistige Werte sind es, Werte, welche die Handlungen der Menschen beeinflussen, unsere Gesinnung neu beseelen sollen. Diese Werte stehen jedoch mit dem Sinn und Zweck des Menschenlebens in einem gewissen Zusammenhange, indem Nietzsche alle Dinge nach ihrem biologischen und physiologischen Werte beurteilt; daher sagt er zum aufsteigenden Leben ja und gut, zum absteigenden nein und schlecht. Sein Kriterium bildet also die Lebensenergie in ihren verschiedenen Äußerungen. Daher verabscheut er jede Vergutmütigung des Menschen, stellt sich in Gegensatz zum Christentum, zu Rousseau und allen Demokraten, die mit dem ersten Menschen den Begriff einer angebornen Gutmütigkeit verbinden. Feinsinnig sind die Ausführungen bei M. Kronenberg, „Kant, sein Leben und seine Lehre", p. 15—19: „Die Philosophie im tragischen Zeitalter der Griechen", diese Blütezeit der Antike, in welcher die Ideenwelt der Philosophie das natürliche Abbild der wirklichen Menschenwelt zu sein schien und diese nichts anderes als die Realisierung der Ideen, welche der Gedanke aus sich erzeugt hatte, im bildsamen Stoffe der lebendigen Wirklichkeit — diese glücklichste Periode war schnell vorüber, und bald traten Denken und Sein, Idee und Wirklichkeit immer zwiespältiger auseinander. Diese Divergenz endete schließlich in einer Abkehr von der Wirklichkeit, in einer leidenschaftlichen Zuwendung zum menschlichen Innern. Man begann leidenschaftlich zu schwärmen für die Unendlichkeit, entdeckte Welten über Welten, bis zuletzt, durch den Eintritt des Christentums, Realität und Idealität einander völlig ausschlossen. Denn nun galt die Realität als der Sitz des Bösen, diese als Sitz des Guten, nur durch höhere Erkenntnis, geheime Offenbarung etc. erkennbar, während die Vernunfterkenntnis nur auf die reale Welt beschränkt wurde. Kein Wunder, daß der Ruf nach Erlösung von dieser wirklichen Welt immer lauter wurde und sich zuletzt zum einzig brausenden Akkord verdichtete, wenngleich die höchste Erkenntnis dieser Forderung nach Erfüllung ohnmächtig gegenüberstand. Denn selbst das feinst ausgedachte Gedankensystem einer Erlösung von dieser Welt konnte nicht gleichkommen der faktischen Losreißung vom eigenen Leben, wie es Christi Opfertod darstellt. Daher seine faszinierende Wirkung auf alle Welt. Davor mußte die Vernunft, die so siegreich ihren Flug begonnen, bedingungslos kapitulieren, und der religiöse Mythos begann üppiger denn je zu blühen. Es ist charakteristisch, daß man nun unter dem Einflusse antiken Geistes, der noch lange wie eine fernhinziehende Abendröte die christliche Welt bestrahlte, den Weg zur Natur und Vernunft zurückzufinden sich bemühte. Und wenn selbst der „letzte" Nietzsche in seinem Mystizismus scheinbar ganz neue, noch nie dagewesene Lehren vorträgt, so hat er damit, konsequent wie er war, seiner langen Entwicklungsreihe gleichfalls nur den Schlußstein eingefügt: er hat stets, sein ganzes Leben lang, die antike Philosophie, resp. die echt hellenische Weltanschauung reproduziert. Bereits der Philologe Nietzsche predigt in seiner Schrift „Wir Philologen" den Abfall vom Christentum, dem er Mangel an Religiosität vorwirft, und schon damals gipfelt seine Religion in der Erzeugung des Genius, als des einzigen, der das Leben wahrhaft schätzen und verneinen kann. „Rettet euren Genius! befreit ihn!" ruft er uns zu. So liegt im Anfange seiner Philosophie bereits deren Ende, und das Ende seiner Philosophie deckt sich folgerichtig mit dem Anfange: so wird dieser „Genius" erst seinem späteren Denken zum Übermenschen, der aber freilich nicht bloß befreit, sondern, was die Hauptsache ist, erst geschaffen werden muß: er ist der bewußt gewordene Wille in menschlicher Gestalt. Nun war Nietzsche eine von Haus aus religiös gestimmte Natur; daher atmet selbst dieser sein so früh ausgesprochener Atheismus religiöse Farbe und Glut. Nietzsche leugnet Gott als Gott, weil ihm die gewöhnliche Gottesvorstellung nicht genügte, weil er in seinem Übermenschenideal, in dem er das aristokratische Ideal der Antike wieder aufnahm, Besseres und Höheres gefunden zu haben glaubte. Denn der Gedanke, daß, wenn Gott als das vollkommenste Wesen gedacht wird, durch die Existenz eines solchen Wesens alles Höherstreben des Menschen einfach nutzlos wird, ist echt hellenisch gedacht: ein bereits einmal erreichtes Ziel wird man doch nicht neuerdings erreichen wollen! Gott bildet demnach die Grenze für das Streben des Menschen. Nur in den aus diesem Gedanken gezogenen Konsequenzen unterscheidet sich Nietzsche von den Hellenen: „Ist es nicht deine Frömmigkeit selbst, die dich nicht mehr an Gott glauben läßt?" fragt Zarathustra und argumentiert so: „Wenn es Götter gäbe, wie hielte ich's aus, kein

Gott zu sein!... Also gibt es keine Götter! Wohl zog ich den Schluß, nun aber zieht er mich. Schaffen, das ist die große Erlösung vom Leiden und des Lebens leicht werden. Aber, was wäre denn zu schaffen, wenn — Götter da wären?" Aus Unverstand und wohl auch in böser Absicht hat man diese Argumentation mit der durch Aristophanes in den „Rittern" gegebenen in eine Parallele gestellt; es heißt dort: „Glaubst du, mein Freund, daß Götter sind oder nicht sind?" — „Ich glaube, daß sie sind!" — „Und womit beweisest du das?" — „Ich bin ihr Feind! Wie sollten sie nicht sein?" So behauptete man, der größenwahnsinnige Nietzsche erträumte sich Gottgleichheit, habe sich selbst als Gott gefühlt. Er hatte indes Besseres zu tun! Seine Polemik gegen das Christentum wie seine Forderung des Übermenschen fußt nämlich auf der Aufopferung des Menschen für ein höheres Sein: der Mensch muß dieses Leben zuerst verlieren, um ein höheres zu gewinnen. Das ist allerdings eine frappante Ähnlichkeit mit dem christlichen Ideal, die man jedoch nicht mit Stekel auf den in Nietzsche „tief und unausrottbar wurzelnden Hang zum Katholizismus" zurückführen darf. Ein Reich eines allerdings nur zeitlichen Jenseits wird erdichtet, in das der Mensch nur geistig eingehen kann: denn das Übermenschenideal ist, wie bereits gesagt wurde, ein uns allen zwar jederzeit ergreifbares, nie aber erreichbares Ideal; wir werden immer nach ihm streben, es jedoch nie erschauen. Das Höchste, das Einzige, was wir können, ist: gleich Zarathustra alle unsere Erlebnisse segnen und als Segnende sterben; dafür müssen wir aber zunächst aus Betenden Segnende geworden sein! Nichts ist jedoch verkehrter, als wenn man aus Nietzsches scharfer Polemik gegen das Christentum schließt, dieser sein Kampf gelte der Lichtgestalt Jesu, oder Nietzsche habe das Christentum und die herrschende Moral als eine Art Sklavenmoral einfach abschaffen wollen; im Gegenteil! Er will es überbieten, durch eine höhere Lebensordnung ersetzen. Die christliche Weltanschauung nämlich, begründet auf Aristotelischer Grundlage und ausgebaut durch Thomas von Aquino, hatte unverrückbare Wertbegriffe, die durch Vermittlung der Bibel und der Kirche von Gott selbst geprägt waren. Meinungsverschiedenheiten konnten nur über ihre Interpretation herrschen, nicht jedoch über ihre Geltung. Daher war und ist die ganze christliche Ethik gewissermaßen kosmisch verankert, ein integrierender Bestandteil der göttlichen Weltordnung. Im Lichte der beginnenden Aufklärung jedoch erschien diese Lehre als Geschichtsfälschung und Aberglaube; daher der Abfall von den alten Idealen zunächst durch die Reformation, dann der Abfall in der Abkehr vom Dogma durch die Aufklärung, dann die Abkehr von Gott im Materialismus, schließlich die Abkehr von der Moral im Zynismus. Aus diesem so entstandenen Chaos können nur zwei Wege zur Rettung führen: die Rückkehr in die Vergangenheit = die Reaktion, und der Weg in die Zukunft = die Revolution. Vertreter der ersten Richtung sind Tolstoi und Strindberg, der zweiten Goethe und Nietzsche. Der Rückweg ist uns durch das Lebenswerk eines Kopernikus und Darwin versperrt, und nur der zweite Weg kann nicht nur Europa, sondern die ganze Welt zum Siege oder zum Tode führen. So wie seinerzeit Sokrates und durch den Ausbau seiner Philosophie Platon die Menschheit zwischen krassem Aberglauben und wildem Unglauben neuen Zielen entgegenführten, hat Nietzsche die durch Goethe inaugurierte Religion der Zukunft auszubauen versucht. Er stellte die Wertfrage statt auf die bisherigen Pole Lust oder Unlust im Diesseits oder Jenseits, auf die neuen Pole Entwicklung und Entartung und hat dadurch den Blick der Menschheit, der bislang auf die Mitwelt beschränkt war, auf die Nachwelt fixiert. Und als echter Erbe Goethes huldigt er dem ästhetischen Ideal nicht des Heiligen, sondern des Helden; nicht dem des Guten, sondern dem des Edlen; nicht dem des Mitleidigen, sondern dem des Tapferen; nicht dem des Weichherzigen, sondern dem des Großherzigen. Nietzsche sah infolge der nicht auszumerzenden Antinomie zwischen einem durch das Hellenische verschönten Germanentum und dem Christentum den Augenblick für gekommen, die Maske, die uns orientalische Fremdherrschaft aufgezwungen, abzuwerfen und mit gutem Gewissen sich zu bekennen zu einem durch das Christentum verklärten Heidentum der Zukunft, basierend auf dem Schönheitsideal eines Goethe: aus der Vermählung des Heidentums des Nordens mit dem des Südens soll eine neue Religion entstehen, deren innerste Seele das Christentum ist und bleiben muß; daher der „Caesar mit der Seele Jesu Christi". Dieses Gefühl der Lebenssteigerung, das Nietzsche als das Wertvollste preist, soll sich in seinen sublimsten und feinsten Ausstrahlungen äußern als innere Harmonie mit sich selbst, als liebende Harmonie mit den Menschen, als religiöse Harmonie mit dem ganzen All. Denn ihr Endziel ist die Schönheit. Wenn Nietzsche, wie Stekel meint, zufolge seines Hanges zum Katholizismus Christ war, dann war er es auf eine heimliche, parodische und paradoxale Art. So war er es zunächst, daß er seine Feinde liebte. Mit einer Liebe freilich, in der christlicher Selbsthaß und hellenisch wetteifernder Neid eine echt Nietzschesche Vermählung eingehen. Nietzsche ist niemandem dankbarer gewesen, hat sich niemandem mehr hingegeben als denen, die er beleidigte und verfolgte, ein anderer Saulus. Bertrams Analyse des Zweiseelenmenschen Nietzsche hat daher etwas furchtbar Erschütterndes an sich, nicht nur in bezug auf sein Verhältnis zu Wagner, sondern, im konkreten Falle, auf seine Stellung zu Jesus. Es ist wahr: auch von Jesus konnte dieser Nietzsche niemals loskommen! Wenn man aber von Nietzsches Haß gegen das Christentum, nicht Jesu, sondern des Apostels Paulus spricht, dann möge man aus diesem seinen Hasse nicht Waffen gegen Nietzsche selbst schmieden, sondern „die Gestalt Christi in dem Schatten von Scheu und Ehrfurcht lassen, mit dem selbst der leidenschaftliche Antichrist den Stifter des von ihm mit solcher Saulus-Rachsucht verfolgten Christentums umgibt"; denn ein Nachlaßfragment — es stammt aus der Zeit des „Antichrist" — lautet: „Christus am Kreuz ist das erhabenste Symbol — immer noch!" In einem Briefe an Peter Gast heißt es: „Das Christentum ist aber doch das beste Stück idealen Lebens, welches ich wirklich kennen gelernt habe!", cf. auch seinen schönen Ausspruch: „Man muß lieben lernen, gütig sein lernen und dies von Jugend auf." R. M. Meyer fragt daher mit Recht: „Warum überhören die moralistischen und die theologischen Kritiker Nietzsches gar so gern solche Sätze, um nur immer wieder das ‚Werde hart!' zu wiederholen — das doch auch aus Liebe und Güte geboren ist?" Demzufolge hat G. Simmel Nietzsches „Fernstenliebe" sehr zutreffend als eine „weitsichtige Technik der christlichen Nächstenliebe" bezeichnet. (Zum Problem vgl. E. Becker „Der Darwinismus und die soziale Ethik", p. 66: „Die sozial-ethische Berücksichtigung von Darwins Lehre führt nicht zu rücksichtslosem Egoismus, sondern steigert in ungeheurem Maße unsere Verantwortung, fordert Opferfreudigkeit, Pflichtgefühl und klarschauende Liebe zur Menschheit.") Diese Äußerung ist für uns wahrlich wichtiger als die maßlosesten Angriffe und Schmähungen, die Nietzsche gegen Jesus gerichtet hat. R. M. Meyer hatte nicht unrecht, wenn er z. B. aus der Tatsache, daß sich Nietzsche als der Einzige gegen den Einzigen stellte, die Folgerung zog, daß dieser Nietzsche seine frühere Weltanschauung mit einem Male zweimal verleugnet habe. Werfen wir in seinen „Willen zur Macht", das leider unvollendete Hauptwerk seiner Philosophie, einen Blick, so wird uns das Ziel, für dessen Erreichung er das Christentum bekämpft, sofort klar: in der Religiosität der Griechen konstatiert Nietzsche anfänglich eine unbändige Fülle von Dankbarkeit; daher ist der Hellene eine **sehr vornehme Art Mensch**. Später jedoch, als der Pöbel zum Übergewicht kam, überwucherte die **Furcht** auch in der Religion, und damit war die Grundbedingung für die Entwicklung des Christentums gegeben. Aber als **historische Realität** darf man das Christentum nicht mit jener **einen Wurzel** verwechseln, an welche es uns mit seinem Namen erinnert; denn die anderen Wurzeln, aus denen es erwachsen ist, sind bei weitem mächtiger gewesen. Es ist ein Mißbrauch ohnegleichen, wenn solche Verfallsgebilde und Mißformen, wie „christliche Kirche", „christlicher Glaube" und „christliches Leben", sich mit jenem heiligen Namen abzeichnen. Was hat **Christus verneint?** Alles das, was heute **christlich** heißt. Die ganze christliche Lehre von dem, was geglaubt werden soll, die ganze christliche „Wahrheit" ist eitel Lug und Trug und genau das Gegenteil von dem, was den Anfang der christlichen Bewegung gegeben hat. Christus geht direkt auf den Zustand los, das „Himmelreich" im Herzen, er ist rein **innerlich**. Ebenso macht er sich nichts aus den sämtlichen groben Formeln im Verkehre mit Gott: er wehrt sich gegen die ganze Buß- und Versöhnungslehre; er zeigt, wie man leben muß, um sich als „vergöttlicht" zu fühlen. **„Es liegt nichts an Sünde"** ist sein Haupturteil. Das Himmelreich ist ein Zustand des Herzens; nichts, was „über der Erde" ist. Das Reich Gottes ist eine **„Sinnesänderung im einzelnen"**, etwas, das jederzeit kommt und jederzeit noch nicht da ist.

Wenn der Verbrecher selbst, der **Schächer am Kreuz**, urteilt: „So wie dieser **Jesus**, ohne Revolte, ohne Feindschaft, gütig, ergeben leidet und stirbt, so allein ist es das Rechte": hat er das Evangelium bejaht: und damit ist er im Paradiese...

die Seligkeit wird nicht verheißen, sie wird nicht an Bedingungen geknüpft: sie ist die **einzige** Realität ... das Christentum ist jeden Augenblick noch möglich. Es ist an keines der unverschämten Dogmen gebunden, welche sich mit seinem Namen geschmückt haben: es braucht weder die Lehre vom **persönlichen Gott**, noch von der **Sünde**, noch von der **Unsterblichkeit**, noch von der **Erlösung**, noch vom Glauben: es hat schlechterdings keine Metaphysik nötig ... es ist eine Praxis, keine Glaubenslehre. Es sagt uns, wie wir handeln, nicht was wir glauben sollen.

Durch **Paulus** wurde es zu einer heidnischen Mysterienlehre umgedreht; er geht vom Mysterienbedürfnis der großen Menge aus: er sucht ein Opfer, eine blutige Phantasmagorie, die den Kampf aushält mit den Bildern der Geheimkulte: Gott am Kreuze, das Bluttrinken, die unio mystica mit dem „Opfer". Er sucht die **Fortexistenz** als Auferstehung in Kausalverbindung mit jenem **Opfer** zu bringen (nach dem Typus des Dionysos, Mithras, Osiris). Er bringt **nicht** eine neue Praxis (wie sie Jesus selbst zeigte und lehrte), sondern einen neuen Kultus, einen neuen Glauben, einen Glauben an eine wundergleiche Verwandlung („Erlösung" durch den Glauben).

Kein Geringerer als Wilamowitz hat den Nachweis erbracht, daß Paulus nur durch totale Verkennung der unsterblichen platonischen $\psi v \chi \dot{\eta}$ das Dogma von der Auferstehung schuf. Die platonische $\psi v \chi \dot{\eta}$ ist nach dem „**Phädon**" die individuelle, unkörperliche und doch unsterbliche Menschenseele, die ohne Leib fortlebt und doch derselbe Mensch bleibt, eine Art dem Tode nicht verfallender Doppelgänger des Menschen. Als das existierte sie bereits in den Mythen, die Platon übernahm, weil sie sich mit seinem Verstande vertrugen. Schon der hellenische Volksglaube, schon Homer ist dadurch dem Semitischen überlegen, das vom Körperlichen nicht los kann. Wer für die semitische Denkart nicht dem Tode verfallen ist, wer also weiter wirkend gedacht wird, muß entweder samt seinem Körper in die Unsterblichkeit erhoben oder samt seinem Körper aus dem Tode auferstanden sein. Wenn Paulus sich bei der $\psi v \chi \dot{\eta}$ auch nur so viel gedacht hätte, wie Platon bei seinen Lesern voraussetzt, so würde er den Korinthern nichts von einem psychischen und einem pneumatischen Leibe geschrieben haben. Weil er von der Seele nichts weiß, braucht er eine biblische Auferstehung statt der Unsterblichkeit und für den Erlösten einen neuen Leib, der „aus Himmel"

(Kor. I, 15, 47) gemacht ist, genau wie das Trugbild der Helene bei Euripides, das Paris raubte, während die wahre von den Göttern entrückt war. Aus dieser paulinischen Verlegenheitsausrede ist das Dogma von der Auferstehung des Fleisches entstanden, weil die Menschen ihren Leib wieder haben wollten, nicht ohne auf die Befriedigung seiner Genüsse zu hoffen, und schon die ältesten Theoretiker der Kirche werden zu den abgeschmacktesten Fragen gedrängt, wo denn bei der allgemeinen Auferstehung die einzelnen Stückchen des verfaulten Kadavers zu finden sein würden. Das ist kein wirklicher Mythos, sondern eine der Not abgerungene Konsequenzmacherei.

Paulus hat das große Bedürfnis der heidnischen Welt verstanden und aus den Tatsachen vom Leben und Tode Christi eine vollkommen willkürliche Auswahl gemacht, alles neu akzentuiert, überall das Schwergewicht verlegt, er hat prinzipiell das ursprüngliche Christentum annulliert[1]). Das unverschämte Gerede von der „Rechtfertigung durch den Glauben" ist nur die Folge davon, daß die Kirche nicht den Mut noch den Willen hatte, sich zu den Werken zu bekennen, welche Jesus forderte. Die Kirche ist exakt das, wogegen Jesus gepredigt hat und wogegen er seine Jünger kämpfen lehrte. Das Christentum ist etwas Grundverschiedenes von dem geworden, was sein Stifter tat und wollte: es ist die Heraufkunft des Pessimismus (während Jesus den Frieden und das Glück der Lämmer bringen wollte), und zwar der Pessimismus der Schwachen, der Unterdrückten. Drum soll das Menschheitsideal, das von diesem Christentum erfunden worden ist, in Grund und Boden zerstört werden. — „Ich heiße das Christentum den einen großen Fluch, die eine große innerlichste Verdorbenheit, den einen großen Instinkt der Rache, dem kein Mittel giftig, heimlich, unterirdisch, klein genug ist, — ich heiße es den einen unsterblichen Schandfleck

---

[1]) Hat Nietzsche nicht mit diesen lapidaren Sätzen an ein Problem gerührt, dessen restlose Lösung heute das Programm des freigesinnten, geschichtlich denkenden Protestantismus ist, dessen glänzendsten Vertreter ich in Adolf Harnack erblicke? In seinem Hauptwerke „Das Wesen des Christentums" scheidet er bekanntlich scharf zwischen der Religion Jesu, die in Gott nicht sowohl den strengen Richter als den liebenden Vater finden lehrt, und der Religion der Christengemeinde, die unter Einwirkung hellenistischer Kulte Jesum zum Gott macht, wie das schon die paulinischen Briefe zeigen. „Nicht der Sohn, sondern der Vater gehört ins Evangelium, wie Jesus es verkündigt hat, hinein."

der Menschheit." — „Das Christentum ist die höchste aller denkbaren Korruptionen[1]." — Denn mit seiner krankhaften Schönheit redet es allen Feigheiten und Eitelkeiten müde gewordener Seelen zu, wie als ob das tugendhafte Durchschnittstier und Herdenschaf Mensch geradezu für den Menschen überhaupt das Ideal, das Ziel, die höchste Wünschbarkeit abgebe.

Es liegt mir durchaus ferne, etwa der Nietzscheschen „Moral" das Wort zu sprechen. Denn darüber sind wir uns ja alle einig, daß sie auf einer totalen Verkennung der menschlichen Natur beruht. Der Mensch ist nicht nur individuell, sondern auch sozial veranlagt. Schaltet man eins dieser beiden Elemente aus und erbaut sein Lehrgebäude der Ethik nur auf dem einen, wie Nietzsche es tut, so kommt eine unnatürliche Moral heraus, welche eine Vernichtung der Gesellschaft, der Menschheit zur Folge hat. Nun ist es heute für den Forscher, speziell wenn er einer Nietzsche entgegengesetzten Denkrichtung angehört, etwas leichtes, ihm alle seine Fehler gewissenhaft nachzurechnen und sie am Ende als logischen Unsinn zu erweisen oder zu sagen, sein Kampf gegen Jesum und das Christentum gelte selbstgeschaffenen Phantomen. Doch damit ist nichts Positives erreicht! So ist z. B. der positive Gewinn des Nachweises, daß Nietzsche bei seiner Bewertung der Moral als eines natürlichen Phänomens es vollkommen übersah, daß dieses „Natürliche" diesseits wie jenseits der Ethik liegen kann, eine sehr negative Erkenntnis. Denn Moral ist keine Naturtatsache, sondern ist Heraustreten des Menschen aus der Natur, die an sich weder moralisch noch unmoralisch, eben damit aber als das Unmoralische erfaßt und bewertet wird. In diesem Sinne muß jede

---

[1] Jetzt begreifen wir es, warum Chamberlain (cf. p. 240 dieses Buches) bei der Konstatierung von Nietzsches Wahnsinn sich auf die „gute Mutter" des Philosophen beruft, wir verstehen aber auch Seilings Polemik gegen Nietzsche. Denn Frau Pastor Nietzsche, die fromme alte Frau, der ihr Sohn wegen so scharfer Ausfälle gegen das Christentum als wahnsinnig erscheinen mußte, ging schließlich so weit, daß sie es für ihre Pflicht hielt, ja vielleicht für eine Art Sühne, die ihrem unglücklichen Sohne im Jenseits zugute kommen möge, seine gottlosen Schriften zu verbrennen und zu vernichten. Als Frau Elisabeth aus Südamerika heimkehrte, gab es harte Kämpfe, um die Mutter zu überzeugen, daß das Werk eines Genies nicht der Familie, sondern der Welt gehöre. (Cf. Gabriele Reuter, „Begegnung mit Fr. Nietzsche" im Feuilleton der „Neuen Freien Presse" vom 24. Juni 1921.)

Ethik destruktiv und asketisch sein, und eine andere als destruktive und asketische Sittlichkeit ist eben keine Sittlichkeit! Aber alle Ethik ist im letzten Grunde eine **Machtfrage**. Es fragt sich nur, **wer die Macht haben sollte!** Indes vergißt man über dem Streben, Nietzsche zu widerlegen, nur allzugerne die Pflicht, ihm in erster Linie Gerechtigkeit widerfahren zu lassen. Hat der trockene Buchstabengelehrte eine Ahnung davon, welche tiefe Leidenschaft als das untrennliche Attribut aller Größe Nietzsche zeitlebens beseelte? Leidenschaft ist Fanatismus, Fanatismus ist einseitig und Einseitigkeit ist Beschränktheit. Und gewiß erscheint uns dieser Nietzsche einseitig und beschränkt. Sind wir ja doch tausendmal reifer und einsichtiger als er und viel zu klug, um etwa an einer Leidenschaft **zu sterben!** Wir haben vielmehr gelernt, jedes Ding von zehn Seiten zu sehen. Wir durchschauen alle Motive und legen jene Illusionen brach, die zu jedem hochherzigen Handeln nötig wären. Wir wissen viel von Seele und Leben, aber wir verlieren die naive Begeisterung, die spontane Opfer- und Todesseligkeit und jenen „großartigen Mut der Unwissenden", wie Treitschke einst das nannte, was das Wesen und den Vorzug der Unreife ausmacht. Je reifer wir werden, um so seltener begeistern wir uns. Um so weniger **Glaubenskraft** tragen wir in uns. Aber ist nicht der Glaube gerade das **Starke** im Menschen, das einzige, was dieses Leben noch erträglich macht, selbst auf die Gefahr hin, daß das im Sonnenglanze des Glaubens erschaute Ideal vor dem Forum der Vernunft absolut nicht bestehen kann? Aber diese Kraft des Glaubens, das ist die **Stärke des Propheten.** In Nietzsches Seele lebte eine solche prophetische Gewalt und prophetische Eigenart, daß er mit einem Blick das All, Weltliches und Außerweltliches umspannte, aber von einem einzigen Augenpunkte aus. Er glaubt an die objektive Wahrheit des Bildes, das er sieht, ordnet und wertet danach die Dinge. Das Heil der Welt erblickt er darin, daß sie sehen und schätzen lerne wie er, und sucht sie dazu zu bekehren. Eine subjektiv gewaltige Natur ist er: darum weckt er noch heute starke Sympathien und Antipathien. Was er wirkte, das wirkte er durch den vollen Einsatz seines objektiven Glaubens. Darum war er auch nicht „glücklich", was die Menschen so nennen. Aber sein Wort ist, eben weil es Prophetenwort ist, vieldeutig. Daher kann seine Lehre, eingekleidet in eine berauschend schöne Sprache, noch so tiefen

Enthusiasmus in uns auslösen oder mögen wir uns von seinen Idealen noch so sehr abgestoßen fühlen: sicher bleibt das eine, daß auch Nietzsche einer von denen ist, die uns den Weg zur ewigen Wahrheit weisen: nicht der Nietzsche sei unser Vorbild, der gegen das Mitleid den Krieg predigt, sondern der Nietzsche, der, solange er lebte, das Kreuz auf sich nahm und dem nachfolgte, den er theoretisch überwunden zu haben vermeinte. Praktisch vertrat eben auch er eine destruktive und asketische Ethik. Das war eben auch seiner Weisheit letzter Schluß. „Und wenn selbst ein Engel vom Himmel käme und ein anderes Evangelium verkündete, glaubet ihm nicht!" Mit Recht sagt daher Joël (l. c. p. 85): „Wer nur je einen Stein erhoben gegen Nietzsche, der halte ein vor diesem Bilde: er, dessen Lehre alle Bande der Liebe und Treue zerreißt, eilt freiwillig herbei, bereit, sein Leben hinzugeben für das alte Vaterland, und er, dessen ganze Lehre Krieg verkündet, er pflegt in Liebe Feind wie Freund, und er, der das Herrentum predigt in stolzester Gewalt, er dient, er tut die niedrigsten, widrigsten Dienste selbst für gefangene Turkos, und er, der Todfeind der Nächstenliebe und am meisten des Mitleids, der Verächter und Preisgeber der Schwachen und Elenden in seiner Lehre — er übt Krankenpflege Tag und Nacht, opferwillig, bis er selbst hinsinkt, geschwächt und angesteckt zu schwerer Krankheit ... Nietzsche, ein Opfer des Krieges, und wunderbarer noch: ein Opfer des Mitleids!"

Also nur im Hinblick auf die früher entwickelten Gesichtspunkte, aber nicht, weil er ein Dionysos im Sinne Stekels oder Möbius' zu sein sich einbildete, bekämpft Nietzsche mit hinreißender Sprach- und Gedankengewalt die Überschätzung der Selbstüberwindung und Askese, weil sie die Tatkraft des Menschen lähmen und ihn innerlich erst brechen zu müssen glauben, damit er moralisch werde: „Nicht anders wußten sie ihren Gott zu ehren, als indem sie den Menschen ans Kreuz schlugen!" Die Selbstüberwindung kann gewiß ein erzieherisches Mittel sein, das zwar tüchtig geübt, nie jedoch Selbstzweck werden darf. Nun ist es freilich tief im Wesen des Menschen begründet, daß er die kraftvolle Betätigung der in ihm vorhandenen Fähigkeiten als lustvoll empfindet. Deshalb fordert Nietzsche, daß bei jedem Menschen diese Funktionslust entwickelt und in die richtigen Bahnen geleitet werde, nicht jedoch, daß man in der Hemmung oder Aufhebung dieser Lust ein Verdienst erblicke. Nur deshalb verdammt er alle Askese und Selbstquälerei: denn auszudauern unter dieser Sonne trotz aller Schmerzen und Entsagungen dieses Lebens, immer nur zu arbeiten am Wohle der Menschheit, Kunst zu treiben, zu forschen und werktätige Liebe zu verbreiten, auf daß der dumpfe Naturwille geläutert und durchsonnt werde zum edelsten Dasein, zu echt menschenwürdiger Gestalt, „zum Caesar mit der Seele Christi", wahrlich, dieses Gelübde zu leben ist schwerer — aber auch wirksamer im Weltenschicksale[1])!

Nein, nicht mit Schopenhauer und Wagner geben wir diese ganze Welt in Kauf, um auf Grund ihrer eklen Existenz ein phantastisches Weltmysterium für erwiesen zu nehmen, das uns jede Schaffensfreude in Leben und Liebe nehmen muß und dafür nichts zurückgibt als eine im Innersten wesenlose Phantasmagorie. Nur der Übermensch, in dem der Mensch „aus der Katakombenluft des Christentums ans Tageslicht emporsteigt", kann uns aus unserem „dogmatischen Schlummer" wecken und mahnt, unsere intellektuellen Werte und Güter einer gründlichen Prüfung zu unterziehen. Nur das Echte, ewig Menschliche wird diese Feuerprobe bestehen!

Aber umgekehrt haben in diesem Weltbilde Nietzsches Zügellosigkeit und Ungebundenheit gar kein Recht, sich auf ihn zu berufen. Wie tief müßte er, der Herrliche, enttäuscht sein, wenn er heute die Summe seines Lebenswerkes ziehen könnte, wenn er zu erkennen vermöchte, wie er, der der Philosoph der geistig Starken sein wollte, zum Schutzheiligen der moralisch Schwachen geworden ist! Gar nicht zu reden von jenen unreifen Jungen, die aus Nietzsches Werken das Recht zum Ausleben der Persönlichkeit ableiten! Wie

---

[1]) Es sei bei dieser Gelegenheit an Pfarrer Rittelmeyer erinnert, der in seinem ausgezeichneten Buche „Fr. Nietzsche und die Religion" der Vermutung Ausdruck gibt, daß Nietzsche die Religion viel zu sehr in der Form der stillen Ergebung und des demütigen Gott-walten-lassens kennen gelernt hat und es überhaupt als eine Schwäche bezeichnet, die die Verkündigung der Religion vielfach an sich trägt, daß zu viel von Trost geredet wird und zu wenig von freudigem Heldenmut: „Hierin kann und wird es anders werden — und gerade Nietzsche wird dazu helfen." Und ich selbst kann nur aufrichtig gestehen, daß die Lektüre von Kalthoffs „Zarathustrapredigten" und Jathos „Der ewig kommende Gott", Werke, die auf jeder Seite Nietzsches Geist atmen, auf mich stets befreiend gewirkt hat, daß Nietzsche, richtig verstanden und interpretiert, unser religiöses Fühlen und Denken nur bereichern, läutern und vertiefen kann: denn „im Anfang war die Tat!"

schmerzlich müßte er es empfinden, wenn sein Gesetz der geistigen Herrenrechte zum Deckmantel niederer Instinkte, sein Traum des höheren Ichmenschentums zum Schlagwort des persönlichsten und kleinlichsten Egoismus verdreht worden ist: der Unverstand nervöser Frauen und die Zuchtlosigkeit verweichlichter Männer benützen einige Brocken Nietzsches als glänzenden Mantel für ihre sozialen und individuellen Ausschreitungen und stellen ihr Unvermögen zur Selbstbeschränkung, ihr Versagen aller höchsten Instinkte — der des Kampfes gegen sich selbst — noch als Ergebnis besonderer psychischer Kraftwirkungen hin! Sie haben eben sich selbst noch nicht gesucht, da fanden sie ihn! Er selbst ruft ihnen zu: „Nun heiße ich euch, mich verlieren und euch finden!" — „Ich suchte nach großen Menschen, ich fand immer nur die Affen ihres Ideals[1]!" Ein moderner Dichter hat für diese Tatsache folgende zutreffenden, launigen Verse geschrieben:

„Er blickte zu tief. Die Götter schraken zu Tode.
Sie haben rächend den klarsten Geist umnachtet.
Sie kannten die Jünger nicht, die ihn brachten in Mode:
Sonst hätten sie ihn genug gestraft erachtet!"

Ach, wo sich die Ewigkeit ihre Tempel baut, baut die Vergänglichkeit eine Kapelle daneben! Der Weg, der zum Übermenschen führt, ist nicht so leicht zu begehen, wie es etwa einige Hitzköpfe

---

[1] Während Richard Dehmel, einer der besten Jünger Nietzsches, aus Nietzsches zu starker Überschätzung der Bedeutung der starken Persönlichkeit zuungunsten der Masse nach einem Modus sucht, um die gewaltigen Kräfte überragender Menschen dem ganzen Volke und damit der Menschheit dienstbar zu machen, versuchte Hermann Conradi mit unzulänglichen Mitteln dasselbe: die Vereinigung des Aristokratismus Nietzschescher Färbung mit proletarischen Formen. Dehmel fand diesen Weg von der Einzelpersönlichkeit zum Volke, ohne seine machtvolle Persönlichkeit darüber zu vergessen. In seinem „Bergpsalm" läßt er den einsamen Wanderer mit sich selbst Zwiesprache halten. Zu seinen Füßen liegt die Weltstadt mit ihren Türmen, Häusern, Fabriken. Millionen Menschen schreien in ihrem Seelenhunger „gell nach Brot". Da hört auch der Dichter die Stimme der Pflicht in seinem Herzen, aus Mitleid und Liebe zu den Vielen wird die Tat geboren:

„Den Kelch des Schweißes seh ich geistverklärt,
das Kreuz der Mühsal blütenlaubumflattert!
Was lachst du Sturm? — Im Rohr der Nebel gärt,
die Kiefer knarrt und ächzt, mein Mantel knattert:

sich einbilden; denn Nietzsche stellt seine Forderungen: „Bist du eine neue Kraft und ein neues Recht? Eine erste Bewegung? Ein aus sich rollendes Rad? Kannst du auch Sterne zwingen, daß sie sich um dich drehen? Ach, es gibt so viel Lüsternheit nach Höhe! Es gibt so viele Krämpfe der Ehrgeizigen! Zeige mir, daß du keiner der Lüsternen und Ehrgeizigen bist! Ach, es gibt so viele große Gedanken, die tun nicht mehr als ein Blasebalg: sie blasen auf und machen leerer. Frei nennst du dich? Deinen herrschenden Gedanken will ich hören und nicht, daß du einem Joch entronnen bist. Bist du ein solcher, der einem Joche entrinnen darf? Es gibt manchen, der seinen letzten Wert wegwarf, als er seine Dienstbarkeit wegwarf!" Und ein Ausspruch, den nur zu viele Bewunderer und Nachahmer des Propheten vergessen zu haben scheinen, lautet: „Ich bin ein **Geländer am Strome: fasse mich, wer mich fassen kann! Eure Brücke aber bin ich nicht!"** — „Der vornehme Mensch ehrt sich in den Mächtigen, auch den, welcher Macht über sich selbst hat, der zu reden und zu schweigen versteht, **der mit Lust Strenge und Härte gegen sich selbst übt und Ehrerbietung vor allem Strengen und Harten hat."** Und seine Nachfolger, das heißt alle jene, die „modern" sein wollen und zu Nietzsche beten als dem so oft ungekannten Gotte, seien an diese seine Worte erinnert: „Solchen Menschen, welche mich etwas angehen, wünsche ich Leiden, Verlassenheit, Krankheit, Mißhandlung, Entwürdigung; ich wünsche, daß ihnen die tiefe Selbstverachtung, die Marter des

---

Empor aus deinem Rausch! Mitleid glüh ab!
Laß dir die Kraft nicht von Gefühlen beugen!
Hinab! Laß deine Sehnsucht Taten zeugen!
Empor, Gehirn! Hinab, Herz! Auf! Hinab!"

Conradi z. B. bleibt dagegen auf halbem Wege stehen und wird zu jenem so unerfreulichen Typus der Nietzschejünger, die sich in orgiastischer, zügelloser Erotik ausleben. Ein sexuelles Übermenschentum hat indes Nietzsche niemals gepredigt. Aber vielen jungen Leuten ist sein Werk zum Verhängnis geworden: sie haben die vielen unzweideutigen Aussprüche, die im Werk, in der Leistung alles, im Genuß gar nichts sehen, nicht beherzigt: „Wollust ist nur dem Welken ein süßlich Gift, für die Löwen — Willigen aber — der ehrfürchtig geschonte Wein der Weine!" — „Sie kennen mich nicht und meine edelsten Worte wissen sie nicht. Sie ehren mich nicht mit ihren Ruhmreden, denn sie wissen nicht, wo ich allein geehrt werden kann. Ich war ein Mensch und sie haben mich zu einem falschen Götzen gemacht!"

Mißtrauens gegen sich, das Elend des Überwundenen nicht unbekannt bleibt: ich habe kein Mitleid mit ihnen, weil ich ihnen das einzige wünsche, was heute beweisen kann, ob einer Wert hat oder nicht — **daß er standhält!**"

Wenn jedoch jemand von uns, denen die Begriffe Moral und Vergutmütigung nahezu identisch sind, glaubt, daß durch eine systematische Moralisierung oder Vergutmütigung des Menschengeschlechtes dieses an persönlicher Kraft und Vollkommenheit zunehmen müßte, so ist eine solche Ansicht mit Nietzsche, der in einem solchen Verfahren Verminderung unserer Vitalität erblickt, entschieden zu verneinen. Denn die Menschheit von heute ist verletzlicher, rücksichtenreicher, mitleidiger, selbstflüchtiger, unpersönlicher denn je: der Instinkt des Herdentieres Mensch, den das Griechenvolk in seiner glücklichsten Epoche so siegreich überwunden hat, droht heute Herr zu werden über die immer seltener werdenden Instinkte eines souverän veranlagten Menschen und seine Bedeutung für die Kulturaufgaben eines Volkes, ja der gesamten Menschheit. Denn Nietzsches Philosophie basiert auf dem Grundsatz, daß es einen gewaltigen Unterschied bedeute, das Leben als **Problem** oder als ein bloßes **Spiel** zu absolvieren. Daher der billige Libertinismus unserer Tage, der dem kategorischen Imperativ der Pflicht den Optativ des Herzens und der Sinne entgegengestellt, mit Nietzsches ethischem Individualismus sich durchaus nicht befreunden kann und mag. Mit Recht konnte daher Peter Gast Nietzsche als den Aristokraten durch und durch bezeichnen und sagen, Nietzsche würde, in ein Zeitalter hineingeboren, das wirkliche Herren gehabt hätte, sofort zu dem geworden sein, der er einst werden wollte: ein Mann der Tat, ein Ordensstifter, ein Kolonisator. Eine neue, heroische Menschenklasse wollte er, einen neuen Adel, der sein geistiges Ideal in der höchsten Intensität seiner Willens- und Geistesbetätigung sucht, den vornehmen Menschen mit dem Willen zur Selbstverantwortlichkeit, der Ehrfurcht vor sich selbst, der Macht über sich und sein Geschick. Die höchste Entfaltung des Individuums bedeutet eben die Überwältigung des „Menschen", aller bisherigen Moral. Der Tod ist seiner Zufälligkeit entkleidet. Am Schaffen selbst stirbt der Schaffende, der Schöpfer aus Güte und Weisheit. Diesen Zusammenhang beleuchtet ein Nachlaßfragment zum „Zarathustra", das, da es nur in die große Ausgabe von Nietzsches

Werken aufgenommen wurde und deshalb zo ziemlich unbekannt ist, hier wörtlich zitiert sei: „Zarathustra vor dem Könige. Es ist nicht mehr die Zeit für Könige: die Völker sind es nicht mehr wert, Könige zu haben. Du hast es gesagt, König: das Bild, das vor dem Volke hergeht, das Bild, an dem sie alle zu Bildnern werden: das Bild soll dem Volke der König sein. Vernichten, vernichten sollst du, o König, die Menschen, vor denen kein Bild herläuft: das sind aller Menschheit schlimmste Feinde! Und sind die Könige selber solche, so vernichte, o König, die Könige, so du es vermagst!" — — — „Meine Richter und Fürsprecher des Rechts sind übereingekommen, einen schädlichen Menschen zu vernichten; sie fragen mich, ob ich dem Rechte seinen Lauf lassen wolle oder die Gnade vor dem Rechte." — „Was ist das Schwerere zu wählen für einen König, die Gnade oder das Recht?" — „Das Recht", antwortete der König; denn er war milden Sinnes. — „So wähle das Recht und laß die Gnade den Gewaltmenschen als ihre eigene Überwältigung." — „Ich erkenne Zarathustra," sagte der König mit Lächeln: „wer verstünde wohl gleich Zarathustra auf eine stolze Weise sich zu erniedrigen? Aber das, was du aufhobst, war ein Todesurteil." — Und er las langsam daraus und mit halber Stimme, wie als ob er mit sich allein sei „des Todes schuldig — Zarathustra, des Volkes Verführer." — „Töte ihn, wenn du die Macht hast" — rief Zarathustra auf eine furchtbare Weise abermals; und seine Blicke durchbohrten die Gedanken des Königs. Und der König trat nachsinnend einige Schritte zurück, bis hinein in die Nische des Fensters; er sprach kein Wort und sah auch Zarathustra nicht an. Endlich wandte er sich zum Fenster. Als er aber zum Fenster hinausblickte, da sah er etwas, darob die Farbe seines Angesichtes sich verwandelte. „Zarathustra," sagte er mit der Höflichkeit eines Königs, „vergib, daß ich dir nicht gleich antwortete. Du gabst mir einen Rat: und wahrhaftig, ich hörte gerne schon auf ihn! — Aber er kommt zu spät!" — Mit diesen Worten zerriß er das Pergament und warf es auf den Boden. Schweigend gingen sie voneinander. Was der König aber von seinem Fenster aus gesehen hatte, das war das Volk: das Volk wartete auf Zarathustra." Wen erinnert nicht dieses Fragment an Platon, dessen Traum von einer herrschenden Aristokratie auf geistigem Gebiete nachmals Nietzsches Lieblingsgedanke geworden ist? In der „Politeia" lesen wir: „Nicht früher wird es einen Stillstand der Übel für die Staaten, ja ich meine für das ganze Menschengeschlecht geben, bis die politische Macht und die Philosophie in eins zusammenfallen, bis entweder die Philosophen Könige werden oder die jetzt sogenannten Könige und Gewalthaber wahrhaft und nicht bloß oberflächlich zu philosophieren beginnen. Erst dann kann unser Staat erwachsen und das Licht der Sonne schauen."

Und doch wird uns dieser Nietzsche, der solches lehrte, übereinstimmend als einer der rücksichtsvollsten und zartfühlendsten Menschen im persönlichen Verkehr geschildert, weshalb man mit Recht von ihm sagen kann: er selbst war durchaus nicht jener Übermensch, den er lehrte und ersehnte, der reue- und gewissenlos über die zertrümmerten Existenzen der Mühseligen und Beladenen, der Schwachen und Kranken hinwegschreitet. Man kann aber aus dieser Tatsache erkennen, ein wie heikles Problem es ist, aus der Lehre eines Philosophen Rückschlüsse auf dessen persönliches Leben zu ziehen. Als Arzt und Psychologe hätte es daher Stekel nicht verabsäumen dürfen, die Frage näher zu untersuchen, ob nicht gerade der Wert kraftvoller Gesundheit und Lebensfreude, die Nietzsche, dem Leidenden, versagt waren und ihn nur in Stunden berauschender Produktion beglückten, von ihm so tief empfunden wurde, daß nicht nur sein höchstes Ideal, sondern überhaupt seine Philosophie eine ausgesprochene Färbung nach dieser Seite hin erhielt? Wer es ihm etwa verübelt, daß er einen Cesare Borgia und Napoleon verherrlicht und aus dieser Tatsache den Schluß ableitet, daß derjenige, der einen Giftmischer und Gewaltmenschen preist, selber nicht viel besser gewesen sein muß als seine „Ideale", der befindet sich in einem gewaltigen Irrtume und sei an folgendes erinnert: 1. Cesare Borgia und Napoleon stehen jenseits von Gut und Böse. Niemals kam es ihnen in den Sinn, die Menschheit als Ganzes zu heben, harte Selbstzucht zu üben, Opfer zu bringen für das in der Ferne winkende Menschheitsideal, ja sich selbst dafür zu opfern; 2. Nietzsche hat sie nur als Ästhet gesehen; und das will heißen: bei Borgia sah er nur die Kraft der ungezügelten Leidenschaft, die sich lachend über alle Schranken hinwegsetzte; in Napoleon sah er nur den Imperator, der ohne Gewissensbedenken alle anderen, nur sich selbst nicht opferte, der mit dröhnenden Schritten durch Europa dahinklirrte und mit Kronen und Krönchen souverän spielte. Nietzsche hat sich in seiner vorwiegend **ästhetischen** Beanlagung zu einem Loblied auf diese Männer von der furchtbaren Pracht ihrer Erscheinung begeistern lassen, wie sich etwa Dichter von einem in seiner elementaren Kraft alles zerpeitschenden und zerschmetternden Gewittersturm zu einem Hymnus aufs Gewitter begeistern. Nietzsche selbst war, es sei nochmals betont, ein guter, um in seiner Sprache zu reden, ein „vornehmer" Mensch. Sein Selbstbewußtsein war allerdings stark entwickelt und entwickelte sich in der Einsamkeit seines Daseins immer mehr, je weniger sein gleichstarker Ehrgeiz befriedigt wurde. Von ihm stammt das schöne Wort: „**Alles Illegitime ist mir verhaßt!**" Bescheiden in seinen Ansprüchen an das Leben, wohnte er oft genug so einfach, daß mancher seiner Besucher über diese spartanische Bedürfnislosigkeit erstaunt war, er nahm herzlichen Anteil an dem Geschick der kleinen Leute, bei denen er wohnte, nahm regen Anteil am Geschick seiner Freunde, war von äußerster Höflichkeit im Verkehr mit seinen Mitmenschen, besonders mit Damen, die seinen Umgang geradezu gesucht haben, er übte Rücksichten. „Eben darum konnte und durfte er", sagt Th. Lessing (l. c. p. 433), „unter der Qual unveräußerlicher Hemmung eine Ethik zügelloser Freiheit predigen, von deren eiserner Strenge und unvergleichlichen seelischen Höhe diejenigen keine Ahnung haben, die sie uns als Emanzipation des Sichgehenlassens zu diskreditieren versuchten[1]) ... daher sind die Kämpfe, die Nietzsche kämpfte, die unseren. Die Kontraste, denen er erlag, der Gegensatz ästhetisch-religiöser und sozial-ethischer Impulse ist der Konflikt unserer Zeit, und in irgendeiner Form müssen wir alle durch ihn hindurch. Kein Philosoph kann uns dabei besserer Halt werden, ein besserer Schutz gegen alles Zuchtlose und Schwächliche, alles Halbe und Gemeine! Keiner freilich macht uns das Leben so **schwer**! Keiner fordert gleich strenge Auffassung und Führung unseres Lebens. Denn für ihn ist das individuelle Leben nur die harte Schule der Selbstbestimmung und Selbstkultur. Strebe ich denn nach meinem Glück? Ich strebe nach meinem **Werk**! So spricht eine **neue** Pflichtenlehre, deren Blickpunkt zwar ein anderer geworden ist, die aber an Strenge und Erhabenheit den alten Lebenslehren nicht nachsteht. Wer freilich kann wissen, zu welchem

---

[1]) Cf. p. 221/22.

Mißverständnis auch die beste Wahrheit im Munde derer wird, die für sie nicht reif sind oder die für Interesse und Bequemlichkeit nur einen Deckmantel suchen? Auch Wissenschaft ist Kunst! Sie steigt aus unserem Blut, aus unserem Leben. Sie ist kein passives Ereignis, sondern menschliche Wirkung und befreiende Tat! Somit wissen wir nicht, was in letzter Objektivität wahr oder falsch sei, denn alles bestimmt die Stunde, das Zeitalter und die Umgebung, das Gefühl und die Wahrheit eines jeden Augenblicks, und es bleibt uns nichts übrig als blind zu vertrauen, daß irgendwo und in irgendwem alles und jedes zu seiner Reife komme! Wir dürfen aber nicht den Schmied verantwortlich machen, wenn sein Meisterstück irgendwo Schäden stiftet. Käme es in eines Kindes Hände, dann werden sie sich zerschneiden. Fällt es in die Hand eines Verzweifelten, dann kann er das Schwert gegen sich selber kehren. Aber der Tapfere wird mit ihm seine Feinde bestehen." In diesem Sinne konnte daher Jerusalem sagen, die Philosophie Nietzsches sei eine „reiche Rüstkammer, aus der kommende Geschlechter sich die Waffen holen werden gegen unberechtigte Unterdrückung der freien Persönlichkeit im Menschen", daß „die lautere Aufrichtigkeit seiner Gesinnung zweifellos zu einem sehr wertvollen Kulturelemente" sich entwickeln werde. Zum Schlusse endlich sei es mir gestattet, die schönen Worte R. M. Meyers zu zitieren: „Daß ein Schwächling sich für die eigene Unkraft durch ein Schwelgen in geträumten Heraklestaten entschädigt, kommt gewiß vor, und Nietzsche selbst hat auf solche Erscheinungen hingewiesen — man hat diese Sprüche weidlich gegen ihn ausgenützt! ... Wenn ich einen Mann sehe, der mit unerschütterlicher Energie, durch alle Krankheiten, Versuchungen, Ablenkungen unbeirrt, ein großes Ziel im Auge behält; wenn ich einen Mann sehe, der fast ohne Unterstützung (außer durch den trefflichen Peter Gast), mit kranken Augen und schmerzendem Kopf zwanzig große Werke vollendet; wenn ich einen Mann sehe, der auf sein größtes Lebensglück, die Freundschaft mit Wagner, unbedenklich verzichtet, weil er es seiner Wahrheitsliebe und seiner Entwicklung schuldig zu sein glaubt — so genügen mir diese Zeugnisse für Nietzsches ungewöhnliche Willenskraft, mag er sich auch einmal in irgendeiner Nebensache haben überstimmen lassen. Und wenn eine Natur wie diese sich zuletzt in Vorstellungen des Größenwahns hineinsteigert, so sehe ich auch hierin eben nur die Steigerung und Überspannung seines starken Willens; etwa wie bei Napoleons letztem Feldzug. Nein, die Kraftberauschung eines Schwächlings sieht anders aus! Der träumt sich in aller Bequemlichkeit zum Sultan und denkt nicht daran, auf den Willen der anderen zu wirken!... Nietzsche ist nicht der Schwächling, zu dem ihn eine an Kraft verzagende Nation umdichten will!"

Wie jedes starke, die Erkenntnis wie den Mut der Kulturarbeit gleichmäßig umfassende Weltbild ruht auch das Weltbild Nietzsches auf dem Unterbau freier Wahrheitsforschung. Aber es mündet ebenso wie das Weltbild Platons oder Schopenhauers im Religiösen, in das hinein der Denker gleichsam die Konsequenz seiner Ideale projiziert. Denn das Religiöse kann nie dauernd auf das Ideal der unbedingten Hingabe an die Wahrheitssuche um jeden Preis verzichten. Heilig muß ihm auch die Arbeit an der Wahrheit sein, die aus diesem Ideal hervorgeht: die Forschung und ihr Erkenntnisgewinn. Das sollten wir bei Nietzsche nie vergessen, speziell nicht bei seiner Verherrlichung des Dionysos. Aus dem eigenen inneren Erlebnis, aus Intuition, das ist eigentlich aus innerem Schauen, stammt, was Nietzsche da verkündet, und auch sein ἔρως führt über alles Intellektuelle hinaus, eben zur Intuition, zur dauernden Befriedigung im reinen Anschauen. Frau Andreas-Salomé hat daher mit ihrer Behauptung vollkommen recht, daß vorzüglich Nietzsches letzte Werke ein klarer Beweis dafür seien, bis zu welchem Grade es der religiöse Grundtrieb war, der Nietzsches Wesen und Erkennen stets beherrschte. Aber sie vergaß ganz, daß selbst die abstrakteste, strengste Denktätigkeit in der Inbrunst eines Gefühlslebens ihre Ergänzung findet, die wir religiös nennen müssen, wenn sie weiter behauptet, allen Phasen von Nietzsches Denken entsprächen ebenso viele Gottsurrogate, die ihm helfen sollen, ein mystisches Gottideal außer seiner selbst entbehren zu können. Mit einer Selbsttäuschung ohnegleichen löse Nietzsche den tragischen Konflikt seines Lebens, des Gottes zu bedürfen und dennoch den Gott leugnen zu müssen. Zuerst gestalte er mit sehnsuchtstrunkener Phantasie das Übermenschenideal und dann, um sich vor sich selbst zu retten, suche er mit einem ungeheuren Sprung sich mit demselben zu identifizieren. So werde er zuletzt zu einer Doppelgestalt: halb kranker, leidender Mensch, halb erlöster, lachender Übermensch.

Das eine sei er als Geschöpf, das andere als Schöpfer, das eine als Wirklichkeit, das andere als mystisch gedachte Überwirklichkeit. Indes, was Goethe in die herrlichen Verse gekleidet hat:

> „In unseres Busens Reine lebt ein Streben,
> sich einem Höhern, Reinern, Unbekannten
> aus Dankbarkeit freiwillig hinzugeben,
> enträtselnd sich dem ewig Unbenannten.
> Wir heißen's fromm sein!"

das traf auch bei Nietzsche ein: dem Unbekannten, tief in seine Seele Greifenden, sein Leben wie ein Sturm Durchschweifenden, ihm Verwandten, den er schon als Jüngling sehnend gesucht, als reifer Mann hatte er ihn gefunden und ward sein Diener: mit der Formulierung seines Übermenschenideals hatte Nietzsche die Eudämonie erreicht und der Gewinn dieses Augenblicks war unverlierbar: indem er es erkannte, erfüllte sich seines Herzens Sehnsucht. Das Göttliche wohnt jenseits der Grenzen, die der Wissenschaft gesteckt sind; aber sein Licht ist es, an dessen Abglanz wir das Leben haben; im farbigen Abglanze erschien dieses Licht Nietzsche als der Übermensch. Das war mehr wie eine mystische Verzückung: das war das plötzliche Erfassen einer Wahrheit, die für ihn ein unverlierbarer Besitz ward. Aber der Dichter in ihm ist es, dem wir uns begeistert anvertrauen, wenn er uns einen Vorgeschmack von der Seligkeit gibt, die ihm in der wunschlosen Erfüllung alles irdischen und überirdischen Strebens als höchstes Ziel, als Vollendung vorschwebt[1]).

---

[1]) M. E. hat daher Erwin Rohde gelegentlich einer Kritik über „Jenseits von Gut und Böse" Nietzsche sehr richtig beurteilt: „Was ich für Nietzsches spätere Jahre fürchte? Er wird zu Kreuze kriechen aus Ekel an allem und wegen seiner Veneration für alles Vornehme, die ihm immer im Blute steckte, nun aber eine recht unangenehme theoretische Verherrlichung bekommen hat." In diesem Zusammenhange verdient es als von Interesse vermerkt zu werden, was mir einige katholische Theologen versicherten: sie seien der festen Überzeugung, daß Nietzsche, wäre er nicht so frühzeitig in geistige Umnachtung verfallen, sicherlich zum Katholizismus übergetreten wäre. Ob als ein Opfer des Wagnerschen „Parsifal"? Tatsache ist, daß sich Nietzsche zu dem kühlen, ja kalten evangelischen zum äußerlich pompösen, mystischen Kultus der katholischen Kirche sehr hingezogen gefühlt hat. Cf. seine Äußerung an Frau Salomé: „Wenn alle Kombinationen erschöpft wären, müßte man dann nicht wieder beim Glauben anlangen, vielleicht bei einem katholischen Glauben?" Diesen Zusammenhang, daß sich Nietzsche, wäre ihm ein längeres Leben beschieden gewesen, wenn nicht dem Katho-

Aber freilich, „die letzten Züge im Bilde dieses Nietzsche wird man unphilosophischen und unproduktiven Gemütern schwer klar machen können; um ihnen eine Ahnung davon zu geben, muß man sie bitten, was sie etwa bei ihren Eltern oder einer Geliebten gegenüber empfinden, unter Gegenstandswechsel sich auf die letzten Daseinszusammenhänge übertragen zu denken". Ich möchte diesen Ausspruch Prof. Richters noch steigern, indem ich sage: Selbst der kritischeste Verstand, unsere vielgerühmte bessere Vernunft wird diesen Nietzsche nie voll und ganz begreifen können; eher noch unser Gefühl. In diese Tiefen seines Wesens vermag selbst das hellste Licht der Erkenntnis nie hinabzuleuchten. Heraklit hat dafür herrliche Worte gefunden: „ψυχῆς πείρατα ἰὼν οὐκ ἂν ἐξεύροιο πᾶσαν ἐπιπορευόμενος ὁδόν· οὕτω βαθὺν λόγον ἔχει... der Seele Grenzen kannst du nicht ausfinden, und ob du jegliche Straße abschrittest; so tiefen Grund hat sie." (Frg. 45, Diels.) Gewiß, der religiöse Genius war in Nietzsche immer lebendig, am lebendigsten in der letzten Periode seines Schaffens. Frau Salomés vorher zitierter Erklärungsversuch, der ja an und für sich psychologisch begründet wäre, erscheint mir doch nur als ein unzureichender Versuch, eben dieses Unzulängliche in Nietzsches Wesen — in der „Geburt der Tragödie" nannte er es selbst die tragische Erkenntnis — zu einem in jeder Phase seiner Entwicklung auf Grund psychologischer Gesetze begreiflichen Ereignisse zu machen. Gar nicht zu reden von Stekel, der behauptet, es habe sich bei Nietzsche ein Abfall vom Atheismus, eine Regression zum Glauben der Kindheit vorbereitet, sei jedoch nicht perfekt geworden! Ein solcher Nietzsche wäre ein krankhaft veranlagter Schwärmer, dessen Größe eben nur eine selbsterdichtete Scheingröße wäre! Es ist leicht, aus der Tatsache, daß in Nietzsches Übermenschenideal alle labyrinthischen sinnlichen Gefühle eine Heiligung zugleich und eine Rechtfertigung erfuhren — sie brauchten nicht als böse Fleischeslust durch Askese ausgetrieben zu werden, sondern wurden dem Dienste des erkannten

---

lizismus, so doch dem Christentume wieder zugewendet hätte, haben Gallwitz in seinem Buche über Nietzsche („Fr. Nietzsche, ein Lebensbild"), A. Bonus in einer Besprechung in den „Preußischen Jahrbüchern", auch Th. Ziegler und A. Riehl näher beleuchtet und einen solchen Ausgang für wahrscheinlich oder doch für wohl möglich erklärt. Denn Nietzsche sagte selbst: „Wer gut verfolgt, lernt leicht folgen; ist er doch einmal hinterher!"

Göttlichen in Selbsterziehung und Seelenführung eingeordnet — die Behauptung Stekels, Nietzsche selbst sei Asket gewesen, bewiesen zu sehen. Aber für die Bedeutung des uns durch ihn erschlossenen Ideals kommt es letzten Endes sehr wenig darauf an, ob sein Schöpfer in punkto Alkohol, Nikotin und Weiberliebe abstinent gelebt hat oder nicht. Denn auch dieses Ideal, das sich mit dem Jesu nahezu deckt[1]), ist, während wir Menschen zwar auch s i n d, das heißt aber mit der Einschränkung, daß wir nur das Bewußtsein unseres kleinen Lebens „S e i n" nennen. Und zu der Reinheit und Vollkommenheit des Übermenschenideals, das in der Sphäre der allgütigen und allverknüpfenden Welt der platonischen Ideen leuchtet,

---

[1]) Sehr richtig bemerkt daher G. Simmel (l. c. p. 200 sq.), daß Nietzsches einseitige Werttheorie auch deshalb ein ungeheures Mißverständnis ist, weil er keine spezifisch transzendente, sondern eine auf Leben, Geschichte und Moral aufgebaute Natur war. Darum blieb es ihm verborgen, daß ein wesentliches Maß seiner und der christlichen Wertungen unter dieselben Oberbegriffe gehören, wenn man nur die transzendenten Beziehungen und Glaubensvorstellungen des Christentums dazunimmt und es nicht, wie Nietzsches Blickrichtung es freilich mit sich brachte, auf seine dem Irdischen zugewandten Rangierungen beschränkt. Denn beiden kommt es auf die S e i n s b e s c h a f f e n h e i t e n des Individuums an, die für Nietzsche im Begriff des Lebens ihre Kulmination gewinnen, im Christentum aber als Elemente einer höheren, göttlichen Ordnung, innerhalb deren sie die eigentümliche Doppelstellung als Endwerte und als Glieder eines über sie hinweggreifenden Ganzen besitzen. Nietzsche übersieht im Christentum völlig diese Zuspitzung zu dem Eigenwerte der Seele, indem er das christliche Wertgefühl ausschließlich in den Altruismus verlegt. Nicht auf den, dem gegeben wird, sondern auf den, der gibt, nicht auf den, für den gelebt wird, sondern auf den, der lebt, kommt es Jesus an. Und so legen denn Nietzsche wie Jesus allen Wert der Seele in ihre rein innerlichen Q u a l i t ä t e n. Sein Haß gegen das Christentum richtet sich prinzipiell gegen den Gedanken der Gleichheit vor Gott, als dessen Konsequenz erst man die Wendung der praktischen Interessen zu den geistig Armen, den Mittelmäßigen, den Zukurzgekommenen ansehen kann. Daß die Seele jedes armen Schächers, jedes kleinen Lumpen und Dummkopfes dieselben metaphysischen Werte haben soll wie die Michelangelos und Beethovens — das ist der Scheidepunkt der Weltanschauungen: auf der einen Seite beruht der Wert des Menschentums auf der Gleichheit seiner Exemplare — sei es ihrer Wirklichkeit, sei es dem Ideal und Sollen nach —, für Nietzsche dagegen darauf, daß es Höhepunkte der Menschheit gibt, daß ihre innere Distanzierung dem einzelnen einen Aufschwung und ein Entwicklungsmaß über alles sonst bestehende Niveau hinaus gestattet. Nicht mit Unrecht nannte ihn daher Strindberg im „Inferno" „die vor der Zeit verbrauchte und ins Feuer geworfene Zuchtrute".

genau so unerreichbar, unberührbar, unwesenhaft wie jene, führt uns nur der Glaube, derselbe Glaube, der den Gläubigen ins Himmelreich, ins Nirwana führt.

Wenn jedoch Nietzsche in der Tat ein Asket im Sinne der christlichen Lehre war, bedingt durch ein Leben, das eine ununterbrochene Kette von Leiden darstellt, die ihn jedoch in seinem rastlosen Schaffen durchaus nicht behinderten; wenn sein trauriges Los, von Generation auf Generation verpflanzt und wachsend, genügt hätte, daß eine ganze Menschheit an ihm zerscheitere, dann sollten wir um so mehr Achtung haben vor diesem angeblichen Dekadenten, der durch die Aussicht auf künftige Siege seine Lebensfreude so weit zu steigern, sein Lebensgefühl so ungeheuerlich zu vertiefen vermocht hat, daß er uns zurufen konnte: „War das das Leben? Um Zarathustras willen, wohlan! Noch einmal!" Und wenn er selbst die Lehre der ewigen Wiederkunft gelehrt hat, durch die er theoretisch und praktisch seinem Übermenschenideal eher mehr Schaden als Nutzen zugefügt hat, dann muß man eben auch diese sonderbare Lehre in seinem Sinne sich erklären[1]); denn auch sie führt zum Ziele, auch sie ist wie der Übermensch der notwendige Gedanke einer und derselben Philosophie: „Wirklich den Pessimismus überwinden, ein Goethescher Blick voll Liebe und gutem Willen als Resultat!" Nur der vergrößerte Mensch, der starke, glückliche Mensch kann die Wiederkunft wünschen, weil sein Leben in seiner Schätzung so wertvoll ist, daß eine Wiederkehr desselben ihm ein schöner Gedanke wird: „So leben, daß du wünschen mußt, wieder zu leben, ist die Aufgabe. So leben, daß wir nochmals leben und in Ewigkeit so leben wollen! Unsere Aufgabe tritt in jedem Augenblick heran. Drücken wir das Abbild der Ewigkeit auf unser Leben! Dieser Gedanke enthält mehr als alle Religionen, welche nach einem anderen Leben hinzublicken lehrten!" Jedem anderen, allem Elenden, Mißratenen, das nur mit Unmut und Widerwillen auf das eigene Leben blickt, muß dieser Gedanke furchtbar sein.

---

[1]) Cf. R. M. Meyer (l. c. p. 445): Nietzsches Lehre der ewigen Wiederkunft „ist eine Selbstüberwindung um ihrer selbst willen, es ist seine Askese, die er hier übt; die Überwindung des Pessimismus soll bis zu diesem Ungeheuersten steigen, daß die ewige Wiederkehr als Freudenbotschaft begrüßt wird." Cf. Bertram (l. c. p. 130): „Die Lehre von der ewigen Wiederkunft ist psychologisch unzweifelhaft eine äußerste Form des Selbstmartyriums, eine heroische Negation ursprünglicher schopenhauerischer Lebensangst."

Man hat gegen Nietzsche den Einwand erhoben: damit, daß
er den freiwillig erwählten Tod als den Gipfel unserer Autonomie
erklärte, stelle er sich zu seiner eigenen Lehre in Widerspruch;
denn die freie Todeswahl kann nur der Ausgang des **gebrochenen
Lebenswillens** sein, während er selbst gerade die **Ungebrochenheit
des Willens** und eine absolute Bejahung des Lebens für das Wesen
aller Sittlichkeit erklärte. Indes erkannte Nietzsche, wie Th. Lessing
ausführt, einerseits, daß eine absolute Bejahung den Stillstand alles
Lebens und das Ende aller Ethik bedeutet, während er anderseits
den Gipfel aller Ethik in einer Bejahung sieht, die zur Selbstvernichtung
führen muß. Daher bebt er zurück vor dem Gedanken,
daß alle Mühen aller Existenzen eigentlich völlig wertlos sind, aber
sein Übermensch sagt freudig sein „ja!" zur Ewigkeit aller seiner
Taten. Nun hat Nietzsche zeitlebens nie, selbst dann nicht, wenn
er auf dem tiefsten Punkte seiner Vitalität angelangt war, seinen
Lebenswillen als gebrochen anerkannt und deshalb die Konsequenz
des Selbstmordes daraus für sich abgeleitet. Daher muß uns die
Zeit seines geistigen Siechtums, vom Jahre des Zusammenbruchs
bis zu seinem Todesjahre als eine Tat heroischester Selbstaufopferung
erscheinen; denn auf einer je höheren sittlichen Stufe ein Mensch
steht, desto eher wird er im äußersten Falle eben das zum Inhalte
eines freien Willensentscheides machen, was im Grunde nur in der
Konsequenz seines Handelns, seines Gefühls oder seiner Ansicht liegt.
Daher ist sein persönlicher Untergang die letzte Konsequenz einer
absoluten Lebensbejahung. Den letzten Sieg erringt die unheimliche
Folgerichtigkeit dieses großartigen Denkers eben dadurch, daß sie
in der Bejahung des Lebens auch den Tod und im völligen Stillstand
noch das Leben bejahte. Im Sterben Nietzsches glühte, wie sein
Zarathustra so schön sagt, wirklich noch sein Geist und seine
Hoffnung, gleich einem Abendrot um die Erde. Wohl im Hinblick
auf dieses Menschenschicksal konnte Th. Lessing sagen: „Es bleibt
etwas Großes, an Unmöglichem zugrunde gehen zu **wollen**. Und
wenn der Heros das Ziel der Geschichte ist, dann ist eben der
Tod ihr Ziel, in welchem das Leben über sich selbst hinausblickt
und sich vernichtet, um erneut aus sich emporzutauchen." Dieser
Nietzsche, der durch sein Leben selbst ein heldenhaftes Beispiel
dafür gegeben hat, **was leben heißt, wie das einzelne Individuum,
wenn es eben nur will,** sich dem Ideal des Übermenschen nähern

kann, hat dieses sein Ideal nicht als Gottsurrogat aufgerichtet, der hat sich nicht in die Rolle des mittelalterlichen, asketischen Heiligen hineingespielt, bis schließlich auch sein Wahnsinn etwas Gewolltes war, sondern gerade dieser Nietzsche war der fleischgewordene, lebendige, bewußte Wille in seiner höchsten Potenz. Daher haben bei der Formulierung des Nietzscheschen Übermenschenideals nicht nur allgemein-geschichtliche, sondern auch persönliche Gründe mitgespielt¹). Wie Goethe hat er das, was ihm auf der Seele brannte, sich besonders im „Zarathustra" von der Seele geschrieben. Dort singt Nietzsche, der Künstler, von dem, was ihm fehlt, von der Kraft; seine Lieder sind nach Riehl „der Rückschluß vom Ideal auf den, der es nötig hat". Seine Leiden steigerten sich nach seinen eigenen Worten „in langen Jahren bis zum Höhepunkte habitueller Schmerzhaftigkeit". Es kam so weit, daß er, der die unbedingte Bejahung des natürlichen Lebens predigte, von Todessehnsucht gepackt wird: „Die furchtbaren und fast unablässigen Martern meines Lebens lassen mich nach dem Ende dürsten," so klagt er, „und nach einigen Anzeichen ist mir der erlösende Hirnschlag nahe genug, um hoffen zu dürfen. Was Qual und Entsagung betrifft, so darf ich das Leben meiner letzten Jahre mit dem jedes Asketen irgendeiner Zeit messen." Kein Wunder, daß er, wenn er in den Ruhepausen seiner Schmerzen seine Werke schrieb, Gesundheit, Kraft, Willen in allen Tönen pries, alles, was ihm abging, dessen Besitz er, der Besitzlose, am besten zu schätzen verstand. Selbstmord hätte er begehen sollen? O nein! Zu leben ist unendlich schwerer als das Leben fortzuwerfen: aber das ist Menschenadel und Menschenmut, den Schritt der Feigheit nicht zu tun. So überwindet der „Weltenüberwinder" sich selbst. Georg Forster schrieb einmal: „Hundertmal habe ich schon erfahren, daß es größer ist zu leben als zu sterben. Jeder elende Hund kann sterben. Aber wenn hernach der Teufel — oder wer ist der schaden-

---

¹) Wenn früher gesagt worden ist, daß Nietzsche durch die Aufstellung seines Übermenschenideals die herrschende Moral und das Christentum nicht nur ersetzen, sondern sogar überbieten wollte, so sei jetzt diese Behauptung dahin ergänzt, daß er dieses Ideal hauptsächlich deswegen errichtete, um, wie er selbst sagte, „der größten Gefahr der geistigen Unfreiheit" zu entgehen. Denn er vermeinte die volle Freiheit des Denkens und des Handelns zu verlieren, wenn er an eine Vorsehung glaube; denn „in der Religion fehlt der Zwang, uns als wertsetzend zu betrachten".

frohe, zähnefletschende Geist in uns, der so einzusprechen pflegt? — wenn der fragt, was ist dir nun die Größe? Bist du nicht ein eitler Narr, dich für besser als andere zu halten? O mein Gott, da versink' ich in meinen Staub, nehme meine Bürde auf mich und denke nichts mehr als: du mußt, bis du nicht mehr kannst. Dann hat's von selbst ein Ende!" Steigt nicht auch dieses Menschenleben unsichtbar auf zu jenem, das die Legende zur durchsichtigen Lilie verklärt hat: „Und Jesus verließ sie, warf sich auf die Knie nieder und betete: Vater! Wenn du willst, laß diesen Kelch an mir vorübergehen; doch nicht mein, sondern dein Wille geschehe!" Nicht Wahnsinn war's, sondern auch Nietzsche hat den Ewigen Aug in Aug geschaut, und daher war ihm der Frieden mit dem Dämon im eigenen Herzen unverlierbar. Könnte man nicht in diesem Sinne den Ausspruch Novalis' auf Nietzsche deuten: „Das Leben eines wahrhaft kanonischen Menschen muß durchgehends symbolisch sein. Wäre unter dieser Voraussetzung nicht jeder Tod ein Versöhnungstod?"

XXII. „DER EINSAME NIETZSCHE."

Die Verse Hölderlins:
>„denn weil
>die Seligsten nichts fühlen von selbst,
>muß wohl ... in der Götter Namen,
>teilnehmend fühlen ein andrer —
>den brauchen sie; jedoch ihr Gericht
>ist, daß sein eigenes Haus
>zerbreche der, und das Liebste
>wie den Feind schelt und sich, Vater und Kind,
>begrabe unter den Trümmern,
>wenn einer wie sie sein will, und nicht
>Ungleiches dulden, der Schwärmer",

und was Platon in seinem berühmten siebenten Briefe schrieb: „Wenn einer jetzt oder in Zukunft behauptet, er besäße ein Wissen um dasjenige, dem mein Streben eigentlich gilt, einerlei, woher er das Wissen haben will, so sage ich, er hat keine Ahnung davon. Ich habe nicht darüber geschrieben und werde niemals darüber schreiben, denn es läßt sich nicht wie die Objekte wissenschaftlicher Untersuchung behandeln; der Wissenschaft ist es unaussprechlich. Nach langer Arbeit, wenn man sich hineingelebt hat, geht plötzlich in der Seele, wie wenn ein Funke hineinschlüge, ein Feuer auf, das nährt sich dann selbst. Ich weiß wohl, ich könnte am besten darüber reden und mir geht es am nächsten, wenn schlecht darüber geredet wird. Wenn ich glaubte, es ließe sich befriedigend vor der Öffentlichkeit darüber reden oder schreiben, so würde ich es für die höchste Aufgabe meines Lebens halten; ich würde ja der Menschheit den größten Dienst erweisen, denn die ganze Natur der Dinge würde damit ans Licht gebracht (das Rätsel des Lebens gelöst). Aber verständlich würde ein Versuch schriftlicher Mitteilung doch nur ganz wenigen sein, und denen hilft ein leiser Wink dazu, es selbst zu finden. Die anderen würden sich mit Verachtung abwenden oder sich in dem Wahn wiegen, sie wüßten nun etwas ganz Erhabenes!" mögen die Voraussetzung bilden für unsere letzte Betrachtung.

Wie alle moralischen Persönlichkeiten hegte auch Nietzsche — R. M. Meyer hat dies wunderschön auseinandergesetzt — eine leidenschaftliche Sehnsucht, sein Ideal verwirklicht zu sehen. Das ist die Größe und zugleich die Tragik prophetischer Naturen, daß sie das Wahrwerden ihrer Träume nicht abzuwarten vermögen. An dem nicht Wahrwerden seines kühnsten Traumes, seines Idealstaates, hat ein noch Größerer als Nietzsche, Platon, so tief gelitten, daß er nach seiner dritten Reise nach Sizilien nie mehr das ward, was er früher war: der hoffnungsfreudige, himmelstürmende Platon. Im Grunde ist jeder Moralist ein Prediger des kommenden 100jährigen Reiches, in das er sich und seine Hörer schon hineinzuversetzen mit allen Organen verlangt. Nietzsches Ideal ist der Übermensch — er muß den Übermenschen sehen; denn niemals hat er sich für den Übermenschen gehalten — nur sein Verkünder wollte er sein. Aber Johannes ist da, damit er Christum tauft. Indes ist nichts törichter und abgeschmackter als die platte Behauptung, Nietzsche hätte durch seine Schriften zu einem Religionsstifter im weltlichen Sinne, zum Haupte einer Gemeinde von Anbetern werden wollen; auf die geistige Gefolgschaft allein kam es ihm an und auch schon eine so beiläufig organisierte Gemeinde, wie sie Schopenhauer aus seinen Evangelisten und Aposteln aufbaute, wäre nicht nach seinem Geschmack gewesen, geschweige denn eine so fest organisierte wie die von Bayreuth. Jede egoistische Absicht hat man bei diesem resoluten Verteidiger des Egoismus zu verneinen; er war von Herrschsucht ganz frei, aber früh erfüllt von dem berechtigten Ehrgeiz zu wirken, Schüler zu bilden, „zu werden, was er war". Ein persönlich zur Macht gearteter Wille lag ihm ferne, ebenso Ausnützen, wie Wagner es unbedenklich für sein Recht hielt: er empfand es schmerzlich, wie wenig in den schlimmsten Zeiten die Freunde für ihn taten, gefordert aber hat er niemals einen Dienst. Aber weil er die mit feurigster, zitternder Leidenschaft erfaßten Dinge nicht wie ein Gelehrter systematisch darlegen konnte — denn alle Systematik war ihm gleich Platon verhaßt! — trieb es, ebenso wie Wagners Lohengrin das „Verlangen aus der geistigen Höhe in die Tiefe der Liebe" herabzusteigen, die „Sehnsucht, vom Gefühl begriffen zu werden", treibt, auch Zarathustra — „denn ich liebe die Menschen!" — aus seiner Einsamkeit unter die Menschen, damit sie gleich ihm sein neues Ideal mit Herz und Geist erfassen.

Gleich Platon wollte auch er auf die Gegenwart wirken und empfand es bitter, daß sie ihn zwang, ein Lehrer zu bleiben; aber daß er Lehrer und Schriftsteller bleiben mußte gleich Platon, das ist nie sein Wille gewesen, das hat er als den bittersten Verzicht empfunden. Dieses Bewußtsein einer gewissen apostolischen Sendung bewog den jungen Nietzsche bereits in Schulpforta, mit den zwei Freunden aus der Kinderzeit Gustav Krug und Wilhelm Pinder die „Germania" zu gründen, geboren aus der reinen Begeisterung für Kunst und Wissenschaft und dem Streben, nach den eigenen Idealen zu leben und ihnen auch das Leben anderer untertänig zu machen. Und im Jahre 1870 schrieb er an Rohde: „Etwas wahrhaft Umwälzendes wird von der Universitätsweisheit aus nicht seinen Ausgang nehmen können. Wir können nur dadurch zu wirklichen Lehrern werden, daß wir uns selbst mit allen Hebeln aus dieser Zeitluft herausheben ... wir werfen einmal dieses Joch ab, das steht für mich ganz fest. Und dann bilden wir eine neue griechische Akademie!" An Peter Gast schrieb er: „Wo wollen wir den Garten Epikurs erneuern?" Es ist klar, um „Auserwählte" hat Nietzsche immer geworben, aber die „Ehren eines Apostels", weder seines eigenen Ideals noch des Wagnerschen, hat er nie erwartet; die „Affen seines Ideals" waren ihm in tiefster Seele zuwider. Mit der Behauptung indes, daß Nietzsche gleich Wagner Jünger suchte, hat Stekel also recht, ja auch mit der Behauptung, daß der Philosoph den Meister um seine Jünger beneidete! Aber was Wagner aus rein praktischen Gründen, als Selbstdurchsetzer um jeden Preis verfolgte, das erfloß bei Nietzsche aus Gründen rein ideeller Natur. Eine Besonderheit des philosophischen Triebes in Nietzsche war sein Expansionsbedürfnis, das Mitfortreißenwollen anderer, der fast fanatische Bekehrungseifer. „Wenn jemand zu überreden, mitfortzureißen verstand", so sagt Prof. Richter, „so war es der Nietzsche der Zarathustraperiode; aber mit diesem Werke war er seiner Zeit vorausgeeilt. Man verstand ihn nicht"; das war der eigentliche Grund, weshalb ihm niemand folgte, niemand ihn ernstlich studierte. Deshalb fielen alle Freunde von ihm ab, in erster Linie Richard Wagner. Overbeck und Gersdorff hielten menschlich noch zu ihm, wiewohl sich ersterer in seiner Studie über Nietzsche zu dem unwahrsten und häßlichsten aller Urteile verstieg, Nietzsches Vornehmheit sei nur Affektation gewesen! Doch beide vermochten den Pfaden seiner Sehnsucht nicht zu folgen.

Ebenso Deussen, der unbedingter Anhänger Schopenhauers blieb. Rée verharrte bei seinem naturwissenschaftlichen Positivismus, den Nietzsche im „Menschlichen" so glänzend vertreten hatte; und an dem grausamen Doppelspiele, das Rée mit dem immer einsamer werdenden Nietzsche trieb, scheiterte auch diese Freundschaft. Mit Burckhardt verlor er immer mehr die geistige Fühlung. Malwida konnte sich vom „Fall Wagner" nicht erholen. Auch Rohde konnte nicht Treue halten: er wurde der resigniert-skeptische Gelehrte, Nietzsche Kosmopolit. Nur mit tiefer Wehmut wird man die folgenden Zeilen lesen können, die einem Brief an Rohde aus dem Jahre 1884 entnommen sind: „Mein lieber, alter Freund, als ich Deinen letzten Brief las, da war's mir, als ob Du mir die Hand drücktest und mich dabei wehmütig ansähest; schwermütig, als ob Du sagen wolltest: ‚Wie ist es nur möglich, daß wir so wenig noch gemeinsam haben und wie in verschiedenen Welten leben! Und einstmals!...' Und so, Freund, geht es mir mit allen Menschen, die mir lieb sind: alles ist vorbei, Vergangenheit, Schonung; man sieht sich noch, man redet, um nicht zu schweigen — man schreibt sich Briefe noch, um nicht zu schweigen. Aber die Wahrheit spricht der Blick aus, und der sagt mir (ich höre es gut genug): ‚Freund Nietzsche, du bist nun ganz allein!'" In der „Psyche", Rohdes Meisterwerk, „wendet sich" zwar „manche Stelle an Nietzsche wie ein stummer Gruß aus der Ferne", aber Nietzsches Namen zu nennen vermeidet er, gleichsam als schöbe auch er dessen Werk aus dem Kreise der Wissenschaft hinaus, ja, einmal soll er Overbeck gegenüber sein seinerzeitiges Eintreten für Nietzsche geradezu als eine Jugendtorheit bezeichnet haben. An Gersdorff schreibt er: „Verschafft mir einen kleinen Kreis von Menschen, die mich hören und verstehen wollen, und ich bin gesund!" Seine einzige Hoffnung blieb noch Heinrich v. Stein, nächst Wagner und Rohde der dritte Mensch, mit dem er sich „wie unter Gleichen" gefühlt hatte; doch dieser wurde ihm 1887 in der Blüte der Jahre durch einen frühzeitigen Tod geraubt. Als sich Nietzsche 1882 um eine Professur an der Berliner Universität bewarb, teilte man ihm mit, daß sein Gesuch ganz aussichtslos sein werde: „Die Fakultät werde es nicht wagen, mich dem Ministerium vorzuschlagen — von wegen meiner Stellung zum Christentum und den Gottesvorstellungen. Bravo! Dieser Gesichtspunkt gab mir meinen Mut wieder!" Kein

Wunder daher, daß dieser einsame Nietzsche Wagner um dessen Jünger und Schüler bildende Kraft tief und schmerzlich beneidete! So schrieb er an Peter Gast, den einzigen, den er hatte, der treu bei ihm ausharrte: „Mich ekelt davor, daß ‚Zarathustra' als Unterhaltungsbuch in die Welt tritt, wer ist ernst genug dafür! Hätte ich die Autorität des ‚letzten Wagner', so stünde es besser! Aber jetzt kann mich niemand davon erlösen, zu den ‚Belletristen' geworfen zu werden ... was den eigentlichen Wagner betrifft, so will ich schon noch zu einem guten Teile sein Erbe werden ... im letzten Sommer empfand ich, daß er mir alle Menschen weggenommen hatte, auf welche in Deutschland zu wirken überhaupt Sinn haben kann." Und an Freiherrn v. Seydlitz schrieb er bereits 1876: „Bin ich doch immer auf Menschenraub aus, wie nur irgend ein Korsar; aber nicht, um diese Menschen in die Sklaverei, sondern um mich mit ihnen in die Freiheit zu verkaufen." Als Wagner 1883 starb, „ist ihm der Tod Wagners eine große Erleichterung", denn jetzt fühlt er sich als dessen Erbe und Nachfolger.

Gewiß, niemand wird es in Abrede stellen wollen, daß Nietzsches Gedanken mitunter übertrieben, ja sogar krankhaft verzerrt erscheinen. Aber auch diese Tatsache dürfen wir nicht, wie es leider vielfach geschieht und auch Stekel getan hat, als die notwendige Folge seines inneren Wesens, das schon von Haus aus nicht ganz normal gewesen sein soll, hinstellen. Wenn irgendwo, so gilt gerade hier Magnus Hirschfelds großes Wort: „Durch die Wissenschaft zur Gerechtigkeit!" Und gerade die Wissenschaft von der Seelenkunde wäre die geeignetste, um jetzt auf Grund der Tatsachen, ohne Vorurteil, speziell in diesem Punkte eine gerechte Beurteilung des Mannes herbeizuführen, dessen geistige Größe trotz aller Fehler, die man ihm nachweist, unerreicht in die heutige Zeit noch hineinragt und noch kommenden Geschlechtern ein Wegweiser sein wird auf dem Pfade zu innerer Freiheit. Nichts wunderte mich daher bei Stekel mehr, als daß er als Psychologe vergaß, auf den konstanten Druck der äußeren Lebensumstände zu verweisen, unter dem sich Nietzsches Wesen verändern mußte, weil solchem Druck kein normaler Mensch auf die Dauer gewachsen sein kann. Da ist vor allem seine furchtbare Einsamkeit zu erwähnen! Bereits 1879 schrieb er: „Ich habe ganz und völlig das Urteil über meine Sachen eingebüßt, weil ich zu wenig mit Menschen verkehre und keine

Bücher lese." Diese innere Einsamkeit, der Mangel an ernster Kritik und die Unmöglichkeit einer Aussprache mit Gleichgesinnten muß die Individualität eines Menschen mit Notwendigkeit wenn nicht brechen, so zur Karikatur ihrer selbst hintreiben: unwichtige Einzelzüge müssen zunehmen, weil der Warner fehlt! Die ganze Persönlichkeit, von niemandem gehört, schreit schließlich nach innen, indem sie alles doppelt so dick aufträgt wie es ihrem eigentlichen Wesen geziemt. Daher ist die Mahnung, für Nietzsches Superlative stets die Positive zu setzen, wenn man ihn verstehen will, gerechtfertigt. Aber ebenso begreiflich sollte es sein, daß eine so apostolisch veranlagte Natur, wie die Nietzsches, unter diesem Fluche des Totgeschwiegenwerdens entsetzlich leiden und seine geistige Physiognomie durch dieses Leiden schließlich auch krankhafte Züge annehmen mußte. Und der wichtigste Grund für diese „Abnormitäten" seines Wesens ist wohl der: Nietzsche war ein Philosoph, der seine Philosophie nicht lehrte, sondern im wahrsten Sinne des Wortes lebte! Während die Mehrzahl der Philosophen ihre Ehre dareinsetzt, sich zu entselbsten, sich ihres Ichs zu entledigen und ihr „Auge Licht werden zu lassen", wie Goethes schöner Ausspruch lautet, macht Nietzsche gerade seine Persönlichkeit zum Angelpunkte seiner Philosophie. Er bringt sein Leben damit zu, sich zu suchen und das Ergebnis dieses Suchens mitzuteilen. Er lieferte in seiner eigenen Person das Objekt für seine psychologischen, ethischen, ästhetischen und religionsphilosophischen Analysen. „Niemals war eine psychologische Anatomie mit schönerem Leichenmateriale ausgestattet." Als Psychologe hätte sich daher Stekel sagen müssen, daß jede Versuchsperson mit der Zeit nicht mehr so naiv reagiert, wenn sie zugleich die Resultate der Beobachtung registrieren muß. Dadurch ward Nietzsche genötigt, die natürliche Entfaltung seines Wesens zu fälschen und zu schädigen, daraus erklärt sich auch seine Selbstüberhebung, seine fanatische Unduldsamkeit, seine schmähende Polemik. Indem er den Schauplatz der eigenen Seelenkämpfe, der Kämpfe zwischen „Opfertier" und „Opfergott" in die Weltgeschichte verlegte, folgerte er, daß es so wie bei ihm auch bei den Völkern zugegangen sein muß. So machte er aus seiner Autopsychologie eine Völkerpsychologie, aus der Selbstanschauung eine Weltanschauung. Diese Flecken aufzuzeigen fordert die Gerechtigkeit, aber ebenso gerechtfertigt ist die Forderung, die

Schuld an ihnen der Mitwelt aufzubürden. Auf ihn passen Hebbels Worte:

> „Doch sie, die Welt, die das verbrach,
> sie schändet meinen stummen Schmerz,
> sie wagt die allerhöchste Schmach
> und ruft, nachdem sie's selbst durchstach,
> mir höhnend zu: du hast kein Herz!"

Unter der Wirkung des von ihm oft in reichlichen Dosen genommenen Chlorals hat er nach seinem eigenen Geständnis Dinge geschrieben, die ihm hinterher als vollkommen falsch erschienen sind; das Chloral habe, wenn er es vor dem Schlafengehen nahm, am anderen Morgen nach dem Erwachen einen eigentümlich erregten Zustand hinterlassen, der ihm Menschen und Dinge in einem ganz falschen Lichte gezeigt habe. Gegen Mittag sei dann dieser Zustand geschwunden und es seien ihm „menschenfreundliche Gefühle" wiedergekehrt. Ist es nun nicht recht gut denkbar, daß seine wütenden Ausfälle gegen Wagner oder das Christentum, zumal sie doch von Ausdrücken höchster Hochachtung abgelöst werden, im Zustande dieser betäubenden Wirkungen des übermäßigen Chloralgenusses geschrieben worden sind? Aber ganz abgesehen davon erhebt sich für uns die Frage, ob sein Fanatismus bloß gegen Sachen oder auch gegen Personen gerichtet war. Nietzsche selbst gibt nur das erstere zu; so schreibt er: „Ich greife nie Personen an — ich bediene mich der Person nur wie eines starken Vergrößerungsglases, mit dem man einen allgemeinen, aber schleichenden, aber wenig greifbaren Notstand sichtbar machen kann ... ich greife nur Dinge an, wo jede Personendifferenz ausgeschlossen ist, wo jeder Hintergrund schlimmer Erfahrungen fehlt." Wer jedoch Nietzsches Kampf gegen Wagner kennt, wird diese Selbsteinschätzung des Philosophen gewiß bestreiten; und doch schreibt er in einem Briefe aus dem Jahre 1888: „Wenn ich jetzt zu den Gegnern der Wagnerschen Bewegung gehöre, so liegen, wie es sich von selbst versteht, dahinter keine persönlichen Motive." Klafft nicht auch hier zwischen dem Tatsächlichen und dem „Rechtfertigungsversuche" Nietzsches ein nicht lösbarer Widerspruch? Nein; nicht lösbar nur für den boshaften Durchschnittskenner Nietzsches. Aber gerade hier hätten unsere Psychiater und Psychologen das geeignetste Feld für ihre wissenschaftliche, das heißt objektive Betätigung. Spricht man immer nur von dem

Künstler Wagner, nie von dem Menschen Wagner, von dem Wagner, der alles immer nur mit dem Auge des Künstlers betrachtete, um wie viel mehr gilt diese Forderung von dem Künstler Nietzsche, den man in dem historischen Menschen Nietzsche — ausgenommen seine für Wagner eintretenden Werke! — absichtlich ignoriert! Denn auch in allen polemischen Werken Nietzsches offenbart sich seine Künstlernatur mit ihrer starken Phantasie, die alles Abstrakte konkret, alles Sachliche ins Persönliche wendet, weil es dadurch plastischer und eindrucksvoller wird. Für ihn gewinnen die Gestalten vergangener Geschichte in dem Maße Leben und Farbe, daß er mit ihnen in eine Diskussion eintritt, als lebten sie, so daß die temperamentvolle Stimmung des persönlichen Auge-in-Augesehens entsteht. Anderseits aber ist die Bekämpfung doch auch in dem Maße gegen persönliche Eigentümlichkeiten des Angegriffenen gerichtet, daß man sie nicht allein als symbolische Bezeichnung sachlicher Werte auffassen kann, sondern urteilen muß, daß die sachliche und persönliche Bekämpfung unmerklich und unentscheidbar ineinander übergehen; trennen läßt sich beides nur am grünen Tisch und bei der Aufstellung des ethischen Ideals. Wenn es Nietzsche darum nicht gelungen ist, und gerade auch da nicht, wo ehemals freundliche Beziehungen, wie mit Wagner, in gegenteilige umgeschlagen waren, das persönliche Moment fernzuhalten, so steht er darum nicht tiefer als viele andere Menschen. Haben doch fast die meisten großen Männer, auch die der Religionsgeschichte, einen starken persönlichen wie sachlichen Fanatismus besessen. Daß er die Scheidung von beiden als Ideal empfand, hebt den Grundwert seiner Persönlichkeit. (Cf. Grützmacher; l. c. p. 44/45.) Anderseits aber tut man m. E. Nietzsche nicht weniger Unrecht, wenn man behauptet, daß die sogenannte „Euphorie" in ihm jene Seligkeitsräusche erzeugt habe, die dem geistigen Zusammenbruche eines Paralytikers voranzugehen pflegen, und ihn seine Gegner in milderem Lichte, ja wieder als Freunde sehen ließ. Denn die durch die permanente Vereinsamung hervorgerufene Steigerung des Gefühlslebens ist einem so feinen Psychologen, der Nietzsche war, nicht entgangen: in einem ergreifenden Briefe an Franz Overbeck vom 3. Februar 1888 läßt er seinen Freund in dieses seelische Elend, über das er sich klar war, hineinblicken: „Von allen Seiten aus betrachtet, ist mein Zustand unhaltbar und schmerzhaft bis zur Tortur. Meine letzte Schrift" (sc. der

„Wille zur Macht") „verrät etwas davon: in einem Zustande eines bis zum Springen gespannten Bogens tut einem jeder Affekt wohl, gesetzt, daß er gewaltsam ist. Man soll jetzt nicht von mir ‚schöne Sachen' verlangen; so wenig man einem leidenden und verhungernden Tiere zumuten soll, daß es mit Anmut seine Beute zerreiße!"

Daher war Nietzsche nicht im entferntesten der Schauspieler, der sich nach Stekel eine Überzeugung vorspielen mußte, wo es sich doch nur um eine Rache zurückgesetzter Liebe und gekränkten Musikerstolzes handelte, sondern weil Nietzsches Freunde, auf die er mit brennender Sehnsucht wartet, noch immer nicht sich einfinden wollten, weil der Jüngerkreis, den Wagner um sich gesammelt hatte, ihm noch immer vorschwebt, erdichtete sich der Einsame die Liebe, die er brauchte, nach der er einem Verschmachtenden gleich lechzte: maßlos überschätzte er Peter Gast und dessen Musik, den er als „eine Art David betrachtet, den ihm der Himmel zum Glücke geschenkt habe". Er dichtet die Musik, die er nicht mehr hören wird, und er dichtet die Schüler, die er nicht mehr sehen wird. Kurz gesagt: er flüchtete sich in die Herrlichkeiten seines Traumlebens, das ihn tröstet und ihm die ganze Wirklichkeit ersetzen muß. Tief beherzigenswert sind daher Paul Deussens Worte: „Niemand kann sagen, inwieweit in Nietzsches hochbegabtem Geiste die Keime der Zerrüttung schon als Anlage vorhanden waren. Aber hätte Nietzsche sich nicht geflissentlich von der menschlichen Gesellschaft abgesondert, in der er eine so ehrenvolle Stellung einnahm; hätte er sein Amt behalten, eine Familie gegründet und die Früchte seines Geistes langsam reifen lassen, anstatt in der Einsamkeit mit asketischer Überspannung seiner Kräfte tagsüber unter ermüdenden Wanderungen seinen Gedanken nachzuhängen und nachts den fliehenden Schlaf durch immer stärkere Narkotika zu erzwingen — wer weiß, ob er nicht noch jetzt in voller Gesundheit unter uns lebte und statt des hinterlassenen Torso uns das vollendete Götterbild einer exzentrischen, aber im höchsten Grade der Beachtung werten Weltanschauung entgegenbringen könnte." Aber nun soll Stekel wieder einmal recht haben: Nietzsche dichtete sich jetzt als der große Erzieher, der er selbst nicht mehr sein konnte, der er aber während seines ganzen Lebens werden wollte, zu Ende: er schuf den „Zarathustra", die mächtigste pädagogische Utopie seit Platon. Aber auch der „Zarathustra" ward umsonst geboren, denn so schreibt sein Autor 1887 an Overbeck: „Nach einem solchen Aufruf, wie mein Zarathustra es war, aus der innersten Seele heraus, nicht **einen** Laut von Antwort zu hören, nichts, nichts, immer nur die lautlose, nunmehr vertausendfachte Einsamkeit — das hat etwas über alle Begriffe Furchtbares, daran kann der Stärkste zugrunde gehen — ach! und ich bin nicht der Stärkste!" Klingen nicht diese Worte als der letzte, verzweiflungsvolle Schrei eines Menschenherzens, das sein kostbarstes Herzblut für die Welt verströmen ließ, für eine Welt, aus welcher:

„der kam zu spät, der flehend zu dir sagte:
„dort ist kein Weg mehr über eisige Felsen
und Horste grauser Vögel — nun ist not:
sich bannen in den Kreis, den Liebe schließt!" . . .

Ist etwa diese erschütternde Menschenklage nur eine theatralische Schauspielerpose, daß man bei einer psychoanalytischen Untersuchung Nietzsches ohneweiters über sie zur Tagesordnung hinwegschreiten darf? Aber nicht zum mindesten ist Nietzsche daran zugrunde gegangen: denn gleich Zarathustra konnte er nur schenken, weil er zu stolz war, zu empfangen; er hat das Glück des Nehmenden nie kennen gelernt! „Sein Glück erstarb im Schenken!" Er **wartete** nur auf Liebe! Stekels und Goetz' Behauptung, Nietzsche sei mit dem „Zarathustra", den bereits Friedrich als einen aus dem tiefsten Innern krampfhaft herausgewühlten Doppelgänger, etwa als eine Art selbstfabrizierten Wagner-Ersatzes auffaßte, der Sieg über Wagner, den er auf musikalischem Gebiete nicht schlagen konnte, gelungen, ist geradezu absurd. Nichts ist törichter, als aus der schließlich begreiflichen Tatsache, daß sich der einsame Nietzsche in die Gestalt des Zarathustra verliebt habe, solche Folgerungen ableiten zu wollen. Was müßte man da erst von Goethe sagen, der sich doch auch in die Gestalten seiner Dichtungen verliebt hatte? Daß sich aber Nietzsche tatsächlich mit dem Zarathustra identifizierte, hat allerdings seinen guten Grund, freilich einen anderen, als die drei genannten Herren glauben. Bereits im Jahre 1872 schrieb Nietzsche die bedeutungsvollen Worte nieder: „Ich lüge mich in die Vielheit und die Liebe hinein, denn mein Herz sträubt sich, zu glauben, daß die Liebe tot sei, es erträgt den Schauder der einsamsten Einsamkeit nicht und zwingt mich zu reden, als ob ich Zwei wäre." — „Immer einmal eins — das gibt auf die Dauer zwei!" — „Um Mittag war's, da wurde Eins zu Zwei!" Aus dieser Grundstimmung heraus ward der Zarathustra geboren, denn, um an ein tiefsinniges Wort Dehmels anzuspielen, ward auch dem einsamen Nietzsche die höchste Einsamkeit zur tiefsten Zweisamkeit. Aber auch nicht aus dem ungeheuren Sehnen, seiner tiefbewegten und leidvollen Innerlichkeit jenen Halt zu geben, den der Gläubige in seinem Gott besitzt, entstand, wie Frau Andreas Salomé glaubt, der Zarathustra, sondern sein Entstehen war — Bertram hat m. E. als erster auf diese viel zu wenig beachtete Tatsache hingewiesen — die notwendige Folge „des Ehrgeizes seines Intellekts, nicht mehr individuell zu erscheinen", wie es im Menschlichen heißt. Denn Nietzsche war sich dessen wohl bewußt, daß das Nur-Individuum niemals mysterienbildend wirken könne. Und in dieser Erkenntnis, die den „Zarathustra" schuf als das persönlichste Werk seines Schöpfers, liegt die ungeheure Tragik von Nietzsches Leben: er, der alles mit seiner individualistischen Erkenntnisgier schonungslos zersetzte, dieser selbe Mensch trug in sich den prophetisch bauenden, gemeinschaftssüchtigen Mysterienwillen. Denn so zerrüttet war sein Geist denn doch nicht, als daß nicht auch er sich hätte gestehen müssen, daß eine solche Freiheit und Unabhängigkeit, wie er sie pries, dem Individuum im Universum niemals beschieden sein kann. Denn das Individuum ist nicht nur der Gegensatz zum Universum, sondern zugleich ein Teil desselben, und aus dieser Doppelstellung ergibt sich sein Recht, aber auch seine Schranke. „Ein tiefer Mensch braucht Freunde; es wäre denn, daß er seinen Gott noch hat!" Aber „der Sehnsucht süßer Schrei" nach „neuen" Freunden „erstarb im Munde"; nur um seinem tiefen Bedürfnis nach einem Freunde Genüge zu tun, hat sich dieser Individualist par excellence gleichsam in zwei Teile zerlegt: in die göttliche Lichtgestalt Zarathustras als die verkörperte Verklärung seines eigenen Wesens und den Menschen, der er war. Und dieses von tausend Zweifeln und Sehnsüchten, jemals sein höchstes Ideal verwirklicht zu sehen, zermarterte Herz, dieses Herz, das seine ganze Kraft bisher nur dazu aufgewendet hatte, den Kopf kühl zu erhalten, dieses Herz lebte nunmehr nur der heißen Sehnsucht, bis es sie schließlich hypostasiert hatte, bis Zweifel und Sehnsucht in eins verschmolzen und die treibende Kraft für sein ferneres

Leben wurden. Aber, „wenn Skepsis und Sehnsucht sich begatten, entsteht die Mystik", und sie weckt jenes Gefühl, das Pindar mit den Worten pries: „Gesegnet, wer, nachdem er das geschaut, unter die Erde geht: er kennt den Endsinn des Lebens und den zeusgegebenen Anfang." Als solch einen Gesegneten fühlte sich der Nietzsche des „Zarathustra". „Aus dem Jenseits", sagt Wilamowitz, „kommt Leben und Erkennen. Erst wer das — nicht weiß, denn ein Wissen vom Jenseits gibt es nicht, aber wer es erfahren hat, in sich erlebt hat, der ist an dem Ziele, das dem Sterblichen zugänglich ist. Wissenschaft treiben, nie aufhören, diesem Streben kein ‚bis hierher!' zurufen, und doch sich bewußt sein, daß es der Ergänzung bedarf, die jenes Glauben, jene ‚wahre' Meinung ist, die auf der inneren Erfahrung beruht, sei sie auch ein göttlicher Wahnsinn", das war nicht nur Platons, das war auch Nietzsches letzte und tiefste Erkenntnis. Platon lehrte die ὁμοίωσις θεῷ. Und der tiefste Grund von Nietzsches Wesen ist — hellenisch! Wenn er daher nicht eine ὁμοίωσις Διονύσῳ lehrte, sondern geradezu die Identifikation mit diesem Gotte, so tat er dies beileibe nicht aus den von Stekel mit Hilfe der Psychoanalyse erschlossenen Gründen, sondern — um an ein Wort Goethes zu erinnern — in höherer Spirale lief der „letzte" Nietzsche den Weg zurück zu jenem geheimnisvollen Mysterium, das er in der „Geburt der Tragödie" angedeutet hatte. Kurz: er blieb sich bis an sein Ende treu! Daß aber dieser große, weltbewegende Geist zu dieser Erkenntnis nicht ohne die schwersten Seelenkämpfe und nur unter den fürchterlichsten Leiden sich durchgerungen hat, das bedarf keiner näheren Erörterung mehr. Bertram hat daher recht, wenn er wohl im Hinblick auf diese Seelenkämpfe sagt: „Der brennende Schrei nach dem Mysterium, nach dem ‚neuen Wozu?', ohne das die Menschheit verdorrt, und das Spottlachen des Intellektualismus, der sich im unentreißbaren Besitz aller Methoden der Entschleierung weiß — sie klingen im ‚Zarathustra' zu grauenvollem Zerrklang ineinander, nirgends schauriger als im ‚Ecce homo'. Dieser Zerrklang schrillt durch alle Erlebnisse Nietzsches. Ein furchtbarer Schauder rüttelt ihn bei dem Gedanken, daß alle Existenzen in einem fruchtlosen Kreislauf sich abmühen, aber der Stolz und die Selbstachtung des Übermenschen fordern ein **unbedingtes Ja** zu der Ewigkeit all seiner Taten. Auf dem Gipfel der Philosophie klafft ein trostloser Schlund, den die Menschheit nur dadurch überbrücken kann, daß sie sich hineinstürzt. Das ewige Leben wandelt sich in unergründlichen Tod! Die letzte Konsequenz der Wahrheit wird zum Wahnsinn. Bei dem im entscheidenden Augenblick entstehenden Feuerwirbel dieser seelischen Antinomien mußte ihr Gefäß zersplittern." Das ist der entsetzliche Todeskampf zwischen Wunsch und Wissen. Nun ist er beendet! Aber auch hier ist der Rest Schweigen und sich neigen in Ehrfurcht! Drum wollen wir hier der herrlichen Verse R. Wagners gedenken, die er den Manen seines allzufrüh verstorbenen jungen Freundes Karl Tausig gewidmet hat:

„Reif sein zum Sterben,
des Lebens z ö g e r n d sprießende Frucht,
früh reif sie erwerben
in Lenzes j ä h erblühender Flucht —
war es dein Los? War es dein Wagen?
Wir müssen dein Los wie dein Wagen beklagen . . ."

Und diesen Nietzsche, der in seinem faustischen Streben seine welke Brust zu den Quellen alles Lebens hindrängte, an denen Himmel und Erde hängt, diesen Nietzsche nennt Stekel verächtlich einen Schauspieler! Offenbar deshalb, weil ihm das „Schauspiel" Nietzsche begreiflicher erscheint als die „unendliche Natur" Nietzsche, die er trotz der Psychoanalyse oder vielleicht wegen der Psychoanalyse nicht fassen kann! Dieser Nietzsche soll den „Zarathustra" wirklich nur deshalb geschaffen haben, um seinen versunkenen Freund Wagner, den er musikalisch nicht besiegen konnte, doch irgendwie zu übertrumpfen? Aber vielleicht liegt in dieser ungeheuerlichen Behauptung Stekels denn doch ein Körnchen Wahrheit! Dem wäre der Fall, wenn Stekel unter der Produktionslust Nietzsches den Drang verstünde, der Wagner beseelte, als er dafür kämpfte, seine Ideale zu verwirklichen, d. h. die sichtbare Wirkung seines Schaffens zu genießen. Also ein Schauspieler war Nietzsche durchaus nicht. Gegen diese Behauptung Stekels spricht das gewichtige Zeugnis Deussens: „Nietzsche war von Haus aus eine tiefernste Natur, alles Schauspielerhafte in tadelndem wie in lobendem Sinne lag ihm gänzlich fern." Seiner ganzen Natur nach ist er unschauspielerisch, untheatralisch, mögen auch Züge einer gewissen geistigen Koketterie zu allen Zeiten, namentlich aber in der Spätzeit, bei ihm zu beobachten sein. Umgekehrt aber müßten ihn seine ungeheure Ehrlichkeit, die fast pedantische Ordnungsliebe mißtrauisch machen gegen jede Art Kakozelie und jedes Pathos. Th. Lessing (l. c. p. 239) hat dafür die schönen Worte gefunden: „Alles Rhetorische, Pastorale und Dithyrambische, die Exaggeration, der übersteigende Akzent, der große Faltenwurf, der Brustton der Überzeugung, die lapidare Attitude, das wurde ihm zu einem neuen Problem. Er entdeckt das Problem der Emphatik. Er entdeckt, daß genau das selbe Wort, was bei ihm keusch und unschuldig war, an geschickteren Leuten Maske und Mittel sein mußte, daß genau der gleiche Schrei, an dem er selbst fast starb, von klügeren Männern nicht ohne Selbstgenuß ausgestoßen wird und daß man wirklich nicht unterscheiden kann, ob die rote Farbe des Geschriebenen von Herzblut oder Tinte herrührt. Und er entdeckt zugleich, daß das stumme Zucken der Lippe mehr offenbart als die gewaltigsten Gesten des Brustschlagens und Haarausraufens, an die sein naiver Verehrungsdrang so gerne geglaubt hatte ... und er entdeckt in Wagner den Gestikulator und Lamenteur. Den ‚Heautontimorumenos‘, der an sich leidet, aber zugleich das Leiden zum Schauspiel vor sich selber macht. An dem nichts wahr ist als die Tatsache, daß er zerbricht, nicht aber die Art, wie er sich an seinem Zerbrechen eine Folie gibt ... und das tut er immer etwas zu laut, immer etwas zu superlativisch, ein wenig unkeusch. Damit will er das Menschentum Wagners treffen." Damit wollen wir die wundervolle Selbstcharakteristik vergleichen, die Nietzsche in seinen Lebenserinnerungen 1888 gibt: „Mein Vorrecht ist, die höchste Feinheit für alle Zeichen gesunder Instinkte zu haben. Es fehlt jeder krankhafte Zug an mir; ich bin selbst in Zeiten schwerer Krankheit nicht krankhaft geworden; umsonst, daß man in meinem Wesen einen Zug von Fanatismus sucht. Man wird mir aus keinem Augenblick meines Lebens irgendeine anmaßliche oder pathetische Haltung nachweisen können. Das Pathos der Attitude gehört nicht zur Größe; wer Attituden überhaupt nötig hat, ist falsch. — Vorsicht vor allen pittoresken Menschen! — Das Leben ist mir leicht geworden, am leichtesten, wenn es das Schwerste von mir verlangte[1]) ... ich kenne keine andere Art, mit großen Auf-

---

[1]) Im „Zarathustra" findet sich die Sentenz: „Wir lieben das Leben, nicht weil wir ans Leben, sondern weil wir ans Lieben gewöhnt sind." Da ist aber freilich zu entgegnen, daß Nietzsche, der unsäglich Leidende,

gaben zu verkehren, als das Spiel: dies ist, als ein Anzeichen der Größe, eine wesentliche Voraussetzung. Der geringste Zwang, die düstere Miene, irgendein harter Ton im Halse sind alles Einwände gegen einen Menschen, um wieviel mehr gegen sein Werk! — Man darf keine Nerven haben. — Auch an der Einsamkeit leiden ist ein Einwand — ich habe immer nur an der „Vielsamkeit" gelitten. — In einer absurd frühen Zeit, mit 7 Jahren, wußte ich bereits, daß mich nie ein menschliches Wort erreichen würde: hat man mich je darüber betrübt gesehen? — Ich habe noch die gleiche Leutseligkeit gegen jedermann, ich bin selbst voller Auszeichnung für die Niedrigsten: in dem allen ist nicht ein Gran von Hochmut, von geheimer Verachtung. Wen ich verachte, der errät, daß er von mir verachtet wird: ich empöre durch mein bloßes Dasein alles, was schlechtes Blut im Leibe hat. Meine Formel für die Größe am Menschen ist amor fati; daß man nichts anderes haben will, vorwärts nicht, rückwärts nicht, in alle Ewigkeit nicht. Das Notwendige nicht bloß ertragen, noch weniger verhehlen, — aller Idealismus ist Verlogenheit vor dem Notwendigen — sondern es lieben!" Ähnliches können wir in einem Briefe Nietzsches an Strindberg, wohl aus der dritten Novemberwoche 1888

---

mit allen Komplementärfarben seines Leidens dieses Lebensideal uns ausgemalt hat; denn, so sagt sein Zarathustra: „Du willst, du begehrst, du liebst, darum allein liebst du das Leben!" Gewiß liegt in diesem Ausspruche etwas vom schmerzvollen Rufe des Kranken nach Gesundheit, aber auch etwas von dem alten Bibelwort: „Der Glaube ist eine Zuversicht des, das man nicht siehet." Nietzsche hat eben das Leben geliebt, nicht wie es war, sondern wie er es wollte, wie er es schaffen wollte. Und darin, in diesem Protest gegen die Unvollkommenheit der Welt (cf. p. 147/48) erblicke ich etwas Tiefreligiöses. Solange Menschen auf dieser Erde leben werden, solange wird immer wieder dieser Protest erhoben werden von — den tiefer Denkenden! Nietzsche zog daher ganz folgerichtig die Konsequenz aus dem polaren Gegensatz der Systeme Hegels und Schopenhauers (alles Wirkliche ist vernünftig und alles Vernünftige ist wirklich — der Weltwille ist blind, alles Weltgeschehen ist unvernünftig). Auch Wagner hat diesen Protest erhoben (cf. p. 148/49), daher mündet sein Schaffen im Religiösen, genau so wie bei Nietzsche, der allerdings viel radikaler war. So strahlt daher das alte Goethewort: „Wer Wissenschaft und Kunst besitzt, hat auch Religion", im Glanze einer neuen Wahrheit auf. Denn niemand anderer wie Nietzsche gibt uns so unzweideutige Winke zu einem tieferen Verständnis der Religion, zu einer so gewaltigen Einsicht ihrer Lebensnotwendigkeit.

stammend, lesen, gleichfalls eine Art Selbstschilderung: „Ich hatte mit R. Wagner und Frau eine Intimität, wie ich sie mir wertvoller nicht denken konnte. Im Grunde bin ich vielleicht ein alter Musikant. Später hat mich Krankheit aus diesen letzten Beziehungen herausgelöst und mich in einen Zustand tiefster Selbstbesinnung gebracht, wie er vielleicht kaum je erreicht worden ist. Und da in meiner Natur selbst nichts Krankhaftes und Willkürliches ist, so habe ich diese Einsamkeit kaum als Druck, sondern als eine unschätzbare Auszeichnung, gleichsam als Reinlichkeit empfunden. Auch hat sich noch niemand bei mir über düstere Mienen beklagt, ich selbst nicht einmal: ich habe vielleicht schlimmere und fragwürdigere Welten des Gedankens kennen gelernt als irgend jemand, aber nur, weil es in meiner Natur liegt, das Abseits zu lieben. Ich rechne die Heiterkeit zu den Beweisen meiner Philosophie." Wenn aber trotzdem die Gerechtigkeit uns zwingt, zu sagen, daß seine Angriffe auf Wagners Menschentum vielfach auf Grund vorgefaßter Wertung, ohne Liebe und ohne psychologische Vollständigkeit erfolgten, sind sie nicht zum großen Teile entschuldbar auf Grund der seinerzeit entwickelten psychologischen Tatsachen? Gewiß, auch hier bleibt ein Erdenrest, zu tragen peinlich[1])! Aber noch immer ist dieser Erdenrest nicht von der Schwere, um Nietzsche erbarmungslos in Grund und Boden zu verdammen. Wie lange noch wird auch von ihm das bittere Wort Goethes Geltung haben: „Da man an mein Talent nicht herankann, verunglimpft man meinen Charakter!"?

Das tragischeste jedoch ist, daß Nietzsche nicht nur als Mensch, sondern auch als „Wissenschaftler" noch immer der Verkennung ausgesetzt ist. Aber angesichts dieser Verkennung kann

---

[1]) Es sei bei dieser Gelegenheit an Goethe erinnert, der (am 2. Jänner 1800) an Fritz Jacobi schrieb: „Man lernt, daß wahre Schätzung nicht ohne Schonung sein kann!" Wir bedürfen eben — Wilamowitz hat einmal über Goethe sich im selben Sinne geäußert — des ganzen Menschen mit all seinem Vollbringen und Liegenlassen, Genießen und Entsagen. Gerade weil die Zeit und die wissenschaftliche Forschung auch das Bedingte und Unzulängliche in den Werken und in den Menschen immer deutlicher hervortreten läßt, gewinnt der ganze Wagner, gewinnt der ganze Nietzsche erst die volle Macht eines vorbildlichen Menschen; das ist mehr als Apotheose. Erst der ganze Mensch, so recht und schlecht er ist, lehrt uns leben und streben und — entsagen, was das Notwendigste ist!

seine persönliche Größe in seinem Schaffen nie genug betont werden. Und dieses stärkste philosophische Pathos, das mit ihm im selben Maße kein Denker teilt, hat sich bei Nietzsche an der Antike entzündet: aus ihr schöpft er Nahrung und Kraft wie vor ihm unsere Klassiker. Aber wie die Stürmer und Dränger infolge einer gewissen Seelenverwandtschaft sich für gewisse Seiten des Hellenentums entflammten und begeisterten, tat dies auch Nietzsche, indem er sich in den Vorsokratikern erkennt. Im Phänomen des Dionysischen, wie er es aus dem Mythos und den Mysterienkulten jener Jahrhunderte fruchtbarsten Schaffens und Lebens zu ergreifen suchte, fand er das sprechendste Symbol seiner Weltanschauung, seiner Religion, die er aus jenem Griechentum herauslas oder in es hineinlas. Offenbar nur im engsten Anschluß an jene Erscheinungen kam er zu den Visionen seiner Wertphilosophie, seines Evangeliums. Nun steht es gewiß außer allem Zweifel, daß Nietzsche in der „Geburt der Tragödie" mit erbarmungsloser Vergewaltigung der historischen Tatsachen das Symbol des Dionysischen mit der ganzen noch unverbrauchten Glut seiner Jugend ans Licht gehoben hat. Und am Ende seiner Schaffenszeit, nach einem unsäglich opferreichen und leidvollen Leben, kurz vor seinem Zusammenbruch, hat er in der „Götzendämmerung" auf dieses Problem wieder zurückgegriffen und mit ihm den Ring seines Lebens, wie begonnen, so auch geschlossen. Indes schließt die Vorstellung vom Leben, die er aus der Erkenntnis dieses Problems ableitet, den Gedanken der Exuberanz, der ungeheuersten Verschwendung, des Reichtums und Überschusses in sich. Nur von hier aus findet er die Bejahung und den Mut zu seiner erbarmungslos tragischen[1]) Weltanschauung: nicht so, daß er den Pessimismus Schopenhauers abschwächte, sondern ihn vertiefte und verstärkte und trotzdem zu einer positiven Bewertung unseres Daseins gelangt, weil bei ihm bei dem Überschwang der Lebenskräfte der Schmerz als ein Reiz mehr wirkt. Denn „das schnellste Tier, das euch zur Vollkommenheit emporträgt, ist das Leiden!" Symbol für diese Lebensfülle ist ihm der Gott und Kultus des Dionysos, des Todes- und Lebensgottes, dessen Gläubige mit Lust den Schmerz suchen. Deshalb

---

[1]) Deshalb hat Wagner in einem Briefe an Peter Gast Nietzsche nicht mit Unrecht einen „verkappten Tragödiendichter" genannt.

sagt er in der „Götzendämmerung": „Die Psychologie des Orgiasmus als eines überströmenden Lebens- und Kraftgefühls, innerhalb dessen selbst der Schmerz noch als ein Stimulans wirkt, gab mir den Schlüssel zum Begriff des tragischen Gefühls, das sowohl von Aristoteles als insonderheit von unseren Pessimisten mißverstanden worden ist. Die Tragödie ist so fern davon, etwas für den Pessimismus der Hellenen im Sinne Schopenhauers zu beweisen, daß sie vielmehr als dessen entscheidende Ablehnung und Gegeninstanz zu gelten hat. Das Jasagen zum Leben selbst noch in seinen fremdesten und härtesten Problemen; der Wille zum Leben im Opfer seiner höchsten Typen der eigenen Unerschöpflichkeit frohwerdend — das nannte ich dionysisch, das erriet ich als die Brücke zur Psychologie des tragischen Dichters."

Unsere Aufgabe besteht nun darin, dieses Dionysosproblem Nietzsches historisch und psychologisch zu beleuchten und den Versuch zu wagen, es auf Grund des hiebei gewonnenen Materials zu seinem innersten Denken und Fühlen in Beziehung zu setzen. Ganz ungeahnte, weltumspannende Perspektiven werden sich dabei unserem erstaunten Blicke auftun und die fast mystisch zu nennende, tiefe Wesensverwandschaft entschleiern, die Nietzsche nicht nur mit Richard Wagner verband, sondern auch mit den Größten unserer Nation: mit einem Goethe, mit einem Beethoven.

Gegen das Ende seines Schaffens hat Nietzsche die tiefe Identität des zerrissenen Dionysos mit dem gekreuzigten Christus beschäftigt wie kein Thema. „Diese Tatsache", sagt Bertram, „erlaubt uns die deutende Vermutung, daß Nietzsche vielleicht irgendwann einmal noch die Erkenntnis von dieser seiner eigenen christlichen Identität großartig fruchtbar gemacht hätte, daß er das Bild eines gekreuzigten Dionysos, des sieghaften zerrissenen Lebens, mit einem neuen, noch nicht gehörten, dennoch uralten Sinn hätte erfüllen können — daß er die beiden großen kultischen Gegenpole und Enden der Menschheit, den hellenischen Kult des Leibes und den christlichen Kult des Leidens miteinander irgendwie in einem ‚neuen Liede' vereinigt hätte ... einem Liede, das nun noch schlafend geblieben ist und das von keiner bloßen ‚Erkenntnis' aufgeweckt werden wird." Mit anderen Worten: diesen Nietzsche kann man nur unter der weitesten Perspektive betrachten, wenn man ihn halbwegs verstehen will; ihn hineinzuzwängen in das

Prokrustesbett moderner psychiatrischer Forschung, um an seinem Denken die Daseinsberechtigung einer im Grunde nichtssagenden Nomenklatur zu erweisen, das dünkt mich ärger als bloßes Nichtverstehen; d. h. den Mann und seine Werke absichtlich nicht verstehen wollen. Als Nietzsche in Turin die ersten Symptome geistiger Erkrankung zeigte, schickte er Zettel mit der Unterschrift — „der Gekreuzigte" oder „Dionysos" — an Cosima, Rohde, Brandes, Bülow und Peter Gast. An letzteren schrieb er z. B.: „**Singe mir ein neues Lied; die Welt ist verklärt und alle Himmel freuen sich. Der Gekreuzigte!**" Oder an Georg Brandes, der es als erster gewagt hatte, Nietzsche zum Gegenstand einer Universitätsvorlesung zu machen: „Dem Freunde Georg. — Nachdem Du mich entdeckt hast, war es kein Kunststück, mich zu finden: die Schwierigkeit ist jetzt die, mich zu verlieren ... der Gekreuzigte." Auch an Strindberg schrieb er: „Herrn Strindberg! Eheu? ... nicht mehr Divorçons? ... Der Gekreuzigte." Es ist nun merkwürdig, daß so viele, die Nietzsche bekämpfen und beklagen, ihn gleichzeitig ins Zuchthaus und ins Irrenhaus weisen. Widerlegen sie sich nicht selbst? Karl Joël findet selbst in den letzten privaten schriftlichen Äußerungen Nietzsches, soweit er sie kannte, nichts von der Katastrophe, nichts, das den Zusammenhang seiner Geistesentwicklung durchbricht und abreißt: „Nennt ihr's auch Tollheit, hat es doch Methode!" Diese Aufzeichnungen nämlich sind keineswegs die willkürlichen Äußerungen „eines toll gewordenen Zuchthäuslers", sondern sie lassen sich durch weltgeschichtliche Parallelen psychologisch rechtfertigen, ja sie werden geradezu lichtgebend für diese Entwicklung seines Denkens, deren Konsequenz sie offenbaren. Im Jahre 1888 schrieb Nietzsche: „Diese Herren, die keinen Begriff von meinem Zentrum, von der großen **Leidenschaft** haben, in deren Dienst ich lebe, werden schwerlich einen Blick dafür haben, wo ich bisher außerhalb meines Zentrums gewesen bin, wo ich wirklich exzentrisch war!" Dieses Selbstbekenntnis Nietzsches ist nicht nur zu wahr, es ist mehr: es liefert uns erst das richtige Kriterium für die objektive Beurteilung seines Fühlens und Denkens. Nietzsches Zentrum blieb immer die große Leidenschaft: Schwung der Begeisterung, Enthusiasmus ohnegleichen, oft geradezu ein Rauschtaumel — diese Affekte begleiten sein Ringen um die Wahrheit. Dieser Nietzsche war selbst auf jenem Zettel nicht exzentrisch, da er sich Rohde gegenüber Dionysos nannte: denn diesen Dionysos, diesen Seelengott, diesen Gott des höchsten Seelenaufschwungs, fühlte Nietzsche in sich nach. Von der Zeit der „Geburt der Tragödie", da ihm das Dionysische erst noch wie eine Vision erschien, von dieser Zeit an, sage ich, bis zu seinem geistigen Zusammenbruch hat er ihn gesucht mit all der Inbrunst, mit der ein Mystiker seinen Gott sucht, meinte er stets seinen Verwandlungen auf der Spur zu sein. Aber als echter Romantiker mußte er immer in einem anderen, in einem Höheren als er selbst war, leben: zuerst war die klassische Philologie sein Ideal, dann Schopenhauer, dann Wagner — „an allen psychologisch entscheidenden Stellen von Wagner in Bayreuth ist nur von mir die Rede — man darf rückhaltslos meinen Namen oder das Wort Zarathustra hinstellen, wo der Text das Wort Wagner gibt!" — dann Zarathustra und schließlich wieder Dionysos. Und nachdem er den Orgiasmus bis zum letzten, höchsten Aufschrei der Leidenschaft durchlebt hatte, da ihm die Seele emporschwoll bis zum letzten Ziele, zur Einheit mit dem Gotte — da war er am Ende, da barst ihm die übervolle Seele im müden, kranken Leib, da sank er in Nacht! Wer deswegen Nietzsche bekämpft oder ihn verrückt schilt, der versteht die ganze deutsche Mystik nicht, deren Ziel es ist, eins zu werden mit dem Gotte, der versteht die Romantik nicht, die vom Menschen forderte „Gott zu werden", der versteht auch Platons ὁμοίωσις θεῷ nicht!

Aber ehe der Berauschte entseelt zu den Füßen des Gottes lag, mit dem seine Seele eins geworden war, nannte er sich auch „der Gekreuzigte"! Vielleicht ist auch dieser letzte Brief und auch diese Unterschrift nicht ganz so wahnsinnig als man gewöhnlich meint; schließlich sagte er doch selbst: „Es ist immer auch etwas Vernunft im Wahnsinn!" Gedenkt man der Christusparallelen, die im „Antichrist" mehrfach mit besonderer Sympathie und Feierlichkeit erklingen, so ergibt sich, daß sie ihm tiefer im Sinne lagen als er früher verraten hatte, daß sein Verhältnis zu Christus, das man nie gleichsetzen darf seinem Verhältnis zum Christentume, für ihn bereits damals ein zwar noch fernes, aber doch bereits geahntes Mysterium barg, ein Mysterium, wo Haß und Liebe, Neid und Ehrfurcht, Widerspruch und Vorbild verschmelzen zu einer letzten Einheit der Gegensätze: denn Dionysos war in einer Person der Gott des tiefsten Leidens und höchsten Jauchzens, Opferer und Opfer in einer Person, der ewig Verwandelte und Wiedergeborene — Nietzsches Wesen und Lehre, seine eigene Natur und sein Ideal. So sagte er selbst: „Wer an sich denkt, denkt im Grunde an sein Ideal", und dieses Ideal sei unser Wesen, ein höheres Wesen, als wir selbst es sind, zu schaffen. Über Parallelen zwischen Christus und Dionysos, wenn nicht gar deren Identifikation, äußerte sich Nietzsche bereits als Philologe; so erschien ihm im euripideischen Drama Dionysos eingeführt als „Gottessohn", von einer irdischen Mutter geboren und als ein in den Menschen verwandelter Gott, als Gottmensch. Und der dionysische Mythos zeigt das Martyrium des Gottes, sein Sterben und seine Auferstehung, und die Orphik vertiefte ihn zu einem Tröster der Armen und Mühseligen und zu einem Erlöser der sündigen Menschheit. Aus diesem Grunde nannte er das Volk, „das die Perserschlachten schlug, das **Volk der tragischen Mysterien**". Aber da dämmerte im Osten die Lehre des Christentums — und der neue Wein ward in die alten Schläuche gegossen. Wir haben schon gehört, mit welcher Antipathie Nietzsche dieser neuen Lehre, deren geistiges Oberhaupt ihm Paulus ist, gegenüberstand. Und so wird es uns begreiflich erscheinen, daß, wenn selbst Hegel nach dem Siege des Christentums als des tragischen Mysteriums über die antike Welt sagte, daß am Ende der alten Welt „Gott gestorben sei!", Nietzsche mit derselben Herzensangst wie die Alten ihr „der große Pan sei tot!" sein berühmtes „Gott ist tot!" ausrief. Es war das damals, als der Apostel Paulus auf dem Areopag zu den letzten Ausläufern griechischer Schulen von jenen geheimen Mächten des menschlichen Herzens sprach, die unter der häßlichsten Hülle am lebendigsten glühen und gegen welche alle Schönheit und Pracht leuchtender Erden doch nur ein Nichts ist — da beginnt der „Sklavenaufstand der Moral", den Nietzsche haßt, weil er die kaum geborene Welt des **schönen Menschen** mit alexandrinischem Dunst und dogmatischen Nebeln überzog. Nun konnte Nietzsche diesen gestorbenen und wieder auferstehenden Gott wiederfinden in seinem Dionysos, der die Welt des vorsokratischen Griechentums beherrschte. Früh schon sprach er davon, wie Dionysos als „der zukünftige Weltbeherrscher als Kind von den Titanen zerstückelt wird und wie er jetzt in diesem Zustand als Zagreus zu verehren sei"; darauf beruhe der Unterboden des ganzen hellenischen Kunstlebens. Und in der Tat wurden im tragischen Mysterium der alten Hellenen die Leiden des Gottes dargestellt: die Zerreißung des Gottes gehörte zum Kultus des Gottes; denn das zerrissene Opfertier, womit die Zerreißung gegeben war, stellte die Gottheit dar, und seine Verspeisung galt als mystische Vereinigung mit der Gottheit. Vielleicht darf man nun mit Joël Nietzsche, den Antichrist, den Mörder Gottes verstehen als den Orgiasten in jenem Augenblick, da er den Gott, mit dem er sich eins fühlt, zerreißt. Begründet wäre diese Ansicht durch die religiöse Erfahrung der Menschheit, die tiefe Mystik aller Zeiten und ganz besonders durch Nietzsches Lebensbekenntnis zu Dionysos: „Ein (das) Kreuz mit Rosen umhüllt (dicht umschlungen), wie Goethe in den Geheimnissen", heißt es ahnungsschwer in einem Nachlaßfragment zur „Geburt der Tragödie". Ganz besonders aber, wenn wir lesen: „Die Musik als Nachklang von Zuständen, deren begrifflicher Ausdruck Mystik war ... die Versöhnung der inneren Gegensätze zu etwas Neuem, Geburt des Dritten!" Dieser Ausdruck aber ist nichts anderes als die eleusische Formel für das Erleben des Dionysos, der $\tau\varrho\iota\tau o\varsigma\ \mu\varepsilon\sigma o\varsigma$ genannt wurde[1]. Und aus welch anderem Grunde hätte dieser selbe Nietzsche von der „Geburt der Tragödie" 1886 geschrieben: „Sie war ein Zwiegespräch mit dem Künstler R. Wagner", aber auch mit sich selbst: „Wer bist du? Wer bin ich? An welche Aufgabe wagte ich bereits mit diesem Buche zu rühren? ... Dionysos redete zu mir!" wenn nicht Dionysos stets sein tiefstes Erlebnis gewesen wäre?

---

[1] Cf. p. 160/61.

XXIII. DER MYSTIKER NIETZSCHE.

Damit aber haben wir eine Seite in Nietzsches Wesen berührt, die m. E. bisher noch viel zu wenig gewürdigt worden ist: seinen ausgesprochenen Hang zum Mystizismus, der gegen das Ende seines Schaffens von seinem Denken und Fühlen immer mehr und mehr Besitz nimmt. Die Prädisposition zu dieser seiner Mystik erblicke ich in seiner Abstammung aus einer evangelischen Theologenfamilie und in seiner sublimen Vorliebe für das Hellenentum, respektive das Instinktmäßige, Dunkle in ihm[1]).

Das Wort Mystik wird abgeleitet von dem Verbum $\mu\acute{v}\varepsilon\iota\nu$, das heißt die Augen schließen, um wachen Geistes zu schauen und sich in das eigene Wesen, die Innenwelt zu versenken. Der Mystiker glaubt an eine innere Erleuchtung und an ein überirdisches Licht: er will Gott schauen in dem hellen Scheine, der von obenher in seine Seele fällt. So heißt es im 36. Psalm: „In deinem Lichte sehen wir das Licht." Von allem Äußeren abgekehrt, ganz sich und der Kontemplation hingegeben, sehnt sich die Seele nach Erleuchtung und will durch intellektuelle Anschauung das Licht ergreifen, das ihr ein Gott, der in sie eintritt, spendet. Hat sie dies gewonnen, genießt sie „tiefsten Ruhens Glück" (Plotin Enn. V, 8, 17). Der Mystiker ist überzeugt, daß seine Seele ein Wesen für sich, eine Hypostase ist und nur als Gast im irdischen Leibe wohnt; daher macht „die ekstatische Erhebung der Seele zu der Empfindung der eigenen Göttlichkeit die innerste Regung aus"; daher der Glaube des Mystikers, daß ihm auf Momente wirklich und ohne Wahn mit dem Leben der Gottheit zu leben nicht versagt ist. Aber um zu dem ewigen Leben, zu der Gemeinschaft mit dem Göttlichen und Reinen und Einsgestaltigen zu kommen, ist eine Umwendung der Seele erforderlich, eine Abwendung von dieser Welt: da wachsen der Seele Flügel, und um

---

[1]) Cf. p. 166/67.

Gott von Angesicht zu Angesicht zu schauen, wird der Mystiker göttlich und versetzt sich in Gott. In diesem Sinne hat Rohde in seiner „Psyche" die Verse eines nicht genannten Dichters zitiert:

> „Darein ich mich versenke,
> das wird mit mir zu eins;
> ich bin, wenn ich ihn denke,
> wie Gott, der Quell des Seins."

So wie daher Plotin die Idee des höchsten Guten nicht als ein Gegenstand des größten Wissens, als ein μέγιστον μάθημα, erscheint, sondern als ein Gegenstand des intensivsten Schauens, so „ließ" auch Nietzsche, um Plotins Worte zu gebrauchen, „alles Wissen fahren und, bis hieher geleitet, denkt er bis zu dem Punkte, auf dem er sich befindet; plötzlich schaut er, ohne zu wissen wie, sondern das Schauen füllt die Augen mit Licht und läßt sie nicht ein anderes sehen, sondern das Licht selbst ist das Objekt des Schauens" (Enn. VI, 7, 36). Aber dieses Schauen ist noch nicht das Letzte und Höchste. Soll es zur Vereinigung mit Gott kommen, muß das Schauen über das Schauen hinausgehen: es muß eine Ekstase werden, eine Hingabe seines Selbst, ein Suchen und Sinnen auf Vereinigung (ἔκστασις καὶ ἐπίδοσις αὑτοῦ καὶ ἔφεσις πρὸς ἁφὴν καὶ στάσις καὶ περινόησις πρὸς ἐφαρμογήν; Enn. VI, 9, 11).

Nun sind wir leider über das Wesen der griechischen Mysterien viel zu wenig unterrichtet; auf zerstreute Andeutungen bei verschiedenen Autoren — die Mysten haben im strengsten Sinne des Wortes Schweigepflicht geübt! — sind wir angewiesen und können uns daher nur einen schwachen Begriff davon machen. Karl du Prel („Die Mystik der Griechen") berichtet: „In einem dem Plutarch zugeschriebenem Fragment bei Stobäus ist davon die Rede, daß die mit der Einweihung verknüpfte Seligkeit nicht sofort erreicht werde; zuerst finde langes Umherirren statt, beschwerliche Wege, und aus einem gewissen Dunkel verdächtige und zu keinem Ausgang führende Wege; dann, vor dem Ende selbst, alles Furchtbare, Schauer, Zittern, Angstschweiß und Entsetzen. Sodann aber kommt eine wundervolles Licht dem Einzuweihenden entgegen, glänzende Auen mit Stimmen und Chortänzen, ehrwürdige Laute und göttliche Erscheinungen. Dann erst begeht der Eingeweihte, frei geworden, entlassen umhergehend und gekrönt, die eigentliche Feier. Er geht sodann mit heiligen und reinen Menschen um." Das Wesen der Seele wird also in diesen Mysterien als göttlich erlebt, empfunden und geschaut; sie vereinigt sich mit Gott. „Tiefere Naturen", sagt Reitzenstein, „suchen von früh an in dem Mysterium neue Erkenntnis und Steigerung der **Göttlichkeit des eigenen Ichs** . . . der Myste schaut nicht bloß, was Osiris erlebt hat, sondern er **erlebt es selbst** und wird dadurch Osiris." Ganz merkwürdig aber ist der Bericht des Historikers Zosimos: Die alten Hellenen sollen geglaubt haben, daß dieser Mysterienkult dazu diene, das ganze Menschengeschlecht als eine Einheit zusammenzuhalten. Was bedeutet diese merkwürdige Mitteilung?

So viel ist aber klar, daß die alten Hellenen den Pessimismus, von dem wir seinerzeit sprachen, durch ihre Flucht ins Transzendente, in die religiöse Mystik, zu überwinden verstanden haben: das ist der Kult der orphischen Mysterien, der sich hauptsächlich um die Person des Dionysos konzentrierte. Durch Platon wurde er sodann ein integrierender Bestandteil der griechischen Geisteswissenschaft. Indes besteht der Gegenstand dieses Denkens gewiß vermöge der Höherwertung der transzendenten, immateriellen Welt in einer Abkehr von dieser materiellen, daher diese ganze Lebensanschauung pessimistisch ist, insoweit die Wertung des irdischen Lebens in Betracht gezogen wird. Erwägt man aber, daß dieses irdische Leben nichts anderes als nur ein kleiner Ausschnitt aus dem Gesamtdasein der menschlichen Seele ist, die, ewig wie sie ist, aus der göttlichen Seligkeit stammt und in sie zurückzukehren hat, so liegt in dem Gedanken, daß **die Seele alle Kraft zur Erlösung aus sich selbst schöpft**, einer der Hauptunterschiede zwischen Hellenentum und Christentum, bei welchem die Erlösung ein Akt der göttlichen Gnade ist. Dieser Gedanke der hellenischen **Selbsterlösung** ist echt sokratisches Erbgut, basiert auf die Autarkie, mag auch der Neuplatonismus die Betrachtung, durch die man sich zum Göttlichen erhebt, ähnlich wie später Schopenhauer die Kontemplation, als Allheilmittel gegen die Schwere des Lebens empfehlen. Das echte, alte, vom orientalischen Dualismus noch nicht angekränkelte Hellenentum hat den Pessimismus wirklich überwunden, es fand die Kraft in sich, sich in die Wirklichkeit des Lebens zu schicken, „sterblich gesinnt zu sein" und bei aller Schwere „die Notwendigkeit zu lieben" (cf. Eurip. Frgm. 1075: „$\vartheta\nu\eta\tau\grave{o}\varsigma\ \gamma\grave{\alpha}\varrho\ \mathring{\omega}\nu\ \varkappa\alpha\grave{\iota}\ \vartheta\nu\eta\tau\grave{\alpha}\ \pi\epsilon\acute{\iota}\sigma\epsilon\sigma\vartheta\alpha\iota\ \delta\acute{o}\varkappa\epsilon\iota!$"). Damit deckt sich die Gesinnung, die

Nietzsche im Anschluß an die Antike und an Spinozas „amor intellectualis dei" „amor fati" genannt hat: „die Bejahung des ganzen, nicht verleugneten und halbierten Lebens".

Aus unserer bisherigen Darstellung läßt sich als ziemlich feststehend entnehmen: 1. daß die Mysterien der den Hellenen angeborenen lebenbejahenden, den Pessimismus verneinenden Weltanschauung ihren Ursprung verdanken; denn weswegen hätte sich sonst der Kult um die Person des Dionysos als des Gottes des siegreichen Lebens konzentriert? 2. daß die Mysten sich feierlich zu einer heiligen Gemeinschaft[1]) zusammenschlossen, demnach also eine in des Wortes ursprünglichstem Sinne katholisierende Tendenz vertraten. Daraus erhellt aber auch, daß sich mit Hilfe der Magie Theurgie, Telestik, des Spiritismus oder gar Okkultismus das Wesen der Mystik nicht begreifen läßt. Aber auch als eine Art dionysischen Rausches dürfen wir sie nicht auffassen und rationalistisch deuten. Auch der Materialist oder Monist werden einem Mystiker nie und nimmer gerecht werden können. Beweis dafür ist, daß der Mystiker Nietzsche kurzerhand als Narr, als irrsinnig erklärt wird und dieses Märchen von Gebildeten wie von Laien mit Überzeugung nachgebetet wird.

Zu dieser Art Mystik, wie sie wissenschaftlich durch Plotin vertreten wurde, gesellte sich noch die christliche, welche die unio mystica durch den Gehorsam gegen Gott, durch den Glauben an Gott, durch die Liebe zu Gott, durch Christus lehrte. Aber noch viel später, jedenfalls unter dem Einflusse indischer Dogmatik, wurde die Identität des Mystikers mit Gott als eine wechselseitige Beziehung aufgefaßt: die mystische Erfahrung kann entweder die Erkenntnis sein, daß Gott ich ist, oder die Erkenntnis, daß ich Gott bin. Die Wahrheit dieser beiden Erkenntnismöglichkeiten ist jedoch die eine, daß das Absolute weder Gott ist noch ich. Und wenn es die Voraussetzung aller Mystik ist, daß die Erkenntnis der Wahrheit zugleich auch die erlösende Erkenntnis ist, so folgt, daß in der mystischen Einigung Gott ebenso von seinem Gottsein erlöst wird, wie ich von meinem Ichsein. Gott und ich sind jetzt Wechsel-

---

[1]) Cf. die Gralsbrüderschaft im „Parsifal"! Und ist schließlich nicht auch die „alleinseligmachende" katholische Kirche mit ihrer Forderung nach einer Herde mit einem Hirten solch ein Verein von Mysten, die sich um das heilige Wunder-Mysterium der Transsubstantiation scharen?

begriffe; ihrer beider absolute Setzung beruht auf der gleichen Verkennung ihrer Identität; aber es ist ja auch wirklich dasselbe Ichgefühl, das bald in einem Menschenleibe als Individual-Ich, bald in der Welt der andern Dinge als Welt-Ich ausgesagt wird: Gott und das Ich haben also nur eine relative, wechselseitig durch einander bedingte Existenz: sie sind nicht an sich, sondern nur für einander. Vielleicht dürfen wir in diesem Sinne Nietzsches früher zitierten Ausspruch: „Wenn es Götter gäbe, wie hielt ich's aus, kein Gott zu sein! .... Also gibt es keine Götter!", verstehen, wenn wir mit Georg Simmel annehmen, daß Nietzsche mit diesen Worten nur ein Gefühl in die Form des höchsten Personalismus gebracht hat, das in anderer Form auch christlichen Strömungen des Innenlebens durchaus nicht fern geblieben ist. Denn im Christentum lebt neben allem unendlichen Abstand aller Niedrigkeit gegen Gott doch das Ideal, ihm gleich zu werden — ein Derivat aus der früher erwähnten platonischen ὁμοίωσις θεῷ, Verähnlichung mit Gott. Und dieses Ideal mündet in die Sehnsucht, die durch die Mystik aller Zeiten und Religionen geht: mit Gott völlig eins zu werden oder, mit dem kühnsten Ausdruck: Gott zu werden. Von der „deificatio" redet die Scholastik, für Meister Eckhardt kann der Mensch seine Kreatürlichkeit aufheben und wieder zu Gott werden, wie er es seinem eigentlichen und ursprünglichen Wesen nach ist, oder wie es Angelus Silesius ausdrückt:

> „Soll ich mein letztes End' und ersten Anfang finden,
> so muß ich mich in Gott und Gott in mir ergründen
> und werden das, was er."

Es ist das diese selbe Leidenschaft, die auch Spinoza und Nietzsche erfüllt: sie können es nicht ertragen, nicht Gott zu sein. Beide aber hegen, wie auch jene frühe deutsche Mystik, die Voraussetzung, daß die Individualität, das Für-sich-sein, die Besonderheit, sich nicht mit der Universalität, dem Allsein, dem Göttlichen vertragen. Und von diesen beiden Motiven aus schließt Spinoza im Sinne der Mystik und völlig konsequent: also gibt es keine Besonderheit. Denn in der Tat: wenn es nur Gott gibt, wenn die Individualität der Wesen eine bloße negatio — ein Nichts ist, so ist sie nicht. Und damit ist erreicht, daß das menschliche Wesen Gott ist. Deshalb heißt es bei Angelus Silesius im „Cherubinischen Wandersmann":

„Gott ist wahrhaftig nichts; und so er etwas ist,
so ist er 's nur in mir, wie er mich Ihm erkist . . .
ich weiß, daß ohne mich Gott nicht ein Nu kann leben,
werd ich zu nicht, er muß vor Not den Geist aufgeben . . .
nichts ist als Ich und Du: und wenn wir zwey nicht sein,
so ist Gott nicht mehr Gott, und fällt der Himmel ein."

Ich meine nun, daß der obzitierte Ausspruch Nietzsches demnach durchaus keine krankhafte Ausgeburt seines Größenwahns ist, sondern die einzig mögliche letzte und feinste Konsequenz des idealistischen, ja solipsistischen Charakters seiner mystischen Erfahrung. Den ganzen „Zarathustra" denke ich mir als im Zustande mystischer Ekstase geschaffen; berichtet doch der Autor selbst im „Ecce Homo", daß man „mit dem geringsten Reste von Aberglauben in sich die Vorstellung, bloß Inkarnation, bloß Medium übermächtiger Gewalten zu sein, kaum abweisen würde. Deshalb sei seine Inspiration ein vollkommenes Außer-sich-sein mit dem distinktesten Bewußtsein einer Unzahl feiner Schauder und Überrieselungen bis in die Fußzehen; alles geschehe wie in einem Sturme von Göttlichkeit."

Gerade diese Umbiegung des christlichen Mystizismus in einen hellenischen, respektive ihrer beider Verquickung ist es, wie wir im folgenden noch genauer zeigen werden, was Nietzsche mit Goethe und Wagner als wesensverwandt erscheinen läßt. Allerdings vertrat Wagner nur in der Frühzeit seines Schaffens, ganz besonders im „Tristan", einen hellenisch, also optimistisch gefärbten Mystizismus; denn der „Parsifal", sein mystischestes Drama, ist ganz und gar nur von christlicher Mystik und Symbolik erfüllt. — Ich darf wohl Goethes „dunkles" Gedicht „Die Geheimnisse" als bekannt voraussetzen: ein Pilger naht nach langer Wanderung einem Tale, sieht dort das Kreuz der Erlösung und schlägt die Augen nieder:

„Er fühlet neu, was dort für Heil entsprungen,
den Glauben fühlt er einer halben Welt;
doch von ganz neuem Sinn wird er durchdrungen,
wie sich das Bild ihm hier vor Augen stellt:
Es steht das Kreuz mit Rosen dicht umschlungen[1]).
Wer hat dem Kreuze Rosen zugesellt?
Es schwillt der Kranz, um recht von allen Seiten
das schroffe Holz mit Weichheit zu begleiten."

---

[1]) Dieses mit Rosen umwachsene Kreuz deutet, wie der ganze Inhalt der zur Ausführung gekommenen Strophen zeigt, auf Gottergebenheit und

Ist es nun nicht mehr als ein bloßer Zufall, daß Wagner sein Werk „Die Kunst und die Revolution" mit den bedeutsamen Worten schließt: „So würde uns denn Jesus gezeigt haben, daß wir Menschen alle gleich und Brüder sind: Apollon aber würde diesem großen Brüderbunde das Siegel der Stärke und Schönheit aufgedrückt, er würde den Menschen vom Zweifel an seinem Werte zum Bewußtsein seiner höchsten göttlichen Macht geführt haben. So laßt uns denn den Altar der Zukunft, im Leben wie in der lebendigen Kunst, den zwei erhabensten Lehrern der Menschheit errichten: Jesus, der für die Menschheit litt, und Apollon, der sie zu ihrer freudenvollen Würde erhob."

Der „letzte" Nietzsche, der sich mit Dionysos, der sich mit dem Gekreuzigten identifiziert, geht nun dieselben Gedankengänge wie Goethe und Wagner. Auch er wollte die Bekenner des Christentums, denen Gott in ihrer Schwäche ihre Stärke gab, zu einer Religion der Zukunft erziehen, welche die bestehenden inneren Gegensätze zwischen christlich-pessimistischer Weltbetrachtung und griechisch-optimistischer Lebensbejahung durch etwas Neues, durch „Die Geburt des Dritten" ausgesöhnt hätte. Das wollte, wenn wir uns an die frühere Darstellung erinnern, der Ästhetiker Nietzsche. Denn bei aller Verhöhnung des Christentums und trotz mancher bitterer Ausfälle gegen den Stifter desselben — aber **„nie sollten einzelne schroffe Äußerungen dieses vornehmen und feinfühlenden Mannes das Gesamtbild, das wir uns von ihm machen, beherrschen!"** (Eucken) — erblickte Nietzsche in der Gestalt des Heilandes immer das höchste Symbol edelsten Menschentums. So können wir bei ihm wörtlich lesen: „Im Grunde gab es nur einen Christen, und der starb am Kreuze." — (Von höchstem Interesse ist aber eine Tagebuchnotiz aus dem Jahre 1881: „Gegen die Vergangenheit gerecht sein, sie wissen wollen, in aller Liebe! Hier wird unsere Vornehmheit auf die höchste Probe gestellt! Ich merke es, wer mit rachsüchtigem Herzen vom Christentum redet" — hier bricht die Notiz ab; was hat er noch sagen wollen? Auf dem Zettel findet sich nur noch das Wort: „das ist gemein". Dann heißt es

---

Selbstüberwindung, wie sie im vollen Maße erst das Christentum in die Welt brachte, aber geeint mit dem Sinn für die Schönheit und Fülle des Lebens, an dessen Aufgaben der Mensch jene höchsten Vorzüge zu bewähren hat.

wieder: „Es geschah spät, daß ich dahinter kam, was mir eigentlich noch ganz und gar fehle: nämlich die Gerechtigkeit!") Und wenn er an Jesus das Lachen vermißt, wenn er nicht müde wird, seine höheren Menschen das Lachen zu lehren, so kann das, wenn ich Nietzsche richtig verstehe, nichts anderes heißen als die Errichtung eines neuen höchsten Symbols in dem der Überschuß an Bereitwilligkeit zur Lebensverneinung ersetzt werden soll durch Lebensbejahung. So bliebe das Kreuz als das Zeichen der Erlösung gewahrt, nur wäre es mit Rosen umwunden, d. h. das „Dritte Testament" würde den starken, körperlich und seelisch vollendet schönen, heiteren, reinen Menschen, den „Menschen mit der Rosenkrone", verkünden, der an Stelle des armen, verspotteten Hauptes mit der Dornenkrone treten sollte.

M. E. nämlich entsprachen dem ästhetischen Gefühle Goethes, Wagners und Nietzsches nicht die Anschauungsmomente, die sichtbar-sinnlichen Schmerzensvorgänge, mit denen das Leiden und Sterben Jesu Christi von einer Richtung des Christentums in den Vordergrund gestellt worden war als dessen wesentlichstes Moment. Daher bezeichnete Goethe in seinem „berühmten" Briefe an Zelter vom 9. Juni 1831 das Kreuz als „das leidige Marterholz, das Widerwärtigste unter der Sonne". Und in den „Wanderjahren" heißt es: „Wir halten es für eine verdammungswürdige Frechheit, jenes Martergerüst und den daran leidenden Heiligen dem Anblick der Sonne auszusetzen, die ihr Angesicht verbarg, als eine ruchlose Welt ihr dies Schauspiel aufdrang." Es ist klar, daß die Ablehnung nicht dem frommen Menschen Christus gilt, sondern der Gepflogenheit, die blutigen Zeichen der körperlichen Schmerzen eines Heiligen in den Vordergrund zu drängen, ja der Welt aufzudrängen. In diesem Sinne enthält daher auch der Schluß des „Faust", in dem Goethe zu christlichen Symbolisierungen griff, die Zusammenfassung künstlerischer, religiöser und sozialer Elemente: sie fließen in der Dichtung in eins zusammen, so wie sich Kreuz und Rose, Griechentum und Christentum ergänzend ausgleichen sollen. Darum findet der schöpferische Mensch dieses reinen Zustandes gleich Nietzsche sein Glück in seinem Werk!

Ich betone es aber ausdrücklich, daß die im vorigen vorgebrachten Anschauungen meine persönliche Überzeugung sind, für die ich den wissenschaftlichen Wahrheitsbeweis hier, weil es den gezogenen Rahmen dieses Buches weit überschreiten würde, nicht erbringen kann; allein ich hoffe, daß dadurch ein anderer sich angeregt fühlen wird, das hier aufgerollte Problem einer wissenschaftlich tiefgründigen Untersuchung zu unterziehen, von der ich mir sehr viel verspreche. Projizieren wir nämlich das, was von den griechischen Mysterien gesagt worden ist, in Goethes „Faust", in Wagners „Parsifal" und in Nietzsches Schaffen — ich verstehe darunter sein ganzes Lebenswerk, bis zu dem berühmten: „Singe mir ein neues Lied; die Welt ist verklärt und alle Himmel freuen sich" — „dem Lichte zu — deine letzte Bewegung; ein Jauchzen der Erkenntnis — dein letzter Laut!" — so offenbart sich uns ein einziges gewaltiges Mysterium. Faust, Parsifal und der Übermensch: alle drei wandeln sie des Leidens und der Irrnis Pfade; von allen dreien gilt das Wort: „Nur wer strebend sich bemüht, den können wir erlösen." Freilich, als Ganzes wird man die reifsten Geisteswerke Goethes, Wagners wie Nietzsches nicht so sehr durch Kommentare erfassen, sondern einzig und allein durch eigenes Nacherleben. Da können wir dann in uns jene „innere Bühne" aufbauen, die an traumtiefer Schönheit alles hinter sich läßt, was die wirkliche bieten kann, dann versinken wir in einen Zustand, der sich am besten als „Urzeitstimmung" bezeichnen ließe; allerdings ist jede Mitteilbarkeit über dieses innere Erleben ganz ausgeschlossen. Aber freudig wollen wir mit dem Dichter ausrufen: „Blüte der Menschheit bist du, Heidentum, wenn du ihr den Himmel aufschließest aus der Welt. Aber auch Blüte der Menschheit bist du, Jesus, wenn du ihr die Welt aufschließest erst aus dem Himmel!"

XXIV. DAS DIONYSOSIDEAL — ISOLDENS „LIEBES-TOD" — GOETHE — BEETHOVEN.

Nachdem wir im Verlaufe unserer Abhandlung bis zu diesem Höhepunkte der Betrachtung gelangt sind, ergibt sich für uns als wichtigste Aufgabe, alle bisherigen Ergebnisse zu Nietzsches Lebensideal, das er Dionysos nannte, in Beziehung zu setzen. Denn obgleich wir es bis jetzt noch nicht direkt ausgesprochen haben, bildet die Konzeption dieses Lebensideals die Krönung des Lebenswerkes dieses einzigartigen Denkers. Gleichwohl aber wurde wiederholt schon darauf hingewiesen, daß das ungeheure Problem, das sich hinter diesem Namen verbirgt, für Stekel und Konsorten ein Buch, verschlossen mit sieben Siegeln, ist und bleibt, in welcher Behauptung wir durch die Tatsache bestärkt wurden, daß die Interpretation des Dionysos als eines Gottes oder Schutzpatrones der Hysterischen geradezu unsinnig ist. Denn Nietzsche war durchaus nicht jener Hysteriker oder Paranoiker, als der er uns so gerne hingestellt wird; es müßte denn sein, daß man auch den letzten großen Griechen des deutschen Volkes, Goethe, mit demselben ehrenden Epitheton belegt. Und in der Tat: die Konzeption dieses Ideals, der ekstatische Glaube an seine weltumspannende und weltumgestaltende Macht entsprang einzig und allein Nietzsches tiefem Griechenheimweh: er war, worauf wir schon wiederholt hinzuweisen die Gelegenheit hatten, ein echt antik empfindender Mensch mit jener aristokratisch-vornehmen Gesinnung, von der die edelsten Vertreter des klassischen Hellenentums beseelt waren. Das erhellt am deutlichsten aus seiner Stellung zur klassischen Philologie: Nietzsche lehrte sie nicht bloß, er lebte sie! Und in diesem Sinne war er mehr Grieche als Goethe, der die ganze Antike im Grunde genommen doch nur mehr oder weniger vom Standpunkte des Ästheten betrachtete und mit seiner „Iphigenie" alles andere eher schuf als ein Griechenweib. So hatte Lessing durchaus nicht unrecht, als er gelegentlich der Wielandschen Bearbeitung der Euripideischen „Alkestis", die Goethe in seiner Farce „Götter, Helden und Wieland" scharf und leidenschaftlich angegriffen hatte, die Äußerung tat, Goethe verstünde von der Antike noch weniger als Wieland. Aber bezeichnend für Nietzsches Stellung zu Goethe, diesem Einzigen, den er Zeit seines Lebens aus ganzer Seele verehrte, um dessentwillen er Deutschland lieben mußte, den er niemals angriff, ist es, daß er unter dem Namen oder der Person Goethes die Totalität des Seins, das spezifisch Griechisch-Heidnische verehrte: den Geist, der sich zur Freiheit durchgerungen hat, der mit beiden Füßen fest mitten im All steht und von dem Glauben beseelt ist, daß alles einzelne und Ephemere als verwerflich im Lichte einer solchen Weltbetrachtung spurlos verdampft, daß im Unendlichen dasselbe wiederkehrend ewig fließt und das tausendfältige Gewölbe sich kräftig ineinander schließt. Fragen wir uns, wo auf aller Welt gibt es heute Menschen, die sich zu jener Höhe der Weltbetrachtung emporgeschwungen haben, die zugleich, um mit Lukrez zu sprechen, die vollendetste Form wahrer Frömmigkeit ist: ruhig im Geiste hinschauen zu können auf alles!, so kann die Antwort nur so lauten: Dieses Ideal kann nur in jenen Seelen lebendig sein, die in ahnungsvollen Stunden den Geist des Weltalls empfinden, der niederflammt in ihr Herz, die dann in die dunklen Risse des Unerforschten einen Blick tun und in ihre Finsternisse ein leuchtend Bild dieser Welt zurücknehmen, die im Unendlichen verschweben, weil sie es in sich selbst genießen[1]). Um nun diese Sehnsucht „nach höherer Begattung" in uns auszulösen — das lehrt uns Goethe wie Nietzsche in nicht mißzuverstehender Weise — ist wiederum nur die Erfassung des Altertums in seiner Totalität das geeignetste Mittel. Während jedoch die berufenen Hüter und Bewahrer dieses Ideals im engen Kreise ihrer Wissenschaft festgebannt stehen bleiben und innerhalb des Menschlichen Schranken um Schranken errichten, trotz des berühmten „Nil humani a me alienum puto!" — ja heute ist diese Wissenschaft allerdings so spezialisiert, daß Fälle gar nicht zu den Seltenheiten gehören, wie

---

[1]) Man lese nur das jüngste Werk über Nietzsche von Heinrich Römer, einem evangelischen Theologen! Der freisinnige, vorurteilslose, durch kein Dogma gebundene Theologe wird in Zukunft an Nietzsche nicht mehr vorübergehen können!

etwa der, daß ein Philologe sein ganzes Leben damit hinbringt, „die homerische Frage vom Standpunkte der Präpositionen zu lösen und glaubt mit ἀνά und κατά die Wahrheit aus dem Brunnen zu ziehen ... die Philologen gehen an den Griechen zugrunde — das wäre etwa zu verschmerzen! — aber das Altertum zerbricht durch die Philologen selbst in Stücke", während also diese Kategorie von Forschern wähnt, sie hätte auf diesem Wege auf Grund ihrer alles genauestens analysierenden, katalogisierenden etc. Pedanterie das Richtige gefunden und das geistige Band, das alle diese Mosaikbildchen zusammenhält, klar erkannt und — wie bescheiden! — bei diesem Resultate sich beruhigt, konnte ein Feuergeist wie Nietzsche nicht eher zur Ruhe gelangen, als bis er jede auf analytisch-kritischem Wege gefundene Erkenntnis mit seinem eigenen Leben und Erleben so innig durchtränkte, allem und jedem so sehr den Stempel des eigenen, echt hellenisch empfindenden Wesens aufgedrückt hatte, daß diese Erkenntnisse in der Folgezeit tatsächlich sein ganzes Denken, Fühlen und Streben beherrschten. So wurde das Hellenentum, oder besser gesagt: die Antike überhaupt, für ihn zur zweiten Natur, zur lebendigen Kraft in des Wortes ureigenstem Sinne. Schon diese Tatsache allein ist ein gewichtiger Beweis dafür, wie groß der Irrtum Stekels und Konsorten ist, wenn sie Nietzsches Vorliebe für das Hellenentum als eine klug inszenierte, selbstgefällige Kopierung durch einen Narren interpretieren und sich dabei auf psychoanalytische Fundamentalgesetze stützen! Nietzsche war einer der wenigen Auserwählten, dem jene elegische Wehmut der meisten Philologen zeitlebens etwas Unbekanntes war, jener Sorte weichlicher Ästheten, die im bitteren Tone der Resignation „das Land der Griechen mit der Seele suchend" um ein entschwundenes, unwiederbringliches Ideal klagen und dem wahrheitsuchenden Jünger Steine statt des Brotes reichen, sondern — und da zeigt sich so recht Nietzsches angeborenes Griechenheimweh! — er setzte diesen für den einzelnen wie für die Gesamtheit unfruchtbaren Sentimentalitäten den klaren, selbstbewußten, zielstrebigen Willen entgegen, die gesamte Menschheit aus lediglich durch die Tradition ererbten, heute jedoch müd und matt gewordenen Lebensformen zu erlösen und dem Leben des einzelnen wie der Gesamtheit neue, höhere, bessere Ziele zu schaffen. Deshalb haßte er aus ganzer Seele allen Geist und Leben tötenden Formalismus und Intellektualismus, der gerade in unserer Wissenschaft sich breitmacht. Nicht für ein enges Fachgebiet soll der Philologe seine Schüler erziehen und ihnen den Kopf mit einem Ballaste lebloser Kenntnisse vollstopfen, sondern **Menschenbildner** im wahrsten Sinne des Wortes soll er aus ihnen herauserziehen, Menschen, in deren Seele das heilige Feuer des platonischen Eros geweckt worden ist und damit die Sehnsucht nach restloser Erfassung dieses ganzen, vielgestaltigen, bunten Lebens, das ja doch nur wieder eine einzige große Einheit ist. Daß wir bis heute dieses ideale Ziel Goethes wie Nietzsches noch immer nicht erreicht haben, daß wir von ihm heute vielleicht weiter entfernt sind denn je, von jenem Ziele, um dessentwillen Nietzsche noch heute als Verräter an seiner Wissenschaft bekämpft und verspottet wird, daran trägt die Schuld unsere ganz und gar unhistorische, durch nichts zu motivierende Verquickung des Christentums mit der Antike: sie fußt auf dem einseitigen und daher falschen Vorurteile, daß das Christentum die Erfüllung des klassischen Altertums und dieses lediglich nur eine Vorstufe und Vorbereitung auf jenes nach dem Willen des a priori allem Weltgeschehen zugrunde liegenden göttlichen Erziehungsplanes sei. „Griechenland hat die Welt vorbereitet, der Predigt eines hl. Paulus zu lauschen!" Von diesem Vorwurfe ist selbst der allverehrte Altmeister unserer Wissenschaft, Wilamowitz, nicht ganz freizusprechen, trotz seines von aller Welt als richtig anerkannten Standpunktes: alles Gewordene historisch zu begreifen. Kurt Hildebrandt hat den strikten Nachweis erbracht, daß gerade Wilamowitz, dessen überragender Bedeutung als Erforscher und Verkünder antiken Lebens dadurch nicht der geringste Abbruch getan werden soll, mehr unbewußt und ohne es zu wollen, gerade eine der wichtigsten Epochen antiken Geistes: den herben Ernst und Heroismus der Tragödie für das deutsche Volk in deutsch-protestantisch-christlichem Sinne umgedeutet hat. Der hehrste Grundsatz dieses größten Altertumskenners der Gegenwart, jedes Kunstwerk nur aus sich selbst und aus der Welt heraus, in der es seinen Ursprung hat, zu erfassen und zu erklären, bleibt eben in den meisten Fällen nur ein frommer Wunsch, weil es unseren Gelehrten zu sehr an der Selbstlosigkeit und Selbstentäußerung, dann wieder an der Bescheidenheit gebricht, um ihm zum vollen, sieghaften Durchbruch zu verhelfen. Denn das Christentum ist durchaus nicht die Erfüllung der Antike; sein Verdienst besteht, unter diesem Gesichtspunkte betrachtet, lediglich darin, daß es dem Altertum nur zeitlich folgte. Das Christentum ist und bleibt Orient, das Hellenentum ist und bleibt ewig Okzident! Und damit ist auch schon der scharfe Gegensatz bezeichnet, in dem diese beiden Geistesrichtungen für ewige Zeiten zueinander stehen müssen: das Christentum ist und war der Todfeind des Griechentums, es ist und war sein Untergang. Vom christlich-sittlichen Standpunkte aus kann man den Geist, von dem eine althellenische Tragödie durchweht ist, nie und nimmer begreifen; cf. die deshalb gescheiterten „Neubearbeitungen" antiker Stoffe: Hasenclevers „Antigone", Werfels „Troerinnen". Diese durch nichts aufzuhebende Antinomie zwischen Hellenentum und Christentum hat Nietzsche klar erkannt und dieser Erkenntnis in seiner „Geburt der Tragödie" Ausdruck verliehen: die Gestalten der bocksfüßigen Satyrn interpretiert er dort als einen Fleisch und Blut gewordenen Protest gegen den durch die Kultur Geschwächten; sie sind ihm vielmehr eine Bejahung jener elementaren Kräfte, die alles Leben erst schaffen. Trotz all ihrer Wildheit und Ungebundenheit repräsentieren sie ihm etwas Göttliches, Heiliges. Darin allein schon liege „ein göttliches Jasagen zu sich selbst aus animaler Fülle und Vollkommenheit — lauter Zustände, zu denen der Christ nicht ehrlich ja sagen darf". Denn „vielleicht gibt es nichts Befremdenderes für den, welcher sich die griechische Welt ansieht, als zu entdecken, daß die Griechen allen ihren Leidenschaften und bösen Naturhängen von Zeit zu Zeit gleichsam Feste gaben und sogar eine Art Festordnung ihres Allzumenschlichen von Staats wegen einrichteten: es ist dies das eigentlich Heidnische ihrer Welt, vom Christentum aus nie begriffen, nie zu begreifen und stets auf das härteste bekämpft und verachtet. Sie nahmen jenes Allzumenschliche als unvermeidlich und zogen vor, statt es zu beschimpfen, ihm eine Art Recht zweiten Ranges durch Einordnung in die Bräuche der Gesellschaft und des Kultus zu geben: ja alles, was im Menschen Macht hat, nannten sie göttlich und schrieben es an die Wände ihres Himmels. Sie leugnen den Naturtrieb, der in den schlimmen Eigenschaften sich ausdrückt, nicht ab, sondern ordnen ihn ein und beschränken ihn auf bestimmte Kulte und Tage, nachdem sie genug Vorsichtsmaßregeln erfunden haben, um jenen wilden

Gewässern einen möglichst unschädlichen Abfluß geben zu können. Dies ist die Wurzel aller moralischen Freisinnigkeit des Altertums. Man gönnte dem Bösen und Bedenklichen, dem Tierisch-Rückständigen ebenso wie dem Barbaren, Vor-Griechen und Asiaten, welcher im Grunde des griechischen Wesens noch lebte, eine mäßige Entladung und strebte nicht nach seiner völligen Vernichtung. Das ganze System solcher Ordnungen umfaßte der Staat, der nicht auf einzelne Individuen oder Kasten, sondern auf die gewöhnlichen menschlichen Eigenschaften hin konstruiert war. In seinem Bau zeigen die Griechen jenen wunderbaren Sinn für das Typisch-Tatsächliche, der sie später befähigte, Naturforscher, Historiker, Geographen und Philosophen zu werden. Es war nicht ein beschränktes priesterliches oder kastenmäßiges Sittengesetz, welches bei der Verfassung des Staates und Staats-Kultes zu entscheiden hatte: sondern die umfängliche Rücksicht auf die **Wirklichkeit alles Menschlichen.**" Ja, selbst der hohe Idealismus eines Platon, den wir Philologen unseren Schülern so gerne aus dem in usum delphini zugestutzten Meisterwerke des Philosophen, dem Symposion, interpretieren, würde, wie Nietzsche treffend bemerkt, geradezu undenkbar sein, „wenn es in Athen nicht schöne Jünglinge gegeben hätte, daß deren Anblick es erst war, was die Seele des Philosophen in einen erotischen Taumel versetzte und ihr keine Ruhe ließ, bis sie den Samen aller hohen Dinge in ein so schönes Erdreich hinabgesenkt habe". Und weil Goethes Verhältnis zur Antike die **Totalität des Seins** ist, das heißt das spezifisch Griechisch-heidnische, jener freigeborene Geist, der mit einem freudigen und vertrauenden Fatalismus mitten im All steht, von dem Glauben beseelt, daß nur das **einzelne verwerflich ist, daß sich aber im ganzen alles erlöst und bejaht,** nur deshalb pries Nietzsche diesen Goethe als den Heiden, als den Hellenen, als den Dionysischen, als den „Antichrist". Ja, es ist und bleibt erschütterndste Wahrheit, daß eine der glänzendsten Epochen der Menschheitsgeschichte in dem welthistorischen Augenblicke starb, als das Christentum als herrschende Staatsreligion proklamiert und die letzten griechischen Philosophen aus ihrer abendländischen Heimat vertrieben wurden.

Daher bestand denn auch Nietzsches Kampf gegen die Philologie und ihre zunftmäßigen Vertreter in dem Bestreben, mit dem es ihm blutiger Ernst war: die Altertumswissenschaft, soll sie wirklich befruchtend auf die Neugestaltung unseres Lebenswerkes wirken, müsse sich von jedweder Beeinflussung durch die herrschende Theologie, respektive das Christentum emanzipieren. Nur deshalb schrieb dieser „merkwürdige Mann" die „Geburt der Tragödie", nur deshalb trat er seinerzeit so energisch für Richard Wagner ein, weil er in dessen Werken die Heraufkunft eines neuen großen Lebensmittags begrüßte. Nur deshalb schrieb er einen „Antichrist". So schließt sich der Ring seines Lebens: eine Unendlichkeit vor sich, eine Unendlichkeit hinter sich, so weitete sich durch systematische Forscherarbeit sein Blick, bis er reif ward zur großen Synthese, mit dem Auge des Hellenen dieses ganze Leben zu erfassen, ein Ziel, zu dem ihm die wenigsten zu folgen vermögen.

Wie dieses Streben Nietzsches verkannt und mißdeutet worden ist, dafür bietet das Möbiussche Buch ein klassisches Beispiel; und doch ist sein Irrtum verzeihlich, weil er Nietzsche lediglich durch die Brille des Nervenarztes sieht. Er greift aus dem ganzen „Antichrist" jene Stelle heraus, wo Nietzsche es bedauert, daß Cesare Borgia nicht Papst geworden sei, denn „wohlan, das wäre der Sieg gewesen, nach dem ich heute allein verlange —: damit war das Christentum abgeschafft! — Was geschah? Ein deutscher Mönch, Luther, kam nach Rom. Dieser Mensch . . . empörte sich in Rom gegen die Renaissance!" Diese Worte und vieles andere in diesem systematischesten Werke Nietzsches sind für Möbius etc. lediglich „ein Stilfeuerwerk, um einige Absurditäten auszudrücken!" Habeant sibi! Über das Niederträchtige sich niemand beklage; denn es ist das Mächtige, was man dir auch sage!

Betrachten wir — es wird sich reichlichst der Mühe lohnen! — mit wissenschaftlich historischer Akribie diese flammenden Worte „dieses Feindes Gottes". Es ergibt sich, daß Nietzsche nichts anderes im Sinne hatte und meinte wie Goethe: beide haben sich von der Reformationstat Luthers mehr erwartet. Er wäre vermöge seiner humanistischen Studien der befähigteste Mann gewesen, den Geist der Renaissance, der im Italien Petrarcas bereits so herrliche Blüten gezeitigt hatte, zu einer die Gemüter befreienden Segenstat für das ganze europäische Abendland zu machen. Was tat er jedoch? Er stellte die Renaissance bloß in den Dienst der Erneuerung des Menschengeschlechtes im Glauben. Und wenn Möbius im Hinblick auf Cesare Borgia meint, daß dieser, falls er nicht umgebracht worden wäre, und wirklich Petri Thron bestiegen hätte, bloß den Kirchenstaat säkularisiert hätte, demnach also sein Verdienst um die Renaissance gar kein sonderlich großes gewesen wäre, so mißversteht Möbius den Ästheten[1]) Nietzsche gründlichst; denn in jenem erblickte der Ästhete Nietzsche trotz all seiner Unnatur die Verkörperung seines antik-aristokratischen Ideals: er wäre der Mann gewesen, der, weil ganz im Altertum lebend, die völlige Emanzipation Roms vom Geiste des Christentums durchgeführt hätte, die völlige Rückkehr zum Geiste des Altertums, um das ganze Leben in Staat, Glauben und Kultus neu zu befruchten. Was jedoch tat Luther? Er benützte seine Altertumswissenschaft, um sich in gelehrtes unfruchtbares Theologengezänke einzulassen und blieb auf halbem Wege stehen. Nun ist gewiß zuzugeben, daß Nietzsche hier ein gewaltiger historischer Irrtum unterlaufen ist, den auch Möbius trotz seines Hinweises auf ein Werk Burckhardts, von dem sich Nietzsche habe beeinflussen lassen, nicht richtig gestellt hat. Cesare Borgia war nämlich niemals nahe daran, Papst zu werden, ferner war er schon vier Jahre tot, als Luther nach Rom kam, und zehn Jahre, als Luther vor die Welt trat. Auch Rittelmeyer hat (l. c.) diese Stelle mißverstanden; ein richtiges Verständnis derselben kann man meines Erachtens nur aus den von mir p. 334/35 dargelegten Gründen erhalten.

Nietzsches Schaffen, unter dieser Perspektive betrachtet, ergibt die Tatsache, daß es der Erreichung eines einzigen Zieles galt: Wiedererweckung der Antike. Er wollte den Pfad bereiten für den Einzug des Griechengottes: des Dionysos. Dieser Dionysos ist aber beileibe nicht der Schutzpatron der Hysterischen, sondern Nietzsche versteht unter ihm den Gott „des starken, hochgebildeten, in allen Leiblichkeiten geschickten, sich selbst im Zaume habenden, vor sich selbst ehrfürchtigen Menschen, der sich den Umfang und Reichtum der Natürlichkeit zu gönnen wagen darf, der stark genug zu dieser Freiheit ist"; was mit anderen Worten heißen kann, daß für Nietzsche die Philologie, das heißt das Studium der Altertumswissenschaft niemals Selbstzweck, sondern nur Mittel zum Zweck war . . .

---

[1]) Cf. p. 334/35.

Zitternd vor heiliger Leidenschaft, Leib und Seele dieser höchsten Erkenntnis geweiht, nannte Nietzsche dieses Tiefste, das er da geschaut: Dionysos. Will man nun durchaus von einer Tragik in Nietzsches Leben sprechen, so möchte ich am liebsten den Umstand als die tiefste Tragik seines Menschenlebens bezeichnen, daß er, der mit schonungsloser Gier die Bewußtseinsinhalte aller Kulturen aller Zeiten zerpflückt hatte; dessen Intellekt nie rasten noch ruhen konnte; der sich bei keinem resignierten „ignorabimus" begnügte; der von glühendster Skepsis an allem und glühendster Sehnsucht nach dem Höchsten geschüttelt ward, letzten Endes Myste wurde und stammelnd vor innerer Freude uns das verkündete, was vor ihm Goethe, Beethoven und Richard Wagner auch gesagt hatten, in Worten und Tönen, aber schließlich doch dasselbe! . . .

Nietzsche sagt einmal, daß es heilige Erlebnisse gäbe, vor denen die Menge die Schuhe auszuziehen und die unsauberen Hände fernzuhalten habe. Gelegentlich deutet er auch hin auf jenen tief geheimnisvollen Kult der eleusinischen Mysterien. Nach dem Zeugnisse des Historikers Zosimos sollen die alten Hellenen geglaubt haben, daß dieser Mysterienkult dazu diene, das ganze Menschengeschlecht als eine Einheit zusammenzuhalten, mit anderen Worten: daß er die heilige Gemeinsamkeit aller derer herbeiführen wollte, die sich Menschen nennen. In die Hände der Mysten hatte die Natur als an die Berufensten das höchste Geheimnis alles Werdens und Vergehens vertrauensvoll gelegt: die in tausend, ewig einander bekämpfende Nationen zersplitterte Mensche it zu einer letzten, großen Einheit zusammenzuschweißen, in der alle Gegensätze gelöst sind. Zarathustra hat dafür die schönen Worte gefunden: „Tausend Ziele gab es bisher, denn tausend Völker gab es. Nur die Fessel der tausend Nacken fehlt noch, es fehlt das eine Ziel. Noch hat die Menschheit kein Ziel. Aber sagt mir doch meine Brüder: wenn der Menschheit das Ziel noch fehlt, fehlt da nicht auch — sie selber noch?" Heute hat mehr denn je der Ruf Geltung: zurück zu jenem, die Einheit schaffenden Mysterium, ohne das die Menschheit auseinanderzufallen droht. Letzter Künder dieses Geheimnisses, von dem hellenische Zungen beharrlich geschwiegen haben, ist und war Nietzsche, und als er von seinem inneren Erlebnisse stammelnd aussagte, da traf ihn wie im alten

Hellas die Strafe: der Gott, dem er diente, zerbrach seinen Geist, vernichtete ihn und zeichnete aber zugleich ihn als seinen Jünger aus. Und darin liegt ein ungeheurer Sieg der Menschennatur über sich selbst und allen einseitigen Intellektualismus: indem er sich selbst überwand und der Menschheit die letzte, die tiefste Weisheit kündete, hat er sich für die Menschheit als Opfer dargebracht, geradeso wie im alten Hellas Dionysos, wie später Christus. Kann nun noch derjenige, der die tiefen Zusammenhänge zwischen diesen beiden Gestalten wenn auch nicht voll begreift, so doch wenigstens ahnt, diesen Nietzsche einen Narren nennen?

Der größte Deutsche, Goethe, hatte offenbar auch ein dionysisches Erlebnis solcher Art, als er sein berühmtes „schwierigstes" Gedicht „Selige Sehnsucht" schrieb[1]):

„Sagt es niemand, nur den Weisen, weil die Menge gleich verhöhnet:
das Lebend'ge will ich preisen, das nach Flammentod sich sehnet.
In der Liebesnächte Kühlung, die dich zeugte, wo du zeugtest,
überfällt dich fremde Fühlung, wenn die stille Kerze leuchtet.
Nicht mehr bleibst du umfangen in der Finsternis Beschattung,
Und dich reißet neu Verlangen auf zu höherer Begattung.
Keine Ferne macht dich schwierig, kommst geflogen und gebannt,
und zuletzt, des Lichts begierig, bist du Schmetterling verbrannt.
Und solang du das nicht hast, dieses: Stirb und Werde!
bist du nur ein trüber Gast auf der dunklen Erde."

Nun ist sicher gerne zuzugeben, daß dieses Gedicht „schwierig" sein mag, und doch ist sein Gedankengang für den „Eingeweihten" leicht verständlich: auf drei Stufen führt es den Menschen zur höchsten ihm erreichbaren Vollendung. Er muß 1. die Fähigkeit besitzen, das principium individuationis, seine Individualität zu zerbrechen, sein Ich-bewußtsein zeitweise auszuschalten; das ist die Sehnsucht nach dem Flammentode[2]); 2. er muß sich zu jener Höhe der Abstraktion durchgerungen haben, daß er die Zeugung, diesen

---

[1]) Zu den folgenden Ausführungen vgl. den Aufsatz Dr. Friedrich Würzbachs „Dionysos" in „Den Manen Fr. Nietzsches", p. 193—208, der teilweise von mir benützt wurde.

[2]) „Im Grenzenlosen sich zu finden,
   wird gern der Einzelne verschwinden,
   da löst sich aller Überdruß! . . .
   sich aufzugeben ist Genuß!"

Grießer, Wagner und Nietzsche.

in der ganzen Natur stärksten Instinkt, als eine Brücke zu höherer Begattung auffaßt, als eine mystische Berührung, als eine plötzliche „fremde Fühlung" mit dem Ureigensten der Welt[1]); 3.) er muß sich abgekehrt haben von jeglichem asketischen Ideal; denn diese Erde ist kein Jammertal, sondern unsere einzige wahre Heimat[2]); daher jeder Mensch, insolange ihm das dionysische Erlebnis versagt bleibt, von dieser Erde sich wegsehen wird in das Nirwanam Schopenhauers oder den christlichen Himmel . . .

In der unzeitgemäßen Betrachtung „Schopenhauer als Erzieher" sagt Nietzsche: „Es gibt Augenblicke und gleichsam Funken des hellsten liebevollsten Feuers, in deren Lichte wir nicht mehr das Wort „Ich" verstehen, es liegt jenseits unseres Wesens etwas, das in jenen Augenblicken zu einem Diesseits wird, und deshalb begehren wir aus tiefstem Herzen nach den Brücken zwischen hier und dort." Eine solche Brücke wäre nun nach Goethes zitiertem Gedichte der Geschlechtsakt; denn, sagt derselbe Nietzsche, „es ist typisch, daß der Geschlechtsakt Tiefe, Geheimnis Ehrfurcht erweckt", und „im dionysischen Rausch ist die Geschlechtlichkeit und die Wollust".

Auch bei der Interpretation dieses anfänglich äußerst geheimnisvollen Wortes sei der Altmeister Goethe unser Führer, und zwar sein herrliches Pandorafragment. Als Pandora sieht, wie ihre Schwester Mira, im Sinnestaumel trunken, einem Manne in die Arme sinkt, fragt sie, zu tiefst erschrocken, ihren Vater Prometheus: „Sag', was ist das alles, was sie erschüttert und mich?", worauf Prometheus antwortet: „Der Tod" und folgende nähere Erklärung gibt:

> „Da ist ein Augenblick, der alles erfüllt,
> alles, was wir gesehnt, geträumt, gehofft,
> gefürchtet, Pandora —
> das ist der Tod!"

Da Pandora noch immer dies Phänomen nicht begreift, gibt Prometheus eine mystische Erklärung der Liebe, dieses unsäglich

---

[1] „und bald verlischt ein unbegrenztes Streben
im sel'gen Wechselblick.
Und so empfangt mit Dank das schönste Leben
vom All ins All zurück."

[2] „denn aus dieser Erde quillen meine Freuden
und diese Sonne scheint meinen Leiden!"

seligen, schmerzlosen Todes, den jede Kreatur in unendlich brennender Sehnsucht sucht:

„Wenn aus dem innerst tiefsten Grunde
du ganz erschüttert alles fühlst,
was Freud und Schmerzen jemals dir ergossen,
im Sturm dein Herz erschwillt,
in Tränen sich erleichtern will
und seine Glut vermehrt,
und alles klingt an dir und bebt und zittert,
und all die Sinne dir vergehn,
und du dir zu vergehen scheinst
und sinkst,
und alles um dich her versinkt in Nacht,
und du, in inner eigenem Gefühl,
umfassest eine Welt:
dann stirbt der Mensch'!"

„O Vater, laß uns sterben!" ruft nun Pandora mit instinktivem Verständnis freudig aus! Leider ist die „Pandora" Fragment geblieben; daß es ein Dionysosdrama geworden wäre, erhellt aus den spärlichen Aufzeichnungen Goethes zur Fortsetzung, wo sich die inhaltsschweren Worte finden: „dionysisch" und „völliges Vergessen".

Interpretiert Goethe mit diesen Worten das psychischphysische Erlebnis der Liebe, erklärt Nietzsche die „höhere Begattung" des Weisen mit dem Ureinen der Welt rein psychisch auf dieselbe Weise: „Mit dem Worte ‚dionysisch' ist ausgedrückt: ein Drang zur Einheit, ein Hinausgreifen über Person, Alltag, Gesellschaft, Realität, über den Abgrund des Vergehens: das leidenschaftlich schmerzliche Überschwellen in dunklere, vollere, schwebendere Zustände: ein verzücktes Jasagen zum Gesamtcharakter des Lebens, als dem in allem Wechsel Gleichen, Gleich-Mächtigen, Gleich-Seligen; die große pantheistische Mitfreudigkeit und Mitleidigkeit, welche auch die furchtbarsten und fragwürdigsten Eigenschaften des Lebens gutheißt und heiligt; der ewige Wille zur Zeugung, zur Fruchtbarkeit, zur Wiederkehr; das Einheitsgefühl der Notwendigkeit des Schaffens und Vernichtens."

Begreifen wir es nun, warum dieser Nietzsche Wagners Meisterwerk „Tristan und Isolde" über alles liebte und schätzte?

„In dem wogenden Schwall, in dem tönenden Schall,
in des Weltatems wehendem All —
ertrinken, versinken — unbewußt —
höchste Lust!"

Auch in diesen Versen, besonders aber in der sie erst illustrierenden Musik, ist die conditio sine qua non für das dionysische Erlebnis des „Flammentodes", die Durchbrechung des Individuationsprinzips enthalten, respektive dargestellt: das Hinausgreifen über die eigene Individualität, schließlich über die Realität überhaupt, das „neue Verlangen zu höherer Begattung" mit dem Ureigensten der Welt, wobei das Ichbewußtsein versinkt — „bist du Schmetterling verbrannt" —, sozusagen aufgelöst im Feuer nicht erdachter, sondern erlebter Erkenntnis, ein Phänomen, das genau so wie beim physischen Liebesakt „höchste Lust" auslöst, und, wie der Goethesche Prometheus erläuternd auseinandersetzt:

> „Wenn alles — Begier und Freud' und Schmerz —
> im stürmenden Genuß sich aufgelöst,
> dann sich erquickt in Wonneschlaf —
> dann lebst du auf, aufs Jüngste wieder auf,
> von Neuem zu fürchten, zu hoffen, zu begehren."

So wollen auch Tristan und Isolde „endlos ewig ein-bewußt" in „heißerglühter Brust höchste Liebeslust" genießen; denn „so starben sie, um ungetrennt, ewig einig, ohne End, ohn' Erwachen, ohn' Erbangen, namenlos in Liebe umfangen, ganz sich selbst gegeben der Liebe nur zu leben"; warum? Die Antwort gibt Nietzsches Zarathustra, wohl auch im Anschlusse an Prometheus Worte: „denn alle Lust will Ewigkeit, will tiefe, tiefe Ewigkeit!"

> „Ohne Wähnen sanftes Sehnen; ohne Bangen süß Verlangen;
> ohne Wehen hehr Vergehen; ohne Schmachten hold Umnachten;
> ohne Meiden, ohne Scheiden, traut allein, ewig heim,
> in ungemessenen Räumen übersel'ges Träumen."

Mit Recht konnte Wilhelm Bölsche die Frage aufwerfen, ob denn am Ende nicht auch der Tod des Individuums trotz seiner bangen Form nichts anderes sei, als „ein verkannter Liebesakt, über den nach allem bitteren Sträuben zuletzt doch auch die vollkommene Seligkeit des lebendigen Aufgehens in eine höhere Gemeinschaft käme, wie sie nur die Liebe gibt?" Sagen wir daher, daß der eigentliche Bereich des Menschen, seine Macht, seine Essenz das Gefühl ist, so ist eben die Liebe das höchste dieser Gefühle. Denn in ihr können wir den Zusammenhang zwischen Irdischem und Ewigem ahnen. Daher das Urmysterium des Christentums, daß Gott seinen Sohn der Welt aus Liebe hingegeben habe; dies will besagen, daß er der Welt nicht anders nahen konnte als im Verhältnis der Liebe: er opfert sich selbst den Menschen zu Liebe. Es erhellt aber auch sowohl aus dem „Tristan" als auch aus der „Pandora", daß die Liebe und der Tod uns Menschen als Erlöser, als unsere treuesten Freunde zur Seite stehen: der Tod, das Sichaufgeben ist identisch mit der ekstatischen Wonne des Liebesgenusses. In demselben Sinne schrieb daher Otto Julius Bierbaum in seinem Gedichte „Brautführer Tod"; der Tod spricht nämlich zu dem Liebespaare: „Wohin ich führe, braucht ihr nicht zu fragen. Fühlt euch — so fühlt ihr mich! ... Ich segne euch!" Wahrlich: selig sind jene, die zum Nichts geworden sind, denn ihrer ist aller Herrlichkeit Fülle! Wer auserkoren ist, so zu empfinden, dessen Seelenblüte kehrt zu ihrem Ursprung zurück, vor dem steht die Zeit stille: denn nicht mehr faßt er die Einheit aller Dinge in sein Selbst zusammen, weil er selbst in diese leuchtende Einheit hineingewachsen ist, mit ihr verwoben ist; er ist das Nichts — er ist das All! Es ist und bleibt Wagners welthistorische Tat, in seinem Tristandrama den Gefühlskomplex von Liebe und Tod zum ersten und vorläufig letzten Male in der großartigsten Weise[1]) durchlebt und verkörpert zu haben. Gerade in der Schlußszene hat der Meister, nachdem er mit Tristans letzten Worten: „Wie, hör ich das Licht?" die Unzulänglichkeit unserer Sinne hat ausdrücken wollen, es versucht, den metaphysischen Zustand der Liebeseinheit selbst zu schildern, der für unser Bewußtsein naturgemäß nur die negativen Merkmale des Undenkbaren und Unfühlbaren, kurz des „Unbewußten" haben kann. Weil aber der Künstler das alles mit positiver Anschauung erfüllen wollte, rief er alle Sinne zu Hilfe — Ton, Licht, Duft —, um dieses Untertauchen in des „Weltatems wehendem All" uns ahnen zu lassen. Solch ein Sterben heißt aber nicht „tot sein", „vernichtet sein", sondern anders sein, vollkommener sein in der Liebe! Es ist, als sei dem Gefühle der Liebenden göttliche Schöpferkraft zuteil geworden! Deshalb hat auch Wagner in seiner Tristanmusik für das, was bisher noch kein Mensch so intensiv gefühlt hat, einen Ausdruck gefunden, der bisher noch nie gehört worden war und wohl schwerlich ein zweites Mal zu hören sein wird. Emil Lucka hat m. E. als erster unter dieser grandiosen Perspektive die Tristanmusik in großen Zügen

---

[1]) Cf. p. 258.

zu analysieren versucht. Seine Ausführungen gipfeln in Folgendem: Die Musik des Dramas bestehe aus der kommensurablen des Tagsbewußtseins und der des inkommensurablen, metaphysischen, eigentlichen Inhaltes. Deshalb hat auch die Harmonie, auf der das Werk ruht, und die weder Dur noch Moll ist, den Charakter des Sichüber-die-Welt-hinaus-Sehnenden; und nur unserem, gewöhnlichen, harmonischen Bewußtsein — weil wir eben an diese Welt gebunden sind! — erscheine sie als gebrochen und ruhelos. Mit **einem Worte: diese Harmonie ist Transharmonie.** Was daher die tiefe Wirkung, die gerade dieses Wunderwerk Wagners auslöst, betrifft, hat bereits Nietzsche die Frage aufgeworfen, ob man sich einen Menschen denken könne, der den III. Akt des Tristan ohne alle Beihilfe von Wort und Bild, rein als ungeheuren symphonischen Satz zu perzipieren imstande wäre, ohne unter einem krampfartigen Ausspannen aller Seelenflügel zu veratmen! „Ein Mensch, der wie hier das Ohr gleichsam an die Herzkammern des Weltwillens gelegt hat, der das rasende Begehren zum Dasein als donnernden Strom oder als zartesten, zerstäubten Bach von hier aus in alle Adern der Welt sich ergießen fühlt, er sollte nicht jählings zerbrechen? Er sollte es ertragen, in der elenden gläsernen Hülle des menschlichen Individuums, den Wiederklang zahlloser Lust- und Weherufe aus dem „weiten Raum der Weltennacht" zu vernehmen, ohne bei diesem Hirtenreigen der Metaphysik sich seiner Urheimat unaufhaltsam zuzuflüchten?" Als Charakteristikum für Wagners Fühlen sei es erwähnt, daß er in einem Briefe an Liszt eine direkte „Tristanische" Wendung gebraucht: „**Gib mir ein Herz, einen Geist, ein weibliches Gemüt, in das ich mich ganz untertauchen könnte, das mich ganz faßte** — wie wenig würde ich dann nötig haben von **dieser Welt**!" Derjenige Leser dieses Buches, der sich für die Behandlung des hier besprochenen Problems durch einen unserer modernsten Dichter interessiert, sei vor allem an Dehmels pantheistisches Epos „Zwei Menschen" erinnert. Die folgenden zwei Stellen mögen genügen, um ein annäherndes Bild seiner Auffassung zu geben[1]:

---

[1] Nebenbei möchte ich daran erinnern, daß sich diese Identifikation von Tod und Liebesgenuß bereits bei den Romantikern findet. Ich zitiere nur die mir bekannten Stellen. So heißt es bei E. T. A. Hoffmann „Elixiere des Teufels": „Auch du glaubst, daß der Liebe höchste Seligkeit, die Er-

„Nun schau und lausche, ganz wie wir sind — ganz Geist in Leib,
    nicht trunken blind,
klar aufgetan bis ins Unendliche — Unüberwindliche, Unabwendliche,
bis wir im Schoß alles Daseins sind: und du wirst sehn, Herz,
    daß die Erde
noch immer mitten im Himmel liegt — und daß ein Blick von
    Stern zu Stern genügt,
damit dein Geist zum Weltgeist werde . . . in diesem Anschaun
    bin ich ewig dein
und kann dir treuer als je mir selber sein.
Wir sind so innig eins mit aller Welt,
    daß wir im Tod nur neues Leben finden!"

Jetzt bleibt noch Beethoven. In welchem seiner Werke predigte er uns das Evangelium seines dionysischen Erlebnisses? Ehe wir diese Frage beantworten, sei einer den ganzen Mann scharf charakterisierenden Tatsache aus seinem Leben gedacht: er, der ausgesprochene Pantheist, hatte über seinem Pulte, der Stätte, wo er seine gewaltigen Werke schmiedete, nichts anderes hängen als die drei Sprüche aus dem damals aufgedeckten Tempel der ägyptischen Göttin zu Sais, die er eigenhändig auf ein Blatt Papier geschrieben hatte: „Ich bin, was da ist. Ich bin alles, was ist, was war, was sein wird, kein sterblicher Mensch hat meinen Schleier aufgehoben. Er ist einzig von ihm selbst und diesem Einzigen sind alle Dinge ihr Dasein schuldig!" Dieser Beethoven also legte seinem gewaltigsten dionysischen Werke, der „IX. Symphonie", den Text von Schillers Hymnus „An die Freude" zugrunde. Nicht etwa wegen der immerhin problematischen Schönheit der Schillerschen Verse, wohl aber in Anlehnung an Hafis' Worte: „Die Freude nur verschwistert dich der Erde!" Auch er wollte, wie Zosimos von den eleusischen Mysterien berichtete, das Menschengeschlecht zusammenhalten: „Seid umschlungen, Millionen, diesen Kuß der ganzen Welt . . . alle Menschen werden Brüder!" Denn Dionysos ist der einzige, der verbinden kann, „was die Mode streng geteilt". (Feiert nicht die katholische Kirche in ihrem Pfingstfeste ein Fest ganz derselben Art? Denn wie nach der heiligen Legende einst

---

füllung des Geheimnisses, im Tode aufgeht?" Und bei Novalis: „Im Tode ist die Liebe am süßesten; für den Liebenden ist der Tod eine Brautnacht, ein Geheimnis süßer Mysterien." Ferner spricht er von einer „mystischen Hochzeit von Wollust und Tod".

durch die Sprachverwirrung anläßlich des Turmbaues zu Babylon die Menschheit zerspalten worden ist und seither die Völker sich nicht mehr verstehen, so sollte durch den „Geist" eine neue Epoche anheben, in der sie wieder zu einer Einheit gebracht wird. Die ganze Welt sollte eine große Einheit bilden: **ein Hirte, eine Herde; daher katholisch:** καθ' ὅλον!) Dionysos zieht an uns vorüber in jener unerhörten, wie aus dem Herzen der Welt selbst herausgeborenen Melodie, die das Orchester nach dem zweiten Chorsatze anstimmt, Dionysos zieht vorüber mit Flöte, Triangel, Pauke und Trommel. Denn besser als durch alle Worte spricht dieser Dionysos zu uns durch die Musik, und wenn je, so gilt auch hier wie beim „Tristan" Nietzsches Wort: „Erst aus dem Geiste der Musik heraus verstehen wir eine Freude an der Vernichtung des Individuums." Kein Wunder, daß der Nietzsche, der seinem Zarathustra die Worte in den Mund legt: „Seit es Menschen gibt, hat der Mensch sich zu wenig gefreut: das allein, meine Brüder, ist unsere Erbsünde", daß dieser Nietzsche sich von Wagner abwenden mußte, als er mit seinem „Parsifal" uns die Pforten eines Reiches erschloß, von dem weder Goethe, noch Beethoven, noch Nietzsche je etwas wissen wollten! Nicht Verneinung der Lust, sondern Bejahung der Lust in alle Ewigkeit! Denn, so lehrt er uns: „Meine Brüder, bleibt der Erde treu!"... „warten und sich vorbereiten; das Aufspringen neuer Quellen abwarten; in der Einsamkeit sich auf fremde Gesichte und Stimmen vorbereiten; vom Jahrmarktsstaube und -lärm dieser Zeit seine Seele immer reiner waschen; alles Christliche durch ein Überchristliches **überwinden** und nicht nur von sich abtun — denn die christliche Lehre war die Gegenlehre gegen die dionysische; — **den Süden in sich wieder entdecken** und einen hellen, glänzenden geheimnisvollen Himmel des Südens über sich ausspannen; die südliche Gesundheit und verborgene Mächtigkeit der Seele sich wieder erobern; Schritt vor Schritt umfänglicher werden, übernationaler, europäischer, übereuropäischer, morgenländischer, endlich **griechischer** — denn das Griechische war die erste große Bindung und Synthesis alles Morgenländischen und eben damit der Anfang der europäischen Seele, die Entdeckung unserer **„neuen Welt"**; — wer unter solchen Imperativen lebt, wer weiß, was dem eines Tages begegnen kann? Vielleicht eben — **ein neuer Tag!"**

Aber ist es nicht tiefste Tragik, daß gerade der Mann, dem die Musik des „Tristan" die tiefsten Geheimnisse des Lebens restlos geoffenbart hatte, daß dieser Mann am Ende selbst diese Musik opferte und ihr hinabfolgte? Und schon grüßte er mit trunkenem Blick die Morgenröte des neuen, von ihm ersehnten Reiches, als er im letzten Augenblick des Hinabgehens das Glück des Anblicks stolz verschmäht: wie der sterbende Tristan hört auch er das Licht, denn: „Singe mir ein neues Lied: die Welt ist verklärt . . . daß ich dich singen hieß, meine Seele, siehe, das war mein Letztes!" In der Tat:

> „Und wenn die strenge und gequälte Stimme
> Dann wie ein Loblied tönt in blaue Nacht
> Und helle Flut — so klagt: sie hätte singen,
> Nicht reden sollen, diese neue Seele[1])!"

Warum es aber anders kam, darüber können wir nur Vermutungen anstellen, geradeso wie über den im Kerker einen Dithyrambos auf Apollon dichtenden Sokrates. War es die Erfahrung, daß nicht nur vielen die Begabung gebricht, so weit im Denken vorwärts zu kommen, sondern daß vielmehr andere trotz reichster Begabung für dieses Höchste keine Empfänglichkeit haben, daß er es uns verschwieg, woher ihm jene plötzliche Erleuchtung kam, jenes plötzliche Aufleuchten der Lösung? Vielleicht dachte er gleich Platon: „Also wird ein ernsthafter Mann sich hüten, das auszusprechen, mit dem es ihm eigentlich ernst ist, weil er es damit nur dem Spott und Hohn der Menschen preisgibt. Alles, was wir schreiben, ist immer nicht das, was uns recht eigentlich am Herzen liegt; nur die Eitelkeit wird sich verleiten lassen, dies Teuerste ans Licht zu ziehen." Jedenfalls kommt Bertram der Wahrheit näher als Stekel, wenn er behauptet, daß die Idee, das Erlebnis der „entzückten dionysischen Weisheit", ihrer stummen Schönheit und ihres totenstillen Lärms, dies eleusisch angeschaute Erlebnis großer Dinge, von denen man schweigt oder groß redet,

---

[1]) So heißt es in der Vorrede zur „Geburt der Tragödie" vom Jahre 1886: „Hier redete eine fremde Stimme . . . hier sprach eine mystische und beinahe mänadische Seele . . . fast unschlüssig darüber, ob sie sich mitteilen oder verbergen wolle. Sie hätte singen sollen, diese neue Seele — und nicht reden! Wie schade, daß ich, was ich damals zu sagen hatte, es nicht als Dichter zu sagen wagte: ich hätte es vielleicht gekonnt!"

in Nietzsche erst im Verwandlungsaugenblicke seiner geistigen Auflösung, seiner inneren Sprengung und Entindividualisierung triumphiere. Aber dieses eleusische Schweigen, diese eleusische Scheu — sie sind das echteste Zeugnis für Nietzsches eingeborenes Griechenheimweh: „Halten wir ein," sagt Pindar (Nem. V, v. 30, ed. Schroeder), „denn es frommt nicht immer, wenn die lautere Wahrheit ihr Antlitz offen zeigt! Öfter ist auch Schweigen das weiseste, was sich der Geist des Menschen aussinnt." Und so mußte sich denn mit eiserner Notwendigkeit an dem „letzten" Nietzsche das erfüllen, was er bereits als Achtundzwanzigjähriger, prophetischen Geistes voll, gesagt hatte: „Die Menschheit hat an der Erkenntnis ein schönes Mittel zum Untergang[1]." So sagte er auch in einer Baseler Universitätsvorlesung: „Das ist althellenisch: das siegreiche Individuum gilt als Inkarnation des Gottes, tritt in den Gott zurück!" So wurde sein „Begreifen ein Ende!" Und mit Schiller sagen wir:

> „Frommt's, den Schleier aufzuheben,
> wo das ewige Schrecknis droht?
> Nur der Irrtum ist das Leben,
> Und das Wissen ist der Tod!"

Und ein Wort, das in Buddhas Reden unzählige Male wiederkehrt, lautet: „Der Gedanke ist der Schlächter des Lebens!" Der Schüler soll den Schlächter töten: dann erst wird er die Region von Asat, dem Falschen, verlassen und in das Reich von Sat, dem Wahren, eingehen.

Wir sind am Ende! Aber im Blicke auf die letzten verhüllten Jahre von Nietzsches Geist wollen wir ein Wort Henriette Feuerbachs hersetzen: „Vielleicht, daß der Mensch das Höchste in sich selbst nicht ungeblendet schauen darf — wie Moses auf dem Sinai sein Antlitz verhüllen mußte!" — „Kein Denkmal verkündet noch in deutschen Landen mit steinernem Munde seinen Ruhm ... aber Könige werden sterben und Reiche werden dahinsinken, doch sein Name wird noch über ferne Jahrtausende glänzen!"

> „Glücklicher Meister, du starbst, bevor jedes Maul dich beschwatzte,
> Gleich dem Läufer, der stolz seinen Staub überholt!"

---

[1] Cf. p. 147.

Doch eines wissen wir und dieses eine wollen wir hoch und heilig halten, dieses eine wollen wir unserer Jugend ins Herz hämmern: daß auch Nietzsche einer der Größten im Geiste war, und daß Gott fortwährend in den höheren Naturen wirksam bleiben wird, um die geringeren zu sich heranzuziehen! Und so ist seine Philosophie, „diese lebenbejahendste, lebenverherrlichendste Philosophie des christlichen Europa im Kernsinne eine überaus christliche Philosophie mit kühnster Willenswendung ins Hellenische". Was Nietzsche von Goethe sagte, daß sein Denken „zwischen Pietismus und Griechentum schwebe", das gilt daher von ihm selbst . . . das stolze Hinübergleiten dieses Mannes, die tödliche Selbstentzündung, Selbstentrückung in den auflösenden Wahn — es war wohl auch wie das Ende aller großen, das ist stellvertretenden, vorbildlich sich vollendenden Menschen eine Maske des Gottes. Eine Opfermaske des großen Allebendigen, „das nach Flammentod sich sehnt", weil es aus der Flamme stammt, das im Flammenrausche siegreich „in den Gott zurücktritt", aus dem es kam:

> „Ja! ich weiß, woher ich stamme;
> ungesättigt gleich der Flamme
> glühe und verzehr' ich mich . . .
> Flamme bin ich sicherlich!"

XXV. NACHWORT.

Lange war der Weg, beschwerlich mitunter die Reise, die wir zurücklegen mußten, um die ungeheure Odyssee des Geistes, die Nietzsche erleben mußte, an unserem geistigen Auge und mitempfindenden Herzen vorüberziehen zu lassen. Aber gleich der Phaiakeninsel ragt aus diesem Meere des Elends, das er kühnen Mutes durchsteuerte, die „Insel der Seligen", Tribschen: dort liegt der Auf- und Niedergang seiner Sternenfreundschaft mit Wagner beschlossen.

In vollster Objektivität, das heißt: weder geblendet durch den Ruhm, der Wagner bereits zu jener Zeit umstrahlte, da er Nietzsche fand, noch durch den heute heller den je strahlenden Stern seiner Kunst und durch die „wissenschaftliche Feststellung" beeinflußt, daß mit dem „Zarathustra" Nietzsches Wahn beginnt — „aber welch ein Wahnsinn und welches Feuer wirft er im Flammenschein über die Welt", wie Rohde sich äußerte; beides Momente, die den Blick des Forschers nur trüben können —, deckte ich die Genesis dieser Freundschaft auf und schilderte ihre weitere Entwicklung bis zur endgültigen Trennung. Und da lassen sich drei Hauptpunkte feststellen, weshalb Nietzsche, einstens der „Treueste der Treuen", seinen Freund „verriet", will sagen, von ihm sich trennen mußte:

1. Die divergierenden geistigen Entwicklungslinien der beiden Männer: Nietzsche, der bereits während seiner Bonner Universitätszeit sich mit Langes „Geschichte des Materialismus" bekannt gemacht hatte, war, durch Lange beeinflußt, bereits in, ja sogar vor der Tribschener Zeit! — Nachlaßfragmente beweisen dies! — ein ausgesprochener Gegner aller Metaphysik, wie sie theoretisch durch Schopenhauer, praktisch durch Wagner in seinen Kunstwerken vertreten wurde. Aber dennoch versuchte er auf der ursprünglich eingeschlagenen idealistischen Denkrichtung fortzuschreiten, weil er glaubte, Schopenhauers und Wagners ästhetische Ideen stünden zur griechischen Kunst in gewisser Beziehung. Daher

das zentaurenartige Buch die „Geburt der Tragödie". Diese idealistische Denkrichtung gab er vollends auf, als er, angeregt durch Paul Rée, sich dem Positivismus zuwandte und damit jene Kunst- und Weltanschauung inaugurierte, die in seiner Lehre von der Umwertung aller Werte ihren Höhepunkt erreichte.

2. Die große Enttäuschung, die ihm Wagner bereitet hatte, der Wagner, mit dem er eine Reformierung unserer Kunst und Kultur herbeiführen wollte: durch Schopenhauer, der im Genie — dieses Genie war für den damaligen Nietzsche der erst später so benannte „Übermensch" — die einzige Entschuldigung für die Zerteilung des einen Willens in die zahllosen Wesen erblickte, auf Wagner als das Genie der Zeit vorbereitet, verehrte Nietzsche Wagner als die Emanation des Ewigen. Denn wie fast alle Romantiker ging auch Nietzsche vom Goethekultus aus und steigerte diesen Geniebegriff, den er in der Person Wagners feierte, fast ins Mythische. Solange daher die Schaffenswege beider Männer sich berührten, weil Nietzsche, wie er das bei seinen Freundschaften allgemein tat, eigene Empfindungen, Absichten und Anschauungen bei anderen voraussetzte, fühlte sich der Romantiker Nietzsche in Wagners Gesellschaft als eines auserwählten Gleichgesinnten wohl. Die Abschwenkung von Wagner mußte unausbleiblich erfolgen, sobald sich in Nietzsche die kritische Seele regte und er als Aufklärer seine ureigenen Gedanken zu verkünden begann. Der „Ring" und vollends der „Parsifal" entsprachen eben gar nicht jenem „dionysischen" Idealdrama, das Wagner schaffen wollte und als dessen Verkörperung Nietzsche der „Tristan" erschienen war. Diese Verfratzung des geliebten Bildes einer dionysischen Natur in eine komödiantische, einer orphischen Urmusik für dionysisch Verwandelte zur großen Zauberoper für Bourgeois des neuen Deutschen Reiches wurde Nietzsche zu einer beinahe tödlichen Selbstentschleierung: so hatte er im Wesentlichsten, Wesenhaftesten seiner Natur sich täuschen lassen, vielmehr sich selbst getäuscht.

3. Rein persönliche Gründe, die in ihrer Spezifizierung sich auf die Gebiete der Kunst, Musik und des Psychischen erstrecken. Dazu wären noch die Differenzen rein persönlicher Natur zu zählen: Wagners Hang zum Demagogentum, womit er aber gleichwohl eine rücksichtslose Tyrannei zu verbinden wußte, wie zum Beispiel die Forderung nach vollständiger Unterwerfung unter seine Ansichten,

und die Wagner fehlende Eigenschaft, auch fremde Größe anzuerkennen. Schließlich wäre da auch jener Briefe zu gedenken, in denen sich Wagner mit Nietzsches psychischem Leiden beschäftigt, wobei es freilich dahingestellt bleiben mag, ob sie in der uns vorliegenden Fassung mit Bezug auf die „Ariadnefrage" geschrieben worden sind. Klarheit könnte nur der der Veröffentlichung bisher entzogene Brief Dr. Eisers an Wagner bringen.

Daraus ergibt sich mit zwingender Notwendigkeit der Schluß, daß es „der geniale Verräter" Nietzsche durchaus nicht notwendig hatte, nach Motiven seines Verrates zu suchen, bezw. diesen selbst zu rationalisieren! Aber trotzdem: die logische, denkerische Entwicklung Nietzsches allein dürfte wohl nicht ausreichend sein, seinen Bruch mit Wagner eindeutig zu erklären. Denn mit der von mir gegebenen Darstellung ist ja nicht gesagt, was wohl in den vierzehn Jahren, die zwischen dem Nietzsche der „Geburt der Tragödie" und dem völlig entgegengesetzten Nietzsche des „Falles Wagner" liegen, in seiner Seele vorgegangen sein mag! Woher kommt, fragen wir mit Th. Lessing, der Gärungsstoff, der eine so ungeheure seelische Umwälzung zuwege brachte? Das aber scheint nicht zweifelhaft, daß gerade Nietzsche seine geheimsten Wunden mit maßlosem Stolz und lauterer Scham verborgen hält, an die auch nur zu rühren das zarteste Wort zu unzart wäre.

Und doch: mit einer fast erschreckenden Deutlichkeit hat sich gezeigt, eine wie tiefe Wesensverwandtschaft — fast möchte man von einer Schicksalsgemeinschaft sprechen! — Nietzsche mit Wagner verband; denn „das, worin wir einander verwandt sind, daß wir tiefer gelitten haben, auch aneinander, als Menschen dieses Jahrhunderts zu leiden vermöchten, wird unsere Namen ewig wieder zusammenbringen" heißt es im „Ecce homo". Und: „Mein Glaube an eine gemeinsame und zusammengehörige Bestimmung gereicht weder Wagner noch mir zur Unehre!" Ist nicht auch hier der Rest Schweigen und sich neigen in Ehrfurcht vor der göttlichen Unbegreifbarkeit des Genius? Denn das Allerletzte, das Allertiefste in Wagners wie in Nietzsches Wesen werden weder die $\delta\acute{o}\xi\alpha$ noch die $\dot{\epsilon}\pi\iota\sigma\tau\acute{\eta}\mu\eta$ jemals enthüllen: was der Genius, geheimnisvoll am lichten Tag, uns nicht freiwillig offenbaren mag, das zwingen wir ihm nicht ab mit Hebeln und Schrauben! Lebt er doch in jener ehernen Welt idealer Axiome, unabhängig von Zeit, Ort, Person und Erkenntnis: Das ist Platons τόπυς ὑπερουράνιος, der überhimmlische Ort, die allgütige und allverknüpfende Welt seiner Ideen, deren Mittler und Träger dennoch alle Milliarden Leiber waren, die heute im Boden modern; das ist jene ewig fließende und in jedem von uns ganz seiende objektive Welt des Zeit- und Weltgeistes: sie hängt über uns allen, immer und nie, überall und nirgends als jene unbegreifliche Atmosphäre, in der wir weben, leben und sind. Wir alle glauben zu schaffen und zu gestalten. Und doch sind wir nur Saitenspiel letzter Gesamtheiten und sind Geschöpfe jener Welt, die wir schaffen. Was Ihr dazu sagt und lehrt, was ich dazu sage und lehre, kommt es darauf an? Unser eigenstes ist Zufall und Tag. Schon das Bewußtsein „ich bin!" ist etwas Neues gegenüber meinem Sein. Unser ist nicht Wahrheit. Unser ist nur Erkenntnis. Wir leben. Die Ideale aber sind!

Aber an die eine Wahrheit glaube ich, daß die ungeheuren Wirkungen, die von Wagner wie von Nietzsche ausgehen, auch heute noch nicht abgeschlossen sind, ja daß die Zeit erst kommen wird, da durch eine glückliche Synthese ihrer scheinbar unvereinbaren, im tiefsten Grunde jedoch konvergierenden Weltanschauungen ein neues, fruchtbares, religiöses Ideal erschlossen werden wird, eine neue Renaissance auf hellenisch-germanisch-christlicher Basis. Denn sie beide durften früh des ewigen Lichtes genießen, das später sich zu uns hernieder wendet. Das leuchtende Ideal, um dessen Verwirklichung Nietzsche gekämpft und gelitten, für das er sich selbst geopfert hatte, die Zeit, da die Liebe kommen wird, die den Menschen das Leben und die Erde wirklich zurückgibt, da wir Menschen werden in Freiheit und Schönheit, in Freude und Kraft — ich glaube, dieses Ideal zur Genüge aufgezeigt zu haben. Und das Ideal, das dem Meister von Bayreuth vorschwebte? Er selbst hat ihm das Wort geredet! Ist es aber nicht wieder tiefste Schicksalsgemeinschaft, daß Nietzsche gerade dieser Sehnsucht von der Südlandssonnenfahrt das Wort gesprochen hat, jener Sehnsucht und Hoffnung, der Wagner in einem offenen Briefe an den Bürgermeister von Bologna in folgenden Worten Ausdruck verlieh: „Es hat sich gezeigt, daß der Schoß deutscher Mütter die erhabensten Genies der Welt empfangen konnte; ob die Empfängnisorgane des deutschen Volkes der edlen Geburten dieser auserwählten Mütter sich wert zu erzeigen vermögen, steht erst noch zu erwarten. Vielleicht bedarf es hier einer neuen Begattung des Genies der Völker. Uns Deutschen leuchtet hierfür keine schönere Liebeswahl entgegen als diejenige, welche den Genius Italiens mit dem Deutschlands vermählen würde."

„Zum Nord drängt unseres Geistes Art,
Wo Blut und Sitte uns entsprang.
Doch von der Südlandssonnenfahrt
Träumt unsere Sehnsucht lebenslang!"

Nietzsche und Wagner — ihnen beiden gehört die Zukunft unseres Volkes. Verehren wir diese Meister! Wahrlich, wir bannen gute Geister!

Drum mögen auch von dieser Arbeit die schlichten, aber inhaltsschweren Worte des platonischen Sokrates gelten: „τοῦτο δὲ ἁπλῶς καὶ ἀτέχνως καὶ ἴσως εὐήθως ἔχω παρ' ἐμαυτῷ!" Aber selbst wenn auch ich dann, eben weil ich mich vom Glauben an jene Ideale leiten ließ, in trüber Dämmerung schwer den lichten Tag gesucht und am Ende gleichfalls jämmerlich geirrt haben sollte, möchte ich mit Cicero ausrufen: „Errare mehercule malo cum Platone, quem tu quanti facias scio, quam cum istis vera sentire!" Was aber ist die Wahrheit, die „ἀλήθεια"? Eine „ἄλη θεία"!

Sollte es sich aber hier und da ereignet haben, daß Worte oder Gedanken neuer und noch lebender Autoren in mein Buch ohne äußere Kennzeichen übergegangen sind, so glaube ich trotzdem, eben weil es mir zum Teile auch auf die Reproduktion und richtige Gruppierung überlieferter Tatsachen, Worte und Gedanken ankam, vor der Beschuldigung des Plagiats sicher zu sein und Anspruch auf Selbständigkeit erheben zu dürfen.

„Du großes Gestirn! Was wäre dein Glück, wenn du nicht Die hättest, denen du leuchtest. O Himmel über mir, wann trinkst du diesen Tropfen Taus, wann trinkst du meine Seele in dich zurück?"

Wien, am Tage des 78. Geburtsfestes Friedrich Nietzsches.

DER VERFASSER.

LITERATURNACHWEIS.

Alafberg Friedrich: „Aufstieg."
Bélart Hans: „Friedrich Nietzsches Leben." — „Friedrich Nietzsches Freundschaftstragödie mit R. Wagner und Cosima Wagner-Liszt."
Bertram Ernst: „Nietzsche, Versuch einer Mythologie."
Chamberlain H. St.: „Richard Wagner." — „Die Grundlagen des XIX. Jahrhunderts."
Crusius Otto: „Erwin Rohde, ein biographischer Versuch."
Deussen Paul: „Erinnerungen an Fr. Nietzsche."
Decsey Ernst: „Anton Bruckner."
Ernest Gustav: „R. Wagner, sein Leben und sein Schaffen."
Eucken Rudolf: „Lebensanschauungen der großen Denker."
Friedrich Paul: „Essays", 2 Bände.
Grießer Luitpold: „R. Wagners Tristan und Isolde."
Grützmacher Richard: „Nietzsche, ein akademisches Publikum."
Höfler Alois: „Zur Wandlung des ersten in den zweiten Nietzsche." (Beilage zur „Allgemeinen Zeitung", Jahrgang 1901, Nr. 176, 177.)
Hollitscher Jakob: „Fr. Nietzsche, Darstellung und Kritik."
Howald Ernst: „Fr. Nietzsche und die klassische Philologie."
Istel Edgar: „Das Kunstwerk R. Wagners."
Jodl Friedrich: „Vom Lebenswege", 2 Bände.
Jodl Margarethe: „Fr. Jodl, sein Leben und Wirken."
Joël Karl: „Nietzsche und die Romantik."
Kapp Julius: „R. Wagner."
Kießling Arthur: „R. Wagner und die Romantik."
Lessing Theodor: „Schopenhauer, Wagner, Nietzsche." (Ein Werk, dem ich besonders viel verdanke.)
Lichtenberger Henri: „Fr. Nietzsche, Abriß seines Lebens." — „Die Philosophie Fr. Nietzsches."
Lucka Emil: „Die drei Stufen der Erotik."
Louis Richard: „R. Wagners Weltanschauung."
Meyer R. M.: „Die deutsche Literatur des XIX. Jahrhunderts."
— „Fr. Nietzsche."
Moos Paul: „R. Wagner als Ästhetiker."
Möbius P.: „Nietzsche."
Nietzsche, Elisabeth Förster: „Biographie Fr. Nietzsches." — „Wagner und Nietzsche zur Zeit ihrer Freundschaft."

Grießer, Wagner und Nietzsche.

Oehler Richard: „Den Manen Fr. Nietzsches." (Festgabe für Frau Förster zum 75. Geburtstage.)
Puschmann Th.: „R. Wagner, eine psychiatrische Studie."
Placzek, Dr.: „Freundschaft und Sexualität."
Reininger Robert: „Nietzsches Kampf um den Sinn des Lebens."
Richter Raoul: „Fr. Nietzsche." — „Essays."
Riehl Alois: „Fr. Nietzsche der Künstler und der Denker." — „Philosophie der Gegenwart."
Römer Heinrich: „Nietzsche", 2 Bände.
Salomé Lou-Andreas: „Fr. Nietzsche in seinen Werken."
Seiling Max: „R. Wagner, der Künstler und Mensch."
Simmel Georg: „Schopenhauer und Nietzsche."
Stekel, Dr. W.: „Nietzsche und Wagner." (Zeitschrift für Sexualwissenschaft, Jahrgang 1917, IV. Band, Heft 1, 2, 3.)
Saaler Bruno: „Über die Krankheit Nietzsches." (Zeitschrift für Sexualwissenschaft, 1918, Jännerheft.)
Strecker Karl: „Nietzsche und Strindberg in ihrem Briefwechsel."
Weichelt Hans: „Kommentar zum Zarathustra."
Werner Alfred: „Die Philosophie Fr. Nietzsches."
Zeitler Julius: „Nietzsches Ästhetik."

Feuilletons aus der „Neuen Freien Presse" und dem „Pester Lloyd" von R. N. Coudenhove-Kalergi und Hans Liebstöckl.

Selbstredend Wagners und Nietzsches Briefwechsel.

Sonstige Literatur siehe im Texte.

CORRIGENDA.

Seite 58, Zeile 3 von unten, lese „dafür sagt er ihm Dinge, an . . ." statt „und ihm Dinge zu sagen, an . . .".
Seite 59, in der Fußnote, lese „cf. p. 6" statt „p. 10".
Seite 166, Zeile 16 von oben, lese „Tragiker, Sokrates . . .".
Seite 206, Zeile 11 von oben, lese „je" statt „e".
Seite 240, Zeile 1 von oben, lese „hohle" statt „holde".
Seite 242, Zeile 16 von oben, lese „Übermenschenideal sich" statt „Übermenschenideals ich".
Seite 338, Fußnote, Zeile 6 von unten, lese „von" statt „zu".

NAMENVERZEICHNIS.

Abraham a Santa Clara 250.
Achilleus 122.
Agathon 140.
Agoult d', Gräfin 294.
Aischylos 6, 8, 52 f., 116, 135, 140, 150 f., 167.
Aisopos 141.
Alexander der Große 51, 280.
Anaxagoras 137.
Andler Charles 298.
Angelus Silesius 371 f.
Apis 160*.
Apollon 118 f., 134, 150, 373, 393.
Archilochos 123.
Aristophanes 138, 320.
Aristoteles 13, 186*, 202, 286, 320, 362.
Athene Pallas 132.
Ariadne 292 f., 295 f., 298 f., 399.
Augusta, Kaiserin 220.

Bach J. S. 55, 88, 229.
Bachofen J. J. 165.
Becker E. 322.
Beethoven 13, 52, 55, 74, 88, 168, 169*, 217. 229, 232 f., 235 f., 254, 256, 273, 277, 340*, 384, 391 f.
Bélart Hans 220, 292, 295, 298 f., 300 f.,
Berlioz Hektor 224.
Bernoulli C. F. 64*, 87*, 270, 293, 295, 299.
Bertram Ernst 249 f., 322, 341*, 355 f., 393.
Bie Oskar 231.
Bierbaum O. J. 389.
Binswanger, Prof. 267, 269 f.
Bismarck 55, 100.
Bizét Georges 87*, 224 f., 226, 228, 230.
Bjerre Paul 289.
Boeckh August 164.
Boethius 86.
Bonfantini 11.
Bonus Arthur 338*.
Böcklin Arnold 201, 301.
Bölsche Wilhelm 316, 388.
Börne Jakob 243*.
Brahms Johannes 86 f., 219, 226*, 237.
Brandes Georg 363.

Brentano Franz 272.
Brockhaus, Frau 2, 5, 208.
Brutus 259.
Buddha 394.
Burckhardt Jakob 71, 152, 163, 292, 348, 383.
Busoni Ferrucio 236 f.
Bülow Hans v. 1, 90 f., 94, 103, 111, 152, 206, 219, 222, 226, 295, 363.

Carafa 230 f.
Caesar C. Julius 243, 259, 280, 321, 329.
Cesare Borgia 334, 382 f.
Chamberlain H. St. 38, 53, 177, 228, 239 f., 241, 244, 296, 326*.
Christus Jesus 241, 243, 249, 264, 303, 309, 313 f., 318, 320 f., 322 f., 325, 329, 340, 344, 346, 362, 364 f., 370, 373 f., 375, 385.
Cicero 286, 400.
Conradi Hermann 330*.

Dante 258, 309.
Darwin 321 f.
Daumer 149.
Dehmel Richard 330*, 355, 390.
Demosthenes 53.
Descartes 279.
Deussen Paul 89, 114, 145, 242, 252, 268*, 348, 353, 357.
Diels Hermann 339.
Dilthey Wilhelm 155.
Dinger Hugo 195.
Dionysos 107, 118 f., 131 f., 134, 150, 160, 264, 267, 292 f., 295 f., 298, 313, 324, 328, 337, 356, 361, 364 f., 366, 370, 373, 376, 383 f., 385, 391.
Dostojewski 278.
Dove Alfred 171.
Dühring Eugen 149.

Eckhardt, Meister 371.
Eiser, Dr. 292, 399.
Emerson R. W. 314.
Engelmann 15.

— 404 —

Epikuros 347.
Ernest Gustav 179, 182, 215.
Eucken Rudolf 373.
Euripides 7, 134 f., 315, 324, 365, 369, 377.

Falckenberg 106.
Fétis 232.
Feuerbach Henriette 394.
Feuerbach Ludwig 149, 189, 303, 306.
Fechner 272.
Feustel 21.
Forster Georg 343.
Frazer 158.
Freud Sigmund 280*, 287.
Friedrich Paul 116, 200, 205 f., 208, 248, 354.
Fritzsch E. W. 15.
Fuchs 226.

Gallwitz 338*.
Gast Peter 63, 78, 89, 101, 182, 210*, 224, 253 f., 270, 308, 322, 332, 336, 347, 349, 353, 361*, 363.
Geyer, Wagners Stiefvater 7.
Glasenapp C. Fr. 87, 197 f., 201, 213 f., 239, 292, 296.
Goethe 6, 13, 55, 93, 96, 98, 108 f., 117, 148, 153, 165, 187, 190, 203 f., 205, 207, 210*, 213, 216, 221 f., 238, 258, 273, 280 f., 283, 285 f., 287 f., 306, 317, 321, 338, 341, 343, 350, 354, 356, 359*, 360*, 361, 366, 372 f., 374 f., 376 f., 379, 381 f., 384 f., 392, 395, 398.
Gersdorff Frh. v. 11, 19 f., 20, 22 f., 27 f., 30, 32, 46, 49, 88, 99, 114, 153, 162, 170, 180, 213 f., 262, 266, 315, 347.
Grützmacher R. H. 352.
Goetz Bruno 244 f., 354.
Golther Wolfgang 219, 239.
Grätz 243.
Grillparzer 238.

Hafis 391.
Hamlet 259.
Hanslick Eduard 94*.
Harnack Adolf 325*.
Haydn 88, 237.
Hasenclever 380.
Hanck Minnie 87*.
Hauff Walter v. 244.
Händel 87, 254.
Hebbel Friedrich 176, 188, 210*, 220, 222, 251, 351.
Heckel Emil 19, 21, 33, 88*.
Heckel Karl 88*.
Hegel 75, 149, 195, 306, 359*, 365.
Heine Heinrich 243.

Helene 325.
Helmholtz Hermann 144.
Hemmes S. J. 308*.
Hera 132, 159.
Herakles 135, 336.
Herakleitos 339.
Heyse Paul 250.
Hillebrand 99, 298.
Hildebrandt Kurt 60, 379.
Hirschfeld Magnus 281, 349.
Hobbes 106.
Hoffmann E. T. A. 390*.
Hoffmannsthal Hugo v. 288.
Hollitscher Jakob 274.
Holzer Ernst 143, 212.
Homer 6, 116, 122, 131, 273, 324.
Horatius Flaccus 98, 276*.
Howald Ernst 153, 162.
Hoefer Edmund 94.
Höfler Alois 192*, 199, 201*, 223, 270 f.
Hölderlin 276, 345.
Hugo Viktor 215.

Ibsen Henrik 243.

Jakobi Friedrich 360*.
Jahn 180.
Jatho Karl 329*.
Jerusalem Wilhelm 336.
Jodl Friedrich 106, 272, 276, 306, 308.
Joël Karl 328, 363, 366.
Johannes 346.
Jordan Wilhelm 149.
Joukowsky Paul 201.
Judas 249 f., 258 f.

Kadmos 135.
Kaftan Julius 276.
Kalthoff Albert 329*.
Kant 47, 106, 144, 277, 306, 317 f.
Kapp Julius 73, 199, 292.
Kierkegaard 314.
Klages Ludwig 166.
Kleist Heinrich v. 86, 221, 273.
Klindworth 9.
Klopstock 250.
Kluger, Prälat 308*.
Konfuzius 195.
Kopernikus 321.
Kögel Fritz 104.
Körner Chr. G. 204.
Krug Gustav 235, 347.
Krafft-Ebing v. 282.
Kraus Karl 287 f.
Kraßna, Dr. Hermann 261, 291*.
Kronenberg M. 318.
Kundry 63*.

Lange Fr. A. 143 f., 146, 194, 397.
Laotse 195.
Lehmann Rudolf 305.
Lenau 164, 276.
Lenbach 17, 152.
Lessing G. E. 202, 376.
Lessing Theodor 185*, 221 f., 273, 284, 301, 314, 335, 342, 358, 399.
Lichtenberger Henri 62, 84, 86, 173, 196.
Liebstöckl Hans 256.
Lionardo da Vinci 181.
Liszt Franz 42, 94, 152, 215, 219, 263, 296 f., 390.
Lombroso Cesare 273.
Lorm Hieronymus 105*.
Lucifer 258.
Lucka Emil 278, 280, 389.
Lucretius Carus 377.
Ludwig II. 6 f., 18, 22, 40, 55, 180, 214.
Luther 52, 169*, 195, 241, 277, 382 f.
Lykurgos 137.

Magdalena 63*.
Mahler Gustav 102.
Malvida v. Meysenbug 12, 16, 62, 78 f., 82 f., 89, 101, 111, 201, 253, 266, 294, 300, 348.
Marduk 160*.
Mayreder Rosa 283.
Mazzini 145.
Meister Richard 278.
Mendelssohn, Komponist 87 f., 219, 225.
Mendelssohn, Prof. 211
Melanchthon 195.
Messer August 280*.
Meyer R. M. 225, 280, 322 f., 336, 341*, 346.
Michelangelo 340*.
Midas 121.
Minos 293.
Mira 386.
Mithras 160*, 324.
Mohammed 278.
Montaigne 86.
Montesquieu 165.
Moses 394.
Mozart 74, 88, 185*, 231 f, 235, 237.
Möbius P. J. 241, 264*, 268, 270, 274, 289, 291*, 328, 382 f.
Muncker 21.

Nabonassar 161*.
Napoleon 280, 334, 337.
Nettke 199.
Newton 268*.
Nietzsche-Elisabeth 1, 8, 11 f., 15 f., 25, 30, 40, 44, 46, 48 f., 57, 62 f., 65, 72, 76, 38 f., 90, 96, 110*, 170, 173, 179, 192, 203, 211 f., 213, 215, 226, 253, 260, 268, 293, 295 f., 302 f., 307, 326*.
Nohl 111.
Nordau Max 244, 273, 275, 277 f., 280, 289.
Novalis 344, 390*.

Oehler Richard 240.
Osiris 160, 324, 369.
Ostwald Wilhelm 268*.
Overbeck Fr. 82, 84, 197, 347 f., 352, 354.

Pan 365.
Pandora 386 f.
Paris 325.
Pascal 314.
Paulus 322, 324 f., 365, 379.
Paulsen Friedrich 177.
Pentheus 135.
Persephone 132.
Petrarca 382.
Petrus 382.
Petzoldt Josef 169*.
Philoktetes 66.
Pindar 108, 356, 394.
Pinder Wilhelm 347.
Placzek, Dr. 260 f., 263, 267 f., 269, 274, 289.
Platon 8, 59 f., 105 f., 116, 136, 139, 163 f., 166, 170, 268*, 281, 286, 314, 317, 321, 324, 333, 337, 345 f., 347, 353, 356, 364, 369, 371, 381, 393, 399 f.
Plutarch 368.
Pohl 111.
Porges Heinrich 111.
Prel Karl du 368.
Prometheus 386 f.
Puschmann, Dr. 171, 273.

Rée, Dr. Paul 62, 64 f., 194, 205, 348, 389.
Reininger Robert 242, 277.
Renan Ernest 250, 289.
Reitzenstein 369.
Reuter Gabriele 326*.
Ribbeck 108, 155.
Richter Hans 12, 14, 16, 199.
Richter Raoul 112, 174, 180, 183, 195, 339, 347.
Riedel, Prof. 90 f.
Riehl Alois 226, 338*, 343.
Ritschl, Frau 2.
Ritschl Friedr., Prof. 107, 152, 212.
Rittelmeyer, Pfarrer 329*, 383.
Rohde Erwin 1, 6, 11, 15 f., 20, 22 f., 26 f., 33 f., 40, 46, 54, 57, 60, 66, 70, 93, 103, 111, 116, 152*, 153 f., 165, 171, 179 f., 222, 254, 266, 273, 275, 302, 311, 338*, 347 f., 363 f., 367, 397.
Rossini 229 f., 234.

Römer Heinrich 377*.
Rousseau 263, 318.
Runze, Prof. 264.
Rühl Franz 71.

Saaler, Dr. Bruno 263, 265*.
Sallust 97.
Salome Lou-Andreas 65, 66*, 81, 83, 90 f., 113, 175, 191, 337, 338*, 339, 355.
Scharlitt Bernard 103.
Schelling 164, 306.
Schiller 11, 55, 122, 125 f., 128, 145 f., 165, 184, 203 f., 205, 232, 391, 394.
Schlegel A W. 125, 128.
Schleiermacher 195, 306.
Schmeitzner 77.
Schopenhauer 5, 11, 31, 47, 54*, 56 f., 66, 75 f., 80, 86, 109, 112, 114 f., 117, 119, 122, 143 f., 149 f., 156, 162, 171 f., 174, 176, 189 f., 195, 199, 201, 209, 219 f., 221, 225, 242, 265*, 274, 282, 301 f., 305 f., 308, 317, 329, 337, 341*, 346, 348, 359*, 361 f, 364, 369, 386, 397.
Schreker Franz 256.
Schubert 88, 235.
Schumann Robert 86 f., 90, 225, 276.
Seidler Luise 108.
Seiling Max 241 f., 244, 296, 326*.
Seydlitz Frh. v. 73, 77, 213, 309, 349.
Shakespeare 55, 202, 258 f., 270.
Silen 121.
Simmel Georg 149, 322, 340*, 371.
Spinoza 106, 279, 306, 370 f.
Sokrates 7 f., 59 f., 115, 135 f., 148, 166, 321, 369, 400.
Sophokles 8, 115, 138, 140, 288.
Soret Friedrich 280.
Spitteler Carl 87*.
Stein, Frau v. 283.
Stein Heinrich v. 80, 82, 151, 266, 348.
Steinhart 268*.
Stekel, Dr. W. 89 f., 205 f., 249, 260 f., 278, 282, 290 f, 299 f., 310 f., 313 f., 320, 322, 328, 334, 339 f., 347, 349 f., 353 f., 357, 376, 378, 393.
Stern Daniel = Gräfin d'Agoult 294.
Stern, Dr. 34, 38 f.
Stirner Max 274.
Strindberg 321, 340*, 359, 363.
Stobaeus 368.
Strauß D. Fr. 29, 60.
Strauß, Dr. R. 102.
Sulzer Jakob 97.

Taine 252.
Tausig Karl 357.
Teiresias 135.

Theseus 293, 295 f.
Thomas v. Aquino 320.
Tode Henry 228.
Tolstoi 321.
Treitschke H. v. 327.
Turgenjew 211.
Türck Hermann 175, 289.

Ueberweg 106.
Usener Hermann 155.

Verdi 234, 236.
Volkelt Johannes 282.
Voltaire 243.

Wagner Cosima 7 f., 11 f., 17, 21 f., 25 f., 34, 47 f., 64, 69 f., 89 f., 97 f., 101, 104, 152, 199, 214, 219, 222, 228*, 261, 263, 270, 293, 295 f., 297 f., 299, 301, 360, 363.
Wagner Blandine 9.
Wagner Daniella 9.
Wagner Eva 9.
Wagner Isolde 9.
Wagner Minna 206, 219, 221.
Wagner Siegfried 6, 9, 12, 24, 193, 209, 263, 300.
Wallenstein 280.
Weber C. M. 74.
Weingartner Felix v. 186, 226*, 227.
Weininger Otto 262.
Werfel Fr. 380.
Wesendonk Mathilde 63*, 219 f., 229, 300.
Wesendonk Otto 214, 219, 222.
Wieland Chr. M. 97, 276*, 283, 377.
Wilamowitz 139, 153 f., 163, 171, 280, 311, 315, 324, 356, 360*, 379.
Winckelmann 117, 153.
Winckler Hugo 160*.
Windelband W. 106.
Windisch 2 f.
Wittgenstein Fürstin v. 63*, 188, 228*.
Wittkop Ph. 191*.
Wolzogen H. v. 235.
Wolff Hugo 276.
Wundt W. 285.
Würzbach, Dr. 385*.

Zagreus 132, 159, 365.
Zeitler Julius 69, 169.
Zelter 374.
Zigésar, Baron 188.
Ziegler Leopold 169*.
Ziegler Th. 338*.
Ziehen, Prof. 267.
Zosimos 369, 384, 391.

Ebenfalls im SEVERUS Verlag erschienen:

Achelis. Th. Die Entwicklung der Ehe * **Andreas-Salomé, Lou** Rainer Maria Rilke * **Arenz, Karl** Die Entdeckungsreisen in Nord- und Mittelafrika von Richardson, Overweg, Barth und Vogel * **Aretz, Gertrude (Hrsg)** Napoleon I - Briefe an Frauen * **Ashburn, P.M** The ranks of death. A Medical History of the Conquest of America * **Avenarius, Richard** Kritik der reinen Erfahrung * **Bernstorff, Graf Johann Heinrich** Erinnerungen und Briefe * **Binder, Julius** Grundlegung zur Rechtsphilosophie. Mit einem Extratext zur Rechtsphilosophie Hegels * **Bliedner, Arno** Schiller. Eine pädagogische Studie * **Braun, Lily** Lebenssucher * **Braun, Ferdinand** Drahtlose Telegraphie durch Wasser und Luft * **Burkamp, Wilhelm** Wirklichkeit und Sinn. Die objektive Gewordenheit des Sinns in der sinnfreien Wirklichkeit * **Caemmerer, Rudolf Karl Fritz** Die Entwicklung der strategischen Wissenschaft im 19. Jahrhundert * **Cronau, Rudolf** Drei Jahrhunderte deutschen Lebens in Amerika. Eine Geschichte der Deutschen in den Vereinigten Staaten * **Cushing, Harvey** The life of Sir William Osler, Volume 1 * The life of Sir William Osler, Volume 2 * **Eckstein, Friedrich** Alte, unnennbare Tage. Erinnerungen aus siebzig Lehr- und Wanderjahren * **Eiselsberg, Anton Freiherr von** Lebensweg eines Chirurgen. * **Elsenhans, Theodor** Fries und Kant. Ein Beitrag zur Geschichte und zur systematischen Grundlegung der Erkenntnistheorie. * **Ferenczi, Sandor** Hysterie und Pathoneurosen * **Fourier, Jean Baptiste Joseph Baron** Die Auflösung der bestimmten Gleichungen * **Frimmel, Theodor von** Beethoven Studien I. Beethovens äußere Erscheinung * Beethoven Studien II. Bausteine zu einer Lebensgeschichte des Meisters * **Fülleborn, Friedrich** Über eine medizinische Studienreise nach Panama, Westindien und den Vereinigten Staaten * **Goldstein, Eugen** Canalstrahlen * **Heller, August** Geschichte der Physik von Aristoteles bis auf die neueste Zeit. Bd. 1: Von Aristoteles bis Galilei * **Helmholtz, Hermann von** Reden und Vorträge, Bd. 1 * Reden und Vorträge, Bd. 2 * **Kalkoff, Paul** Ulrich von Hutten und die Reformation. Eine kritische Geschichte seiner wichtigsten Lebenszeit und der Entscheidungsjahre der Reformation (1517 - 1523), Reihe ReligioSus Band I * **Kerschensteiner, Georg** Theorie der Bildung * **Külz, Ludwig** Tropenarzt im afrikanischen Busch * **Leimbach, Karl Alexander** Untersuchungen über die verschiedenen Moralsysteme * **Liliencron, Rochus von / Müllenhoff, Karl** Zur Runenlehre. Zwei Abhandlungen * **Mach, Ernst** Die Principien der Wärmelehre * **Mausbach, Joseph** Die Ethik des heiligen Augustinus. Erster Band: Die sittliche Ordnung und ihre Grundlagen * Die Ethik des heiligen Augustinus. Zweiter Band: Die sittliche Befähigung des Menschen und ihre Verwirklichung * **Müller, Conrad** Alexander von Humboldt und das Preußische Königshaus. Briefe aus den Jahren 1835-1857 * **Oettingen, Arthur von** Die Schule der Physik * **Peters, Carl** Die deutsche Emin-Pascha-Expedition * **Poetter, Friedrich Christoph** Logik * **Popken, Minna** Im Kampf um die Welt des Lichts. Lebenserinnerungen und Bekenntnisse einer Ärztin * **Rank, Otto** Psychoanalytische Beiträge zur Mythenforschung. Gesammelte Studien aus den Jahren 1912 bis 1914. * **Rubinstein, Susanna** Ein individualistischer Pessimist: Beitrag zur Würdigung Philipp Mainländers * Eine Trias von Willensmetaphysikern: Populär-philosophische Essays * **Scheidemann, Philipp** Memoiren eines Sozialdemokraten, Erster Band * Memoiren eines Sozialdemokraten, Zweiter Band * **Schultze, Victor** Die Katakomben. Die Altchristlichen Grabstätten. Ihre Geschichte und ihre Monumente * **Schweitzer, Christoph** Reise nach Java und Ceylon (1675-1682). Reisebeschreibungen von deutschen Beamten und Kriegsleuten im Dienst der niederländischen West- und Ostindischen Kompagnien 1602 - 1797. * **Stein, Heinrich von** Giordano Bruno. Gedanken über seine Lehre und sein Leben * **Thiersch, Hermann** Ludwig I von Bayern und die Georgia Augusta * **Tyndall, John** Die Wärme betrachtet als eine Art der Bewegung, Bd. 1 * Die Wärme betrachtet als eine Art der Bewegung, Bd. 2 * **Virchow, Rudolf** Vier Reden über Leben und Kranksein * **Wernher, Adolf** Die Bestattung der Toten in Bezug auf Hygiene, geschichtliche Entwicklung und gesetzliche Bestimmungen * **Weygandt, Wilhelm** Abnorme Charaktere in der dramatischen Literatur. Shakespeare - Goethe - Ibsen - Gerhart Hauptmann * **Wlassak, Moriz** Zum römischen Provinzialprozeß

www.severus-verlag.de

www.ingramcontent.com/pod-product-compliance
Lightning Source LLC
Chambersburg PA
CBHW032144010526
44111CB00035B/1208